U0511594

THE WISDOM OF POLITICAL ECONOMY

黄琪轩　著

政治经济学的智慧

经典传承与当代回响

（上）

上海三联书店

学者评荐

赵鼎新　芝加哥大学社会学系终身教授

本书从个人、集体、国家和制度四个视角为我们介绍了政治经济学领域的诸多经典著作和著名议题。书中大量引人入胜的故事和细致的分析，体现了作者多年的积累，而本书深入浅出的语言决定了它是一本非常难得的入门读本。

张宇燕　中国社会科学院学部委员、中国社会科学院大学国际政治经济学院院长、中国世界经济学会会长

我喜欢的书有一个特点，那就是问题意识强并能够给出有想象力和启发性的答案。以此标准看，黄琪轩所著的《政治经济学的智慧》确是一种极为奇特和有趣的书：它的每一章节都是一个问题。对于那些有意了解国际政治经济现象背后的理论或逻辑的读者而言，本书值得一读。

王正毅　北京大学博雅特聘教授、社会科学学部副主任

社会科学研究始终离不开三个问题：为什么有的国家富裕，而有的国家贫穷？为什么有的国家强，而有的国家弱？为什么有的国家兴起，而有的国家衰落？黄琪轩的《政治经济学的智慧》，既为思考这些问题展示了先哲们的智慧，更为当下解决这些问题提供了分析框架。

傅　军　北京大学教授、林琴院士

复杂世界中的众多问题，无论东方或西方、区域或全球，仅仅靠经济学或政治学来解释，都是片面的、不足的。更贴近现实、更具有解释力的是政治经济学的高维和群论视角，虽然这种非线性、非遍历的视角充满张力和不确定性。这是一本问题导向、融合政治和经济多视角的示范之作，强烈推荐。

朱天飚　浙江大学人文高等研究院教授

政治经济学是社会科学里最古老的领域，甚至就是社会科学的前身。但是长期以来，人们对这个领域有着诸多误解。这本书在澄清误解、还政治经济学以本来面目的工作中做出了重要的尝试！

田　野　中国人民大学国际关系学院教授

无论是国际政治经济学还是比较政治经济学的知识体系，都脱离不了政治经济学的思想传统和学术谱系。黄琪轩教授没有拘泥于国际政治和比较政治这种延续已久的学科分割，另辟蹊径打造了《政治经济学的智慧》。该教材以政治经济学的经典文献为基础，实现了政治与经济的融合、理论与现实的融会以及经典与前沿的融通，可以说是别开生面，别具一格。其古今对话的授课模式既回归了经典，又回到了现实，使学生兼顾仰望星空和脚踏实地。

耿　曙　浙江大学文科百人计划研究员

能把政治经济学写得如此有趣，有故事，有困惑，有让人大呼痛快的分析……一打开书就忍不住一页页读下去。像这样的著作，这些年来似乎也就这一本。等不知不觉读完，恭喜，你已经是具备扎实理论素养，分析问题手到擒来的政治经济高手！

包刚升　复旦大学国际关系与公共事务学院教授

要想理解人类社会运转的基本逻辑，政治经济学是一个必不可少的视角。黄琪轩教授长期在上海交通大学讲授《政治经济学经典导读》课程，该课程视野开阔、思想深邃，受到广泛好评，收获粉丝无数。如今，课程讲义修订再版为《政治经济学的智慧》，可以为所有对这一主题感兴趣的读者朋友理解政治经济学的基础理论、经典文献和重大争论提供一幅有用的知识地图。

李　巍　中国人民大学国际关系学院教授、副院长，中国人民大学区域国别研究院副院长

黄琪轩教授的这部作品既有思想的深度和高度，又有很强的可读性，他成功地将深邃植入于生动之中，对于那些对政治经济学感兴趣的学生而言，这是一部非常友好的读物。

刘　丰　清华大学社会科学学院副院长、国际关系学系教授

社会科学大师们聚焦他们所处时代最重要的政治经济困惑，提供了具有时空穿透力的答案，过去几十上百年后读来仍令人深省。黄琪轩教授凭借厚实积淀，将大师们的思想以庖丁解牛的方式呈现给各位读者，让我们走近大师，走近经典，探寻当今时代各种新困惑的最佳答案。

目 录

第一章

导　　论

2005 年 7 月 1 日，《科学》杂志创刊 125 周年之际，该杂志公布了 125 个最具挑战性的科学问题。这些问题主要是对自然界未知领域的探索，也有一些问题涉及对人类社会的探索。比如，在今后的世界，马尔萨斯的理论还会是错的吗？为什么有些国家经济持续增长，而有些国家则陷入停滞？政治自由和经济自由紧密相关吗？撒哈拉以南的非洲，为何贫困率在增长，人均寿命在减少？合作行为是如何演化的？等等。当代政治经济学文献常常会讨论相关问题。事实上，长久以来，政治经济学的一些问题持续困扰着人类，在历史上被反复讨论。本书将围绕政治经济学经典文献，试图沟通经典与世界政治经济的历史演进，并从一系列当代政治经济现实议题出发，展示政治经济学中不同视角各自的特点，以及这些视角的起源、历史参照与当代回响。本章首先从如何分配稀缺资源导入政治经济学中的政府与市场互动。

一　如何分配稀缺资源?

"稀缺"（scarcity）是社会科学中的关键概念。经济学家关注稀缺，政治学家、社会学家也非常关注稀缺。因为不仅经济资源是稀缺的，名誉声望和政治职务同样是稀缺的。什么是"稀缺"呢？简单来讲，稀缺有两个构成要素：一是资源、生产要素或产出是有限的；二是它们难以满足社会需求。①

　　我们先来看看构成稀缺的第一个要素：资源是有限的。无论是物质资源还是非物质资源，如果它们能无限供应，那就构不成稀缺。空气对人而言是不可或缺的，但是它的供给是无限的，因此长期以来，空气不是稀缺资源。尽管地球拥有大量的水资源，但饮用水却是有限的，世界上有 10 亿人喝不上洁净的饮用水。每天，世界上有上千名儿童因缺乏洁净的饮用水而死亡。因此，洁净的水是稀缺资源。在 2000 年的时候，全球有近 30 亿人每天消费不足两美元；8.4 亿人没有足够食物；20 亿人缺乏基本卫生设施；不发达国家中有 1/4 的儿童连小学都没毕业便辍学在家。在 2013 年的时候，世界上有 10.7% 的人每天消费不足 1.9 美元，人数多达 7.67 亿人。② 在我们生活的世界，物质资源的稀缺随处可见。此外不少非物质资源往往也是有限的，比如荣誉。每年获得诺贝尔奖的人选是有限的；数学界的菲尔兹奖每四年才颁发一次，而且只授予年龄在 40 岁以下的数学家。因此，要构成稀缺，资源需要是有限的。

　　构成稀缺的第二个要素是社会需要，也就是它有用。尽管不少资源是有限的，但当人类社会对它没有任何需求时，它就构不成稀缺。比如在中国西藏，鱼类尽管有限，但是藏族同胞不吃鱼。由于缺乏社会需求，数量的不足也构不成稀缺。不少自然资源，比如金属铀的储备是有限的。20 世纪 60 年代，由于黄金储备短缺，美国总

---

① Donald Rutherford, *Routledge Dictionary of Economics*, London and New York: Routledge, 1992, p. 363.
② ［美］威廉·伊斯特利著，崔新钰译：《白人的负担：为什么西方的援助收效甚微》，中信出版社 2008 年版，第 6 页。

统德怀特·艾森豪威尔（Dwight Eisenhower）曾考虑是否可能用铀代替黄金作为主要外汇储备。[1] 在人类能够利用铀之前，我们对这一贵金属没有需求，因此也谈不上稀缺。

历史上，思想家常常对世界的丰裕抑或稀缺有不同假定。约翰·洛克（John Locke）的《政府论》假定这是一个丰裕的世界。他认为只要人能让自然物脱离原始状态，掺入自身劳动，个人就拥有该物品的财产权。洛克的推理起点是丰裕：还有大片的土地荒芜不治，比居住在上面的人们所能开垦和利用的还要多，还剩有同样丰富的东西"留给肯花费同样勤劳的人们"。[2] 法国思想家让-雅克·卢梭（Jean-Jacques Rousseau）的推理同样是基于丰裕而非稀缺。卢梭认为："如果有人要从一棵树上把我赶走，我可以离开这棵树到另一棵树上去；如果在某一个地方有人搅扰我，谁会阻挡我到别处去呢？"[3] 但是，政治经济学中大多数思想家都从资源是稀缺的这一假定开始。稀缺往往导致竞争。由于稀缺在经济、政治与社会生活中的普遍性，所以人类是具有竞争性和容易发生冲突的动物；人类的个体与群体通过政治、军事、意识形态以及经济四个面向的竞争获得主导权。[4] 如果日常生活中大量资源都是稀缺的，那么如何竞争与分配这些稀缺资源就成为各方关注的焦点。我们可以想到很多办

---

[1] ［美］弗朗西斯·加文著，严荣译：《黄金、美元与权力：国际货币关系的政治（1958—1971）》，社会科学文献出版社 2011 年版，第 55 页。
[2] ［英］约翰·洛克著，叶启芳、瞿菊农译：《政府论》（下），商务印书馆 2009 年版，第 17—32 页。
[3] ［法］让-雅克·卢梭著，李平沤译：《论人与人之间不平等的起因和基础》，商务印书馆 2015 年版，第 84 页。
[4] 赵鼎新著，徐峰、巨桐译：《儒法国家：中国历史新论》，浙江大学出版社 2022 年版，第 10 页。

法，比如靠暴力掠夺、靠权威来分配、靠投票来分配、先到先得、论资排辈、靠绩效、靠交换等。

第一种办法是靠暴力分配稀缺资源。在人类历史上，人或者国家常常诉诸暴力来获得稀缺资源。《荷马史诗》中的《伊利亚特》讲述的是为了争夺美女海伦而引发的一场战争。美女是稀缺的，而争夺这一稀缺资源的方式是暴力与战争。有西方学者如此评述历史上的殖民扩张。"一个民族被另外一个民族征服，往往会导致被征服者遭到屠杀或者被迫迁移到不能支撑他们继续生存的地方。这减轻了征服者将食物和其他资源分配给被征服者的负担。"[1] 1846 年到 1848 年间，美国和墨西哥爆发了战争，起因是美国想购买墨西哥的土地，墨西哥断然拒绝。在战争中为美国建立赫赫战功的尤利塞斯·格兰特（Ulysses Grant）指出：这是一个强大国家对一个相对弱小国家发动的最不义的战争之一；墨西哥谈判代表也指出：一个国家因为邻国不愿将领土卖给自己，便发动一场战争，这是史无前例的做法。[2] 美国通过此次战争，获得了新的领土，包括得克萨斯、加利福尼亚、新墨西哥、亚利桑那、内华达和犹他州等。事实上，这并非史无前例的做法。领土是稀缺的，人类历史上常常可见诉诸武力来获得稀缺的领土。因此在国际关系史上，随着领土的兼并变更，国家数量越来越少。公元 990 年，欧洲存在数千个类似国家的政治实体；到公元 1550 年，只剩下 500 余个；到 1780 年，仅

---

① ［美］哈罗德·德姆塞茨著，李醒译：《从经济人到经济系统》，中国人民大学出版社 2023 年版，第 50 页。
② ［美］埃里克·方纳著，王希译：《给我自由！——一部美国的历史》（上卷），商务印书馆 2010 年版，第 602—604 页。

剩 100 个左右。[1] 1893 年，150 名海军陆战队员登陆夏威夷，协助美国在夏威夷的种植园主发动叛乱，推翻了夏威夷的土著女皇。1897 年，美国合并了夏威夷。当时一幅漫画把美国兼并夏威夷描绘成一场枪口胁迫下的婚礼。美国总统威廉·麦金利（William Mckinley）扮演牧师，他宣读了《兼并政策》，而夏威夷土著女皇则被描绘成新娘，在伺机寻找逃脱机会。要知道，当时大部分夏威夷人并不赞同美国对夏威夷的兼并。[2] 而美国仍旧依靠暴力获得了夏威夷这一太平洋上稀缺的战略要地。

第二种办法是靠权威来分配稀缺资源。在地理大发现时期，葡萄牙和西班牙就未开发的海外区域展开激烈争夺，双方相持不下。尤其是 1492 年，哥伦布在西班牙支持下发现新大陆以后，葡萄牙对西班牙的忧虑与日俱增。当时西班牙坊间传闻葡萄牙国王将率领舰队夺取美洲这片无主之地，两国战争一触即发。1494 年，教皇亚历山大六世（Alexander VI）出面调停。在教皇仲裁下，《托尔德西里亚斯条约》（Treaty of Tordesillas）将大西洋上的国家分为葡萄牙区与西班牙区，将亚速尔群岛和佛得角群岛以西 100 里格的子午线定为两国势力范围分界线。该线以西属于西班牙的势力范围，以东则归葡萄牙，这条线被称为"教皇子午线"。非洲被划给了葡萄牙。当时被称为美洲诸国的地区则分给了西班牙；后来划归葡萄牙区的巴西当时尚未被发现。裁定海外殖民地势力范围是由教皇这样的权威来完成的。当资源稀缺时，权威的分配与裁决是解决稀缺资源争执

---

[1] Michael Mann, *States, War and Capitalism: Studies in Political Sociology*, Oxford: Blackwell, 1988, p. 153.

[2] ［美］埃里克·方纳：《给我自由！——一部美国的历史》（上卷），第 843 页。

的重要方式。

新中国成立初期，百废待兴，国内用于发展经济的资源十分有限。在资金有限的情况下，中国政府优先发展轻工业还是重工业？这一问题成为当时新中国领导人争议的焦点。不少民主人士向党中央提议中国应该优先发展轻工业，以改善民生，施行仁政。毛泽东主席认为：优先发展轻工业，照顾短期利益的做法是"小仁政"。他强调，我们施行仁政的重点应当放在建设重工业上，这是人民的长远利益，这才是"大仁政"。我们不能为了实施"小仁政"，而妨碍了"大仁政"。[①] 因此，毛泽东主席的决策解决了稀缺资源投向的优先顺序，这也是依靠权威的分配方式。

改革开放后，国企日益面临经营困境，出于为国企解困的需要，中国开始发展股票市场，为国企拓展新的融资渠道。由于上市能为企业带来廉价融资收益，因此上市名额成为稀缺资源。中央政府长期实行上市的"额度控制"，每个地方获得一定的上市额度。这一举措是为了防止陷入困境的国企纷纷上市，进而导致股票市场负担过重。"额度"这项资源的分配是由政府来完成的。从 1993 年开始，政府有意识地将上市额度在全国范围内进行分配。地方政府在这一过程中也享有较大的分配权力。上市资格是稀缺资源，而当时该资源的分配不是靠市场交易，而是靠政府来完成。

第三种办法是靠投票来分配稀缺资源。在古希腊选举中，群众用呼喊声的大小来表示他们对候选人的支持程度，获得更高呼声便可以在选举中获胜。冀鲁豫边区曾实行过"豆选"。当时要选正、副

---

① 薄一波：《若干重大决策与事件的回顾》（上卷），中共中央党校出版社 1991 年版，第 291 页。

村长两人，但候选人有六人，因而岗位是稀缺的。由于抗日根据地的群众90%是文盲，边区政府就把豆子发给选民，每个候选人身后放一只大碗，选民赞成谁，就在谁的大碗中丢一颗豆子。[①] 谁获得的豆子多，谁就当选。

第四种办法是按"先到先得"原则来分配稀缺资源。美国土地资源比欧洲更丰裕，19世纪时，大量欧洲移民横跨大西洋到美国寻求机会，土地成为他们争夺的对象。汤姆·克鲁斯（Tom Cruise）主演的电影《大地雄心》（*Far and Away*）就讲述了一位爱尔兰移民去美国寻找自己土地的故事。当时一项规矩就是先到先得。枪声一响，那些无地移民就使出浑身解数，迅速跑到一块无主土地上，将手中执有的旗帜插到那里。谁先在一片土地上插上旗帜，这块土地就属于谁。美国淘金热时期的故事如出一辙，谁先占领这块土地，那里的金矿就归谁。在这样的规则下，速度就变得非常重要。当年英国火车很重视安全，行驶得很慢，而美国的火车则不然，行驶速度很快，事故频发。据说一位旅客下车后发现自己的行李忘在火车上了，路人说："赶紧去追啊。"他说："不急，追也追不上了，前面有个拐弯的地方。在那里火车经常翻车。我过去看看。"他慢悠悠地走到那个拐弯处，发现火车翻了，他走过去找到了他的行李。[②] 在很多时候，快速行动会让你抢占先机。因此，先到先得是获得稀缺资源的又一种办法。

第五种分配稀缺资源的办法是论资排辈。日本企业内部长期实

---

① 牛铭实、米有录：《豆选》，中国人民大学出版社2014年版，第100页。
② Daniel Boorstin, *The Americans: The National Experience*, New York: Random House, 1965, p. 134.

行"年功序列"制度，这意味着资历老的员工可以得到更丰厚的薪酬。但在日本历史上，年龄太大可能还会成为获得稀缺资源的负资产。曾获得戛纳电影节大奖的日本电影《楢山节考》讲述的就是发生在古代日本信州一个贫苦山村的故事。由于没有余粮，这里的村民难以供养老人。于是村子里面形成了一条规矩：当老人70岁的时候，就由他的子女背到山上，去见山神。这样做就是任由老年人自生自灭，把剩余的口粮留给后代。

第六种分配稀缺资源的办法是靠绩效。在很长一段时期，古代中国人才选拔制度就是靠考试（科举制）来分配资源。"朝为田舍郎，暮登天子堂"靠的就是考试。为此大批读书人一辈子皓首穷经，通过考科举来竞争资源。吴敬梓小说《儒林外史》中的范进，在得知中举后，居然高兴得发了疯。奥运会上的金牌也是稀缺的。运动员们为了夺取金牌，必须做到"更快、更高、更强"。有时候，为了在运动场上有更出色的表现，他们不得不以损害自己的健康为代价。从1972年到2002年这三十年间，美国橄榄球运动员体型明显增大。1972年的超级碗，进攻内锋的平均体重已高达248磅；到了2002年，超级碗的攻击锋线平均体重又增加到304磅；而达拉斯牛仔队的阿伦·吉布森（Aaron Gibson）的体重更是高达422磅（191.4公斤）。想进入赛事名单的前锋食量都奇大无比，为了获得更好赛事成绩，他们把自己变成400磅的人肉盾牌和破城锤，他们不再敏捷，不再迅速，不再会用脚的力量。[①]

第七种分配稀缺资源的办法是交易。不同资源的持有者可根据

---

① ［美］迈克尔·桑德尔著，黄慧慧译：《反对完美：科技与人性的正义之战》，中信出版社2013年版，第33页。

自身需要，进行交换。这样的交易可以发生在个体之间，也可以发生在国家之间。在 18 世纪末 19 世纪初，英国为了合并爱尔兰，约有 50 名爱尔兰议员被提拔为贵族。英国政府还花了 115 万英镑用于贿赂。[①] 1803 年，美国从法国手中购买路易斯安那州；1867 年，美国花了 720 万美元从俄罗斯手中买下了阿拉斯加。对美国、法国和俄罗斯而言，这是你情我愿的交易行为。纽约寸土寸金，而帝国大厦更是纽约的关键性地标，20 世纪 90 年代，日本公司就曾高价买下了纽约帝国大厦。日常生活中，我们购买产品和服务，公司购买原料，大都属于市场交易。

上述七种分配稀缺资源的办法并没有穷尽，这项清单还可以列得更长。这些办法大致可以划分为两类：一类是横向分配，一类是纵向分配。日常生活中的市场交易就是典型的横向分配，它遵循交易原则，主要依赖市场进行，主要靠各方讨价还价，自愿交易来分配稀缺资源。在日常生活中，我们购买食品、房产、股票等大都属于横向分配。纵向分配主要依赖政府进行，但不仅限于政府。因为政治不仅有政府部门的政治，也有办公室政治、校园政治、俱乐部政治乃至家庭政治。[②] 人类群体活动如果存在权力、权威、强制等纵向关系要素，就存在政治逻辑。纵向分配是靠权力与权威来分配稀缺资源，典型模式就是靠暴力、权威、命令来完成分配。权力是强加成本的能力。[③] 这样的分配可以罔顾个人意愿。我们可以将上述稀

---

① 郭家宏：《英帝国史（第四卷）：英帝国的转型》，江苏人民出版社 2019 年版，第 302 页。

② Kenneth Shepsle and Mark Bonchek, *Analyzing Politics: Rationality, Behavior, and Institution*, New York: W. W. Norton & Company, Inc., 1997, p. 13.

③ ［美］约拉姆·巴泽尔著，钱勇、曾咏梅译：《国家理论：经济权利、法律权利与国家范围》，上海财经大学出版社 2006 年版，第 26 页。

缺资源的分配视为一条横轴、一条纵轴。在本书中，横轴与纵轴互动、国家与市场互动就是政治经济学的主要内容。

二　什么是政治经济学？

自其诞生开始，政治经济学（political economy）一词就有多重含义。在亚当·斯密看来，政治经济学是管理国家资源以创造财富的科学；对马克思而言，政治经济学关注生产资料的所有权如何影响了历史进程。到了 20 世纪，"政治经济学"一词也有着不同的含义。有时它指的是一个研究领域，关注政治和经济的互动；有时它指的是一套研究方法，就方法而言，学者之间也存在分歧。[①] 政治经济学在本书中指的是对政治与经济互动的研究。本书试图从政治与经济的互动、政府与市场的互动来展示政治经济学。

政治经济学的一个侧面是：政治如何影响了经济。就经济问题而言，会有很多议题，如经济增长、收入分配、居民消费、通货膨胀、国际贸易、跨国投资等。诸多经济政策、经济现象背后往往有其政治根源。

我们看一下历史上曾被英国殖民过的国家或地区的发展现状，就会发现它们存在很大差异。就发展程度而言，澳大利亚、新加坡已跻身发达国家行列；而同样被英国殖民过的塞拉利昂、尼日利亚

---

① Barry Weingast and Donald Wittman, "The Reach of Political Economy," in Barry Weingast and Donald Wittman, eds., *The Oxford Handbook of Political Economy*, New York: Oxford University Press, 2006, p. 3.

则沦为不发达国家。当然，还有一些国家处于中间位置，它们既不是最好的，也没有变成最糟糕的，如斯里兰卡、埃及等。经济发展是经济问题，而政治经济学需要寻找经济问题的政治根源。有研究显示，历史上英国在殖民地采用不同的殖民形式会影响这些国家的人类发展指数，包括经济绩效。在对外殖民过程中，英国在有的地方采用直接殖民的统治模式，在有的地方则采用间接殖民的统治模式。对不同的殖民模式而言，英国统治的深入程度不同，对当地社会的改造也存在差异，遗留给当地的制度遗产同样也会存在差别。在英国直接殖民的国家，英国人会更深入地渗透到当地社会，使当地社会结构趋于瓦解的同时，也遗留下民主、法治等制度遗产。这样，英国曾直接殖民的地方，其经济绩效会比间接殖民的地方要好，人类发展指数更高。[①] 经济绩效属于经济问题，殖民形式则属于政治问题。寻找经济绩效背后的政治根源就是政治经济学的关注焦点。

罗伯特·贝茨（Robert Bates）在《热带非洲的市场与国家：农业政策的政治基础》中发现大部分非洲国家存在比较奇怪的农业政策。为提高农产品产量，政府可以实施两种政策：一是提高农产品价格；二是对农产品实施补贴。很多非洲国家政府往往偏好实施后一种政策。贝茨认为这一政策选择背后有着明显的政治驱动。提高农产品价格会损害城市工人与制造商的利益。如果食品价格提高，城市工人将面临更高昂的生活成本，会引发城市工人不满。工人生活成本的提高也会让制造商支付更高的工资，减少他们的利润，而城市利益集团对政府的威胁比农村群体更大。因此，政府不愿意提

---

① Matthew Lange, *Lineages of Despotism and Development: British Colonialism and State Power*, Chicago and London: The University of Chicago Press, 2009.

高农产品价格。另一项政治因素是，政府提高农产品价格会让所有农民受益；而政府补贴则集中流向了政府的支持者。采用补贴而非价格政策有利于这些国家的政府积极争取支持者，稳固统治地位。基于以上两点考虑，政府选择用补贴而非提价来发展农业，政治考虑而非经济计算占据了压倒性优势。① 不少民众常常埋怨政府出台荒诞不经、难以理解的经济政策，而政治经济学则从政治逻辑来理解那些看似"漏洞百出"的经济政策——它们或许缺乏经济效率，但却可以为政策制定者带来足够的政治利益。

再如，在政治经济史上，人类常常被贫富差距所困扰。贫富差距不仅是经济问题，其背后有强烈的政治驱动。美国人与欧洲人的政治文化存在差异，欧洲人比较相信财富是由运气带来的。统计显示，持这一信念的民众占国家总人口的比重越高，那么国家再分配的力度也就越大。② 很不幸的是，美国持这一信念的人数在发达国家中垫底，美国政府再分配力度也是发达国家中最低的国家之一。技术发展也是经济问题，但国际关系史上的重大技术变迁被世界政治牵引。在世界政治的权力转移时期，崛起国迅速发展，日益撼动领导国对世界政治的主导权。出于安全考虑，崛起国和领导国均加大对重大技术的资助及采购，由此克服以往的技术发展瓶颈，推动世界出现重大技术变迁。从这个意义上讲，政治是主人，技术是仆人。③ 国内与国际政治既影响不同行为体的日常决策与经济政策，又

---

① ［美］罗伯特·贝茨著，曹海军等译，刘骥等校：《热带非洲的市场与国家：农业政策的政治基础》，吉林出版集团 2011 年版，第 97—98 页。

② Alberto Alesina and Edward Glaeser, *Fighting Poverty in the US and Europe: A World of Difference*, New York: Oxford University Press, 2004, p. 187, Table. 7. 1.

③ 黄琪轩：《大国权力转移与技术变迁》，上海三联书店 2024 年版。

影响经济发展绩效。

在大部分时候，经济政策的本质是复杂的政治博弈而非简单的设计规划。所以道格拉斯·诺斯（Douglass North）才指出：现代宏观经济理论将永远无法解决其遇到的问题。除非宏观经济学家们能意识到政治过程的决策显著影响着经济运行。[①]

政治经济学的另一个侧面是：经济如何影响了政治。就政治问题而言，会有诸多主题：国家构建、族群冲突、选举、民主化、革命、战争等。诸多政治问题的出现往往有着经济根源。

例如，历史上有过多次民主化的潮流，有的国家从专制转向民主政体，而有的国家则从民主倒退回专制。人们发现，自然资源丰富的国家，往往很难实现民主。这一政治问题背后有何经济缘由呢？如果一个国家拥有大规模的石油等非税收收入（nontax revenue）——无论它是民主国家还是专制国家——它的政体会更为稳定。因为在民主国家，政府征税容易激起国内精英群体的不满，动摇民主政治；在专制国家，如果政府在福利等社会支出方面的经费投入不足，同样会激起民众的不满，危及政治稳定。有了石油等非税收入就会大不一样。民主国家有了石油收入可以让政府减少税收，让精英群体满意；而在专制国家，政府可以用石油等收入加大社会支出，让普通民众满意，从而保证了政权稳定。[②] 石油是经济资

---

① ［美］道格拉斯·诺斯著，杭行译：《制度、制度变迁与经济绩效》，格致出版社、上海三联书店、上海人民出版社 2008 年版，第 154 页。

② Kevin Morrison, "Oil, Nontax Revenue, and the Redistributional Foundations of Regime Stability," *International Organization*, Vol. 63, No. 1, 2009, pp. 107–138. 此外，有研究对石油国家再分配效应的检验有不同结论，认为出产石油的国家并不是靠再分配，而是用卖石油的钱来增强镇压力量，进而阻止民主化。参见 Michael Ross, "Does Oil Hinder Democracy?" *World Politics*, Vol. 53, No. 3, 2001, pp. 325–361.

源，它可以用于收买精英和大众，它的多寡影响政体稳定。

政体变迁是政治问题，寻找这一问题的经济根源就属于政治经济学的研究领域。有学者发现民主和专制有着不同的经济根基。历史上，为何英国走上了议会民主制，而法国则走向了绝对主义王权？我们知道英国和法国长期进行争霸战争，他们都要为战争融资，为此欧洲君主需要不断寻找新的税收来源。英国和法国的差异在于：英国君主主要通过对贸易进行征税来获得收入，而法国君主主要通过对不动产（例如盐矿和土地）进行征税。不同征税方式导致英国和法国民众在王权面前有着不同的议价能力。由于土地等不动产难以转移到海外，因此法国民众的议价能力比英国民众更低。在英国，国王为了获得纳税人合作，不得不让纳税人在政策制定过程中发出声音，从而孕育了议会民主制度。相对而言，法国国王则不那么需要纳税人合作，因此法国走向了绝对主义王权。[①]

人们往往认为在不平等的社会，难以实现民主化，而有研究者则对这一常识提出质疑。在整理了 1820 年以来的数据后，研究者发现：如果对不平等进行分类，那么不同类型的不平等对民主化进程的影响有显著差异。一种是乡村的不平等（rural inequality），另一种是收入的不平等（income inequality）。只有乡村的不平等才对民主化有负面影响，而收入的不平等则对民主化有积极的作用。因为乡村的不平等往往与土地集中、地主势力强大等保守因素联系在一起，这些守

① Robert Bates and Da-Hsiang Donald Lien, "A Note on Taxation, Development and Representative Government," *Politics and Society*, Vol. 14, No. 1, 1984, pp. 53 - 70. 关于民主与专制的经济起源，另参见［美］达龙·阿塞莫格鲁、詹姆士·罗宾逊著，马春文等译：《政治发展的经济分析：专制和民主的经济起源》，上海财经大学出版社 2008 年版。

旧的土地精英常常是民主化的重要障碍。而在全国范围内的收入不平等往往和工业化、中产阶级的兴起等民主化支持力量联系在一起。[1] 不平等是经济问题，而民主化是政治问题。寻找不同类型的不平等如何影响民主化进程，这就是经济因素如何影响了政治。

在很多第三世界国家，反叛和暴力横行，成为困扰已久的政治问题。有研究者发现第三世界国家的反叛群体行为大相径庭，有的群体常常对平民诉诸暴力，烧杀抢掠、无恶不作；有的群体则谨慎使用暴力。研究者揭示反叛群体据点的资源丰裕程度是导致不同群体行为差异的重要原因。在资源不足的情况下，参与反叛的人群风险更高，短期收益小。此时参与者对反叛群体的目标认同度更高，长期忠诚度也更高，这样的反叛群体会谨慎使用暴力。而当反叛据点资源充裕的时候，投机者就会纷纷加入，泥沙俱下，这样的群体更容易滥用暴力。[2] 资源丰富程度是经济因素，这一因素影响到暴力使用等政治议题。这样的视角就是政治经济学的视角。

法治作为国家治理的重要形式，其治理水平高低也有着经济根源。在中国，各个地方法治水平相差很大，具体体现在：即便在经济发展水平类似的地区，各个地方政府对法院的投入也存在较大差异。有研究指出这是中国不同地区依靠的资产类型存在差异导致的。如果对资产进行简单划分，可以有两类：第一类是国有企业、本土私营企业以及海外华人在中国的投资；第二类是像微软、星巴克等

---

[1] Ben Ansell and David Samuels, *Inequality and Democratization: An Elite-Competition Approach*, New York: Cambridge University Press, 2015.

[2] Jeremy Weinstein, *Inside Rebellion: The Politics of Insurgent Violence*, New York: Cambridge University Press, 2007.

外资。第一类资产的所有者更容易接近当地官员，也更容易获得经济特权。因此这类群体对法治的需求比较小。第二类资产的所有者不仅不是本土企业，也并非由海外华人创办。这类"纯粹"的外资缺少和当地官员的政治联系。因此，像微软、星巴克等非华人创办的外资，更加追求创建一个公平竞争的平台，他们推动法治建设的意愿更强。如果一个地区的地方官员依靠非海外华人外资（像微软、星巴克等）来增加税收、推动经济增长，那么这个地方的法治水平会更高；如果当地官员主要依靠国企、本土私企以及海外华人投资来获得税收与经济增长，那么当地的法治水平会系统地低于前者。①不同地区官员依靠的资产类型差异可以解释中国各地法治水平的差异。寻找法治背后的经济驱动也是政治经济分析。

政治经济学经典中有大量关于政治与经济互动的论述。不过，这样的互动往往是政治学家，而非经济学家关注的"政治经济学"。阿尔弗雷德·马歇尔（Alfred Marshall）是新古典经济学的创始人，他的教材《经济学原理》（Principles of Economics）自 1890 年出版以来，几度再版。在此之前，约翰·斯图亚特·穆勒（John Stuart Mill）在 1848 年出版的《政治经济学原理》（Principles of Political Economy）是英国经济学界的标准教科书，被广泛使用。而马歇尔《经济学原理》的出版取代了穆勒的《政治经济学原理》，成为流行教科书。经济学也从原有的"政治经济学"中独立出来。此后，经济学家往往称自己的研究为经济学（economics），而不是政治经济学。需要指出的是，的确存在一部分经济学家也在研究"政治经济

---

① Yuhua Wang, *Tying the Autocrat's Hands: The Rise of the Rule of Law in China*, New York: Cambridge University Press, 2015.

学"。但这部分经济学家是用经济学的分析方法来研究政治问题。这样的政治经济学被称为"新政治经济学"（new political economy）。从某种意义上讲，这也是政治与经济的互动，是政治研究议题与经济学方法的互动。这批运用经济学方法分析政治问题的学者与著作，我们将在本书第四章中予以介绍。

诺贝尔物理学奖得主理查德·费曼（Richard Feynman）谈到："如果我们仔细观察一杯酒，我们就可以看到整个宇宙……如果我们小小的头脑，为方便起见，把这杯酒，把这个小宇宙分成几个部分：物理学、生物学、地质学、天文学、心理学等。请各位记住，大自然并不知道这些！"本书希望从经典出发，从政治与经济的互动来展示政治经济学。政治经济学中的很多机制与智慧并不仅仅停留在政治领域或经济领域，它们具有更广泛、更持久的适用性。本书也试图揭示政治经济学经典中对政治、经济、社会等人类社会适用范围更广、影响更持久的机制。

三　为何要"走进"政治经济学经典?

本书强调回到经典，又要超越经典。现实世界变动不居，我们为什么要阅读那些时代久远的政治经济学经典来解答现实问题？除了经典给我们带来乐趣，满足我们探索欲望，开拓我们视野，阅读政治经济学经典还有以下几点好处。

首先，阅读经典是以不变应万变。著名物理学家、数学家约瑟夫·拉格朗日（Joseph-Louis Lagrange）说：牛顿不仅是旷世天才，也是世界上最幸运的人。宇宙体系只可能被发现一次，却被牛顿碰上了。拉格朗日说这句话的时候略显遗憾，自然世界的重大规律不多，社会世界的重要机制也是如此。社会科学中还没有出现可以与物理学相媲美的基本公理。① 但是，社会科学中却有诸多常见的、精致的、有趣的机制。这个世界瞬息万变、日新月异，变化太快，不少当代社会科学理论的生命周期会显得越来越短。那么我们怎样才能更好把握这个变动不居的世界，把握比较根本的、不变的关键要素呢？经典之所以是经典，就在于它关注的不是这个世界最紧迫的问题，而是关注最根本的问题，那些问题千百年来长期困扰人类社会。解释这些问题的重大机制也有持久的生命力和广泛的适用性。因此，阅读经典的一个意义在于：经典可以让我们绕开一些眼前变动，以便更好地把握政治经济学最根本、作用范围最广、影响最持久的机制。

其次，阅读经典是与历史上最聪明的人对话。流传下来的政治经济学经典大都代表了那个时代人类对政治经济学问题认识的最高水平。尽管经典的回答有时会出错，但是你会发现：即使它们错了，也错得有趣；即使它们在当时错了，但可能会在新的时代恢复生机；即使它们的结论错了，但却让我们领略了其细致的推理过程和精致的思维魅力。著名数学家戈弗雷·哈代（Godfrey Hardy）的经典名著《一个数学家的辩白》（A Mathematician's Apology）展示了"纯粹数学"之美，展示了他像感受艺术一样感受数学的美。哈代宣称：数学家就像画家与诗人，他们的作品必须是有美感的。他们的想法

---

① ［美］道格拉斯·诺斯著，钟正生、邢华译：《理解经济变迁过程》，中国人民大学出版社 2008 年版，第 16 页。

就像色彩与文字，必须以和谐的方式搭配在一起。① 写出绝妙的数学方程是美的，找到玄妙的社会机制同样是美的。推导数学问题是思维锻炼，研读当代文献也是思维锻炼，与历史上这些聪明人对话，同样是诸多思维锻炼的一种。

再次，经典能有效激发我们的求知兴趣。人类有着持续的好奇心，大多数人感兴趣的东西不是太少，而是太多。人们往往会对一些问题有着长远关切，古往今来的政治经济学会持续讨论一些议题。康奈尔大学教授、国际政治经济学家彼得·卡赞斯坦（Peter Katzenstein）将其主编的一部著作命名为《权力与财富之间》（Between Power and Plenty）。② 个体与群体在政治经济互动中既追求权力，也追求财富。中国古语有云"不患寡而患不均"，分化也是政治经济学家持续关注的议题。布兰克·米兰诺维奇（Branko Milanovic）的一部著作名为《世界的分化》，他从多个方面展示了全球收入不平等的演变。③ 事实上，个体与群体之间不仅存在财富不平等，还存在权力不平等。在整个社会科学中，还有两个基本而持久的主题：第一是群体的冲突与合作；第二是群体的兴盛与衰落。④ 不同研究者根据自身兴趣，选取最为值得关注的政治经济学议题。本书承袭前人关切，集中展示政治经济学密切关注的四个议题：其

---

① Godfrey Harold Hardy, *A Mathematician's Apology*, New York: Cambridge University Press, 2012, p. 85.

② Peter Katzenstein, ed. *Between Power and Plenty: Foreign Economic Policies of Advanced Industrial States*, Madison: University of Wisconsin Press, 1978.

③ ［美］布兰克·米兰诺维奇著，罗楚亮等译：《世界的分化：国家间和全球不平等的度量研究》，北京师范大学出版社 2007 年版。

④ Shiping Tang, *The Institutional Foundation of Economic Development*, Princeton: Princeton University Press, 2022, Preface, p. 13.

一是冲突与合作；其二是贫困与富裕；其三是强大与弱小；其四是均等与分化。概言之即"竞合""贫富""强弱""均分"四大议题。事实上，政治经济学的经典、历史与现实大都围绕这四大议题展开。本书旨在通过经典，汇聚"共通的议题""共通的机制"。

由于资源是稀缺的，所以群体之间充满竞争与冲突；由于需要更好地组织生产或参与竞争，群体之间也存在大量合作。不同的冲突类型、合作模式、政治社会组织等会影响群体的前途命运，让其经历贫富更替、强弱变换，经历兴衰沉浮。个体与群体的收入与权力悬殊会持续塑造冲突与合作，影响着政治经济体的兴替枯荣。政治经济学经典能持续流传，因为它们代表了生活在那个时代的人对未知领域的探索。而这类问题，尤其是这四大议题不仅能激起先圣先贤的兴趣，也会激起我们的兴趣。古人的很多想法，在其生活的时代缺乏精致的科学工具来检验，他们的想法与问题尽管不能为我们提供可靠答案，但却为我们提出了问题，打开了思路，也往往能激发我们的兴趣。在前人画上句号的地方，我们画上问号，开始我们新的探索旅程。

最后，经典是"看不见的手"。尽管当前科学不断进步，但有一点没有变：人具有自主性，能主动从历史中学习。人的自主性常常会改变政治经济机制的必然性。18世纪的英国诗人亚历山大·蒲柏（Alexander Pope）说：自然和自然法则隐藏在黑暗中，上帝说：让牛顿来，一切遂臻光明。（Nature and Nature's law lay hid in night; God said, Let Newton be, and all was light）。蒲柏显然是太自信。尽管社会科学也曾有如此豪迈的宣言，但是当代社会科学家大都会更谦虚。因为他们知道，社会科学提出的诸多"规律"不同于自然规律，自然物没有自主性，而社会中的人有自主性。如果说自然规律更多必然律，社会机制则更少必然性，更多或然性。即便政治经济学家请来了艾萨克·牛顿（Isaac Newton），让他来观察这个世界，仍旧充满了不确定性。所以牛顿坦言："我可以计算天体运行的轨迹，但却算不出人的疯狂。"当代诺贝尔物理学奖得主默里·盖尔曼（Murray Gell-Mann）表达了同样的感受，他说："试想如果粒子能思考，那物理学会多难。"

不仅如此，已有的理论、学说及其所形成的观念结构会对我们产生持续的、强大的影响。如果我让大家从 0—100 的数字中随意写一个数，如果你写的数字是大家所写平均数的一半，你就能胜出，你会写哪个数字？略加计算我们就知道不能写 50 以上的数字。因为即便全体参与者都写 100，平均数的一半最多是 50。如果大家都这么想，那么参与者写的数字应该是小于 50。大家都意识到这点的话，那么要胜出，你写的数字就需要小于 50 的一半，即小于 25。照此推导下去，这道题的标准答案应该是 0。不过在现实生活中，很少人会写 0。如果我们告知参与者这道题的标准答案，以后大家再玩这个游戏，写 0 的参与者就会越来越多。一旦公布这道题的答案，我们的行为就成为"自我实现的预言"（self-fulfilling prophecy）。正如马克思所说："哲学家们只是用不同的方式解释世界，而问题在于改变世界。"[①] 政治经济学的理论能改变世界。所以有研究者才宣称理论是"引擎"，而不仅是"照相机"。[②] 政治经济学的理论不仅像"照相

① 《马克思恩格斯选集》（第一卷），人民出版社 1975 年版，第 19 页。
② Donald MacKenzie, *An Engine, Not a Camera: How Financial Models Shape Markets*, Cambridge: The MIT Press, 2006.

机"那样简单捕捉世界的运行。一旦理论被提出,大家就照着理论指导所思所想,行为做事和理论日益吻合,理论最终成为"引擎"。我们的日常政治经济决策常常会受到经典、思想、理念等"看不见的手"的牵引。经典一旦问世,被广泛阅读,就可能成为"自我实现的预言"。阅读过这些经典,在被它们牵引的时候,我们会有更多的自觉。同时,我们也能看到社会中他人是如何被经典这只"看不见的手"牵引的。

因此,在政治经济学日益走向"科学化"的同时,仍需要阅读年代久远的经典。长期"科学化"趋势使得政治经济学研究日显乏味。本杰明·科恩(Benjamin Cohen)在撰写《国际政治经济学学科史》时指出,国际政治经济学已变得越来越枯燥。近年国际政治经济学研究难以与早期研究一争高下;近期的国际政治经济学研究也缺乏开创性贡献,缺乏经典。① 不仅国际政治经济学如此,近年来比较政治经济学研究同样面临缺少经典与趣味的问题。经典与当代社会科学文献的分割,使我们在阅读经典时感到天马行空;在阅读当代社会科学文献时则感到枯燥乏味。王国维曾评述西方哲学:哲学上之说,大都可爱者不可信,可信者不可爱。本书恰恰希望搭建起政治经济学古今对话的桥梁,让经典重新经历历史的检验;寻找经典的现代回响;从现实问题出发引出经典的争论,让政治经济学既"可爱",又"可信"。因此,我们强调政治经济学需要"回到经典"。

---

① Benjamin Cohen, "Are IPE Journals Becoming Boring," *International Studies Quarterly*, Vol. 54, No. 3, 2010, pp. 887 - 891.

四 为何要"走出"政治经济学经典？

但是在"回到经典"的同时，我们还需要"走出经典"。这是为何？社会学家赵鼎新指出："一旦一种观念在社会上或者在学术圈盛行时，它都会引发两个导致事物走向反面的机制。首先，在社会上，一种观念一旦在社会上取得优势，无论是真诚信徒还是机会主义分子都会不遗余力地把这一观念在思想和实践层面做大。其结果就是不断显露和放大这一观念的误区，所带来的负面（甚至是灾害性的）后果反倒'证明'了其他观念的'正确'。其次，在学术圈内，某一观念一旦占领了学术市场，无论是它的真诚信徒还是跟风者都会不遗余力地把围绕这一观念的研究做到极致。学术与经验事实的关系越来越不切合，从而为其他观念和理论的兴起铺平了道路。最可悲的却几乎不可避免的情景是，主流社会观念和主流学术观念合流，学术降为权力的附庸和帮凶。在历史上，这种情景带来的总是灾难。"① 事实上，改革开放之前，中国学者一直在阅读政治经济学经典，即马克思主义经典。尽管恩格斯曾经说过："我们的理论是发展着的理论，而不是必须背得烂熟并机械地加以重复的教条。"② 但当时中国学界的经典阅读却捆绑了中国人的想象力，因为没有比较，也缺乏检验，让经典变成教条。不仅在中国如此，这样的例子在其他国家也同样存

---

① 赵鼎新：《社会科学研究的困境：从与自然科学的区别谈起》，《社会学评论》2015 年第 4 期，第 16 页。
② 《马克思恩格斯全集（第三十六卷）》，人民出版社 1975 年版，第 584 页。

在。因此，我们才需要做到"两个结合"：坚持把马克思主义基本原理同中国具体实际相结合、同中华优秀传统文化相结合。

其一，经典作家所看到的，所听到的，往往是他们想看到的，想听到的。古代中国俗语讲：佛眼观人皆为佛，贼眼看人尽为贼；鹅眼看人小，牛眼看人高。用阿尔伯特·爱因斯坦（Albert Einstein）的话来讲就是：你是否能观察到一个事物取决于你用什么理论，理论决定了你能观察到什么事物。[①] 不是世界在那里，你观察到了这个世界；而是你有怎样的政治经济学理论决定了你观察到怎样的世界。如图1-1所示：从这张图中你能看到什么？有人会说：楼梯。那么这张图呈现的是仰视的楼梯还是俯视的楼梯？如果你盯着这张图多看一会儿，你既能看出这是仰视的楼梯，也能看出这是俯视的楼梯。然而，不少非洲部落的民众则看不出这是楼梯。因为

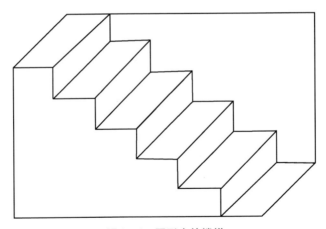

图1-1　图形中的楼梯

① Abdus Salam, *Unification of Fundamental Forces: The First* 1988 *Dirac Memorial Lectures*, New York: Cambridge University Press, 1990, p. 99.

这需要我们从二维图中看到三维信息。很多非洲部落的人从小没有接受过相应锻炼。因此，他们看不出这是楼梯。[1] 在一些人看来是不容置疑、无可争辩、显而易见、常识问题、铁的事实，换一个视角，就会有不同的答案。

政治经济学中有形形色色的经典，不同经典提供不同视角。不同视角会让政治经济学家在看待同一段历史与现实时，寻找到不同的证据，得出迥异的结论。由于成长经历、学理背景、意识形态等不同，即便面对同样的事实，不同个体会得出大相径庭乃至截然相反的结论。2016 年，唐纳德·特朗普（Donald Trump）当选美国总统以后，美国民主党人大都觉得经济变得越来越糟；而共和党人则觉得经济变得越来越好。[2] 即便存在经济增长的"客观"指标，但党派立场的差异使个体对现实问题有着不同判断。

不同政治经济学的理论视角看待历史与现实会有差异。不少历史学家强调让事实说话，让历史说话，但历史与事实从来不自己说话。历史学家爱德华·卡尔（Edward Carr）举了一个例子："琼斯在宴会后开车回家，他比平日多喝了点酒，车子的刹车又不大灵，开到一个死角那里又什么都看不见，一下撞倒了罗宾逊，把他压死了。罗宾逊是走过街道，到街角拐角处这家香烟店来买烟的。"[3] 那么，发生这场车祸的原因是什么呢？琼斯不开车，就不会发生车祸；

---

① Alan Chalmers, *What is This Thing Called Science*, Queensland: University of Queensland Press, 2013, p. 6.

② John Sides, Michael Tesler and Lynn Vavreck, *Identity Crisis: The* 2016 *Presidential Campaign and the Battle for the Meaning of America*, Princeton: Princeton University Press, 2018, p. 208.

③ ［英］爱德华·卡尔著，吴柱存译：《历史是什么？》，商务印书馆 1981 年版，第 113 页。

琼斯不喝酒，或许也不会发生这场车祸；琼斯的刹车没有坏，这场车祸可能就不会发生；琼斯路过的那个死角如果有路灯，琼斯可能就不会撞倒罗宾逊；如果罗宾逊不抽烟，他就不会出来买烟，也就不会被车撞到。这个清单还可以列得很长，尽管卡尔认为有些原因可以被剔除，但是在寻找因果关系来组织历史事实时，政治经济学者的理论视角有着重要作用。卡尔的看法是："事实本身就能说话，这一点当然并不真实。事实本身要说话，只有当历史学家要它们说，它们才能说：让哪些事实登上讲坛说话，按什么次第，讲什么内容，这都是由历史学家决定的。"① 因此，如果回到经典却不能走出经典，我们就让经典作家的双眼代替了我们的双眼。经典作家的双眼会过滤掉很多对我们有用的信息。或许有人会问：既然经典作家是历史上最聪明的人，那么让他们代替我们对历史和现实进行鉴别筛选有何不妥呢？让我们来看需要"走出经典"的第二个原因。

其二，历史上最聪明的人往往也是最片面的人；影响最深远的学说往往也存在"攻其一点，不及其余"的特质。所有经典流传下来大都是因为"片面的深刻"，经典所揭示的机制与智慧目光最聚焦、标识度最高，其优点是"深刻"，不足是"片面"。由于片面性，该经典往往能抓住以往论著所忽略的侧面，观照到已有学说的理论盲区，具有显著的标识度，吸引坚定的追随者。如此一来，具有标识度的经典更能广为传颂，长久流传。当用经典观照现实时，不能将经典的智慧作为"唯一准则"，不宜用一种模式、单一视角来解决所有政治经济问题。学习经典时，不少人很容易

---

① ［英］爱德华·卡尔著，吴柱存译：《历史是什么？》，商务印书馆 1981 年版，第 6 页。

把经典当作教条，乃至匍匐在经典脚下学习。但一旦读者把这样的思想和视角当作教条，运用到社会生活的方方面面，最后的结果可能是灾难性的。

在 20 世纪 50 年代，美国政治学家麦乔治·邦迪（McGeorge Bundy）担任哈佛大学文理学院院长，他是哈佛大学有史以来最年轻的文理学院院长。而麻省理工学院经济学家沃尔特·罗斯托（Walt Rostow）则是享有卓著声誉的学者，其著作《经济成长的阶段》是发展经济学经典，被译为多国文字，产生了深远影响。邦迪和罗斯托都深度参与了美国政府在越南的军事决策，并信心满满地做出预言。这两位学者说服林登·约翰逊（Lyndon Johnson）总统，让他相信美国可以凭借强大的军事实力赢得战争。美军对越南实施了持久的、大规模的轰炸。美军轰炸削弱了越南的地方治理，使参加游击队的当地民众数量急剧上升。[1] 这样的结果是两位学者和美国决策者始料未及的。罗斯托是一位预言家，他觉得自己深刻理解了共产主义的本质。罗斯托和邦迪利用他们的经济发展理论和博弈论模型，在图纸上计算好了应该发生何种事情，但他们却很少考虑模型之外的力量。他们几乎没有意识到越南的反殖民情绪和其他因素更显著地影响着当地民众，改变了战争进程。[2] 在 2003 年，时任美国国防部副部长的保罗·沃尔福威茨（Paul Wolfowitz）在国会作证时说，我当初没有想到：在萨达姆倒台后，维持伊拉克

---

[1] Melissa Dell and Pablo Querubin, "Nation Building through Foreign Intervention: Evidence from Discontinuities in Military Strategies," *Quarterly Journal of Economics*, Vol. 133, No. 2, 2018, pp. 701–764.

[2] David Milne, *America's Rasputin: Walt Rostow and the Vietnam War*, New York: Macmillan, 2008, p. 218.

社会的秩序比这场战争本身还要耗费更多兵力。① 不仅战争进程难以预测，政治经济大部分问题都难以在黑板上预言。美国前财政部长罗伯特·鲁宾（Robert Rubin）的回忆录书名就叫《在不确定的世界》。他在回忆录开篇就强调这个世界的不确定性。诺贝尔经济学奖得主罗纳德·科斯（Ronald Coase）指出：黑板经济学是高水平学术能力的一种，它可能在提升经济学家的能力方面有一定作用，但在考虑经济政策时，它会误导我们的注意力。② 政治经济学的经典大部分是写在黑板上的，在运用它的时候，我们要保持谦虚的品格。

苏联解体后的改革者读的是亚当·斯密、大卫·李嘉图等自由主义的诸多经典，他们却被经典捆绑，深信休克疗法的有效性而罔顾自由市场的政治基础。不少发展中国家领导人读弗里德里希·哈耶克、米尔顿·弗里德曼，最后将"新自由主义"（Neoliberalism）经典奉为圭臬。20 世纪 50 年代，美国国务院从智利天主教大学交换项目中选拔学员，安排到美国芝加哥大学学习。此后，美国又从拉美各国挑选了一批学员在美国各主要大学学习。这群拉美青年的精神导师就是新自由主义领军人物——米尔顿·弗里德曼。他们在美国大学学习了新自由主义经典，学成回国后，很快占据了拉美学界与政界的重要岗位，并将他们的理念付诸实践。他们开始大刀阔斧地进行自由化改革，让价格市场化、贸易自由化，取消对金融部门

---

① ［美］戴维·麦克亚当斯著，杨珮艺、唐源颖译：《博弈思考法》，中信出版社 2016 年版，第 250 页。

② ［美］罗纳德·科斯著：《企业、市场与法律》，载 ［美］罗纳德·科斯著，盛洪、陈郁译：《企业、市场与法律》，格致出版社、上海三联书店、上海人民出版社 2009 年版，第 19 页。

的管制，大规模推进私有化。阅读经典而照搬经典的结果就是将经典变成教条，让拉美自由化改革步履蹒跚。拉美经济不仅经历了"失去的十年"，"新自由主义"改革在一些拉美国家甚至引发了严重危机。

由于经济形势不断恶化，2001 年 12 月，阿根廷政府颁布限制银行提款法令，民众只能从银行提取少量现金存款。此举立即遭到社会各界强烈反对并引发大规模社会骚乱。阿根廷各地发生居民哄抢商店、阻塞交通等暴力事件。费尔南多·德拉鲁阿（Fernando De La Rua）总统颁布戒严令。戒严令的颁布不仅没有平息骚乱，反而导致了更大规模的示威和抗议活动，成千上万的人走上街头。情况持续恶化，愤怒的民众包围了总统官邸，德拉鲁阿总统只好宣布辞职。为了躲开愤怒的民众，他乘坐直升机逃离总统官邸。

随后，反对党成员、参议院主席做了阿根廷临时总统。两天后，阿根廷国会推选阿根廷圣路易斯省省长罗德里格斯·萨阿（Rodríguez Saá）为总统。萨阿上台后随即宣布阿根廷政府无力偿付 930 亿美元债务。这是全球经济史上数额最大的一次债务违约。但是，阿根廷的游行和示威仍旧持续。由于得不到党内全力支持，萨阿在上任一周后就被迫宣布辞职。此时，阿根廷众议院议长接替萨阿担任临时总统。不过，阿根廷骚乱有愈演愈烈之势。2002 年 1 月 1 日，阿根廷国会召开两院大会，推选在 1999 年总统竞选中败北的正义党候选人爱德华多·杜阿尔德（Eduardo Duhalde）为总统。自 2001 年 12 月 20 日德拉鲁阿总统宣布辞职至 2002 年 1 月 1 日杜阿尔德就任新总统，短短 12 天内，阿根廷五易总统。阿根廷骚乱与恐慌即来源于其自由化改革引发的金融危机与货币危机。诺贝尔经济学奖得主约瑟夫·斯蒂格利茨评论道:"最终,在连续 7 年的高失业率情况下,阿根廷的市民不得已发生了暴动,这毫不奇怪,奇怪的是他们竟然能够非常安静地忍耐这么长的时间。"① 固执于新自由主义的理论教条给拉美国家带来巨大教训。在世界其他国家和地区,类似教训不断警示后人。或许有人会问:如果经典作家能跳出片面的约束,通观全局,那么我们是否就可以始终不渝地遵照经典的指引呢? 让我们来看需要走出经典的第三个原因。

其三,人类社会的机制被经典作家揭示后常常会变形。尽管我们致力于追求政治经济学机制的普遍性,但我们不可须臾忘记在不同的时间和空间,人类社会的机制会有不同呈现。比如亚当·斯密强调自由市场的价值,但前提是他的政策试验场是在已经较好完成了国家建构的国家和地区。大量发展中国家的学者在阅读斯密时,一旦把自由市场当教条,就会忽略让自由市场发挥作用的政治前提。直接生搬硬套经典开具的药方常常带来灾难。国家构建的缺失使得发展中国家既无力应对国际政治经济的挑战,也无法整合国内政治经济秩序。不同的空间会有不同的政治经济条件,经典揭示的机制也会发挥迥异的作用。此外,随着时间的流逝,经典揭示的机制也会变形,要么出现"正反馈";要么出现"负反馈"。

经典呈现正反馈的情况有很多,"自我实现的预言"就是其中之一。经典揭示的机制吸引了越来越多的追随者,让经典的影响力像滚雪球一样越滚越大,作用范围与深度随着时间的变化不断增大。

---

① 〔美〕约瑟夫·斯蒂格利茨著,李扬等译:《全球化及其不满》,机械工业出版社 2010 年版,第 14 页。

不仅如此，经典揭示的机制也存在负反馈。一般而言，西方社会常常被"金钱政治"困扰。所获得的政治献金越多，候选人越可能当选。对普通选民而言，如果候选人对其竞选开支每增加一美元，那么获得该选民投票支持的概率会提高 4%。[1] 获得竞选资金和获得选票显著挂钩。美国民主党和共和党都越来越依靠政治捐款。从 20 世纪 70 年代中期到 20 世纪 80 年代中期，美国众议员竞选费用大约增长了五倍。[2] 这样的现象被新闻大肆报道，被研究者不断揭示。人有自主性，会不断学习，进而调整自身的行为。随着时间的流逝，"更多献金，更多选票"的正相关关系就很可能呈现负相关。一般而言，一个篮球运动员的投篮进球率越高，说明其专业技术水平越高，他在接下来比赛中的进球率就会越高。但一旦对方球队也发现这一点，齐心协力盯住这位球员，对他严加防范，那么这位明星球员接下来投篮进球率反而会降低。在社会科学中，规律与机制会随时间和空间的变换而变形；经典揭示的机制亦然。因此，本书强调阅读经典的同时要走出经典。

五　政治经济学经典如何观照现实？

为了避免政治经济学经典沦为教条，更好地观照现实，本书力

① ［美］拉里·巴特尔斯著，方卿译：《不平等的民主：新镀金时代的政治经济学分析》，上海人民出版社 2012 年版，第 118 页。
② ［美］雅各布·哈克、保罗·皮尔森著，陈方仁译：《赢者通吃的政治》，上海人民出版社 2015 年版，第 165 页。

图做到以下两点：

首先，我们提供多种政治经济学经典的视角。认识世界的视角不止一个，同一问题的答案也往往不止一个。如图1-2，如果有人问你这张图有几个正方体，有人会说6个，有人会说7个。事实上，从一个角度看，这张图有6个正方体；而从另一个角度，你会看到7个正方体。如果有人让你回答图1-3向人们展示了什么，看到图形白色部分的人会说这张图画的是一个杯子；看到黑色部分的人会说这张图画的是两个面对面的人。

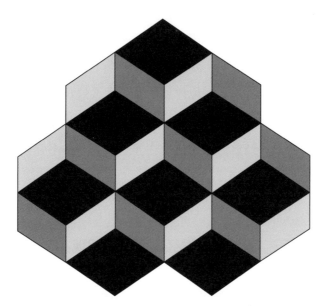

图1-2　图形中的正方体

马克斯·韦伯（Max Weber）曾警告其时代的德国人：不宜让自由主义的政治经济学蒙蔽了眼睛，因为单一视角是危险的。他说："当一种看问题的方式如此自信地一往直前时，那就已经有落入幻觉

图1‐3　图形中的杯子与人

的危险，即过高估计了自己这种视角的重要性，尤其是把一种只具有相当限定性的视角当成了唯一的视角。"[1] 同样是一张世界地图，目前美国仍然使用"欧洲中心论"的世界地图，和中国印刷的地图迥然不同。中国人对泛太平洋地区普遍有较好的理解；而美国人则对跨大西洋地区有更为深刻的认识。如果一个中国小学生和一个美国小学生一起谈论这个世界的话，他们或许都会说出很多让对方惊讶的认识。[2]

　　为了更深入地展示某一个视角的政治经济学，本书为每一章的

---

① ［德］马克斯·韦伯著，甘阳、李强等译：《民族国家与经济政策》，生活·读书·新知三联书店1997年版，第94页。
② 王元崇：《中美相遇：大国外交与晚清兴衰（1784—1911）》，文汇出版社2021年版，第70页。

问题提供了一个视角的答案。但我们必须明确，这些问题的答案远远不止一个。本书接下来的章节会分别介绍政治经济学的四个视角：以个体为中心的视角、以阶级为中心的视角、以国家为中心的视角、以制度为中心的视角。从某种意义上讲，最后一个视角，即以制度为中心的视角是从其他三个视角派生而来的。不同视角都有相应的经典，这些经典都能从不同侧面把握世界政治经济的历史演进，为现实问题提供不同答案。只有一种视角的政治经济学是危险的。赵鼎新指出："记得前苏联阵营在 20 世纪 90 年代垮台时，许多人跟我说马克思主义左派理论是回不来了。我当时的回答是：'等着吧，它会回来得比你想象得快。'自由主义犯自由主义的错误，左派犯左派的错误，法西斯犯法西斯的错误，科学主义者犯科学主义者的错误，原教旨主义犯原教旨主义的错误。一个观念一旦变得强大并成为从国家到社会的实践，后继者就会放大该观念的误区，再后继者就会排斥这一观念并把另一种观念推向高峰。"[1] 上海市有一年的高考作文题中有这么一段话："倾听了不同国家的音乐，接触了不同风格的异域音调，我由此对音乐的'中国味'有了更深刻的感受，从而更有意识地去寻找'中国味'。"当前中国的哲学社会科学致力于构建自主知识体系，在马克思主义理论的指导下，我们需要学习借鉴人类社会创造的一切文明成果。只有了解多元的视角，我们才能更好地理解世界，修正错误，让中国的政治经济学更有"中国味"。

其次，我们要让经典接受检验，包括接受历史与现实的检验。经典命题的科学性、思想性和经典的历史进步性并非单调一致。在

---

[1] 赵鼎新：《社会科学研究的困境：从与自然科学的区别谈起》，《社会学评论》2015 年第 4 期，第 16 页。

不同的历史情境下，在相异的现实条件下，经典命题常常带来迥异的效果。科学性、思想性较弱的经典命题（如不少政治经济学者认为的重商主义经典），仍可能在特定阶段发挥其历史进步作用。经典需要与历史、现实反复对话，不断接受经验证据检验。让经典与历史和现实对话，就是在搭建一座桥梁，搭建经典与当代社会科学对话的桥梁。就同一个问题而言，不同经典常常能找到不同的答案。比如，全球化的驱动力是什么？不同的理论视角就会找到不同的历史事实与现实证据。一般而言，自由主义者较多地梳理全球化历史的一个侧面，他们强调理性的个人遵循比较优势，参与国际分工，促进国际交换。因此，理性的个人成了自由主义政治经济学学者书写全球化历史的重要起点。同样是看待全球化的历史，现实主义的政治经济学者会看到强权在整合世界市场过程中发挥的重要作用。在现实主义政治经济学者眼中，世界市场的兴起离不开霸权国家提供的政治支撑。马克思主义者则强调阶级力量，尤其是资产阶级为追逐更多的剩余价值，不断突破民族国家的界限，不断开拓全球市场的边疆。而制度主义者则看到国际制度降低了世界各国参与全球化的交易费用，提供信息，提供激励并惩罚背叛。不同理论流派的政治经济学者都可以用自己的视角来书写一部全球化的历史。不过，在用历史与现实检验经典的时候，当代政治经济学者往往比较重视以下三条标准。

第一条标准是"适用范围"（scope）。政治经济学家在总结历史与现实规律的时候，总是试图解释更大范围的历史与现实。有的政治经济学理论只能解释个案，而有的则能提供更广阔的解释力。它们不仅能解释更多的国家、更多的人口，还能解释更长时期的历史。

因此，在接受历史与现实检验时，解释空间范围更广、时间范围更长的政治经济学理论往往在理论竞争中有着显著的优势。政治经济学最有生命力的理论和机制都可以超越时空，具有持续的解释力、预测力和影响力。它们在历史中、现实中被不断地重现，有时是单调地重复，有时是创造性地再现。重大机制（如集体行动的逻辑、"合作的进化"）不断在政治学、经济学、社会学等学科以及国际关系史、政治思想史、科技史中反复出现。对政治经济学经典的检验，对政治经济学进行跨学科整合需要寻找"通则"与"共识。"这样的"通则"与"共识"尽管不是自然科学揭示的"规律"，但是它们却是"普遍的"（pervasive），也是"便携的"（protable）。说它们是"普遍的"，意味着乃至你在阅读小说、观看电影、回顾历史的时候，它们揭示的道理都会不断再现，一次又一次跳出来。说它们是"便携的"，意味着它们不仅对研究政治经济学有启发，研究其他学科，处理日常问题，也有着指导意义。

第二条标准是"简约"（parsimony）。不少历史学家喜欢展示历史的复杂性，比如对 20 世纪 30 年代经济危机的起因，他们会展示无数的偶然事件如何引发了"意想不到的后果"。而作为社会科学家的当代政治经济学者则喜欢用更简单的方式来处理复杂事件。他们认为需要抓住一些关键因素。因此，他们的研究往往都可以简要地表达为：在什么条件下，有什么事情会发生（if…then）；或者也可以表述成：如果一个因素朝一个方向变化，那么它很大可能会引发另外一个因素朝特定的方向变化（the more…the more likely）。作为社会科学家的政治经济学者大都奉行"大道至简"的原则。在展示历史与现实的时候，他们相信要以"地图式"的方式展示，而不能以"照相机式"的方式展示。不同于"照相机式"的、事无巨细地展现历史与现实，"地图式"的展示要求研究者抓住历史与现实的关键，简化历史与现实。如果把政治经济的历史与现实展示得繁琐庞杂、纷乱无章，这样的理论既难以提炼机制，也难以指导现实。因此，不同的政治经济学理论视角在接受历史与现实检验的过程中，是否能简约地总结历史与现实的机制是判断其理论竞争力高下的又一标准。

第三条标准是"精确"（precision）。政治经济学家以历史与现实来检验经典，往往需要具备"精确"的特征。对这一条标准，或许争议是最大的。因为能提供精确检验的研究可能面临缺乏思想层面原创性的诟病。"阳光底下无新事"，更为精确的检验的确可能被视为揭示了常识，是对经典机制的变相重复。不过，含混不清的政治经济学理论不仅让读者难以理解，而且因为其"模糊"的特点，也难以用来指导实践。例如，在政治经济学中，有关霸权稳定论的大部分研究都强调，开放的国际经济是公共品。这个公共品的提供需要一个政治前提：霸权国家的存在。正如查尔斯·金德尔伯格（Charles Kindleberger）所说："一个稳定的世界经济秩序需要一个稳定的提供者。"[①] 金德尔伯格的表述被后来的学者总结为霸权稳定论。这是从世界政治经济的历史中抽象出的规律。而这样的规律会面临诸多挑战，因为它不够精确。比如，什么样的国家是"霸权国家"？以军事实力还是经济实力来衡量？什么样的国际经济秩序才算得上"开放"？因此，斯蒂芬·克莱斯勒（Stephen Krasner）、蒂莫

[①] Charles Kindleberger, *The World in Depression, 1929–1939*, Berkeley: University of California Press, 1973, p. 305.

西·麦基翁（Timothy McKeown）等人对霸权稳定论进行了修正。[1]事实上，不少当代政治经济学家正是运用现代社会科学的方法，如比较案例研究、过程追踪、统计等，寻找更大限度的"精确性"。哲学家阿尔弗雷德·怀特海（Alfred Whitehead）说：西方两千多年的哲学都是柏拉图的注脚。事实上，这句话运用在政治经济学中也有道理。不少当代政治经济学学者所做的大量研究都在重复早期经典的结论与推论。他们用历史与现实的证据提供了一些更精确的检验。此时，在理论的竞技场上，"精确"成为检验理论流派之间竞争力强弱的又一个评判标准。要让经典更好地观照现实，以往经典对重大问题的论断、精致优雅的推理都需要不断接受历史与现实的检验。

本书既强调"回到经典"，又希望我们能"走出经典"，让经典接受历史与现实的检验。在接下来的章节中，政治经济学的经典会不断地、反复地参照世界政治经济的历史演进，观照现实问题，不断地接受历史与现实的检验。

---

[1] Stephen Krasner, "State Power and the Structure of International Trade," *World Politics*, Vol. 28, No. 3, 1976; Timothy McKeown, "Hegemonic Stability Theory and 19th Century Tariff Levels in Europe," *International Organization*, Vol. 37, No. 1, 1983.

第二章

古典自由主义政治经济学：
斯密与马尔萨斯

亚当·斯密（Adam Smith）和托马斯·马尔萨斯（Thomas Malthus）都是古典自由主义（Classical Liberalism）的重要代表人物。亚当·斯密的《国富论》发表于 1776 年，和詹姆斯·瓦特（James Watt）改良蒸汽机同年。历史学家阿诺德·汤因比（Arnold Toynbee）曾说："《国富论》与蒸汽机打破了旧世界，开创了新世界。"[1] 斯密的影响十分深远，不仅影响了政治学家、经济学家、社会学家，还影响到了遥远国度的文学家。俄国的普希金在其作品《叶甫盖尼·奥涅金》中表达了对斯密的热爱；屠格涅夫则表示对斯密充满敬意，称自己是斯密的学生。[2]《国富论》在中国有多个译本。1902 年，《国富论》第一部中译本面世，即严复先生主持翻译的《原富》。此后，王亚南、郭大力再度将此书翻译成中文，不足之处是文白间杂。20 世纪末期，由庚子赔款公派到牛津大学的老一辈学者杨敬年教授再度将《国富论》译成中文。这一译本文笔优美、行文流畅，已被收入"影响世界历史进程丛书"。中国台湾地区的谢宗林、李华夏也贡献了《国富论》另一个译本。

斯密的古典自由主义充满了乐观的气息。《国富论》从制针工厂的故事出发，探讨是什么样的原因带来了劳动生产率的大幅提高？国民富裕背后存在怎样的机制？斯密认为劳动分工（division of labour）显著地改进了经济效率，分工不是靠政府来引导，而应依赖理性的经济个体，即"经济人"（homo economicus）。经济人是古

---

[1] Salim Rashid, *The Myth of Adam Smith*, Cheltenham: Edward Elgar, 1998, p. 212.
[2] ［俄］阿尼金著，晏智杰译：《改变历史的经济学家》，华夏出版社 2007 年版，第 172—173 页。

典自由主义政治经济学的重要假定，对后世影响深远。他们宣称人是理性的（rational）、自利的（self-interested）、效用最大化的（utility maximization）。古典自由主义者往往相信政府在经济生活中扮演守夜人的角色，政府在经济生活中需要自由放任（laissez-faire）。斯密坚信竞争（competition）的重要作用，他认为竞争性的市场可以使得资源配置更有效率。依靠竞争性市场这只"看不见的手"（invisible hand），而不是政府这只"看得见的手"才能引导一个国家实现经济繁荣。斯密批评重商主义者，因为斯密认为自由贸易不仅提高了民众福祉，还有利于和平。这被后来的国际政治经济学者发展为"贸易和平论"。

1798 年，马尔萨斯出版了《人口原理》。和斯密的乐观笔调不同，马尔萨斯的自由主义则笼罩着悲观的氛围，以致 200 多年后，《科学》杂志还问这样的问题：马尔萨斯会继续错下去吗？如果在未来，马尔萨斯的寓言再度复活了，人类的前景会相当灰暗。

一　为什么欧洲人长高了？

当你参观 16 世纪西班牙国王菲利普二世（Felipe II）的王宫时，你会惊讶地发现：国王的卧榻相当短小！那张御用的床铺看起来像一张正方形的床。即便在 1840 年的鸦片战争时期，英军的平均身高也只有 1.65 米。① 而今，大部分欧洲国家男性的平均身高已经远远

---

① 赖建诚：《经济史的趣味》，浙江大学出版社 2011 年版，第 28 页。

超过了历史时期。如表2-1所示，自1750年到1975年，欧洲六国男性的平均身高大都有了显著提高。英国男性平均身高从165.9厘米增加到175厘米；挪威男性平均身高从163.9厘米增加到178.3厘米。其他国家男性的平均身高也都有显著增长，当然匈牙利男性身高增长并不那么显著，从169.1厘米增加到170.9厘米，中间还出现过倒退。

表2-1　1750—1975年欧洲国家男性的平均身高（单位：厘米）

年份＼国家	英国	挪威	瑞典	法国	丹麦	匈牙利
1750—1775	165.9	163.9	168.1			169.1
1776—1800	167.9		166.7	163.0	165.7	167.2
1801—1825	168.0		166.7	164.3	165.4	166.7
1826—1850	171.6		168.0	165.6	165.3	
1851—1875	169.3	168.6	169.5	165.6	165.3	
1951—1975	175.0	178.3	177.6	174.3	176.0	170.9

资料来源：Robert Fogel, *The Escape from Hunger and Premature Death, 1700 - 2100: Europe, America, and the Third World*, New York: Cambridge University Press, 2004, p. 13, Table 1.4.

　　什么原因让欧洲人长高了？一般而言，较好的物质条件往往会让一个社会的平均身高有所增长。

　　斯密在《国富论》中探讨国民财富增长的源泉。斯密有着卓越的写作才能。经济史学家马克·布劳格（Mark Blaug）称："斯密大概是经济学家中文笔最为优美的人，我看斯密著作的时候就想大声地朗读。"[1]

---

[1] ［英］马克·布劳格著，姚开建译：《经济理论的回顾》，中国人民大学出版社2009年版，第45页。

斯密的写作和论证技巧，在他《国富论》前三章中就已展示出来。他在开篇前三章首先关注劳动分工（division of labour），在斯密看来，这是促进国民财富增长的重要源泉之一。

斯密从世人所熟知的例子——制针工厂展开他的论证。斯密指出：一个工人，"用他最大的努力，或许一天制造不出一枚针，肯定不能制造 20 枚"。但是，如果在制针工厂，一群工人协作分工，"一个人抽丝，另一个人拉直，第三个人切断，第四个人削尖，第五个人磨光顶端以便安装针头；做针头要求有两三道不同的操作；装针头是一项专门的业务，把针刷白是另一项；甚至将针装进纸盒中也是一项专门的职业。这样，制针这一重要的业务就分成了大约 18 道不同的工序"。如此一来，一个 10 个人规模的制针工厂，"每天能制针 48000 枚。每个人制造 48000 枚针的 1/10，就是每天制针 4800 枚"。事实上，这段论述在斯密的前辈威廉·配第（William Petty）的作品中就有体现。配第写道：譬如织布，一人梳清，一人纺纱，另一人织造，又一人拉引，再一人整理，最后又一人将其压平包装，这样分工生产，和只是单独一人笨拙地担负上述全部操作比起来所花的成本一定较低。① 因此，斯密关于分工的论述，从某种意义上讲也是在做有创新的重复。

如果没有分工，斯密说："那他们肯定不能每人每天制造出 20 枚针，或许连一枚也造不出来。"② 如果我们乐观估计，假定这个工人在一天的时间里，不靠他人协作，只靠自己就能制造出 20 枚针。

① ［英］威廉·配第著，陈冬野译：《政治算术》，商务印书馆 2014 年版，第 26 页。
② ［英］亚当·斯密著，杨敬年译：《国富论》（上卷），陕西人民出版社 2001 年版，第 8—9 页。

那么，得益于分工，他每天的产量达到 4800 枚，产量增长了 240 倍！事实上，制针业的劳动生产率的确得到了惊人的提高。1830 年，英国伯明翰的制针工厂每分钟生产 45 根针；1900 年，这些工厂每分钟生产 180 根针；到了 1980 年，这些工厂每分钟生产 500 根针。从 1776 年平均每人每天生产 4800 根针，到 200 多年后的 80 万根，制针工业的劳动生产率提高了 16667%。[1]

斯密指出分工带来了生产率的提高，主要可以归因于以下三点。第一，得益于分工，每一个工人的熟练程度提高了。如果一个人既是牙医，又是汽车修理工，还是电视主持人，你肯定不会去找这个人看牙。[2] 因为他肯定不如专业的牙医技能娴熟。这正应和了中国俗语"百艺百穷，九十九艺空"。拒绝分工，从事多种技艺，最终可能样样不精。为何"内行人只听三句话，便能看出真和假"？长期的分工让人积累了娴熟技艺，包括鉴别真伪的能力。资深德国工程师听到汽车关门响动，就能鉴别汽车质量是否合格。精湛技艺来自长期的专业分工，使之积累大量的"缄默知识"，最终实现"唯手熟尔"的效果。第二，分工节约了从一种工作转向另一种工作所丧失的时间。斯密认为频繁变换工作岗位会带来很大浪费。当一个人从一种业务转向另一种业务时，通常都要留出一段时间来闲荡溜达、浑水摸鱼、心不在焉。最后，分工还有一项副产品，即"发明了很多的机器，便利和简单化了劳动，使一个人能干许多人的活"[3]。因此，

① ［美］雷·坎特伯里著，礼雁冰等译：《经济学简史：处理沉闷科学的巧妙方法》，中国人民大学出版社 2011 年版，第 66 页。
② ［美］威廉·伊斯特利：《白人的负担：为什么西方的援助收效甚微》，第 148 页。
③ ［英］亚当·斯密：《国富论》（上卷），第 11 页。

一个人如果专注于一种职业，肯定会熟能生巧；同时他避免了从一种业务转向另外一种业务过程中的心不在焉、懒懒散散、磨磨蹭蹭，因而能更加全神贯注地工作；此外，工人长期从事一项工作，能积累经验，有助于发明创造。事实上，在英国工业革命时期，大部分发明创造都是工匠根据生产经验而改进完成的。詹姆斯·瓦特在《国富论》出版的同年改良了蒸汽机。瓦特改良蒸汽机的基础来源于约翰·维尔金森（John Wilkinson）对大炮镗床的改进。正是威尔金森的天才努力，发展出能够加工具有一定精度汽缸的技术，才让瓦特"可以保证直径 72 英寸的汽缸在最差的地方加工误差也不会超过六便士硬币的厚度（即 0.05 英寸）"。如果没有金属工艺的改进，并能制造出精确的圆柱体，制造蒸汽机是不可能的事情。①

事实上，斯密认为不仅在生产中需要分工，而且在战争中也需要分工。斯密写道："战争技艺肯定是所有技艺中最高尚的一种，在改进过程中必然会变成最复杂的技艺。为了使战争技艺达到这种完善程度，他就必须变成特殊一类公民的唯一的或主要的职业。为改进这种技艺，也像为改进其他技艺一样，必须有劳动分工。"② 分工即可以用于生产与合作，也适用于冲突与竞争。通过分工，均能提升合作抑或冲突的最终绩效。

因此，斯密认为："在每一种工艺中，只要能采用劳动分工，劳动生产力就能成比例地增长。在享有最发达的产业和效率增进的那

---

① ［美］大卫·兰德斯著，谢怀筑译：《解除束缚的普罗米修斯》，华夏出版社 2007 年版，第 2—3 页。
② ［英］亚当·斯密著，杨敬年译：《国富论》（下卷），陕西人民出版社 2001 年版，第 765 页。

些国家，分工也进行得最彻底；在未开化社会中一人从事的工作，在进步社会中一般由几个人担任。"[①] 北京大学周其仁教授回忆他在黑龙江完达山插队时候的情境："在完达山狩猎的年月，深山老林里就只有我和师父两人，差不多样样自给自足。我们住的茅舍是自己盖的，吃的食物不是从山上打来的，就是小菜园子里种出来的。我的师父可能干了，懂得各种野生动物的活动规律，在野外就是倾盆大雨之下也有本事生出一堆火来，他甚至还能自制洗衣用的'肥皂'和猎枪子弹！可师父的生活实在很穷，每件衣服都是补丁。"[②] 这位能干的师父生活贫困，尽管他能靠自己制造几乎一切生活用品，但他却难以享受分工带来的好处。美国演化生物学家贾雷德·戴蒙德（Jared Diamond）来到新几内亚，他发现：这些新几内亚人比一般的欧洲人或者美国人要更聪明、机敏、能干。在新几内亚，和本地人相比，他自己连一些简单的工作都不能胜任。戴蒙德不由得发出这样的感慨："在新几内亚人看来，我是多么呆头呆脑。"[③] 但是，在新几内亚，由于缺乏现代社会的分工，这些聪明机敏的人却没能享受现代社会富裕的生活。

不仅国内分工极大地提高了劳动生产率，国际分工亦然。斯蒂芬·布鲁克斯（Stephen Brooks）指出：在冷战时期，基于成本的计算，美国甚至将国防技术纳入全球分工。美国维尔丁（Verdin）武器系统，有 163 个外国分包商参与其中。它们来自 26 个不同的国

---

① ［英］亚当·斯密：《国富论》（上卷），第 9 页。
② 周其仁：《改革的逻辑》，中信出版社 2013 年版，第 43 页。
③ ［美］贾雷德·戴蒙德著，谢延光译：《枪炮、病菌与钢铁：人类社会的命运》，上海译文出版社 2000 年版，第 10 页。

家，这些国家和地区包括澳大利亚、奥地利、巴西、加拿大、丹麦、芬兰、法国、德国、印度、爱尔兰、意大利、日本、马来西亚、墨西哥、菲律宾、新加坡、南非、韩国、瑞典、瑞士、泰国、英国等。[①] 较之于竞争对手苏联，由于美国深入参与全球分工，提升了效率，其武器研发与制造成本远远低于苏联。

劳动分工使得不同行业的产量迅速增长。分工会让个人发挥各自的长处。斯密强调根据"绝对优势"分工，大卫·李嘉图（David Ricardo）后来将之发展成为比较优势。"举个最普通的例子，如果一位律师打字的速度是其秘书的两倍，他是不是就该把秘书辞掉自己亲自打字呢？答案是否定的。这是因为，如果一位律师作为打字员的工作效率是其秘书的两倍，而作为律师的工作效率是其秘书的五倍，那么他就应当从事法律工作而让秘书来打字，这样对双方都有好处。"[②] 比较优势不仅要和别人比，还要和自己比，看相对而言自己更擅长担任何种工作。每个人都选择自己最擅长的工作，通过分工和交换，经济效率就会显著提升，经济随之增长的同时，社会也会日趋和谐。

在斯密看来，这样的好处不只是惠及社会顶层的一小撮人。在一个治理得当的社会里，增长带来的好处和丰裕的生活能惠及最下层的人民。斯密的《国富论》不是仅仅把眼光放在国家的繁荣富裕；相反，斯密非常关注最普通民众的生存环境。一个身份低下的欧洲

① Stephen Brooks, *Producing Security: Multinational Corporations, Globalization, and the Changing Calculus of Conflict*, Princeton: Princeton University Press, 2005, pp. 91 – 92.

② ［美］米尔顿·弗里德曼、罗丝·弗里德曼著，张琦译：《自由选择》，机械工业出版社 2008 年版，第 44 页。

劳动者如何比有权有势的非洲国王享有更优越的物质生活条件？这是斯密要回答的问题。斯密指出："一个欧洲君主的生活用品，并非总是大大超过一个勤劳节俭的农民的生活用品，而这个农民的生活用品却总是超过许多非洲君主的生活用品，这些君主正是数以万计的赤裸野蛮人的生命与自由的绝对主宰啊。"[①] 在斯密看来，欧洲普通人生活的改善正是源于劳动分工，这使得一个普通欧洲农民的生活超过了非洲的君主。

斯密认为，欧洲国家之间普通民众生活水平存在差异，这也在很大程度上归因于劳动分工的细致程度存在差异。在苏格兰，分工进行得更为彻底，那里的民众生活水平就好于法国。"最穷的值得称赞的男人和女人，没有一双皮鞋也不敢在公众中露面。在苏格兰，风尚使之在最低阶级的男人中成为生活必需品，但在同一阶级的妇女中则不然，她们可以赤脚行走，没有什么不体面。在法国，皮鞋不论对男人或女人都不是必需品，最低阶级的男人和妇女穿着木屐有时还赤脚公然行走，毫不失体面。"[②] 正是得益于国际贸易与分工，英国实现了国家财富的增长，也让苏格兰民众比其他欧洲国家，比如法国，有了更好的物质生活水平。18 世纪以前，茶叶是奢侈品，只有王公贵族才能消费，但 18 世纪初的时候，茶叶变成了普通老百姓都能消费的产品。1784 年以后，茶叶进入了寻常百姓家，甚至连最贫困的农民和钉子制造商都能喝得起。[③] 得益于劳动分工，英国不

---

① ［英］亚当·斯密：《国富论》（上卷），第 15—16 页。
② ［英］亚当·斯密：《国富论》（下卷），第 943—944 页。
③ Ralph Davis, *The Industrial Revolution and British Overseas Trade*, Leicester: Leicester University Press, 1979, p. 47.

同行业的产量成倍增长，在一个治理得很好的社会出现普遍富裕，惠及最底层的人民。① 得益于更高程度的分工，社会不同阶层的物质生活都得到了改善。

值得注意的是，斯密将消费者购买力的提高作为衡量"国家财富"的标准。他将人均收入而不是国民总收入作为其经济福利的标准和出发点。② 这体现了以"个体"为中心的政治经济学的核心特质。正是因为劳动分工，人均收入提高了，一个国家才能实现普遍富裕，普通民众的生活才得到有效改善。所以我们看到，欧洲普通民众的身高随着经济发展而增长。身处贫困社会的印度与孟加拉民众的身高则显著低于欧洲人。

柏拉图在《理想国》里面也谈分工。柏拉图认为：老天在造人的时候，在统治者身上加入了黄金；在辅助者（军人）的身上加入了白银；而在农民的身上加入了铁和铜。③ 因此，个人天生资质不同，因而分工不同。与柏拉图在《理想国》中设计的分工不同，在《国富论》中，劳动分工不是从人天性的不平等推演出来的。斯密并没有像柏拉图那样，把不同天性作为划分社会阶层的依据。与柏拉图设想不同，斯密提倡经济流动性和进入各行各业的自由。他反对依据所谓天生能力低下而把任何个人摈弃在外。④ 斯密指出："最不相同的人物之间的差异，例如一个哲学家和一个普通的街头搬运夫之间的差异，似乎不是由于天赋，而是由于习惯、风俗和教育所产

---

① ［英］亚当·斯密：《国富论》（上卷），第 14 页。
② ［美］亨利·威廉·斯皮格尔著，晏智杰等译：《经济思想的成长》（上），中国社会科学出版社 1999 年版，第 211 页。
③ ［古希腊］柏拉图著，郭斌和等译：《理想国》，商务印书馆 1986 年版，第 128 页。
④ ［美］亨利·威廉·斯皮格尔：《经济思想的成长》（上），第 213 页。

生的。"[1] 因此，斯密的分工更具平民色彩。

以个体为分析单位，斯密在《国富论》前三章展示的分工是积极的、正面的；但在该书的后面部分，斯密则展示了其消极的一面。斯密还看到在欧洲殖民体系下，拉美等被强制卷入国际分工，这一过程具有显著的非自愿性，也有明显的不公正性。他指出："欧洲人的野蛮的不公正行为，使得这样一种本来对所有的方面都有利的事件，变得对几个不幸的国家起了毁灭性的破坏作用。"[2] 而如果将分析单位上移，分工带来的好处就会遭受诸多质疑。马克思主义者会看到分工的推进强化了劳动强度，损害劳动者身心健康；分工带来的机械化、自动化也让劳动者技能逐渐丧失，让资本家在生产过程中获得更大权力；全球分工的展开则体现了资产阶级在世界范围的剥削，让边缘地带持续陷入发展困境。国家主义与现实主义者则看到个体的分工不同于国家的分工。国家间的分工会让一些国家更依赖另一些国家。历史上，纳粹德国就凭借国际分工，利用他国对自身贸易的依赖，让相互依赖成为经济强制的工具，改变他国行为。[3] 国际分工可能变成"武器化的相互依存"（Weaponized Interdependence），让依赖他国的一方信息被强者悉数获悉；互联网等关键技术被强者阻断，使国际分工变成强者实施经济强制的武器。[4] 而在斯密的笔下，有关

---

① ［英］亚当·斯密：《国富论》（上卷），第 20 页。
② ［英］亚当·斯密：《国富论》（下卷），495 页。
③ Albert Hirschman, *National Power and the Structure of Foreign Trade*, Berkely: University of California Press, 1945, pp. 3 - 40.
④ Henry Farrell and Abraham Newman, "Weaponized Interdependence: How Global Economic Networks Shape State Coercion," *International Security*, Vol. 44, No. 1, 2019, pp. 42 - 79.

分工的基调总体是积极的，尤其是分工极大提升了劳动生产率。

劳动分工既然给社会带来如此多的好处，那么，它背后的驱动力是什么呢？"天堂是由法国的厨子、英国的警察、意大利的恋人和德国的汽车组成，并由瑞士人管理的地方；而地狱则是由英国的厨子、德国的警察、瑞士的恋人和法国的汽车组成，并由意大利人管理的地方。"① 看来分工也有"优良的分工"和"蹩脚的分工"。斯密指出劳动分工不是源于人们的智慧与远见，而是所有人共有的本能或者倾向。

二 为什么苏联的分工劳而少功？

斯密盛赞分工，而苏联实施的计划经济也有着广泛的分工。就国防工业来看，各部门的分工非常细致：国防工业部负责生产常规武器；航空工业部负责生产飞机以及飞机零部件；造船工业部负责船舶制造；无线电工业部负责生产电子产品零部件及其设备；中型机械制造部负责制造核武器；通用机械制造部负责生产战略导弹。但是，苏联经济在经历了一段时期的增长后随即陷入持续的低迷。大致从 1960 年开始，以往蓬勃向上的苏联工业增长开始减速。到 20 世纪 70 年代，苏联遭遇了更大的经济困难。往昔的成功成了失落，经济增长率大幅度下降。② 苏联时代的分工不仅没有给苏联民众带来

---

① ［美］威廉·伊斯特利：《白人的负担：为什么西方的援助收效甚微》，第 58 页。
② Robert Allen, "The Rise and Decline of the Soviet Economy," *The Canadian Journal of Economics*, Vol. 34, No. 4, 2001, p. 861.

普遍富裕，反而让他们遭遇大量的物资短缺。所以才流传着广为人知的笑话：美国外交代表团到苏联访问，苏联官员陪他们参观"建设的伟大成就"，并得意地说："到下一个五年计划，每个苏联家庭都可以拥有一架私人飞机！"美国人惊讶地问："他们要飞机干什么呢？"苏联官员说："当然有用啊，譬如你在莫斯科听说列宁格勒开始供应面包了，你可以马上开飞机赶去排队啊。"这个笑话从一个侧面说明，苏联存在分工，但却没有生产出民众急需的物品，也没有给民众带来普遍的富裕。

古典自由主义的推理从"理性人"出发。斯密倡导："人人追逐个人利益，就能促成社会公益"，因此需要允许个人追逐自身的利益，分工才能让社会繁荣昌盛。按斯密的理解，自利基于个体都有"改善自己状况的欲望"，这种欲望是与生俱来、至死方休的。"每一个人改善个人状况的一致的、经常的、不断的努力，是国家和国民富裕以及私人富裕的原始动力"。[①] 由于每个个体都有"改善自己状况的欲望"，因此分工不需要政府规划，靠理性的个人就能实现。"劳动分工提供了那么多的好处，它最初却并不是由于任何人类的智慧，预见到并想要得到分工所能带来的普遍富裕。它是人性中某种倾向的必然结果，虽然是非常缓慢的和逐渐的结果，这是一种互通有无、物物交换、彼此交易的倾向。"[②] 如果没有交换的机会，人们难以倾力去掌握某一专业技能，也没有机会充分发挥他们各式各样的天赋。正是交换的可能性使得个人之间的差异变得对彼此有用。正如前面的例子，一个制针厂主每天会生产近 5 万根针，他会把他

---

① ［英］亚当·斯密：《国富论》（上卷），第 384 页。
② 同上，第 17 页。

自己消费不了的针，拿去交换自己所需的其他产品。"这就鼓励了每一个人去从事一种专门的职业，并培养和完善他所具有的从事这一职业的才能或天资。"① 由于自利的个人需要与他人互通有无，因此产生交换，推动了分工的出现。

因此分工植根于人性。如果不理解人，斯密就不可能创立他的理论体系。这一点，斯密像马基雅维利和霍布斯，他们二人都是按人的本来面目，而不是人应该是什么样子来观察人类。② 斯密把自利的个体放在首要位置，认为人的自利之心是激发经济发展的动力。如果你需要一根针，那你需要想自己能用什么物品和制针厂商交换。这一点被后来的学者更为系统地概括为"经济人"。他们宣称人是理性的、自利的、效用最大化的。由于相信自利的个人能实现自己的利益，斯密笃信政府在经济生活中需要"自由放任"（laissez-faire）。

斯密指出，要获得自己所需，不要试图依赖他人的善意。"人总是需要有其他同胞的帮助，单凭他们的善意，他是无法得到这种帮助的。他如果诉诸他们的自利之心（self-love），向他们表明，他要求他们所做的事情是于他们自己有好处的，那他就更有可能如愿以偿。"③ 下面这段话应该是《国富论》中援引频率最高的一段话了："不是从屠夫、酿酒师和面包师的恩惠，我们期望得到自己的饭食，而是从他们自利的打算。我们不是向他们乞求仁慈，而是诉诸他们的自利之心，从来不向他们谈自己的需要，而只是谈对他们的

---

① ［英］亚当·斯密：《国富论》（上卷），第 19 页。
② ［美］托德·巴克霍尔兹著，杜丽群等译：《已故西方经济学家思想的新解读：现代经济思想导论》，中国社会科学出版社 2004 年版，第 19 页。
③ ［英］亚当·斯密：《国富论》（上卷），第 18 页。

好处。"①

在斯密生活的时代，教会宣扬追求个人利益是一种激情，属于人类的动物本性。然而斯密则认为，正是通过交换来追求个人利益才将人类与动物区分开来，并且赋予人类独特的尊严。斯密论述克里斯托弗·哥伦布（Cristoforo Colombo）寻找新大陆的动机时说道，这是一项非正义的计划，是个人利益在驱动，尽管打着信仰的旗帜："他们信仰基督教的神圣目的，把这种非正义的计划神圣化了。但是在那里找到黄金宝藏的希望，才是促使去夺取它的唯一目的。"② 为了赢得国王支持，哥伦布答应把发现的一半金银献给国王。

斯密指出："从来没有人看到过两只狗用两根骨头彼此进行公平的、有意识的交换。"③ 但是，自利的个体则会分工，并进行交换。正是这样的自利行为塑造了一个复杂的市场经济。"在人中间最不同的才能对彼此都有用处；他们的各自才能的产品，通过互通有无、交易和交换的一般天性，仿佛变成了一种共同的财富，在这里每个人都可以购买到他所需要的其他人的才能的产品的一部分。"④基于本性、基于自利，通过互利的交换，就能促成社会合作，社会利益就实现了。

斯密指出："没有成千上万人的帮助和合作，一个文明社会中的最卑贱的工人，就不可能得到他普通所得到的那种平常的简单的生活用品。"⑤ 包括最普通不过的一支铅笔。伦纳德·里德（Leonard Read）写了一篇短文《我，铅笔》。制造一支铅笔是如何分工的呢？

---

① ［英］亚当·斯密：《国富论》（上卷），第 18 页。
② ［英］亚当·斯密：《国富论》（下卷），第 617 页。
③ ［英］亚当·斯密：《国富论》（上卷），第 17 页。
④ 同上，第 21 页。
⑤ 同上，第 15 页。

这篇以第一人称写作的短文向人们展示：

> 我，铅笔，是种种奇迹的复杂的结合：树、锌、铜、石墨，等等。然而，在这些大自然所显现的种种奇迹之外，还有一个更为非凡的奇迹：人的种种创造精神的聚合——成百上千万微不足道的实际知识，自然地、自发地整合到一起，从而对人的需求和欲望做出反应。在这个过程中，竟然没有任何人来主宰！……成千上万的人卷入到了生产铅笔的过程中，没有一个是因为自己想要一支铅笔而去干自己的活儿。他们中有些人从来没有见过铅笔，也从来不管铅笔是干什么用的。每个人都把自己的工作仅仅看作是获取自己所需要的商品和服务的一种办法……每次我们到商店购买一支铅笔，我们都是用我们的一丁点劳务，来换取投入到铅笔生产过程中的成千上万人中的每个人提供的极少量的一些劳务……更令人叹为观止的是，铅笔在源源不断地生产出来。没有一个人坐在一个中央办公机构对这成千上万的人发布命令。也没有军警来执行这些无人发布的命令。这些人生活在不同的地方，讲着不同的语言，信奉着不同的宗教，甚至可能彼此憎恶——然而，所有这些差异，并没有妨碍他们合作生产一支铅笔。①

生产铅笔的过程非常复杂，而复杂的分工过程却不需要计划机构来协调。由自利之心引出的分工是不需要中央计划机构来协调的。

---

① ［美］伦纳德·里德著，秋风译：《铅笔的故事》，载罗卫东主编：《经济学经典文献选读》，浙江大学出版社 2011 年版，第 97—104 页。

事实上，和斯密的例子相比，里德的论述缺乏新意。斯密在《国富论》中就有过相关的论述。斯密指出，在我们看来，生产最简单不过的一件衣服，也是人们在自利之心的驱使下，完成的复杂分工。一件毛织品上衣，"尽管看起来很粗糙，却是大量工人联合劳动的产品。牧羊人、选毛人、梳毛人、染工、梳理工、纺工、织工、蒸洗工、缝工和许许多多其他的人，必须全都结合他们不同的手艺，以便完成这种即使是家常的产品。此外，把这些材料从某些工人运输到常常住在国内最遥远的地方其他工人手中，需要有多少商人和运输人啊！尤其是，需要有多少商业和航运，需要有多少造船人、航海人、制帆人、制绳人，以便把染匠所使用的不同染料带到一起，这些染料常常来自世界各个最遥远的角落！要生产这些最卑贱的工人所使用的工具，也必须有多少种不同的劳动啊！"[①] 生产衣服和制造铅笔的过程是类似的。自利的个人会驱使分工的自然形成，促成生活在不同地方，讲着不同语言，信奉着不同宗教，甚至彼此憎恶的人与人之间合作，为社会提供服务，推动社会走向繁荣。

人类是理性的，是有私心的，受利己主义驱使的。如果放任不管，每个个体将追求他自身的私利，在促进私利的同时也促进了社会利益。因此，政府不应当干预这一过程，而应当遵循自由放任的政策，尤其不能扭曲人的本性。相反，当政府卷入本应由自利之心驱使的分工时，反而会带来负面影响。因此，政府不应该去干预经济运行，而是让理性的个体来安排自己的经济活动。因为"每一个人都不断地竭力为他所能支配的资本找到最有利的使用方法。诚然，

---

① ［英］亚当·斯密：《国富论》（上卷），第14—15页。

他所考虑的是他自己的利益，而不是社会的利益。但是研究他自己的利益自然地或者毋宁说必然地导使他去采取最有利于社会的使用方法"。① 在这里，斯密旗帜鲜明地展示：只要允许每个人追求自己的个人利益，整个社会的物质福利就会得到改善。允许私人竞逐自身利益，"意想不到的后果"则是实现了公益。国际关系大师肯尼斯·华尔兹（Kenneth Waltz）对斯密这一分析路径大加赞赏，并在其《国际政治理论》中沿袭了这一分析路径，即单元的意图与整体的后果之间存在"非对应性"。他指出：亚当·斯密的巨大贡献在于，他表明了只要政治、社会条件允许，自利的、贪婪的行为会产生良好的社会后果。行为体的意图和他们行为的后果之间并非对应关系。每个个体都追求自己的利益，大量个体同时行动，产生的结果超越了独立个体的动机和目的。每个人都追求自己的目的，而产生的后果却完全与他们的意图相违背。个体自私的愿望，却产生了更大的社会利益。②

因此，斯密是持非常积极的心态来看待人的自利之心。在他的另一部著作《道德情操论》中，他就对此展开了非常精彩的论述。"对大多数富人来说，财富的主要乐趣在于炫耀财富，在他们心目中，认为当他们看起来拥有除他们以外任何人都不能拥有的这些财富的决定性标志时，炫耀就达到了无以复加的程度了。"③ 斯密看到，财富带给人的效用很大部分是为了炫耀，这一点被后来的托尔斯坦·凡伯伦（Thorstein Veblen）加以发挥，成为《有闲阶级论》的

---

① ［英］亚当·斯密：《国富论》（下卷），第 500 页。
② ［美］肯尼斯·华尔兹著，信强译：《国际政治理论》，上海世纪出版集团 2003 年版，第 120—121 页。
③ ［英］亚当·斯密著，蒋自强等译：《道德情操论》，商务印书馆 1997 年版，第 211 页。

主要谈资。但是，和凡伯伦对"炫耀性消费"的嘲讽口吻不同，斯密对人类的虚荣心也持积极的态度。

在《道德情操论》里，斯密写了一个穷人家小孩的故事。穷人的孩子幻想自己更舒适地住在一座宫殿里，幻想自己也能坐在马车里舒适地旅行，希望有一大批扈从可以伺候自己。为了实现这一目标，这个小孩含辛茹苦，费尽心机。"他向所有的人献殷勤；他为自己所痛恨的那些人效劳，并向那些他所轻视的人献媚。"为了获得豪宅和马车，他"全身心地投入到对财富和伟大的追求"。为了实现梦寐以求的目标和获得社会荣耀，他把自己搞得身心疲惫。等他获得这些以后，他幡然醒悟："财富和地位仅仅是毫无效用的小玩意，它们同玩物爱好者的百宝箱一样不能用来实现我们的肉体舒适和心灵平静。"昔日这个穷人家小孩开始反省，"他在内心深处诅咒野心，徒然怀念年轻时的悠闲和懒散，怀念那一去不复返的各种享受，后悔自己曾经愚蠢地为了那些一旦获得之后便不能给他带来真正满足的东西而牺牲了它们"。如果斯密就在这里停笔，那么他就是非常平庸的一位学者，而斯密却没有就此打住。

斯密笔锋一转，即便追求虚荣不好，但是我们要接受人类的天性。而这样的天性会改变世界。"天性很可能以这种方式来欺骗我们。正是这种蒙骗不断地唤起和保持人类勤劳的动机。正是这种蒙骗，最初促使人类耕种土地，建造房屋，创立城市和国家，在所有的科学和艺术领域中有所发现、有所前进。这些科学和艺术，提高了人类的生活水平，使之更加丰富多彩；完全改变了世界面貌。"①

---

① ［英］亚当·斯密：《道德情操论》，第 229 页。

对财富和地位的追逐，在不少人看来是错误的，但是在斯密看来，这样的天性却最终有益于社会。

斯密所谓的"看不见的手"在不同语境下有不同侧重，被后人以不同方式引述。"看不见的手"不仅出现在了《国富论》中，斯密还用地主的例子引出了《道德情操论》中"看不见的手"。斯密写道，尽管地主"天性是自私的和贪婪的，虽然他们只图自己方便，虽然他们雇用千百人来为自己劳动的唯一目的是满足自己无聊而又贪得无厌的欲望"，但是地主的这种贪婪之心、虚荣之心却在改善普通人的生活。为了追求虚荣，地主会雇佣厨师、建筑工人，购买手工业者制造的小玩意儿。这些普通民众因为地主的生活而获得收入。斯密指出：地主的自利之心，却让其他人获益。尽管不是他的本意，但是他却将自己消费不了的财富分配给了普通人。"他们还是同穷人一样分享他们所作一切改良的成果。一只看不见的手引导他们对生活必需品做出几乎同土地在平均分配给全体居民的情况下所能做出的一样的分配，从而不知不觉地增进了社会利益，并为不断增多的人口提供生活资料。"① 正是地主的自利之心改善了普通民众的生活。

事实上斯密的英国前辈托马斯·霍布斯（Thomas Hobbes）也强调自利之心，他甚至把同情心都看作自利之心。霍布斯在其名著《利维坦》的第六章中指出：人的所有动机，甚至同情，都源于自利，这是因为自利的个人担心自己也会遭受同样的苦难。"为他人的苦难而悲伤谓之怜悯，这是想象类似的苦难可能降临在自己身上而引起的，因之便也称为共感，用现代的话来说便是同情。"② 后世的

---

① ［英］亚当·斯密：《道德情操论》，第 229—230 页。
② ［英］托马斯·霍布斯著，黎思复等译：《利维坦》，商务印书馆 1985 年版，第 42 页。

政治经济学家不断强化"自利之心"这一主题。由于人有自利之心，因此激励很重要。

斯密透彻地阐释了利用人的自利之心可以增进社会整体利益。不管其本意如何，自然秩序会趋向于把个人对私利的追求转变为一种促进社会利益的手段。苏联的分工尽管很精细，但却缺乏基于个人理性的"微观基础"。苏联计划经济限制了市场需求对企业家与发明者的激励。苏联研究机构在开发更清洁、更高效的技术方面出类拔萃，但研究人员却往往止步于理论贡献，大量出类拔萃的研究没有投放市场。因为开发新工艺的研究人员与可能使用这些成果的企业没有任何联系，研究人员也难以从成果转化中获得相应回报。[①] 在这样的分工中，有分工却缺"自利"，社会利益则难以实现。

事实上，苏联不仅有国内分工，乃至有国际分工。为了协调计算机技术和生产，苏联、保加利亚、捷克斯洛伐克、民主德国、匈牙利、波兰等国家相互协调，生产同一种标准的第三代计算机。保加利亚和匈牙利专注生产小型计算机，民主德国和波兰专注生产中型计算机，苏联致力于大型计算机的生产。[②] 不过，缺乏个体"微观基础"的分工仍然乏善可陈。正如中国俗话所说"强扭的瓜不甜"，在政府规划的分工体系下，苏东国家的学者和企业管理者对技术产品的开发不感兴趣。尽管苏联有着先进的计算机，但和美国同行的行为迥然不同。苏联的企业管理者不愿意去开发字母数字打印机等

---

① Dean LeBaron, *Mao, Marx, and the Market: Capitalist Adventures in Russia and China*, New York: John Wiley & Sons, 2001, p. 35.

② J. Wilczynski, *Technology in Comecon: Acceleration of Technological Progress through Economic Planning and the Market*, London: Palgrave Macmillan, 1974, pp. 110 - 111.

硬件设备，也不愿意去开发数据处理语言等软件。概言之，缺乏微观激励的分工使得苏联发明者与管理者没有动力让计算机走入寻常百姓家。① 尽管有着复杂的计划经济分工，在苏联以及东欧国家，消费者在商店中找不到肉和新鲜蔬菜。苏联民众往往需要等待好几年才能拿到电话线；如果要买一台家用汽车，匈牙利民众要等待 5 到 6 年；波兰民众要等待 5 到 8 年；而民主德国的民众则要等待 16 到 17 年。② 在斯密的追随者看来，缺乏"微观基础""自利个体"的分工难以提升社会福祉。

斯密在《道德情操论》中以下棋为例，说出一段很精妙的论断：

在政府中掌权的人，容易自以为非常聪明，并且常常对自己所想象的政治计划的那种虚构的完美迷恋不已，以致不能容忍它的任何一部分稍有偏差。他不断全面地实施这个计划，并且在这个计划的各个部分中，对可能妨碍这个计划实施的重大利益或强烈偏见不作任何考虑。他似乎认为他能够像用手摆布一副棋盘中的各个棋子那样非常容易地摆布一个社会中的各个成员。他并没有考虑到：棋盘上的棋子除了手摆布时的作用之外，不存在别的行动原则。在人类社会这个大棋盘上，每个棋子都有它自己的行动原则，它完全不同于立法机关可能选用来指导它的那种行动原则。如果这两种原则一致，行动方向也相

---

① Seymour Goodman, "Soviet Computing and Technology Transfer: An Overview," *World Politics*, Vol. 31, No. 4, 1979, p. 546.

② ［匈］伊万·拜伦德著，徐昂译：《20 世纪欧洲经济史：从自由放任到全球化》，格致出版社、上海人民出版社 2016 年版，第 170 页。

同，人类社会这盘棋就可以顺利和谐地走下去，并且很可能是巧妙的和结局良好的。如果这两种原则彼此抵触或不一致，这盘棋就会下得很艰苦，而人类社会必然时刻处在高度混乱之中。①

社会经济的运行不同于下棋，因为人和棋子不一样。个体是自利的，如果旗手希望社会经济中的个体也像"无欲无求"的棋子一样任人摆布，那么结果可能是灾难性的。

阿尔伯特·赫希曼（Albert Hirschman）指出，在传统政治经济学家看来，受利益驱动的世界有两个优点，第一是可预见性，第二是持久性。利益不会撒谎，在利益驱动下，个人是透明的，可预见的。如果民众都不顾私利，那政治家将不知所措。由于参与者都能清晰所见各自利益，各方才能有利益交换、利益谈判、利益妥协与利益共融。因此，个体追逐私利促成相互得益，这样的想法更早在政治学而非经济学中成为教条。②

事实上，对"人人追逐个人利益，就能促成社会公益"的思想遗产，一直有反思和挑战。以个体为分析单位来挑战这一思想传统的典型机制就是"囚徒困境"。对单个囚徒而言，每个囚徒的最大利益是坦白从宽；但是双方合作达成攻守同盟，隐瞒罪行才会让每个囚徒的收益最大化。人人追逐个人利益，最终损害了整体利益乃至个人利益。以阶级为中心的政治经济学对"人人追逐个人利益，就能促成社会公益"更是颇有微词。资本家从个体利益出发，为提升

---

① ［英］亚当·斯密：《道德情操论》，第 302 页。
② ［美］阿尔伯特·赫希曼著，冯克利译：《欲望与利益：资本主义胜利之前的政治争论》，浙江大学出版社 2015 年版，第 44—45 页。

自身在劳资谈判中的优势地位，最大限度地榨取剩余价值。资本家会将技术与产业转移到劳工力量比较薄弱的国家和地区。乔万尼·阿瑞吉（Giovanni Arrighi）指出：当制造业利润率下降时，资本家会更多将资金投入金融市场，导致霸权国家呈现"去工业化"趋势。此举既损害了劳工，也是资本主义危机加剧的预兆。[①] 随着制造业外流，"铁锈地带"出现，美国失业率显著上升，产生了严重的社会问题。为实现个体利益，资本家罔顾生产性投资，进而引发资本主义长期危机。以国家为中心的政治经济同样挑战"人人追逐个人利益，就能促成社会公益"。在二十世纪末，日本逐渐将世界工厂让与了亚洲其他国家和地区。比起汗流浃背的辛苦劳作，此时日本人更愿意通过购买股票和信托基金等方式赚钱养家。为实现个体利益最大化，日本企业经营战略日益转向，纷纷抛弃制造业，从事以最快速度赚取短期利润的金融投资。2013 年，索尼公司金融部门盈利为 1458 亿日元，位居公司首位；其次为电影部门，盈利为 478 亿日元。[②] 从个体利益而非国家利益出发，日本日益放弃实体经济，丢掉先进制造业，最终让自身陷入"失去的三十年"。

斯密最后做了海关关长，每年有 600 英镑的收入（斯密做教授的时候，每年从学生那里领取的酬金不超过 170 英镑）。这位自由贸易的斗士最后用重商主义的政策去打击走私。而且斯密对这个职位投入了巨大的热情和精力，自他上任七年后，苏格兰海关收入达到

---

① ［意］乔万尼·阿瑞吉著，路爱国等译：《亚当·斯密在北京：21 世纪的谱系》，社会科学文献出版社 2009 年版，第 144—159 页。
② ［日］大西康之著，徐文臻译：《东芝解体：电器企业的消亡之日》，江苏人民出版社 2020 年版，第 169 页。

其上任之初的四倍多。① 当然，这也是自利之心在驱使。斯密致力于展示追逐个人利益与实现群体利益二者是和谐的、一致的。但是他却给了一些限定条件。在某些政治经济条件下，追逐个人利益才能实现群体利益。从斯密的论著中不难发现，其中一个限定条件是在市场环境下；另一个限定条件是在竞争环境下。

三 为什么英国在海外殖民中后来居上？

"中国式现代化"的一个特征是"走和平发展道路的现代化"。而西方大国在崛起的过程中，一个显著特征就是海外殖民。号称"日不落帝国"的英国其实是国际关系史上海外殖民的后来者。亚当·斯密在《国富论》中指出："美洲的发现、经由好望角去到东印度的通道的发现是人类历史上记载的两个最大的和最重要的事件。"② "大航海"时代开启了欧洲大国殖民竞争的历史。欧洲海外殖民的前驱工作其实是由葡萄牙、西班牙人完成的。葡萄牙国王若昂二世（João II）积极鼓励学者投入到与航海相关的研究中，例如让学者观察正午太阳高度来计算纬度等。③ 葡萄牙的首都里斯本（Lisbon）是当时世界科学研究探索的前沿，是测试世界各种观念的实验室。葡萄牙宫廷聘用了各式各样的皇家数学家、宇宙学家以及天文学家。

---

① ［瑞典］布·桑德林、［德］汉斯-米歇尔·特劳特温、理查德·温达克著，李黎力、熊多多译：《殿堂：经济学大师的思想》，社会科学文献出版社 2023 年版，第 32 页。
② ［英］亚当·斯密：《国富论》（下卷），第 686 页。
③ ［美］罗纳德·芬德利、［爱尔兰］凯文·奥罗克著，华建光译：《强权与富足：第二个千年的贸易、战争和世界经济》，中信出版社 2012 年版，第 164 页。

葡萄牙还设立了两个政府机关负责管理葡萄牙的贸易和绘制地图业务。西班牙也不甘示弱，建立了印度群岛审议会（Concil of the Indies），这是专门管理殖民地事务的政府部门。该机构拥有一批皇家宇宙学家和官员，承办同西班牙帝国海外扩张有关的各种科学事务。西班牙政府的商务局一直在研制航海仪器，绘制和修订西班牙海外扩张地图。1530 年，法国的御医，也是近代测量子午线一度究竟有多长的第一人让·斐纳（Jean Fernel）指出：假如柏拉图、亚里士多德活过来，他们会发现地理已经变得认不出来了。我们时代的航海家给了我们一个新地球。① 英国也想在海外殖民中分一杯羹。15 世纪中后期，英国海外探险殖民活动几乎都以失败告终，其主要原因是英国人受到了葡萄牙和西班牙先发势力的排斥。不过，英国却笑到了最后。作为后来者的英国，在海外市场开拓中不断攻城略地，取得节节胜利。1604 年，《伦敦条约》签订，标志着老殖民主义者葡萄牙和西班牙殖民霸权的终结。英国在海外市场开拓事业中后来居上，最终成就了"日不落帝国"。如何解释英国在海外殖民事业上的后发先至？如果让斯密的追随者来回答这一问题，他们会说：因为英国仰仗市场来完成海外市场开拓这项任务；而葡萄牙与西班牙则靠政府。

在英国殖民史上，直到都铎王朝终结之时，在海外殖民扩张方面，组织者、资助者和探险者的主角往往是英国民间团体、商业公司或个体商人，而不是英国国王或英国政府。商人、冒险家等市场与民间力量主导了英帝国殖民历程。由在市场中拼搏的个人和公司

---

① ［英］约翰·贝尔纳著，伍矿甫、彭家礼译：《历史上的科学（卷二）：科学革命与工业革命》，科学出版社 2015 年版，第 309 页。

出面组织英国海外市场开拓、殖民与探险，使得英国的殖民活动体现出更多的市场性与民间性。与此形成鲜明对照的是，葡萄牙和西班牙则是在政府主导下展开殖民和探险活动的。在推动海外殖民扩张方面，早期英国国王并没有制定具有远见卓识的宏大计划，也缺乏富有创造性的努力。英国海外殖民扩张是零星的，分散的，依靠市场来组织的，这与葡萄牙、西班牙那种宏大的国家计划完全不可比拟。[①] 靠市场主导的海外殖民尽管充满了无数艰难和盲目性，却使得英国的殖民地有了更加宽松的发展空间。

在国家主导下，葡萄牙、西班牙的海外殖民有更多强制而更少市场，殖民地的黄金、象牙、胡椒和可可豆成为涌入葡萄牙、西班牙殖民者的滚滚财源。英国殖民也具有显著的掠夺性，但是具有显著的市场特征，即自始至终保持了对海外贸易的强烈追求。[②] 靠自由市场更能调动英国海外殖民者的积极性，动员了更广泛的参与者。而葡萄牙、西班牙的海外殖民则主要服务于皇室与一小撮人的财富渴望。或为了躲避人口压力，或为了获得土地，或为了寻求财富，众多英国民众积极投身海外殖民。英国与殖民地的贸易往来也更能维系母国与殖民地之间的持续利益纽带。这也是斯密想要向世人展示的，如果在政治经济学中的横向原则与纵向原则中排列优先顺序的话，他会显著倾向用横向原则（自由市场）来解决问题。他相信靠自由放任更能促进群体的合作，实现群体的繁荣。个体是理性的，

---

① 姜守明：《英帝国史（第一卷）：英帝国的启动》，江苏人民出版社 2019 年版，第 243—253 页。
② 张本英：《英帝国史（第五卷）：英帝国的巅峰》，江苏人民出版社 2019 年版，第 58 页。

在政府中理性的个体追逐自身利益可能既缺乏效率，又损害公共利益；而在自由市场中的理性个体则能更有效率地追逐自身利益，最终实现社会利益。

"看不见的手"（invisible hand）也许是《国富论》中援引频率最高的词。斯密是这么论述的："他指引这种劳动产品使它具有最大的价值，也只是为了自己的利得；在这种场合，也像在许多其他场合一样，他被一只看不见的手引导着，去达到一个他无意追求的目的。虽然这并不是他有意要达到的目的，可是对社会来说并非不好。他追求自己的利益，常常能促进社会的利益，比有意这样去做更加有效。我从未听说过，自命为了公共利益而从事贸易的人做过多少好事。"[1] 如果做出了错误决策，政府官员可以拍屁股走人，商人则不能。他自己的决策要自行承担后果。因此，斯密恰恰倡导市场决策由商人自行判断，政府官员不要自作聪明。让"看不见的手"发挥作用，在经济政策上要自由放任，这是国家财富增值的最佳手段。在这样一种经济运行体系中，个人可以追逐其自身的私人利益。

在《国富论》中，有无数的场合，斯密运用历史教训和时代经验把政府描述为低效、腐败、轻浮、浪费以及受制于既得利益集团的机构。斯密指出：大国从来不会因私人浪费而变穷。但是一个国家常常会因为维系了庞大的政府部门导致铺张浪费、行为不当，最终陷入穷苦。在斯密看来，政府部门是非生产性部门，政府部门的劳动是非生产性劳动。如果一个国家政府部门臃肿庞大，导致"全部或几乎全部公共收入都用来维持非生产性劳动。这样的人组成了

---

① ［英］亚当·斯密：《国富论》（下卷），第 502—503 页。

人数众多的、气势磅礴的朝廷、伟大的教会、威严的海陆军。他们在平时什么也不生产。"① 如果理性的、自利的个体大量充斥政府部门而非市场部门，那么一个国家的发展绩效会受到显著负面影响。斯密指出："一个政府向其他政府学习技术之快，莫过于从人民口袋掏钱的技术。"② 因此，政府应该允许"看不见的手"自行运作，来实现国民财富的增长。

> 每一个人的资本应投入何种本国劳动，何种劳动产品具有最大的价值，他根据自己的当地情况，可以比任何政治家或立法家做出更好的判断。试图指导私人应采用何种方式去使用其资本的政治家，不但使他自己枉费了最不必要的辛劳，而且僭取了这样一种权力：这种权力不但不能放心地付托给任何个人，而且也不能放心地付托给任何的委员会或参议院，而在将它交到任何一个愚蠢和荒唐到妄以为自己适于行使这种权力的人手中时，是最危险不过的。③

在自由市场，政府才难以压制个体自利的倾向；在自由放任的政策下，个体的自利行为才能成为丰富的资源。斯密信赖"自由放任"的经济政策，因为这样的政策可以让"自利之心"为生产性的活动服务。

> 此所有偏重或限制的体系被完全取消以后，明显的和简单

---

① ［英］亚当·斯密：《国富论》（上卷），第383页。
② ［英］亚当·斯密：《国富论》（下卷），第933页。
③ ［英］亚当·斯密：《国富论》（下卷），第503页。

的天然自由体系（the obvious and simple system of natural liberty）就自行建立起来了。每一个人，只要他不违背公正的法律，就有完全的自由去按他自己的方式去追求他自己的利益，用他的劳动和资本去和任何其他人或其他一类人的劳动和资本竞争。君主完全摆脱了这样一种职责：在试图履行这种职责时他总是陷入无数的幻灭之中，任何人类的智慧和知识不足以使他去恰当地履行这种职责；这个职责就是监督私人劳动，并指引它去从事最适合社会利益的职业。"①

这样，斯密就完成了从"自利之心"到"自由放任"的对接。

不少自由主义的学者从各种角度论证，自由放任的经济政策更能带来国民财富的增进。如图 2-1 所示，詹姆斯·格瓦特尼

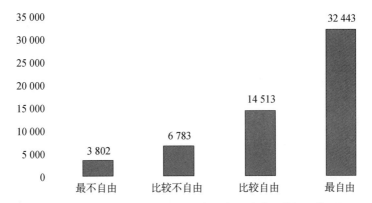

图 2-1　2007 年经济自由程度与人均收入统计（单位：美元）
资料来源：James Gwartney, Robert Lawson and Seth Norton, *Economic Freedom of the World: 2009 Annual Report*, Vancouver: Economic Freedom Network, 2009, p. 19, Exhibit 1.6.

---

① ［英］亚当·斯密：《国富论》（下卷），第 753 页。

（James Gwartney）等人对经济自由与经济绩效等进行了一系列的相关研究，结果表明：经济自由程度和人均收入呈正相关。

不仅如此，经济自由还惠及了普通人，甚至最贫穷的人。如图 2-2 所示，他们的研究还发现，经济自由和最底层 10% 民众的收入呈正相关。

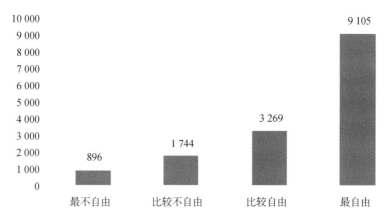

图 2-2　2007 年的经济自由程度与最底层 10% 人群的收入（单位：美元）
资料来源：James Gwartney, Robert Lawson and Seth Norton, *Economic Freedom of the World: 2009 Annual Report*, p. 21, Exhibit 1.11.

这符合斯密的论断，自由放任带来繁荣，也惠及普通民众。在自由放任的政策环境下，自利之心造就了市场交换，从而产生了劳动分工的不断细化，继而带来专业分工、专门技能、手法娴熟和发明创造，最终的结果就是给社会带来了更多财富。政府需要克制自己去干扰自然秩序，最好的办法就是自由放任。斯密相信，在一个竞争的、自由放任的资本主义经济中，自由市场会把所有利己主义的、营利性的和唯利是图的行为纳入到一个使社会受益的、和谐的、"明显的和简单的天然自由体系"中。他断言，政府的职能应该受到严格的限制。

如果说斯密的追随者会用自由放任来解释英国在殖民扩张中的后来居上，那么，他们也会用相似的视角来解释经济发展与减贫。改革开放以来，中国减贫在世界发展史上是重要的奇迹。在过去 40 年，中国减贫 8.5 亿人，对全球减贫贡献率超 70%。如果不计算中国对全球减贫的贡献，那么从 20 世纪 80 年代到 90 年代，全球贫困人口的数量不仅没有减少，反而增加了。从 1988 年到 2005 年，如果不将中国纳入其中，全球不平等系数则会从 50 上升 58。如此一来，全球不平等不是下降了，而是上升了。[①] 而自由主义者如迪帕克·拉尔（Deepark Lar）则强调改革开放后，"看不见的手"复活了，市场经济替代了传统计划经济，极大释放了经济发展的活力，减少了贫困。[②] 由于告别了传统计划经济，企业家和民众有更自由的选择，中国诸多市场参与者既充分利用国内市场，也根据比较优势开拓海外市场，最终不仅实现了经济奇迹，也显著减少了贫困人口，还长期保持社会稳定，实现了社会奇迹。市场经济不仅提升了社会的整体收益，还会提升底层民众的收益。

对英国后来居上的海外殖民，不同的视角提供的答案会有所不同。以阶级为中心的视角会强调英国资产阶级率先崛起，"不断扩大产品销路的需要，驱使资产阶级奔走于全球各地。它必须到处落户，到处开发，到处建立联系"。[③] 同时，马克思主义者也会看到所谓自

---

① ［斯威士兰］杰森·希克尔著，孙晓静译：《鸿沟：全球不平等及其解决方案》，西南师范大学出版社 2020 年版，第 37、47 页。

② ［美］迪帕克·拉尔著，史军译：《复活看不见的手：为古典自由主义辩护》，译林出版社 2012 年版，第 140 页。

③ 《马克思恩格斯选集》（第一卷），第 254 页。

由放任的良好绩效只适用于资本家，并非适用于整个社会，尤其是国际社会。马克思指出：资本的原始积累伴随着对边缘地带、边缘群体的"剥夺"，如果把眼界放宽，"对他们的这种剥夺的历史是用血和火的文字载入人类编年史的"。① 所谓的整体收益，不过是跨国阶级的零和博弈。而以国家为中心的政治经济学，则强调国家力量的支撑。在英国伊丽莎白女王时期，她积极鼓励海上劫掠。这在很大程度上促成了葡萄牙和西班牙海外商船的衰落，并让海外殖民的天平最终有利于英国。② 英国凭借强大的海军，赢得海外市场开拓的机会。③

斯密试图揭示"自由放任"的经济政策能显著提升经济绩效。理性的个体在自由市场而非政府部门孜孜求利，会显著提升经济绩效。市场而非政府是更有效的资源配置方式。同时斯密也展示，要实现追逐个人利益与实现群体利益二者的和谐，还需要一个限定条件，即竞争而非垄断的环境。

四　为什么美国信教的民众比欧洲多？

马克思曾断言："宗教是人民的鸦片。"④ 不过，作为世界上第一

---

① 《资本论》（第一卷），人民出版社 2004 年版，第 822 页。
② ［英］保罗·肯尼迪著，沈志雄译：《英国海上主导权的兴衰》，人民出版社 2014 年版，第 38 页。
③ 黄琪轩、李晨阳：《大国市场开拓的国际政治经济学——模式比较及对"一带一路"的启示》，《世界经济与政治》2016 年第 5 期。
④ 《马克思恩格斯文集（第一卷）》，人民出版社 2009 年版，第 4 页。

大经济体的美国，却拥有庞大的信教民众。如图 2-3 所示，20 世纪
90 年代初的一项研究表明，同为新教国家，在美国，每周去教堂参
加宗教活动的人数达到 45% 左右；而在瑞典、芬兰、丹麦、挪威等
国家，每周去教堂的人数不足 10%。跨国比较的证据显示，教会集
中度越高，越缺乏竞争，参与宗教活动的民众越少。

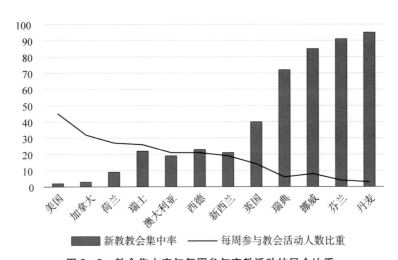

图 2-3　教会集中度与每周参与宗教活动的民众比重

资料来源：Laurence Iannaccone, "The Consequences of Religious Market
Structure," *Rationality and Society*, Vol. 3, No. 2, 1991, p. 158.

　　在美国这样有多个教派竞争的国家，竞争的压力迫使教会竞相
提供更好的服务，以吸引信教群众。而在瑞典、芬兰、丹麦、挪威
等单一国教主导的地方，缺乏竞争让这里的教会缺乏动力去改善服
务，因而导致信教民众流失。这是**竞争（competition）**所发挥的
作用。

　　斯密在《国富论》中指出："一种定为国教的和受到大量捐赠的
宗教的牧师，常常变成有学问的和文雅的人，具有绅士或足以使他

们博得绅士所受尊敬的一切优良品质，但是他们也会逐渐丧失使得他们对下层人民具有权威和影响的品质……这样一种牧师在遇到这类紧急情况时，没有其他的办法，只有请求政府来迫害、摧毁或驱逐自己的反对者，认为他们扰乱了公共秩序。"[1] 没有竞争会让信仰的传播者产生懈怠，影响信仰的传播，也让具有垄断地位的宗教缺乏竞争力。

不仅宗教如此，教育也是如此。斯密对牛津大学一直印象不佳，其中一个原因就是他在牛津学习期间，牛津大学的教育是敷衍马虎的。斯密在那里学到的东西大都是靠自己在图书馆阅读获得的。斯密说：在牛津大学，大部分的教授许多年来甚至已经完全放弃了假装在教学。[2] 他认为领取固定工资的牛津教授缺乏竞争，因此对教学疏忽懈怠，对学生漠不关心。不仅教育如此，地方政治也如此。有研究者对 1977—1998 年间印度西孟加拉邦（West Bengal）的研究发现，选举竞争的竞争烈度影响了土地改革的幅度。在当地，一旦左翼政党在选举中获得绝对多数席位，尤其是当其在议会席位的进一步增加将降低土地改革的幅度。[3] 这和美国宗教参与率以及牛津大学的教学是类似的逻辑。在缺乏竞争的环境下，印度的政客也缺乏动力去解决民众的迫切需求。《国富论》花了四分之一的篇幅来讨论重商主义的理论与实践。这是因为在斯密看来，重商主义恰恰是竞争的大敌。

---

① [英] 亚当·斯密：《国富论》（下卷），第 854—855 页。
② 同上，第 829 页。
③ Pranab Bardhan and Dilip Mookherjee, "Determinants of Redistributive Politics: An Empirical Analysis of Land Reforms in West Bengal, India," *American Economic Review*, Vol. 100, No. 4, 2010, pp. 1572 - 1600.

乔治·斯蒂格勒（George Stigler）认为斯密的巨大成功在于：斯密将这一点置于经济学的中心位置：在竞争条件下，对追求自身利益的个人行为进行系统分析。他认为这是《国富论》"皇冠上的宝石"（crown jewel），且至今仍是资源配置理论的基石。[1]

那么，怎样才能创造出竞争的条件呢？经济思想史学家布劳格指出：斯密并不满足于说明，仅仅依靠自由市场经济，就会把所有的事情办得最好。他还潜心研究保障市场运行的制度结构。他很了解私人利益既可能促进公共福利，也可能阻碍公共福利。市场机制促进和谐，但也破坏和谐，除非它受到适当的制度和法律框架的制约。[2] 在市场活动的自利的个体，既可以通过垄断来实现利益最大化，也可以通过参与竞争来实现利益最大化。自利的个体做何种选择，取决于市场是否置身于一个自由竞争的框架下。

斯密对于殖民地扩张，尤其是对东印度公司垄断的分析提供了一个佐证，说明了私人利益如果没有制度约束将会导致重大灾难。因此，尽管斯密拥护自由市场，但他却不是当时日益崛起的制造商的代言人。在斯密的笔下，商人们既不是也不应该是人类的统治者。为什么呢？因为这些人往往就是垄断的制造者，重商主义的构筑者。在《国富论》中，斯密不仅花了大量的笔墨来批评政府，也花了大量的笔墨来抨击制造商。尽管斯密批评政府的言论被后来的学者不断重复，而斯密批评制造商的论述却常常被忽视了。"不论在商业或制造业的任何部门，商人的利益在某些方面总是和公共利益不同的，

---

① George Stigler, "The Successes and Failures of Professor Smith," *Journal of Political Economy*, Vol. 84, No. 6, 1976, pp. 1199-1213.
② ［英］马克·布劳格：《经济理论的回顾》，第44—45页。

甚至是相抵触的。"① 既然个人是自利的，那么商人也不例外。商人要获得利益，既可以通过市场交易来实现，也可以通过制造垄断来完成。斯密认为商人喜欢垄断，以此可以缩小竞争范围，将利润提高到自然水平以上。因此这个阶级的"利益从来不和公共利益完全一致，他们常常想要欺骗公众甚至想要压迫公众"。② 在斯密笔下，这群人就是垄断的制造者。

在斯密看来，商人的自利之心驱使他们搞阴谋诡计，实施垄断，损害公众。斯密指出：同一行业的人即使为了娱乐和消遣而集合在一起，他们的谈话也很少不涉及反对公众的阴谋和某种提高价格的策划。③ 而且，斯密看到了这群人有很强的"集体行动"的能力，因为"商人和工厂主聚居城市，习惯于城市盛行的独占性同业公会精神，自然力图获取针对其所有同胞的那种排他性特权，像他们拥有的针对其各自城市的居民的那种特权一样。因此，他们似乎是对外国货物进口施加的各种限制的最初创始人，这种限制确保他们对国内市场的垄断权"④。中国俗话说"出处不如聚处，聚处货美价廉"，正是聚处有大量的生产者聚集，为消费者提供产品与服务，彼此展开竞争，才能让产品的价格比原产地还便宜。

不仅如此，制造商通过政府获得垄断权，还会形成强大的政治力量，垄断者的政治权力使得他们可以威胁政府。垄断特权一旦建立，此后人们若再想要消除，在政治上将会非常困难。当英国政府

---

① ［英］亚当·斯密：《国富论》（上卷），第 292 页。
② 同上，第 292 页。
③ 同上，第 161 页。
④ ［英］亚当·斯密：《国富论》（下卷），第 509 页。

授予东印度公司垄断权以后，该公司不仅把控商业贸易，还打造自身军事能力。东印度公司一度拥有一支 26 万人的军队（包括海军和陆军）。

　　这种垄断权已经大大增加了某些种类的制造业者的人数，使他们像一支庞大的常备军那样，不但可以威胁政府，而且在许多场合可以威胁立法机关。如果议会的议员支持加强这种垄断权的每一项提议，他肯定不但会得到精通贸易的好名声，而且会得到一个人数和财富使之具有极大重要性的阶级的热烈欢迎和拥护。反之，如果他反对这种提议，尤其是如果他有足够的权力去阻止这种提议的通过，那么，无论是最大的正直声誉，还是最高的地位，或是对国家有最大的功绩，都不能保护他，使他免于最恶劣的辱骂和诽谤，免于人身攻击，有时还有真实的危险，这些都是愤怒和失望的垄断者的无理暴行。①

垄断者获得权力，将成本强加给他人；权力还具有正反馈性质，已有权力带来更多权力。垄断集团的经济力量会成功转化为政治力量，让其垄断地位牢不可破。

　　二战结束以后，不少发展中国家实施进口替代政策，以发展本国工业。同时，这些政府无意间创造了大量垄断企业。不少发展中国家政府通过实施保护政策，赋予国内企业垄断地位。以巴西为例，由于享有垄断地位，没有竞争压力，巴西国有企业浪费严重，创新

_____

① ［英］亚当·斯密：《国富论》（下卷），第 518 页。

乏力。20世纪70年代，巴西政府曾大幅度举借外债。这些借款主要用于支付巴西国有企业高层领导高额的薪酬和津贴。有一段时期，70%的巴西外债用于巴西国有企业。20世纪80年代早期，巴西国企高层获得高薪的现象非常普遍，以至于当巴西政府连海外借款的利息都难以偿付时，巴西国有企业仍向其企业高管支付高额薪酬。一旦政府建立起了垄断，垄断集团就会形成巨大政治势力。不少巴西国有企业的管理人员来自政府部门，如巴西石油公司总裁就来自军方与政界高层。① 1974年出任巴西总统的埃尔内斯托·盖泽尔（Ernesto Geisel）就曾担任过巴西石油公司总裁。在此情况下，政府再想打破垄断，引入竞争，将会面临巨大的政治障碍。斯密认为，要想避免这样的局面，政府就不要随意制造垄断。"它或许应当十分小心地不去建立任何新的同一种类的垄断，也不去把已经建立的垄断进一步扩大。每一种这样的规定都会在国家宪法中引入某种程度的真实混乱，以后要去挽救，又会造成另一种混乱。"②

为了维系自由竞争的市场，斯密看到资本家（雇主）对自由竞争的威胁，包括对工人的威胁。这一点认识被后来的马克思所强化。斯密认为，雇主和劳动者如果产生纠纷，劳动者往往会以失败告终。斯密指出雇主享有几个优势：人数少，法律偏袒以及资产优势。首先，斯密指出："雇主人数较少，能更加容易地联合起来"，人数较少的雇主比人数众多的劳工更容易达成集体行动。其次，斯密看到现行法律对雇主阶层的偏袒，"法律和政府机关至少是不禁止他们的

---

① Eul-Soo Pang, *The International Political Economy of Transformation in Argentina, Brazil, and Chile Since 1960*, New York: Palgrave Macmillan, 2002, pp. 49—62.
② ［英］亚当·斯密：《国富论》（下卷），第519页。

联合，却禁止工人的联合。我们没有任何由议会通过的法律，反对联合起来去降低工资的价格；但却有许多法律反对联合起来去提高这种价格。"这样的法律偏袒导致马克思将资本主义的国家称为管理资产阶级共同事务的"中央委员会"。再次，劳资纠纷中，雇主能赢，是因为他们持有资产。在劳资纠纷中，"雇主们能撑持得更加长久。一个地主、一个农场主、一个制造业者或商人，即使不雇用一个工人，普通也能靠已经拥有的资本生活一两年。而没有工作，许多工人就不能维持一星期，少有人能维持一个月，更少有人能度过一年。从长远来说，雇主不能没有工人也像工人不能没有雇主一样，但是前一种必要性却不是那么迫切"。① 因此，如果放任雇主自行其是，雇主会凭借其经济与政治权力优势削弱市场竞争。马克思正是在汲取了斯密大量的养分后，撰写了他关于劳资冲突的精彩篇章。

雇主获得了这样的权力对竞争的市场而言是一个损害。斯密的相关论述被后来的主流自由主义学者逐渐淡化，却被马克思主义者所强化。因此，斯密的自由主义并不是教条式的，而是实用主义的。他不仅批判僵化的封建制度和专断的政府政策，同时也批判资本主义的经济权力集中，他还批评商人的垄断倾向。罗伯特·海尔布隆纳（Robert Heilbroner）指出：斯密并不拥护任何一个阶级，只忠于他自己的体系。如果说斯密有何偏见，那么他比较偏袒消费者。和大多数当代的自由主义学者相比，斯密对商人的动机更加怀有公

---

① ［英］亚当·斯密：《国富论》（上卷），第 87—88 页。

开的敌意。① 而这公开的敌意源于斯密对竞争性的自由市场的捍卫。自利的商人在追逐自身利益的过程中，如果缺乏制度约束，可能损害社会和公众的利益。斯密指出："商人和制造商不是也不应当是人类的统治者，他们的卑鄙贪欲和垄断精神虽然或许是无法纠正的，但是可以很容易地防止它去扰乱任何人（除了他们自己以外）的安宁。"② 为了让自己的和谐体系能存在下去，斯密认为需要约束这群人的行为。

在斯密的政治经济学体系中，不仅需要理性的个体，还需要竞争的环境。理性的个体只有在竞争的市场环境中才能提升效率、创造繁荣。竞争的益处不仅局限于经济领域，对信仰、教育等其他领域也同样适用。对竞争增效这一看法，不同的分析视角也会存在差异。秉持阶级分析的马克思主义者如詹姆斯·奥康纳（James O'Connor）会看到资本主义的竞争带来了严重的社会问题，资本主义条件下的竞争让资本家把大自然既当作水龙头，又当作污水池，还当作垃圾填埋场，导致严重的生态危机，工人不仅遭受经济剥削，也遭受生态剥削。③ 资本主义下竞争的经济效率导致生态危机，损害社会整体效率。而以国家为中心的视角则强调：对很多后发展国家的产业成长而言，不是缺乏竞争，而是集中不足会导致民族工业难以成长发展。在冷战时期，美苏均发展互联网，但是美国成功了，苏联却失败了。有研究者展示，一个市场经济的美国却采用集中和

---

① ［美］罗伯特·海尔布隆纳著，唐欣伟译：《经济学统治世界》，湖南人民出版社 2013 年版，第 52—54 页。

② ［英］亚当·斯密：《国富论》（下卷），第 542—543 页。

③ ［美］詹姆斯·奥康纳著，唐正东译：《自然的理由：生态学马克思主义研究》，南京大学出版社 2003 年版，第 285—299 页。

垄断，成功推进了互联网的发展；而一个计划经济的苏联却采用市场竞争的办法来推进互联网发展，导致各部门与企业之间大量内耗，致使苏联互联网发展止步不前。[1]

斯密关于"竞争增效"的论述影响深远，包括政治学、经济学、社会学者的研究，很多都与斯密这一论断相关。不过，还值得我们注意的是，竞争还有不同类型和不同层次。鉴于经济竞争和安全竞争有明确输赢，因此在这两个领域的竞争常常具有累积性。但是政治竞争与意识形态竞争常常没有明确的赢家和输家，因此这两个领域的竞争则缺乏累积性。不同类型的竞争会带来迥异的结果。[2] 在马拉维和赞比亚两个国家，同时有着两个相同的族群。但是在马拉维的两个族群之间发生了严重冲突，在赞比亚这两个族群则相安无事。这是因为两个族群在两国有着不同规模，因而影响了政治竞争的烈度。在马拉维，这两个族群的体量较大，对选举结果有着举足轻重的影响。旗鼓相当的族群致使在马拉维的政治竞争相持不下，异常激烈。各族群的理性政治家会不断进行政治动员，挑动内部冲突来赢得政治竞争，将马拉维带入冲突的渊薮。而在赞比亚的两个族群体量较小，在政治竞争中重要性也较小，理性的政治家将其卷入纷争的意愿也不高。较低的政治竞争反而带来了赞比亚这两个族群相安无事。[3] 在很多条件下，竞争并不能增效。大家往往都认识到生物

---

① Benjters Peters, *How Not to Network a Nation: The Uneasy History of the Soviet Internet*, Cambridge: The MIT Press, 2016, pp. 1 - 14.

② 赵鼎新：《儒法国家：中国历史新论》，第36—40页。

③ Daniel Posner, "The Political Salience of Cultural Difference: Why Chewas and Tumbukas are Allies in Zambia and Adversaries in Malawi," *American Political Science Review*, Vol. 98, No. 4, 2004, pp. 529 - 545.

多样性能让一个种群获得外来基因，改善自身适应环境的能力。但当竞争太过激烈时，外来移民的基因还没有扩散到当地种群，他们就已被严酷的竞争淘汰了。严酷的竞争和自然选择可能阻碍外来移民与当地民众的基因重组。这样一来，严峻的竞争环境可能不是提升了，反而是降低了群体的适应性。[1]"竞争增效"要发挥作用，也需要看具体环境。

此外，不同层次的竞争导致的结果也会有显著差异。例如有研究者从印度的骚乱展开研究，发现印度种族骚乱源于身处不同层级政府的政客为赢得政治竞争而采取了不同的行为。在乡镇层级，当竞争异常激烈时，印度当地的政治人物往往倾向于"拉一派打一派"，用敌对的政治策略来加固政治联盟，挑起骚乱和冲突。但是在邦这一级，当竞争比较激烈时，政治人物却倾向于派出军警干预，防止骚乱，维持秩序。这是因为在"邦"这样更高一级的政治竞争中，提供稳定与秩序这样的公共品能让政治人物收获更多的选票。[2]

在斯密构筑的世界，分工提升了经济效率。而分工的展开则不是仰仗国家，而是依靠理性的、自利的个体。有"微观基础"的分工才能提升效率。有"微观基础"的支撑，众多个体对私利的追逐会促成公益的实现。此外，要让私利转化为公益，个体活动的平台是在市场，而非政府。"自由放任"的经济政策被斯密的追随者

① Masahiko Ueda, Nobuto Takeuchi and Kunihiko Kaneko, "Stronger Selection Can Slow Down Evolution Driven by Recombination on A Smooth Fitness Landscape," *PLos ONE*, Vol. 12, No. 8, 2017.

② Steven Wilkinson, *Votes and Violence: Electoral Competition and Ethnic Riots in India*, New York: Cambridge University Press, 2004, pp. 1 – 18.

倍加推崇。此外，这个市场是竞争的市场，而非垄断的市场。只有在竞争的市场，才更能提升绩效。不过，即便诸多国家的经济发展具备上述条件，斯密还提出了一项重要因素。这是很多经济体都难以达到的，即市场规模。有足够的市场规模，国富之道才能更好地实现。

五　为何英国率先开启了工业革命？

瓦特改良蒸汽机和斯密出版《国富论》在同一年。而蒸汽机成为第一次工业革命的重要标志。在人类经济史上，英国是第一个完成工业革命的国家。尽管斯密没有预见到英国的工业革命，但按照他的逻辑，英国之所以能率先展开工业革命，很大程度上得益于英国通过国际贸易，开拓了广阔的市场，[①] 促进了分工，也建立了自由市场。英国工业革命的历史和斯密有关市场规模（extent of market）的论述是高度契合的。

第一次工业革命前夕，英国主要依靠出口，而不是国内消费，消化掉了工业产出的增长。18 世纪上半期，英国国内需求增长仅为 42%，而出口增长则非常显著。[②] 纵观整个 18 世纪，英国工业的出口增长了近 450%（以 1700 年为 100，1800 年则为 544），而供国内

---

① 下面素材参见黄琪轩：《技术大国起落的历史透视——政府主导的市场规模与技术进步》，《上海交通大学学报》（哲学社会科学版）2013 年第 2 期。

② Christopher Harvie, "Revolution and the Rule of Law," in Kenneth Morgan, ed., *The Oxford History of Britain*, New York: Oxford University Press, 1993, p. 478.

消费的产品生产仅增长了 52%（1700 年为 100，1800 年为 152）。[①] 1688 年到 1815 年，至少一半以上的新增工业品被出口到海外。[②] 海外市场的开拓为英国产品提供了持续又庞大的产品需求。

从某种意义上讲，支撑第一次工业革命的支柱产业——英国纺织业的发展就是靠海外市场推动起来的。18 世纪，英国纺织业出口比重不断提升，无论是纱织品、毛纺织品还是棉纺织品的出口都在迅速增长。英国工业革命时期，接近 2/3 的纱制品都用于出口。[③] 17 世纪末，英国毛纺品的出口量占总产量的 30%；到 1740 年，这个比重提高到近 50%。[④] 而到了 1800 年，超过 60% 的英国棉纺织品都用于出口，而国内的消费则不足 40%。[⑤] 英国这样骄人的出口业绩让其竞争对手法国相形见绌。19 世纪中期，英国有 60% 的棉织品用于出口，而此时法国棉织品出口仅占其产量的 10%。[⑥] 庞大的海外市场为英国纺织产业提供了巨大的利润刺激，让纺织产业有机会和动

① ［法］费尔南·布罗代尔著，顾良、施康强译：《15 至 18 世纪的物质文明、经济和资本主义》（第三卷），生活·读书·新知三联书店 1992 年版，第 673 页。
② Patrick O'Brien, "Deconstructing the British Industrial Revolution as a Conjuncture and Paradigm for Global Economic History," in Jeff Horn, Leonard Rosenband and Merritt Roe Smith, eds., *Reconceptualizing the Industrial Revolution*, Cambridge: The MIT Press, 2010, p. 27.
③ Knick Harley, "Trade: Discovery, Mercantilism and Technology," in Roderick Floud and Paul Johnson, eds., *The Cambridge Economic History of Modern Britain*, *Volume1. Industrialization*, *1700 - 1860*, Cambridge: Cambridge University Press, 2008, p. 186.
④ ［英］大卫·兰德斯：《解除束缚的普罗米修斯》，第 55 页。
⑤ Joseph Inikori, *Africans and the Industrial Revolution in England: A Study in International Trade and Economic Development*, New York: Cambridge University Press, p. 436, Table. 9. 6.
⑥ Maxine Berg, *The Age of Manufactures: 1700 - 1820: Industry, Innovation and Work in Britain*, London: Routledge, 1994, p. 14.

力去扩大投资，改进技术。

　　除了纺织业，庞大的海外市场需求也在推动英国其他产业的升级与发展。在这一时期，英国工业制成品以及铁制品的出口总量在不断提升。1750 年，英国国内生产的铁制品还不能满足自身需求。当时英国进口的铁制品还是其产出的两倍；到 1814 年，英国铁制品出口量则是进口总量的 5 倍多；到 19 世纪中叶，英国铁制品出口总量又比 19 世纪初期增加了约 20 倍（1814 年为 5.7 万吨，1852 年为 100 多万吨）。此时，英国铁制品出口总量已经超过了世界其他国家总和。[①] 随着纺织业发展、海外运输能力增强，英国金属工业也得到了迅速发展。英国精加工金属产品、机械以及工程类产品出口也逐渐增多，出口商品日趋多样化。在出口的制成品中，金属制品比重在 1814—1816 年间为 12%；在 1854—1856 年间，这个比重上升到了 27%。[②] 因此，我们可以看到，英国积极开拓海外市场，不仅推动了纺织业发展，也推动了相关技术发展与产业升级。斯密对分工的看法，也恰好可以理解英国的工业革命。斯密关于分工国际化的论述就是英国工业革命的再现。

　　斯密在《国富论》第三章的开篇指出："交换能力引起劳动分工，而分工的范围必然总是受到交换能力的限制。换言之，即受到市场范围（市场规模）的限制。当市场很小时，没有人能得到任何的鼓励，去专门从事一种职业。"[③] 道理很简单，让我们再次回到制

---

① ［英］大卫·兰德斯：《解除束缚的普罗米修斯》，第 95 页。

② Maxine Berg, *The Age of Manufactures: 1700 - 1820: Industry, Innovation and Work in Britain*, p. 106.

③ ［英］亚当·斯密：《国富论》（上卷），第 22 页。

针工厂。由于劳动分工，生产效率得以改进，制针工人每天能制造4800 枚针。那么如果这些针卖不出去，制针产业的制造商怎么会有生产积极性呢？斯密举了另外一个例子，"在苏格兰高地的穷乡僻壤，即使是制钉人这样一种行业也不可能有。这种工人每天能造1000 枚铁钉，一年工作 300 天，按照这种速度，他每年能造 30 万枚铁钉。但在这种情况下，他不可能售出 1000 枚，而这只是全年中一天的工作量。"① 由于就算生产这么多铁钉却又卖不出去，苏格兰的穷乡僻壤就不会出现细致的分工，不会出现专业的制钉人。市场必须扩大很多倍才能吸纳小型制针、制钉工厂的产量。因此，市场规模构成了劳动分工发展的主要障碍。在斯密看来，任何对商业发展的障碍都是对劳动分工发展的障碍，它会阻碍生产率提高，进而阻碍国民财富增加。

事实上，市场规模还有其他意义。庞大市场规模有利于实现规模经济，降低生产成本。二战以后，全球制造业开始向大规模生产演进，产业升级和技术进步需要巨大成本。只有足够庞大的市场体量、足够充裕的消费能力，才能支撑大规模生产。钢铁、汽车、飞机等产业在狭小的市场是难以实现产业发展的。例如，二战后大多数拉美国家都努力发展汽车产业，但是它们的努力却无法突破市场规模限制。在 20 世纪 60 年代，车辆装配厂的最小生产规模必须达到年产 20 万辆。当时世界上只有 7 家公司的年产量能超过 100 万辆，它们是通用、福特、克莱斯勒、雷诺、大众、菲亚特以及丰田。20 世纪 50 年代，阿根廷每年售出的新车数量为 5 万辆；到 20 世纪

①［英］亚当・斯密：《国富论》（上卷），第 23 页。

60 年代，阿根廷最大汽车公司年产量也不过 5.7 万辆。和其他拉美国家一样，受制于狭小的市场规模，阿根廷汽车产业无法享有大规模生产带来的效率，它生产一辆汽车的成本是美国的 2.5 倍。[1] 不仅是技术的发明，而且技术的生产乃至技术的扩散也是对市场力量的反应。有学者在对杂交玉米技术扩散的研究发现，市场大小决定盈利预期，进而导致各地杂交玉米技术扩散的差别。[2] 因此，市场规模狭小会构成国民财富增长的重要障碍。

斯密提到了地理位置对市场规模的影响。内陆国家的地理位置会限制其出口，限制其市场规模，因此它们往往也难以实现有效分工，进而难以实现国民财富增长。研究者发现，内陆国家出口要比临海的国家少一半。[3] 因此，世界上最穷的 10 亿人，有 38% 居住在内陆国家。[4] 因为这些内陆国家难以发挥出口优势，难以拓展有效的市场规模。国民财富增长也随之受到极大限制。而英国工业革命前夕的市场开拓恰恰为英国工业革命开辟了道路。

那么，开辟海外市场是否需要保护自己国内市场呢？如果把开拓海外市场与保护国内市场并举，那么获得的市场不是更大吗？

斯密的回答是否定的。斯密的解释是，"每一个精明的户主的座右铭是：凡是制作起来比购买更费钱的东西，绝不要在家里制作。

① ［英］罗伯特·艾伦著，陆赟译：《全球经济史》，译林出版社 2015 年版，第 129 页。
② Zvi Griliches, "Hybrid Corn and the Economics of Innovation," *Science*, Vol. 132, No. 3422, 1960, pp. 275 – 280.
③ Michael Faye, John McArthur, Jeffrey Sachs and Thomas Snow, "The Challenges Facing Landlocked Developing Countries," *Journal of Human Development*, Vol. 5, No. 1, 2004, p. 40.
④ Paul Collier, *The Bottom Billion: Why the Poorest Countries are Failing and What Can Be Done About It*, New York: Oxford University Press, 2007, p. 54.

裁缝不自己制鞋，而是向鞋匠买鞋。鞋匠不自己缝衣服，而是雇用裁缝匠。农民不自己制鞋，也不自己缝衣，而是雇用这两种匠人。他们全都发现，用一种使自己对邻人居于有利地位的方式来使用自己的全部劳动，用自己劳动的一部分产物去购买自己需要的东西，是于自己有利的。"① 而且，斯密指出，对个人是有利的选择，对国家而言也同样如此。"对每一个私人家庭来说是精明的行为，对一个大国不可能是愚蠢的行为。"② 如果从海外购买产品更便宜，就没有必要自己生产，结余的资源可以投到更有效率的地方。因此，斯密认为，没有必要搞保护性的关税。这些关税是损害公众利益的，它们既减少了"消费收益"，也降低了"生产收益"。首先，保护性关税提高了商品价格，使得消费者面临损失。其次，保护性关税还影响了生产效率。因为这些受保护的行业有着较高的利润，进而吸引了资金和劳动力的涌入。这些资源原本可以流入更有效率的产业，现在却被错误地吸引到受保护的行业中。

值得注意的是，在斯密的分析中，消费者被放在了重要的位置。"消费是所有生产的唯一目的，只是在为了促进消费者的利益时才应当去注意生产者的利益。这个原则完全是自明之理，试图去证明它倒是荒谬的。但在重商主义体系中，消费者的利益几乎经常为生产者的利益而被牺牲，似乎将生产而不是将消费看作是所有工商业的最终目的。"③

从这一思路来理解，英国之所以能率先完成工业革命，是因为

---

① ［英］亚当·斯密：《国富论》（下卷），第 503 页。
② 同上，第 504 页。
③ 同上，第 725 页。

英国能积极推动海外市场的开拓，拓展了其市场规模，进而实现了劳动生产率的极大改进。而英国实现市场规模的关键在于积极推动自由贸易。

斯密的论述是对重商主义的革命，是抵制政府干预自由贸易的思想武器。那么，斯密的逻辑存在哪些瑕疵呢？马克思在《关于自由贸易问题的演说》中就否认了分工的自愿性。他指出：发展中国家在国际分工中处于劣势，提供咖啡、蔗糖等初级产品并非源于资源禀赋的优势，也并非理性个体的自愿选择。"有人对我们说，自由贸易会引起国际分工，这种分工将规定与每个国家优越的自然条件相适宜的生产。先生们，你们也许认为生产咖啡和砂糖是西印度的自然禀赋吧。"他指出，这一结果并非殖民地的资源禀赋如此，而是源于资本的强制。"二百年以前，跟贸易毫无关系的自然界在那里连一棵咖啡树、一株甘蔗也没有生长出来。"[1] 资本家凭借权力优势，不仅在国际分工中实施强制，在国内分工中更是如此。

经济史学家罗纳德·芬德利（Ronald Findlay）和凯文·奥罗克（Kevin O'Rourke）在其合作的有关贸易政治的经济史著作《强权与富足：第二个千年的贸易、战争和世界经济》中指出：迄今为止，亚当·斯密及其追随者们都认为大部分的军事开支是浪费之举，因为它们挤出了更有效率的私人投资。亚当·斯密的这种观点建立在一个前提之上，即私人部门所依靠的市场和原料供应始终存在。[2] 但这样的假定往往在现实世界中遭遇挑战。众所周

---

① 《马克思恩格斯选集》（第一卷），第 208 页。
② ［美］罗伯特·芬德利、［爱尔兰］凯文·奥罗克：《强权与富足：第二个千年的贸易、战争和世界经济》，第 379 页。

知，英国人能打开中国的市场不是靠自利的人性以及与之相伴的贸易，而是靠鸦片战争中的坚船利炮。如果我们把历史追溯得更远，也同样如此。

英国之所以能如此有效地开拓国际市场，离不开其强大的海军。在18世纪，西欧的殖民地大都具有海洋性质，贸易又是远距离贸易。在拓展海外市场的过程中，英国与其他欧洲国家常常受到一些因素的干扰。而正是英国强大的海军，消除了这些干扰，成功地拓展了英国海外市场。[1] 无论是和平时期还是战争时期，海军对英国贸易都起到了重要作用。海军保障了英国产品能占据国际制成品与服务业市场的最大份额。[2] 在地中海、大西洋、太平洋、印度洋沿岸，海军构建起捍卫英国海外利益的安全网络，这些军事建设保护了英国的船只与货物。[3] 1714年到1739年间，英国海军已经取得了无可匹敌的优势地位。[4] 有了这样的政治前提，英国的海外市场才能有效拓展，市场规模带来的分工与技术进步才能实现。

由于英国需要与美洲、非洲与亚洲拓展贸易，而此时海上航路并不安全，其中一个重要的威胁来自海盗。当时，法国、西班牙以

---

① 黄琪轩：《技术大国起落的历史透视》，《上海交通大学学报》（哲学社会科学版）2013年第2期。

② Patrick O'Brien, "Introduction: Modern Conceptions of the Industrial Revolution," in Patrick O' Brien and Roland Quinault, eds. *The Industrial Revolution and British Society: Essays in Honour of Max Hartwell*, Cambridge: Cambridge University Press, 1993, p. 12.

③ Maxine Berg, *The Age of Manufactures: 1700—1820. Industry, Innovation and Work in Britain*, p. 107.

④ Jan Glete, *Navies and Nations: Warships, Navies and State Building in Europe and America, 1500－1860, Vol. 1*, Stockholm: Almqvist and Wiksell International, 1993, p. 257.

及荷兰等国家支持海盗劫掠英国商船。[1] 曾经有一段时期，英国的贸易受到海盗的沉重打击。1693 年，绝大部分英国商船被海盗中途拦截。[2] 因此，如果不能保障海上航道安全，英国拓展海外市场的努力将付诸东流。在这一背景下，英国海军为其商船保驾护航，海盗威胁才得以有效消除。此外，英国海军还需要消解欧洲竞争对手的威胁，削弱竞争对手在海外的竞争能力。

一位旅居英国的法国人写道："众所周知，在这十年（1804—1813 年）中，世界上任何一个国家，如果没有得到英国同意，就做不成生意。"[3] 这是英国海军霸权的真实写照，也展示了海军优势如何为英国长期经济优势提供保障。尤其重要的是：海军确保了英国贸易能有效避免来自劲敌法国的竞争。即便是在拿破仑实施海上封锁期间，英国海军还能维系其对欧洲的贸易。当时有人这样评论英国的海上贸易："这个国家的航海受到了良好保护，我们船只优质，海员优良，法国对我们难以构成竞争。"[4] 在皇家海军的保护下，英国的远洋运输没有受到严重干扰，在战争期间的船舶损失也相对较少。而法国与英国相比则相形见绌，法国海军原本具有海上优势，但是法国作战政策重视陆军而轻视海军。路易十五曾宣称：在法国，

① Maxine Berg, *The Age of Manufactures: 1700—1820. Industry, Innovation and Work in Britain*, p. 107.

② Jeremy Black, *Trade, Empire and British Foreign Policy, 1689—1815: Politics of a Commercial State*, London: Routledge, 2007, p. 112.

③ ［法］费尔南·布罗代尔：《15 至 18 世纪的物质文明、经济和资本主义》（第三卷），第 670 页。

④ Jeremy Black, *Trade, Empire and British Foreign Policy, 1689—1815: Politics of a Commercial State*, p. 179.

除维特尼的海军外，绝不会有别的海军。[1] 由于法国海军的缺失，"法兰西的商业则不复见于海上。法兰西的边界为敌国各军封锁后，它只能依它本国极有限的物产为生，而英吉利则可以自中国远及马赛诸塞特的全世界为市场"。[2]

因为海外贸易常常受到战争的干扰，法国商业以及海外殖民地也随之不振。由于英国靠强大海军主导了海外市场，英国贸易在战争期间遭受的损失也远远比法国要少。[3] 相对法国而言，英国的这一政治优势转化成了贸易优势。长期来看，海军为英国商贸往来与经济发展提供了政治前提。英国工业革命的发生，很大程度上来自海外贸易增长，即斯密谈到的市场规模扩大。而英国海外市场规模的扩大，不是依赖于自利人性引发的贸易，也并非依靠"自然秩序"的扩展，而是更显著地仰仗其海军。尽管斯密旗帜鲜明地反对政府干预，但英国海军带来的权力却为其倡导的市场规模提供了基础。

分工取决于市场规模。庞大的市场不仅仅需要广袤的土地和丰裕的人口，还需要购买力。这个购买力能消化掉年复一年出现的巨大的产能。[4] 庞大的市场规模让企业家有投资意愿，逐渐积累技术能

---

① [美] 斯塔夫里阿诺斯著，吴象婴等译：《全球通史：1500 年以后的世界》，上海社会科学院出版社 1999 年版，第 178 页。

② [英] 屈勒味林著，钱端升译：《英国史》（下册），中国社会科学出版社 2008 年版，第 545 页。

③ Daniel Baugh, "Naval Power: What Gave the British Navy Superiority?" in Leandro Prados de la Escosur, ed., *Exceptionalism and Industrialization: Britain and its European Rivals, 1688 – 1815*, Cambridge: Cambridge University Press, 2004, pp. 235 – 257.

④ Allyn Young, "Increasing Returns and Economic Progress," *The Economic Journal*, Vol. 38, No. 152, 1928, p. 532.

力；也让大量军事技术有足够市场回报，从而外溢到民用市场。英国工业革命离不开其海军拓展的庞大市场规模。如果缺少足够庞大的市场规模作支撑，技术进步和产业升级往往难以持续下去。在改革开放后，中国通过融入世界经济，获得了一个庞大的市场规模。新时代以来，中国发挥自身"超大市场规模优势"，通过国内与国际"双循环"，撬动一个内外联动的大市场，推动中国技术发展与产业升级。这和英国等西方国家的崛起有着显著差异。"超大市场规模优势"不仅有力促进中国建设世界科技强国，也是中国"走和平发展道路的现代化"的重要支撑。

六 为什么人类暴力水平呈下降趋势？

斯密的乐观主义情绪影响深远。哈佛大学教授斯蒂芬·平克（Steven Pinker）在《人性中的善良天使》一书中展示了人类社会的"平靖进程"（pacification process）。平克展示：从长时段来看，人类社会的暴力水平呈下降趋势。在"无政府社会"，人类曾经历暴力横行时代。大量考古发现：在只有村庄和部落的社会，人类暴力的死亡率是 15%，男性间的暴力死亡率乃至达到 25%。[1] 在公元前14000 年到公元 1770 年，人类平均暴力死亡率是 15%；到 21 世纪

---

① ［以色列］尤瓦尔·赫拉利著，林俊宏译：《人类简史：从动物到上帝》，中信出版社2014 年版，第 82 页。

初，西欧年均凶杀率降到十万分之一。[1] 平克向世人展示，原本充满血腥和暴力的人类历史变得越来越和平和安宁。

在两次世界大战结束后，世界政治的"平靖进程"日益显著，体现为两个方面，即："大国罕有战事""国家罕有消亡"。二战结束后，世界政治"平靖进程"的第一个变化是"大国罕有战事"。从1500 年到 2000 年，大国交战时段占总时段的比重（交战时段从占总时段 75% 的比重降至趋近于零）、大国战争持续年数（从高峰时期的12 年降至趋近于零）都在显著下降。战争死亡人数在二战时期达到高峰，但是到 2000 年时，战争死亡人数却低于历史上任何时期。在非国家形态社会，每 10 万人中，每年有 500 多人死于战争；而即便遭遇世界大战蹂躏的德国、日本、苏联，每 10 万人中的年均战争死亡率也降至 130 人左右。因此，如果按死亡人数比重而非绝对数量来看，在 20 世纪战争人口伤亡高峰时期，其死亡比重仍远远低于历史上的均值。[2] 从大国参与战争的频率及伤亡来看，二者几乎均降到零。[3] 世界经历了一个"大国罕有战事"的时代。[4]

二战结束后，世界政治"平靖进程"的第二个变化是："国家罕有消亡"。国际关系史上，国家消亡的概率很高。公元 990 年，欧洲存在数千个类似国家的政治实体；到公元 1550 年，只剩下 500 余

① ［美］斯蒂芬·平克著，安雯译：《人性中的善良天使：暴力为什么会减少》，中信出版集团 2015 年版，第 67—69 页。
② 同上，第 266—268 页；第 69 页。
③ Jack Levy and William Thompson, *The Arc of War: Origins, Escalation, and Transformation*, Chicago and London: The University of Chicago Press, 2011, p. 8.
④ 杨原：《大国无战争、功能分异与两极体系下的大国共治》，《世界经济与政治》2015 年第 8 期。

个；到 1780 年，仅剩 100 个左右。[①] 其中，世界政治中小国的消亡率尤其高。在第二次世界大战后，国家消亡几率出现重大变迁。1945 年到 1995 年间，国家消亡的主要案例是：两德的统一、苏联的崩溃、前南斯拉夫与捷克斯洛伐克的解体。而这四个消亡的国家，没有一个是由于征服和扩张引起的。[②] 1945 年以后，没有任何一个经联合国承认的独立国家遭征服而灭国。研究"国家消亡"（state death）的学者展示：1945 年以后的世界，已经难以找到因为暴力与征服而消亡的国家。[③] "国家罕有消亡"是世界政治"平靖进程"的又一重要体现。概言之，人类社会的暴力水平在显著下降。

世界贸易组织（WTO）一直倡导自由贸易理念，其官方网站列举了自由贸易的十大优点：第一，国际贸易促进了世界和平；第二，国际贸易有利于纠纷的解决；第三，基于规则的体系让人们生活更便利；第四，自由贸易降低了人们的生活成本；第五，自由贸易让消费者可以选择不同层次的产品，增加了消费者的选择；第六，贸易增加了民众的收入；第七，贸易促进了增长和就业；第八，自由贸易让经济运行更有效率，也降低了经济运行的成本；第九，自由贸易让政府免于受特殊利益集团操控；第十，自由贸易促进良治。[④] 世贸组织罗列的这些优点显然很好地继承了斯密的衣钵。后来的自由主义学者强调自由贸易不仅能带来经济收益，还能带来显著的政

---

① Michael Mann, *States, War and Capitalism: Studies in Political Sociology*, p. 153.
② 唐世平著，董杰旻、朱鸣译：《国际政治的社会演化：从公元前 8000 年到未来》，中信出版集团 2017 年版，第 171 页。
③ Tanisha Fazal, "State Death in the International System," *International Organization*, Vol. 58, No. 2, 2004, pp. 311 - 344.
④ 参见其网站，WTO: 10 Benefits of the WTO Trading System。

治收益。

　　斯密在《国富论》上卷的《城市商业怎样对乡村改良做出贡献》这一章就大加歌颂商业和制造业发展给乡村带来了秩序和良好的治理，也给乡村带来了个人自由和安全。在传统乡村，大地主豢养着大批侍从，也掌控着诸多佃农。这些人对大地主存在人身依附关系。此时，大地主在乡村恣意妄为、专横跋扈，整个乡村陷入"暴力、抢劫和混乱的场面"，是乱象横生的渊薮。但随着商业和制造业发展，大地主"或许是为了一对钻石纽扣"，或许"为了只适合于做儿童玩具"这样无足轻重的小玩意儿，"为了满足最幼稚、最无价值和最卑鄙的虚荣心，他们逐渐地用他们的全部权力和权威来进行交易"。侍从变得独立，佃农被遣散，地主基于自利之心，让侍从与佃农摆脱了对自身的人身依附，也变得再也不能扰乱乡村的治安了。对公共福利至关重要的大变革就这样产生了。大地主并无先见之明，他们"丝毫没有为公众服务的意图，大地主的唯一动机就是满足最幼稚的虚荣心"。① 商业和制造业的发展让大家始料未及的是，大地主交出了权力，乡村日益安定有序。商业的发展不仅有利于乡村秩序，还有助于族群之间的和平共处。在南亚国家，印度教徒和穆斯林之间常常爆发种族与宗教冲突，但一些地区却享有更多和平。有研究者发现：更和平的地区主要集中在贸易港口。从中世纪开始，印度教徒需要在印度洋做生意，他们需要海外贸易渠道。由于熟悉朝圣路线，穆斯林为印度教徒提供了重要海外贸易网络和渠道。两个群体彼此为对方提供了互补的，对方难以复制的服务。他们长期

---

① ［英］亚当·斯密：《国富论》（上卷），第 461—465 页。

混居，也形成了种族宽容的文化。尽管欧洲人的到来破坏了当代居民的贸易主导地位，但这里的种族宽容文化却发挥着持续影响。在1850年至1950年，这些地区的种族骚乱是其他地区的五分之一；在1950年到1995年，这些地区的种族骚乱是其他地区的二分之一。①

斯密指出，各国国民被教导说："他们的利益在于使所有的邻国变穷。每一个国家都变得用嫉妒的目光去看待和自己有商业往来的一切国家的繁荣，认为它们的利得就是自己的损失。在国家之间也像在个人之间一样，商业本来自然应当成为联合和友谊的纽带，但是现在却变成了争论和仇恨的最容易产生的源泉。"②斯密认为流行的看法是危险的、有害的，他用积极的心态看待邻国的财富。

> 邻国的财富在战争和政治中虽然可能是危险的，在贸易中都是肯定有利的。在敌对状态中，它可能使我们的敌人所维持的海陆军优于我们自己的海陆军；但在和平商业状态中，财富一定能使它们为我们自己产业的直接产品或用这种产品交换来的东西提供更好的市场，交换更大的价值。正如一个富人能比一个穷人成为邻近劳动人民的更好的顾客一样，一个富国也是如此。③

富裕的邻国为我们自己提供了一个广大的市场。"一个富国的制造商

---

① Saumitra Jha, "Trade, Institutions and Ethnic Tolerance: Evidence from S. Asia," *American Political Science Review*, Vol. 107, No. 4, 2013, pp. 806 - 832.
② ［英］亚当·斯密：《国富论》（下卷），第542—543页。
③ 同上，第543页。

无疑地可能是邻国制造商的非常危险的竞争者。然而，这种竞争对人民大众是有利的；此外，还从这样一个国家的巨大支出对他们在其他方面提供的良好市场而大为获利。"① 分工取决于市场规模。市场规模不仅有国内的，还有海外的。富裕的邻国也构成自己国家的海外市场规模，也会让自身从彼此分工中增进效率，获得收益。

通过贸易，各国利益交织在一起，成为利益共同体。这就是后来学者发展出来的"贸易和平论"。这一理论从国家间的经济联系来考察国家间的纷争与合作。理查德·罗斯克莱斯（Richard Rosecrance）指出：随着世界贸易的增加，世界政治的性质也发生了变化。以往强调军事征服、领土占领的"军事—政治世界"，开始变成"贸易世界"。在贸易日趋重要的时候，各国更加强调通过贸易来增强自身的实力，国家也变成了"贸易国家"。② 以往国家需要通过军事征服获得国家利益，现在国家依靠自由无碍地与他国进行经济交换就能实现国家利益。③ 国家间对贸易的重视和偏好在日益上升，跨国经济联系构成了一项重要利益。国家之间的贸易让众多利益团体获得巨大好处，也使这些利益团体的影响力得到增强。它们积极行动，维护和平，促进贸易。④ 不仅如此，即便两个国家之间的贸易量不高，但如果双方都是其他大国的重要贸易伙伴，那么其他大国会积极介入，防止这两个经济联系比较低的国家发生战争。有研究者就展示中美洲国家之间尽

---

① ［英］亚当·斯密：《国富论》（下卷），第 544 页。
② Richard Rosecrance, *The Rise of the Trading State: Commerce and Conquest in the Modern World*, New York: Basic Books, 1985, pp. 23–26.
③ Richard Rosecrance, "International Security and the Virtual State: States and Firms in World Politics," *Review of International Studies*, Vol. 28, No. 3, 2002, pp. 443–455.
④ Patrick McDonald, *The Invisible Hand of Peace: Capitalism*, *The War Machine*, *and International Relations Theory*, New York: Cambridge University Press, 2009.

管贸易水平低,但海外贸易编织的"大网"形成了一个利益共同体,让作为第三方的其他大国愿意出面,维系中美洲内部的和平。[①] 持"贸易和平论"理念的学者认识到了贸易会使各国利益绑定在一起,这使得支持和平的因素发展壮大。为何人类暴力水平呈下降趋势?斯密的追随者会认为因为世界各地的贸易呈上升趋势,让大家都乐于通过"交易"而非"暴力"来获益,贸易是通往和平的桥梁。

斯密的追随者与斯密本人相比,是更为教条的自由贸易论者;而且他们肯定是更为热烈的和平主义者。[②] 对世界政治经历的"和平化"进程,不少马克思主义者对此持怀疑态度,其中在马克思、列宁的论著中都能找到对此的质疑。马克思在《资本论》第一卷的第24章中对当时的"自由贸易"极尽嘲讽,当时正值奴隶贸易鼎盛时期,在资本的原始积累阶段,欧洲商业扩展的历史血腥暴力,最平常不过的贸易也充满着赌博、暴力和冒险。马克思主义者还看到,贸易扩展伴随世界各国民族资产阶级对世界市场争夺加剧,进而可能激化各国竞争与冲突。对此,我们会在第五、六章展开论述。此外,美国第一任财长汉密尔顿等人以及诸多现实主义政治经济学家对斯密的乐观主义持相当怀疑的态度。以国家为中心的政治经济学会从大国的能力与意愿变化来解释。技术变迁,尤其是在"核革命"后,大国确保自身安全的能力更强,使得"大国罕有战事"。得益于

---

① Yonatan Lupu and Vincent Traag, "Trading Communities, the Networked Structure of International Relations," *Journal of Conflict Resolution*, Vol. 57, No. 6, 2012, pp. 1011 - 1042.

② [美] 爱德华·米德·厄尔:《亚当·斯密、亚历山大·汉密尔顿、弗里德里希·李斯特:军事力量的经济基础》,载 [美] 彼得·帕雷特、戈登·克雷格、费利克斯·吉尔伯特主编,时殷弘等译:《现代战略的缔造者:从马基雅维利到核时代》,世界知识出版社 2006 年版,第 213 页。

技术变迁，大国利益半径扩大，即便距离遥远地域的变化也与自身息息相关，大国保障遥远利益的意愿提升；同时，技术变迁扩大了大国的权力投射，让世界各国，尤其是大国保障体系稳定的能力更强，致使"国家罕见消亡"。[1] 在 20 世纪 50 年代苏伊士运河危机爆发以后，冷战中的对手美苏联手合作支持埃及，英法两大国被迫妥协。

关于自由贸易与和平的关联。国际关系学者常常提出的异常案例就是 19 世纪末的德国。[2] 19 世纪末，德国和美国的崛起冲击到英国的霸权。随着德国的经济成长、产业升级，德国对外贸易量激增。1875—1895 年，德国产品的出口总值实现了 30% 的增长。[3] 此后，德国出口增长加速，1890—1913 年，德国出口额增加了两倍，使德国出口接近英国水平。[4] 从世界贸易份额来看，德国占世界贸易的份额在稳步上升。第一次世界大战爆发时，德国出口占世界出口总额20.2%。[5] 1872 年，德国制成品只占出口商品总额的 44%；而到了1900 年，这一比重上升到了 62%。[6] 如果说这是德国单方面贸易增长的情况，那么从各国贸易的相互依存情况来看，在第一次世界大战前，各大国之间经济相互依赖已经达到了很高的程度。就进出口总额占国内生产总值的情况而言，一战爆发前的几年，德国占 38%，

---

① 黄琪轩：《世界政治"平靖进程"的技术变迁支撑》，《东北亚论坛》2022 年第 1 期。

② 下列素材参见黄琪轩：《大国经济成长模式及其国际政治后果——海外贸易、国内市场与权力转移》，《世界经济与政治》2012 年第 9 期。

③ ［英］大卫·兰德斯：《解除束缚的普罗米修斯》，第 325 页。

④ ［英］保罗·肯尼迪著，蒋葆英等译：《大国的兴衰》，中国经济出版社 1989 年版，第264—265 页。

⑤ Hans-Joachim Braun, *The German Economy in the Twentieth Century: The German Reich and the Federal Republic*, New York: Routledge, 1990, p. 22.

⑥ ［英］大卫·兰德斯：《解除束缚的普罗米修斯》，第 325 页。

英国占 52%，法国占 54%，它们之间相互展开贸易。英德两国之间的经济联系尤其突出，英国为德国提供了五分之一的原材料、食品。伦敦为德国贸易融资，英国银行为德国商船提供担保。一战前，英德两国贸易总额超过了英法贸易总额；1905 年到 1913 年，英国与俄国的贸易仅为英德贸易的一半；英国还是德国最重要的市场之一，1913 年，德国 14.2% 的出口商品输往英国。[1] 但是我们看到，德国和英国较高的贸易水平并没有阻止大战的爆发。

德国的贸易增长，激起了霸权国家英国的敌对。因为德国的大量出口严重冲击了英国的产业利益。1913 年，世界制成品出口的 60% 来自欧洲的三个国家：英国、德国与法国。[2] 这三个国家同时也是第一次世界大战的主力。一战中有超过 1500 万人死亡，除了巨大的人员伤亡，参战国经济都遭受巨大损失。

商业自由主义尤其关注贸易以及商业对和平的促进作用。他们认为，国际贸易为世界带来了繁荣与和谐。现实主义的政治经济学者对此持悲观态度，他们认为国家之间的相互依赖，尤其是大国之间的相互依赖常常加剧纷争，于和平无益。

与欧洲国家不同，美国通过自身市场吸收了其迅速扩大的产出，从而缓和了海外扩张的痛苦。相比之下，美国依靠国内市场的经济成长模式，使得美国能在这一时期把大部分经济能量用于拓展自身广阔的国内市场。因此，英国等国家对美国的威胁感知远远比德国

---

[1] Paul Papayoanou, "Interdependence, Institutions, and the Balance of Power: Britain, Germany, and World War I," *International Security*, Vol. 20, No. 4, 1996, pp. 54-55.

[2] ［英］C. L. 莫瓦特编，中国社会科学院世界历史研究所组译：《新编剑桥世界近代史：世界力量对比的变化（1898—1945）》（第 12 卷），中国社会科学出版社 1999 年版，第 55 页。

要小。当德国与英国从经济竞争走向战争时，美国受到国际社会的关注相对较少，依靠国内市场实现了经济成长与产业升级，避免了和英国发生直接冲突，最终取代了英国的世界霸权。

有研究指出：高度的相互依赖既不必然导致战争，也不必然带来和平；其具体走向取决于双方对贸易的预期。只有当国家对未来贸易预期是积极的时候，较高相互依赖程度才会是和平导向的。[①] 但问题是，大国之间是否会持续保持高度相互依赖的意愿？我们知道，国家之间的经济联系在深刻影响国家之间相互依赖的脆弱性和敏感性。[②] 而这种脆弱性和敏感性在大国之间尤其明显。还有研究对1870—1938年间的国际冲突做了检验并发现：从统计上看，当双方经济依存度从较低走向中等强度时，冲突的概率在逐渐减低，这似乎印证了贸易和平论；但是当双方经济依存度从中等强度走向紧密联系时，双方爆发冲突的概率也随之上升。因此，这是一个 U 型的曲线。[③] 还有研究者对 19 世纪后半期到 20 世纪末的数据进行了统计检验，发现随着两个国家贸易联系的增加，两国间军事冲突与战争的可能性在增加。贸易和平论是一个幻象。[④] 有研究者发现，不是贸易，而是自由贸易促成了和平。自由贸易促成和平的一项关键因素在于：如果国家通过自由贸易来提升贸易总量，则会改变国内利益

[①] Dale Copeland, "Economic Interdependence and War: A Theory of Trade Expectations," *International Security*, Vol. 20, No. 4, 1996, pp. 5 - 41.

[②] [美] 罗伯特·基欧汉、约瑟夫·奈著，门洪华译：《权力与相互依赖：转变中的世界政治》，北京大学出版社 2002 年版，第 11—20 页。

[③] Katherine Barbieri, "Economic Interdependence: A Path to Peace or a Source of Interstate Conflict," *Journal of Peace Research*, Vol. 33, No. 1, 1996, pp. 29 - 49.

[④] Katherine Barbieri, *The Liberal Illusion: Does Trade Promote Peace*, Ann Arbor: The University of Michigan Press, 2002, p. 121.

集团力量对比，自由贸易派就是代表和平的力量。如果提升自由贸易水平，国内集团力量的此消彼长会加强和平力量，促进和平。反之，如果国家通过树立贸易壁垒，保护国内产业成长，尽管这样做也可能提升对外贸易总量，但是贸易保护会增强国内保护主义力量，这个群体往往是支持战争的力量。① 因此，和平不仅取决于贸易，而且取决于贸易的性质。一战前的德国尽管有着巨大的贸易量，但是它是在保护主义下的贸易，因而也更容易引发对外冲突与战争。

此外，开放不仅包括商品的自由流动，还包括资本的自由流动。那么，或许有人会问，如果实施开放政策，资本大量流出本国的话，会不会影响国家安全？斯密的回答是不会。因为商人不会舍近求远，他们更倾向于投资国内，因为他们更熟悉国内的环境，也更了解国内的法律。

> 在利润相等或接近相等的情况下，每一个批发商自然宁愿从事国内贸易而不愿从事对外消费贸易，宁愿从事对外消费贸易而不愿从事贩运贸易。在国内贸易中，不会像在对外消费贸易中常常发生的情形那样，资本长期不在他的视野之内。他能更好地了解自己所信托的人的品德和处境；如果他受到欺骗，他也更了解必须向它寻求救济的本国法律。②

因此，同等情况下，商人愿意将资本留在国内。通过"看不见的

---

① Patrick McDonald, "Peace Through Trade or Free Trade?" *Journal of Conflict Resolution*, Vol. 48, No. 4, 2004, pp. 547－572.
② ［英］亚当·斯密：《国富论》（下卷），第500—501页。

手"，自由的经济政策不仅不会妨害国家安全，反而有利于国防。自利的商人会优先考虑投资国内，这样会阻挠资金外流，促进国家安全。① 同时，能够"用脚投票"的商人会约束政府的恣意妄为，改善营商环境，提升国内治理水平。因此，"由于每一个人力图尽可能地使用他的资本去支持本国劳动，并指引劳动产品具有最大的价值，所以他必然是在力图使社会的年收入尽可能大。诚然，一般说来，他无意去促进公共利益，也不知道自己正在多大程度上促进公共利益。他宁愿支持本国劳动而不支持外国劳动，只是为了自己的安全"。② 国防依赖国家财富，而斯密认为理性的个人愿意将资本留在国内。因此，开放带来了诸多好处，包括繁荣、和平与安全。

当然，斯密的假定是"同等情况下，商人愿意将资本留在国内"。但各国的政治经济环境恰恰不是在"同等情况下"。20 世纪 70 年代和 80 年代，金融创新以及金融市场的一体化使得墨西哥的总统们把横征暴敛得来的财富转移到更安全的地方，避免比索贬值的冲击。何塞·波蒂略（José Pacheco）总统及其亲属将他们的资金从墨西哥大规模转移到海外，给墨西哥经济带来致命性打击。这些资本主要流向美国，投资于房地产和金融资产。③ 在亚洲金融危机期间，大量的资金撤到了美国。1997 年 3 月到 1998 年，世界各地流向美国的直接投资和证券投资达到 3200 多亿美元。这导致 1998 年，韩国

---

① 赖建诚：《经济思想史的趣味》，浙江大学出版社 2011 年版，第 260—283 页。
② ［英］亚当·斯密：《国富论》（下卷），第 502—503 页。
③ ［英］苏珊·斯特兰奇著，杨雪冬译：《疯狂的金钱——当市场超过了政府的控制》，中国社会科学出版社 2000 年版，第 122 页。

的 GDP 下降 5.8%，印度尼西亚和泰国 GDP 下降约 10%，而美国的 GDP 增长则为 4.3%。[1] 2008 年，由美国引发的次贷危机席卷全球，冰岛宣布破产；而美国却是危机中最先恢复的国家。不仅如此，2008 年金融危机期间，美国政府能以较低的利率从世界各地借来大量资金。美国政府比墨西哥的政府更透明，美国的金融系统比亚洲的金融系统更完善。更为重要的是，美国的经济体量更大，使得它在金融危机中有更大的回旋余地。[2] 美国享有的这些优势不是其他国家一朝一夕能够改变的。当遥远国度的民众发现投资国内并非最安全，也并非收益最高，那么，他们是否还更加偏爱对本国的投资？这样的开放是否还能保障一个国家的繁荣与安全？

不仅对资本的开放如此，对贸易的开放也存在安全隐患。我们在后面的章节会展示美国如何通过贸易把夏威夷变成其附庸，这里先来看 17—19 世纪爱尔兰参与国际贸易的例子。[3]

17 世纪，随着英国人口的增长，对肉类需求不断增大，英国开始大规模从爱尔兰进口牛肉。参与国际贸易的爱尔兰地主开始改变土地的用途，原本种植燕麦的土地变为了养牛场。从 17 世纪中叶开始，爱尔兰每年向英国出口 6 万头牛，占爱尔兰出口总额的 75%。如此一来，肉类从爱尔兰民众的饮食中消失了，他们开始吃素，由此引发了爱尔兰的叛乱。处死了英国国王查理一世的护国公奥利

---

① Eric van Wincoop and Kei-Mu Yi, "Asia Crisis Postmortem," in Moon Joong Tcha and Chung-Sok Suh. eds., *The Korean Economy at the Crossroads*: *Triumphs*, *Difficulties and Triumphs Again*, New York: Routledge, pp. 247 - 258.
② 黄琪轩：《资本项目自由化与金融安全的政治》，《东北亚论坛》2016 年第 5 期。
③ [美] 赫尔曼·施瓦茨著，徐佳译：《国家与市场——全球经济的兴起》，江苏人民出版社 2008 年版，第 152—154 页。

弗·克伦威尔（Oliver Cromwell）同样用铁血手腕镇压了爱尔兰叛乱，并屠杀、流放了众多爱尔兰人，使得爱尔兰人口锐减至 90 万。以前爱尔兰人吃燕麦，而由于马铃薯提供的热量更高，他们开始种植马铃薯。这样的变化使得释放出的土地可以用来养牛，以参与对英贸易。18 世纪上半期，爱尔兰人消耗的食品中有一半是马铃薯，而牛肉都用于出口。

1784 年，英国又向爱尔兰开放了粮食进口市场，爱尔兰的出口又开始转变，它变成了粮食出口国。19 世纪的时候，爱尔兰的粮食出口是其进口额的 10 倍，英国粮食的一半由爱尔兰供应。爱尔兰的经济再度随对英贸易而转型。为了种植更多的粮食，爱尔兰的地主把牛和农民从土地上赶走。当年是牛驱赶了人，现在是粮食驱赶了牛和人。农民只有小块的荒地种植高热量的马铃薯以维持生计。从 1845 年到 1849 年，爱尔兰出现了马铃薯枯萎病。长期吃素的农民原本就体质虚弱，此时更难以抵御大饥荒的冲击。这次大饥荒夺取了上百万爱尔兰人的生命。而这一时期，爱尔兰出口到英国的粮食却增多了。因此，自由贸易并非总是在维护国家经济安全，有时它的作用恰恰相反。

当然，斯密也并不是开放的教条主义，他指出自由贸易会有几个例外。他说："当航海法制定时，英格兰和荷兰虽然实际上没有作战，可是在两国间存在最激烈的仇恨。"因此，"由于国防比国家富裕更重要，航海法或许是英格兰所有商业法规中最明智的一种"。[1]斯密也承认：在某些时候，自由贸易需要为安全让路。只不过斯密

---

① ［英］亚当·斯密：《国富论》（下卷），第 511—512 页。

将安全压倒贸易的情形视为例外。

此外斯密还指出："如果立即全部取消高关税和进口禁令，廉价的外国同类货物可能迅速涌入本国市场，使成千上万的本国人民全部立即失去普通的日常工作和生活资料。这样造成的混乱可能是十分巨大的。"[1] 所以，即便要走向自由贸易，也要减少这一过程带来的混乱和损失。这样的想法也被后来世界贸易组织的例外条款所采纳。如果遇到严重的开工不足、工人失业以及企业亏损等情况，世贸组织允许成员国实施暂时性的进口限制或提高关税。不过，斯密相信这只是权宜之计。长期来看，国家还是要积极参与自由贸易。因为斯密假定工作转换很容易。"大部分的制造业都有其他附带的制造业，性质相似，一个工人很容易从其中的一种工作转到另一种工作。"[2] 事实上，伴随当今各国的产业升级，对工人的专业技能要求越来越高，制造工人在上岗前往往经过长时间的学习与培训。因此，岗位转变也变得不那么容易。20 世纪以后，资本的专属性和劳动力的专属性都在提高，资本与劳动力在不同行业之间的流动性降低了。[3] 当底特律的汽车厂倒闭以后，一名汽车厂的工人已难以变成一名飞机厂的工人。因此，当工人在不同岗位之间流动性降低时，自由贸易往往引发大量的政治冲突。[4] 随着现代制造业的发展，工人转岗并非如斯密假定得那么容易。因而自由贸易带来的工人工资下降、

---

[1] ［英］亚当·斯密：《国富论》（下卷），第 516 页。

[2] 同上，第 517 页。

[3] Michael Hiscox, " Commerce, Coalitions, and Factor Mobility: Evidence from Congressional Votes on Trade Legislation," *American Political Science Review*, Vol. 96, No. 3, 2002, pp. 595 – 596.

[4] ［美］迈克尔·希斯考克斯著，于扬杰译：《国际贸易与政治冲突：贸易、联盟与要素流动程度》，中国人民大学出版社 2005 年版。

失业等问题就成为世界各国，尤其是发达国家政府不得不面临的难题。

斯密称英国为"小店主国家"（nation of shopkeepers）。[1] 这一称呼流行至今。而当那些小店主变成大厂商以后，他的论述是否还有生命力？后来不少学者，如马克思、琼·罗宾逊（Joan Robinson）、爱德华·张伯伦（Edward Chamberlin）、约翰·肯尼斯·加尔布雷思（John Kenneth Galbraith）以及保罗·克鲁格曼（Paul Krugman）等都宣布亚当·斯密完全竞争的世界随着岁月的流逝已变得不再适用。因为大型公司出现了，强大工会也随之出现，规模经济也在改变政治经济领域的运行规则。

不管斯密受到多少挑战，斯密及其《国富论》对政治学、经济学、社会学等学科产生了持久的、深远的影响。不少论著和书籍提出各式各样的问题，采用形形色色的方法，而它们不过是在重复斯密的结论或者政策推论。例如，分工带来了劳动生产率的改进；仰仗人的自利之心就能促成公共利益的实现；自由放任比政府管制更能推动经济繁荣；竞争会带来良好的绩效；分工取决于市场规模，等等。后来，马尔萨斯继承了斯密的自由放任，即使是面对贫困人口，马尔萨斯仍坚持不要政府救济。因为马尔萨斯认为一旦政府展开对贫困人口的救济，结果会变得更糟。不过，斯密的自由主义政治经济是乐观的，但是马尔萨斯的预言却是悲观的。

----

① ［英］亚当·斯密：《国富论》（下卷），第 675 页。

七 为何生活在 1800 年的英国人比他们祖先更穷?

经济史学家格里高利·克拉克（Gregory Clark）强调：1800 年的时候，世界上的大部分居民都要比他们的原始祖先更贫穷。那时世界人口的人均寿命为 30 岁左右；而在狩猎采集社会，人均寿命为 35 岁。而且，与生活在 1800 年的普通英国民众相比，在狩猎采集社会生活的原始居民享有更为丰富的食物。直到 1863 年，在英国农场工作的工人摄入的卡路里量才相当于这些原始居民摄入量。我们前面提到过，贫困和食物短缺会影响普通民众的身高。在中石器时代和新石器时代的欧洲人比生活在 1800 年的英国人、荷兰人的身高还要高一些。中石器时代欧洲人的平均身高已经达到了 168 厘米。[1] 这是什么原因呢？在解决贫困匮乏这一问题上，现代社会已经发生了本质的改变吗？

《饥饿的苏丹》是一张闻名于世的照片。1993 年，战乱频仍的苏丹发生了大饥荒。南非的自由摄影记者凯文·卡特（Kevin Carter）来到战乱、贫穷、正在遭遇饥荒的苏丹采访。一天，他看到这样一幅令人震惊的场景：一个骨瘦如柴的苏丹小女孩在前往食物救济中心的路上，饿得再也走不动了。这位小女孩趴倒在地上。而就在不远处，蹲着一只硕大的秃鹰，正盯着地上这个奄奄一息的瘦小生命，等待着小女孩咽气后，猎食小女孩。凯文·卡特在那里静静地等候，

---

[1] ［美］格里高利·克拉克著，李淑萍译：《应该读点经济史：一部世界经济简史》，中信出版社 2009 年版，第 1—2，47，56 页。

以防惊扰这只猎食的秃鹰。他最终选好角度，抢拍下了这一镜头。1993 年 3 月，美国的《纽约时报》刊登了凯文·卡特的这幅照片，其他媒体也竞相转载。这张照片迅速传播到了世界各地，在全世界激起了强烈反响。

1994 年，卡特凭借这幅照片斩获普利策新闻大奖。这幅照片带给了卡特巨大的荣誉，也给他带来了很大的痛苦。人们纷纷质问，卡特为什么不去救那个小女孩？有媒体评论卡特是踩在小女孩的尸体上得了普利策奖。就在普利策颁奖仪式结束的两个月后，警察在南非的约翰内斯堡发现卡特自杀身亡。他在汽车的排气管上套了一截软管，把含一氧化碳的废气导入车内。他留下的遗言是："真的，真的对不起大家，生活的痛苦远远超过了欢乐。"

《饥饿的苏丹》用直观形式展示的只是世界最底层的十亿人生活的冰山一角。2007 年，全球约有 8.4 亿人因为饥饿，而处于严重的营养不良状态。到了 2008 年，这一数字增长到 9.2 亿。每年，全世界有约 4000 万人死于饥饿或者与饥饿相关的疾病。这相当于世界上每天都有 300 架大型喷气式客机坠毁，且没有幸存者。而这里面，有超过一半的乘客是儿童。[1] 尽管世界上的粮食足够喂养两倍于现有世界的人口，但联合国特别大会报告起草人吉恩·齐格勒（Jean Ziegler）与合作者在 2005 年的著作中指出：每 7 秒钟，这个世界就有一个 10 岁以下的儿童直接或者间接死于饥饿。[2] 我注意到，在其

---

[1] Jean Dreze and Amartya Sen, *Huger and Public Action*, New York: Oxford University Press, 2002, p. 36.

[2] George Kent and Jean Ziegler, *Freedom from Want: The Human Right To Adequate Food*, Washington, D. C. : Georgetown University Press, 2005, Foreword, p. 15.

2011年出版的著作中，这个数字变为：每5秒钟，世界上就有一个10岁以下的儿童直接或者间接死于饥饿。每年，由于难以获得干净的饮用水，有超过220万人死于痢疾与腹泻，其中大部分是婴幼儿和儿童。① 据《基督教箴言报》报道："911"事件发生当天，全世界死于饥饿的儿童就超过3.5万人；而此后的百余天里饿死的儿童更多达392万，相当于"911"死难人数的1000倍。② 根据联合国儿童基金会、世界卫生组织以及世界银行集团联合发布的数据：在2017年，全球5岁以下的儿童中，仍有22.2%，即近1.5亿的儿童发育迟缓。③

诺贝尔经济学奖得主阿玛蒂亚·森（Amartya Sen）及其合作者让·德雷兹（Jean Dreze）的著作《饥饿与公共行为》一书指出：印度民众长期遭受饥饿的困扰。每8年，因为饥饿而患病死亡的印度人口数量相当于中国三年自然灾害饿死的人口总数。④ 因此，政治经济学家保罗·科利尔（Paul Collier）专门为这群人撰写了《最底层的十亿人》，并制定了行动方案。⑤

政府是否应该救济穷人，托马斯·马尔萨斯旗帜鲜明地回答：不应该。马尔萨斯的姓氏是马尔索斯（Malthouse），这一姓氏的意思是酿造啤酒的作坊。由于他们家族有好几代均从事神职工作，就

---

① Jean Ziegler, Christophe Golay, Claire Mahon and Sally-Anne Way, *The Fight for the Right to Food: Lessons Learned*, New York: Palgrave Macmillan, 2011, p. 1.

② 王莺莺：《从非洲看反恐》，《国际问题研究》2002年第4期，第19页。

③ https：//data. unicef. org/topic/nutrition/malnutrition/.

④ Jean Dreze and Amartya Sen, *Huger and Public Action*, pp. 214 – 215.

⑤ Paul Collier, *The Bottom Billion: Why the Poorest Countries are Failing and What Can Be Done About It*. 中译本参见［美］保罗·科利尔著，王涛译：《最底层的十亿人》，中信出版社2008年版。

把姓氏中的字母 a 去掉了。这样，他们的姓氏念起来也就和啤酒酿造无关了。马尔萨斯年幼时在家接受教育，1784 年被剑桥大学耶稣学院录取。1797 年，他成为英国教会的乡村牧师，但是他却很少从事传教这一工作。马尔萨斯于 1804 年结婚，他放弃了牧师职务。此后，他生养了三个女孩。1805 年，他开始执教于黑利伯里（Haileybury）学院，这是东印度公司为培训其员工而创办的学院，马尔萨斯在这里讲授现代史和政治经济学，成为英国最早获得政治经济学教席的人。[①] 马尔萨斯有先天性的唇腭裂，因而一直不愿人们给他画像，直到去世前他才同意留下一张画像，他一生只画过这一次像。[②]

由于他的人口学说，马尔萨斯被视为反社会的人。马尔萨斯为天花、奴隶制以及杀婴辩护，同时又谴责救济穷人以及教区津贴。马尔萨斯反对救济，反对施舍，他是一个鼓吹家庭邪恶而自己却恬不知耻地结婚的人。[③] 马尔萨斯从一开始就备受关注，对他的责难像雨水一样多。用传记作家詹姆斯·博纳（James Bonar）的话来讲，马尔萨斯是他那个时代受到最多指责的人。与马尔萨斯相比，拿破仑受到的责难都难以和马尔萨斯相提并论。而凯恩斯则指出："只有当人们努力摆脱这些伪算术定律对理智的控制时，才能理解马尔萨斯的较为模糊的直觉的真正价值"。[④]

那么，马尔萨斯为何反对救济，反对施舍？他的依据是什么呢？

[①] ［英］约翰·梅纳德·凯恩斯著，吴贵根、杨玉成译：《经济学家的生活》，北京出版社 2010 年版，第 22 页。

[②] Mark Skousen, *The Making of Modern Economics: The Lives and Ideas of the Great Thinkers*, New York: M. E. Sharpe, 2001, p. 72.

[③] ［美］罗伯特·海尔布隆纳：《经济学统治世界》，第 66 页。

[④] ［英］约翰·梅纳德·凯恩斯：《经济学家的生活》，第 19 页。

马尔萨斯的《人口原理》初版于 1798 年，是在《国富论》出版的 22 年后。马尔萨斯和斯密的不同之处在于：斯密的自由主义语调是积极乐观的；而马尔萨斯的预言则是阴郁悲观的。马尔萨斯在《人口原理》的第一版序言中写道："我对人类生活的看法具有忧郁的色彩。但我认为，我绘出这种暗淡的色彩，完全是因为现实中就有这种色彩。"① 马尔萨斯想向人们展示世界是什么样子，而不是应该是什么样子。

马尔萨斯的推理从两条公理出发：第一，食物是人类生存所必需的；第二，两性之间的情欲是必然的，且几乎会保持现状。他认为，两性之间的情欲是恒久的，在今天仍同几千年前一样强烈。因此，人口的增殖无限大于土地为人类提供生产生活资料的能力。②

马尔萨斯认为人口的增长呈几何级数（1、2、4、8、16、32），而土地却不可能像人口那样增长。因此，基于土地提供的生活资料的增长是呈算数级数增加的（1、2、3、4、5）。人口的增长远远快于生活资料的增长。因而，人口若不受到抑制，将会每二十五年增加一倍。③ 经济思想史学家亨利·斯皮格尔（Henry Spiegel）按马尔萨斯提供的数据算了一笔账：如果人口不受限制，那么在 225 年后，人口会增长 512 倍，而食物的供给只增长 10 倍。④ 这样，大部分人会陷入衣食无着的境地。

1801 年，英国出版了其第一份人口普查报告。这份报告强化了

① ［英］托马斯·马尔萨斯著，朱泱、胡企林、朱和中译：《人口原理》，商务印书馆 1992 年版，第 2 页。
② 同上，第 6—7 页。
③ ［英］托马斯·马尔萨斯：《人口原理》，第 11 页。
④ ［美］亨利·斯皮格尔：《经济思想的成长》（上），第 236 页。

马尔萨斯的结论：18 世纪后英国人口显著增长。马尔萨斯看到人口快速增长给粮食供给带来的巨大压力。1801 年，马尔萨斯居住的村庄居住了 510 人；到 1831 年，这里的人口达到了 929 人。[1] 1750 年，250 公斤小麦的价格是 31 先令；1775 年，价格涨到 46 先令；到 1800 年，又上涨到了 128 先令。马尔萨斯指出：人口的不断增加使得社会下层阶级陷入贫困，这又导致他们的境况永远也得不到显著的改善。[2] 为了支持自己的结论，马尔萨斯还去外国考察，包括挪威、芬兰以及俄国。事实上，正如前文指出的，和他们的原始祖先相比，生活在 1800 年的英国人更加穷苦。这是因为人口增长了，粮食却没有相应增长。

那么，当社会下层阶级陷入贫困与绝望的时候，社会是否应该予以救济呢？马尔萨斯坚决反对政府救济贫困人口。他有两条理由：

首先，马尔萨斯指出：济贫法使得人口增长，而养活人口的食物却不会跟着增加。[3] 因此，如果通过救济来增加社会下层阶级的财富和收入，大多数人会因为条件的改善而养育更多的小孩。不久以后，由于粮食供给跟不上人口增长，这些穷人就又回到了原来维持生计的水平。因而，马尔萨斯让那些人道的救济者抛弃幻想。不要以为原本获得 18 便士的人，现在可以获得 5 先令，他们的生活就可以称心如意，每顿饭都有肉吃，这是一个非常错误的结论。如果政

① Gregory Clark, *A Farewell to Alms: A Brief Economic History of the World*, Princeton: Princeton University Press, 2007, p. 32, Figure 2. 7.
② ［英］托马斯·马尔萨斯：《人口原理》，第 14 页。
③ ［英］托马斯·马尔萨斯：《人口原理》，第 30 页。

府为穷人积极提供救济，要不了多久，这个国家会比以前更穷，而且下层民众的生活处境将比每天仅能得到 18 便士的时候更为悲惨。马尔萨斯指出："当食物相对于人口而言处于稀缺状态时，社会最底层的人们无论是每天得到 18 便士还是 5 先令，都无关紧要，反正他们得过最苦最紧的日子。"①

其次，济贫法削弱了社会下层阶级努力工作的激励。马尔萨斯指出：救济院收容的人减少了社会更为勤劳、更有价值的社会成员本应享有的食物份额，也迫使更多的人依赖救济为生。② 因此，英国的济贫法削弱了普通人储蓄的能力与意愿，从而削弱了人们朴素节俭、勤勉度日、追求幸福的一个最强有力的动机。③ 如果救济贫困人口，会让他们产生幻觉，让穷人觉得自己富有了，可以有时间不去干活了。如此一来，救济就影响了社会的产出。因此，富人无论做出多大的贡献，做出多大的牺牲，也阻止不了社会下层民众陷入苦难。④ 政府也要抛弃救济穷人的幻想，因为这是好心办坏事。

依据上述两点理由，马尔萨斯强烈反对救济贫困。他认为救济贫困是只顾眼前，而不顾将来。对穷人的施舍可以暂时救活一个人，但是，这个人活下去以后又会繁衍子孙，人口越来越多，却不愿意好好干活，这样的善举最后导致的结果可能很残酷。马尔萨斯指出：英国每年为穷人征收巨额税收，但是穷人的痛苦却依然如旧。⑤ 在马

---

① ［英］托马斯·马尔萨斯：《人口原理》，第 31 页。
② 同上，第 30 页。
③ 同上，第 34—35 页。
④ 同上，第 33 页。
⑤ 同上，第 30 页。

尔萨斯看来，任何制度变革都没有意义，反而会把事情弄得更糟。有人倡导废除私有财产，或废除婚姻制度，如此一来剩余的粮食就能养活更多的人口，实现"鳏寡孤独废疾者，皆有所养"。但马尔萨斯却看到在私人财产的激励下，粮食产量才能达到最大限度，养活更多人口。此外，最明显的控制人口的制度是婚姻制度，让每个人抚养自己的子女。如果不具备此能力，理性的个体则不会再生儿育女。让穷人及其子女穷困潦倒、遭受羞辱，对众人而言有警示教育意义，如果做不到生而养之，就不能轻率地生育。[①]

马尔萨斯认为：应该形成一种风气，把没有自立能力而陷入贫困看作一种耻辱，尽管这样做很残酷。但是对于促进全人类的幸福来说，这种刺激似乎是绝对必需的。任何试图削弱这种刺激的企图，不论用意多么良善，不论计划多么周详，总会产生事与愿违的后果。[②] 马尔萨斯向人们展示了悲观的未来，不管改变世界的尝试在短期内取得了多大的业绩，都不可能真正带来改变：可怜的贫困人口不可避免地是这个社会的组成部分。良好的政府实施人道的政策，如提供公共谷仓以防止歉收，只能减少饥荒中的死亡率，但却让活下来的人活得更加困苦。

马尔萨斯认为，控制人口增长包括预防性抑制（preventive check）和积极抑制（positive check）。预防性抑制是人们对养家糊口的忧虑，[③] 因而自动选择了包括绝育、节欲与生育控制、延迟结婚等措施以控制人口增长。预防性抑制依靠"理性"的个体通过独生

---

① ［英］托马斯·马尔萨斯：《人口原理》，第 77 页。
② 同上，第 34 页。
③ 同上，第 26 页。

等方式来抑制人口增长。在欧洲史上，15 至 50 岁的单身女性比重高达 40%。① 但是，马尔萨斯认为靠个体的理性难以战胜个体的情欲。另外，积极抑制则包括饥荒、病痛、灾难和战争等减少人口增长的事件。马尔萨斯甚至在其《人口原理》的第六版提出：我们不应该建议穷人保持清洁卫生，相反，我们应该鼓励他们养成坏习惯。在我们的城镇，我们应该把街道建得更狭窄，这样让人们簇拥在房间里，招来瘟疫。在乡下，我们应该把村庄建在污浊的死水塘边，尤其鼓励定居在沼泽与肮脏的地方。② 这样，瘟疫、流行病的爆发可以让大自然扮演积极抑制人口的角色。经济史学家格里高利·克拉克支持马尔萨斯的论点。他指出：在 1800 年，当代人看来是灾难的事件，诸如战争、暴力、动乱、农业歉收、崩溃的基础设施、糟糕的卫生条件减少了人口的压力，却提高了人的生活水平。相反，现在看来，世界银行和联合国推崇的和平、稳定、秩序、公共卫生、救济贫困人口等举措却是当时社会繁荣的大敌。这些积极因素增加了人口，从而使社会陷入贫困。③ 凯恩斯评论道：马尔萨斯"是一个狡猾而讨厌的家伙，缺乏人道主义的心肠，他能够用众所周知的道理证明所有减轻贫困和苦难的努力都会适得其反。他认为开明的自利行为比冲动一时的慈悲心肠更是一种社会美德；而且，在一个悲惨的世界中，如果不加干预，任由实业家继续他们的适者生存的利益

---

① ［英］马西莫·利维-巴奇著，田帅等译：《世界人口简史》，中国友谊出版社 2022 年版，第 93 页。

② Stanley Brue and Randy Grant, *The Evolution of Economic Thought*, Mason: South-Western, 2013, p. 95.

③ Gregory Clark, *A Farewell to Alms: A Brief Economic History of the World*, p. 5.

追求，将会获得更好的结果。"①

事实上，按马尔萨斯的预言，人类社会会出现周期性的增长与停滞。在食物丰富的时候，人均口粮增多，人口繁殖旺盛；过多的人口进而导致食物紧缺，人均口粮减少，进而又导致人口减少。人类的生活水平就这么走走停停，人口的增长和生活条件的改善受制于粮食的增长，这就是马尔萨斯陷阱（Malthusian trap）。而图 2-4 展示了在长时段的历史时期，马尔萨斯是对的。世界人均收入周期性地经历了不断上升和下降。直到工业革命以后，人均收入似乎才突破了马尔萨斯陷阱。

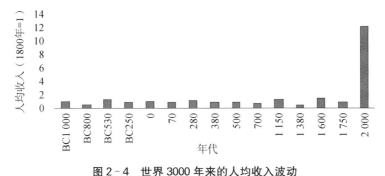

图 2-4　世界 3000 年来的人均收入波动

资料来源：Gregory Clark, *A Farewell to Alms: A Brief Economic History of the World*, p. 2, Figure 1.1.

马尔萨斯的学说影响深远。在社会研究中，马尔萨斯的学说影响了一批人，出现了社会达尔文主义（Social Darwinism）。殊不知达尔文本人也受到了马尔萨斯的影响。达尔文和华莱士分别独立得出了进化论，他们二人均对马尔萨斯表示了感谢。此外，马尔萨斯

①　[英] 约翰·梅纳德·凯恩斯：《经济学家的生活》，第 38 页。

在政策领域也留下了遗产。对马尔萨斯而言，他在政策领域的最大胜利就是征服了当时英国的首相小威廉·皮特（William Pitt the Younger）。1796 年，皮特在英国国会的辩论中强烈支持对穷人实施救济。但是四年之后，他接受了马尔萨斯的理论，收回了他对救济法案的支持。[①] 马尔萨斯的理念也极大地促成了英国 1834 年新济贫法的出台，重新严格限制了 18 世纪 80 年代以后比较宽松的救济规定。该法案拒绝向工厂以外的强壮劳动力提供救济，同时，让接受救济者领到的救济要比不接受救济者领到的工资水平要低，即遵循劣等处置（less eligibility）原则。[②] 有劳动能力的人不能在救济院之外获得救济金。贫民只有在进入"济贫院"后，方可获得食物救济。而该院实际上是"劳动院"，住宿拥挤、工作繁重、待遇低下、食物很差。家庭会被拆散，接受救济者在那里会受到严酷对待，以便不成为公众负担。这样，穷人除了万不得已，就不会来申请救济了。在新的济贫法出台 4 个月后，马尔萨斯去世。

对马尔萨斯的争论并没有随着他的离世而停止。人口增长带来的政治经济问题周期性地困扰人类。政治学家杰克·戈德斯通（Jack Goldstone）就展示，在 17 世纪和 19 世纪亚欧大陆人口压力巨大的时候，也引发了密集的革命、暴动和反叛。首先，在国家层面，由于人口增多，国家需要承担更多责任和义务，税收收入却在相对下降，引发了国家财政危机；其次，由于人口增多，国家难以

---

① ［美］托德·巴克霍尔兹：《已故西方经济学家思想的新解读：现代经济思想导论》，第 49 页。
② ［英］S. G. 切克兰德：《英国的公共政策》，载 ［英］彼得·马塞厄斯、悉尼·波拉德主编，王宏伟、钟和等译：《剑桥欧洲经济史》（第八卷），经济科学出版社 2004 年版，第 548 页。

满足精英群体对有限职位的诉求，精英与国家日益离心离德；再次，由于人口增多，尤其民众中新增大量年轻人，他们陷入穷困潦倒的境地，让民众动员潜能不断上升。国家财政危机，精英四分五裂，民众困苦不堪，这导致各类异端思想更容易传播。因此，戈德斯通试图展示，在前现代社会，人口大规模增长的政治后果就是革命和暴动。[1]

人们现在批评马尔萨斯时，常常指出，人口并非像马尔萨斯预言的那样呈几何级数增长。的确，随着避孕技术发展，人口可以得到控制。在一些西方国家，人口增长还呈下降趋势。大规模都市化是马尔萨斯预言在不少发达国家落空的一个重要原因。孩子在农村被视为资产，而在城市则是负债。但是，马尔萨斯的预言却仍然困扰着贫困落后的国家，尤其是撒哈拉以南的非洲国家。不少人认为随着技术革命的进展，马尔萨斯的悲观预言落空了，这只不过是在一些富裕国家落空了而已。在极端贫困的落后地区，这一预言仍在继续。尽管在 1800 年，英国人的生活水平比不上他们的原始祖先。但这一时期英国人的生活水平要比 2005 年左右居住在非洲马拉维的民众生活水平高出 2.5 倍。在 2005 年前后，成千上万的非洲人收入还不到工业革命前英国收入水平的 40%。[2] 如果这些落后国家的经济状况不能得到有效改善，那里的人口增长未必能得到有效控制。

此外，有人批评马尔萨斯，粮食也不是按算数级数增长。技术

---

[1] ［美］杰克·戈德斯通著，章延杰等译：《早期现代世界的革命与反抗》，上海世纪出版集团 2013 年版。
[2] Gregory Clark, *A Farewell to Alms: A Brief Economic History of the World*, p. 44.

的进步，像绿色革命、杂交水稻等新技术出现，极大地推动了粮食增产。今天美国只需要一小部分农业人口就养活了整个美国；不仅如此，美国农场主还将大量农产品出口到国外。为了推销其农产品，他们不得不求助于美国总统和贸易代表的力量。因此，粮食增长随着技术进步在不断增长。技术不仅改变了粮食的供给，也改变了资源供给。

生态学家保罗·埃利希（Paul Ehrlich）是美国斯坦福大学人口生物学教授。1968年，其著作《人口炸弹》一书出版后，立刻成为畅销书，他也成为世界知名的科学家。在其著作第一章开篇，他指出在印度德里访问期间，当地拥挤嘈杂的人口给他带来了巨大的感官冲击，因此他决定写下此书。[①] 埃利希指出：地球需要给日益增长的人口提供资源，要为这么多的人口提供食物、淡水和矿物，这将超过地球的"承载能力"。随着资源日益短缺，各类商品一定会更加昂贵。1980年，一位乐观的经济学家朱利安·西蒙（Julian Simon）挑战了埃利希。西蒙和埃利希打赌，他让埃利希选出任何一种自然资源——谷类、石油、煤、木材、金属——和一个未来的日期。如果埃利希的预测是对的，世界人口增长让资源变得更为短缺，那么资源价格也会随之上涨。西蒙的预测与之相反，他认为人是理性的，如果资源价格上涨，人会研发新技术或者寻找替代物品来替换昂贵的资源。因此，西蒙认为未来资源的价格会下降。埃利希接受了西蒙的挑战，挑选了五种金属：铬、铜、镍、锡、钨。1980年9月29日，他们二人各自以假想的方式买入1000美元的等量金属，每种金

---

① Paul Ehrlich, *The Population Bomb*, New York: Ballantine Books, 1988, p. 1.

属各 200 美元。这场赌局的规则是：到 1990 年 9 月 29 日，在剔除通货膨胀因素后，如果这五种金属价格上涨了，西蒙就需要付给埃利希这些金属的总差价。反之，假如这五种金属的价格下跌了，埃利希将把总差价支付给西蒙。这场赌局的结果是，埃利希输了，他给西蒙寄去了一张金属价格计算账单以及 576.07 美元的支票。埃利希所选的五种金属，在剔除通货膨胀因素后，价格都下降了。这场著名的赌局更支持了一些自由主义的学者，他们认为人会对激励做出反应，当金属价格过高，理性的人就会寻找替代选择。事实上，原材料价格下降，除了市场供求，还有很重要的政治因素。现实主义政治经济学就会看到，关键原材料价格也并非由市场决定，而是由权力决定的。20 世纪 70 年代初，阿拉伯国家运用石油资源作为政治武器对西方国家实施制裁，导致石油价格大幅度上涨。在 1974 年底，亨利·基辛格（Henry Kissinger）就发出警告：如果石油出口国家的油价上涨扼杀了工业国家经济，那么美国会考虑诉诸武力。[①]要知道，中东国家卖给美国的石油价格和卖给中国的石油价格是不同的。无论石油的价格上涨还是下跌，市场在起作用，但不仅是市场在起作用。

因此，要回答为何 19 世纪初的英国人比狩猎—采集社会的人更穷苦，现实主义政治经济学会注意到权力的影响。由于英国等欧洲诸国参与大国竞争，英国国家能力更强，对民众的征税显著更高。大国竞争提升了国家和民族整体生存概率的同时，让个体福利受到影响。而马克思主义者则会从这一时期英国资本主义发展去寻找根

---

① Seyom Brown, *The Faces of Power: Constancy and Change in United States Foreign Policy from Truman to Obama*, New York: Columbia University Press, 2015, p. 285.

源。和狩猎—采集社会的无阶级社会相比，随着资本主义的推进，资本家加大对劳工剥削，前所未有的繁荣与增长同时伴随民众生活更加困苦。这是恩格斯在《英国工人阶级状况》一书中向人们展示的情况。

现在，人们关注人口增长，很大程度上已不再担心粮食供给，而是担心人口密度的提高造成相应的环境危害。在《布满贫民窟的星球》一书中，作者看到贫民窟在世界范围内迅速蔓延。2001 年，世界上至少有 9 亿人居住在贫民窟；根据联合国人居署公布的数据，在 2015 年到 2016 年，全球有 10 亿人居住在贫民窟。① 除了提供充足的资源，地球是否能给众多的人口提供足够的生存空间？人口压力在未来可能将长期存在。让我们再回到《科学》杂志在 2005 年公布的 125 个科学问题中的一个：在今后的世界，马尔萨斯还将继续错下去吗？事实上，连技术变革推动粮食增长可能也存在瓶颈。研究者发现，当代的科研人员越来越多，研发投入越来越大，科研产出的回报却在日益减少。"找到新的想法变得越来越难"。玉米、大豆、小麦等作物的研发人员与研发投入与日俱增，但是产量却停滞不前。② 要养活庞大的人口，有限的地球承载能力、递减的食物科研进展都会构成强有力的制约。或许，当年的马尔萨斯陷阱还在，这一轮只是上升的长波。

---

① 相关数据参见［美］迈克·戴维斯著，潘纯林译：《布满贫民窟的星球》，新星出版社 2009 年版，第 27 页；https：//unhabitat. org/slum-almanac-2015-2016/。

② Nicholas Bloom, Charles Jones, John Van Reenen and Michael Webb, "Are Ideas Getting Harder to Find," *American Economic Review*, Vol. 110, No. 4, 2020, p. 1121.

第三章

政治经济学中的新自由主义潮流：
哈耶克与弗里德曼

20 世纪 70 年代末 80 年代初，新自由主义（Neoliberalism）发展模式在全球各国影响力逐渐增大。新自由主义发展模式倡导一个 D - L - P 公式，即放松管制（deregulation）、自由化（liberalization）与私有化（privatization）。① 新自由主义发展模式在全球范围内的扩散有着深刻的思想基础。有研究者指出：新自由主义政治的一个重要维度是冷战需要。为了对抗苏联共产主义集团，经济批判为新自由主义政治提供了特殊且强大的动力。②

　　新自由主义经济学家与政治学家影响了世界发展模式的转向。③ 这些新自由主义学者建立了广泛的跨国联系和影响巨大的智库。朝圣山学会（Mont Pelerin Society）、史开夫家族慈善信托基金（Scaife Family Foundation）以及芝加哥大学经济学系为他们学术交往提供了很好的平台。一系列企业基金会不仅是新自由主义运动的金钱推手，还是亲力亲为的参与者。基金会管理者决定每分钱怎么花，并确保每分钱都花得值；他们不仅控制着组织机构，还影响着思想学说。④ 弗里德里希·哈耶克（Friedrich Hayek）和米尔顿·弗里德曼（Milton Friedman）是新自由主义两位重要代表人物。哈

① Manfred Steger and Ravi Roy, *Neoliberalism: A Very Short Introduction*, New York: Oxford University Press, 2010, p. 14.
② ［美］丹尼尔·斯特德曼著，贾拥民译：《宇宙的主宰——哈耶克、弗里德曼与新自由主义的诞生》，华夏出版社 2014 年版，第 20 页。
③ Richard Cockett, *Thinking the Unthinkable: Think-tanks and the Economic Counter-Revolution*, *1931 - 1983*, London: HarperCollins, 1995, pp. 1 - 20.
④ ［美］丹尼尔·斯特德曼：《宇宙的主宰——哈耶克、弗里德曼与新自由主义的诞生》，第 97 页。

耶克创建了朝圣山学会，他是学会第一代领导人；而弗里德曼则成为学会第二代领导人。新自由主义也被称为新古典自由主义。哈耶克以及弗里德曼等人试图在新的历史时期复活以亚当·斯密等人为代表的古典自由主义。美国总统罗纳德·里根（Ronald Reagan）在一封信中表达了他对哈耶克的敬意。他指出，哈耶克发挥了最为关键的作用，为美国保守主义复兴运动奠定了基础，包括他在内的许多人都是哈耶克遗产的受益人。[1] 总体而言，他们沿袭了以个体为中心的政治经济学。1960年，弗里德曼在朝圣山学会发言中指出：人就是人，根本不存在所谓的阶层和阶级，而只有最简单的个人。[2] 抛开他们所关注的议题以及方法，他们的结论和政策指向几乎与斯密等思想先驱如出一辙。

一　为何通货膨胀在世界范围如此普遍？

1923年1月，由于德国无力偿还一战的战争赔款，法国和比利时军队开进了德国鲁尔区，德国政府宣布消极抵抗。鲁尔危机使得整个德国经济陷入停顿，最直接的后果就是德国财政完全破产。德国政府为了支持鲁尔区工人罢工，印发了越来越多的纸币。1923年底，德国出现严重的通货膨胀，德国马克变得一文不值。

---

① ［美］丹尼尔·斯特德曼：《宇宙的主宰——哈耶克、弗里德曼与新自由主义的诞生》，第200页。
② ［美］安格斯·伯金著，傅瑞蓉译：《伟大的说服——哈耶克、弗里德曼与重塑大萧条之后的自由市场》，华夏出版社2014年版，第250页。

大人们将钞票捆起来生火或者糊墙，小孩则拿马克来当搭房子的积木。[①] 这个世界颠倒了，原来一分钱一张的邮票变成了 500 万马克，一个鸡蛋要 8000 万马克，一磅肉要 32 亿马克，一磅黄油要 60 亿马克，一磅土豆要 5000 万马克，一杯啤酒要 1.5 亿马克。当时，有德国储户收到银行这样的来信："本银行表示深深的遗憾，我们将不再管理您 68000 马克的存款，因为管理费用已超过存款。因此，我们将归还您的存款。又因为我们没有可以处理此业务的小面额纸币，我们已将存款数额增加到 100 万马克。"更令人感到伤害的是，信封上贴着面值为 500 万马克的邮票。[②]

1922 年，著名作家欧内斯特·海明威（Ernest Hemingway）正和太太在德国旅行。他的回忆录便记载了通货膨胀对德国民众的损害。当时，正值德国通货膨胀肆虐时期，德国马克与美元汇率大约为 800 比 1，海明威购入了 670 马克。他写道："90 美分维持了我和太太一天的开销，这天结束时，我们还剩 120 马克。我们到一个水果摊，一位老太太在卖苹果、梨子和李子。我们选了 5 个非常漂亮的苹果，付给她 50 马克的钞票。她找给我们 38 马克零钱。一位慈祥和蔼的白胡子老先生看到我们买苹果，举起帽子向我们打招呼：'先生，请问这苹果多少钱？'他怯生生地用德语问我。我数了一下零钱，告诉他 12 马克。他摇摇头说：'我买不起，太贵了。'他健步离开了大街，走路的样子跟所有其他国家的白胡子老年绅士一样。

① ［德］史蒂文·奥茨门特著，邢来顺等译：《德国史》，中国大百科全书出版社 2009 年版，第 263 页。
② ［美］克劳斯·费舍尔著，佘江涛译：《纳粹德国：一部新的历史》，译林出版社 2012 年版，第 74 页。

他曾非常渴望地看着这些苹果,我当时要是给他一些钱就好了。在这一天,12 马克币值还不足 2 美分。"[1] 新自由主义的重要代表人物哈耶克在其《货币的非国家化》一书中也注意到德国当时的高通胀。哈耶克看到:1923 年的德国马克仅仅相当于它以前价值的一万亿分之一。[2]

严重的通货膨胀损害了德国广大中产阶级的利益,使魏玛共和国的稳定遭受致命打击。德国经济问题大大增强了国内民族主义、反民主势力以及反凡尔赛和约的情绪。对于那些一直忍受可怕苦难的德国人来讲,他们期望通过全面的胜利来报复对手,纠正他们在第一次世界大战结束以后忍受的苦难。[3] 因此,德国经济困境为此后纳粹党的崛起铺平了道路。

事实上,古往今来,通货膨胀持续困扰各国民众。我们来看清朝末年的例子,为了解决财政危机,清政府增大了货币发行量。1853 年 4 月,咸丰皇帝允许户部发行当十铜大钱,即一枚铜钱抵以前的十枚铜钱。在此后的一年中,户部又相继发行当五十、当百、当两百、当三百、当四百、当五百,乃至当千的铜大钱,即一枚铜钱的币值相当于以前的一千枚铜钱。即便如此,清政府还不满意。为了节省货币铸造成本,咸丰皇帝于 1854 年 2 月又批准铸造铁钱,因为铁价比铜价便宜。紧接着,皇帝又批准铸造铅钱。户部不断减少铸造货币中的贵金属。严重的时候,有人抓起一把这一时期铸造

---

① [美] 杰弗里·弗里登著,杨宇光等译:《20 世纪全球资本主义的兴衰》,上海人民出版社 2009 年版,第 122—123 页。
② [英] 弗里德里希·哈耶克著,姚中秋译:《货币的非国家化》,新星出版社 2007 年版,第 38 页。
③ [德] 史蒂文·奥茨门特:《德国史》,第 279 页。

的硬币放入水中，它们居然能在水面上飘起来。为了获得更多的收入，咸丰皇帝还在1853年批准发行"户部官票"，每张银票可以抵一两到五十两白银不等。同年12月，咸丰皇帝再度批准发行"大清宝钞"，面额有一千文到一百千文不等。而一张"大清宝钞"的制造成本仅为一文六毫，清政府印制面额为一千文的纸币，几乎净赚一千文。[①]一张发行于2009年1月的津巴布韦币，上面赫然印刷着14个零。如果你拿着这么一张钞票，俨然已跻身万亿富翁之列。而事实上，这张钞票甚至连一片面包都买不起。要知道，1980年津巴布韦独立时，1津巴布韦币可以兑换1.5美元。

既然通货膨胀给民众带来巨大的苦难，怎样才能有效解决通货膨胀这一问题呢？为解决通货膨胀，有好多方案可供参考。

其一，恢复历史上曾实施过的金本位（gold standard）。金本位这项国际货币制度安排有利于遏制通货膨胀，它需要满足几个条件才能发挥作用：[②]其中一个条件就是，各成员国的货币供给需要由黄金作保证。金本位是政府的一种承诺机制，国内的货币供应需要和黄金储备保持一致。因此，在金本位下，国内价格能保持稳定。1914年时，英国物价和一个世纪前滑铁卢战争时的物价一致，[③]由于实施了金本位制度，英国物价居然在近百年间保持不

---

① 茅海建：《苦命天子：咸丰皇帝奕詝》，生活·读书·新知三联书店2013年版，第106页。

② Giulio Gallarotti, *The Anatomy of an International Monetary Regime: The Classical Gold Standard, 1880-1914*, New York: Oxford University Press, 1995, pp. 21-23.

③ Kevin Dowd and Richard Timberlake, "Introduction," in Kevin Dowd and Richard Timberlake, eds., *Money and the Nation State: The Financial Revolution, Government, and the World Monetary System*, London: Transaction Publisher, 1998, p. 7.

变。20世纪80年代，美国总统里根设立黄金问题委员会，这一委员会也曾设想让国际货币体系回归金本位。① 哈耶克在其《货币的非国家化》一书中，给予金本位很高赞誉。他指出金本位约束了当权者，"正是这种约束，使得整个世界在很长一段时间内——大约有200多年——保持货币币值相对稳定。在此期间，工业制度得以发育壮大"。② 由于金本位有如此显著的优点来抑制通货膨胀，哈耶克进一步指出："如果有机会，群众可能宁可回归到金本位制，而不是任何形态的纸币。"③ 为什么我们回不到金本位这样的国际货币制度呢？抛开政治原因，技术上的原因是，黄金供应跟不上经济发展需求。在19世纪，世界经济快速发展，但黄金开采却跟不上经济发展速度。在金本位制度下，货币供应与黄金储备挂钩，黄金供应不足带来货币发行不足，会致使全球经济面临通货紧缩压力。

其二，实施货币局（Monetary Board）制度。实施该制度的国家，政府以立法形式明确规定：本国货币钉住某种强势货币，如美元，并与之建立货币联系。政府承诺本币与某一确定的外国货币之间可以以固定汇率进行无限制兑换，并要求货币当局确保履行这一兑换义务。如果实施货币局制度，那么该国货币发行量必须依赖外汇储备。当出口增加，外汇储备相应增加，政府才可以增加发行相应的本国货币。这样就显著约束了政府滥发货币的权力。

---

① Michael Bordo, *The Gold Standard and Related Regimes*, New York: Cambridge University Press, 1999, p. 2.
② ［英］弗里德里希·哈耶克：《货币的非国家化》，第36页。
③ 同上，第96页。

其三，美元化（dollarization）。这是指一国政府放弃本币而用美元代替本币执行货币各项职能的制度。由于名义或者事实上采用美元作为国家货币，而美元的币值比较稳定，这一制度安排就解决了通货膨胀问题。但是，美元化也存在很大的风险。在很长一段时期里，巴拿马政府一直把美元作为国内主要货币。1988年，美国与巴拿马政府发生冲突。美国政府利用美元作武器，中断了向巴拿马的货币供应。巴拿马在美国的资产也被冻结，大多数巴拿马国内银行被迫关闭。一周内，巴拿马政府甚至无法足额发放除军队之外的工作人员的工资。美国驻巴拿马大使说：巴拿马经济遭受了自1671年海盗亨利·摩根（Henry Morgan）洗劫以来的最大损失。[1] 这是美元化的一个风险：国家陷入货币依附。当以色列财政部长建议实施美元化以应对通货膨胀压力时，他的建议激起以色列民众强烈反对，他也被迫辞职。因为一个骄傲的、独立的国家却没有自己的货币，这是不可想象的。[2] 此为美元化的第二个问题：民族认同会妨碍国家实施美元化政策。2001年12月，阿根廷爆发骚乱，费尔南多·德拉鲁阿总统乘着直升机逃离了总统官邸。短短12天内，阿根廷五易总统。阿根廷骚乱与恐慌来源于其实施货币局制度与美元化措施后引发的货币危机。这是美元化的第三个问题：国家丧失了通过货币政策调节宏观经济的能力。

其四，独立的央行（central bank independence）。如果中央银

---

① ［美］乔纳森·科什纳著，李巍等译：《货币与强制：国际货币权力的政治经济学》，上海人民出版社2013年版，第158—166页。

② Lawrence Klein, "Some Second Thoughts on the European Monetary System," *Greek Economic Review*, Vol. 15, No. 1, 1993, p. 113.

行是独立的，货币政策不受政府控制，那么通货膨胀就可以得到较好控制。如图3-1所示，中央银行独立性较高的国家，其通货膨胀率也较低。众所周知美联储有着较强独立性，能保证美国货币发行免受政治干扰，可以较好地维持美元币值。

图3-1中入选的国家，都是经济发展程度较高的国家。事实上，有研究发现，独立的中央银行并不必然降低通货膨胀率。20世纪80年代，当智利和委内瑞拉两国均面临20%左右的通货膨胀率时，两国都推动中央银行实现独立。这项措施在智利取得了成效，通货膨胀率下降到3%左右；但委内瑞拉却没有实现其政策的初衷。两个国家同样推行央行独立，结果却大相径庭。这是因为智利的治理质量比委内瑞拉高。有研究者在对近70个国家的数据进行整理后

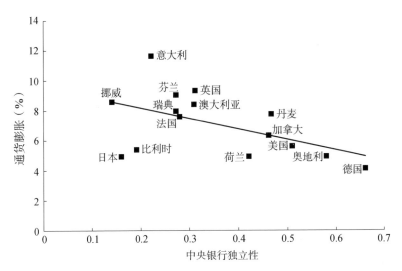

图3-1　中央银行独立性与通货膨胀（1969—1995）

资料来源：Thomas Oatley, *International Political Economy: Interests and Institutions in the Global Economy*, New York: Pearson/Longman, 2009, p. 285, Figure. 13. 5.

发现：只有在政治制度有着较高质量时（比如政府稳定，没有稳定的政府难以让民众相信政府能有效抗击通货膨胀；高效的官僚体系以及法治等），独立的央行才能降低通货膨胀。[①] 因此，如果缺乏这样的制度环境，发展中国家只靠独立的央行也难以降低通货膨胀率。

此外还有一种方案，就是指数化。这项措施将工资与物价挂钩，工资随着物价指数的增长而相应增长。这是米尔顿·弗里德曼对抗通货膨胀的建议。在现实生活中，这项建议曾经被采用过。1964 年以后，巴西军政府为控制通货膨胀，卡斯特洛·布兰科（Castelo Branco）总统在经济学家帮助下，将汇率、利率、税收、工资、价格等绑定在一起。他希望用这种指数化措施，让各项经济指标以同样速度变化。这样生产和就业可以更迅速有效地适应新环境。政府定期提高利率和小幅提高工资，以防止通货膨胀影响民众购买力。但是这一举措带来的是穷人更穷，富人更富。民众实际工资降低了，财富更多地聚集在富人手中。1977 年 8 月，巴西政府承认：1973 年到 1974 年间公布的通货膨胀官方指数是受政府操纵的。工资调整指数与通货膨胀指数挂钩不仅没有保障民众收入，反而使工薪阶层失去了 31.4% 的实际工资收入。[②] 指数化方案的倡导者往往认为实施指数化等一系列政策方案是没有政治摩擦，没有利益集团左右政策的。而实际上，指数会被利益集团所左右和操控。

哈耶克认为，即便指数化方案实施得很成功，这一政策的问题

---

① Kai Hielscher and Gunther Markwardt, "The Role of Political Institutions for the Effectiveness of Central Bank Independence," *European Journal of Political Economy*, Vol. 28, No. 3, 2012, pp. 286 - 301.

② ［巴西］博勒斯·福斯托著，刘焕卿译：《巴西简明史》，社会科学文献出版社 2006 年版，第 279 页。

仍然很严重，因为物价上涨扰乱了价格信号，扰乱了市场运行。更严重的后果是："这些后果远不是通货膨胀所能带来的最严重的损害，用这种不完整的疗法来治疗一部分症状，很可能会弱化人们对于通货膨胀的反感，从而会拖长，也推动通货膨胀加速。"[①] 事实上，哈耶克在其著作《货币的非国家化》中提出了另一种抑制通货膨胀的办法：货币的非国家化（Denationalisation of Money）。哈耶克指出：用市场中的竞争性私人货币取代国家对货币供应的控制，可以有效抑制通货膨胀。哈耶克试图说服大家：货币与其他商品并无不同。通过私人发行者之间的竞争来供应货币，要好于政府垄断。

哈耶克想法在现实生活中已经初见端倪。受欧债危机影响，2011年，意大利罗马东部一个人口不足600人的小镇菲力亭诺（Filettino）做出了尝试。这座小镇的镇长卢卡·塞拉利（Luca Sellari）为了摆脱意大利的债务问题，保存菲力亭诺的自主性，发行了小镇自己的货币。该小镇的货币与欧元的汇率为2比1。这张货币上印着小镇的关键性地标——塔楼，也印着小镇镇长自己的头像。

无独有偶，英国的城市布里斯托（Bristol）也在欧债危机的冲击下发行了自己的货币。布里斯托是英国主要贸易港口和飞机制造中心，人口大约为50万。2012年，由于受欧债危机冲击，当地居民对英国银行和英镑逐渐丧失信心。布里斯托当地政府决定推出自己的货币布里斯托镑（Bristol Pound）。他们还开通了一个主题为"我们的城市，我们的货币"（our city，our money）的网站。[②] 在2023年，这一尝试以失败告终。之前的网址成为布里斯托镑这一勇敢尝

---

① ［英］弗里德里希·哈耶克：《货币的非国家化》，第92页。
② 该网站的网址为 https://bristolpound.org。

试的网上遗迹。随着比特币（Bitcoin）的出现，不少民众看到了去中心化的数字货币与传统国家货币展开了竞争。

那么，是否应该允许非国家行为体，包括私人发行货币呢？哈耶克回答是肯定的。这就是哈耶克《货币的非国家化》一书的主题。他认为：所有的政府都希望从民众那里获得资源，而政府垄断货币发行的权力，让政府能够通过增发货币来获得资源。而且这样的做法自古就有。如果你手中有一枚硬币，你会发现银币的外圈圆环上刻有垂直的刻线。有人或许会觉得这样的设计是为了防止手滑，防止有人不小心把硬币滑掉。事实上，这是自古以来为了防止人们刮钱的设计。在中世纪的欧洲，铸造钱币的技术不够精良，金银币质地松软。因此，铸币很容易被人用刀子从边缘刮掉一小块，俗称"让钱流汗"。一些专业从事货币兑换业务的商人，收到优质硬币后，晚上就将金币银币的边缘刮掉，然后把刮过的硬币再度投入到市面上。普通商人与百姓在不知情的情况下就收下了劣币。日子久了，被骗的人多了，铸币者就在钱币外围刻上垂直的小线，防止"让钱流汗"。[①] 但政府却以不同的方式在"让钱流汗"。哈耶克指出："在人们拿着金属块到政府的熔炉去铸造货币的时候，政府也强行留下太多部分，这只是掠夺人民的第一步。"[②] 自古以来，政府都通过铸币来获得"铸币税"。哈耶克认为历史上的政府总是通过货币发行来掠夺民众财富："自罗马时代到形形色色的纸币开始占据重要地位的17世纪，铸币的历史几乎就是一部不断贬值的历史。"[③] 那么，哈耶

---

① 赖建诚：《经济史的趣味》，第 122 页。
② ［英］弗里德里希·哈耶克：《货币的非国家化》，第 29 页。
③ 同上，第 33 页。

克倡导的"货币的非国家化"有什么依据呢？

首先，政府垄断货币发行制造了通货膨胀。哈耶克指出："迄今为止发生的历次严重通货膨胀，都是政府通过印钞机满足其财政'需要'的结果。"① 我们不能假定政府是为公共利益服务的，政府官员也有着自身的利益。"在纸币被置于政治控制之下后，这种垄断就成了一场无可救药的灾难。"② 和大多数自由主义者一样，哈耶克对政府怀有很强戒心，如果政府能够垄断纸币发行权，那么将带来严重后果。"纸币的出现，则让政府获得了一种更为廉价的诈骗人民的方法。"③ 因为纸币发行成本更低，政府乃至不需要持有贵金属就能无限量发行货币。不仅发展中国家如此，发达国家也同样承受通货膨胀之苦。杰里夫·伍德（Geoffrey Wood）在 1990 年为哈耶克的《货币的非国家化》写前言时，就指出：比如在英国，过去 20 多年中生活成本上涨了 500% 多。④ 在哈耶克及其追随者看来，通货膨胀是政府垄断货币发行带来的恶果。

其次，政府垄断货币发行不仅带来通货膨胀，还扰乱了市场价格，进而扰乱经济秩序。哈耶克强调市场自由运行需要价格信号来引导。但是通货膨胀却干扰了这一重要信号，进而扭曲了资源配置。"从长远来看，通货膨胀对于经济正常运转构成的更严重的、并最终可能导致自由市场体系无法正常运转的危害则在于，价格结构被扰乱，从而引导资源投向错误的方向，驱使劳动力和其他生产要素尤

① ［英］弗里德里希·哈耶克：《货币的非国家化》，第 134 页。

② 同上，第 30 页。

③ 同上，第 35 页。

④ ［英］杰夫里·伍德：《第三版前言》，载弗里德里希·冯·哈耶克著《货币的非国家化》，第 3 页。

其是资本投资某些项目。"① 因此各国政府在强调宏观经济调控的时候，"一种将货币量的控制权当作一件追求个别具体目标的工具，摧毁了价格机制驱使市场均衡的功能"。② 自由市场需要价格作为信号来协调人的行为，这一信号一旦被扰乱，理性的个体手足无措，自由市场就不再有效率。

再次，政府垄断货币发行还扩充了政府。19 世纪德国经济学家阿道夫·瓦格纳（Adolph Wagner）对许多欧洲国家以及日本和美国政府部门支出做了详尽考察。他的研究表明：现代工业发展必然导致政府活动增加。随着经济发展，人均收入提高，政府部门支出也逐步增长。这项研究被后人称为"瓦格纳法则"。③ 但是，哈耶克却对政府权力扩大这一趋势持警惕态度。"我们可以有十足把握地说，所有地方的政府都一直在滥用人民对于它们的信赖而欺诈人民。"④ 垄断货币发行权，让政府获得了一项重要政策工具，增大了政府权力。"从历史上看，自成一体的国家货币不过是民族国家政府增进其权力的一件工具而已。"⑤ 发行货币这项政策工具，"极大地有助于政府权力的广泛增长"。⑥ 因为发行货币能让政府突破财政约束，扩充自己。"近代以来政府之所以不断扩张，在很大程度上是由于能

---

① ［英］弗里德里希·哈耶克：《货币的非国家化》，第 92—93 页。
② 同上，第 135 页。
③ Adolph Wagner, "Three Extracts on Public Finance," in Richard Musgrave and Alan Peacock, eds., *Classics in the Theory of Public Finance*, Hampshire: Palgrave Macmillan, 1958, pp. 1 – 15.
④ ［英］弗里德里希·哈耶克：《货币的非国家化》，第 29 页。
⑤ 同上，第 130 页。
⑥ 同上，第 31 页。

够通过发行货币来弥补其赤字。"① 事实上，政府规模在不断扩张。"正是由于没有竞争，使得垄断的货币发行者不用遵守某种有益的纪律，于是，货币供应垄断权也使政府似乎没有必要将其开支控制在财政收入水平以内。"② 政府扩张背后有着一项重要的经济权力支撑：垄断货币发行权，获得铸币税。由于政府权力和市场权力相比，更缺乏约束，有更大的强制性。因此，这一权力的扩张会引起哈耶克更大的忧虑。

最后，政府垄断货币发行还会诱发政治俘获。哈耶克相信，政府不可能按广大民众普遍利益行事。一旦政府获得了照顾某些集团的权力，多数政府就会用这种权力来谋私利，赢得政治支持。"这种诱惑不断促使政府通过操纵货币数量去满足某个地方或者某个群体的要求。于是，大量资金就被用来收买那些嗓门最高、以无法回绝的方式要求帮助的人。"③ 而这样会扰乱市场的正常运转。几乎所有政府都希望拥有更强有力的支持者，"它会被迫收买足够数量的支持，以获得多数地位。即使政府具有这个世界上最好的意图，它也不可能抗拒这种压力，除非给它设置一个它不能逾越的明确的界限"④。如果中央银行不独立，受政府偏好摆布，受政治压力左右，那么中央银行就难以履行良好的货币发行职能。"受政治控制，甚至面临严重政治压力的中央银行，根本不可能调整货币发行量，使其有利于市场秩序的顺畅运转"⑤。按哈耶克的逻辑，即便央行具有独

---

① ［英］弗里德里希·哈耶克：《货币的非国家化》，第 32 页。
② 同上，第 135 页。
③ 同上，第 117 页。
④ 同上，第 137 页。
⑤ 同上，第 135 页。

立的地位，也不如将货币发行权下放，因为央行也会受到利益集团的左右。

哈耶克是一个娴熟的辩手，在列举了政府垄断货币发行的诸多问题后，他也指出了私人发行货币有诸多优势。

首先，允许私人发行货币可以遏制通货膨胀。私人发行者和政府不同。由于他们不存在垄断性的权力，那么，私人发行者必须要找到吸引客户的优势。"竞争性通货发行者必须向其客户提供的最具吸引力的东西是：它得保证，它发行的通货的价值将会维持稳定。"[1] 私人货币赖以生存的基础是人们对它的信任。如果私人货币发行者不能满足人们预期，他"就有可能迅速丢失其整个发钞业务，这种恐惧将能提供一种比任何政府垄断所能提供的更强大的保险机制。"[2] 这就是私人发行者和政府最大的不同，如果它不能满足人们的预期，"所遭受的惩罚就是立刻丢掉自己的生意"。[3]

由于有了选择权，"公众会从若干彼此竞争的私人发行之通货中挑选出某种会比政府提供之货币更好的货币"。[4] 人们可以自己选择信誉较好、币值稳定的货币，并且人们会竞相模仿成功的选择。"至少从长期来看，在若干通货中被人们有效地选择出来的，一般都是有竞争力的那种通货。能在竞争中脱颖而出的通货，将是在它的帮助下取得成功的人们所喜欢、他人因而也模仿使用的一种通货。"[5] 一旦公众拥有了选择权，他们就可以"用脚投票"。因此货币发行者

---

[1] ［英］弗里德里希·哈耶克：《货币的非国家化》，第65页。

[2] 同上，第52页。

[3] 同上，第55页。

[4] 同上，第74页。

[5] 同上，第77页。

之间的竞争，会像斯密所说的"看不见的手"那样发挥作用。自利的发行者会为自身利益而控制好货币发行数量，进而实现公共利益，培育良好的商业环境。"一旦人们有了选择权，他们将会密切关注他们可以随意使用的几种不同通货的价值的各不相同的变动情况。"①此时公众与彼此竞争的货币发行者自利的行为带来了意想不到的社会收益，即稳定的商业环境。"当公众能够做出选择之时，他们将会选择那种购买力有望保持稳定的通货，而由此提供的货币，要好于以前存在过的任何货币，这种货币也更能保障稳定的商业环境。"②因为竞争性纸币的发行者有强烈的动机限制其发行货币的数量，否则他就会因为人们信心丧失而丢掉生意。由于这样的竞争约束，发行的货币币值就能被维持在比较稳定的水平，从而为稳定的商业环境提供保障。

不过，哈耶克指出，这需要一个前提，就是自由的新闻媒体。哈耶克假定，新闻媒体是独立的，金融报刊每天都会提供无所不包的信息。如果有哪位银行家没能够确保他所发行之货币的价值平稳，就会有上千只"猎狗"（指新闻媒体）扑上去撕咬这位不幸的银行家。③自由开放的媒体是私人发行货币的互补制度安排。没有这一制度安排，民众可能难以及时获取有效的、真实的信息来选择货币。

其次，私人发行货币可以限制政府权力。前面指出，由于政府垄断货币发行权，进而可以为弥补财政赤字打开方便之门。要限制政府权力，就需要关闭这条通道。哈耶克指出："要限制政府，则必

---

① ［英］弗里德里希·哈耶克：《货币的非国家化》，第 111 页。
② 同上，第 115 页。
③ 同上，第 57 页。

须剥夺它发行货币的垄断权。"① 在哈耶克看来，政府扩张已经威胁到西方的自由主义文明，"切断政府为了自己的需要而拧开货币供应的龙头之手，对于阻止不受限制的政府无限膨胀的趋势，也具有同样重要价值，而这种趋势正在威胁文明之前景"。② 无财就无政，限制了政府的货币发行垄断权，新自由主义者期待的"小政府"就会水到渠成地出现。如果允许私人发行货币，那么对哈耶克而言，中央银行也就失去了存在的必要。

在列举了政府垄断货币的弊端与私人发行货币的好处之后，哈耶克的方案可以在现实生活中实行吗？只要政府不禁止，那么哈耶克认为他的设想就能实现。"我们可以断言，任何一种具有公众所渴望之属性的货币，都是有可能取得成功的，只要政府不人为禁止人们使用它即可。"③ 因为理性的银行家和民众都会做出理性选择。

对银行家而言，自利之心让他会选择限制货币发行量。因为，真正具有决定意义的是公众持有它的意愿。④ 如果发行者想要获得长久的利益，那么他就需要克制。在竞争的环境下，在利己之心的驱动下，就会孕育克制的美德。"控制货币总量的责任将由某些机构承担，这些机构的利己之心会使它们将货币总量控制在用户最能承受的水平上。"⑤ 竞争压力促使这些发行者为了自身利益而控制发行量，确保自身在竞争性市场中生存。"如果它所提供的货币对用户的好处

---

① ［英］弗里德里希·哈耶克：《货币的非国家化》，第 95 页。
② 同上，第 138 页。
③ 同上，第 96 页。
④ 同上，第 69 页。
⑤ 同上，第 105 页。

还达不到其他货币的好处，那它就不可能继续在这个行业待下去。"①
在这里，斯密又复活了。哈耶克指出："只受自己追求利润之动机驱
使的发钞银行，将会因此而比以前任何机构更好地服务于公共利益，
甚至比那些号称要追求公共利益的机构更好地服务于公共利益。"②
因此货币的非国家化给银行家带来巨大利益，也惠及他人和社会。
"如果新一代年轻的银行家获得机会，他们就会迅速地发展出新的银
行形态所需要的技术，这种新的银行形态不仅是安全的、有利可图
的，而且与以前的制度相比，更有益于社会。"③

对消费者而言，自利的消费者也会做出有益于社会的选择。"即
使不是靠着洞察力，他们也很快会通过经验学习并模仿那些最成功
的行为，因为这最能增进他们的利益。"④ "人们很快将会发现理性的
思考所能够告诉他们的一切。"⑤ 因此，哈耶克认为如果允许私人发
行货币，理性的、自利的银行家和民众会在竞争的市场上选择出优
质货币，维持币值稳定，进而营造稳定的商业环境。如果允许货币
的非国家化，为垄断的国家货币引入竞争，会抑制通货膨胀，带来
更好的政治经济绩效，即更稳定、更繁荣的经济与受到限制的政府
权力。

哈耶克认为，"在一个给定区域内只能有一种货币，这却绝非货
币的本质所在，由于政府禁止使用其他货币，才经常出现这种情

---

① [英] 弗里德里希·哈耶克：《货币的非国家化》，第 126 页。
② 同上，第 115 页。
③ 同上，第 106 页。
④ 同上，第 74 页。
⑤ 同上，第 74 页。

形。"① 历史上，货币曾经是非国家化的。哈耶克的想法能找到历史依据。从经济史的演进历程来看，的确如此。历史学家卡罗·奇波拉（Carlo Cipolla）指出：19 世纪以前，几乎没有任何主权国家能指望在其疆域内享有垄断货币供应的权力。在那个时候，外国货币和本国货币享有同等权利。各国货币可以不受限制地、自由地从境外流入一个国家境内，并在其境内自由地流通。② 一直到 19 世纪，几乎没有任何国家享有完全的货币主权。

在历史上，列支敦士登使用瑞士法郎；圣马力诺和梵蒂冈使用意大利的里拉；摩洛哥使用法国的法郎。在现代，巴拿马使用美元。在亚洲，群山环绕的不丹王国一直使用着印度的货币；一直到 1998 年，白俄罗斯和塔吉克斯坦还没有发行本国货币来替代俄罗斯的卢布。③ 美国的经验也很具代表性。美国独立后的很长一段时间里，墨西哥、英国、法国、葡萄牙、巴西等国家的货币仍在美国广泛流通。1793 年，美国联邦政府甚至通过立法，保护这些外国货币在美国境内顺畅流通的权利。直到 1830 年，墨西哥的比索仍占美国境内流通硬币价值的 22%。④ 19 世纪以前，货币的确经历过一个非国家化的时代。

19 世纪早期，英国成为缔造国家货币的先驱。美国、日本等国

① ［英］弗里德里希·哈耶克：《货币的非国家化》，第 86 页。
② Carlo Cipolla, *Money*, *Prices and Civilization in the Mediterranean World: Fifth to Seventeenth Century*, New York: Gordian Press, 1967, p. 14.
③ Benjamin Cohen, *The Geography of Money*, Ithaca: Cornell University Press, 1998, pp. 48–49.
④ Benjamin Cohen, *The Geography of Money*, p. 31, p. 34.

家纷纷效仿，开始缔造自身的国家货币。[1] 19 世纪 60 年代，美国爆发内战，出于为战争融资的考虑，林肯政府发行了绿背美钞（Greenback），也称美国银行券（United States Notes），美国政府由此统一了美国的国家货币。

在很长一段时期，货币不需要考虑民族国家的疆界，可以四处流动。哈耶克提到的金本位也构成了对政府货币发行权的有效约束，国内货币供应需要和黄金储备保持一致，而且国内货币与黄金能自由兑换。在有货币竞争的地方，按照哈耶克的推断，通货膨胀会得到更有效抑制。

通货膨胀这一议题，涉及到一个国家货币的增值和贬值。马克思主义者会看到通货膨胀背后的阶级性。在 19 世纪末，美国的威廉·布莱恩（William Bryan）就是坚定的金本位反对者，倡导银本位。一般而言，无产者多是债务人，而有产者多为债权人。通货膨胀会减少债务人的债务负担。因此马克思主义者大卫·哈维（Daivd Harvey）将二十世纪七十年代末美联储不计后果地加剧失业率以抑制通货膨胀视为美国国内阶级斗争的体现。[2] 在哈维看来，通货膨胀政策是有阶级性的，以牺牲无产者利益而维护有产者利益。而以国家为中心的政治经济学则看到英国能在 19 世纪维系并推广金本位，抑制通货膨胀，与英国国家权力密不可分。从某种意义上来讲，金

① Emily Gilbert and Eric Helleiner，"Introduction：Nation-States and Money：Historical Contexts，Interdisciplinary Perspectives，" in Emily Gilbert and Eric Helleiner，eds.，*Nation-States and Money：The Past，Present and Future of National Currencies*，London and New York：Routledge，1999，p. 4.
② ［英］大卫·哈维著，王钦译：《新自由主义简史》，上海译文出版社 2010 年版，第 1 页。

本位就是英镑本位，英国不仅主导国际货币秩序，建立和维持游戏规则，还维持了国际货币关系的稳定。[①] 英国率先完成了第一次工业革命，使得英国在世界政治中取得优势地位。这让英国金本位的实践顺理成章地被各国效仿，因为世界各国需要和英国开展贸易。[②] 凯恩斯将英国比作"国际管弦乐的指挥"，其他国家的央行惟英国马首是瞻，共同协调全球信贷。因此，用当时流行的话来讲：我们选择金本位不是金本位制有多么了不起，而是因为英国多么了不起。[③] 以金本位来抑制通货膨胀，和国家权力息息相关。而历史上，当一个霸权国家权力衰退时，它更加重视短期利益而罔顾长远利益，常常倾向于通过货币贬值的办法来转嫁负担，在国内就出现通货膨胀。[④] 如果国家是理性的，自利的，具备权力优势的国家会根据自身利益来控制通货膨胀或采取相反的政策。

从哈耶克的论述中，我们不难发现他创造性地重复了斯密的信条，垄断致患，竞争增效。哈耶克强调"多元化"，如果有多元化的竞争主体，就能挫败垄断，提升绩效。自由主义者大都强调"多元化"，其中一个侧重就是多元化带来了多样选择，推动竞争，抑制垄断。

哈耶克的建议是否有现实可行性？我们从国家货币的演变历史中可见一斑。无论是国家货币，还是国际货币，都有走向垄断的趋

① Benjamin Cohen, *Organizing the World's Money: The Political Economy of International Monetary Relations*, New York: Basic Books, 1977, p. 81.
② Michael Bordo and Finn Kydland, "The Gold Standard as a Rule," in Barry Eichengreen and Marc Flandreau, eds., *The Gold Standard in Theory and History*, New York: Routledge, 2005, p. 74.
③ ［美］杰弗里·弗里登：《20 世纪全球资本主义的兴衰》，第 45 页。
④ 黄琪轩：《世界政治中的"权力贴现率"与美元贬值》，《当代亚太》2012 年 6 期。

势。当前，大部分国家都用国家货币来统一国内的货币市场。研究国际货币的政治经济学家埃里克·赫莱纳（Eric Helleiner）在其著作《缔造国家货币：历史视角下的领土货币》中指出：国家货币的崛起需要两个前提与四个动机。这两个前提是：民族国家和工业革命；而四个动机是：减少交易费用、进行宏观经济管理、财政需求以及加强民族认同。① 创造国家货币的一个重要动机是加强民族认同。国家货币带来了政治上的象征意义（political symbolism）。从15世纪开始，欧洲货币上的图像就在不断地变化。政府不仅用货币上的图像向民众灌输其重视的价值观，还通过货币上的图像展示政府是时代精神的接受者，以增强其合法性。② 尽管民众对游行示威未必有兴趣，但是无论哪国民众都对货币感兴趣。由于使用国家货币，使用者感到他们生活在一个"想象的共同体"内，国家货币让民众有了共同体意识。国家货币上印制了具有国家象征意义的人物头像、自然景观、历史事件，可以将国家与民族意识传递给众多民众，包括这个国家的穷人以及文盲。国家货币在时刻提醒国内民众：你是这个国家的公民。因此，使用共同货币让大家觉得这一群人就像一个人。由于纸币本身没有价值，需要国家存续才能维系其价值，当个人持有国家货币时，他就和这个国家的命运绑定到一起。一个持有1000美元的个人和持有100盎司黄金的个人是不一样的人，货币

---

① Eric Helleiner, *The Making of National Money: Territorial Currencies in Historical Perspective*, Ithaca: Cornell University Press, 2003, pp. 42 - 120.

② Jacques Hymans, "The Changing Color of Money: European Currency Iconography and Collective Identity," *European Journal of International Relations*, Vol. 10, No. 1, 2004, pp. 5 - 31.

属于国家，而不是世界。[1]

因此，在赢得独立后，尽管非洲法郎区的政府每年接受的法国援助占其国内生产总值的 2.6%，但是在民族主义驱使下，马里、马达加斯加等国家拒绝继续使用法郎，而坚持要发行国家货币。这些国家的领导人宁可牺牲经济利益，也不愿留在法郎区。[2] 苏联解体以后，俄罗斯对卖给前苏联国家的能源和原材料价格给予了很大幅度的折扣，约低于世界市场价格的 60%—70%。俄罗斯政府希望通过经济补贴让前苏联成员国留在卢布区。但是独立后的爱沙尼亚产生了反苏联与反俄罗斯的民族主义情绪，他们形成对欧洲的身份认同，要求重返欧洲。国际货币基金组织等鼓励爱沙尼亚留在俄罗斯主导的卢布区，并告知解体后的各成员国政府：如果他们发行自身货币，将不会获得国际货币基金组织贷款。可以这么说，爱沙尼亚离开卢布区就等于在经济上自杀。尽管受到欧盟以及国际货币基金组织警告，爱沙尼亚人却发行了自己的国家货币，并欢庆他们国家新货币的诞生。爱沙尼亚人宣称，如果这是独立的代价，他们宁可用土豆皮维持生计。为了欢迎国家独立后新发行的货币爱沙尼亚克朗，不少人还买了新钱包。不少爱沙尼亚人宣称，他们拒绝卢布占领这个国家。

爱沙尼亚总统伦纳特·梅里（Lennart Meri）说，爱沙尼亚克

---

[1] Eric Helleiner, *The Making of National Money: Territorial Currencies in Historical Perspective*, p. 114.

[2] David Stasavage, "When do States Abandon Monetary Discretion: Lessons from the Evolution of the CFA Franc Zone," in Jonathan Kirshner, ed., *Monetary Orders: Ambiguous Economics, Ubiquitous Politics*, Ithaca and London: Cornell University Press, 2003, pp. 90 – 91.

朗有很大的象征意义，它不仅是一张纸，还是一面旗帜，是国家政治与经济独立的旗帜。梅里总统宣称：如果继续待在卢布区，我们获得了经济利益，却牺牲了我们子孙后代的利益，代价不菲。爱沙尼亚学者也宣称，我们的货币上印着爱沙尼亚的民族英雄，这同我们拥有自己的护照一样重要。[①] 理念，尤其是民族主义的理念会让一国领导人和民众宁愿遭受经济上的损失，也要拥有自己的国家货币。

事实上，1997 年，当印度尼西亚卢比面临危机时，印尼政府的反应是打出公益广告，上面印着一个货币商人带着 1000 亿美元制造的恐怖分子面具在进攻卢比，公益广告号召印尼民众"保卫卢比""保卫印尼"。[②]

哈耶克倡导"货币的非国家化"，从领土货币的历史演进来看，即便使用非国家化的货币，现代信息使得其鉴别与兑换更便捷，但是与领土货币相伴随的民族认同等问题是否能像经济或者技术那样得到有效解决？获得实际利益的政府是否会放弃这项权力？有什么样的力量可以迫使它们放弃这项权力？这些都是未知的，或者是不乐观的。不仅国内的货币如此，国际货币也存在类似问题。哈耶克指出：不仅国内货币需要权力制约，国际货币也是如此。"一个单一的国际性货币，如果管理不当，在很多方面，不是比一种民族国家更好，而是更糟。"[③] 作为国际关键货币的美元，尽管不具备完全垄断的优势，但是在当前却缺乏任何一种国际货币来挑战其地位。那

---

① Rawi Abdelal, "National Strategy and National Money: Politics and the End of the Ruble Zone, 1991 – 94," in Jonathan Kirshner, ed., Mon*etary Orders: Ambiguous Economics, Ubiquitous Politics*, pp. 98 – 119.

② Benjamin Cohen, *The Geography of Money*, p. 121.

③ ［英］弗里德里希·冯·哈耶克：《货币的非国家化》，第 21 页。

么，在国际货币领域是否有望实现哈耶克所倡导的货币竞争呢？是否可以靠多种货币去制约美元霸权呢？不管答案是什么，我们要知道国际货币领域的政治影响一点也不亚于国内。

冷战时期，面对苏联挑战，富裕的资本主义国家严重依赖美国军事力量保护。因此，尽管美国出现国际收支赤字，尽管美元遭遇危机，只要冷战和两极格局得以持续，美国那些富庶盟国就不会允许美元破产，因为那将会削弱美国在地缘政治上发挥作用。[1] 联邦德国与美国有着紧密的安全联系，所以在 20 世纪 60 年代需要支持美元地位。[2] 由于美国为联邦德国提供安全保护，因此，理查德·尼克松（Richard Nixon）在 1971 年宣布单方面美元贬值时，联邦德国是继加拿大之后同意不用自身美元储备兑换黄金的国家。[3] 在布雷顿森林体系解体后，美元国际地位依然稳固，美国军事盟友发挥了积极的作用。1973 年，美国通过和沙特阿拉伯结盟，通过石油美元循环，来巩固美元地位。[4]

2003 年，美国发动第二次伊拉克战争，攻打伊拉克。有研究者就指出：这是因为伊拉克总统萨达姆·侯赛因（Saddam Hussein）决定伊拉克出口的石油不再以美元，而换做欧元来支付石油款项。

---

[1] David Calleo, "Twenty-First Century Geopolitics and the Erosion of the Dollar Order," in Eric Helleiner and Jonathan Kirshner, eds., *The Future of the Dollar*, Ithaca: Cornell University Press, 2009, pp. 164 - 190.

[2] Francis Gavin, *Gold, Dollars, and Power: The Politics of International Monetary Relations, 1958 - 1971*, Chapel Hill: University of North Carolina Press, 2004.

[3] ［英］苏珊·斯特兰奇：《疯狂的金钱：当市场超过了政府的控制》，第 78 页。

[4] David Spiro, *The Hidden Hand of American Hegemony: Petrodollar Recycling and International Markets*, Ithaca: Cornell University Press, 1999.

因此，美国出兵的动机是希望维持美元在该地区的作用。[1] 2007 年，伊朗和委内瑞拉对美元提出了直言不讳的批评和挑战，它们呼吁欧佩克成员国把石油的计价货币从美元转变成一揽子货币，时任伊朗总统的内贾德称：美元是毫无用处的一张纸；而委内瑞拉总统查韦斯预测美元帝国行将坍塌。但美国军事盟友沙特阿拉伯仍然效忠美元，抵制了这两个国家的呼吁，它们这一提议失败了。[2] 所以，无论是国内货币竞争还是国际货币竞争，背后都有政治逻辑在运作，而不是仅仅靠设计一个最优的经济方案。事实上，研究者指出：新自由主义需要一个充满活力的政府，因为他们要求政府采取行动来重塑国家和市场平衡，并保证这个平衡有利于后者——市场。[3] 如果将新自由主义和古典自由主义进行比较，我们不难发现：和斯密"守夜人"的有限政府相比，新自由主义者笔下的"有效政府"形象显然要积极得多。事实上，弗里德曼等新自由主义者描述了这样一个政府，即一个在建立和维护自由市场过程中发挥核心作用的政府。[4] 新自由主义者呼吁重塑市场活力，背后也离不开政治力量支撑。

此时哈耶克就面临一个困境：如果国家是理性的，国家的代理人也是理性的，理性的个体是追求利益最大化的，竞争的货币发行显然损害了他们的利益。那么，如何从掌握强制力的国家及其代理

---

① Bessma Momani, "Gulf Cooperation Council Oil Exporters and the Future of the Dollar," *New Political Economy*, Vol. 13, No. 3, 2008, pp. 293 – 314.

② Eric Helleiner, "Enduring Top Currency, Fragile Negotiated Currency: Politics and the Dollar's International Role," in Eric Helleiner and Jonathan Kirshner, eds. , *The Future of the Dollar*, pp. 69 – 87.

③ [美] 丹尼尔·斯特德曼：《宇宙的主宰——哈耶克、弗里德曼与新自由主义的诞生》，第 409 页。

④ 同上，第 120 页。

人手中获得竞争的货币发行权呢？缺乏权力基础，哈耶克的提议很大程度上就会是空中楼阁。

二　为何市场垄断者没有漫天要价？

《电力商人》一书记载了美国电力巨头塞缪尔·英萨尔（Samuel Insull）的传奇故事。他曾担任托马斯·爱迪生（Thomas Edison）的秘书，而他更显赫的角色则是美国电力商人。他在美国芝加哥经营电力公司，公司不断发展壮大，并逐渐成为垄断者。在第一次世界大战爆发前，他控制了芝加哥 100 个郊区的发电站。最终，英萨尔被美国联邦政府以商业欺诈和垄断的罪名起诉。他是一位极富争议的人物，但传记作者对他却抱有极大同情，因为作为垄断者的英萨尔一直在推动以蒸汽涡轮机发电为代表的技术革新，通过规模经济不断降低电力成本。在第一次世界大战爆发前，只有 16% 的美国家庭拥有电力照明设备；而到了 1920 年末，几乎所有美国家庭都拥有了电力照明设备。而电力照明的普及很大程度上得益于英萨尔的垄断经营，进而降低了电价。不仅如此，电价下降还推动了家用电器的普及，美国家用电器销售额从 1915 年的 2300 万美元增长到 1920 年的 8300 万美元。[1] 为何作为垄断者的英萨尔却没有向消费者索要高价？除了市场份额的增大带来的规模经济，还有其他原因吗？当英萨尔被起诉时，新自由主义者会站出来

---

[1] ［美］约翰·瓦希克著，徐丹译：《电力商人》，上海教育出版社 2021 年版，第 178 页。

指控他还是为他辩护？这需要回答这样的问题：即是否用反垄断的办法就能提升市场竞争水平，降低消费品价格？大部分新自由主义者的回答是不能。

关于对自由竞争的认同，新自由主义者的理解有鲜明的特色和印记。他们强调要打击劳工组织，在劳动力市场保持市场竞争；要取消政府管制，防止政策维系企业垄断地位。但新自由主义者大都对企业"垄断"地位持较为积极的态度。不仅因为大企业可能带来更高的经济效率，还因为如下几个方面的原因：

首先，人们难以找到一条合适的标准来界定企业是否具有垄断地位。正如哈耶克指出：我们找不到一种切实可行的尺度和标准，让我们来判断某个特定的企业规模是否太庞大了。[1] 尽管在 1950 年，美国四大钢铁公司产量占全国钢铁总产量的 60%，但乔治·斯蒂格勒（George Stigler）却不认为这是垄断。[2] 如果这几家公司的产品价格和完全市场并无二致，那么指控这些企业实施垄断就不合时宜了。如果难以有统一的、可行的标准，政府凭借反垄断的理由，会显著增加政府干预，扩充政府权力。而政策干预常常会带来新的垄断。那么，为何少数企业不采取共谋手段来提升产品价格呢？新自由主义者会给予如下回答。

其次，只要不存在市场准入限制，竞争对手会有意愿涉足高利润行业，市场自身会消除垄断。约翰·希克斯（John Hicks）有句名

---

[1] ［英］弗里德里希·哈耶克著，邓正来等译：《法律、立法与自由》（第二、三卷），中国大百科全书出版社 2000 年版，第 382 页。
[2] ［美］乔治·斯蒂格勒著，李君伟译：《施蒂格勒自传——一个自由主义经济学家的自白》，机械工业出版社 2016 年版，第 89 页。

言：垄断带来的最好利润就是内心平静。[1] 处于垄断地位的企业家高枕无忧、逍遥自在，乃至在垄断的情况下，他们的人均寿命也更高。[2] 哈耶克也认为：各社会的竞争程度，需要通过观察谋生机会的难易程度来体现。[3] 换言之，谋生之路越艰难，竞争程度越激烈。但是在他们眼中，竞争程度却不是由竞争者数量决定的。新自由主义者认为市场准入，而非企业数量是保持竞争的关键。哈耶克就指出，一种以卓越表现为基础的垄断是完全值得称道的。在此条件下，垄断者始终把价格保持在能使他从中获得丰厚利润的水平；同时他把价格保持在正好低至足以使其他人不可能成功地与他展开竞争的水平。[4] 在没有市场进入壁垒的情况下，大企业也不能恣意提升价格。如果垄断企业赚取了高额利润，会吸引新企业进入这一行业，拉低其垄断利润，直至竞争市场水平。斯蒂格勒还做出如下设想：如果有一家企业收购了他的竞争对手，仍会出现新的竞争对手。如果一家企业的产品具有一项专利，市场对该产品有极大需求，致使企业赚得衣钵满盆，那么竞争对手将会投入巨大资金来开发替代产品或工艺，分享这一利润。如果政府开放垄断特权，准许市场自由进入，就会激发诱人的机会，带来激烈竞争。[5] 人是理性的，企业家是理性的。如果没有进入壁垒，无论现在的市场上有一家还是多家企业，

---

① John Hicks, "Annual Survey of Economic Theory: The Theory of Monopoly," *Econometrica*, Vol. 3, No. 1, 1935, p. 8.

② Gili Yen and Lee Benham, "The Best of All Monopoly Profits Is a Quiet Life," *Journal of Health Economics*, Vol. 5, No. 4, 1986, pp. 347–353.

③ [英] 弗里德里希·哈耶克：《法律、立法与自由》（第二、三卷），第378—379页。

④ 同上，第389—390页。

⑤ [美] 乔治·斯蒂格勒：《施蒂格勒自传——一个自由主义经济学家的自白》，第152页。

追逐利润的企业会有强烈意愿参与其中，分享高额利润，最终削弱先行企业的垄断地位。

再次，技术变迁和大型企业会削弱先行者的垄断能力。在诸多新自由主义学者看来，由于技术进步，企业垄断地位难以长期维持。弗里德曼就指出：在一个飞速变化的社会，导致技术垄断的条件也不断在变化。[①] 今天拥有垄断技术的企业，明天则可能被拥有新技术的企业淘汰。此外，只要存在竞争的市场，就会有能力相当的挑战者来挫败垄断。用哈耶克的话来讲，大企业的出现并非坏事，大企业有能力涉足诸多领域。美国大型化学公司和大型汽车公司可以将投资扩张到其他领域，来分享其他领域的高额利润。哈耶克设想"以规模对抗规模"、用垄断对抗垄断。这是用"权力制约权力"在市场上的体现。一个大企业在市场中的权力能侵蚀另一个大企业的权力。规模本身变成了消解因规模而拥有的权力的最有效的解毒剂。[②] 大企业在开放市场准入的条件下，市场自身培育出垄断的反对者。

最后，工会和政府的垄断更难消除。新自由主义者常常指出，工会的垄断和政府的垄断更难消除，这是因为二者都不同程度掌握了"纵向的权力"。权力有能力让他人改变想法或改变行为。市场中的企业拥有权力，因为它能通过广告塑造消费者想法；通过限制供应影响消费者行为。而企业拥有的权力与劳工组织以及政府掌握的权力有着不同性质。劳工组织和政府均不同程度掌握了暴力，因而

---

① [美] 米尔顿·弗里德曼著，张瑞玉译：《资本主义与自由》，商务印书馆 2004 年版，第 34 页。
② [英] 弗里德里希·哈耶克：《法律、立法与自由》（第二、三卷），第 384 页。

更具强制性。新自由主义的一位代表人物亨利·西蒙斯（Henry Simons）就指出：劳工组织的规模和对权力的渴望甚至要超过公司，它们更像军队而不是企业，劳工组织采取暴力与胁迫的能力堪比政府。[①] 弗里德曼也认为：工会垄断了劳动力的供给，且常常引发实际或潜在的暴力行为，事发之后还常常免予处分。这一局面恰恰是政府默许的结果。[②] 弗里德曼指出：如果可以忍受的话，私人垄断的危害是最小的，较之私人垄断，国家管制和国家垄断对技术和社会的变化更不敏感，也更难以消除。[③] 斯蒂格勒也有相应表述，他认为政府管制是持续性垄断的根源，而不是市场竞争。他指出：反垄断方案应该对付那些重要的并且持续性的垄断问题，但是这些问题绝大部分都是政府管制造成的。[④] 在斯蒂格勒看来，政府反垄断越多，不仅降低了效率，提升了产品价格，还让大量利益集团得以滋生。他认为：反托拉斯政策常常屈服于不正当的现实，沦为保护效率低下的公司的工具；而积极诉诸反垄断法成为美国律师获得高额报酬的手段。[⑤]

因此，高价主要源于纵向的权力而非少数企业。无论市场结构如何（存在一家、两家还是很多家企业），能自由进出市场的私营企业都能产生对社会有益的结果。一个行业甚至只存在一家企业，也可以被认为是竞争性的行业。只要该行业存在新企业进入的潜在可能性，

---

① ［美］亨利·西蒙斯著，武黄岗译：《自由竞争的经济政策》，商务印书馆 2023 年版，第 30—31 页。
② ［美］米尔顿·弗里德曼：《资本主义与自由》，第 142 页。
③ 同上，第 34 页。
④ ［美］乔治·斯蒂格勒：《施蒂格勒自传——一个自由主义经济学家的自白》，第 153 页。
⑤ 同上，第 96 页。

这一行业就可被视为是竞争的而非垄断的。只要允许自由进出，最有效率的企业就能成长起来，并替代效率低下的竞争对手。最有效率的企业可能仅此一家，但是这不一定意味着它们享有垄断权力。新自由主义者让大家警惕纵向权力的垄断，而非横向权力的集中。

纵向的权力（包括政府与工会）能有效地、持久地设置进入壁垒，而在以横向交易为核心特征的市场中的企业则不具备这一能力。尽管英萨尔等垄断了电力供应，但是面临新的竞争者进入电力市场的威胁，他们也不会漫天要价。在潜在的竞争压力面前，他们选择了"克制"。值得注意的是，尽管倡导自由竞争，但是新自由主义者和斯密是有差异的，新自由主义者对企业家更加亲近。斯密害怕企业家串通共谋，而新自由主义者则认为要防止劳工组织和政府机构沆瀣一气，对企业垄断则无须多虑。在持"市场垄断无害论"的学者看来，用反垄断的办法，即便增加了企业数量，仍无法降低产品价格。市场中企业的数量并非关键因素。如果有二十家证券承销商竞价，发行的差价为 14 美元；那么只有一家的情况下，差价是 20 美元。哪怕有两家承销商竞价，差价就会从 20 美元下降到 17 美元；有三家承销商竞价的时候，差价会再降至 16 美元。[1] 因此，只要消除市场进入壁垒，供应商数量对价格影响并不显著。相反，政府通过反垄断，扩大了公共政策干预范围，反而制造了垄断，滋长了新的利益集团。如此一来，即便存在数量众多的从业者，产品价格仍不一定会下降。对于垄断的认识，新自由主义者关注的重点与传统认识有差异。他们认识到企业的数量不是决定性的，能否让企业做

---

[1] ［美］乔治·斯蒂格勒：《施蒂格勒自传——一个自由主义经济学家的自白》，第 93—94 页。

到"来去自由",即"流动性"才是影响垄断程度的关键。

美国里根总统将新自由主义者的垄断理念贯彻到其施政纲领中,对企业垄断更为友善,对劳工组织更加敌视。1981 年,美国航空管制工会人员举行罢工。里根发出最后通牒,勒令罢工人员在 48 小时内返回工作岗位,有一千余名工人遵照了里根的命令。里根开除了上万名继续罢工的工人,并宣布组织罢工的工会为非法组织,将之解散。此后,工会但凡要进行罢工时都疑虑重重,美国工人进入了高度脆弱、不稳定的时代。[1] 1983 年,里根还改组了劳动关系委员会(National Labor Relations Board),通过一系列新规定以削弱劳工,支持资方。劳动关系委员会还刻意拖延工会申诉案件,积压案件从 1981 年的 400 起上升到 1984 年的 1700 多起。[2] 这样的政策完全颠覆了"新政"时期对劳工的保护。美国空中交通管制委员会罢工事件产生了重要的国际影响。里根政府对罢工者的强硬态度给撒切尔政府很大鼓舞,让英国领导者更加坚定了削弱工会势力的决心。[3] 在持新自由主义理念的政治家看来,劳工组织垄断了劳动力供给,工会垄断对社会的危险比企业垄断更甚。在打击劳工组织同时,新自由主义理念指导下的美国政府对企业垄断日益纵容,提交法庭的反托拉斯诉讼日益减少,企业兼并浪潮开始兴起。[4] 在信息经济时

---

① Joseph McCartin, *Collision Course: Ronald Reagan, the Air Traffic Controllers, and the Strike that Changed America*, New York: Oxford University Press, 2011, p. 361.

② Mark Blyth, *Great Transformation: Economic Ideas and Institutional Change in the Twentieth Century*, New York: Cambridge University Press, 2002, pp. 181–182.

③ [美] 丹尼尔·斯特德曼:《宇宙的主宰——哈耶克、弗里德曼与新自由主义的诞生》,第 329 页。

④ [美] 查理斯·吉斯特著,傅浩等译:《美国垄断史——帝国的缔造者和他们的敌人》,经济科学出版社 2004 年版,第 229 页。

代，亚马逊、苹果、谷歌、脸书等少数企业成为少数支配型企业，形成巨大的"市场权力"，已显著影响美国经济。[①]

在马克思主义者看来，且不说只反对劳工组织但对企业垄断持善意背后就有显著的阶级立场，新自由主义者也仅仅讲了故事的一半。在拜耳公司收购孟山都公司以后，全球种子和农药公司降至三家，一袋玉米种子的价格随之从 80 美元涨到 300 美元；2015 年，马丁·什克雷利（Martin Shkreli）买下了艾滋病药物达拉匹林（Daraprim）专利，每片药物的售价则从 13.5 美元上涨到 750 美元。有研究者指出，即便垄断者没有提升价格，新自由主义者将垄断的祸害局限在消费者福利本身就是在避重就轻。[②]

在以国家为中心的政治经济学看来，反垄断目标不仅在控制价格上涨与创造公平的竞争环境，反垄断的意义还在于避免横向的经济权力转化为纵向的政治权力，势力强大的垄断资本会削弱国家自主性。[③] 新自由主义者将目光聚焦到工会对劳动力的垄断，而有意忽视企业垄断。在新自由主义政府强力打击工会时，工会衰落和企业崛起导致了显著政治失衡。在美国，工会不仅制衡资本家，还能通过动员底层民众投票，制约总统和国会。当工会日益衰落，美国底层选民的投票率呈逐渐下降趋势。普通民众制约政府的一项重要工具也就随之丧失了。工会衰落带来了政治真空，也让美国的国家自主性受到削弱。这让美国的经济政策，包括税收、福利

① [美] 乔纳森·贝克尔著，杨明译：《反垄断新范式——恢复竞争性经济》，中信出版集团 2023 年版，第 1—24 页。
② Wu Tim, *The Curse of Bigness: Antitrust in the New Gilded Age*, New York: Columbia Global Reports, 2018, pp. 1 - 20.
③ 黄琪轩：《国家治理与权力转化》，《学术月刊》2014 年第 7 期。

以及管制政策，日益忽略低收入群体的诉求而更多地向富人倾斜。[1]一方独大的企业集团会显著影响政府，左右政策，让政府难以制定公允的政策。

新自由主义者将"没有进入壁垒""来去自由"以及"流动性"等视为抑制垄断的要害。关于市场垄断的是非，企业数量重要还是自由进出重要？各个学派和新自由主义的争论会持续下去。那么是什么原因阻碍了企业自由进出呢？新自由主义者看到政府管制引发了这一问题。

三　为何美国的医疗价格居高不下?

伊丽莎白·罗森塔尔（Elisabeth Rosenthal）在其《美国病》一书中详细描绘了美国医疗行业的问题和困境。她抱怨美国将国内生产总值的五分之一用于医疗保健，全年耗费超过3万亿美元，相当于法国一年的经济总量。在作者看来，美国有众多医疗机构，有众多制药商，有众多医疗器械制造商，而且让人感到困惑的是：众多的竞争者并没有带来美国医疗价格的下降，反而推动着医疗价格上涨。[2]在2019年，美国耗费了4万亿美元用于医疗，占国内生产总值的18%。[3]由于医疗负担日益加重，美国民众破产的人数在不断

---

① 黄琪轩：《美国内部失衡如何撼动了国际秩序》，《国际政治科学》2021年第3期。
② [美]伊丽莎白·罗森塔尔著，李雪顺译：《美国病》，上海译文出版社2019年版，第2—7页。
③ Roger Blair, Christine Durrance and Tirza Angerhofer, *Antitrust Policy in Health Care Markets*, New York: Cambridge University Press, 2023, p. 2.

上升。一半以上的破产原因与医疗危机以及医疗费用相关。① 与其他发达国家相比，美国人均医生、医院床位和护士更少。美国 75 岁前可预防的死亡率在发达国家中是最高的，而且美国与欧洲国家的差距呈现越来越大的趋势。② 美国居高不下的医疗价格是什么因素推动的？不少新自由主义者认为医疗高价是由政府管制导致的。

在新自由主义者看来，如果政府权力过大，企业就会孜孜以求，通过影响政策来寻求利益。其中一项寻求利益的办法就是企业让政府加强管制。这并非是企业要绑住自己的手脚，而是企业试图通过管制，以此来阻碍竞争者。斯密在《国富论》中指出："商人的利益总是要扩大市场，缩小竞争的范围。扩大市场常常是与公共利益颇为一致。但是缩小竞争范围总是会违反公共利益，使商人能将自己的利润提高到自然的水平以上。"③ 怎么才能缩小竞争呢？其中一个有效的办法就是呼吁政府管制，借助政府之手，阻止新的竞争者加入。斯蒂格勒就指出："管制可能是某一产业积极寻求的东西。一般来讲，管制是产业争取来的，而且其设计和实施都主要是为了使该产业获得更大的利益。"④ 大部分新自由主义者都倡导"放松管制"，即便是在医疗、教育乃至安全领域也不例外。

不少人会指出，医疗关系民众生命与福祉，需要政府管制，至

---

① David Himmelstein, Deborah Thorne, Elizabeth Warren and Steffie Woolhandler, "Medical Bankruptcy in the United States, 2007: Results of a National Study," *American Journal of Medicine*, Vol. 122, No. 8, 2009, pp. 741 - 746.

② Ellen Nolte and Martin McKee, "Measuring the Health of Nations: Updating an Earlier Analysis," *Health Affairs*, Vol. 27, No. 1, 2008, pp. 58 - 71.

③ [英] 亚当·斯密：《国富论》（上卷），第 292 页。

④ [美] 库尔特·勒布、托马斯·盖尔·穆尔主编，《斯蒂格勒论文精粹》，商务印书馆 2010 年版，第 330 页。

少政府需要颁发行医资格执照。在弗里德曼看来，政府不应该管制人们的择业自由。"推翻中世纪的行会制度是西方世界兴起不可缺少的一步。"19世纪中期的美国与欧洲，人们无需获得政府颁发的执照就能做买卖或从事某一职业。弗里德曼认为：如今颁发从业资格执照是一个倒退。有人或许会宣称颁发从业资格执照是为公众利益，但弗里德曼认为事实并非如此。现实情况往往是，该行业的成员给政府施压，颁发执照，进而建立行业进入壁垒，保障自身垄断收益。在弗里德曼看来，这样做就让现代经济倒退回了中世纪的行会制度。在很多时候，颁发执照规定的条款和申请人的专业资质无关。比如在20世纪50年代的美国，获得药剂师从业资格执照要求他不能是一名共产党员。这样的管制是荒谬的，因此弗里德曼认为：颁发职业执照是国家干预，侵犯了个人自主选择职业的自由。就医生而言，美国医学学会是美国一个大的利益集团。这一利益集团限制医疗领域的从业人数，继而限制了提供医疗服务的数量，进而抬高了价格。美国医学学会把医疗业务局限在一小部分人手中，也限制了医学实验的数量，从而使得这个领域的知识增长速度更为缓慢。此外，这一规定还增大了患者在遭遇医疗事故时，向医生索取赔偿的困难程度，也使医疗质量下降。因为鉴定医疗事故的证词往往来自医学学会的成员，要让一个医生发表不利于他同行的证词是非常不容易的。因此，弗里德曼指出每个人都可以自由行医，不受任何限制。

有人或许会问，没有职业执照，如果消费者受到欺骗怎么办？弗里德曼的回答也是基于人是理性的假定。由于人是理性的，他们可以做出有效的选择。如果有人患了感冒，他应该可以自由选择哪位医生为他诊治，既可以选择要价比较便宜的医生，也可以选择费用更高的医生。如果是"一刀切"的医疗执照，那么很多便宜且有效的医疗服务将难觅踪迹。理性的个体会根据自身情况，灵活选择高价或低价的医疗服务，无论这位医生是否有职业执照来从事这份工作。病人可以通过私人评级服务，如好管家（Good Housekeeping）等来选择他们需要的医生信息。① 正如弗里德曼《自由选择》的书名一样，他坚持人有选择的自由。那么如果不是感冒而是更严重的疾病呢？弗里德曼同样认为理性的个体会自行选择资质良好的医院和医生，毕竟自己才最应该对自己负责。弗里德曼等人代表的新自由主义政治经济学秉承古典自由主义的传统，强调个人在市场上的选择权，反对政府对个人选择与市场机制的干预。既然在医疗领域都不应该管制，在其他领域，新自由主义者更是管制政策的坚决反对者。从以下几个案例可以看出，他们的理念是一以贯之的。

1636—1637 年，荷兰的郁金香泡沫逐渐破灭。② 在郁金香泡沫期间，有人为购买一根郁金香一掷千金。当时甚至还出现过一根高级品种的郁金香球根换来了一座宅邸的纪录。但是，当郁金香泡沫破灭的时候，不少人变得身无分文、债务累累、倾家荡产。荷兰各大城市陷入混乱。那么，我们是否应该禁止这样的经济泡沫，对郁金香交易市场进行管制，尤其要禁止人们非理性地买卖？

1919 年 1 月，美国内布拉斯加州的参议员投票表决，以 31 票赞成，1 票反对，通过了美国宪法第 18 号修正案——禁酒法案。内布拉斯加的投票使得该法案超过了三分之二多数的支持，该宪法修正

---

① ［美］米尔顿·弗里德曼：《资本主义与自由》，第 148—172 页。
② David Sarna, *History of Greed: Financial Fraud from Tulip Mania to Bernie Madoff*, Hoboken: John Wiley & Sons, 2010, p. 23.

案得以通过。根据这项法律规定，1920 年 1 月 16 日午夜开始，凡是制造、售卖乃至运输酒精饮料皆属违法。① 那么，成年人是否可以自由地饮酒，并可以制造、售卖酒精饮料呢？是否需要对酒类销售进行管制？

2002 年，印度将商业代孕合法化，期望借此吸引外国顾客。位于印度西部的城市亚兰德很快就成为有偿代孕中心。这座城市有超过 50 名妇女，为那些来自英美及其他地方的夫妇代孕。那里还有诊所，为代孕母亲提供集体住房，并配备了仆人、厨师和医生以看护这些代孕母亲。一位印度妇女苏曼·多蒂雅（Suman Dodia）以前是一名女仆，她每个月的收入是 25 美元，通过给一对英国夫妇做代孕妈妈，多蒂雅可以赚 4500 美元到 7500 美元不等，超过她 15 年的收入。而那些去亚兰德的顾客，大约需要支付 2.5 万美元的开销，大概是在美国代孕费用总开销的三分之一。② 那么，多蒂雅的父母或者政府是否应该禁止她去涉足代孕这样的行业呢？政府是否需要对代孕进行管制？

2014 年，美国科罗拉多州成为允许买卖大麻的州，购买大麻的民众排起了长队。大麻、鸦片等毒品是否可以自由买卖呢？对这一类产品，是否需要政府管制？有人会立场鲜明地反对毒品自由买卖。他们认为毒品有害健康，会让人上瘾，让人在吸食之后产生精神依赖。一百多年前，在《论自由》第五章里，密尔提及了鸦片贸易。密尔反

---

① Thomas Pinney, *A History of Wine in America: From Prohibition to the Present*, Berkeley: University of California Press, 2005, p. 1.

② ［美］迈克尔·桑德尔著，朱慧玲译：《公正：该如何做是好？》，中信出版社 2011 年版，第 116 页。

对禁运鸦片，理由是政府干涉贸易就是干涉自由，"有一些干涉贸易的问题在本质上就是自由问题"，"这类干涉可以反对之处，不在它们侵犯了生产者或销售者的自由，而在它们侵犯了购买者的自由"。①在这些问题上，新自由主义政治经济学的立场和古典自由主义者保持一致。

自由主义政治经济学会宣称：上述案例，政府都不应该管制。这是因为自由主义政治经济学强调人做政治经济决策的时候，是"理性的"，他们有能力寻找最能满足他们需要与欲望的最有效途径。理性的人可以自己做决定，也有自主性，可以自己管理好自己。由于人是理性的，因此他知道什么时候去投资房产，什么时候去投资稀有花卉。那么，如果有人不幸在 1637 年，也就是郁金香泡沫破灭的前夜斥巨资购入大量的郁金香，自由主义政治经济学者会宣称：个人也需要自己承担自身行为的后果。自由市场会将不理性的投资者逐出市场，保持市场效率。"自由企业制度本来就是一种有赚有赔的制度。"②自由主义政治经济学家也会支持多蒂雅做出自己的选择，成为代孕妈妈，从而获得一笔收入不菲的代孕费用。比起做女佣赚取微薄的收入，多蒂雅有自由做出自己的选择，她清楚地知道她在做什么，什么是自己喜欢的事情，什么是自己厌恶的事情。自由主义政治经济学家也会反对禁酒令，乃至反对禁止大麻自由买卖。因为，基于个人是理性的这一假定，自由主义者认为个人会求乐避苦，如果消费酒精与大麻让他们感到愉悦，又不妨害他人，他们就有权利自己做选择。

---

① ［英］约翰·密尔著，许宝骙译：《论自由》，商务印书馆 1999 年版，第 114 页。
② ［美］米尔顿·弗里德曼、罗丝·弗里德曼：《自由选择》，第 45 页。

弗里德曼指出有四种花钱办事模式：一是花自己的钱给自己办事；二是花自己的钱给别人办事；三是花别人的钱给自己办事；四是花别人的钱给别人办事。[①] 自由主义者会认为第一种模式是最有效率的。因为花自己的钱给自己办事，自己最清楚自己想要什么，自己也愿意寻找最经济的办法来把这件事办好。如果政府过多地卷入经济活动，不仅干涉了个人自由，而且常常导致经济效率的损失。我们常常抱怨有"三拍"干部，即拍脑袋决策，拍胸脯保证，然后拍屁股走人。在自由主义者看来，由于政府干预经济是花纳税人的钱，因此，他们缺乏动力去寻找经济有效的办法。一般而言，政府干预的项目不少会是领导人拍脑袋决策，缺乏事前严格的论证；同时，他们还拍胸脯保证该项目不仅可行，还可以盈利；但是如果项目上马后一旦陷入亏损，他们就拍屁股走人。与此形成鲜明对照的是，如果项目由个人投资，个人不仅会获得投资的收益，也要承担风险和损失。在这种情况下，就没有哪个投资者能像政府决策者这样逍遥自在了。管制就是典型的花别人的钱给别人办事。政府官员是喜欢管制的，因为他们不用为此带来的后果负责。因此，在自由主义政治经济学者看来，政府和市场属于相对独立的两个领域，政府只需要为私人提供安全保障，剩下的事情由个人来完成。管得最少的政府是最好的政府。同样的逻辑，弗里德曼等人也反对政府实施最低工资；反对政府对农产品补贴；乃至反对政府改造贫民窟。管制本身就会为企业带来巨大利益。美国很多企业宁愿要政府管制而不愿要政府补贴。因为如果政府采用补贴，该企业就需要与其他

①［美］米尔顿·弗里德曼、罗丝·弗里德曼：《自由选择》，第109—110页。

企业共享政府补贴的收益。但是如果政府实施管制，阻碍其他企业进入，那么该企业则能独享这一收益。[①] 管制是企业借助政府之手，加固垄断地位，获得垄断收益的便捷途径。基于类似逻辑，新自由主义者也反对价格管制。

2004年夏，飓风"查理"在美国佛罗里达过境，夺走了22人的生命，造成110亿美元的经济损失。在奥兰多的一家加油站，原本两美元的冰袋卖到了10美元。时值盛夏，由于飓风造成大面积停电，当地居民不能使用冰箱与空调。人们别无选择，只好高价去购买冰块。在平常时候，商店里的小型家用发电机价格为250美元，停电期间却涨到了2000美元。一位77岁的老妇人在飓风中幸免于难，她和她的丈夫以及女儿住进了一家汽车旅馆。这家人被要求每晚支付160美元的房价。在平时，这家汽车旅馆的房价只要40美元。飓风过后，一家旅馆因索价过高，被处以7万美元的罚款和赔偿。佛罗里达州总检察长查理·克里斯特（Charlie Christ）指出："在紧急关头，人们忙于逃命。当人们在飓风过后寻找基本日用品而被索要高价时，政府不能袖手旁观。"那么，政府是否应该对价格加以规范呢？价格管制是否有必要呢？如果让弗里德曼及其追随者来回答这一问题，他们的回答是否定的。

自由主义者假定人是理性的，他们理所当然地认为：不需要政府颁布行医资格执照，不需要政府强制征收养老保险金。遵循同样的逻辑，即便企业乘飓风来临索要高价，政府也不需要对价格进行管制。

---

① ［美］库尔特·勒布、托马斯·盖尔·穆尔主编：《斯蒂格勒论文精粹》，第332页。

经济学家托马斯·索维尔（Thomas Sowell）撰文指出，"价格欺诈"是在感情上强有力但在经济上毫无意义的表达。当价格明显高于往常的时候，人们指责这是价格欺诈。但是这是市场在（飓风来袭的情况下）产生"特殊"或者说是"公平"价格。杰夫·雅各比（Jeff Jacoby）也指出：价格暴涨尽管让人恼怒，但是让市场自主运行，带来的好处远远超过了它的危害，因为价格上涨为供应商提供了刺激，促使他们生产更多的产品以应对危机。谴责商贩并不能加快佛罗里达州重建的步伐。[①] 事实上，弗里德曼及其芝加哥大学的同事乔治·斯蒂格勒对此问题展开过讨论。他们对比分析了 1906 年和 1946 年两次都发生在美国旧金山的大地震，研究显示：1906 年地震后，旧金山房租上涨不仅使得住房资源得到了有效配置，还为建造新房屋提供了极大的刺激。因此旧金山住房短缺现象很快就恢复正常。而 1946 年以后，由于政府规定提高租金是非法的，结果房东宁愿自己居住也不愿意将房屋出租。租金上限的规定导致住房供给不足，住房短缺迟迟得不到解决。[②]

政府的价格管制会带来各种问题，降低经济效率。随着租金管制，房东提出的各式奇怪要求层出不穷。比如房东会提出：不为非裔美国人和犹太人提供租房。尽管房租不能涨，房东会提出，他负责提供室内家具，租客需要另行付费，相应要价可能高得惊人！在实施房租管制前，这些奇怪的要求占租房说明的 10%；而二战后随

---

① 关于飓风"查理"后的价格争议这一则案例及其辩论，参见［美］迈克尔·桑德尔：《公正：该如何做是好？》，第 3—5 页。

② ［美］米尔顿·弗里德曼、乔治·斯蒂格勒：《是屋顶还是天花板——当前的住房问题》，载詹姆斯·多蒂、德威特·李编著，林季红等译：《市场经济大师们的思考》，江苏人民出版社 2000 年版，第 203—218 页。

着房租管制的实施，各类租房要求上升到 90%。[1] 如此一来，少数族裔、贫困人口就失去了租房机会，或者以其他方式向房东支付差额。管制并没有达到其预期的目的，反而降低了经济效率。

而斯蒂格勒等新自由主义者还强调，管制往往是被管制的企业借政府之手实施的，管制如何设计，如何运作最终服务于企业的利益。因此经济管制是提升了生产者而非消费者的利益。[2] 这即是所谓的管制俘获（regulatory capture），生产商俘获了政府，让自己被管制，用管制来限制竞争者进入壁垒，维系自身的高额利润。在美国，政府规定香烟广告上要贴上警示标签实际上是由烟草行业自己提议的。这样做的目的很明显，烟草公司高管希望贴上警示标签后，可以免于法律诉讼。这样的诉讼可能导致他们公司破产，经理人坐牢。不仅如此，烟草行业还要求政府禁止烟草行业做香烟广告。在 1970 年，由于实施各类管制，美国烟草行业广告费减少了 20%—30%。在 1971 年上半年，美国烟草业比上年同期利润增加了 30%。[3] 所以并非政府主动去管制，而是企业要求自己被政府管制。

斯蒂格勒指出：具备政治势力的利益集团会利用国家机器来实施管制，而管制的一个重要作用就是控制新的竞争对手进入该行业。斯蒂格勒提供了一些零星的证据，如民用航空委员会自 1938 年成立以来，从来没有允许开辟过一条新航线。由于政府实施管制，美国

---

① ［美］哈罗德·德姆塞茨：《从经济人到经济系统》，第 84 页。
② George Stigler, "The Theory of Economic Regulation," *The Bell Journal of Economics and Management Science*, Vol. 2, No. 1, 1971, pp. 3–21
③ ［美］戴维·麦克亚当斯：《博弈思考法》，第 48 页。

货运量在持续增长，但是卡车从业者却在减少。[1] "管制俘获"的论断很有吸引力，却没有得到后续经验研究的充分支持。[2] 在诸多现实经验研究中，政府撤销管制后，实际结果不是产品价格下降，而是价格大幅度上涨。在放松对电价的管制后，在安然公司交易员的恶意操纵下，电价在 2000 年夏秋上涨了 50 倍，造成加利福尼亚州约 60 亿美元经济损失。由于缺乏监管，日益复杂的电力系统很容易出现大崩溃。2003 年夏天的大规模停电从底特律蔓延到了纽约，影响波及 5000 万美国人。[3]

在新自由主义者看来，昂贵的医疗服务价格在于政府管制减少了竞争，扩大了垄断。只要"大政府"存在，企业就愿意去俘获政府，实施管制。在马克思主义者看来，昂贵的医疗服务价格要归咎于资本主义经济下"把一切商品化"。原本属于人们基本权利的医疗被资本掌控，肆意抬高价格。资本不仅将劳动力推向市场，将住房推向市场，将医疗推向市场，乃至将监狱推向市场。居高不下的医疗价格、住房价格等问题，是"新自由主义"改革带来的祸害。而以国家为中心的政治经济学者则会指出不是政府反垄断有问题，而是美国政府缺乏"国家自主性"，医疗政策被医疗集团俘获，难以制定惠及广大民众的政策。

除了强调"多元主体""来去自由"，新自由主义者还强调了

① ［美］库尔特·勒布、托马斯·盖尔·穆尔主编：《斯蒂格勒论文精粹》，第 333—335 页。
② ［英］森托·维尔杰诺夫斯基著：《规制的经济学路径》，载罗伯特·鲍德温、马丁·凯夫、马丁·洛奇编，宋华林等译：《牛津规制手册》，上海三联书店 2017 年版，第 27 页。
③ ［美］约翰·瓦希克：《电力商人》，第 366 页。

"有限政府"的价值。只有"有限政府""小政府",利益集团才缺乏俘获政府,推动垄断的动力。在他们看来,"无为政治"有着巨大的价值。不仅如此,他们还积极倡导"分权放权"。

四 为何西方的援助收效甚微?

威廉·伊斯特利(William Easterly)有本关于援助的著作《白人的负担:为什么西方的援助收效甚微》。这本书与杰弗里·萨克斯(Jeffery Sachs)的《贫穷的终结》形成论战之势。萨克斯在各种场合都倡导对贫穷国家和个人展开援助,让他们摆脱贫困陷阱。伊斯特利指出:"萨克斯教授充满激情且能言善辩,每一次听他演讲,我无不深受感动。可非常遗憾,他的解决方案并不让人信服。"[1] 与萨克斯倡导向全球贫困人口实施大规模援助不同,伊斯特利指出西方大规模援助大都收效甚微。他指出:"在过去的50年中,西方将2.3万亿美元用于国际援助,却无法为孩子们买到12美分的药品,以减少全球一半的疟疾死亡率;这2.3万亿美元也无法给贫困家庭提供每顶4美元的蚊帐;这2.3万亿美元同样无法为新生儿母亲提供3美元的补助,来预防500万婴幼儿的死亡。"[2] 有研究者发现:随着美国对落后国家粮食援助的增加,受援国国内武装冲突的概率也相应增加。由于美国的粮食援助,受援国国内的农户受到冲击,收入降低,生活陷入困境。这些受到冲击的农户丢下锄犁,拿起刀枪,

---

① [美]威廉·伊斯特利:《白人的负担:为什么西方的援助收效甚微》,第5页。
② 同上,第3页。

卷入冲突。[①] 这是高高在上的援助者没有想到的后果。

伊斯特利的一个重要结论是：采用集中指导的宏大计划，永远也实现不了美好的愿望。他认为西方援助做的事情错就错在用集中指导的宏大计划来规划世界发展。这一看法和哈耶克不谋而合，事实上可以说伊斯特利传承了哈耶克的衣钵。哈耶克指出：19 世纪的自由主义者往往试图通过将政府服务交给地方，而不是中央政府，以此控制中央政府的增长，希望地方当局之间展开竞争。[②]

相比于集中指导，自由主义者更偏爱地方分权，群体分权，决策权下放，最好能下放到个体。倾向地方分权而非中央集权的理论有着广泛的追随者。查尔斯·蒂伯特（Charles Tiebout）的"蒂伯特模型"就强调竞争的地方政府和可自由迁徙的居民共同推动地方公共物品供给实现"帕累托改进"。[③] 有研究者对比了北美和拉美的发展，发现与北美相比，拉美国家更集权，地方政府的作用更小。在 1855 年，美国地方政府税收占总税收的 57.1%，在 19 世纪后半期，这一数字一直保持在 50% 左右。美国和加拿大地方政府一直扮演着重要作用，而在拉美则相反。拉美国家更为集权，地方政府从未发展壮大。[④] 分

① Nathan Nunn and Nancy Qian, "US Food Aid and Civil Conflict," *American Economic Review*, Vol. 104, No. 6, 2014, pp. 1630 - 1666.

② ［英］弗里德里希·哈耶克著，冯克利译：《哈耶克文选》，江苏人民出版社 2007 年版，第 386 页。

③ Charles Tiebout, "A Pure Theory of Local Expenditures", *The Journal of Political Economy*, Vol. 64, No. 5, 1956, pp. 416 - 424.

④ Kenneth Sokoloff and Eric Zolt, "Inequality and the Evolution of Institutions of Taxation: Evidence from the Economic History of the Americas," in Sebastian Edwards, Gerardo Esquivel and Graciela Márquez, eds., *The Decline of Latin American Economies: Growth, Institutions, and Crises*, Chicago: The University of Chicago Press, 2007, p. 102.

权的制度安全不仅有利于国内发展，还有益于国际竞争。有研究者关注大国技术竞争，通过历史比较发现：赢得大国技术博弈的关键在于是否建立了分权的制度安排。集权国家在制定技术政策时容易犯错，且集权制度安排难以修正错误。因此，分权的制度安排更有利于赢得大国技术博弈。①

自由主义者对分权的赞赏和推崇是普遍的，不仅体现在经济议题，还反映在社会与政治领域。西蒙斯就指出：现代民主依赖于自由而负责任的地方政府。自由而负责任的地方政府，类似于良好社会中自由而负责任的个体、家庭与自愿组织。一个国家为了维护自由，会设法扩大地方自由与责任的维度与程度。② 他还将这一逻辑运用到国际政治领域。西蒙斯说：国际政治中大国垄断了太多权力，给世界政治和繁荣以及和平带来负面影响。和小国相比，大国更容易进行贸易限制，也更容易展开军事行动。违背世界秩序的恶行往往都是大国所为，而不是小国。③ 因此，真正的安全需要不断组织分散国内权力与国际权力。④

新自由主义者也普遍认为：分权会让决策和发展有更好的绩效。分权有诸多优势，其中一个优势就是能更有效地利用知识和信息。哈耶克的名篇——《知识在社会中的运用》一文指出了对经济进行宏大计划的危险。尽管这篇论文争议不断，但却是一篇对政治经济学影响深远的论文。哈耶克认为，建立一个合理的经济秩序关键在

---

① Daniel Drezner, "State Structure, Technological Leadership and the Maintenance of Hegemony," *Review of International Studies*, Vol. 27, No. 1, 2001, pp. 3 - 25.
② 亨利·西蒙斯：《自由竞争的经济政策》，第 12 页。
③ 同上，第 106 页。
④ 同上，第 270 页。

于利用各式各样的信息与知识，但这些信息并不是以一种集中或完整的形式存在，而是以不全面的、有时乃至是相互矛盾的形式，被独立的个人所掌握。[1] 在技术研究领域，有关于缄默知识（tacit knowldge）的大量讨论。很多个体所掌握的知识是隐性的、默会的、只可意会不可言传的。在匈牙利，一家企业引进了新式吹灯泡的机器。这台机器在整整一年内没有生产出一只没有瑕疵的灯泡，而同样的机器在德国却成功地运转。两百多年前，一个半文盲就能做一把精致的小提琴，而时至今日，我们即便用显微镜、化学、数学和电子技术，做出无数次尝试，也难以复制一把如此工艺的小提琴。[2] 大量的缄默知识难以通过集中收集整理来传递给受众。随着世界经济的演进，如何利用好分散的知识与技能对群体的发展与繁荣至关重要。

具体到伊斯特利提出的困惑，我们在参与经济活动的过程中，比如在实施援助的过程中，如何才能有效地收集和利用这些分散的信息？有两种截然对立的方式。第一种方式是中央计划：由一个权威机构为整个经济体系统一规划、集中指导。第二是分散尝试：由许多个人各自制定计划，分散地实验尝试。哪一种方式的效率更高，取决于在哪一种制度下能更充分地利用现有的知识。

从中央计划出发，需要一个由专家组成的权威机构，这个机构虽然掌握着最好的知识，但我们可以肯定这样一个中央机构无法收集到全部信息。因为市场上还存在一些非常重要但未被组织起来的

---

① ［英］弗里德里希·哈耶克著，邓正来译：《知识在社会中的运用》，载《个人主义与经济秩序》，生活·读书·新知三联书店 2003 年版，第 117 页。
② Michael Polanyi, *Personal Knowledge: Towards a Post-Critical Philosophy*, London: Routledge, 1962, pp. 54 - 55.

知识，即有关特定时空之情势的那种知识（the knowledge of the particular time and place）。这样的知识不是科学知识，每个人都掌握着一些独一无二的知识与信息，而基于这种信息的决策只有由每个个人来做出，或由他积极参与做出。只有分散的个人参与其中，这种信息才能被利用。① 所以哈耶克认为，从长远来看，靠中央计划来管理经济是不得要领、效率低下的。好的计划不是集中的规划，而是依赖人们对社会中分散知识的利用，而利用这些知识最好的方法就是仰仗掌握这些信息的个人。每个人都根据自己掌握的知识，量体裁衣制定自己的计划，而不是依靠集体统一定制"一刀切"的计划。那么，个人又是根据什么来制定计划呢？

哈耶克认为价格体系（price system）是交流信息与沟通信息的重要机制，每个人都能够依据自己在某一领域所掌握的信息，协调他们彼此独立的行动。② 以价格机制为代表的"分权"制度安排比计划经济为代表的"集中"制度安排在很多方面有独特的优势。"要完成这种调节，不是通过'有意识的控制'，而只有通过具体安排，向每个企业单位传播它必须获悉的消息，以便使它能够有效地调整自己的决定以适应其他人的决定。"③ 不是某个成员对市场有整体性的了解，而是因为每个个体有限的视野结合在一起，覆盖了整个市场。个体的"管中窥豹"会达到群体"一览无余"的效果。

哈耶克总结了利用价格机制的优点，即快捷和经济。利用价格

---

① ［英］弗里德里希·哈耶克：《知识在社会中的运用》，载《个人主义与经济秩序》，第121页。
② 同上，第128—129页。
③ ［英］弗里德里希·哈耶克著，王明毅等译：《通往奴役之路》，中国社会科学出版社1997年版，第52页。

机制来做决策可以忽略很多不必要的环节。决策者不需要收集面面俱到的、形色各异的信息，只需要通过市场上的价格信号，就能了解经济运行状况。也正是因为如此，利用价格信号来做经济决策不仅迅速，而且代价很低。参与这一体系的每个人只需要掌握很少信息便能采取正确的行动。① 哈耶克为价格机制所取得的成就而发出惊叹：如果这种机制是人类精心设计的结果，如果人们在价格变化的引导下懂得他们的决策之意义远远超出其直接目的的范围，则这种机制早已会被誉为人类智慧的一个最伟大的成就了。② 价格机制的智慧体现在其谦虚的特质中，它不大包大揽，不宣称自己全知全能，它尊重个体的分散尝试。

但是，随着科学的进步，民众对科学与工程的盲从也体现在对经济规划有了更强的信心，胸有成竹的集中规划取代了低调谦和的分散尝试。哈耶克却对"工程师式"的经济规划充满警惕。工程师更喜欢精心创造出来的井然有序的安排，而不是自发形成的结果。③ 哈耶克认为，把工程学的技术运用于全社会，这当然要求领导具备有关社会的全部知识；就像工程师具备有关他设计微观世界的全部知识一样。集中的经济计划不过是把工程学原理应用于整个社会。它所依据的假定是：将所有相关知识全面集中是可以办到的。④ 哈耶克却告诫世人要警惕"工程师式"式的雄心抱负，挑战这一假定。

① ［英］弗里德里希·哈耶克：《知识在社会中的运用》，载《个人主义与经济秩序》，第129页。
② 同上，第131页。
③ ［英］弗里德里希·哈耶克：《哈耶克文选》，第223页。
④ ［英］弗里德里希·哈耶克著，冯克利译：《科学的反革命：理性滥用之研究》，译林出版社2003年版，第103页。

不少有宏图大志的规划者把所有的秩序，不论其复杂程度如何，都视为简单的、容易认识的秩序。但是人类社会的秩序却大都不是简单秩序。哈耶克将政治经济与社会秩序视为复杂秩序，它是靠演化而来，而不是靠规划设计而来。在复杂秩序下，大量的政治经济实践是人无法精确认识，难以准确规划的。质言之，由于政治经济系统的复杂性，一个计划者对今昔难以全盘知晓；对未来不能准确预测。

首先，一个计划者对今昔难以全盘知晓。由于政治经济是复杂系统，哈耶克质疑计划者对分散知识的整合能力。他认为：市场过程的每个参与者所拥有的特殊信息，都会对价格和工资产生影响。这方面的全部事实是科学的观察者或任何一个单独的头脑所无法全部掌握的。① 而仰仗价格机制则充分体现了分权的优势。价格以最简明的形式告诉每个个体，需要让自身的规划适应他人的规划和不断变化的环境。哈耶克在论及亚当·斯密的重大贡献时强调：他认识到当个人受到抽象的价格信号而不是受直观的需求引导时，他的努力会惠及更多的人。依靠价格信号，我们最好地克服我们对大多数具体事实固有的无知，能够最充分地利用广泛散布在千百万个人中间的有关具体环境的知识。② 面对复杂系统的决策，需要依靠分权的、分散的互动来整合并有效利用信息。

其次，一个计划者对未来不能准确预测。由于政治经济是复杂系统，哈耶克怀疑计划者对未来不确定性的预判能力。哈耶克指出：在我们必须应付极为复杂的人类事物时，得出对具体事件的具体预

---

① ［英］弗里德里希·哈耶克：《哈耶克文选》，第 409 页。
② 同上，第 201 页。

测的希望似乎是十分渺茫的。① 无论是预测油价涨跌、楼市波动、技术发展，哪怕是一次选举，信誓旦旦的预测者常常败走麦城。哈耶克指出：还没有哪个经济学家根据自己对未来价格的预测，通过买卖某些商品发了财，尽管有些人可能通过出售这种预测发财。② 即便是最聪明的计划者也难以跟上千变万化的市场波动。两部电影，竞相争夺两万观众。最终出现的局面往往是：两部电影中某一部的票房会从头到尾持续领先。一部电影持续领先的概率是两部电影你追我赶、领先地位不断换手的 88 倍。③ 即便知道一部电影的票房会遥遥领先，但一个计划者却难以预测到哪部电影的票房会领先。在技术发展史上，日本移动通信器材制造商对市场估计过于乐观，但世界 3G 网络的普及比预计来得晚很多。日本耗费巨资研发 3G 移动终端，却只能在日本国内有限的市场销售，致使制造商的投资成本难以收回，最终陷入经营困境。④ 因此，即便有大规模研发努力，该技术不一定有产出；有了产出，也不一定有市场。面对不确定的未来，企业家、专家、政治家都应该保持谦虚的美德。

　　既然一个计划者对今昔难以全盘知晓；对未来不能准确预测，那么将纷繁复杂的现实和难以预知的未来交给众多的参与者，分权地决策，分散地尝试就有独特优势。"不要把所有的鸡蛋放进同一个篮子"，这样的分散尝试能更好地利用信息，分散风险，提升成功的概率。如果无视理性的界限，凭借计划者的自信和理性来进行规划

---

① ［英］弗里德里希·哈耶克：《哈耶克文选》，第 433 页。
② 同上，第 450 页。
③ Leonard Mlodinow, *The Drunkard's Walk: How Randomness Rules Our Lives*, New York: Pantheon Books, 2008, p. 14.
④ ［日］大西康之：《东芝解体：电器企业的消亡之日》，第 23 页。

和设计，即便是有最强大的科学做支撑，那么也可能带来巨大风险乃至灾难。哈耶克告诫计划者勿要滥用理性。理性恰如危险的炸药，使用得当可使人获益甚大；若是粗心大意，它足以毁掉一个文明。①同时，哈耶克也告诫计划者不要盲信科学，科学运用到政治经济领域时，有自身的限度。把科学方法无法做到的事情委托给科学，或按照科学原则去进行人为控制，可能招致令人悲哀的后果。②复杂的自发秩序让哈耶克重申斯密"自由放任"的美德。自发的秩序要比我们刻意安排的情况不知复杂几何，我们要限制自己对该秩序细节施加影响。③大量的细节和知识由个人掌握，尊重个体尝试乃至错误的尝试对群体的繁荣与发展意义重大。

哈耶克对自发的市场的推崇就在于它更分权、分散，因此也更强大。哈耶克说：一个发达的工业社会，赖以运行的交往系统是多么精妙。我们把这个系统统称为市场，它在整理分散的信息方面比任何人类精心设计的方法都更为有效。④这样的复杂系统恰恰不是人类精心设计，而是逐渐演化的结果。尽管并非人类设计，却是神来之笔，造化天成。未经任何人发明而成长起来的各种制度，同那些矫揉造作的设计相比，常常可以为文化的发展提供更好的基础。⑤因此，哈耶克强调：真正能为社会观念提供帮助的，不是强加的绝对权威或领导，甚至不是致力于统一目标的共同努力，而是我们每个人对一个过程做出的贡献。这个过程比我们任何一个人都更伟大，

---

① ［英］弗里德里希·哈耶克：《哈耶克文选》，第531页。
② 同上，第411页。
③ 同上，第345页。
④ 同上，第415页。
⑤ 同上，第532页。

它不断地涌现出一些出乎意料的新事物，并且只有在自由的状态下才能兴旺发达。[1]

由于知识是分散的，难以集中传递、整合，我们才需要"分权式的""分散式的"制度安排，为大量"复杂现实"以及"不确定的未来"留足空间。哈耶克指出：为了给不可预见的和不可预测的事项提供发展空间，自由乃是必不可少的。我们之所以需要自由，是因为我们经由学习而知道：我们可以从中期望获得实现我们诸多目标的机会。正是因为每个个人知之甚少，而且也因为我们甚少知道我们有谁知道的最多，我们才相信众多个体通过独立的、竞争的努力，能促使那些我们见到便会需要的东西的出现。[2] 价格机制是"分权式"的安排，通过价格机制，人们就能使资源得到有效利用。

哈耶克在其著作《通往奴役之路》一书中，表达了同样的主张。该书在美国出版以后，一再加印，几度脱销。哈耶克自己也没有料到他的著作在美国如此受欢迎。其中一项重要原因是美国的《读者文摘》刊登了该书的缩写版，而且这一转载伴随着对原著的再创造。编辑将哈耶克的立场简单化、极端化，以至于哈耶克在原书中强调的诸多限制不见了。[3] 不过，哈耶克的主张是一以贯之的。哈耶克担心，现代人过于自信，相信自己可以在一个理性设计的基础上构建一个全新的社会秩序。

由于经济的演进，经济系统更为复杂。因此，有人建议用计划

---

① ［英］弗里德里希·哈耶克：《哈耶克文选》，第 261 页。
② ［英］弗里德里希·哈耶克著，邓正来译：《自由秩序原理》（上），生活·读书·新知三联书店 1997 年版，第 28—29 页。
③ ［美］安格斯·伯金：《伟大的说服——哈耶克、弗里德曼与重塑大萧条之后的自由市场》，第 102—106 页。

经济来管理复杂的经济系统。但是，哈耶克在《通往奴役之路》里强调，恰恰相反，"整体越复杂，我们就越得凭借在个人之间的分散的知识"。① 哈耶克认为，依靠自由市场释放的价格信号才是管理复杂经济的最有效办法。"如果我们曾经必须凭借有意识的集中计划发展我们的工业体系，我们就绝不会达到它现在所达到的这样高度的多样性、复杂性和灵活性。和分权加上调节这种解决经济问题的方法相比，集中管理这种方法便更显得是令人难以置信的笨拙、原始和狭隘的方法。"② 哈耶克越来越频繁地把自己称为研究"无知"的理论家。他认为每个人只能拥有整个世界全部可得知识中的极少部分。③

1974 年，哈耶克在斯德哥尔摩发表诺贝尔经济学奖获奖演说，题目是《知识的僭妄》。哈耶克指出：市场是一种十分复杂的现象，几乎永远不可能了解和计算。市场每个参与者都拥有特殊信息，会影响价格与工资。这些信息与知识分散在无数个人中间。但是，这却是科学的观察者或者任何一个独立的头脑无法全部掌握的。"把科学方法无法做到的事情委托给科学，或按照科学原则去进行人为的控制，有可能招致令人悲哀的后果。"哈耶克希望人们记住：市场在整理分散信息方面，比任何人类精心设计的方法都更为有效。④ 因此，分权、分散、自由在现代政治经济生活中有重要价值。哈耶克指出：自由意味着放弃对个人努力的所有直接控制。在一个自由社

---

① ［英］弗里德里希·哈耶克：《通往奴役之路》，第 52 页。
② 同上，第 53 页。
③ ［美］安格斯·伯金：《伟大的说服——哈耶克、弗里德曼与重塑大萧条之后的自由市场》，第 132 页。
④ ［英］弗里德里希·哈耶克：《哈耶克文选》，第 406—415 页。

会里，能够利用的知识远远超过了最聪明的统治者的理解能力。① 哈耶克及其追随者推崇"分权安排""分散试错"，认为无论是经济发展、产业成长乃至援助，分权安排让个体有更大自由，有更多样尝试，会更好地利用分散信息，更好地应对复杂环境，在不确定性下有更有效应变，进而会带来更好绩效。

20世纪70年代，罗马尼亚的总理马尼亚·曼内斯库（Manea Manescu）身上有着经济学家、统计学家、大学教授、科学院院士等诸多光环。他的著作《经济控制论》出版以后，风靡一时。可惜，即便是有着"科学"光环的计划，也难以获得良好经济绩效。曼内斯库治理下的罗马尼亚，经济更加集中、更加僵化。根据"经济控制论"实施的经济政策不仅没能完成计划指标，还让罗马尼亚经济陷入恶性循环。因此，哈耶克为理性设定了限度："我们的经济制度从来就不是我们设计的，因为我们的智力还不足以承担此项任务……需要指出的是，如果我们无视我们理性的限度，这种雄心和抱负便有可能促使我们把我们的制度引向毁灭。"②

个人不要自负地以为自身理性可以为社会进步做宏大规划。社会进步常常不靠规划，而依赖演化，技术进步也如此。因为技术进步具有不确定性，技术的作用可能长期不能被认识和利用。比如贝尔实验室发明了激光，但却没有想到激光会有多大价值。集成电路发明以后，《时代周刊》并没有将这则新闻放在显著位置，以为集成电路的发明仅用于助听器。直到20世纪90年代，阿司匹林才被发

---

① ［英］弗里德里希·哈耶克：《自由秩序原理》（上），第30页
② ［英］弗里德里希·哈耶克：《法律、立法与自由》（第二、三卷），第513—514页。

现可用于治疗心脏病。[①] 技术进步过程中伴随各种各样的不确定性，因此很难用计划来规划。用价格信号来协调经济运行可能存在短期成本。但是价格信号不仅具有灵活性，还释放了个人活力，促进了创新。"虽然在短时期内我们为多样化和选择的自由所必须付出的代价有时可能是很高的，但在长期内即使是物质福利的进展也将有赖于这种多样性，因为我们不能预见从那些可以提供商品或劳务的许多形态中，究竟哪一种可能发展出更好的东西来。"[②] 在经济生活中、科学研发中以及其他方面，不确定性总是伴随人们生活。需要允许人们大胆尝试，而不是自上而下的严格计划，人类才有进步空间。如果依赖计划，依靠官僚机构，人们的创新与创造精神就会被侵蚀。"如果把政治行动范围搞得过大，以至于几乎只有官僚机构才能掌握有关这一政治行动的必要知识，那么个人的首创性一定会减弱。"[③]

哈耶克指出，尽管经济计划在短期内可能获得巨大的成功，而且具有"毕其功于一役"的优势，但这样的成效往往伴随巨大浪费。哈耶克说："孤立地看，许多事情中的每一件，都可能在一个有计划的社会中完成，这个事实使许多人热衷于计划……德国和意大利的那些壮丽的公路是常常被引用的例子。"[④] 但是，在哈耶克看来，这些吸引眼球的政绩工程恰恰是资源被浪费的例证。1957 年，苏联成功发射了世界上第一颗人造卫星史普尼克（Sputnik），激发了美国

---

① Nathan Rosenberg, "Uncertainty and Technological Change," in Ralph Landau, Timothy Taylor and Gavin Wright, eds., *The Mosaic of Economic Growth*, Stanford: Stanford University Press, 1996, pp. 334 - 353.

② ［英］弗里德里希·哈耶克：《通往奴役之路》，第 54—55 页。

③ 同上，第 223 页。

④ 同上，第 56 页。

民众歇斯底里的情绪，他们埋怨政府绩效不佳、脆弱得不堪一击。此后，苏联进行了世界上首次太空载人飞行，尤里·加加林（Yuri Gagarin）成为人类第一个进入太空的宇航员。当时，苏联在核、电子、空间等前沿科学技术领域走在世界前列。哈耶克指出，这些显赫成绩背后，资源被扭曲配置了："引用这种某一方面技术上的高超的事例来证实计划的普遍优越性也同样是不明智的。这样说也许更正确：这种和一般条件不相适应的非凡技术的卓越成就，是资源被误用的证明。"① 这些资源原本可以按市场需求投向民众更为需要的地方。而价格就可以提供足够信息让资源流向最需要的地方。如果资源持续被错误配置，会影响长远经济绩效。

1928 年到 1937 年间，苏联经济实现了长时段的、快速的增长，年均增长率为 11.9%。② 1945 年到 1950 年，在短短 5 年间，苏联国民收入几乎翻番。在这 5 年间，苏联工业产值，包括重工业产值接近 1945 年的两倍。③ 有研究者指出，苏联当时身处经合组织国家以外，却几乎是唯一一个实现了与经合组织国家经济业绩趋同的国家，是当时经济发展最成功的案例。④ 然而好景不长，从 20 世纪 50 年代末开始，苏联的各项经济指标的增长便开始放缓。20 世纪 60 年代伊始，苏联的社会总产值和国民收入增长率逐渐下滑。此后，苏联发展便处于停滞与衰退状态，到 1982 年，苏联人均 GDP 位列全球第

① ［英］弗里德里希·哈耶克：《通往奴役之路》，第 56 页。
② Earl Brubaker, "Embodied Technology, the Asymptotic Behavior of Capital's Age, and Soviet Growth," *The Review of Economics and Statistics*, Vol. 50, No. 3, 1968, p. 304.
③ Philip Hanson, *The Rise and Fall of the Soviet Economy: An Economic History of the USSR from 1945*, London: Longman, 2003, p. 25.
④ Robert Allen, "The Rise and Decline of the Soviet Economy," *The Canadian Journal of Economics*, Vol. 34, No. 4, 2001, p. 861.

70 位，科技落后发达国家 10 到 15 年。^① 在经济变得日益复杂的同时，由于经济计划缺乏效率，缺乏分散试错，苏联计划模式弊端日益显现。在诸多新自由主义者看来，大规模援助绩效不佳的原因和苏联计划模式的弊端都根源于自上而下的经济计划。大规模援助往往是援助机构自上而下地实施计划，援助者无法获得有效信息、无法了解被援助者的需求，无法有效利用资源。从某种程度上讲，苏联对经济的计划模式仍用于全球援助规划中，因而导致西方援助效果不佳。

对分散试错、分权体制的强调展示了哈耶克的智慧。不过值得我们注意的是，在经济发展的不同阶段，哈耶克论述的有效性也存在差异。在经济发展早期所需要收集的分散性知识少，计划还可能取得成效。但是，随着经济发展程度更高，一个中央计划机构就难以整合分散知识。在经济步入成熟阶段，与自由市场的分权安排与价格机制相比，计划经济的效率就显著降低了。有研究者发现，当后发展国家处于追赶阶段时，可以通过集中干预、技术模仿推动经济发展，此时政府介入是比较有效的，计划作用可能优于自由市场；当后发展国家步入领先阶段时，它们开始需要引领技术创新来驱动经济发展，此时政府介入便逐渐失去往日效果。领先阶段，自由市场的优越性尤其显著。^② 亚洲诸多发展型政府曾积极推动关键产业成长，但是步入二十世纪九十年代后，韩国等亚洲政府斥巨资投入生

---

① Richard Sakwa, *Soviet Politics: An introduction*, London and New York: Routledge, 1989, p. 251.

② 陈玮、耿曙：《发展型国家的兴与衰：国家能力、产业政策与发展阶段》，《经济社会体制比较》2017 年第 2 期。

物科技，却遭遇滑铁卢。这是因为在新的发展阶段，科学技术与产业成长面临太多不确定性，难以靠政府规划来有效推进。[1] 如果长期执行计划，只有中央集权却缺乏价格机制与分散试错，那么计划将是低效的。

新自由主义者对"分权放权"的强调，得到不少制度主义者呼应。他们认为分权放权不仅有利于利用知识与信息，还有利于培育新机，防范风险。诺斯就强调了分散化决策的价值。诺斯指出：在一个不确定的世界，没人能够知晓我们所遇到问题的正确答案。事实上也没有人能真正确保利润最大化。一个社会若能极大支持各种类型的试验，就最有可能赢得"适应性效率"。分散化决策可以让社会尽力去发掘各种解决问题的办法。[2] 诺斯一再强调，他从知识协调而非价格机制入手论证：劳动分工使得知识也更具专业性，不同类型的知识以不同方式组织起来。知识协调需要比价格体系更复杂的体系，来保证知识在解决人类问题时的有效性。这意味着当经济变得越来越复杂时，制度结构在分散知识的整合程度和可供解决问题方面起到了关键作用。因此，我们要保留允许试错试验发生的制度，要为不断试错创造条件。[3] 青木昌彦也呼应：全球化不断发展，如果所有国家制度雷同，一旦一个地方坍塌崩溃，会殃及池鱼，会引起极大问题。[4] 在哈耶克看来，社会经济问题主要是在一个特定时间，

---

[1] Joseph Wong, *Betting on Biotech: Innovation and the Limits of Asia's Developmental State*, Ithaca: Cornell University Press, 2011, pp. 1–15.

[2] ［美］道格拉斯·诺斯：《制度、制度变迁与经济绩效》，第 111—112 页。

[3] ［美］道格拉斯·诺斯：《理解经济变迁过程》，第 67、152、146 页。

[4] ［日］青木昌彦著，彭金辉、雷艳红译：《制度经济学入门》，中信出版集团 2017 年版，第 70 页。

特定地点，如何迅速适应环境变化的问题。因此，在哈耶克的追随者看来，西方援助的失败在于用自上而下的集权式管理而非分权尝试。

和新自由主义者解释不同，马克思主义者则看到世界经济中的跨国阶级剥削让西方援助收效甚微。国际援助在他们看来是服务于发达国家资本的跨国经营活动，以便控制发展中国家的经济资源。西方援助大都以贷款形式发放给发展中国家。从 1973 年到 1993 年，南方国家债务从 1000 亿美元增长到 1.5 万亿美元。[1] 萨克斯抱怨道：国际社会对肯尼亚的援助只有 1 亿美元，而肯尼亚每年需要向富国偿还大于 6 亿美元的债务。肯尼亚预算不仅没有因为得到西方援助而增加，反而被国际社会榨干。[2] 发展中国家的困境在于在全球资本主义体系下，大量援助用于偿还国际贷款。

以国家为中心的政治经济学认为援助是服务发达国家利益的。对贫穷国家的对外援助在全球援助总额中所占份额很小。大部分援助是服务于援助国目标而不是受援国需要。[3] 政治考虑而非减贫考虑，影响了西方国际援助的效果。此外，大部分发展中国家的国家能力会影响援助效果。由于非洲贫困国家根本就没有准确数据，因此国际援助不能有效流向贫困人口，也难以帮助非洲穷人。[4] 西方国家援助往往伴随对发展中国家的强制，致使其接受新自由主义理念，

---

① ［斯威士兰］杰森·希克尔：《鸿沟：全球不平等及其解决方案》，第 156 页。
② ［美］杰弗里·萨克斯著，邹光译：《贫穷的终结：我们时代的经济可能》，上海人民出版社 2007 年版，第 204 页。
③ Nancy Qian, "Making Progress on Foreign Aid," *Annual Review of Economics*, Vol. 7, No. 1, 2015, pp. 277 – 308.
④ Morten Jerven, *Poor Numbers: How We Are Misled by African Development Statistics and What to Do about It*, Ithaca: Cornell University Press, 2013, pp. 1 – 8.

放弃国家构建努力。新自由主义发展模式改造了发展中国家，阻碍了发展中国家的国家构建进程。国家构建的缺失使得发展中国家既无力应对国际政治经济的挑战，也无力整合国内政治经济秩序。[①] 因此，分权改革、分散试错等方案是否能增进西方援助效果，在全球资本主义体系下，在后发国家国家能力不足的约束下，仍是存疑的。

五　为何当代美国高科技与低生活质量并存？

除了对分权放权的强调，新自由主义者还为社会分化做了细致的论证。

在 2021 年，皮尤研究中心的调查显示：全球与美国民众都认为，与其他发达国家相比，美国拥有一流科技，也认为美国有着一流娱乐产业与军事能力，不仅如此，美国大学也受到世人高度认可；与此同时，民调显示，大家对美国生活质量以及卫生健康系统评价较低。[②] 美国科技实力在世界享有很高声誉。在 2023 年全球创新排名中，美国排名为第三。[③] 不仅如此，美国大量城市跻身全球科创中心和人才聚集高地，例如纽约、波士顿、洛杉矶、西雅图、旧金山、

---

① 黄琪轩：《另一个世界是可能的：后危机时代的中国与世界发展》，《世界经济与政治》2011 年第 1 期。

② Laura Silver, "Americans Differ from People in Other Societies over Some Aspects of U. S. 'Hard' and 'Soft' Power," Pew Research Center, 2021. https://www.pewresearch.org/short-reads/2021/11/01/americans-differ-from-people-in-other-societies-over-some-aspects-of-u-s-hard-and-soft-power/

③ Soumitra Dutta, Bruno Lanvin, Lorena Rivera León and Sacha Wunsch-Vincent, eds. , *Global Innovation Index* 2023: *Innovation in the Face of Uncertainty*, Geneva: World Intellectual Property Organization, 2023, p. 19.

圣何塞、丹佛、奥斯汀等。中国习语叫：甘蔗没有两头甜。为何当代美国高科技水平与低生活质量并存？在经济与科技迅速发展同时，美国贫富分化是发达国家中最严重的。新自由主义者则会展示，收入不平等，社会保障的缺失有积极的一面，即这样的政治经济结构下会有更好的发展绩效。

米尔顿·弗里德曼的《资本主义与自由》以及《自由选择》这两本书呼应了哈耶克。在弗里德曼出版了《资本主义与自由》后，他抱怨《纽约时报》、《先驱论坛报》、《时代》以及《新闻周报》等重要报刊杂志都忽略了他的书，没有刊载此书的书评。他认为这是因为此书批评福利国家和社会主义，而这样的立场在二十世纪六十年代并不受欢迎。[1] 无论是哈耶克还是弗里德曼，更看重的是个人自由、个体责任、个人创造而非收入均等与社会保障。他们会反对政府强制购买养老金，反对政府采取再分配政策。

"经济自由中很重要的一部分便是支配自己收入的自由：我们给自己花多少钱，花在哪些方面；存多少钱，以何种形式存钱；给别人花多少钱，给谁花等等。当前，我们的收入的40%以上被政府花掉了。"[2] 米尔顿·弗里德曼和哈耶克一样是新自由主义潮流的旗手。他反对政府强制民众购买政府提供的养老金，反对政府替民众花钱，尤其反对政府介入再分配——无论是对个人在不同时期的分配还是人际间的分配。政府强制购买养老金是政府介入个人在不同时期的收入分配。弗里德曼认为，民众既可以选择不购买养老保险，也可

---

① ［英］彼得·哈恩著，于东生等译：《从凯恩斯到皮凯蒂：20世纪的经济学巨变》，新华出版社 2018 年版，第 233—234 页。
② ［美］米尔顿·弗里德曼、罗丝·弗里德曼：《自由选择》，第 62 页。

以选择到私人机构那里购买养老保险。如果政府提供的养老保险比较有效率，那么其售价会更低，民众自然愿意购买。否则，政府强制民众购买养老金，不仅形成垄断，还导致政府雇佣大量的专家和雇员，制造了庞大的官僚机构，这是家长主义的作风。特殊利益集团中最主要的构成就是实施计划的大批官僚，他们正是靠这些计划过活的。"大部分福利没有用在穷人身上，其中有些被行政开支挪用，以优厚的薪酬维持一个庞大的官僚机构。"①

弗里德曼指出：即便政府强制民众购买养老保险这样的做法是出于善良的意愿，"我们这些相信自由的人必然会相信自己犯错误的自由。假如有人喜欢活在当下，喜欢眼前享乐，故意选择一个更为拮据的老年生活。那么，我们有什么权力来阻止他这样做呢？我们是否有权强制他，让他不能做自己想做的事情？可能他是对的，我们是错的"。有人或许会说这些人会成为社会的负担。但是弗里德曼问：假如90%的人都不购买保险，到了老年成为社会的负担，这一论点才有说服力。但是如果只有1%的人会成为负担，为什么为了避免这1%的人成为负担，而限制99%的人的自由呢？因此，政府强制购买养老保险获得很少的好处，却花费了很大的代价，这样的政府干预是得不偿失的。②

那么，即便对养老问题不管不顾，政府是否也应该对贫富分化无动于衷呢？政府是否需要积极作为，以促进一个社会更为"平等"？每年《福布斯》杂志都会公布一份全美最富有的400人名单。曾经连续十多年，微软创始人比尔·盖茨都位居榜首。2017年，《福

---

① 〔美〕米尔顿·弗里德曼、罗丝·弗里德曼：《自由选择》，第103页。
② 〔美〕米尔顿·弗里德曼：《资本主义与自由》，第196—205页。

布斯》杂志估计他的净资产为 860 亿美元。跻身财富排行榜的还有投资家沃伦·巴菲特，沃尔玛的所有者，脸书、谷歌和亚马逊的创始人，石油大亨等。实际上，美国最富有的人拥有全国三分之一的财富，超过了底层 90% 的家庭所拥有的财富之和。篮球巨星迈克尔·乔丹也跻身美国富人之列。那么，为了实现一个更加公平的社会，我们是否应该对乔丹征税？桑德尔在其《公正》一书中展示了自由至上主义（Libertarianism）者的论证：当然不应该。让我们设想一下，乔丹退役以后，芝加哥市政厅或者美国国会为了安抚芝加哥公牛队球迷的不满，通过投票要求乔丹再打三分之一赛季的比赛。如果这样的事情发生了，大家会觉得这样的法律是不公正的，因为它侵犯了乔丹的自由。可是，如果国会不能强迫乔丹重返篮球场，哪怕只是强迫乔丹去打三分之一赛季的篮球，那么，它又有什么权力强迫乔丹放弃他靠打篮球所得的三分之一赛季的收入呢？[1] 因此在新自由主义者眼中，征税就是奴役，就像强迫劳动。

弗里德曼在与其妻子合著的《自由选择》一书的第五章中，谈到了他对"公平"这一问题的看法，这很大程度上能代表自由主义政治经济学者对"平等"这一问题的核心思想。弗里德曼反对政府采用经济政策提供社会福利，促进"平等"。因为照顾父母是个人的道义，而用税收提供福利则是强制。"道义的责任是个人而不是社会的事情，孩子照顾自己的父母是出于爱或责任感。现在，他们为他人的父母解囊是由于受到政府的强制和出于恐惧。"[2]

---

① ［美］迈克尔·桑德尔：《公正：该如何做是好？》，第 75 页。
② ［美］米尔顿·弗里德曼、罗丝·弗里德曼：《自由选择》，第 101 页。

事实上，弗里德曼认为：政府靠征税来提供养老与福利也没有帮助到穷人。因为，"福利津贴的发放确实是偏于照顾工资较低的人。这种照顾被另外一种情况大大地抵消了。穷人家的子弟开始工作的时间较早，因而开始纳税的年龄都比较早；而富人家的子弟则晚得多。另一方面，就生命周期而言，低收入者的平均寿命比高收入者的平均寿命短。结果，穷人纳税的年头比富人长，领取福利津贴的年头比富人短"。[①] 如此一来，帮助穷人的税收就被弗里德曼视为掠夺穷人的税收。

　　因此，弗里德曼反对政府积极去建设一个结果公平的社会，弗里德曼强调"机会平等"，他认为机会平等的真正含义是："前途向人才开放。"[②] 那些促进机会平等的政策措施是促进我们自由的，而那些强调结果平等的措施则是损害自由的。"只要有自由，今日之穷困潦倒者就有机会成为飞黄腾达者；在此过程中，几乎上上下下每个人都能受益，过上更加健全、更加富裕的生活。"[③] 政府如若刻意改善民众生活质量，采取促进结果公平的政策措施，会导致一些严重的后果。

　　首先，追求结果平等的政策会滋生特权阶层。弗里德曼对特权阶层与既得利益集团心存忌惮。他认为："用强制力量来追求平等，只能摧毁自由；而且，强制力量，即便最初是为了实现良好的意图才使用的，最终也会被一小撮人所攫取，他们以之来牟取私利。"[④]

---

① ［美］米尔顿·弗里德曼、罗丝·弗里德曼：《自由选择》，第 101 页。
② 同上，第 127 页。
③ 同上，第 143 页。
④ 同上，第 143 页。

弗里德曼指出："很多人不遗余力地鼓吹平等理念，通过立法手段将其理念转化为各种法律法规，并在各种场合大肆宣扬，这些都是他们获得收入的有效手段。"① 强调社会平等的苏联，那里的国民可以分为两类："一边是一小撮上层特权阶级，各级政府官员以及科技人员；另一边是广大的人民群众，他们的生活水平比先辈们强不了多少。上层阶级可以到专门的商店里购物，可以到专门的学校里上学，可以享受各式各样的奢侈品；广大群众却只能消费最基本的生活必需品。我们在莫斯科旅行时，看到一辆大型轿车，于是就问当地的导游买这辆车要多少钱，导游答道：哦，这个不卖，这是政治局委员专用的。"②

其次，追求结果平等的政策会使能力强、受过良好训练的并且充满活力的人远走异国他乡。因为追求结果平等的社会妨碍了他们这些人的价值实现，他们只好另觅他途。因为"谁都不愿意把自己辛辛苦苦创造出来的成果，拱手让给素不相识的人"。③ 弗里德曼列举了以色列农庄的例子，指出加入集体农庄的人从来没有超过以色列人口的 5%。他就此推断：重视平等的人在人口中的比重，可能至多就是 5%。不能因为一小部分民众的平等诉求，而赶走大多数人。

事实上，哈耶克对此也有诸多论述。如果政府积极作为，去提高民众的生活水平，那么这既减少了个人的责任感，也改变了民众努力的方向，还让一个社会更危险。

首先，哈耶克强调政府要避免介入社会福利以维系民众的责任

---

① ［美］米尔顿·弗里德曼、罗丝·弗里德曼：《自由选择》，第 137 页。
② 同上，第 142 页。
③ 同上，第 140 页。

感。哈耶克等新自由主义者强调参与市场活动就是一场公平的游戏。在统一规则下,没人能预测到自身的兴衰沉浮。哈耶克指出:一旦我们同意参加这场游戏,并从其结果中获益,我们就有道德上的义务接受其结果,即使结果转而对我们不利。① 在统一的游戏规则下,个体才会逐渐培育不断改善自身的责任感,社会才能进步。他指出:"除非人们学会承认,他们的许多抱怨是没有道理的。他们不能因此而向别人提出要求,并且承认:在这个世界上,政府无法有效地承担起特殊群体该过上多么好的日子的责任。不然,建立一个还说得过去的社会便是不可能的。"② 哈耶克和弗里德曼都强调提升自身和家庭生活质量的主要责任主体是个体。一旦政府积极用福利国家等形式来提升民众的生活质量,就把个人责任转嫁到政府身上。如此一来不仅效率低下,还减少个体努力意愿,降低了个人责任感。马修·德斯蒙德(Matthew Desmond)对美国无家可归的民众抱有极大同情态度,同时他笔下也记录了一位刚领取救济的女士把一个月的食物券去换了一顿龙虾大餐。③ 新自由主义者会说,这正是政府救济代替个人责任导致的结果。研究者发现:在人际信任水平较低的国家,尽管大众知道政府腐败不堪,个人还是希望政府更多干预经济。政府干预反过来又削弱了个人责任感,降低了人与人之间的信任水平。④ 政府如果越俎代庖,个人将对"等靠要"习以为常,丧失

---

① [英]弗里德里希·哈耶克:《哈耶克文选》,第 358 页。

② 同上,第 235 页。

③ [美]马修·德斯蒙德著,胡䜣谆、郑焕升译:《扫地出门:美国城市的贫困与暴利》,广西师范大学出版社 2018 年版,第 279—293 页。

④ Philippe Aghion, Yann Algan, Pierre Cahuc and Andrei Shleifer, "Regulation and Distrust," *Quarterly Journal of Economics*, Vol. 125, No. 3, 2010, pp. 1015 - 1049.

责任感，也丧失人与人之间的信任。

其次，哈耶克也指出政府介入社会福利事业会扭曲民众努力方向。民众既能努力创造财富，以提升自身生活水平，也可以积极地讨要索取，以从他人那里获得更多收益。哈耶克指出：如果在一个社会里，人人都加入某个集团，强迫政府帮助他得到他想要得到的东西，这个社会无异于自取灭亡。没有什么办法去阻止人们感到他们受到了不公正对待。感到不满的人会组成团体，靠勒索来满足自己要求。① 换句话，即便政府介入去改善民众生活质量，这会助长人的"勒索"风气，致使民众去剥夺他人而不是去创造财富。即便如此，问题也没有得到真正解决，因为永远有人感到不满足，永远有人感到自己受到不公平对待。

最后，政府介入福利政策还导致民众更加依赖政府，政府权力不断扩张，让一个社会变得更危险。哈耶克指出：如果政府采取为民众提供公共住房等措施，不可避免的结果是让这些仰仗特殊政策、接受帮助的人依附于权力当局。如果这些人构成了人口中的多数，那么它还将导致极为严重的政治问题。② 这些依附于权力的人构成了一个不独立的群体。如此一来，政府权力极大扩张，公民自由会受到损害。在哈耶克看来："如果人们在过于绝对的意义上理解保障的话，普遍追求保障，不但不能增加自由的机会，反而构成了对自由的最严重的威胁。"③ 因为福利扩大的同时就会促成政府计划扩张，

① ［英］弗里德里希·哈耶克：《哈耶克文选》，第 234 页。
② ［英］弗里德里希·哈耶克著，邓正来译：《自由秩序原理》（下），生活·读书·新知三联书店 1997 年版，第 122—123 页。
③ ［英］弗里德里希·哈耶克：《通往奴役之路》，第 116 页。

人们失去了经济自由，政治自由也随之丧失。

以哈耶克和弗里德曼为代表的新自由主义者认为社会分化是"必要的恶"，要靠自己而非政府来解决。哈耶克认为政府计划不仅没有消除不平等，反而制造了人为的不平等。这样的不平等不仅体现在经济领域，还尤其体现在政治领域。"非人为的力量所造成的不平等比有计划地造成的不平等，无疑地更容易忍受些，其对个人尊严的影响也小得多。"[1]哈耶克问："一个富人得势的世界仍比一个只有得势的人才能致富的世界要好些，试问谁会否认这一点呢?"[2]

在列举了诸多反对社会福利与结果平等措施的原因后，和大部分自由主义政治经济学家一样，弗里德曼等新自由主义者大都旨在说明：追求平等会影响生产效率，而不平等则会推动社会进步。那么，促进平等的举措是否会影响效率呢? 事实上，如表 3 - 1 所示，提供福利较多的第一类经济体经济的增长率并不比第二类强调自由市场的经济体表现要差，至少差距不显著。第一类国家提供福利较多，经济增长率为 2.4%，增长率只比第二类国家低 0.3 个百分点。而且提供福利的国家失业率显著更低，第一类国家比第二类国家的失业率低了近 3 个百分点。那么，是什么原因弥补了这些福利国家经济增长的不足呢?

其中一个方面的原因是：福利开支，无论是对教育的开支还是对医疗的开支，让人们受到更好的教育，生活得更健康，这就是人力资本。当福利提高了一个国家人力资本时，国家经济发展会受益，

---

[1]［英］弗里德里希·哈耶克:《通往奴役之路》，第 103—104 页。
[2] 同上，第 102 页。

这样的好处抵消了福利带来的损害。另一个方面的原因是，由于失业保险等福利措施为工人提供保护，进而提高了工人流动性，也减缓了产业调整的阻力。当一些产业要升级时，需要淘汰原有技术与设备，失业保险"赎买"了工人，他们也就不会动员起来维护旧式技术。在这样的经济体，流动的工人与灵活的产业让经济更有活力。再次，福利所提供的补偿政策，让经济可以更加开放，更容易引进竞争政策。全球经济的不测波动让各类人群的脆弱性增强。需要得到补偿的不仅仅是工人。受到全球化负面影响的群体往往会组织起来反对开放。此时政府提供福利，补偿受损者，为经济开放提供支撑。最后，经济发展需要安定的环境。投资也愿意投向政治上更为稳定的国家和地区。提供福利缓和了劳资矛盾，劳工运动会更为消停，节约下来的时间可以更多投向生产，更为安定的环境也让外资更愿意涌入。

事实上，如果再加入其他一些指标，美国"社会发展指数"就会系统地低于福利国家。美国人的平均预期寿命是发达国家中最低的之一，美国的婴儿死亡率是发达国家中最高的。美国婴儿在出生第一年的死亡率是日本的两倍。[1] 因此，弗里德曼为了推行其政策理念会将新自由主义的前景涂上玫瑰色。但如果将弗里德曼的药方照单全收，无论在政治还是经济层面，有所得也就会有所失。美国或许在高科技领域收获了不俗的业绩，同时也需要忍受部分民众的较低生活质量。

---

[1] ［英］理查德·威尔金森、凯特·皮克特著，安鹏译：《不平等的痛苦：收入差距如何导致社会问题》，新华出版社 2010 年版，第 80—81 页。

表 3‐2　1980—1990 年间两类国家的经济指标比较（%）

指标 国家	经济增长率	失业率	通货膨胀率
社会民主统合主义国家均值	**2.4**	**4.3**	**6.7**
奥地利	2.4	3.2	3.8
芬兰	1.5	8.3	6.5
挪威	3.3	4.8	7.2
丹麦	2.7	3.0	8.0
瑞典	1.9	2.2	8.2
市场自由主义国家均值	**2.7**	**7.5**	**5.8**
加拿大	2.6	9.2	6.4
法国	1.9	9.0	7.0
日本	4.2	2.5	2.5
英国	2.0	9.5	7.6
美国	2.6	7.1	5.5

资料来源：Geoffrey Garrett, *Partisan Politics in the Global Economy*, New York: Cambridge University Press, 1998, p. 17, Table. 1. 3.

　　值得一提的是，尽管弗里德曼强烈攻击罗斯福新政和政府干预，但事实上，正因为得益于新政提供的就业岗位，弗里德曼才有机会找到一份研究工作。他在美国国家经济研究局、美国财政部等机构开始了他的经济学研究生涯。尽管那时候他的研究还没有任何明显的意识形态倾向，而更像一个统计专家。[①] 在驳斥政府解决平等问题

————————

① ［美］安格斯·伯金：《伟大的说服——哈耶克、弗里德曼与重塑大萧条之后的自由市场》，第 211—212 页。

的政策时，弗里德曼乃至认为福利可能加大了犯罪，"在英国，各种粗暴的违法犯罪行为，近几十年来日益增多，而这可能正是追求结果平等的后果。"① 有这样的猜想，弗里德曼却没有提供有效的证据，乃至显得有些画蛇添足。美国枪支泛滥引发了大量社会问题，在美国几乎三分之二的凶杀案中都涉及枪支。而在福利国家的瑞士，政府向所有成年人发放一支来复枪，并允许他们自行保留。如果按人均枪支计算，瑞士人均枪支持有量几乎高于世界上任何国家，但它却是世界上最安全的国家。② 瑞士是平等社会享有更好的安全的典型案例。事实上，如果对此加以更全面的考察。理查德·威尔森（Richard Wilkinson）及其合作者的研究显示：随着不平等的增长，暴力犯罪也在增长。在不平等国家中凶杀案也显然更多，美国则居于发达国家凶杀案案发率榜首。就美国内部情况来看，不平等的州凶杀案案发率也更高。③ 经济分化给美国带来了严重的社会问题。1972 年时，美国被关押的犯人是 30 余万人，而到 2008 年，美国在押犯人数量跻身世界之最，约有 230 多万人。这一数字超过了当时世界人口第一大国中国的在押犯人数量。在德国，每 10 万人中有 93 人被关押；而在美国，则有 750 人被关押。④

此外，弗里德曼新自由主义的政策主张真的是"前途向所有人开放"吗？有人问过比尔·盖茨：有多少人在进大学之前有他这样

① ［美］米尔顿·弗里德曼、罗丝·弗里德曼：《自由选择》，第 141 页。
② ［美］史蒂芬·列维特、史蒂芬·都伯纳著，刘祥亚译：《魔鬼经济学》，广东经济出版社 2007 年版，第 150—151 页。
③ ［英］理查德·威尔金森、凯特·皮克特：《不平等的痛苦：收入差距如何导致社会问题》，第 131 页。
④ Michelle Alexander, *The New Jim Crow: Mass Incarceration in the Age of Colorblindness*, New York and London: The New Press, 2010, p. 6.

的背景？盖茨回答：如果有人说是 50 个，我都会感到惊讶。[①] 不少传记作家将错失良机的软件开发先驱加里·基尔代尔（Gary Kildall）和盖茨作对比时，常常有意无意提及盖茨的母亲。如今，美国年轻人是否能拥有光明的前途基本要仰仗两个因素：父母收入和父母受教育程度。美国成为发达国家中最缺乏社会流动的国家之一。在美国有一半以上的父亲赚钱优势与劣势会"遗传"给下一代，而在加拿大只有五分之一。[②] 2017 年，《科学》杂志发表了《褪色的美国梦：自 1940 年以来绝对收入流动性趋势》的报告。报告显示：二十世纪八十年代出生的美国人，有一半的收入不及父辈；比较而言，在二十世纪四十年代出生的美国人，收入超过父母的超过百分之九十。[③] 美国已经存在比加拿大、瑞典、芬兰、挪威以及德国低得多的代际流动。[④] 因此可以戏谑地说："美国梦"需要去瑞典、挪威等国家实现。这意味着美国经济分化开始固化，开始影响下一代美国人。新自由主义者看到美国高科技与低生活质量所折射出来的社会分化有积极的一面，即不平等在推动社会进步。而马克思主义者则看到高科技与低生活质量并存折射出美国的阶级分化，强大的美国资本家积极推动高科技发展；而美国劳工却被人工智能等新的科技替代，就业变得更不稳定，生活质量日益低下。以国家为中心的

① ［美］罗伯特·弗兰克著，谢朝斌、刘寅龙译：《达尔文经济学》，世纪图书出版公司 2013 年版，第 181 页。

② ［美］雅各布·哈克、保罗·皮尔森：《赢者通吃的政治》，第 17 页。

③ Raj Chetty, David Grusky et al., "The Fading American Dream: Trends in Absolute Income Mobility Since 1940," *Science*, Vol. 356, No. 6336, 2017, pp. 398 – 406.

④ Emily Beller and Michael Hout, "Intergenerational Social Mobility: The United States in Comparative Perspective," *Future of Children*, Vol. 16, No. 2, 2006, pp. 19 – 36.

政治经济学者会指出美国国家能力的不平衡性，即美国对外干预能力较强，但是对内分配能力较差。[①] 以彼得·霍尔（Peter Hall）和戴维德·索斯凯斯（David Soskice）等为代表的学者聚焦比较制度优势，将美国经济与技术发展模式归为"自由市场经济"（liberal market economy）。该经济模式主要通过自由市场的价格机制来调节要素资源，促使激进创新不断涌现。[②] 但这一模式的劣势是缺乏"耐心资本"，容易出现底特律这样的衰退工业区，并导致严重贫富差距以及其他社会问题。

六　为何苏联计划经济会导致其政治变迁？

里根总统的经济顾问回忆：每次和弗里德曼交谈时，总统眼里总是闪烁着快乐的光芒。[③] 弗里德曼在其工作中彻底贯彻着冷战二元思维。如果说纯粹的共产主义就是政府全面取代市场，那么它完美的对立面就是自由市场完全不受干扰。[④] 弗里德曼和他的同事们全身心投入到关于美国在世界上的角色、经济自由及其边界等问题的公共辩论中。他们自认为自己也是冷战的主角和意识形态竞争

---

① ［美］西达·斯考克波著：《找回国家——当前研究的战略分析》，载 ［美］彼得·埃文斯、迪特里希·鲁施迈耶、西达·斯考克波编著，方力维、莫宜端、黄琪轩等译：《找回国家》，生活·读书·新知三联书店 2009 年版，第 23 页。

② Peter Hall and David Soskice, eds., *Varieties of Capitalism: The Institutional Foundations of Comparative Advantage*, New York: Oxford University Press, 2001, pp. 1 - 70.

③ ［美］安格斯·伯金：《伟大的说服——哈耶克、弗里德曼与重塑大萧条之后的自由市场》，第 243、269 页。

④ 同上，第 196 页。

的主角。[1] 他们成功地推动了一个影响遍及全球的思潮出现。新自由主义者"政治经济"分析最终试图指出：经济自由和政治自由如影随形。一旦用国家干预去实施救济、促进公平、扶持产业，就会削弱经济自由，最终也会侵蚀自由。如果要让他们回答《科学》杂志重大问题之一：政治自由和经济自由紧密相关吗？这就是他们的回答。我们先从苏联的政治经济演变来理解哈耶克与弗里德曼等新自由主义者的担忧。

斯大林执政时期，苏联的经济模式背离了列宁的新经济政策，走向更为严格的计划模式。苏联的计划指标包括了生产的方方面面：产出数量、产品价格、工人的分工、原材料和燃料的使用、总投资、生产成本、企业利润以及技术进步等。[2] 政府对生产目标制定了清晰而具体的指标，对生产过程进行明确的控制。在一段时期，尤其在迅速工业化以及抗击德国法西斯入侵时期，这样的经济模式卓有成效，取得了较大的经济成就。不过问题接踵而至，其中一个问题就是苏联的政治生活开始呈现集权化趋势。经济计划和政治权力集中是如影随形的吗？或者如《科学》杂志提出的诸多问题之一：经济自由和政治自由二者是相伴相生的吗？哈耶克和弗里德曼二者的回答是肯定的。

要回答为何苏联从斯大林的经济模式滑向斯大林的政治模式，就需要理解计划经济的政治后果：政府执行经济计划会导致民主与

---

① ［美］丹尼尔·斯特德曼：《宇宙的主宰——哈耶克、弗里德曼与新自由主义的诞生》，第 110 页。
② 金挥、陆南泉、张康琴主编：《论苏联经济：管理体制与主要政策》，辽宁人民出版社 1982 年版，第 33 页。

法治的衰败。哈耶克在《通往奴役之路》第二章开篇引用了德国诗人弗里德里希·荷尔德林（Friedrich Holderlin）的诗歌："使一个国家变成人间地狱的东西，恰恰是人们试图将其变成天堂。"① 像"由政府控制产业发展"这种表面上无关痛痒的原则，"会为那种歧视和压迫政策提供几乎无限的可能性"。② 有人认为计划以及对经济的管制实际上无伤大雅，因为受到影响的只是经济领域。在哈耶克看来，这是一个神话，正是在政府通过干预而逐渐加强对经济事务的控制之后，极权主义才会图穷匕见。③ 正因为政治自由和经济自由密不可分，因此才要防微杜渐，防止从良好愿望出发的经济计划一步步倒向权力集中。值得一提的是，尽管哈耶克此书是对苏联经济模式和政治模式的严厉批评，南开大学教授腾维藻等人还是在 20 世纪 60 年代将《通往奴役之路》译成中文，由商务印书馆出版。此书当时是内部读物，但却是一个缩影。中国对西方学说的翻译和介绍一直在继续，这和苏联有着非常大的不同，也为中国在改革开放后的政策调整储备了思想资源。

哈耶克对当时流行的"计划经济可以带来更为平等的社会"的思潮发出警告："他们之所以倡导计划，不再是由于它的生产力高，而是由于它能使我们得到一个比较公正和平等的财富分配。"④ 但是，"为了实现某些人的公平理想，我们必须付出代价"。这个代价就是牺牲民主、牺牲法治。哈耶克还警告：走计划经济的道路是通往奴

役的道路。为什么计划经济会破坏民主制度呢？哈耶克断言："计划导致独裁，因为独裁是强制推行各种理想的最有效工具。"① 如果实施大规模的经济计划，那么民主制度固有的拖沓推诿会让大多数计划难以继续，受到挫败的民众会期望把任务交给一小撮专家，或者由个人来完成。在民主制度下，"尽管每个人可能都希望国家以某种方式采取行动，但在政府应该干些什么的问题上，几乎是有多少不同的人，就有多少种看法"。② 民主制度下，民众有着顺畅的政治参与渠道与意见表达途径。因此，意见纷呈是民主制度的特点。这么一来，在民主制度下，事无巨细的计划难以制定，也难以执行。急切的民众就指望专家来制定并完成这些计划，把管理经济的权力交给专家或个人。"希望赋予政府或某些个人权力，使他们能尽其责。如果要有所作为的话，负责的当局必须得摆脱民主程序的羁绊，这种信念变得越来越流行。"③

当权力交给专家以后，他们会逐渐掌握专断的权力。"而且对于各种目标中哪一个应给予优先选择权，也只有他们这些专家才处于能做决定的地位。不可避免地，专家们将他们的选择尺度加之于他们为之计划的集体。"④ 更为危险的是，一旦这些专家掌握了强大的经济权力，民众则无法维持政治自由。因为这些专家控制了民众的所有目标，拥有了影响大众的手段。专家们对经济权力的控制会延伸到政治领域，塑造民众的偏好。"任何控制一切经济活动的人也就

---

① ［英］弗里德里希·哈耶克：《通往奴役之路》，第 72 页。
② 同上，第 63 页。
③ 同上，第 68 页。
④ 同上，第 66—67 页。

控制了用于我们所有的目标的手段，因而也就必定决定哪一种需要予以满足和哪一种需要不予满足。这实际上是问题的关键。经济控制不仅只是对人类生活中可以和其余部分分割开来的那一部分生活的控制，它也是对满足我们所有目标的手段的控制。任何对手段具有唯一控制权的人，也就必定决定把它用于哪些目标，哪些价值应得到较高的估价，哪些应得到较低的估价——总之，就是决定人们应当相信和应当争取的是什么。集中计划意味着经济问题由社会解决而不由个人解决，而这就必然也要由社会，或者更确切地说，由社会的代表们，来决定各种不同需要的相对重要性。"① 这个时候，集体决定代替了个体行动，代表集体的人包揽了重大决策，民众牺牲掉的就不再仅仅是经济利益。

在经济计划开始蔓延到经济生活方方面面的时候，民众的政治权利也会逐渐丧失。"我们不能无限地扩大公共行动领域而仍让个人在其自己的领域中自由自在。一旦国家控制所有手段的公共部分超过了整体的一定比例，国家行为的影响才会支配整个体系。尽管国家直接控制的只是对大部分可取资源的使用，但它的决策对经济体系其余部分所产生的影响是如此重大，以致它几乎间接地控制了一切。"② 弗里德曼也指出："自由是一个整体，在我们生活中，减少某一方面的自由，很可能会影响到其他方面的自由。"③ 在哈耶克与弗里德曼等人看来，经济自由和政治自由是互补的。经济自由没有了，政治自由也就危在旦夕了。

---

① ［英］弗里德里希·哈耶克：《通往奴役之路》，第 90 页。
② 同上，第 63 页。
③ ［美］米尔顿·弗里德曼、罗斯·弗里德曼：《自由选择》，第 66 页。

这样的社会和竞争性社会的不同在于，它由一个垄断者决定我们的偏好。我们别无选择，只有惟命是从。"在一个竞争性的社会中，我们的选择自由是基于这一事实：如果某一个人拒绝满足我们的希望，我们可以转向另一个人。但如果我们面对一个垄断者时，我们将唯他之命是听。而指挥整个经济体系的当局将是一个多么强大的垄断者，是可以想象得到的。"① 这个垄断者将"决定我们应该取得什么，并不是我们自己对何者应喜爱、何者不应喜爱的看法，而是他人对这一问题的看法"。②

没有市场竞争，缺乏分散尝试，这个时候，民主制度将不复存在，"即使形式上是民主的，如果它集中管理经济体系的话，可能会和任何专制政体所曾做的一样完全破坏了个人自由"。③ 哈耶克尤其指出，不要以为还保有民主的外衣就是民主的政体，在实施经济计划的过程中，民主已经被牺牲了。"没有理由相信，只要相信权力是通过民主程序授予的，它就不可能是专横的。"④ 即便有竞选，即便民众通过选举把权力授权给领导人，在权力运行过程中，经济计划恰恰缺乏对政治权力的限制。因此，计划经济会破坏民主制度。不仅如此，哈耶克指出计划经济还会破坏法治。

哈耶克认为，法治需要有先定约束，需要人们可以预见。"法治的意思就是指政府在一切行动中都受到事前规定并宣布的规则的约束——这种规则使得一个人有可能十分肯定地预见到当局在某一情

① ［英］弗里德里希·哈耶克：《通往奴役之路》，第91—92页。
② 同上，第92页。
③ 同上，第71页。
④ 同上，第72页。

况中会怎样使用他的强制权力，和根据对此的了解计划他自己的个人事务。"① 如果实施经济计划，这两点都无法保障，政府既无法给民众一个先定约束，中央计划机构的行为也无法预见。"法治的基本点是很清楚的：即留给执掌强制权力的执行机构的行动自由，应当减少到最低限度。"② 计划不可能让当权者的行动自由降低到最低限度，计划恰恰在扩大当权者的自由，摆脱先定约束，让人们无法预见。

试想一下："当政府要决定饲养多少头猪，运营多少公共汽车，经营哪些煤矿或按什么价格出售鞋子时，这些决定不可能从形式原则中推论出来，或者事先做出长期的规定。"③ 要计划这些事务，我们都不能事先用一般性的规则加以约束。"它们不得不取决于当时的环境，并且在做出这些决定时，常常必须对各种人和各个集团的利害逐个地予以比较权衡。最终必得由某个人的观点来决定哪些人的利益比较重要。"④ 这样一来，当一个社会的运行以及利益的优先顺序由计划者权衡取舍，法治就难以维持了。因为在这样的社会，什么都由计划者看情况而定。哈耶克说，或许这样的社会在表面上还维系法治，但是这样的法治是假的法治。"如果说，在一个有计划的社会，法治不能保持，这并不是说，政府的行动将不是合法的，或者说，这样一种社会就一定是没有法律的。它只是说，政府强制权力的使用不再受事先规定的规则的限制和决定。"⑤ 这是计划者随心

---

① ［英］弗里德里希·哈耶克：《通往奴役之路》，第 73 页。
② 同上，第 74 页。
③ 同上，第 75 页。
④ 同上，第 75 页。
⑤ 同上，第 82 页。

所欲地用法来统治。

　　哈耶克指出，自由主义的经济秩序恰恰需要法治和规则，"自由主义的论点，是赞成尽可能地运用竞争力量作为协调人类各种努力的工具，而不是主张让事态放任自流。它是以这种信念为基础的：只要能创造出有效的竞争，这就是再好不过的指导个人努力的方法。它并不否认，甚至还强调，为了竞争能有益地运行，需要一种精心想出的法律框架……它也不否认，在不可能创造出使竞争有效的必要条件的地方，我们就必须采用其他指导经济活动的方法"。[①] 哈耶克强调竞争不是自由放任，而需要制度框架，这和亚当·斯密形成呼应。斯密担心私人利益如果没有制度约束会导致重大灾难。哈耶克同样如此，"一个有效的竞争制度和其他制度一样，需要一种明智规划的并不断加以调节的法律框架"。[②] 因此哈耶克指出，"自由放任"一词是对于自由主义政策所依据原则的描述，但是这一简单描述却是模糊不清的，也是容易引起误解的。自由主义的经济政策不是无所作为，而是要政府积极促进竞争，并为竞争的市场制定出一套可以预见的规则。"每一个政府当然必须有所行动，而政府的每一次行动都要干涉到这样或那样的事。但这并非是问题的关键。重要的问题是个人能否预见到政府的行动，并在制定自己的计划时，利用这种了解作为依据。"[③] 对法治的推崇使哈耶克乃至更直白地宣称：和不受限制的民主政府相比，我更喜欢守法的非民主政府。[④]

---

① ［英］弗里德里希·哈耶克：《通往奴役之路》，第 40—41 页。
② 同上，第 43 页。
③ 同上，第 81 页。
④ ［英］弗里德里希·哈耶克：《哈耶克文选》，第 271 页。

因此在哈耶克来看，苏联从"斯大林模式的经济"滑向"斯大林模式的政治"只是一步之遥。"各种经济现象之间密切的相互依存使我们不容易使计划恰好停止在我们所希望的限度内。"① 实施大规模的经济计划，对哈耶克及其追随者而言，就意味着民主和法治的衰落，是一条通往奴役的道路。为何政治自由离不开经济自由？哈耶克和弗里德曼指出：

其一，经济力量是分散的，政治力量是集中的，对大多数人而言，经济力量可以牵制政治力量，保障个人自由。弗里德曼指出，不要以为经济上实行苏联式的计划，通过恰当的政治安排，就可以保障人们的自由。经济自由是达到政治自由必不可少的手段。如果经济上是自由的，经济力量可以牵制专横的政治力量，而不是加强这一力量。因为经济力量往往是分散的，难以集中；而政治力量却容易集中到一起。一个国家可能有很多百万富翁，却往往只有一个政治领袖。在资本主义社会，财富不平等让富人有足够的经费出资赞助改变社会的运动；资本家为了迎合市场需求，会出资发行受民众欢迎的、持有异见的报章杂志。而当经济资源掌握在政府手中，人们无法获得这些资助来制衡专断的权力。② "凡是那些国家对其公民的经济活动事无巨细地加以控制，详细的中央经济计划占统治地位的地方，我们发现其公民深受政治束缚，生活水平较低，而且几乎没有力量来掌控自己的命运。"③ 因此，经济自由是政治自由的必要条件。弗里德曼列举的一些例子尽管荒诞不经，但却是一以贯之

---

① ［英］弗里德里希·哈耶克：《通往奴役之路》，第 103 页。
② ［美］米尔顿·弗里德曼：《资本主义与自由》，第 9—23 页。
③ ［美］米尔顿·弗里德曼、罗丝·弗里德曼：《自由选择》，第 53 页。

的逻辑，竞争的自由市场不仅会带来经济价值，即更高的经济绩效，还有政治价值，可以保障人的自由。

其二，对少数派而言，自由市场可以为政治少数派提供替代选择，以保障自由。弗里德曼也追随哈耶克，哈耶克看到计划破坏法治，而弗里德曼则指出严格的计划意味着民众缺乏选择权和退出权，这样无疑会让政府权力更集中。在弗里德曼看来，在二战后美国麦卡锡主义泛滥时，私有市场经济的存在为社会提供了强大保护。因为被起诉的政府雇员除了在公共部门就业之外，还存在其他选择。在市场部门，麦卡锡主义就无法以同样的方式迫害他们。[①] 因此，市场提供了计划经济难以提供的选择权，维护公民自由。正是自由市场的存在，为异端群体、少数族裔的生存和发展提供了空间。弗里德曼看到：在历史上，正是自由市场为被驱逐出巴比伦而散布在世界各地的犹太人提供机会。自由市场让他们得以在政府垄断控制的行业之外找到发展机会。历史上，政府不控制银行，所以犹太人成为银行业，尤其国际银行业中的重要力量。[②] 和政治力量不同，市场分布着广泛的、分散的权力，提供着多样选择机会，进而为异类、异端以及少数群体提供保护。有了经济自由，才能更好地保护少数，才能更好地维系政治自由。

要保障经济自由，就需要保障经济自由存续的基础。而新自由主义者将私有制视为经济自由的基础。哈耶克最后强调，私有制是自由最重要的保障。如果独立的个人掌握分散的资源，那么就没有

---

① ［美］米尔顿·弗里德曼：《资本主义与自由》，第 25—26 页。
② ［美］米尔顿·弗里德曼著，胡雪峰等译：《弗里德曼文萃》（上册），首都经济贸易大学出版社 2001 年版，第 49 页。

人能掌握能完全控制他人的权力。"私有制是自由的最重要的保障，这不单是对有产者，而且对无产者也是一样。只是由于生产资料掌握在许多个独立行动的人的手里，才没有人有控制我们的全权，我们才能够以个人的身份来决定我们要做的事情。如果所有生产资料都落到一个人手里，不管它在名义上是属于整个'社会'的，还是属于独裁者的，谁行使这个管理权，谁就有全权控制我们。"[①] 因此，哈耶克告诫英国民众，不要希望通过计划来实现群体的繁荣与发展。因为这样做不仅得不偿失，反而会让自己身陷囹圄，使自己生活在一个计划的牢笼里。

为解决国内失业问题和对外扩军备战，纳粹德国政府大量地用上层规划来完成经济目标。在投资方面，在 1933 年到 1938 年间，政府投资占德国总投资的 45%。在支出方面，1932 年时，政府支出占国民生产总值的 17%，而到 1938 年则跃升至 33%。[②] 德国政府通过各类规划，将经济资源从农业和轻工业转移到了战略部门。[③] 从经济指标来看，那一时期的德国取得了迅速发展。新自由主义者则可能指出：由于牺牲了经济自由，德国民众最终也丧失了政治自由。

哈耶克指出，不要试图去设计一个宏大的改造社会工程；改造社会的宏大工程就是宏大的计划。我们不能像驾驭自然力量那样驾驭社会力量；试图驾轻就熟地驾驭社会力量就会带来宏大计划。如果有人说，"我们必须像学会如何驾驭自然力量那样学会如何驾驭社

---

① ［英］弗里德里希·哈耶克：《通往奴役之路》，第 101 页。

② R. J. Overy, *The Nazi Economic Recovery: 1932 - 1938*, London: Macmillan, 1982, p. 35.

③ Stefan Link, *Forging Global Fordism: Nazi Germany, Soviet Russia, and the Contest over the Industrial Order*, Princeton: Princeton University Press, 2020, p. 10.

会力量"，那他们就错了。如果你试图驾驭社会力量，"这不仅是一条通向极权主义的道路，而且是一条通向我们文明的毁灭的道路，一条必然阻碍未来进步的道路"。① 中国《道德经》里面有句话叫："圣人不死，大难不止"，哈耶克用自己的话重复了这句名言："从纯粹的并且真心真意的理想家到狂热者往往只不过一步之遥……如果让世界上每一方面最著名的专家毫无阻碍地去实现他们的理想的话，那将再没有比这个更难忍受和更不合理的世界了。"② 要实现人类的进步，不能依赖经济计划，因为这样会损害自由，最终危及群体的繁荣与发展。哈耶克最后指出："要创造有利于进步的条件，而不是去'计划进步'"；"维护个人自由的政策是唯一真正进步的政策。"③ 这一思想倾向在英美影响深远，也长期影响英美对内与对外政治经济调整。在二十世纪三十年代大萧条期间，罗斯福政府加大了对经济的干预。罗斯福的政策遭到美国右翼势力的坚决反对。1934 年，由杜邦家族率领的一批最激烈的反对者组成了美国自由联盟（American Liberty League），他们希望激起民众反对新政，反对经济规划，反对国家干预。美国商会指责罗斯福试图将美国"苏维埃化"。④ 时至今日，这样的论断在美国国会辩论、竞选活动、电视节目、报刊杂志中不断出现。不少美国政客喜欢援引《阿特拉斯耸耸肩》这部小说来论证自己的政治主张。而这部小说和哈耶克与弗里德曼新自由主义的思想高度契合。

---

① ［英］弗里德里希·哈耶克：《通往奴役之路》，第 195 页。

② 同上，第 57 页。

③ ［英］弗里德里希·哈耶克：《通往奴役之路》，第 226—227 页。

④ Kim Phillips-Fein, *Invisible Hands: The Making of the Conservative Movement from the New Deal to Reagan*, New York: W. W. Norton, 2009, p. 4.

新自由主义思想家是通过强调他们眼中最为关键的经济自由与政治自由之间的关系来界定新自由主义的。正是因为重视二者这种关系，才使新自由主义思想成为关于自由本质的公民权利论战和冷战论战的焦点。[①] 关于经济自由与政治自由二者的关系，哈耶克及其追随者会毫无保留地认为二者如影随形。他们喜欢用苏联时期的例子来佐证这一论点。不过不少研究者对此表示怀疑。有研究者发现，随着经济自由化的提高，个人政治参与度呈下降趋势。如果说政治自由需要个人积极的政治参与做保障的话，自由化的经济改革损害了贫困人口，使得他们日益变得政治冷漠。[②] 此时如果还有政治自由的话，马克思主义者会说只是有产者的自由。

从被西方国家誉为"民主的橱窗"——印度的经验来看，经济自由与政治自由的关系并非确凿无疑。独立后的印度，实施过较长时期的经济计划。印度的开国总理贾瓦哈拉尔·尼赫鲁（Jawaharlal Nehru）及其同事都有较强的社会主义倾向。印度赢得独立以后，以尼赫鲁为代表的印度领导人大都认为国家需要对经济进行积极干预。在联邦一级，印度政府设置了计划委员会。印度领导人选拔该委员会中比较能干的、资深的官僚负责制定钢铁政策。事实上，印度钢铁业还取得了不错的业绩。1950 年到 1964 年，印度的钢铁以年均 11% 的速度增长。这为此后，乃至今天印度钢铁业的发展奠定了基础。在英吉拉·甘地（Indira Gandhi）担任总理期间，她甚至规定

---

① ［美］丹尼尔·斯特德曼：《宇宙的主宰——哈耶克、弗里德曼与新自由主义的诞生》，第 107 页。

② Marcus Kurtz, "The Dilemmas of Democracy in the Open Economy," *World Politics*, Vol. 56, No. 2, 2004, pp. 262 - 302.

大型的纺织厂必须按计划价格向贫困的消费者出售它们的大部分产品。当缺乏效率的生产者一遇到市场的不测波动，英吉拉·甘地就宣布将它们国有化。[①] 人们对印度计划经济所取得的经济绩效或许存在争议。因为和发展起点类似的国家相比，它的经济绩效处于中间位置。但是，印度的计划经济却没有倒向集权的政治体制，它仍旧维系了印度的民主。或许是国家能力的不足让印度的经济计划对民众自由的影响有限。这或许是一个异常案例，但它却提醒哈耶克及其追随者，经济自由和政治自由二者的关系并非如此明确。新自由主义阵营的一位成员斯蒂格勒如此评论：我们亲眼目睹了政府力量在瑞典、英国，甚至加拿大、美国都得到了扩张，却没有给个人自由带来像哈耶克预言那样可怕的结果。由于教育的提升，收入的增加而使人们选择范围随之扩大，这恰恰是个人自由增加的表现。[②] 难以想象的是，新自由主义阵营中的一员竟然会有如此认识。

在 20 世纪 70 年代初，新自由主义者还是少数派；但是到了 1980 年，新自由主义政策已经成为罗纳德·里根以及玛格丽特·撒切尔英美两国政府政策蓝图的核心。[③] 西方世界无论是在政治上还是在哲学上，都全面转向一个全新的，以自由市场为根基的新自由主义意识形态。这是一场运动，人们未经仔细考虑，就不再相信政府

① ［美］阿图尔·科利著，朱天飚、黄琪轩、刘骥译：《国家引导的发展——全球边缘地区的政治权力与工业化》，吉林出版集团有限责任公司 2007 年版，第 308、319 页。
② ［美］乔治·斯蒂格勒：《施蒂格勒自传——一个自由主义经济学家的自白》，第 135 页。
③ ［美］丹尼尔·斯特德曼：《宇宙的主宰——哈耶克、弗里德曼与新自由主义的诞生》，第 220 页。

的有效性，也不再相信政府的道德力量，转而相信个人主义，相信自由市场，认为市场才是自由的助产士。① "多元主体""自由进出""有限政府""分权放权"等成为其积极倡导的改革，他们允许乃至鼓励社会分化，认为经济自由与政治自由二者密不可分。事实上，新自由主义的影响范围逐步扩大到了全球，凭借自身优势地位，美国逐渐将国内秩序国际化，"新自由主义"改革逐步扩展为"新自由主义"国际秩序。②

无论是以斯密等人为代表的古典自由主义政治经济学，还是以哈耶克、弗里德曼等人为代表的新自由主义政治经济学，他们都有一些基本的假定，包括：人是自利的、理性的（尽管哈耶克认为个人不要无视自身理性的局限，妄图去设计一个全新的社会秩序）；个人是第一位的，社会不过是个人的加总。在哈耶克等人看来，"社会的"一词具有无限灵活性，有人会不断歪曲这一词汇的含义。他们用社会一词来掩盖人们之间不存在真正的共识，使他们在某项原则上看起来仿佛意见一致。③ 因此，在谈及"社会"的时候，它的基础是个体而非集体或权威，即：社会区别于国家组织，它并不是某种个人意志的产物，而是无数个人和世世代代偶然行为的意外结果。社会的全部成分不受任何一个头脑支配。④ 当被问及"经济是如何运行的?""为何要发展经济?""政府和经济是什么关系?"这三个问题

---

① ［美］丹尼尔·斯特德曼：《宇宙的主宰——哈耶克、弗里德曼与新自由主义的诞生》，第 25 页。
② 黄琪轩：《国际秩序始于国内——领导国的国内经济秩序调整与国际经济秩序变迁》，《国际政治科学》2018 年第 4 期。
③ ［英］弗里德里希·哈耶克：《哈耶克文选》，第 253 页。
④ 同上，第 255 页。

时，他们的回答往往异曲同工。

关于第一个问题，经济是如何运行的？自由主义政治经济学的普遍回答是：在自由市场上，自利的个人靠价格信号行事。在这里，经济运行的主体是自利的个人；经济运行的环境是自由市场；经济运行的关键信息是价格信号。关于第二个问题，为何要发展经济？自由主义政治经济学的普遍回答是：提高个人的经济福利。在这里，自由主义政治经济学没有宏大的"富国强兵"目标，而是将个人的利益放在首位。而且他们大都认为，个人利益实现了，更宏大的利益也能实现，且能更为和谐地实现。关于第三个问题，政府和经济是什么关系？自由主义政治经济学的普遍回答是：政府与市场二者均是相对独立的领域。聪明的立法者或政治家大概只应当努力培育，而不是去控制社会过程中的各种力量。[1] 在这里，依靠市场的运行往往比政府决策要有效。政府制定好市场规则，保持市场竞争，而不能干预市场运行。管得最少的政府是最好的政府。

下一章我们还将看到，自由主义政治经济学相应的分析还贯穿到了理性选择政治经济学中。

---

[1] ［英］弗里德里希·哈耶克：《哈耶克文选》，第432页。

第四章

理性选择的政治经济：
奥尔森、布坎南等人的贡献

自由主义政治经济学假定人是理性的，他们将这一假定贯穿始终来分析政治经济问题。不少经济学家和政治学家把这一假定扩展到政治领域，认为不仅在市场上的企业家和消费者是理性的，在政治舞台上的选民、政治家、官僚等人的行为同样是理性的。这一范式仍是以个体为中心的政治经济学分析范式。在理性选择学者看来，个人做政治经济决策时要进行理性的计算，尽管有时人不是在刻意地、悉心地盘算自身利益，这就像鸟儿不懂空气动力学，它们却能自由飞翔。

理性选择分析模式从经济学领域扩展到政治学领域后，产生了持续的、深远的影响。1996 年出版的《政治科学新手册》（*A New Handbook of Political Science*）中，援引频率最高的两本书就是理性选择的代表作，它们分别是安东尼·唐斯（Anthony Downs）的《民主的经济理论》（*An Economic Theory of Democracy*）以及曼瑟尔·奥尔森（Mancur Olson）的《集体行动的逻辑》（*The Logic of Collective Action*）。[1] 在理性选择看来，竞选、投票乃至革命等政治行为，都是个人理性的选择。从某种意义上讲，这也是政治与经济互动，是经济学分析方法与政治学研究议题的互动。对不少政治学家而言，他们觉得理性选择的政治经济学不是"正经"的政治经济学，是"经济学帝国主义"的表现，是经济学家运用经济学分析方法对政治学的"入侵"。那么接下来我们就来看，经济学分析方法是

---

[1] Robert Goodin and Hans-Dieter Klingemann, eds., *A New Handbook of Political Science*, New York: Oxford University Press, 1996, p. 32, Appendix 1D.

如何入侵了政治学。

一 为何美国总统选举中投票人数下降了?

发达国家投票率整体上呈下降趋势。就美国总统选举而言,19世纪 50 年代,美国内战前,总统选举投票率为 80% 左右;到了 19世纪末,仍有 70% 左右的选民参加总统选举投票。到 20 世纪末,参与总统选举投票的人数已经不足 50%。进入 21 世纪,美国总统选举的投票率又有所上升。但是从长远来看,整体投票率却呈下降趋势。不仅总统选举如此,美国中期选举也是如此。美国中期选举投票率在 19 世纪末 20 世纪初大约为 60%,随后这一数字一路下滑,到 20世纪八九十年代,已经跌到不足 40%。图 4-1 展示了美国总统选举与中期选举投票率的长期趋势。

要知道,这一问题并非美国民主政治的特例。在英国、德国、日本以及印度等国家,投票率呈下降趋势这一问题同样存在。简单讲,就是各国选民不愿意去投票了。为什么会出现这样的状况?安东尼·唐斯的《民主的经济理论》正是用理性选择视角看待选举。

选民是理性的,他们会根据自身利益去参与政治活动。研究者发现,在制造业就业人数较多的地区,特朗普的支持率较低;反之,在制造业流失的地区,特朗普则有较高的支持率。平均而言,制造业就业占当地就业总额为 10% 的县比占 20% 的县对特朗普的支持率会高一个百分点。特朗普将目光转向制造业空心化地带,这些地区

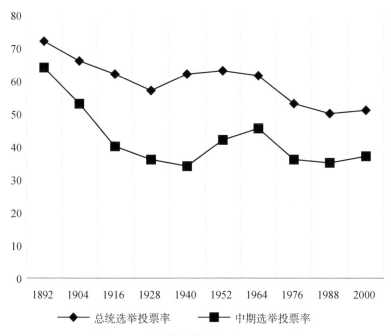

图 4 - 1　美国选举投票率（1892—2000）

数据来源：Benjamin Ginsberg, Theodore Lowi, Margaret Weir and Robert Spitzer, *We the People: An Introduction to American Politics*, New York and London: W. W. Norton & Company, 2011, p. 218, Figure. 7. 6.

被叫做"铁锈地带"或"后创伤城市"（post-traumatic cities）。像弗林特、加里、密歇根市、托莱多等市镇，在"去工业化"过程中失去了工业，难以恢复。例如，在密歇根州的门罗县，人们强烈支持特朗普。在 2008 年和 2012 年的总统大选中，民主党人奥巴马曾赢得了这个县的支持。而在 2016 年，特朗普赢得了当地 58% 的选票；相比之下，希拉里·克林顿只赢得了 36% 的选票。门罗县的白人比例超过 90%，曾是一个制造业城镇。由于美国的去工业化，萎缩的制造业只能为当地提供 19% 的就业机会。民众日益依靠低薪和兼职工作，主要是零售业工作。[①] 因此，面临外部冲击的劳工是理性的，他们选择特朗普这样采取极端主义立场的政治家以保护自己的工作。事实上，不仅劳工，资产所有者也是理性的。因为更多的经济活动意味着更多的就业机会与更多的住房需求，也意味着房产所有者能收取更高的房租。在美国印第安纳州等铁锈地带的房产所有者，他们积极反对自由贸易政策。[②] 按理性选择分析，选民参与政治活动是基于自身利益，他们要通过选举来实现自身利益、维护自身利益。

按理性选择的分析，人们的投票行为和去超市购物一样，都是一项消费活动。因为无论去购物还是去投票，都要花费时间，"既然时间是稀缺资源，投票自然需要成本"。[③] 此时，选民就会理性计算，如果投票收益比投票成本低，那么他们将不会去投票。

选民有哪些成本呢？如果去投票，选民需要去投票站，这需要花时间，需要支付交通费用。此外，选民还需要了解候选人的相关信息，同样需要花费时间和精力。选民是理性的，低收入者对投票成本更敏感。如果采用新的投票技术，降低投票成本，可能显著改变投票的结果。有研究者发现，在巴西引入电子投票技术以后，大量低收入者开始去投票，如此一来，巴西左翼政党获得的选票增加了，政府也相应增加了在医疗保健等领域对低收入选民的政策倾

---

① Rory McVeigh and Kevin Estep, *The Politics of Losing: Trump, the Klan, and the Mainstreaming of Resentment*, New York: Columbia University Press, 2019, p. 109; p. 64.

② Kenneth Scheve and Matthew Slaughter, "What Determines Individual Trade-Policy Preferences," *Journal of International Economics*, Vol. 54, No. 2, 2001, pp. 267 - 292.

③ ［美］安东尼·唐斯著，姚洋等译：《民主的经济理论》，上海人民出版社 2005 年版，第 241 页。

斜。① 如果投票技术降低了他们的投票成本，他们会更多参与投票。

除了时间成本、交通成本，选民还有信息成本。面对诸多候选人，选民对他们的情况，包括政治倾向不够了解，常常不知道把票投给哪位候选人好。要知道，仅凭候选人向公众与媒体提供的信息，选民所了解的情况是有偏差的。如果理性地进行一番计算，要去投票的选民就会发现：要充分了解候选人信息，付出的代价很高，而获得的收益却很少。

选民需要评估参与投票所获得的收益。第一种情况就是如果存在两位候选人，选民需要鉴别两位候选人是否存在差异。如果二者相差无几，选民可能不会去投票，因为哪位候选人当选对自己而言都一样。事实上，理性的政治家为赢得选举，可能会将自己的政治主张进行非常类似的包装，最后，选民会发现：候选人之间的政策纲领相差无几。如图 4-2 所示，横轴左端表明政策主张偏左，横轴右端表明政策主张偏右。在多数决的选举下，极左或者极右的政策难以吸引中间选民，而中间选民对候选人而言意义非凡，因为争取他们就能赢得选举。在（a）的情况下，如果民主党候选人的政策纲领比较激进（D1），而共和党候选人的政策主张比较温和（R1），那么民主党候选人会丧失大量的中间选票，导致其选举落败。

在（b）的情况下，民主党候选人会修订自己激进的政策主张，将它往中间选民靠拢（D2），这样的政策主张更为温和，比共和党的政策主张（R2）更能吸引中间选民的选票。在此情形下，民主党候选人有望赢得选举。两党候选人为了争夺中间选民，纷纷修订自

---

① Thomas Fujiwara, "Voting Technology, Political Responsiveness, and Infant Health: Evidence from Brazil," *Econometrica*, Vol. 83, No. 2, 2015, pp. 423-464.

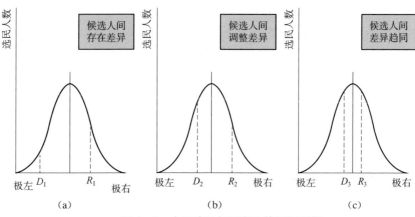

图4-2　中间选民与两党政策纲领调整

身的激进主张，尽量向中间选民靠拢。这样一来，会导致两党竞选纲领越来越接近，政策主张千人一面，这就出现了（c）情况。这就是**中间选民定理**（median voter theorem）：在多数决情况下，政治家为了赢得选举，会调整自身政策纲领，以接近中间选民偏好。如此一来，候选人之间的差异变得越来越小。19世纪的英国，尽管保守党和自由党执政理念存在巨大差异，但是二者的帝国政策相差无几。一个众所周知的现象是，19世纪以来，英国政党在掌权后，政策常常向"中间"靠拢。[1]选民会觉得他们相差无几，选谁都一样，选不选都一样，因此很多选民选择不去投票。

当然，现实情况可能远远不像"中间选民定理"描述得那样简单。理性选择理论会忽略选民对候选人形象的关注，对候选人兑现其竞选承诺能力的评估等因素。而且，这一模型假定候选人之间的

---

① 张本英：《英帝国史（第五卷）：英帝国的巅峰》，第230页。

政策竞争只有一个维度。事实上，政策竞争往往有多个维度。[1] 竞选议题既包括收入分配，也包括就业、教育、移民、外交等政策。候选人可能通过一系列的政策组合，在某些问题上偏左，在另一些问题上偏右；在有些问题上采取激进立场，而在另一些问题上采取保守态度来吸引不同层次的选民，而不是走中间路线。

此外，选民偏好可能不像"中间选民定理"这样呈现"正态分布"。尤其是当一个国家的收入分配状况恶化，社会分化严重时，选民偏好的分布可能呈现"哑铃型"而非"橄榄形"。

由于严重的贫富分化，二战后的巴西被分成了两个泾渭分明的群体。有学者把巴西称为 Bel-India，这个构造出来的英文词汇展示了巴西是一个综合体，它既有比利时的富裕，也存在印度那样的极端贫困。[2] 因此，人们才说有"两个巴西"。一个是富人的巴西，它是由百万富翁、专业人士、农场主、公务员以及熟练工人组成的巴西。这些人生活无忧，对巴西前途充满信心，他们紧跟巴西现代化的步伐前进。另一个则是穷人的巴西，三分之二的巴西人属于这个群体，这些人目不识丁。在农村的巴西贫民过着自给自足的生活，仅能维持生计；在城市的巴西贫民则被失业、犯罪等问题困扰。[3] 社会严重的贫富分化将巴西的政治简化成了"贫富的政治"。20 世纪60 年代军政府上台以前，巴西左翼和右翼势力的斗争不断，陷入白

---

① ［美］唐纳德·格林、伊恩·夏皮罗著，徐湘林、袁瑞军译：《理性选择理论的病变：政治学应用批判》，广西师范大学出版社 2004 年版，第 209—215 页。

② Tobias Hecht, *At Home in the Street: Street Children of Northeast Brazil*, New York: Cambridge University Press, 1998, p. 215.

③ Gary Wynia, *The Politics of Latin American Development*, New York: Cambridge University Press, 1990, p. 217.

热化。巴西的城市贫民、无地农民、大学生、知识分子以及天主教会中的自由派构成了左翼势力。这些人群严厉批评政府，他们认为政府优待商人，罔顾大多数民众的贫困；他们也批评政府与美国关系太紧密，对跨国公司太友善。[①] 他们强烈要求重新分配社会财富，建立一个更加平等的社会。

事实上，各个国家对贫富分化的处理方式有不同，政治议题的分化程度也会有所差别。在巴西，穷人与富人之间的敌对和仇视状况十分明显。巴西严重的贫富分化导致政治议题极端化。穷人希望撼动现有产权、重新分配财富；而富人希望维系现有产权，保护既得利益。贫富分化越大，双方争夺也就越激烈，政治竞争中出现极端议题的可能性也就越大。这种贫富分化的经济社会结构给政治家提供了不同的机会。理性的政治家需要争取政治支持以获得并维系权力。但在分化社会，寻求支持的行动往往只能走一个极端，而难以找到中间路线。政治家要么寻求穷人支持，要么寻求富人支持，而不能像"中间选民定理"中的政治家那样走中间路线。

对理性的政治家而言，并非所有的选民都值得争取，会影响政治竞争输赢的"关键群体"更值得争取。例如，在 20 世纪 90 年代，比尔·克林顿对非裔美国人不甚关心，因为这个群体只能选择民主党。由于非裔美国人是民主党的稳定票源，两党都试图与他们保持距离来吸引摇摆不定的白人选民。[②] 但是随着美国社会分化的加剧，理性的政客重新关注这个被忽视的群体。畅销书《乡下人的悲歌》

---

① Teresa Meade, *A Brief History of Brazil*, New York: Facts on File, 2010, p. 156.

② Paul Frymer, *Uneasy Alliances: Race and Party Competition in America*, Princeton: Princeton University Press, 1999, pp. 3 - 26.

的作者 J. D. 万斯从小在"铁锈地带"的一座钢铁城长大，他在书中展示了在"去工业化"背景下，白人劳工的愤怒与无奈。万斯在2022年参加美国中期选举，角逐俄亥俄州参议员。特朗普公开表示支持万斯参选。万斯在书中开篇写到："从我记事开始，这座城市的工作岗位就在不断流失，人们也逐渐失去希望。"① 失去工作、失去希望的白人劳工开始重塑美国政治经济。

在"去工业化"的背景下，这群没受过良好教育的白人劳工面临黯淡前景。2016年的一项调查显示，81%的唐纳德·特朗普支持者认为"像他们这样的人的生活"在过去50年每况愈下；相比之下，仅有19%的希拉里·克林顿的支持者持这一看法。此外，68%的特朗普支持者认为下一代美国人的生活将更糟。② 伴随"去工业化"的推进，美国内部可划分为两大阵营：一个阵营认为，在过去半个世纪，美国发展迅速，未来美国前途光明；另一个阵营则认为，过去的美国退步沉沦，明日美国前景黯淡。越来越多的政治人物由此看到机会。在2016年的美国总统大选中，白人劳工发挥的作用更是让人瞩目，变成了影响美国政治角逐的"关键群体"。为赢得"关键群体"支持，特朗普在竞选过程中言辞充满争议，行为举止浮夸，但是其竞选策略却有着鲜明特质：其一，关注"关键少数"聚居的地区——铁锈地带；其二，渲染"关键少数"关切的问题——工作机会。因此，伴随美国两极分化的加剧，政客开始了极端化的动员

---

① ［美］J. D. 万斯著，刘晓同、庄逸抒译：《乡下人的悲歌》，江苏凤凰文艺出版社2017年版，第2页。

② Alan Abramowitz, *The Great Alignment: Race, Party Transformation, and the Rise of Donald Trump*, New Haven: Yale University Press, 2018, p. 169.

而非走中间道路，以争取"关键群体"的选票。① 而曾经一度走低的美国总统选举投票率，也重新被激活上升。

在理性选择的模型里，选民还要评估他所中意的候选人是否注定会赢或者注定会输。如果他所中意的候选人注定会赢，那么他的投票是没有意义的，是浪费时间和金钱的，选民因此不会去投票。如果他所中意的候选人注定会输，也是同样道理，他不会去浪费时间和精力去为注定会失败的候选人投票。因此，无论自己喜欢的候选人注定会赢或者注定会输，选民都不会去投票。

投票人会评估自己的一票对选举结果的影响。那么，他这一票的重要性究竟有多大呢？这取决于两个因素。第一是选举人数，人数越少，他这一票就越重要。在 5 个人的委员会投票和在 5000 人乃至 5 万人的群体里投票，个人投票的重要性大相径庭。当选民预计其他人都会去投票的时候，"他自己投票的价值就很小，一个很低的投票成本也不会超过它。这样想的人越多，总的投票数也就越少"。② 第二个因素是候选人预计得票差异的大小。两个候选人越是相持不下，那么选民的那一票可能就越重要。因此，有些时候，选民会是起"决定性"作用的投票者，他那一票对选举胜负起着重要影响。如果选民觉得自己是"决定性"投票者，他就更有可能去投票。进入二十一世纪以后，在美国多次总统选举中，两党候选人的得票率都相持不下。这样相持不下的状况可能激活了一部分不去投票的选民再度去投票。不过，唐斯的批评者指出：在全国性的大选中，成为决定性投票者的

---

① 黄琪轩：《去工业化中的失落者：美国保守主义兴起的选民基础》，《文化纵横》2022 年第 6 期。
② ［美］安东尼·唐斯：《民主的经济理论》，第 243 页。

概率非常小，可能比在去投票路上发生车祸的概率都小。[①]

因此，很多选民认为付出这么大的代价去了解候选人是不划算的。耗费了成本却没有相应收益。他们也就不去了解候选人，他们会选择漠视自己的民主权利，不去参与投票。如果说这是"无知"，那么，理性选择会称这样的行为是"理性的无知"（rational ignorance）。美国选民"理性的无知"达到了令人惊讶的地步：只有 39% 的美国人能说出他所在州两位参议员的名字；只有 34% 的美国人能说出美国国务卿是谁；只有 8% 的美国人能说出美国最高法院首席大法官的名字。[②] 大多数美国人根本不知道，没有一个共和党参议员给医疗改革投赞成票。[③] 如果他们知道，如果他们还去投票，那这些参议员还能指望连选连任吗？在《脱离中心：共和党革命以及腐蚀的美国民主》一书中，作者指出：1980 年，有 38% 的民众认为苏联是北约的成员国。在 2000 年，只有 55% 的美国民众知道共和党占据美国众议院的多数。有超过一半的美国人认为美国的对外援助排在联邦预算支出的前两位。而实际上，对外援助不到预算支出的 1%。如果这样的无知并不是要命的。那么，在 2001 年通过巨额减税方案实施两年后，一半以上的美国人想不起税收曾经有任何减少。[④] 因此，理性的选民对投票并不积极。"民主选举中有权投票的选民经常放弃这一权利。事实上，一些选民从不参加投票，在某些选举中，弃权

---

① ［美］唐纳德·格林、伊恩·夏皮罗：《理性选择理论的病变：政治学应用批判》，第 85 页。

② Robert Erikson and Kent Tedin, *American Public Opinion*, New York: Longman, 2001, p. 55.

③ ［美］雅各布·哈克、保罗·皮尔森：《赢者通吃的政治》，第 100、133 页。

④ Jacob Hacker and Paul Pierson, *Off Center: The Republican Revolution and the Erosion of American Democracy*, New Haven and London: Yale University Press, 2005, p. 164.

者在数量上甚至超过了投票者。"①

唐斯还指出，一个理性的选民甚至会投票给一个并非自己最拥护的政党。这也是理性的行为，因为这是两害相权取其轻。如果选民最中意的政党完全没有获胜的希望，为了避免最坏情况出现——他最不喜欢的政党上台，那么他会投票给其他的、他比较喜欢且有获胜希望的政党，以避免他最不喜欢的政党获胜。②

在现实政治生活中，唐斯常常面临质疑。在 2012 年，日本的投票率有 45%，尽管投票率很低，但是我们需要回答为什么还有 45% 的人在投票。2000 年，美国的投票率跌破了 50%，只有 49% 的选民去投票？如果选民是如此理性的，为什么还有 49% 的选民选择去投票。如果人人都如此理性，大家应该都不去投票才对。唐斯的理论有助于我们去解释：为何有一半的选民没有去投票？但是，它无助于我们去理解：为何还有一半的选民去投票了。③

为了挽救他的理论，唐斯指出："在一个民主制度中，参加选举是游戏规则之一，没有它民主制度就无法运转。"④ 如果大家都不去投票，民主制度就会崩溃，选民为了避免民主崩溃，就会去投票。⑤即便对这些选民而言，候选人没有差异；即便投票人数太多，他们的一票改变不了选举的结果；即便投票有成本，他们还是要去投票。因为他们从中获得了虚拟的收益，"投票的收益之一，来自每个选民

---

① ［美］安东尼·唐斯：《民主的经济理论》，第 237 页。
② 同上，第 43 页。
③ ［美］唐纳德·格林、伊恩·夏皮罗：《理性选择理论的病变：政治学应用批判》，第 100 页。
④ ［美］安东尼·唐斯：《民主的经济理论》，第 245 页。
⑤ 同上，第 238 页。

的下述认识：除非许多人参加投票，否则民主制度不可能运转"。[1]
但是，问题在于，如果选民都是理性的，他们会清楚地知道，仅凭
自己一票是避免不了民主崩溃的。唐斯对其模型的修正与理性选择
的基本假定相抵牾。因为如果维护民主制度是公共品，对任何一个
投票者而言，其贡献都是微乎其微的。为何一个理性的选民自己不
待在家中，让其他人去挽救民主制度？[2] 如果把选民对民主的责任感
加入唐斯的模型，那么，选民就不是自始至终按理性行为行事，理
性选择模型的基石就坍塌了。

二　为什么美国的债务居高不下？

在 19 世纪，美国国家债务占 GDP 的比重，最低时不到 10%，最高
时也不到 40%。根据全球经济指标网站（www. tradingeconomics. com）
公布的数据，美国联邦净债务（Gross Federal Debt）占 GDP 的比重
在 2010 年时已达到 GDP 的 100%；到了 2017 年，这一数字为
105.4%。[3] 美国联邦政府 2023 财年财政赤字为 1.695 万亿美元，比
上一年度增加 23%。美国债务呈现爆炸式增长，已突破 33 万亿美
元，相当于美国国内生产总值的 122%。事实上，美国并非个案。在
2009 年，英国国债高达 8044 亿英镑，相当于每个英国家庭要分摊

---

[1]［美］安东尼·唐斯：《民主的经济理论》，第 249 页。
[2]［美］唐纳德·格林、伊恩·夏皮罗：《理性选择理论的病变：政治学应用批判》，第 69 页。
[3] 参见 https://tradingeconomics.com/united-states/government-debt-to-gdp。

25000 英镑。到 2021 年，英国国债已达到两万亿英镑，超过该国GDP。[①] 2023 年，英国伯明翰政府宣布破产。欧债危机也让欧洲国家财政捉襟见肘。这样的情况在其他发达国家也层出不穷，它们同样遭遇了严重的国家债务膨胀。

如表 4-1 所示，主要资本主义国家债务占 GDP 比重呈逐年上升趋势。大部分国家债务问题都在恶化，其中意大利与日本的状况尤其严重。日本政府债务，在 1966 年时占 GDP 比重为 0.2%，到 1994 年上升至 74.8%，到 2004 年猛增至 153.4%。[②]

表 4-1　主要资本主义国家债务占 GDP 比重

国家 年份	加拿大	德国	法国	英国	意大利	日本	美国
1977	45.0	26.7	29.1	68.2	61.2	34.9	46.9
1980	45.5	31.1	30.1	56.0	63.2	55.0	45.3
1985	66.9	40.8	38.0	50.1	88.9	72.1	58.9
1990	74.5	41.5	39.4	33.0	112.5	68.6	66.6
1995	100.8	57.1	63.9	57.2	133.5	87.1	74.2
2000	81.8	60.9	66.2	45.9	124.5	134.1	58.2
2006	64.8	69.1	77.4	46.5	119.3	175.4	66.8

资料来源：R. Glenn Hubbard and Takatoshi Ito, "Overview of the Japanese Deficit Question," in Keimei Kaizuka and Anne O. Krueger, eds., *Tackling Japan' Fiscal Challenges: Strategies to Cope with High Public Debt and Population Aging*, New York: Palgrave Macmillan, 2006, p. 3.

---

① ［英］杰里米·布莱克著，王扬译：《大英帝国 3000 年》，中国友谊出版社 2021 年版，第 236 页。
② Naoyuki Yoshino, "Comments by Naoyuki Yoshino," in Keimei Kaizuka and Anne O. Krueger, eds., *Tackling Japan' Fiscal Challenge: Strategies to Cope with High Public Debt and Population Aging*, p. 28.

不仅欧美发达国家如此，债务危机在世界其他国家和地区也屡见不鲜。2013 年 6 月，在希腊首都雅典，人们聚集在国家广播电视公司总部大楼前，抗议政府关闭该公司的决定。作为应对债务危机改革措施的一部分，希腊政府在 2013 年宣布关闭国家广播电视公司。2014 年 3 月，希腊当局宣布将部分地标建筑纳入私有化项目，以此来缓解巨大债务压力。希腊政府此举招致希腊民众强烈不满。民众在首都雅典市中心游行示威，批评政府卖掉关键地标是希腊国耻。如此严重的国家债务是如何产生的呢？

公共选择学派重要代表人物詹姆斯·布坎南（James Buchanan）对这一问题的回答，恰如其著作名字《赤字中的民主》（*Democracy in Deficit*）。他认为居高不下的财政赤字是政治家在民主制度下的理性选择。在民主制度下，如果你是一位面临巨额债务负担的政治家，你应该做怎样的选择？传统智慧是政治家需要"开源节流"。一种办法是增加税收来弥补财政赤字，偿还债务，这是"开源"；另一种办法就是减少开支，管好政府钱袋，这是"节流"。政府花钱少了，财政赤字就会相应减少，进而缓解政府债务上升压力。但这两种办法对理性的政治家而言都是不可取的。

道理很简单，我们先来看"开源"可能给政治家带来的损害。如果政治家选择增加税收，那么他会损害部分选民利益。无论选民是穷人还是富人，都不喜欢增税。如果增加对穷人的税收，而穷人又是选民多数，下次选举，这位向穷人征税的政治家就难以获得多数人支持。如果政治家选择向富人增税，同样面临政治风险。因为竞选活动需要资金，政治家往往需要向富人，也就是他的"金主"筹集资金。如果增加对富人的税收，那么他从富人那里筹款的可能性会大大降低。1988 年美国老布什总统在竞选演说中信誓旦旦宣称：如果他入主白宫，就绝不加税。他的名言是：听好了，我绝不加税（Read my lips, no new taxes!）。但在当选总统后，庞大的政府赤字迫使老布什不得不食言，同意增税改革方案。老布什绝不加税的诺言落空了。"我绝不加税"成了美国选民和老布什竞争对手一再重复的名言。在 1992 年大选中，民主党利用这一点来抨击老布什，这是导致他谋求连任失败的重要原因之一。

我们再来看"节流"的效应。为遏制居高不下的政府债务，有一部分政治家选择减少政治开支。问题是，政府减少支出会有不少人受损。如果政治家削减对大学的补贴，大学生将要缴纳更高的学费；如果政治家减少养老金，那么老年人退休后的生活状况会变得更为凄凉；如果政治家削减医疗支出，那么病人将支付更高的诊疗费用。作为选民，没人愿意看到自己的蛋糕被切掉一块。2013 年，巴西政府为控制政府债务，调整了公交车票价格。尽管价格上升不到 0.6 元人民币，但却引发超过 20 万人上街游行，民众抗议政府为"节流"损害自身利益。这是巴西民主化以后最大规模的游行抗议活动。

在民主制度下，政府增加税收，会有人受损，不利于政治家连选连任，这一方案被否定了；政府减少支出，也会有人受损，不利于政治家政治生存，这一方案也被否定了。相反，即便在政府高债务的情况下，增加支出却是受欢迎的。道理很简单，如果你和竞争对手一同竞选，他许诺每个月给每位选民增发 500 元的补贴，你许诺给选民 1000 元补贴。在其他条件相同的情况下，你当选的概率更高。那么，在高额债务的情况下，你从哪里去找资源来兑现承诺呢？

一个可靠办法就是继续借债，用新债来还旧债，用借来的债务来收买选民。民主制度有竞选压力，理性政治家会刻意满足民众短期利益，乐意提供慷慨津贴、良好医疗。所有民主政府的政治家都乐意借钱，因为借钱可以自己花，还钱则是下一任政府的事。而且就算他们自己不借钱，竞争对手当选以后也会选择借钱。这样一来，对理性的政治家而言，还不如自己借钱，让政府负债，反而让竞争者难以接手。理性的政治家大肆举债，通过各种途径让选民获益，收买选票，增加当选概率。因此，即便在有财政盈余的年份，政治家也未必想着去解决债务问题。在民主制度下，理性的政治家没有政治动力去解决赤字问题、债务问题。这就是布坎南指出"赤字中的民主"的逻辑。民主国家竞选压力会让民主国家财政赤字问题越来越严重，相应问题就是公共债务积累得越来越多。

在美国政治研究中，有一个著名的费诺悖论（Fenno paradox）：美国民众非常信任自己所在州的议员，却非常不信任国会。[1] 要知道，每个州的议员组成了国会，为何美国民众对州层次的议员信任有加，却对联邦层次的国会疑虑重重。信任的加总却导致了不信任，如何理解这一悖论呢？如果我们看一下美国反恐战争后，各个州从国会获得的国土安全预算拨款就不难发现可能的解释。美国怀俄明州是以农村人口为主的州，对反恐的需求不如纽约州迫切。但是怀俄明州人均获得的国土安全预算却是纽约州的 5 倍。[2] 高额国土安全

---

[1] Richard Fenno, "If, As Ralph Nader Says, Congress Is the 'Broken Branch,' How Come We Love Our Congressmen So Much?" in Norman Ornstein, ed., *Congress in Change: Evolution and Reform*, New York: Praeger Press, 1975, pp. 277 - 287.

[2] Morris Fiorina, et al. *Amrican's New Democracy*, New York: Pearson, 2011, p. 236.

预算很大程度上源于怀俄明州议员在国会的相关任职，他们能为本州居民争取到额外的恩惠，却以损害整个国家利益为代价。按理查德·费诺（Richard Fenno）的说法就是，议员为竞逐国会席位，就得反对国会。[1] 理性的政客竭力为自己所在州谋取好处，获得连任机会，却给联邦带来了坏处。不少经济学家看来，保护衰退的产业没有经济效率。但为什么不少州的议员倾向为衰退产业提供保护？事实上，在全国层面是负担的产业，在当地可能是资产。衰退产业会为当地提供就业及各类经济机会。当地民众获得了就业等好处，议员当选的概率也随之增大。如果一位议员对衰退产业不管不顾，而寄希望于新兴产业。那么他将面临严重困境：旧的产业倒闭了，新的却没有来。[2] 因此，在很多研究者看来是不可思议的决策，对政客而言却是理性的；对联邦层面的政客而言是不可理喻的政策，对州一级的政客却是理性的。竞争的政客会涸泽而渔地增加政府债务，会不管不顾地搞地方本位主义，会不计成本地保护夕阳产业。

在不少学者展示政治竞争带来良好绩效的同时，布坎南则另辟蹊径地展示了民主制度下，政治竞争可能的恶果。不过，布坎南也承袭了自由主义者对国家和政府的怀疑。国家作为一种特定组织，不同于私人组织。如果是私人组织（如公司）借债，将金钱用于修缮公司大楼等，尽管公司可以将债务负担转嫁给后来者，但此举会降低公司价值，贬值压力构成了对经理人举债决策的制约，因为现有成员会"用脚投票"。这样的公司也难以吸引新成员加入。和私人组

---

① Richard Fenno, *Home Style*, Boston: Little, Brown, 1978, p. 168.
② Lucy Goodhart, "Fixed Capital as a Location Device: Why Governments Protect Declining Industries," Working Paper, 2012.

织相比，国家则有两点不同。其一是国家当前成员退出成本很高。在一个民族国家构成的世界，选择移民需要支付很高成本；其二是国家未来成员也没有选择。就如你不能选择你的父母一样，你也难以选择出生在哪个国家。鉴于民众缺乏"用脚投票"的自由；缺乏"危邦不入"的选择，国家就更可能肆无忌惮借债。[①] 这和斯蒂格勒等学者在对垄断进行分析时，认为"成员数量不重要，自由进出更重要"的判断异曲同工。

布坎南向我们展示理性选择政治经济学的逻辑并非经济学的传统逻辑。不少经济学的成本—收益分析常常着眼于社会整体利益；而政治经济学的分析则聚焦政客自身利益。假如洲际公路上有一段十英里长的路段被损坏，现在维修成本约 600 万美元；如果两年后维修，过往车辆会对路基造成更严重损害，维修成本可能高达 3000 万美元。[②] 成本—收益分析会选择现在维修，而布坎南的分析则看到以后维修对政客更具吸引力。因为道路损坏越严重，政客向选民展示自身的业绩就越显著；维修成本越高，政客给予"金主"的回馈就越多，自身获得的回报也越丰厚。

三　为何赤道几内亚的居民喝不上洁净的饮用水？

洪都拉斯是一个相当穷的国家，人均年收入只有 4100 美元。然

---

① ［德］维克多·范伯格、［美］詹姆斯·布坎南：《组织理论和财政经济学：社会、国家与公债》，载［美］道格拉斯·诺斯等著，刘亚平编译：《交易费用政治学》，中国人民大学出版社 2011 年版，第 228 页。
② ［美］罗伯特·弗兰克：《达尔文经济学》，第 33 页。

而，90%的洪都拉斯民众都能喝到清洁的饮用水。赤道几内亚的人均收入高达 37000 美元，是洪都拉斯的 9 倍。然而只有 44%的赤道几内亚人能喝上干净的饮用水。① 这两个国家都属于热带气候，都曾是西班牙殖民地，而且都是天主教占主导地位的社会。两个国家为何会形成如此巨大的反差？

布鲁斯·布鲁诺·德·梅斯奎塔（Bruce Bueno de Mesquita）及其合作者阿拉斯泰尔·史密斯（Alastair Smith）在其合著的《独裁者手册》（*The Dictator's Handbook*）里向人们展示了理性的政治家（统治者）是如何获得权力并保住权力的。洪都拉斯和赤道几内亚领导人都是理性的，但是他们制定的公共政策及其结果却迥然不同。两位作者认为原因在于赤道几内亚是非民主制度，在这样的制度约束下，领导人的理性选择并非用良好的公共政策去收买政治支持。为什么呢？

所谓"一个好汉三个帮"，所有领导人都不能仅仅依靠自己一个人就能掌握权力并维持权力。在理性选择的政治经济学家看来，统治者是理性的。对统治者而言，首先需要控制大多数被统治者；其次需要与精英分享权力。对统治者而言，权力分享是更严重的问题。因为不少一元结构政体的垮台都是内部出了问题，统治者往往被内部精英而非大众推翻。② 梅斯奎塔指出："我们必须停止认为领袖们能独立领导。没有哪个领导人是单枪匹马的。"③ 对领导人而言，有

---

① ［美］布鲁斯·布鲁诺·德·梅斯奎塔、阿拉斯泰尔·史密斯著，骆伟阳译：《独裁者手册》，江苏文艺出版社 2015 年版，第 173—174 页。

② Milan Svolik, *The Politics of Authoritarian Rule*, New York: Cambrige University Press, 2012, pp. 3-5.

③ ［美］布鲁斯·布鲁诺·德·梅斯奎塔、阿拉斯泰尔·史密斯：《独裁者手册》，第 26 页。

三类人对其维持统治至关重要。第一类是名义选择人集团（nominal selectorate）；第二类是实际选择人集团（real selectorate），第三类是致胜联盟（winning coalition）。

"名义选择人集团"是指在选择领导人时，有法定发言权的人。在美国总统选举中，所有有资格投票的人都是"名义选择人"。他们是领导人的潜在支持者，同时是可以被替换的群体。"实际选择人集团"是那些拥有真正发言权能决定领导人的人。在沙特阿拉伯，实际选择人集团就是那些高级皇室成员，这群人可以选择他们的国王，他们是领导人的重要支持者。国际奥委会总共只有 115 个委员席位，他们都有投票权。他们代表世界各地的运动员投票，决定未来的奥运会在哪里举办。他们就是具有实际决定权的"实际选择人"。同样，国际足联的 24 个执行委员决定世界杯的举办地，他们就是"实际选择人"。"致胜联盟"是实际选择人集团的一个子集，他们的支持对领导人的政治生存至关重要。他们构成了领导人不可或缺的支持者。国际奥委会总共只有 115 个委员席位，重大决定只需要获得 58 票就可通过。也就是说，当一个城市获得其中 58 个委员支持，就能举办奥运会。这 58 个委员就是竞逐奥运会举办权的"致胜联盟"。在国际足联的 24 票中，一个城市获得 13 票就能赢得世界杯举办权。13 个委员就可以形成致胜联盟。如果致胜联盟人数很多，那么这个国家就是我们通常所说的民主国家。洪都拉斯前总统胡安·奥兰多·埃尔南德斯（Juan Orlando Hernández）获得了 36.8% 的选民支持，因而于 2013 年当选。反过来如果致胜联盟人数非常少，那么不管这个国家有没有选举制度，它都是事实上的非民主国家。在赤道几内亚，想要当选，只需照顾好小的核心集团。不同国家的制度差异导致理性的领导人会采用不同政策。

两位作者从"统治者是理性的"这一假定出发，在《独裁者手册》提出了5个通用的权力规则。[1] 第一，要让致胜联盟越小越好。联盟人数越少，意味着统治者只需要少数人就能保住权位，少数人构成的致胜联盟使得领导人拥有更多控制权。洪都拉斯总统需要讨好更多的人才能当选总统；而沙特阿拉伯国王只需要笼络几位重要王室成员就能当上国王。对统治者而言，当然是致胜联盟越小越好。

第二，要让"名义选择人"数量越多越好。名义选择人越多，一旦联盟中有人别有用心，统治者就可以轻易替换他。因为致胜联盟的成员有可能推翻领导人，那么领导人需要让他们可以被他人替换。由于名义选择人众多，致胜联盟的人就容易被替换。有了被替换的危险，联盟成员才会对统治者保持忠诚，规规矩矩。从这个意义来看，"朝为田舍郎，暮登天子堂"的意义不仅在于招贤纳士，还在于皇帝可以通过科举考试替换不忠诚的联盟成员。路易十四在传统贵族集团——"佩剑贵族"之外开辟了新渠道，允许"穿袍贵族"这样一群新贵进入核心集团。[2] 路易十四这样做，是让"致胜联盟"的人明白，如果不能保持对国王的忠诚，那么他们将会被替换。作者还指出，专制国家也搞选举，就是通过这样的办法，替换有二心的联盟成员。此外还有一些国家通过选举，让不同反对派相互竞争，进而能剔除居心叵测的反对派，保留"忠诚的反对派"。[3] 让反对派

---

① [美]布鲁斯·布鲁诺·德·梅斯奎塔、阿拉斯泰尔·史密斯：《独裁者手册》，第45—47页。

② 同上，第28页。

③ Beatriz Magaloni, *Voting for Autocracy: Hegemonic Party Survival and its Demise in Mexico*, New York: Cambrige University Press, pp. 227 - 256.

"鹬蚌相争"，统治者才能"渔翁得利"。

第三，控制收入。统治者需要通过分配收入来让其支持者发财致富。利比里亚的前总统塞缪尔·卡尼翁·多伊（Samuel Kanyon Doe）于 1980 年发动军事政变，成了利比里亚的统治者。他上台后就将其核心支持者军队的月工资从 85 美元提高到 250 美元。从 1959 年到 1990 年，李光耀一直担任新加坡总理。新加坡的人民行动党控制着新加坡的公屋分配。每到选举时，不支持人民行动党的街区会被削减公屋分配数额和维修费用。[1]

第四，回报致胜联盟对你的支持。统治者对致胜联盟的回报一定要给够，但是也不要过多给予。因为致胜联盟的成员往往希望成为统治者而不是仅仅希望仰仗统治者。

第五，绝对不要从致胜联盟口袋里往外拿钱给人民。作者指出，理性的独裁者取悦的对象不应该是全体人民，而必须是致胜联盟。饥饿的人民不可能有精力推翻统治者，而致胜联盟如果利益受损，则往往会变节，成为统治者的严重麻烦。事实上，在 1946 年到 2008 年间，大多数威权国家领导人是由于统治集团内部出现问题而垮台。统治集团内部发动政变占威权政府垮台总数的 68%，而大众反叛只占到了 11%。[2] 因此，独裁者更应该担心统治集团内部成员。在考虑收买谁的时候，普通大众不在路易十四的考虑范围之列，因为他们没有对国王构成直接威胁。"萨达姆·侯赛因（Saddam Hussein）在人民因经济制裁饱受苦难之时还大建奢华宫殿。联合国为了减轻

---

① ［美］布鲁斯·布鲁诺·德·梅斯奎塔、阿拉斯泰尔·史密斯：《独裁者手册》，第117—118 页。

② Milan Svolik, *The Politics of Authoritarian Rule*, p. 5.

孩子们受到的影响，为伊拉克提供婴幼儿配方奶粉。然而，萨达姆默许他的党羽进行窃取。这些奶粉被拿到中东各地市场上出售，为萨达姆带来收入，即便奶粉短缺造成伊拉克婴儿死亡率翻番。"① 按作者的逻辑，道理很简单，因为贫穷民众无法挑战萨达姆的统治，而致胜联盟能。因此，萨达姆允许其党羽在黑市出售奶粉以营利。无独有偶，20 世纪 70 年代，埃塞俄比亚遭遇干旱和饥荒，当其他国家试图援助埃塞俄比亚时，他们的皇帝海尔·塞拉西一世（Haile Selassie I）却向援助者索要钱财。作者认为，这位皇帝之所以能长期执政，因为他懂得"首先喂饱他的支持者，再喂饱自己；饱受饥荒之苦的人民只能翘首以盼"。②

在作者看来，这些都是成功的独裁者，但是也有不成功的，比如古罗马的恺撒。恺撒是一位改革家，他将土地分给退伍士兵，取消保税制，并将穷人债务减免了 25%。这些措施受到了民众欢迎，但却损害了显贵利益。保税制和放债是罗马显贵搜刮钱财的重要来源。恺撒改革切断了其核心支持者财路，致使其核心支持者谋划除掉他。作者认为恺撒的错误在于他损害了"致胜联盟"利益去改善民众生活，因而丧失了核心支持者的忠诚。③ 从这一逻辑出发，作者回答了人们的疑问：为何一些一心为民的领导人会倒台，而那些腐败透顶的独裁者却常常可以安安稳稳地统治几十年。

因此，我们就不难理解为何洪都拉斯的居民能喝上洁净饮用水

---

① ［美］布鲁斯·布鲁诺·德·梅斯奎塔、阿拉斯泰尔·史密斯：《独裁者手册》，第 169 页。
② 同上，第 235 页。
③ 同上，第 220—221 页。

而赤道几内亚的居民则不能。洪都拉斯是民主国家，其统治者要保持权力，必须满足一个较大的致胜联盟；而赤道几内亚则是非民主国家，统治者只需要满足较小致胜联盟的利益就能获得权力并维持统治。小型的致胜联盟助长了稳定、腐败、以私人物品为导向的体制。[①] 不仅国家如此，公司、社会团体也如此。

由于国际奥委会总共只有 115 个委员席位，重大决定只需要获得 58 票就能通过。这意味着只要收买少数委员就能左右投票结果。新闻媒体不断曝光，奥委会委员在决定奥运会举办城市前确有收受贿赂的行为。国际奥委会委员每一票的价码大概在 10 万至 20 万美元之间。国际足联更糟，人们很难理解卡塔尔为何能击败澳大利亚、日本、韩国和美国获得 2018 年世界杯主办权。这是因为国际足联由 24 个执行委员决定世界杯举办地。一个城市如果想举办世界杯，只要赢得 13 票就能获胜。其中一位叫阿莫斯·阿达姆（Amos Adamu）的委员索贿 80 万美元，被媒体曝光。[②] 作者认为国际足联委员收受大笔贿赂，世界杯的主办权才交给了卡塔尔。事实上，国际足联腐败丑闻不断涌现。2015 年 6 月 3 日，国际足联主席约瑟夫·布拉特（Joseph Blatter）宣布辞职，讽刺的是他于 2015 年 5 月 29 日才连任国际足联主席。刚上任几天，他就因贪腐丑闻下台。布拉特于 1998 年当选国际足联主席，并于 2002 年、2007 年、2011 年以及 2015 年连任，其新一任任期原本应该在 2019 年结束。同时，深陷腐败丑闻的国际足联多名官员因涉嫌贪腐而被捕。

---

① ［美］布鲁斯·布鲁诺·德·梅斯奎塔、阿拉斯泰尔·史密斯：《独裁者手册》，第 39 页。

② 同上，第 211—214 页。

不仅专制国家、社会团体遵循这一逻辑，民主国家同样也符合这一逻辑。美国加利福尼亚州贝尔市人口不足 4 万，人均年收入在 1 万到 2.5 万美元之间。1993 年，其市政经理罗伯特·里佐（Robert Rizzo）上台时，他的年薪是 7 万多美元；当 2010 年他被迫下台时，其年薪高达近 80 万美金。要知道，当时美国总统年薪才 40 万美元，加州州长年薪只有 20 多万；与贝尔市邻近的洛杉矶市长年薪也才 20 万。贝尔市 5 名议员中的 4 位，除了拿正常年薪，每年会额外拿到 10 万美元。这是里佐回报其核心支持者的办法。里佐在台上总共待了 17 年。梅斯奎塔等人认为民主国家领导人与非民主国家领导人并无本质区别：只要是领导人，就必须优先保证自己铁杆支持者利益。因为致胜联盟人数太多，民主国家领导人往往难以直接用钱收买联盟，所以在民主国家，通行做法就是给政策。民主党针对富人征税，改善穷人福利；共和党减少对富人征税，削减穷人福利。二者都在讨好自己的核心支持者。共和党人对癌症、阿尔兹海默症（Alzheimer's disease）等老年病的医学研究提供支持，因为共和党核心支持者是更为富有的群体，活得更久，更容易患老年病。[①]

　　事实上，在民主国家，政客的收买无处不在。在第二次世界大战期间，英国统筹印度资源以服务战争，使得印度经济和社会处于艰难境地，最终导致 1943 年孟加拉大饥荒，也导致了三百多万孟加拉人死亡。当时英国已是民主制，但其殖民统治下的印度还不是。所以英国政客能统筹印度的资源来为自身服务。二战结束后，美国军事战略专家曾向哈里·杜鲁门（Harry Truman）总统建议说，不

---

① ［美］布鲁斯·布鲁诺·德·梅斯奎塔、阿拉斯泰尔·史密斯：《独裁者手册》，第 200 页。

应该支持犹太人，否则中东在未来会出现爆炸性局面，也终将严重影响美国全球战略。但是杜鲁门却没有听他们的意见。对杜鲁门来说，投他选票的是犹太人，他的选民中并没有阿拉伯人。[①] 在美国，像杜鲁门这样的政治家需要用政策去收买选民，来确保自身的政治生存。在美国南部的近邻墨西哥，也曾上演类似故事。有研究者发现，墨西哥土地改革创造了一个复杂的制度，改革者将土地授予农民以换取他们的政治忠诚。在改革过程中，农民获得了单独或集体使用耕作土地的权利，但却没有一劳永逸地获得完全产权。由于信贷和投入不足，墨西哥土地改革最终使农民陷入对统治者的依赖。墨西哥土地改革为统治者赢得了忠诚的支持者，但也带来高昂的成本，降低了长期经济增长。[②] 还有研究者采集了 1992 年到 2009 年间的数据，用夜间灯光强度来测量当地投资与经济发展状况。他们发现，在一百多个国家中，现任领导人的出生地夜间灯光更明亮。[③] 这样的"地区偏袒"（regional favoritism）是领导人收买自己核心支持者的重要证据。在实施民主化之前的肯尼亚，与该国总统族裔相同的地区，在道路上的支出是该国人均道路支出的两倍；铺设道路长度是该国人均道路铺设长度的五倍。[④] "地区偏袒""族裔偏袒"

---

① 刘明周：《英帝国史（第八卷）：英帝国的终结》，江苏人民出版社 2019 年版，第 9、39 页。

② Michael Albertus, Alberto Diaz-Cayeros, Beatriz Magaloni and Barry Weingast, "Authoritarian Survival and Poverty Traps: Land Reform in Mexico," *World Development*, Vol. 77, No. 3, 2016, pp. 154 – 170.

③ Roland Hodler and Paul Raschky, "Regional Favoritism," *The Quarterly Journal of Economics*, Vol. 129, No. 2, 2014, pp. 995 – 1033.

④ Robin Burgess, Remi Jedwab, Edward Miguel, Ameet Morjaria and Gerard Padr'o i Miquel, "The Value of Democracy: Evidence from Road Building in Kenya," *American Economic Review*, Vol. 105, No. 6, 2015, pp. 1817 – 1851.

（ethnic favoritism）的背后，是领导人用基础设施等各类资源收买核心支持者的常用手段。对很多国家而言，经济增长不是理性统治者的首要目标，维系政治生存才是。维系政治生存就需要收买，非民主体制收买少数人，民主体制收买多数人，其本质都是理性的政治家在"收买"支持者。

从这一逻辑出发，《独裁者手册》作者也解释了为何作为民主国家的美国要去推翻另一些民主的国家。1965年，美国进攻民主国家多米尼加共和国，推翻其领导人；20世纪70年代，美国政府支持推翻智利民选总统萨尔瓦多·阿连德（Salvador Allende）。在作者看来，美国政府的逻辑是，"向民主国家收买政策的代价太高，因为很多不喜欢这项政策的人需要获得补偿"。[①] 在民主国家，美国要转变其政策，需要收买的获胜联盟人数太多，成本太高。把民主国家领导人替换成独裁者，比如把阿连德替换为奥古斯托·皮诺切特（Augusto Pinochet），事情就好办了很多。在独裁国家，美国政府只需要收买较小的胜利联盟就好了。这是理性选择的政治，"统治者自私的算计和行为是所有政治的推动力"。[②]

值得注意的是，《独裁者手册》中的独裁者，大都按照书中的建议如此"理性"地行事，在短期获得了权力与利益，但大都结局悲凉。1974年，埃塞俄比亚发生政变，国王海尔·塞拉西一世在宫中被军队逮捕，随即宣布退位。一年后，他在拘禁中去世。利比里亚的塞缪尔·多伊的统治激起了内战，1990年在和反对派武装的交火

---

① ［美］布鲁斯·布鲁诺·德·梅斯奎塔、阿拉斯泰尔·史密斯：《独裁者手册》，第244页。
② 同上，第21页。

中被捕，遭受酷刑后被处决，时年 39 岁。伊拉克的萨达姆·侯赛因政权于 2003 年被美国推翻，他的两个儿子被美军击毙。同年，萨达姆被美军抓获，3 年后，69 岁的萨达姆在巴格达被处以绞刑。2014年，美国洛杉矶法院裁定，贝尔市前城市经理罗伯特·里佐在管理城市期间非法敛财，判处其 12 年监禁并责令偿还 880 万美元。在理性选择政治经济学家眼中，他们假定的统治者太理性，太短视。

事实上，中国政治文化中，"远见文化"有着持久传承。从《论语》"人无远虑、必有近忧"的告诫，到《孟子》"有恒产则有恒心"的劝导，再到《左传》"礼，经国家，定社稷，序民人，利后嗣者也"的箴言，均是教导领导人要着眼长远。当前这些传统文化和古代智慧在政策语言和日常生活中不断提及，如"赢得长远发展""统筹当前和长远""着眼长远、把握大势""为子孙后代计，为长远发展谋"，并逐渐形成社会共识。有研究者聚焦语言和语法对政治文化的影响。该研究发现：在有的语法中，现在和将来是分开的（例如在英文里，将要是 will 或者 be going to），而在有的语言（例如中文）中则没有区分。身处后者文化圈的民众行事会更面向未来（future-oriented），有更多储蓄，更关注自身健康（更少吸烟和肥胖）。[①] 中国的语法就没有严格区分现在和将来，如此一来，中国理应更具"远见文化"。

当然，理性选择的政治经济学对此会有另外的解释。1712 年，清军入关多年，在奠定其统治基础后，康熙帝宣布将丁银税额固定，

---

① M. Keith Chen, "The Effect of Language on Economic Behavior: Evidence from Savings Rates, Health Behaviors, and Retirement Assets," *American Economic Review*, Vol. 103, No. 2, 2013, pp. 690 - 731.

不再增收，将现行钱粮册内有名丁数作为定额，不再增减。这就是著名的"永不加赋"。如果统治者相信自己会长远统治，他会做长远的打算，不仅照顾"致胜联盟"这样的核心集团，也会照顾普通民众的利益。曼瑟·奥尔森（Mancur Olson）以20世纪初军阀混战时期的中国为例，指出"流寇"似的军阀就是不稳定的参与者，他们倾向于采取竭泽而渔的政策。由于流动的军阀难以长久统治，他们的目光往往放在当下，即"火烧眉毛，且顾眼前"。而流动性较低的"坐寇"武装则更愿意为当地提供公共品，进行长期建设。[1] 英国重商主义者查尔斯·达维南特（Charles Davenant）讨论包税人制度的时候，分析思路和理性选择异曲同工。他指出："大凡深谋远虑的包税人，为其自身利益计，也不会对商人横征暴敛，因为这等于是在偷盗绵羊。而绵羊不被偷的话，每年是会给他带来很多羊毛的。零售商人人数众多，对征收各种消费税都是有利无害的。故而包税人不会过于严厉地征收捐税，以免使零售商无力经营其业务。"[2] 包税人之所以愿意"放水养鱼"，是因为他相信自己能长远地征税。

玛格丽特·列维（Margaret Levi）也展示，理性的统治者从大众那里获得的收入受三项制约因素的限制：相对议价能力（relative bargaining power）；交易费用（transaction cost）以及贴现率（discount rate）。[3] 而贴现率是统治者对未来的估计，即统治者更看

---

① ［美］曼瑟·奥尔森著，苏长和、嵇飞译：《权力与繁荣》，上海世纪出版集团2005年版，第5—24页。

② ［英］查尔斯·达维南特著，朱泱、胡企林译：《论英国的公共收入与贸易》，商务印书馆1995年版，第79页。

③ Margaret Levi, *Of rule and Revenue*, Berkeley and London: University of California Press, 1988, pp. 1 - 7.

重当前的收入还是更看重长远的收入。当统治者面临统治危机，预计其统治难以为继的时候，他们往往会采取短视行为，加大对民众的剥夺。而当统治者认为江山稳固，能千秋万代时，则更可能实施"永不加赋""放水养鱼"的长远政策。因为民众得益，进而实现经济发展是统治者持久收益的来源。

四 为何官僚机构越来越臃肿？

世界各地的官僚机构变得越来越臃肿。尽管难以准确测量日益膨胀的官僚机构，但我们仍有一些间接的测量办法。比如，公共支出占 GDP 的比重。威廉姆·尼斯坎南（William Niskanen）写道，与许多其他发达国家一样，大约有 1/6 的美国国民收入花费在官僚机构上。[1] 现在看来，这一数字在不少国家还不止 1/6。如表 4 - 2，我们可以看到：1960 年，美国公共支出占 GDP 的比重为 27.5%，1998 年上升到 34%。在 1960 年的英国，公共支出占 GDP 的比重为 33.1%；1998 年，这一比重上升到 43.4%。1960 年，瑞典公共支出占 GDP 的比重为 28.7%，1998 年上升到 49.9%。尼斯坎南还提供了另一些指标，如政府提供的产品和服务、官僚机构的工资等，这些指标无一例外都呈现上升趋势。[2] 那么，为何官僚结构会不断膨胀呢？

---

① ［美］威廉姆·尼斯坎南著，王浦劬等译：《官僚制与公共经济学》，中国青年出版社 2004 年版，第 4 页。
② 同上，第 16—17 页。

表 4-2　公共支出占 GDP 的比重

年份 国家	1960	1970	1980	1985	1990	1998
美国	27.5	30.3	33.4	33.2	34.1	34.0
英国	33.1	33.2	42.2	42.8	41.9	43.4
瑞典	28.7	37.1	57.2	51.9	48.8	49.9
新加坡	11.9	12.8	23.5	39.2	31.5	33.2
哥伦比亚	8.4	16.2	14.9	17.1	16.4	18.9
肯尼亚	11.5	16.2	20.4	30.1	32.2	34.6
印度	11.4	14.1	18.0	25.2	24.0	23.6

资料来源：B. Guy Peters, *Politics of Bureaucracy*, London and New York: Routledge, 2001, p. 4.

我们先要从官僚机构的几个特性谈起。第一，官僚机构提供的服务往往有难以计量的特点。在私人市场，我们提供多少吨牛奶、生产多少辆汽车是可以测量的，但官僚机构为我们提供了多少国防却是难以测量的。因为大部分官僚机构提供的服务不是计件工作。即便是计件工作，我们也无法判定一位处理了 20 份文件的官员比处理了 10 份文件的官员更为努力地工作，因为处理的事件往往不是标准化的。

第二，官僚群体提供服务但却无法盈利，也无法从节约中获得好处。官僚获得的收益和私人部门不同。私人部门如果提高效率，会赚取更多利润，而企业家最终会获得收益。而官僚机构每年度的预算节余不能由该机构据为己有，盈余需要上缴国库。这一规定对官僚机构而言，意味着降低行政成本的努力得不到回报。官僚机构如果提高效率，财政盈余不能装进自己腰包。因此，他们没有任何动力降低行政成本。此外，官僚机构每年从立法机构那里获得相应预算。一般情况下，立法机构会根据它今年的花销来决定该机构明年的预算。如果官僚机构今年厉行节约，为纳税人省下一笔钱，那么在可预见的来年，它获得的预算金额反而会减少。在这种条件下，理性的官僚不仅不会主动节约成本，反而会铺张浪费，最大限度地用尽预算甚至超支。

第三，大部分官僚机构提供的服务有独家垄断的性质。提供国防的只有国防部门，提供环保的只有环保机构，提供治安的只有警察系统。由于官僚机构提供的服务有垄断供给的特点，因此各个官僚机构缺乏竞争压力。官僚机构不像企业那样，有动力去取悦消费者。竞争的缺乏使得他们也没有动力去改善服务。

理性选择认为选民、政客和普通人一样，是理性的、个人利益最大化的。尼斯坎南认为，官僚与我们普通人一样，也是个人利益最大化者。由于官僚机构不能营利，因此他们会找到其他出路，追求非营利、非金钱目标。而更大的官僚机构，往往伴随更多好处。[①]比如，一位官僚，如果他所负责的官僚机构扩大了，会给他带来诸多好处：他会有更高的薪酬；有更大的办公室；更多的职务津贴；享有更高的声誉；拥有更大的权力；也有更多的任命权；该机构做的事情更多。做的事情越多，那么官僚自己的影响力也会提升，升迁机会也会相应提升。当然，庞大的机构也会带来两项负担：首先，庞大的官僚机构更不容易管理；其次，庞大的机构也更为笨拙，更

---

① ［美］威廉姆·尼斯坎南著，王浦劬等译：《官僚制与公共经济学》，中国青年出版社2004 年版，第 37 页。

难以进行组织转变。随着官僚机构的扩大，给官僚们带来的负担少而好处多。尼斯坎南指出，官僚所追求的大部分目标都与官僚所在机构的预算规模呈正相关。这意味着该机构享有的预算越大，获得的权力越大，机构负责人地位越高，控制的资源越多。为了追求收入、地位、权力，一个理性的官僚必然千方百计地追求本机构预算最大化。所以，最敬业的官僚往往把他们的目标描述为使他们所负责的特定服务的预算最大化。[①]

那么，作为拨款方的议会怎么不约束官僚的行为而任由其扩大预算呢？尼斯坎南认为：官僚机构和议会的关系具有双边垄断的特点。换句话说，作为委托人的议会和作为代理人的官僚机构都具有垄断性质。官僚机构的拨款来源是议会，而议会具有垄断性质，因为全国只有一个议会。同时，官僚机构也具有垄断特点，一般只有一个外交部、一个环保部、一个国防部。作为特定公共品的唯一提供者，官僚完全了解公共品真实的生产成本。在与议会就预算进行讨价还价的过程中，官僚了解议会的偏好，而议会却缺乏手段获取有关生产成本的准确信息。议会就像监管者，官僚就像机械师。表面上看，监管者拥有更大权力。但实际上，当机器出了故障，监管者需要听机械师的建议。议会缺乏信息优势，结果是官僚可以提出高于实际成本的预算，向议会谎称高成本预算是唯一可行的选择。和议会相比，官僚机构享有专家信息优势。不仅如此，与官僚机构相比，议会没有动力去认真审查官僚机构预算。因为和私人部门不同，议会尽管有很多议员，却没有一个人拥有议会，也没有人可以

---

① ［美］威廉姆·尼斯坎南著，王浦劬等译：《官僚制与公共经济学》，中国青年出版社2004年版，第38—39页。

卖掉它。即便成功削减官僚机构拨款，剩余经费也不能被议会的审查专家占有。

因此，具有垄断地位的议会在选择提供公共服务的官僚机构时，其实没有选择权。当议会拨款给环保部的时候，环保部只有一家。所以"尽管名义上官僚机构与议会的关系是双边垄断。但在大多数情况下，由于官僚机构有更强的动机，掌握更多信息，因此官僚机构拥有压倒性的垄断权"。① 处于垄断地位的官僚机构掌握更多的信息，有更强的动力；而议会既缺乏信息又缺乏动力对官僚机构进行监督。按尼斯坎南的分析，理性的官僚都是"预算最大化者"，官僚机构的垄断权力越大，过度开支的比例就越大。在提供公共品时，官僚机构的运行缺乏监管与竞争，官僚获得了很大自主性。因此官僚机构常常提供无效率公共品。

一份问卷调查显示了民众对官僚机构低效的不满。如表4－3所示：在问及谁提供更为体贴的服务时，只有11.5%的美国受访民众认为官僚机构比商业部门表现更好；有37.5%的美国民众认为商业部门比官僚机构表现更好。在被问及哪个部门更为公平时，仅有18.8%的美国受访者认为官僚机构做得更好；有44.5%的美国民众认为商业部门做得更好。有67%的美国民众认为官僚部门的人数太多；同时有67%的美国民众认为官僚机构的工作人员不如商业部门的人努力。在澳大利亚，情况也类似，有54%的澳大利亚民众认为官僚部门的人数太多，同时有63%的澳大利亚民众认为官僚机构的工作人员不如商业部门的人努力。②

---

① ［美］威廉姆·尼斯坎南：《官僚制与公共经济学》，第30页。
② B. Guy Peters，*Politics of Bureaucracy*，p. 44.

表 4‑3　美国民众对官僚机构与商业部门提供服务的评价

	服务更体贴	更公平	人数过多	工作更不努力
官僚机构	11.5%	18.8%	67%	67%
商业部门	37.5%	44.5%		

资料来源：B. Guy Peters, *Politics of Bureaucracy*, p. 44.

尼斯坎南试图向我们展示：官僚不是，至少不完全是受民众普遍福祉或者国家利益驱动的人。① 他们的理性行为可能是违背公共利益的。在实施政府项目的过程中，官僚的选择可能会违背项目的初衷。美国住房及城市发展部（Department of Housing and Urban Development）把建设资金分配给投资风险较小的城市。这样，投资项目失败的概率更低，他们也会避免招致公众的批评。但是，该项目的初衷却是要帮助那些衰败的城市，也就是投资风险更高的城市。② 退伍军人管理医院的官僚罔顾医院提供的服务质量，因为服务质量难以测量。他们把精力放在可测量的目标上，比如增加医院的床位，延长医院的护理时间等。③

为了让官僚部门提供更好的服务，尼斯坎南提出了几个解决方案，比如让官僚机构之间展开竞争，"应当鼓励和允许现有官僚机构提供目前由其他官僚机构提供的服务"。④ 尽管有人认为这是"叠床架屋"，但是可能达到的效果却是"多即是少"，竞争的机构多了，

---

① ［美］威廉姆·尼斯坎南：《官僚制与公共经济学》，第 35 页。
② John Gist and R. Carter Hill, "The Economics of Choice in the Allocation of Federal Grants: An Empirical Test," *Public Choice*, Vol. 36, No. 1, 1981, pp. 63–73.
③ Cotton Lindsay, "A Theory of Government Enterprise," *Journal of Political Economy*, Vol. 84, No. 5, 1976, pp. 1061–1077.
④ ［美］威廉姆·尼斯坎南：《官僚制与公共经济学》，第 193 页。

服务质量提高了，冗员反而少了。这样做的好处在于：首先，它打破了特定官僚机构对公共品供应的垄断；其次，它能揭示公共品供应的成本。我们知道，由于官僚机构垄断信息，议会往往难以预测公共品供应的成本。那么，解决这一问题的办法就是让官僚机构之间进行竞争和竞价。我们看一个例子：为了保护环境，环保署要求企业安装硫净化器。企业纷纷游说，说这样做成本太高。就连环保署也估计，要减少一吨二氧化硫的排放，成本在 250—700 美元之间，还可能高达 1500 美元。1993 年，美国环保署对二氧化硫的排放权进行拍卖，这使得环保署发现企业夸大了成本。每吨二氧化硫排放的成本降至 70 美元，甚至在这一价位时，很多企业仍愿意安装硫净化器，也不愿意购买排放权。[1] 由于竞争，环保署迫使企业说真话。这一逻辑对官僚机构也同样适用，如果允许不同官僚机构以竞价的方式提供同样的公共品，这样就能揭示真实成本。此外，尼斯坎南还建议，应允许官僚们将一部分预算结余作为自身收入。如果能分享节省的盈余，官僚机构才愿意节省预算。

　　尼斯坎南的分析沿袭了自由主义者对市场的推崇，对政府的警惕，对垄断的抱怨。他的分析在很大程度上继承了以往自由主义者的判断："市场部门优效；政府部门低效；竞争政策致善；垄断行为致患"。因此，从某种意义上来讲，他是重复以往的智慧。同时，他将之运用到官僚分析，又具有创造性，也对人们有重要参考价值。不过，值得注意的是，不同国家的政治文化不同，对官僚的期待也不一样，官僚队伍的构成、绩效也会有差异。美国迪斯尼动画片

---

① ［英］蒂姆·哈佛德著，赵恒译：《卧底经济学》，中信出版社 2006 年版，第 82 页。

《疯狂动物城》中有一只树懒名叫"闪电"，它是慢条斯理的公务员，做事慢得让人难以忍受。而这只树懒恰恰体现了自由主义者对典型官僚形象的刻画。不过，这样的官僚印象却和很多东亚国家和地区有较大差异。尽管商业部门从日本顶尖大学延揽了大批精英；同时，日本最顶尖大学的精英也积极投身公共事务，成为日本官僚。[①] 在二战后很长一段时期，成绩最好的日本大学生往往选择去政府机关，其次是去做学者，再次才是去银行工作。[②] 一位历来对日本通产省持批评态度的《朝日新闻》记者也不得不承认：通产省是智力高度密集的部门。[③] 一批受过良好教育的精英进入政府部门，既让产业规划有正当性，又为日本产业升级提供了足够的能力支持。弗朗西斯·福山（Francis Fukuyama）及其合作者对比美国和中国的官员，发现中国官员更年轻，更多中国官员接受过大学教育；中国官员也更有行政经验。与美国官员相比，中国官员对自身职业的任职评估更积极正面，例如：他们认为在中国，公务员队伍能招募技能更优的人；晋升更以业绩为基础；官员更满意自己的表现。同时，与美国官员相比，中国官员更能发挥自身聪明才干；中国上级更鼓励其部下提出新方案；中国官员也更能参与决策。[④]

尼斯坎南看到官僚机构问题的同时，也有意无意地忽视了这样

① Jeffrey Hart, *Rival Capitalists: International Competitiveness in the United States, Japan, and Western Europe*, Ithaca and London: Cornell University Press, 1992, p. 39.

② ［日］池田信夫著，胡文静译：《失去的二十年：日本经济长期停滞的真正原因》，机械工业出版社 2012 年版，第 65 页。

③ ［美］查默斯·约翰逊著，金毅等译：《通产省与日本经济奇迹——产业政策的成长》，吉林出版集团 2010 年版，第 27 页。

④ Margaret Boittin, Gregory Distelhorst and Francis Fukuyama, "Reassessing the Quality of Government in China," *Center on Democracy, Development and Rule of Law Working Paper*, Sandford University, 2016.

的事实。西方发达国家往往有着强大的官僚队伍。从表 4 - 4 的数据可以看出，发展中国家的政府雇员数量远远低于发达国家，而且越是落后的国家或地区，政府雇员占总人口的比重越低。发达国家政府雇员总数占总人口数的 7.7%，位居世界最高水平；而非洲国家政府雇员人数仅占总人口比重的 2%，位居世界末位。就中央或联邦雇员占总人口的比重而言，发达国家也是最高，为 1.8%；而非洲仍名列末位，为 0.9%。就地方政府雇员占总人口比重来看，发达国家为 2.5%，非洲国家为 0.3%。由此不难看出，发达国家并非所谓的"小政府、大社会"。即便到了今天，发达国家政府雇员占总人口的比重也远远高于发展中国家。正是由于发达国家有着庞大的官僚系统，其经济社会职能才能得到有效地履行。发展中国家由于政府雇员不足，很多基本的国家职能都无法履行，经济发展也无从谈起。[①]

表 4 - 4　20 世纪 90 年代早期政府雇员占总人口比重（%）

	所有政府雇员	中央（联邦）政府雇员	地方政府雇员	教育与卫生事业的政府雇员
非洲	2.0	0.9	0.3	0.8
亚洲	2.6	0.9	0.7	1.0
前苏东国家	6.9	1.0	0.8	5.1
拉美及加勒比地区	3.0	1.2	0.7	1.1
中东和北非	3.9	1.4	0.9	1.6

[①] 黄琪轩：《另一个世界是可能的：后危机时代的中国与世界发展》，《世界经济与政治》2011 年第 1 期。

	所有政府雇员	中央（联邦）政府雇员	地方政府雇员	教育与卫生事业的政府雇员
经合组织国家	7.7	1.8	2.5	3.4
全球平均	4.7	1.2	1.1	2.4

资料来源：Salvatore Schiavo-Campo, Giulio de Tommaso, Amitabha Mukherjee, "An International Statistical Survey of Government Employment and Wages," *World Bank Policy Research Working Paper*, No. 1806, 1997.

五 为什么美国食糖价格是其他国家的两倍？

在美国，食糖价格至少是世界市场价格的两倍。美国政府通过贸易壁垒，保护本国食糖产业，但却让美国消费者和纳税人每年至少承担 30 亿美元费用。显而易见，美国政府为了食糖产业，损害了美国消费者。在 20 世纪 80 年代末期，由于政府对纺织品征收进口关税，美国消费者在衣物的开销增加了 58%。其实，类似限制不仅出现在美国，在世界各地也广泛存在。由于政府征收纺织品关税，英国消费者在衣物上的花销每年要增加 5 亿英镑；加拿大消费者每年要多支付 7.8 亿加元；澳大利亚每个家庭每年要多支付 300 澳元。因为欧盟农业保护政策，一个居住在欧洲的四口之家每年需要为购买食品多支付 1500 美元。更为夸张的是，世界上用于农业保护的成本每年高达 3500 亿美元，这些补贴足够让全球的 4100 万头奶牛坐上飞机，而且是坐头等舱，绕地球飞行一圈半。[①] 为什么会出现类似

———————————

① 参见 WTO：10 Benefits of the WTO Trading System。

的、低效的贸易壁垒呢？

　　寻租理论的创始人是戈登·图洛克（Gordon Tullock）。安妮·克鲁格（Anne Krueger）是最早用"寻租"（rent-seeking）这个词汇的学者。经济租是支付给商品或要素的特殊价格，这个价格要比该要素最低供给价格高，高出部分就是经济租。假如一位大学毕业生通常能获得 10 万年薪，这是劳动力最低供给价格。一位出类拔萃的毕业生，他要么是研发好手，要么善于和客户沟通，能获得 50 万年薪。那么，他获得高出 40 万的年薪就是经济租。再如，在上海市区租一套一室一厅的房子均价是每月 2 万元，但有一套房子恰好临近地铁，交通便利，还可以俯瞰徐家汇中心景色，这套房子每月租金可以达到 5 万元。那么，多出来的 3 万元就是经济租。美国食糖价格比世界市场高一倍，消费者向生产者支付的高出一倍的价格就是经济租。之所以存在"经济租"，往往是由于某种要素或商品比较稀缺。当人们对该要素或商品需求增加时，这些要素与商品的供给却没有太大变化，即供给对需求变化缺乏弹性。因此，这些要素或商品供给者就能索要高价。得益于这样的稀缺性，要素与商品所有者获得的超额经济收益就是经济租。

　　有些稀缺是由自然造成的，比如有人聪明过人，有的地方交通便利。但是，有的稀缺是由政府造成的。**寻租**指的是，"利用资源通过政治过程获得特权，从而构成对他人利益的损害大于租金获得者收益的行为"。理性人有两种基本方式获得财富，从事生产或者进行掠夺。当人们靠从事生产来致富时，他不仅自己获得了收益，他人和社会也获得了好处；而当人们靠掠夺来致富时，他自己获得了收益，社会却遭受了损失。在美国食糖产业案例中，食糖生产商通过美国政府实施贸易保护政策来实现了自己的经济目的，这个目的就是获得和保持租金。他们通过游说政府，限制海外食糖进口，控制国内食糖供给，并让美国食糖价格比世界食糖价格高出一倍。在这一过程中，政府官员并非扮演被动的角色。正如美国民主党的参议员约翰·布鲁（John Breaux）坦言：他在参议院的选票不能购买，但是可以被租用。[①] 政府官员不但接受食糖厂商的寻租，而且还会主动与他们联系，通过为其创造租金（即创租）来满足自己的利益。在国际贸易中，寻租者是进出口商，特权拥有者是政府。寻租过程是通过行贿、游说等手段实现关税调整、贸易限制等活动。

在寻租的过程中，厂商或者利益集团需要投入一部分资源对政府官员进行游说，以达到自身目的。在 20 世纪 50 年代的日本，每天都有成千上万的进口商集中到通商产业省寻求行政许可证。通商产业省官员接受许多礼物，还应邀参加各种麻将会。他们在那里好像永远不会输钱，有些公司还雇佣了有魅力的女谈判员和通商产业省官员打交道。[②] 在华盛顿设立公共关系办事处的公司，1968 年时约为 100 家；到 1978 年，已经超过 500 家。1971 年，只有 175 家公司在华盛顿有注册的游说者；到了 1982 年，这一数字增加到近 2500家。1976 年，公司的政治行动委员会数量还不到 300 个，到 20 世纪80 年代中期，已经超过 1200 个。[③] 在美国华盛顿特区，有超过 3000个行业协会在此设立办公室，雇佣了近 10 万人进行游说。通用汽车

---

① Jacob Hacker and Paul Pierson, *Off Center: The Republican Revolution and the Erosion of American Democracy*, p. 216.

② ［美］查默斯·约翰逊：《通产省与日本经济奇迹——产业政策的成长》，第 242 页。

③ David Vogel, *Fluctuating Fortunes: The Political Power of Business in America*, New York: Basic Books, 1989, pp. 193 - 194.

公司（General Motors）以及美亚保险（AIG）每年投入数百万美元对政府进行游说。[①] 利益集团花了很大代价，耗费了大量资源去游说政府。因为这部分资源没有被用于生产过程，所以是被浪费了。这么庞大的群体通过游说，试图改变政府政策。到了每个选举季，美国蔗糖游说集团给美国参、众两院170万美元的政治献金，同时给掌控美国食糖立法的农业委员会每位委员9000美元资助。而有研究显示，制糖游说集团对美国参、众两院议员每增加1000美元的捐款，这些议员投票支持制糖产业政策的概率就提高4—7个百分点。[②] 这些商业集团是理性的，既然政府的干预能让它们获得租金，那么它们会纷纷卷入寻租。

对政府官员而言，创租同样是理性的。1974年贸易法案表决时，工会强烈反对该议案通过。当议员收到工会提供的政治献金越多时，他更有可能反对该议案。1985年，美国国会试图通过保护主义的纺织品贸易法案。纺织品和服装业公司和工会给议员的政治献金越多，那么议员则更可能投票支持保护主义法案。[③] 有研究者指出，劳工组织花费35.2万元，就能使议员在对北美自由贸易区这一议题的投票时增加一张反对票。为了让议员在乌拉圭回合的谈判中增加一张反

---

① James Gwartney, Richard Stroup, Russell Sobel and David Macpherson, *Microeconomics: Private and Public Choice*, Mason: South-Western Cengage Learning, 2008, p. 137.

② Jonathan Brooks, Colin Cameron and Colin Carter, "Political Action Committee Contributions and U. S. Congressional Voting on Sugar Legislation," *American Journal of Agricultural Economics*, Vol. 80, No. 3, 1998, pp. 441 – 454.

③ Gene Grossman and Elhanan Helpman, "Trade Wars and Trade Talks," *Journal of Political Economy*, Vol. 103, No. 4, 1995, p. 704.

对票，劳工组织需要花费 31.3 万元。① 这些议员通过投票活动，影响政府政策，也让自己获得更多政治献金。因此，政府官员是乐于创租的。

　　长期以来，人们对一个观点深信不疑：教育对经济发展能起到积极的促进作用。但是在非洲，教育进步并没有带来经济的发展。如图 4-3 所示，从 1965 年到 1985 年，非洲国家的教育规模急剧扩张。在人力资本迅速增长同时，非洲的经济却停滞不前，乃至《科学》杂志提出这样的疑问：撒哈拉以南的非洲，为何贫困率在增长，人均寿命在减少？这一情况和东亚地区形成鲜明对比。这些经济没

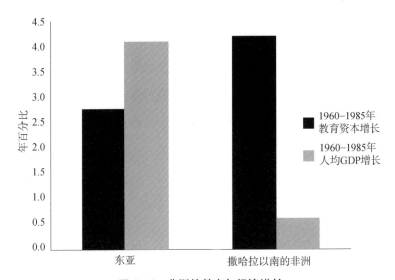

图 4-3　非洲的教育与经济增长

资料来源：William Easterly, *The Elusive Quest for Growth: Economists' Adventures and Misadventures in the Tropics*, Cambridge: The MIT Press, 2001, pp. 75 - 76, Figure. 4. 1；Figure. 4. 2。

---

① Robert Baldwin and Christopher Magee, "Is Trade Policy for Sale? Congressional Voting on Recent Trade Bills," *Public Choice*, Vol. 105, No. 1/2, 2000, p. 99.

有受益于教育发展的国家包括安哥拉、莫桑比克、加纳、赞比亚、马达加斯加、苏丹和塞内加尔等。学者们研究发现：在非洲，教育和经济增长之间没有相关性，甚至呈现负相关。①

威廉·伊斯特利（William Easterly）指出问题的关键不在于教育，而在于"那些有知识的人如何运用他们的知识"②。不同的制度安排下，创租、寻租机会不一，人们对知识的运用是有极大差异的。诺贝尔文学奖得主钦努阿·阿契贝（Chinua Achebe）的小说《荒原蚁丘》（Anthills of the Savannah）中的几位主角就折射了西非国家的困境。三位留学海外的青年，接受了良好的教育，回到自己国家后，他们要么做总统，要么做部长，要么做记者。质言之，大部分人都在创租、寻租的部门工作。该国腐败堕落，让生产性的活动难以展开。所谓道不远人，文学作品中揭示的诸多现象，和寻租理论暗合。如果政府干预太多，就给寻租活动扩展了空间。受过良好教育的人可以从非生产领域赚取收益，而非从传统的生产领域。理性的个体获得了收益，却给国家发展带来持续的、负面的影响。所以学者们也把相关活动叫作直接非生产性寻利活动（Directly unproductive profit-seeking）。

寻租理论试图展示：政府官员与新古典经济学里的生产者和消费者一样，都是理性的、自利的和效用最大化的。不要被他们诉诸"公众利益"的表象所迷惑。在 1833 年到 1850 年间，英国熟练男性工人积极支持立法以保护童工和妇女，大家都认为这是人道主义的

———————————

① ［美］威廉·伊斯特利著，姜世明译：《在增长的迷雾中求索》，中信出版社 2005 年版，第 69—71 页。
② 同上，第 77 页。

第四章　理性选择的政治经济：奥尔森、布坎南等人的贡献 ｜ 267

法律。事实上，这一系列法律却遭到妇女组织的强烈反对，因为它排斥儿童和妇女就业。通过减少童工和妇女这一竞争者，英国男性熟练工人可以获得经济租。因此，他们积极支持的"人道主义"立法其实是在寻租。① 一百多年后，美国工会关心童工问题是为了阻止欠发达国家对美国出口，进而获得贸易限制带来的经济租。他们的目的并不是帮助欠发达国家工人。2000 年初，美国同意增加柬埔寨进口到美国的纺织品限额，而柬埔寨则同意提高其劳工标准，包括大幅度提高劳工工资。执行该协定以后，柬埔寨纺织工人每月可以获得 40 美元；相比之下，柬埔寨大学教授每月收入只有 20 美元。然而，这个协定也因遭到美国工会阻挠而没能通过。②

寻租者自己获得了好处，却给社会带来了负担。据估计，20 世纪 60 年代，寻租占了印度 7% 的国民收入和土耳其 15% 的国民收入。③ 寻租在哪些方面给社会带来了负担呢？首先，寻租限制减少了产量，使得产品价格更高。就美国食糖产业的案例来看，外国蔗糖产品被限制在外，消费者只能消费更少产品，却需要支付更高价格。其次，寻租引发的保护限制了竞争，保护了落后的技术，阻碍了新技术的进步。社会只能长期使用陈旧的技术，而享受不到新技术带来的好处。再次，众多厂商在华盛顿设立办公室，雇佣大量人员进行游说，这些资源原本可以用于生产，现在却用于非生产活动，造

---

① ［英］加利·安德森、罗伯特·托利森：《对英国工厂法的一种寻租解释》，载 ［美］大卫·柯兰德主编，马春文等译：《新古典政治经济学——寻租和 DUP 行为分析》，长春出版社 2005 年版，第 187—204 页。

② Robert Gilpin, *Global Political Economy: Understanding the International Economic Order*, Princeton: Princeton University Press, 2001, p. 228.

③ Anne Kruger, "The Political Economy of the Rent-Seeking Society," *American Economic Review*, Vol. 64, No. 3, 1974, p. 294.

成了社会产出的损失。

因此，在不少人看来，寻租是厂商或利益集团为了寻求政府特殊政策关照而造成的资源浪费活动。当政府增加其在市场中的角色，用公共政策分配资源时，寻租就会有空间。因为，政府官员在分配资源时并不是一心为公的，他们常常为自己身边的利益团体分配更多资金、提供优惠的政策。在美国，政府的转移支付只有六分之一到了穷人手中，剩下的六分之五到了各种利益集团那里。[①] 它们要么有着更好的组织，比如行业协会与工会；要么可能更容易鉴别，是竞选的重要票源，如老年人与农场主。政府干预经济的权力越大，设置的限制越多，可能带给企业的租金也就越多。这样会诱使企业从生产性的活动转向寻租这样的非生产性活动。

六 为何政府为食糖厂商损害广大选民利益？

20 世纪 80 年代中期，美国制造商发现他们难以在国际市场立足，他们强烈反对高估美元币值，推动美元贬值。要知道，几乎所有的政策都有获益者，也有受损者。推动美元贬值会损害消费者。消费者比生产商的人数更多，为什么他们不联合起来反抗呢？1931年，英国宣布放弃金本位制并允许英镑贬值，这让前往曼哈顿的英国游客震惊不已。与以前相比，他所持有的英镑只能兑换更少美元。一名游客气恼地说："在英国，一英镑还是一英镑。我要把身上的英

---

① James Gwartney, Richard Stroup, Russell Sobel and David Macpherson, *Microeconomics: Private and Public Choice*, p. 138.

镑带回家去花。尽管这么说有些过火，这难道不是在打劫吗？"① 美国货币贬值的案例和前文提到的美国蔗糖厂商案例类似。作为民主国家的美国，为何要为一小部分人利益去损害更广大选民利益？既然美国蔗糖厂商损害了广大消费者利益，消费者为什么不团结起来游说政府放弃对蔗糖产业的保护呢？

曼瑟尔·奥尔森的著作对政治学影响很大，其中"**集体行动的逻辑**"一词被政治学者广泛使用。在其《集体行动的逻辑》一书中，奥尔森指出，有共同利益的个人组成的集团会增进那些共同利益，这种流行观点看来没有什么价值。② 下面的例子将会展示：个人往往出于理性算计，为了维护自身利益，而不去争取自身利益。澳大利亚政府实施关税保护本国制衣业，澳大利亚每个家庭每年要多支付300澳元。那么，一个普通的消费者会面临两个选择：去政府门前抗议；或者无动于衷，待在家里。理性的人会做出成本和收益的分析。

如表4-5所示，作为一名普通消费者，如果你遇到上述情况，将面临四种选择。第一种是象限Ⅰ展示的情形。如果你和所有澳大利亚的消费者都去抗议，那么，政府估计会忌惮庞大选民的呼声，取消对小集团的保护。如此一来，你所获得的好处是生活成本少了300澳元，但是你却要承担一些成本，包括交通费用，还有时间成本。第二种是象限Ⅱ展示的情形。如果所有人都待在家里，就你一个人去抗议。可想而知，政府根本不会理睬你的诉求。你得不到任

---

① Barry Eichengreen, *Exorbitant Priviledge: The Rise and Fall of the Dollar and the Future of the International Monetary System*, New York: Oxford University Press, 2011, p. 35.

② [美] 曼瑟尔·奥尔森著，陈郁等译：《集体行动的逻辑》，上海人民出版社1995年版，第3页。

何好处，却要支付相应的交通费等成本。而且，奥尔森指出："不能带来明显效应的无私行为有时候甚至被认为是不值得称赞的。"一个想用一只铅桶来挡住洪水的人甚至会被认为是一个怪人而不是一个圣人。"无疑，用一只铅桶可能无限小地降低河水的高度，就像独个农民限制自己的产量可以无限小地提高价格一样，但是在两个案例中的效应都是可以忽略不计的，而且那些为了获得微不足道的改善而牺牲自己的人甚至得不到无私行为应得的赞扬。"[①] 因此如果你做出第二种选择，不仅支付了成本无法获得收益，你特立独行的行为还可能被嘲弄。

表 4-5　集体行动的逻辑

你的选择 ＼ 别人的选择	去抗议	待在家
去抗议	Ⅰ 好处：生活成本少了300澳元 成本：交通费用、耗费时间等	Ⅱ 好处：无 成本：交通费用、耗费时间等
待在家	Ⅲ 好处：生活成本少了300澳元 成本：无	Ⅳ 好处：无 成本：无

我们来看象限Ⅲ展示的情形，如果大家都去抗议，就你没去。那么政府同样担心如此大规模的不满会影响他们连选连任。迫于民众压力，政府会取消贸易保护。你没有任何损失，却得到了好处，

---

① ［美］曼瑟尔·奥尔森：《集体行动的逻辑》，第73页。

每年减少了 300 澳元的生活成本。最后，我们看第四种选择，如象限Ⅳ所示，包括你在内，大家对保护主义政策不满，但是大家只是在心里犯嘀咕，却没有人去抗议。结果就是，政府几乎不知道你不满，保护主义政策也不会变。如此一来，你没有付出，也没有收获。

那么，一位理性的人应该怎么选择呢？如果大家都去抗议，你的理性选择应该是不去（Ⅲ）。因为如果你待在家里，不需要支付任何成本，却可以享有同样收益。如果大家选择不去抗议，你的理性选择还是不去（Ⅳ）。因为即便你一个人去了，仍然改变不了结果。所以，无论大家去还是不去，你的理性选择都是不去。如果大家都这么想，都想"搭便车"，那么就不会有人去抗议。这就是集体行动的困境。基于自己的利益考虑（成本收益分析），人们的行动往往罔顾自己的利益（减少 300 澳元的生活成本）。

作为一个理性个人，在集体行动中使自己利益最大化的选择是坐享其成，自己贡献得越少越好，获得的收益则越多越好。有研究者发现，尽管那些环保主义者对他们的事业抱着强烈的认同感，但他们却不愿意为环保事业慷慨解囊。他们每年给环保事业捐的钱，还抵不上 25000 位每天吸两包烟的烟民的花销。[①] 如果每个成员都是理性个人，集体行动就难以实现。奥尔森认为集体行动的逻辑在政治生活中的很多方面都是适用的。他发现，出席工会会议的人数常常不足 5%。当每个工人都希望别人出席会议而自己不出席时，他们的行为和态度是理性的。如果一个强大的工会符合成员利益的话，出席率高对大家更有利。但是一个个体工人没有任何激励，因为无

---

① Russell Hardin, *Collective Action*, Baltimore: The Johns Hopkins University Press, 1982, p. 11.

论他是否出席会议，他都能获得工会带来的收益。[1] 奥尔森还指出，没有出现马克思预言的那种世界范围内的阶级斗争，部分原因也是集体行动的困境。"资产阶级的一员的理性行为就是不顾其阶级利益，而只把精力放在他的个人利益上。同样，一个认为无产阶级政府能给他带来好处的工人，会觉得不顾自己的生命和资源起来革命推翻资产阶级政府是非理性的。"[2]

　　在一项有关集体行动的实验中，有研究人员把 100 美金分给实验的参与者，参与者之间不能进行信息交流。如果参与者都愿意把这 100 美金用来投资，那么这 100 美金将变成 200 美金。但是只要有一位参与者拒绝投资，那么这意味着投资失败。拒绝投资者仍可以保留自己的 100 美金，而那些愿意投资的成员将会损失 50 美金。这项合作对所有人而言都有好处：因为如果每个人都愿意合作的话，他们将会得到更多。但是，实验的结果却并非总是指向合作。他们往往难以达成集体行动。

　　《鲁滨逊漂流记》的作者丹尼尔·笛福（Daniel Defoe）也写过一些政治经济的短文，他在书中的故事就体现了"集体行动的困境"。他写道：君士坦丁堡的居民向对手献上自己的城市，这座城市因为不能及时得到城防捐款而沦陷。"当仁慈的皇帝挨门逐户向他们劝捐时，他们都向皇帝哭穷。然而土耳其人破城以后，在城里却发现了惊人的巨额财富，连土耳其人都不禁对该城公民的吝啬气度感到惊愕。"[3] 保卫城池是公共品，而人数越多，大家"搭便车"的意

---

① ［美］曼瑟尔·奥尔森：《集体行动的逻辑》，第 97 页。
② 同上，第 129 页。
③ ［英］笛福著，徐式谷译：《笛福文选》，商务印书馆 1997 年版，第 63 页。

愿就越强，公共品供应就越不足。这就是中国古语说的"人多乱，龙多旱，鸡多不下蛋，艄公多了打烂船"。1989年，美国国会投票表决，决定要不要为议员自己增长50%薪酬。理性的个体为了自身利益，却难以达成集体行动。该决议在表决时没有通过。事实上，加薪的提议得到了国会参众两院议员广泛支持。当美国民众听说国会议员准备给自己加薪时，提出了强烈抗议。如此一来，每位议员觉得自己应该反对加薪提议，以赢得更好声誉。最好的结果就是自己投反对票，他人投票支持，该决议还能通过。不幸的是，国会有太多理性的议员这么想，这么做，最终该决议也没能通过。[①] 奥尔森揭示的智慧和中国传统智慧"众人拾柴火焰高""人心齐、泰山移"相悖，而反映出另外的传统智慧，即"三个和尚没水喝""伙打官司事不赢"。国会议员太多，集体行动也难以实现。

那么怎么才能解决这一困境呢？除了对集团成员实施强制，用外在强制来达成集体行动，还有其他一些办法。奥尔森指出，一个办法是减少参与者数量。奥尔森引用了社会学家约翰·詹姆斯（John James）的研究：采取行动的团体往往比不采取行动的团体人数要少。采取行动的团体平均成员人数是6.5人，而不采取行动的成员人数为14人。美国参议院委员会小组平均人数是5.4人，众议院委员会小组平均人数是7.8人。这些团体都相当小，并非人多好办事。[②] "除非一个团体中的人数很少，或者除非存在强制或其他某些特殊手段以使个人按照他们的共同利益行事，有理性的、寻求自

---

① ［美］阿维纳什·迪克西特、巴里·奈尔伯夫著，董志强等译：《妙趣横生博弈论》，机械工业出版社2022年版，第23页。
② ［美］曼瑟尔·奥尔森：《集体行动的逻辑》，第65页。

我利益的个人不会采取行动以实现他们共同的或集团的利益。"① 较小集团战胜较大集团是很普遍的。"因为前者一般是有组织的、积极的，而后者通常是无组织的、消极的。"② 如果缩小集团的规模，达成集体行动的可能性就更高。换句话，小团体常常更有力量。奥尔森认为集团越大，就越不可能去增进它的共同利益。为什么会这样呢？

游说是有成本的。前面指出，到了每个选举季，美国制糖游说集团给美国参、众两院巨额政治献金，同时给掌控美国食糖立法的农业委员会的每位委员现金资助。我们把数字变得简单一些，假定你是蔗糖业的老板，如果要成功游说政府，你得有 20 万美元的开销。游说成功后，政府会为蔗糖业提供贸易保护，或者提供 1000 万美元的补贴。当这个产业有 10 家企业的时候，每家企业可以获得 100 万美元的好处，而当这个产业有 1000 家的时候，每家企业只有 1 万美元的好处。

那么，情况显而易见：之所以会存在"三个和尚没水喝""搭便车"的困境，奥尔森认为：首先，当群体成员数量增加时，群体中每个个体从公共品中获得的物质利益会减少，行动意愿也越弱。如果集团变得更小，个人分得的份额就更多，这样的小集团也更容易让大家协调一致。"在一个很小的集团中，由于成员数目很小，每个成员都可以得到总收益的相当大的一部分。这样，集体物品就常常可以通过集团成员自发、自利的行为提供。"③

---

① ［美］曼瑟尔·奥尔森：《集体行动的逻辑》，第 2 页。
② 同上，第 152 页。
③ 同上，第 28 页。

其次，当群体成员数量增加时，群体中每个个体在集体行动中能做出的相对贡献就会减少，参与集体行动而产生的自豪感、荣誉感、成就感等非物质利益就会相应减少。相比于七百人的投票，个人更可能参加七人委员会的投票。因为自己行动对投票结果的影响更显著，更能给自己带来成就感。再次，当群体成员数量增加时，群体内人与人之间进行直接监督的可能性就会降低。在大的群体，一个人是否参与某一集体行动，往往他人无从知晓；即便知晓，往往也难以对欺骗者予以惩罚。大规模群体带来更高的监督与惩罚成本。又次，当群体成员人数增加时，把该群体组织起来参加集体行动的协调成本会大大提高。大群体需要付出更大的代价才能发起一场集体行动。大规模群体带来更高的协调成本。

在很多社会，理性个体往往都存在"偏好伪装"（preference falsification）问题。[①] 在特朗普当选美国总统之前，没人愿意说自己支持持极端政治立场的特朗普。大部分人会戴着"假面具"，向他人隐匿自身偏好。外部压力越大，这样的"偏好伪装"也就越明显。理性的个体总想遵循"政治正确"，和大家保持一致。但是当有人"振臂一呼"，一个人带动两个人，两个人带动更多人，越来越多的人站出来表达对极端政治人物的支持。结果就是，连反对者也迫于外在压力，被裹挟着摇旗呐喊，积极行动。如此一来，一件小事，比如有人"振臂一呼"，或是电台大肆渲染，就能促成一项大家都意想不到的集体行动，导致重大后果。

有学者对卢旺达大屠杀的研究发现：广播电台的动员直接影响

---

① ［美］第默尔·库兰著，丁振寰、欧阳武译：《偏好伪装的社会后果》，长春出版社 2005 年版，第 1—30 页。

了杀戮。如果一个村庄能接收到屠杀动员的无线电广播，不仅增加了该村庄的暴行，还形成了"溢出效应"，带动其他邻近村庄参与杀戮。大约有五万名施暴者，约占整个大屠杀参与者的 10%，可归因于该广播电台的动员。[1] 如果广播等宣传的动员有助于促成集体行动，活跃的个体亦然。奥尔森提供了一些解决集体行动困境的方案。所谓"兵随将令草随风""一人善射，百夫决拾"，奥尔森认为"政治企业家"就扮演着集体行动协调人的作用。比如在美国，工会就曾充当"政治企业家"。从 1964 年到 2004 年的数据显示：不仅美国工会会员更愿意去投票，且工会会员的投票行为会带动一群乃至不是会员的选民去投票。如果劳工对工会的参与度保持在 1964 年的水平，美国最底层三分之一以及中间收入三分之一的两个群体投票率会各增加 3.5 个百分点。[2] 这两个 3.5 个百分点对美国选举结果的影响非常显著，对政治家的制约也非常显著。随着工会的衰落，"政治企业家"的缺位，美国劳动利益越来越得不到保护。这就是为何里根和撒切尔政府在推进"新自由主义改革"的时候，要严厉打击工会。"枪打出头鸟"，把政治企业家打下去，工人的集体行动自然销声匿迹。

不过，对比诸多方案，奥尔森更偏爱小集团的方案。小的集团更容易达成集体行动是因为小的集团更容易实施**"选择性激励"**（selective incentives），也就是要论功行赏、区别对待、赏罚分明。

---

[1] David Yanagizawa-Drott, "Propaganda and Conflict: Evidence from the Rwandan Genocide," *Quarterly Journal of Economics*, Vol. 129, No. 4, 2014, pp. 1947 – 1994.

[2] Jan Leighley and Jonathan Nagler, "Unions, Voter Turnout, and Class Bias in the U. S. Electorate, 1964 – 2004," *Journal of Politics*, Vol. 69, No. 2, 2007, pp. 430 – 441.

保护环境是公共品，而环保组织懂得怎样用"选择性激励"激励参与者。给环保组织捐款 50 美元的人会得到一个帆布手提袋；捐款5000 美元的人会得到一份晚宴邀请，还有机会见到名人；捐赠 50 万美元的人则能成为该组织董事会成员。美国退休者协会为广大退休人员服务，如果它游说政府扩大医疗保健范围，那么超过 65% 的公民会从中受益。但是退休者协会的领导人也深谙"选择性激励"的道理：所有会员每年只要缴纳 16 美元会费，他们将为会员提供保险折扣、邮购药品折扣、旅行折扣等好处。如果没有这些区别对待的激励措施，谁会加入这一协会？谁又会缴纳会费呢？如果集团越小，就越容易清晰地界定各个成员对集体的贡献，也越容易展开内部监督。这样，集团的领导人也更容易将得来的好处区别对待，使各个成员的贡献与报酬相匹配。小的集团也更容易通过声望激励个体行动。奥尔森指出，即便不依赖经济激励，小集团也更容易达成集体行动。"经济激励并不是唯一的激励，还有声望、尊敬等社会和心理目标。不过，社会压力和社会声望也只有在较小的团体中才会有作用。"因为，即便是社会声望的激励，在大团体中，每个成员微不足道；成员之间不可能彼此认识，因此不会是一个具有友谊的团体。[1]

所以，奥尔森认为列宁比较成功地运用了这一原则。他认为列宁试图解决这个问题：列宁在《怎么办》中叙述了共产党要依靠忠诚守纪、富有牺牲精神的少数人，而不能仅仅将希望寄托在无产阶级的共同利益。[2] 靠大多数解决不了问题，只能依靠革命人的小团体，才能积极行动起来，实现革命目标。

---

① ［美］曼瑟尔·奥尔森：《集体行动的逻辑》，第 70—72 页。
② 同上，第 129 页。

用奥尔森的逻辑，我们就能回答为何美国制造商能成功推动美元贬值；美国的蔗糖厂商为何能主导政策，而广大消费者则不能。事实上，在全世界都广泛存在这种小集团对多数人的掠夺。日本的保护主义政策让日本的消费者每年承受 1050 亿美元的损失，相当于 1989 年日本 GNP 的 3.6%。[①] 20 世纪 90 年代初的一项评估表明，美国对 21 个产业的保护几乎没有挽救什么工作机会，美国政府为了保护美国的 14 个产业，直接的经济损失为 250 亿美元，这些损失分摊到每个美国人头上，数额并不高，每人每年的负担为 13 美元。[②]

制造商是与政策利益攸关，且利益比较集中的利益集团。美元贬值让他们获得了具体的、显著的好处。因此制造商更容易联合。美国消费者是比较分散的群体。与生产商推动美元贬值所获得的巨大收益相比，美元贬值只对消费者的购买力产生了并不显著的影响。因此尽管消费者众多，他们却很难联合起来反对美元贬值。几轮美元贬值的过程中，美国国内几乎听不到反对的声音。[③] 美国出口集团主导了美元的几次贬值。生产者组成的利益集团一般都比消费者集团有更大的政治影响力。生产者一般根据产业组成利益集团，利益很集中，规模相对小。而消费者则是由来自不同职业、不同阶层、不同地区的人组成，背景各异，人数众多，各自的行为也不易监督，所以很难达成有效的集体行动。

① Yoko Sazanami, Shujiro Urata and Hiroki Kawai, *Measuring the Costs of Protection in Japan*, Washington DC: Institute for International Economics, 1995, p. 1.
② Gary Hufbauer and Kimberly Elliot, *Measuring the Costs of Protection in the United States*, Washington, DC: Institute for International Economics, 1994, p. 11.
③ Barry Eichengreen, *Globalizing Capital: A History of the International Monetary System*, Princeton: Princeton University Press, 1996, p. 152.

七　认同、公平感是否会影响理性选择?

理性选择政治经济学面临很多挑战和批评。有研究者指出，理性选择政治经济学重视逻辑推演，但是却罕有系统性的经验证据支撑。[①] 此外，以阶级、国家以及文化为中心的政治经济学对其构成了挑战。我们在接下来的几章会详细展示这些挑战。另一类挑战来自以个体为中心的政治经济学内部。这样的挑战不是演绎式的以个体为中心的分析，而是通过对个体的实验，展示"理性人"假定的不足。[②]

来自经济学内部的实验常常展示，人们在获得利益时比较保守，而在避免损失时更愿意采取冒险行动。实验经济学做过这样的实验，结果如下：

问题一　假定你比现在多 300 美元，你面临下列的选择：

A. 确定地增加 100 美元的收益。(72%)

B. 有 50% 的概率获得 200 美元，而有 50% 的概率获得 0 美元。(28%)

问题二　假定你比现在多 500 美元，你面临下列的选择：

A. 确定地损失 100 美元。(36%)

---

① ［美］唐纳德·格林、伊恩·夏皮罗：《理性选择理论的病变：政治学应用批判》，第 1 页。
② 下面资料参见黄琪轩：《比较政治经济学与实验研究》，《国家行政学院学报》2011 年第 2 期。

B. 有 50% 的概率损失 200 美元，而有 50% 的概率损失 0 美元。（64%）

实验结果表明：当面临损失的时候，有 64% 的实验参与者愿意采取冒险行动来挽回损失。在政治实验中，人们也是对失去更敏感。[①] 有国际关系研究者将此实验用于解释战争的起源。而在政治经济学领域，有研究者用它来解释拉丁美洲国内经济改革的时间和步伐。在政治经济决策中，个体对所得与所失的敏感程度是不一样的，大家往往对失去更敏感。这样一组研究在挑战"理性人"假定。

有政治学实验对歧视进行了研究。[②] 研究人员随心所欲地对一群人进行分组。（比如让实验参与者报数，然后按奇数与偶数把实验参与者分成两个组。）然后，研究人员给每个参与者一笔钱。他可以按任意比例将这笔钱分给两组成员。但是分钱者自己却不能获得这笔钱，这样做就避免了分钱者成为利益相关者。实验结果显示：大部分情况下，各组成员在分钱的时候，往往分给自己组员更大份额。该实验说明：人都需要有所归属，需要寻找认同，所以只要将人一分组，人们就会毫无理由地相互歧视。既然这么武断的划分标准（报数）都能带来歧视行为，那么按其他标准进行的"分组"，如疆界、肤色、语言等产生的歧视可能更为显著。认同与歧视的影响是广泛的，它们不仅影响政治经济决策，也会影响各国国内政治经济决策。在某些情况下，个人与群体对认同的诉求会让群体做出匪夷

---

① George Quattrone and Amos Tversky, "Contrasting Rational and Psychological Analyses of Political Choice," *American Political Science Review*, Vol. 82, No. 3, 1988, pp. 719 - 736.

② Jonathan Mercer, "Anarchy and Identity," *International Organization*, Vol. 49, No. 2, 1995, pp. 229 - 252.

所思的政治经济决策。理性选择常常以自利的个体演绎个人的偏好。而有经验研究则发现：个人对贸易的态度很大程度不是出于自利动机，国家经济状况会影响个体的贸易偏好。在发达国家，一般而言，失业者往往对外国商品的涌入更敏感。因为来自发展中国家的劳动密集型产品可能替换本土生产，让他们失业。但是有研究发现，不是收入在塑造贸易偏好，而是接受过什么教育。接受过大学教育的人会支持自由贸易，而获得职业技能教育的则不然。尽管职业教育提高了个体的技能，但却无助于让他们接受自由贸易的理念。通识教育而非专业教育让受教育者更加包容，世界观更加开放，用不同的观点看全球化，更拥护自由贸易。[1] 还有研究者发现大量的个体：尽管自己没有失业，自身福利没有受影响，但自己周围人的境遇仍会改变其偏好。爱国主义会影响个体对自由贸易的态度，而非个人利益。那些认为贸易对美国整体经济有负面影响的人（而不是给自身带来负面经济影响的人）往往更反对自由贸易。[2] 因此，很多人并非从个人利益看待贸易，而是从国家之间的输赢，群体之间的竞争理解贸易。[3] 有研究者收集了美国威斯康星州的数据发现，那里的农村民众有着强烈的阶级认同与农村地域认同，并有着强烈的"被剥夺感"。他们认为美国城市精英不尊重农村居民，也不尊重农村生活

---

① Jens Hainmueller and Michael Hiscox, "Learning to Love Globalization: Education and Individual Attitudes Toward International Trade," *International Organization*, Vol. 60, No. 2, 2006, pp. 469 – 498.

② Edward Mansfield and Diana Mutz, "Support for Free Trade: Self-Interest, Sociotropic Politics, and Out-Group Anxiety," *International Organization*, Vol. 63, No. 3, 2009, pp. 425 – 457. .

③ Diana Mutz, *Winners and Losers: The Psychology of Foreign Trade*, Princeton: Princeton University Press, 2021.

方式。他们宁可牺牲经济利益也要投票反对城市精英的提案。^① 不少统计、实验研究把"认同"引入个人决策是对理性选择的质疑。

理性选择告诉你，理性的个人对经济物品的需求多多益善。但实验结果却显示，个人常常出于公平考虑而拒绝"帕累托改进"。在分钱实验中，研究人员将 100 美金分配到各组，每组有两个参与者，第一个参与者负责资金分配，第二个参与者可以接受或者拒绝这项分配提议。如果分配方案被第二个参与者接受，那么双方按提议分得这笔钱；如果分配方案被第二个参与者拒绝，那么双方一无所获。理性选择的分析会推断：既然有一美金比没有一美金要好，第二个参与者会接受任何大于零的分配提案。实验结果却显示：分钱双方极少出现 99/1 的分配结果，而更多是接近 50/50 的分配方案。分配提案越靠近 99/1，那么提案被拒绝的概率越高。在一次试验中，76%的实验参与者将资金平均分配。^② 实验结果表明，尽管人们喜欢在收入上有所改善，但却厌恶不公平。这就是人们常说的"分银子都有人骂"，如果银子分得不公平，参与者宁可不要银子也不愿意别人得到更多。有实验发现，为了获得"友善"对待，或者为了惩罚那些"不友善"行为，人们也可以牺牲自己的物质利益。^③ 这些实验试图展示：从理性选择出发推断人们在现实生活中的行为，结论往

---

① Katherine Walsh, "Putting Inequality in Its Place: Rural Consciousness and the Power of Perspective," *American Political Science Review*, Vol. 106, No. 3, 2012, pp. 517 - 532.

② Richard Thaler, "Anomalies: The Ultimatum Game," *Journal of Economic Perspectives*, Vol. 2, No. 4, 1988, p. 198.

③ Matthew Rabin, "Incorporating Fairness into Game Theory and Economics," *The American Economic Review*, Vol. 83, No. 5, 1993, pp. 1281 - 1302.

往是有误导性的。政府部门在制定分配政策时，如果仅仅考虑改善民众收入，而忽略分配状况改善，政策遭到抵制的概率就会提高。政治经济学研究需要考虑人们的公平感、正义感，需要我们检验"荣誉""激情""爱国主义"等因素对人们政治经济行为的影响。

不过，这类挑战对理性选择构成的威胁与它们自身面临的问题一样多。理性选择的"理性人"其实是"平均人"。无论从演绎出发，还是从实验归纳开始，他们分析的都是普通人与"平均人"。那么，"平均人"是否可以用来分析重要的政治经济行为吗？分析普通选民或许可以，因为他们大部分是普通人，样本足够大时，极端个体就被掩盖了。分析官僚或许也合适，他们也接近普通人，且人数众多。但是分析一些政治家的行为，无论是理性选择还是实验研究就未必合适了。前面提到，弗里德曼列举了以色列农庄的例子，他指出加入集体农庄的人从来没有超过以色列人口的5%。因此，这部分重视平等的人在总人口中的比重，可能至多就是5%。生物学也常常展示人口中总有一部分人有强烈的利他主义倾向。社会学常常去研究一部分举止怪异的人。如果不是平均人，而是人口中一部分"反常人"进入了政治经济活动的中心，那结果会怎样？

以往有研究试图指出，个人的生理状况不同，会导致对战争与和平的选择不同。不少人认为：女性比男性更具和平主义倾向。[1] 因此，他们认为，女性掌权的社会，战争爆发的概率更低。有问卷调查显示，妇女更不愿意支持使用武力；妇女对人员伤亡也更为敏感；

---

[1] Benjamin Page and Robert Shapiro, *The Rational Public: Fifty Years of Trends in Americans'Policy Preferences*, Chicago: University of Chicago Press, 1992, p. 295.

一旦有人员伤亡，妇女对战争的支持会大大降低。[1] 但是，也有研究发现：女性决策者不同于普通女性认知。一旦女性决策者面临战争决策，她做出的选择可能与男性决策者并无二致。换句话说，就是女性领导人选择和平的概率并不比男性领导人高。女性领导人要在男性主导的政治环境中崛起，可能需要比男性领导人更具进攻性。[2] 有研究发现：在1480到1913年的欧洲国家，一个国家是女性领导人掌权时，比男性领导人更可能参与战争。在这段时期的欧洲，出嫁后的女王更可能采纳激进的安全策略，主动攻击其他国家。[3] 女性领导人不同于普通妇女。那么，男性领导人会和普通男性具有一样的特质吗？理性选择用领导人的"理性"去分析革命，和实验研究对普通人进行实验问题一样，他们都把目光聚焦到了"平均人"而不是"异常人"。但是，重大的政治经济变迁，常常就是一小撮"特立独行"的人推动的。

---

[1] Richard Eichenberg, "Gender Differences in Public Attitudes toward the Use of Force by the United States, 1990 – 2003," *International Security*, Vol. 28, No. 1, 2003, pp. 110 – 141.

[2] Mary Caprioli and Mark Boyer, "Gender, Violence, and International Crisis," *Journal of Conflict Resolution*, Vol. 45, No. 4, 2001, pp. 503 – 518.

[3] Oeindrila Dube and S. P. Harish, "Queens," *Journal of Political Economy*, Vol. 128, No. 7, 2020, pp. 2579 – 2652.

第五章

马克思与政治经济学中的新视角

罗伯特·海尔布隆纳如此评价马克思：马克思是资本主义体系所曾遭受过的最严肃、最敏锐的检视……不管你是否同意他的发现，人们都要尊重这位人类的先驱，他将其足迹不可磨灭地留了下来。[①]尽管马克思的名字和社会主义经济体制联系在一起，但他关于社会主义的论述却很少。相反，他透彻地研究了资本主义体系的经济运作，以及资本主义制度所产生的问题。[②] 马克思的巨著《资本论》经历了漫长的创作过程，历时 18 年。1851 年，马克思说，他将在 5 个星期内完成该著作。到了 1859 年，马克思说，他将在 6 个星期内完成写作。到了 1865 年，马克思说他已经完成了《资本论》的写作。实际上，此时马克思完成的是一大堆字迹模糊的手稿，还要用两年时间才能整理成《资本论》第一卷。1883 年马克思逝世后，还有 3 卷内容有待整理。1885 年，恩格斯整理出版了《资本论》第二卷；1894 年，恩格斯整理出版了第三卷。《资本论》第四卷，也就是我们所说的《剩余价值理论》由卡尔·考茨基（Karl Kautsky）整理，于 1905 年到 1910 年间陆续出版。考茨基在出版此书时，没有把它作为《资本论》第四卷，而是把它分成三卷独立出版。[③]

仅凭一部《资本论》，就可以奠定马克思对资本主义政治经济研究与批判的卓著声誉。近代以来研究资本主义有三位大家：卡尔·

---

① ［美］罗伯特·海尔布隆纳：《经济学统治世界》，第 141 页。
② ［美］史蒂文·普雷斯曼著，陈海燕等译：《思想者的足迹：五十位重要的西方经济学家》，江苏人民出版社 2001 年版，第 99 页。
③ 同上，第 130 页。

马克思、马克斯·韦伯（Max Weber）以及约瑟夫·熊彼特（Joseph Schumpeter），[1] 或许我们还可以加上维尔纳·桑巴特（Werner Sombart）。为了研究资本主义，并批判资本主义，马克思几乎读遍了以往的政治经济学理论。翻开马克思的著作，看一看其著作脚注，你就能发现他的阅读有多么广泛，引证有多么翔实。马克思有着毫无保留的批判精神，他的大量著作都包含"批判"一词，《资本论》的副标题就是：政治经济学批判。

事实上，马克思的研究远不止是对传统政治经济学的批判，他不仅有破，还有立。他在批判以"个体"为中心的政治经济学视角同时，引领了政治经济学中以"阶级"为中心的视角。社会事实和自然事实常常具有"涌现性"（emergent property）。如果研究者的分析单位改变，观察到的事实也会随之改变。诺贝尔物理学奖得主菲利普·安德森（Philip Anderson）的一本著作主标题名为《更多就不同》。[2] 尽管从一个单个的水分子中，你观察不到"湿"的属性；但是当诸多水分子汇聚到一起，你就可以观察到水具有"湿"的特征；单个电子不可能产生"超导"现象。所谓"单丝不成线，独木不成林"，当一缕缕丝组合变成线，一棵棵树木聚集成森林时，个体汇聚而成的整体会显示出个体原本不具备的特征。正如"统治原子世界的规律和统治粒子世界的规律不一样"，以个体为中心的政治经济学核心机制和以阶级为中心的政治经济学核心机制也大不相

---

[1] Tom Bottomore, *Theories of Modern Capitalism*, New York: Routledge, 2010, pp. 1 – 14.

[2] Philip Anderson, *More and Different: Notes from a Thoughtful Curmudgeon*, London: World Scientific, 2011, pp. 137 – 139.

同。"每一个层次都有独立的理论出现";每一个分析视角都有自身的机制生成。在以斯密为代表的以个体为中心的政治经济学中,呈现思想家所展示的"自由而和谐"的政治经济体系;在马克思以"阶级"为中心的政治经济学中,则呈现出该体系显著的"强制与冲突"。

一 为何巴西工人没能从"经济奇迹"中受益?

二战结束以后,巴西经济表现不俗,尤其是在 20 世纪六七十年代创造了举世瞩目的"经济奇迹"。巴西国际地位也在迅速提升,此时的巴西被视为国家引导的工业化的成功典范。[①] 巴西经济增长速度、工业化水平、国际直接投资总量、基础设施建设等均取得了长足进展。

1967 年到 1973 年,巴西国内生产总值以年均 11.5% 的速度增长,与此同时,巴西工业化取得了巨大成绩,制造业以年均 12.9% 的速度增长。其中,钢铁产量从 1964 年的 280 万吨增加到 1976 年的 920 万吨;轿车产量从 1964 年的 18.4 万辆增加至 1976 年的 98.6 万辆,而且巴西生产的轿车有着较强的国际竞争力,大部分轿车出口到海外市场。[②] 这一时期,巴西出口保持了强劲增长势头,1968

① Gabriel Ondetti, *Land, Protest, and Politics: The Landless Movement and the Struggle for Agrarian Reform in Brazil*, Pennsylvania: The Pennsylvania State University Press, 2008, p. 57.

② Teresa Meade, *A Brief History of Brazil*, pp. 167 – 168.

年巴西出口总额为 19 亿美元，到 1973 年达到 62 亿美元。尤其值得注意的是巴西制成品出口不断攀升，年均增长 38%。1968 年，巴西制成品出口金额为 4 亿美元；到 1973 年，增长至 20 亿美元；所占出口总额比重也从 20.3% 增长至 32.4%。[1] 随着巴西制成品出口越来越多，巴西出口也呈现多样化趋势，这让巴西摆脱了长期依靠咖啡出口的局面，展现了巴西产业升级与国际竞争力的提升。这一时期，国际投资者对巴西充满信心，大量外资涌入巴西。1964 年，巴西国际直接投资额为 4740 万美元；到 1980 年，巴西吸引的国际直接投资额达到了 14.61 亿美元，增长了近 31 倍。[2] 不仅如此，巴西还大力发展基础设施，修建横跨亚马逊丛林的高速公路，动工修建当时世界上规模最大的水电工程——伊泰普水电站，成立巴西国家航空公司，开工新建核电项目。

1980 年，巴西人均收入要高于当时的港英时代的香港、韩国、新加坡以及中国台湾地区。[3] 但是，人均收入增长常常掩盖巴西收入与分配不平等的现实，巴西工人却没有从"经济奇迹"中获益。

巴西军政府上台以后，竭力压低工人工资，使得工资涨幅低于通货膨胀。同时，军政府还撤销了工人一项重要权利，即拥有 10 年以上工龄的工人享有职业稳定的权利。[4] 这让劳工群体更加无权。巴西实施的最低工资实际购买力在不断下降。军政府统治期间，巴西

① Riordan Roett, *Brazil: Politics in a Patrimonial Society*, Westport: Praeger, 1999, pp. 149 - 150.
② Jorg Meyer-Stamer, *Technology, Competitiveness and Radical Policy Change: The Case of Brazil*, London: Frank Cass & Co. Ltd., 1997, p. 40.
③ Eul-Soo Pang, *The International Political Economy of Transformation in Argentina, Brazil, and Chile Since 1960*, p. 124.
④ ［巴西］博勒斯·福斯托:《巴西简明史》，第 261 页。

最低工资实际购买力至少降低了 25%。① 如果把 1959 年 1 月的最低工资指数定为 100，到 1973 年 1 月，这项指数降至 39。1972 年，52.5% 的巴西民众生活水平还达不到当时最低工资水平。② 1985 年，巴西实施的最低工资购买力还不到 1940 年的 50%。根据一项调查，1985 年，77.7% 的圣保罗工人收入比 1940 年时的最低工资还要少。③

这和不少马克思主义政治经济学家的预测相一致，在资本主义社会，经济增长的好处往往被资本家所攫取，工人难以分到好处。资本家与工人的经济利益是冲突的。工人创造了价值，却分得甚少。马克思在分析资本主义时有一个基本分析单位，就是阶级。马克思乃至指出：至今一切社会的历史都是阶级斗争的历史。④ "阶级" 在马克思的著作中反复出现。《资本论》第三卷最后一章的题目就叫"阶级"，但是马克思只写了一个片段，他写了一页半就中断了。⑤ 马克思指出："地租、利润、工资这三大收入形式相适应的发达资本主义社会的三大阶级，即土地所有者、资本家、雇佣工人。"⑥ 在《路易·波拿巴的雾月十八日》中，马克思认为阶级是"数百万家庭的经济条件使他们的生活方式、利益和教育程度与其他阶级的生活方

---

① Thomas Skidmore, *The Politics of Military Rule in Brazil: 1964 - 1985*, New York: Oxford University Press, 1988, pp. 222 - 223.

② [巴西] 博勒斯·福斯托：《巴西简明史》，第 270—271 页。

③ Ignacy Sachs, "Growth and Poverty: Some Lessons from Brazil," in Jean Dreze and Amartya Sen, eds., *The Political Economy of Hunger*, *Volume 3: Endemic Hunger*, New York: Oxford University Press, 1991, p. 107.

④ 《马克思恩格斯选集》(第一卷)，第 250 页。

⑤ [英] 亨利·威廉·斯皮格尔：《经济思想的成长》(上)，第 401 页。

⑥ 《资本论》(第三卷)，人民出版社 2004 年版，第 1001 页。

式、利益和教育程度各不相同并互相敌对，就这一点而言，他们是一个阶级"。① 列宁在马克思的基础上做了总结，指出："所谓阶级，就是这样一些大的集团，这些集团在历史上一定的社会生产体系中所处的地位不同，同生产资料的关系（这种关系大部分是在法律上明文规定了的）不同，在社会劳动组织中所起的作用不同，因而取得归自己支配的那份社会财富的方式和多寡也不同。"② 更多时候，马克思将资本主义社会的阶级结构简化为资产阶级与无产阶级，两个阶级始终处于对立与斗争状态。为什么这两个阶级会如此对立，而不能合作呢？

马克思的政治经济学揭示了资本主义制度下工人与资本家不平等的权力关系。在这种权力关系下，资本家阔步向前，而拥有劳动力的工人则跟在资本家后面。资本家摆着一副像模像样的姿态；而工人则畏首畏尾，一副憋屈的样子。"原来的货币占有者作为资本家，昂首前行；劳动力占有者作为他的工人，尾随于后。一个笑容满面，雄心勃勃；一个战战兢兢，畏缩不前，像在市场上出卖了自己的皮一样，只有一个前途——让人家来鞣。"③ 马克思主义者认为资本主义制度是"剥削"（exploitation）的。核心的阶级关系是剥削关系。④

那么，为什么是资本家剥削工人，而不是工人剥削资本家呢？马克思认为这是因为资本家与工人二者在自由市场上的权力是不对

---

① 《路易·波拿巴的雾月十八日》，人民出版社 2001 年版，第 105 页。
② 《列宁选集》（第四卷），人民出版社 2012 年版，第 11 页。
③ 《资本论》（第一卷），第 205 页。
④ ［英］鲍勃·密尔沃德著，陈国新等译：《马克思主义政治经济学：理论、历史及其现实意义》，云南大学出版社 2004 年版，第 18 页。

等的。正如马克思所说："在平等的权利之间，力量就起决定作用"。① 这句话是马克思典型的政治经济分析。资本主义最重要的要素之一就是永不停歇，贪得无厌地榨取财富的强烈需求。之所以会产生这样无穷欲望，是因为财富与权力是不可分割的。资本在很大程度上具有指挥他人和让他人服从的力量，这就是权力。② 资本家何以获得了这一权力？亚当·斯密在《国富论》中就强调了这一点：雇主人数较少，能更加容易地联合起来。这符合奥尔森"集体行动的逻辑"，小集团更容易联合。斯密也看到了法律对资本家的偏袒，资本家持有资本，在劳资冲突中能维持更久。

在 1885 年，美国发生了白人矿工针对华工的"石泉镇惨案"，有 28 名华工遇害，15 人重伤。这一惨案发生后，怀俄明州的州长派出军队，在当地驻扎了十四年。为何美国州政府要派出军队保护华工？在马克思主义者看来，这也是政府保障资本积累的需要。在 1875 年之前，这里的矿工都是白人劳工。他们常常联合起来发动罢工。有鉴于此，公司开始调整策略，向当地输入了 400 名华工。这是资本家为了抵制白人罢工而推行的一项战略。在惨剧爆发前几个月，矿主就认识到只要有华工被雇佣，任何罢工都组织不起来，因为华工从不参加罢工。在马克思主义者看来，这是资本家用种族问题分化工人的策略。当然，资本家并非慈善家，在 20 世纪 20 年代，在这些华工丧失劳动能力时，美国资本家又将他们送回了中国。③ 马

① 《资本论》（第一卷），第 272 页。
② ［美］罗伯特·海尔布隆纳著，马林梅译：《资本主义的本质与逻辑》，东方出版社 2013 年版，第 19 页。
③ 王元崇：《中美相遇：大国外交与晚清兴衰（1784—1911）》，第 312—324 页。

克思在《资本论》中将斯密对劳资关系的这几点放大、强化，并从中揭示资本主义的"剥削"性。即便在自由市场，工人与资本家讨价还价的地位也不平等。

首先，资本家拥有生产资料，而工人不具备。马克思笔下的工人是无产者。最早的无产阶级并非蓝领工人，也并非男性，而是源于古代下层社会的妇女。"无产阶级"一词源自拉丁语"后代"，是指那些贫困潦倒，除了子宫便无以报效国家的妇女。这些"上无片瓦遮身，下无立锥之地"的古代妇女一无所有，难以为经济做贡献，惟有为社会制造劳动力，生育小孩。① 作为少数人的资本家垄断了生产资料，而人数众多的劳动者却没有生产资料。当劳动者不能独立生产时，资本家与工人之间的权力关系就产生了。劳动者可以自由做出两种选择：出卖劳动力或者饿死。"工资决定于资本家和工人之间的敌对的斗争。胜利必定属于资本家。资本家没有工人能比工人没有资本家活得更长久。"②

其次，资本家与工人二者还存在一个差异，就是资本家手中的资本能储备，而劳动者拥有的劳动力则不能。对劳动者来说，劳动力的出卖比其他商品的出卖更具迫切性。马克思指出，"劳动能力不卖出去，对工人毫无用处，不仅如此。工人就会感到一种残酷的自然必然性"。③ 资本家拥有资本，而工人拥有劳动力。在面临罢工的时候，资本家可以将资本储备起来；而工人却不能将劳动力储备起

---

① ［英］特里·伊格尔顿著，李杨等译：《马克思为什么是对的》，新星出版社 2011 年版，第 171 页。
② 《马克思恩格斯全集》（第三卷），人民出版社 2002 年版，第 223 页。
③ 《资本论》（第一卷），第 201—202 页。

来，留作将来使用。可以储备的资本与不能储备的劳动力竞争，工人与资本家讨价还价的余地就大打折扣。

再次，资本主义的国家是资本家对抗工人的工具。在马克思眼中，国家权力并不是中立的。资本主义的国家权力服务于资本主义的经济运行。在劳资冲突的过程中，"资本家的联合是常见的和有效的，工人的联合则遭到禁止并会给他们招来恶果"①。《谢尔曼反托拉斯法》原本用来阻止大企业垄断行为，但是法官却用它来发布禁止罢工的禁令。为反对美国铁路工人罢工，时任司法部长的奥尼尔找到两条理由：罢工阻碍了邮件传递；也违反了《谢尔曼反托拉斯法》。奥尼尔说服史蒂芬·克利夫兰总统（Stephen Cleveland）调遣上千名军警保护火车。值得一提的是，此时的奥尼尔是好几家铁路公司的董事会成员。因此，路易斯·布兰戴斯（Louis D. Brandeis）大法官在1922年的一封信里写道："不要过于相信立法。国家干预很容易落到别有用心的人手里，并成为他们压迫大众的工具。"②

最后，马克思提到庞大的**"产业后备军"**（industrial reserve army）让资本家能赢得劳资冲突。马克思指出："过剩的工人人口形成一支可供支配的产业后备军，它绝对地隶属于资本，就好像它是由资本出钱养大的一样。"③ 在职工人容易被这支"产业后备军"所替换。在2015年，世界上四分之三的工人是临时工、散工或自由职

---

① 《马克思恩格斯全集》（第三卷），第223页。
② ［美］拉古迈拉·拉詹、［意］路易吉·津加莱斯著，余江译：《从资本家手中拯救资本主义》，中信出版社2004年版，第44页。
③ 《资本论》（第一卷），第728—729页。

业者。① 当不少人抱怨：随着美国"去工业化"的推进，有稳定收入和福利的制造业岗位变得越来越稀缺。"没受过大学教育的白人劳工"只能在工资更低、福利更差、工作时间更不规律的服务业工作，如快餐业。他们经常遭遇失业，或难以充分就业。在马克思主义者看来，失业是资本家所期望的，他们把失业当作破坏工人运动的手段。② 职业不安全感削弱了工人对抗资本家的能力。由于这种不平等关系，资本家可以随心所欲地占有工人的剩余价值。那么，资本家与工人之间的关系为什么是"剥削"与"被剥削"，而不是"自由""平等"的交换呢？这和马克思提出的价值论相关，即劳动价值论（labor theory of value）。

亚当·斯密相信在人类社会早期阶段，土地被私人占有之前，劳动是唯一的价值源泉；李嘉图则将土地排除在考虑之外，认为土地只是价值的索取者而不是创造者。至于资本，李嘉图认为创造了"百分之六七"的价值，这是斯蒂格勒后来所宣称的：李嘉图是"93%的劳动价值论"。③ 马克思的"劳动价值论"比斯密和李嘉图彻底，马克思认为只有劳动才能创造价值，资本家只是占有了工人创造的价值。

首先，在马克思看来，没有人类社会，没有人类劳动，就无从谈价值。有畅销书作家曾问这样的问题，如果没有了人类，地球上

---

① ［加拿大］亨利·海勒著，余达淮、刘沛好译：《马克思主义的资本主义史》，江苏人民出版社 2020 年版，第 116 页。
② ［埃及］萨米尔·阿明著，丁开杰等译：《全球化时代的资本主义——对当代社会的管理》，中国人民大学出版社 2005 年版，第 15 页。
③ ［美］罗伯特·海尔布罗纳著，陈小白译：《改变世界的经济学家》，华夏出版社 2016 年版，第 131 页。

最后一盏灯将在多久以后熄灭？有人会说，现代机器生产本身也创造价值。而马克思说，这些机器就是过去的劳动，是以金属形式储藏的过去的劳动。"机器不在劳动过程中服务就没有用。不仅如此，它还会由于自然界物质变换的破坏作用而解体。铁会生锈，木会腐朽。"① 正是由于人类的劳作，维系了人类社会存续。人类社会劳动分工与物品交换，让"价值"得以体现。

其次，在马克思看来，价值不是单个人的属性，而是一种社会现象和社会关系。以个体为中心的政治经济学难以理解马克思所谓的价值，因为在他们的眼中忽视了社会关系。在马克思看来，价值不是物，而是商品生产者之间相互交换劳动的关系。人类改造自然的物质生产活动，在其他条件相同的情况下，等量劳动具有等量价值。人类社会存在分工合作，并根据各自付出的劳动进行交换。在马克思看来，土地不是商品，因为它不能由工人劳动再生产出来。同样，一片未开垦的土地，因为没有人类劳动凝聚其中，所以土地只有价格而没有价值。地主获得的地租仅是凭借土地所有权向社会无偿征收的贡赋。

再次，并非所有人类劳动都创造价值，价值离不开人类改造自然的物质生产活动。尼日利亚影视业发展迅速，在全球市场占据一席之地，但马克思则会认为相关从业者并不创造价值。在马克思眼中，只有生产性劳动才能创造价值。这样的价值论和马克思以社会为中心的视角密不可分。社会维系需要改造自然，从事粮食、衣物等物质生产。就个人谋生而言，一个人可以通过参加任何形式的劳

---

① 《资本论》（第一卷），第 214 页。

动分工，如从事演艺行业获取收入。如此一来，个人可以通过多样途径，包括非生产性的劳动来满足自身物质生活需求。但是，一个社会的维系却需要生产性劳动。改造自然的物质生产活动为人类丰富多彩的各类生产和生活奠定了物质基础，像影视业等非生产性劳动只有在生产性劳动发展的基础上才能得到充分发展。因此在马克思看来，从维系社会存续的角度出发，改造自然的物质生产劳动是其他一切劳动形式产生的基础和起点，才能创造价值。名誉、美貌、权力等没有马克思所谓的"价值"。发达国家诸多高附加值产业并不创造价值，它们只是在分配价值。如果一个社会只有研发、广告、营销等高附加值产业，而没有足够劳动力从事改造自然的物质生产活动，则该社会难以存续。

马克思认为，资本主义生产过程中，资本家会去购买原材料、厂房以及劳动力。这些可以简单划分为两部分，不变资本与可变资本（constant capital and variable capital）。厂房、机器、原材料都属于不变资本，它们不会产生新的价值。它们在生产过程中被耗费，它们的价值会转化进入新的产品。由于没有新的劳动加入，因此它们是不变资本，不会创造新的价值。单单靠这些不变资本，资本家没法发财致富，他需要找到一种特殊商品。资本家找到了，他"在市场上发现这样一种商品，它的使用价值本身具有成为价值源泉的独特属性……这样一种独特的商品，这就是劳动能力或劳动力"。[①]

可变资本就是用来购买劳动力的那部分资本，这是能给资本家带来价值增殖的部分。马克思指出，"劳动力的价值和劳动力在劳动

① 《资本论》（第一卷），第 194—195 页。

过程中的价值增殖，是两个不同的量。资本家购买劳动力时，正是看中了这个价值差额"。① 商品的价值是由生产这种商品的社会必要劳动时间决定。而社会必要劳动时间是：在现有的社会正常的生产条件下，在社会平均的劳动熟练程度和劳动强度下制造某种使用价值所需要的劳动时间。② 劳动力有价值，而且"同任何其他商品的价值一样，劳动力的价值也是由生产从而再生产这种独特物品所必要的劳动时间决定的"③。

第一，工人要维持自己的生存。马克思指出，因此"生产劳动力所必要的劳动时间，可以归结为生产这些生活资料所必要的劳动时间，或者说，劳动力的价值，就是维持劳动力占有者所必要的生活资料的价值"④。第二，工人需要维持家庭生存。要保证资本主义制度能继续下去，工人不仅要自己谋生，而且要结婚生子，为资本家提供未来的工人。"因此，生产劳动力所必需的生活资料的总和，要包括工人的补充者即工人子女的生活资料，只有这样，这种特殊商品所有者的种族才能在商品市场上永远延续下去。"⑤ 马克思指出：一个工人的劳动力价值和任何别的商品价值一样，就是用它的生产成本所耗费的劳动时间衡量。比如说，如果生产一个工人及其家庭一天生存所需的物品，需要花费 6 小时劳动时间，那么他一天的劳动力价值就是 6 小时。此时，资本家和工人进行"等价交换"，资本家付给工人 6 个小时的工资，在这一天内，"劳动力就像出租一

---

① 《资本论》（第一卷），第 225 页。
② 同上，第 52 页。
③ 同上，第 198 页。
④ 同上，第 199 页。
⑤ 同上，第 199—200 页。

天的任何其他商品（例如一匹马）一样，归资本家使用"①。马克思指出，资产阶级的政治经济学把工人当作马，"工人完全像每一匹马一样，只应得到维持劳动所必需的东西"。②

那么，如果资本家只让工人每天工作 6 个小时，他能赚钱吗？当然不能。所以，资本家会延长工人的劳动时间。工人全部劳动时间分为两个部分：必要劳动时间和剩余劳动时间。前面 6 个小时就是工人的必要劳动时间，而资本家延长的部分，就成了剩余劳动时间，这是剩余价值（surplus value）的来源。"剩余价值都只是来源于劳动在量上的剩余，来源于同一个劳动过程的持续时间的延长。"③ 马克思指出：价值增殖过程不外是超过一定点而延长了的价值形成过程。④

资本家付给工人 6 小时工资，却让他工作一整天，比如 12 小时。"劳动力维持一天只费半个工作日，而劳动力却能劳动一整天。因此，劳动力使用一天所创造的价值比劳动力自身一天的价值大一倍"。⑤ 所以马克思强调，资本主义的自由、平等只局限在流通领域。在流通领域，工人和资本家等价交换。工人卖给了资本家劳动力的使用权，"劳动力的买和卖是在流通领域或商品交换领域的界限以内进行的，这个领域确实是天赋人权的真正乐园"。⑥ 说它是自由的，是因为劳动力的买者和卖者，根据自身自由意志进行买卖；说它是平等的，是因为它们的交换遵循了等价交换的原则。资本家根据劳

---

① 《资本论》（第一卷），第 216 页。
② 《马克思恩格斯全集》（第三卷），第 232 页。
③ 《资本论》（第一卷），第 230 页。
④ 同上，第 227 页。
⑤ 同上，第 226 页。
⑥ 同上，第 204 页。

动力价值，支付给工人工资。但一旦进入生产领域，资本主义就没有了自由和平等，在工人必要劳动时间以外，资本家会延长工人剩余劳动时间，来获得剩余价值。因此，"资本主义生产不仅是商品的生产，它实质上是剩余价值的生产。工人不是为自己生产，而是为资本生产"。[①]

马克思指出："资本主义生产——实质上就是剩余价值的生产，就是剩余劳动的吸取——通过延长工作日，不仅使人的劳动力由于被夺去了道德上和身体上的正常发展和活动的条件而处于萎缩状态，而且使劳动力本身未老先衰和过早死亡。"[②] 在早年马克思的作品《1844 年经济学哲学手稿》中，马克思做了详细的摘录笔记：有些工人每天紧张劳动 16 小时，才勉强买到不致饿死的权利。[③] 为了获得更多剩余价值，资本家会不断延长工人的剩余劳动时间。在马克思写作的年代，资本家大都靠延长工人劳动时间赚取利润。马克思描写当时的铁路工人：在 10 到 12 年以前，他们每天只劳动 8 小时。但是在最近 5 到 6 年的时间里，铁路工人的劳动时间延长到了 14、18 甚至 20 小时。[④] 这样的情况在马克思的著作中反复出现。马克思在《资本论》第十章《工作日》中引用了恩格斯《英国工人阶级状况》的素材以及当时的政府报告与新闻，这些材料栩栩如生。大量工人因为过度劳动而残疾、死亡。由于过度劳动，面包工人很少活到 42 岁；锅炉工人连续工作超过 29 小时；铁路工人由于疲惫不堪，

---

① 《资本论》（第一卷），第 582 页。
② 同上，第 307 页。
③ 《马克思恩格斯全集》（第三卷），第 237 页。
④ 《资本论》（第一卷），第 293 页。

事故频发；10 岁的小女孩从小就当了童工，由于得不到教育，把上帝（God）念成狗（Dog）。为了获取更多剩余价值，资本家罔顾工人幸福、健康与安全。马克思看到资本主义生产的残酷性，"如果但丁还在，他一定会发现，他所想象的最残酷的地狱也赶不上这种制造业中的情景"。①

因此马克思把资本比作吸血鬼，比作狼。总之，资本需要靠吸取劳动者的鲜血才能存活。在马克思眼中，资本不是一种物，而是一种以物为媒介的人与人之间的社会关系。"作为资本家，他只是人格化的资本。他的灵魂就是资本的灵魂。而资本只有一种生活本能，这就是增殖自身，获取剩余价值，用自己的不变部分即生产资料吮吸尽可能多的剩余劳动。资本是死劳动，它像吸血鬼一样，只有吮吸活劳动才有生命，吮吸的活劳动越多，它的生命就越旺盛。"② 这种剥削和榨取给工人造成了极大伤害，"资本由于无限度地盲目追逐剩余劳动，像狼一般地贪求剩余劳动，不仅突破了工作日的道德极限，而且突破了工作日的纯粹身体的极限。它侵占人体成长、发育和维持健康所需要的时间。它掠夺工人呼吸新鲜空气和接触阳光所需要的时间"。③ 要知道，靠单个资本家好心，改变不了资本主义的残酷性。马克思指出，这"不取决于个别资本家的善意或恶意。自由竞争使资本主义生产的内在规律作为外在的强制规律对每个资本家起作用"。④

---

① 《资本论》（第一卷），第 286 页。
② 同上，第 269 页。
③ 同上，第 306 页。
④ 同上，第 312 页。

由于资本家要尽最大限度剥削工人，工人难以分享经济增长带来的好处。不仅巴西如此，在其他资本主义国家同样如此。在二战后的韩国，企业长期实行的是最大限度地降低劳工工资，最大限度地延长劳工时间。从 20 世纪 50 年代到 80 年代中期，韩国工人工资一直被压得很低。尽管在 1981 年韩国的劳动生产率提高了 16%，但韩国工人的实际工资却下降了 5%。[①] 战败后的日本，为了恢复资本主义秩序，国家无视社会保障制度、公共服务，国民福利被压缩到相当低的水平。"都市、住宅和国民生活"都被遗忘了。[②] 事实上，美国工人的状况亦是如此。自 20 世纪 70 年代以来，美国联邦政府和国会让最低工资降幅超过了 40%。[③] 1968 年，经通货膨胀调整后的联邦最低工资时薪为 9.54 美元；到 2014 年，降低为 7.25 美元。[④] 在 20 世纪五六十年代，拿最低工资的工人可以挣到全行业平均工资的 45%；到 2006 年，最低工资已经不到平均工资的 21%。[⑤] 资本家的剥削使得普通民众难以分享经济增长带来的好处。

资本家之所以如此渴求钱财，不仅是出于贪念。在资本主义社会，资本家面临同行无休止的竞赛，他必须努力积累资本。正如资

[①] Bruce Cumings, "The Origins and Development of the Northeast Asian Political Economy: Industrial Sectors, Product Cycles, and Political Consequences," in Frederic Deyo, ed., *The Political Economy of the New Asian Industrialism*, Ithaca and London: Cornell University Press, 1987, p. 80.

[②] ［日］井村喜代子著，季爱琴等译：《现代日本经济论》，首都师范大学出版社 1996 年版，第 136—137 页。

[③] ［美］拉里·巴特尔斯：《不平等的民主：新镀金时代的政治经济学分析》，第 25 页。

[④] ［美］约瑟夫·斯蒂格利茨著，张昕海译：《重构美国经济规则》，机械工业出版社 2017 年版，第 79—80 页。

[⑤] ［美］拉里·巴特尔斯：《不平等的民主：新镀金时代的政治经济学分析》，第 229—230 页。

本家靠资本的强制力剥削工人一样，资本家也缺乏选择，一个外在的强制力在驱使资本家。他不是积累，就是被别人积累。[①] 在马克思看来，资本家只是作为人格化的资本执行职能。凭借对生产资料的占有，资本家获得了相应的"权力"，能支配工人，剥削工人，无偿占有其劳动。在这样的社会下，无论经济繁荣抑或萧条，作为劳动者乃至资本家的生活注定是紧张的、悲苦的。巴西经济奇迹难以给普通民众带来好处。这和以个体为中心的政治经济学者眼中的世界大相径庭，自由主义者要么认为巴西缺乏对外经济联系，因而普通民众难以从国际分工中获得好处；要么认为巴西有诸多的国家干预，因而扭曲了普通民众创造财富的激励等。这也和以国家为中心的政治经济学分析大不相同，该学派认为巴西的困境源于国家自主性的缺失和国家能力的不足。在马克思主义者看来，不仅巴西如此，即便在发达资本主义国家，不占有生产资料的工人生活注定处于被剥削，被支配的地位，其生活亦是悲苦的。

二 为什么日本人的幸福感下降了？

1958 年到 2004 年，日本人均收入几乎提高了 7 倍，但日本人的幸福程度却轻微地下降了。[②] 物质生活的进步并没有带来快乐的增加，在不少地方甚至伴随着痛苦的增长。亨利·福特（Henry Ford）很早开始用流水线生产汽车，同时将工人工资翻番——从每天 2.5

---

① ［美］罗伯特·海尔布隆纳：《经济学统治世界》，第 131 页。
② Gregory Clark, *A Farewell to Alms: A Brief Economic History of the World*, p. 375.

美元上涨到 5 美元。不过，我们却很少注意到汽车流水线作业给工人带来的伤害。1914 年，一位工人的妻子给福特写信："你们所使用的生产线是一种奴隶驱赶装置，我的上帝。福特先生，我的丈夫回家以后一头卧倒，他太累了，难道不能进行改进？"有人指责福特，把工资提高了 61%，把劳动生产率提高了 362%。[①] 这样的状况在当今资本主义社会并不少见，物质生活提高的同时，民众幸福感却在降低。

2013 年，盖洛普咨询公司公布了一项调查，这项调查涵盖全球142 个国家的 22 万职员。调查结果显示：2011—2012 年，只有 13% 的人真心喜欢自己的工作，并愿意为他们的公司做出积极贡献。[②] 2013 年，有一项对英国工人的调查显示，37% 的英国工人认为他们的工作毫无意义。[③] 为什么伴随着物质财富增加，人们却变得不喜欢自己的工作，乃至不喜欢自己所过的生活？

马克思主义者会认为，在资本主义制度下，工人阶级的贫困化也会体现在精神层面。在马克思后期著作中，他没有再坚持工人工资会持续下降："在工人自己所生产的日益增加的并且越来越多地转化为追加资本的剩余产品中，会有较大的部分以支付手段的形式流回到工人手中，使他们能够扩大自己的享受范围，有较多的衣服、家具等消费基金，并且积蓄一小笔货币准备金"。[④] 在马克思看来，

---

① 李剑鸣主编：《世界现代化的历程》（北美卷），江苏人民出版社 2012 年版，第 128 页。
② 参见盖洛普网站（http://www.gallup.com）2013 年 10 月发布的报告 "Worldwide, 13% of Employees Are Engaged at Work"。
③ 参见 YouGov 网站（https://yougov.co.uk）2013 年发布的报告，"37% of British workers think their jobs are meaningless"。
④《资本论》（第一卷），第 713—714 页。

工人的贫困化在物质层面是相对贫困，同时，还包含着精神层面的贫困。马克思在早年作品《1844 年经济学哲学手稿》中提出了"异化"（alienation）一词，该词出自拉丁语（alius），是其他、他人、他者的意思。在《资本论》中，马克思用"拜物教"来描述同类现象，展示生活在资本主义条件下的人逐渐丧失对自己作为人类所具有的控制力，变得无能为力、意义全无、孤立无援、自我疏远。异化在资本主义经济中表现为四个方面。

首先，劳动者与劳动产品相异化。工人生产出劳动产品，他亲手创造出来的劳动产品却变成了异己的力量，甚至变成反对他的力量。"劳动所生产的对象，及劳动的产品，作为一种异己的存在物，作为不依赖于生产者的力量，同劳动相对立。"① 为什么会出现这一现象呢？因为工人生产的劳动产品归资本家所有，无论他生产多少，他都不能占有劳动产品。他生产得越多，资本家越强大，工人就越依附于资本家。"对象的占有竟如此表现为异化，以致工人生产的对象越多，他能够占有的对象就越少，而且越受他的产品即资本的统治。"② 马克思指出："劳动为富人生产了奇迹般的东西，但是为工人生产了赤贫。劳动创造了宫殿，但是给工人创造了贫民窟。劳动创造了美，但是使工人变成畸形。劳动用机器代替了手工劳动，但是使一部分人回到野蛮的劳动，并使一部分工人变成机器。劳动生产了智慧，但是给工人生产了愚钝和痴呆。"③ 工人生产的劳动产品最终都走向了自己的反面。马克思还说："工人生产得越多，他能够消

---

① 《马克思恩格斯全集》（第三卷），第 267 页。
② 同上，第 268 页。
③ 同上，第 269 页。

费的就越少；他创造价值越多，他自己越没有价值，越低贱；工人的产品越完美，工人自己越畸形；工人创造的对象越文明，工人自己越野蛮；劳动越有力量，工人越无力；劳动越机巧，工人越愚钝，越成为自然界的奴隶。"[1] 因此，"工人在劳动中耗费的力量越多，他亲手创造出来反对自身的，异己的对象世界的力量就越大，他本身，他的内部世界就越贫乏，归他所有的东西就越少"。[2] 这意味着他给予对象的生命作为敌对的和异己的东西同他相对立。[3] 工人创造的产品越多，他就变成廉价的商品。物的世界增殖同人的世界的贬值成正比。[4] 工人亲手创造的劳动产品成了外在于他，反对他的物品。这是工人同自己生产的产品异化。

其次，劳动者同劳动过程异化。在马克思看来，劳动应该成为人生活的第一需要。在劳动过程中，工人实现自我价值，能够得到自我肯定。因此真正的劳动要实现人的自由而全面的发展。马克思在《德意志意识形态》中描述了理想的劳动状态："我有可能随自己的兴趣今天干这事，明天干那事，上午打猎，下午捕鱼，傍晚从事畜牧，晚饭后从事批判，这样就不会使我老是一个猎人、渔夫、牧人或批判者。"[5] 马克思主义对政治经济安排的美好设想是：对富足的承诺并非意味着源源不断的物品，而是人们用最少不愉快的努力就能实现充足。[6] 但是在资本主义条件下，劳动过程有两个特性：工

---

① 《马克思恩格斯全集》（第三卷），第 269 页。
② 同上，第 268 页。
③ 同上，第 268 页。
④ 同上，第 267 页。
⑤ 《马克思恩格斯全集》（第一卷），第 85 页。
⑥ G. A. Cohen, *Karl Marx's Theory of History: A Defence*, Princeton: Princeton University Press, 2000, p. 307.

人的劳动过程是被强制的，而不是自愿的；工人的劳动过程是单调的，而不是有创造性的。

工人的劳动受到外在的强制约束。"他们不仅仅是资产阶级的、资产阶级国家的奴隶，他们每日每时都受机器、受监工，首先是受各个经营工厂的资产者本人的奴役。这种专制制度越是公开地把营利宣布为自己的最终目的，它就越是可鄙、可恨和可恶。"① 表面上自由的工人，却是事实上资本主义国家和资产阶级的奴隶。马克思看到自由工厂的运行背后并不自由，工人劳动受到约束与强制。"资产阶级平时十分喜欢分权制，特别是喜欢代议制，但资本在工厂法典中却通过私人立法独断地确立了对工人的专制。"② 强制劳动令人憎恶，因此工人不喜欢自己的工作。

工人的劳动过程不仅受到强制，并且单调乏味。"由于推广机器和分工，无产者的劳动已经失去了任何独立的性质，因而对工人也失去了任何吸引力。工人变成了机器的单纯的附属品，要求他做的只是极其简单、极其单调和极容易学会的操作。"③ 查理·卓别林主演的《摩登时代》就是这样工作的写照。这样单调乏味的工作，对工人没有任何吸引力，只是机械地、重复地做同样的工作。马克思指出："在 18 世纪中叶，某些手工工场宁愿使用半白痴来从事某些简单的、然而构成工厂秘密的操作。"④ 因此，"工场手工业把工人变成畸形物，它压抑工人的多种多样的生产志趣和生产才能，人为地

---

① 《马克思恩格斯全集》（第一卷），第 258 页。
② 《资本论》（第一卷），第 488 页。
③ 《马克思恩格斯选集》（第一卷），第 258 页。
④ 《资本论》（第一卷），第 419 页。

培植工人片面的技巧"。① 马克思引用恩格斯《英国工人阶级状况》中的论述："在这种永无止境的苦役中，反复不断地完成同一个机械过程；这种苦役单调得令人丧气，就像息息法斯的苦刑一样；劳动的重压，像巨石般一次又一次地落在疲惫不堪的工人身上。"②

为什么要让分工如此单调、重复、枯燥？在马克思主义者看来，正如资本家不遗余力地使利润最大化，他们希望通过分工，增加对工人的控制，扩大权力。③ 将工作拆分为诸多独立的工序和模块，每个工人都难以控制生产，那么生产控制权就牢牢掌握在资本家手中。但这样的劳动过程对工人造成了损害。马克思指出："不断从事单调的劳动，会妨碍精力的集中和焕发，因为精力是在活动本身的变换中得到恢复和刺激的。"④ 不断重复的工作还让工人疲惫不堪，同时"机器劳动极度地损害了神经系统，同时它又压抑肌肉的多方面运动，侵吞身体和精神上的一切自由活动。甚至减轻劳动也成了折磨人的手段，因为机器不是使工人摆脱劳动，而是使工人的劳动毫无内容"。⑤

马克思引用英国印刷业工人的例子，"过去在英国的印刷业中，同旧的工场手工业和手工业制度相适应，学徒工是从比较简单的活过渡到比较复杂的活。他们经过一段学习时期，最终会成为熟练的印刷工人。凡从事这门手工业的人，都必须能读会写。随着印刷机的出现，一切都变了。印刷机使用两种工人：一种是成年工人，他

---

① 《资本论》(第一卷)，第 417 页。
② 《资本论》(第一卷)，第 486 页。
③ ［英］鲍勃·密尔沃德：《马克思主义政治经济学：理论、历史及其现实意义》，第 86 页。
④ 《资本论》(第一卷)，第 395 页。
⑤ 同上，第 486—487 页。

们看管机器；另一种是少年，大多从 11 岁到 17 岁，他们的工作只是把纸铺开送到机器上，或者从机器上把印好的纸取下来。他们（特别是在伦敦）在一星期中有好几天要连续不断地从事这种苦工达 14、15、16 小时，甚至往往一连劳动 36 小时，而中间只有两小时吃饭和睡觉的休息时间！他们当中大部分人不识字，他们通常都是非常粗野的、反常的人。"① 以往的印刷工作让工人能学习技术，从学徒工成长为熟练工，学会读写，提升自己；而现在的工作则将他们变成了粗野鄙陋、目不识丁的人。由于没有技能，他们被解雇后很难再找到工作。"当他们长大到不适于从事儿童劳动时，也就是最迟到 17 岁时，就被印刷厂解雇。他们成为罪犯的补充队。企图在别的地方为他们找到职业的某些尝试，也都由于他们的无知、粗野、体力衰退和精神堕落而遭到了失败。"② 值得注意的是，有自由主义学者认为工人失业是自愿失业。按马克思的理解，其实根本不是什么"自愿失业"。在资本主义工厂工作，这些工人身心都受到损害，却没有从中学习到任何技能。一旦失业，工人根本找不到工作。

在当今资本主义世界，越来越多的话语强调"灵活的劳动力市场""弹性就业"，这些术语对雇主和工人有不同含义。对雇主来说，灵活性的意思是他们可以自由界定工作条款，随意遣散工人；而对工人来说，这意味着他们在工作条件等方面丧失了任何抗争的权利，不得不接受雇主提供的任何条款。③

---

① 《资本论》（第一卷），第 558 页。
② 同上，第 558 页。
③ ［美］大卫·科兹著，刘仁营、刘元琪译：《新自由资本主义的兴衰成败》，中国人民大学出版社 2020 年版，第 24 页。

如此一来，生产过程成为外在于工人的存在。强制的、单调的工作过程让工人憎恶劳动，逃避劳动，"他在自己的劳动中不是肯定自己，而是否定自己，不是感到幸福，而是感到不幸，不是自由地发挥自己的体力和智力，而是使自己的肉体受折磨，精神遭摧残。因此，工人只有在劳动之外才感到自在，而在劳动中则感到不自在，他在不劳动时觉得舒畅，而在劳动时就觉得不舒畅"。① 劳动原本是人的内在需求，而现在，有哪个工人会喜欢强制的、单调的工作？"劳动的异化性质明显地表现在，只要肉体的强制或其他强制一停止，人们就会像逃避鼠疫那样逃避劳动。外在的劳动，人在其中使自己外化的劳动，是一种自我牺牲，自我折磨的劳动。"②

机械大生产劳动是分工的劳动。斯密和马克思都看到了分工的利弊，斯密更多强调积极的一面，而马克思更多则看到消极方面。马克思看到分工使得资本主义的劳动过程单调、有害，使各个工人畸形化来发展社会劳动生产力。③ "一切发展生产的手段（包括种种管理方法）都变成统治和剥削生产者的手段，都使工人畸形发展，成为局部的人，把工人贬低为机器的附属品，使工人受劳动的折磨，从而使劳动失去内容。"④ 比起分工形式，马克思更关注分工在资本主义条件下的强制性。马克思相关著作，从《德意志意识形态》到《哥达纲领批判》，更关注不是取消分工，而是取代强制劳动的可能性。

事实上，不仅工人如此，资本主义分工无处不在，从娱乐到学

① 《马克思恩格斯全集》（第三卷），第 270 页。
② 同上，第 270 页。
③ 《资本论》（第一卷），第 422 页。
④ 同上，第 743 页。

术，从成人到孩童。2005 年的《纽约时报》报道，波士顿儿童医院运动医学部的一位医生，在其诊疗过的年轻患者中，有 70%患有过劳性损伤。而这一数字在 25 年前只有 10%。这是因为资本主义不断发展，已影响到孩童成长。美国家长让小孩从小就专攻一项体育运动，使其终年受训。美国大多数父母认为，专攻一项运动可以最大限度地增加小孩成功机会。① 如此一来，体育已不再是小孩的娱乐，也不是锻炼方式，而是成功筹码，同时也是摧残孩童的手段。

再次，劳动者同自己作为人的属性相异化。马克思指出人作为一个"类存在物"是因为人的劳动是有意识的生命活动。劳动，即自由自觉的活动，是人的能动的生活，也是人区别于动物的本质。正是在改造对象世界中，人才真正地证明自己是类存在物。"蜘蛛的活动与织工的活动相似，蜜蜂建筑蜂房的本领使人间的许多建筑师感到惭愧。但是，最蹩脚的建筑师从一开始就比最灵巧的蜜蜂高明的地方，是他在用蜂蜡建筑蜂房以前，已经在自己的头脑中把它建成了。"② 人通过有意识的劳动，去改造世界。"有意识的生命活动把人同动物的生命活动直接区别开来。正是由于这一点，人才是类存在物。"③

动物劳动是为了生存，人的劳动需要自我实现。劳动也是人与人关系的纽带，通过劳动，个人获得来自家人、邻居、同行以及社会的积极评价，获得自我实现。有学者通过对孟加拉国难民营的实验研究发现，劳动有着极其重要的心理意义，乃至有 66%的人愿意

---

① ［美］迈克尔·桑德尔：《反对完美：科技与人性的正义之战》，第 52 页。
② 《资本论》（第一卷），第 208 页。
③ 《马克思恩格斯全集》（第三卷），第 273 页。

选择在无酬情况下工作。① 人通过劳动向社会表达自我，展示创造，获得认可。但在资本主义经济中，人的劳动被贬低得跟动物劳动一样，失去了创造性，失去了自我实现。"对马克思而言，这本身就是违背人性的。动物耗尽自身仅仅是为了生存需要。而人与动物的区别就在于自由创造的能力。马克思认为劳动是人类的一种自我表达行为，一个改变世界的创造过程，也是一个打上创造者个性烙印的创造过程。因此，只有劳动在表达了个人独特的内在和自我的时候，才是最为人性的。"②

资本主义劳动让人失去人性。虽然自主能力是人类的本质特征，但历史上绝大多数人都无法行使这一能力。他们根本没有条件成为一个完整的人。相反，他们的生活基本上被沉闷的阶级社会所左右。③ 人越来越不像人，而像动物。动物按照自身需要进行片面生产，而人却可以有意识、有目的、全面地改造世界，并且通过改造自然界的自由自觉活动，表达自己，提高自己。异化劳动把自主、自由活动贬低为维持人肉体生存的手段，这让人与动物别无二致，使人脱离自身的本质。劳动者和自己的"类存在"相异化了。

最后，劳动者与他的同胞异化，和社会疏离。马克思的政治经济学分析着眼于社会。正是个人与社会融为一体，让社会得以延续和发展。这和自由主义者的假定完全不同。巴泽尔关于国家理论的著作一开始就是："我假定在人类初期，个体是独立工作的，这种起

---

① Reshmaan Hussam, Erin Kelley, Gregory Lane and Fatima Zahra, "The Psychosocial Value of Employment: Evidence from a Refugee Camp," *American Economic Review*, Vol. 112, No. 11, pp. 3694 - 3724.
② ［美］杰瑞・穆勒：《市场与大师：西方思想如何看待资本主义》，第237—238页。
③ ［英］特里・伊格尔顿：《马克思为什么是对的》，第141页。

点之后是社会化。"① 马克思主义者会嘲笑这样的假定。即便不满一岁的婴儿，也更喜欢助人为乐者而非落井下石者；面对他人的痛苦，即便婴幼儿也试图通过自身行动让他人更好而非转身离去。② 人和马等动物不一样，小马生下来很快就能奔跑。而人类则是早产的，人类诞生之后的很长一段时间仍需家人和他人照顾。正是人类经历的这个阶段，给人类精神状态带来巨大影响。③ 人有显著的社会性，个人和社会原本是一体的。但在资本主义社会，劳动产品不归工人所有，而归资本家。"如果劳动产品不属于工人，并作为一种异己的力量同工人相对立，那么这只能是由于产品属于工人之外的另一个人。如果工人的活动对他本身来说只是一种痛苦，那么这种活动就必然给另一个人带来享受和欢乐。不是神也不是自然界，只有人本身才能成为统治人的异己力量。"④ 如此一来，人与人之间原本应有的同胞之情，现在变成敌对关系。在劳动过程中，劳动者受到资本家强制。"如果人把自身的活动看作一种不自由的活动，那么他是把这种活动看作替他人服务的，受他人支配的，处于他人的强迫和压制之下的活动。"⑤ 这样的资本主义社会扭曲了人与人，同胞与同胞之间的关系。即便工人阶级在物质上得到改善，在精神上，却会持续贫困，会疏远同胞。"吃穿好一些，待遇高一些，持有财产多一些，不会消除奴隶的从属关系和对他们的剥削，同样，也不会消除雇佣工

---

① ［美］约拉姆·巴泽尔：《国家理论：经济权利、法律权利与国家范围》，第 20 页。
② ［加拿大］保罗·布卢姆著，青涂译：《善恶之源》，浙江人民出版社 2015 年版，第 23—44 页。
③ ［英］特里·伊格尔顿：《马克思为什么是对的》，第 89 页。
④ 《马克思恩格斯全集》（第三卷），第 276 页。
⑤ 同上，第 276 页。

人的从属关系和对他们的剥削。"① 这样的社会关系是金钱化的、疏远的、无情的乃至敌对的。

20世纪80年代和90年代，由于艾滋病开始在美国流行，出现了一个新的市场。这个市场主要成员由艾滋病人群和其他被诊断患有不治之症的人构成。它的运作方式如下：假设某个拥有10万美元人寿保险的人被医生告知：他最多再能活一年，而这位患者需要钱来治疗。于是一位投资者提出以折扣价方式，比如5万美元，从这位患者手中买下这份保单，并替他缴纳年度保险费。在这位保单原始持有人去世时，该投资者便可以得到10万美元。1998年，《纽约时报》报道了这样一则故事：一位艾滋病患者肯德尔·莫里森（Kendall Morrison）和一名投资者达成了这样的保险单交易。当时莫里森已经病入膏肓，但艾滋病新药的发明延长了他的寿命。这让投资者大失所望。莫里森说："以前，我从来没有觉得有人希望我死掉。现在，他们不停地给我寄联邦快递并给我打电话，好像在问我，你还活着吗。"② 资本主义制度的逻辑就是只要有利可图，即便反社会也在所不惜。而这就意味着将有许许多多人死于非命。③ 1982年，美国海岸警卫队发现超过90%的救生衣阀门有问题，需要修理。而修理每个救生衣需要花费十美分。但联邦贸易委员会的经济学家却裁定，不需要政府管制。更好的办法是，受影响的当事人可以向法院提起诉讼来处理这一问题。④ 在马克思主义者看来，在资本主义世

① 《资本论》（第一卷），713—714页。
② ［美］迈克尔·桑德尔著，邓正来译：《金钱不能买什么：金钱与公正的正面交锋》，中信出版社2012年版，第154—156页。
③ ［英］特里·伊格尔顿：《马克思为什么是对的》，第13页。
④ ［英］大卫·科兹：《新自由资本主义的兴衰成败》，第16页。

界，同胞生命被修理成本挤占了，被成本收益分析替代了。

资本主义制度下，我们怎么能期待这样被分割的人能有完整的生活和美满的人生？在马克思看来，发展生产力的目的不是无节制的物质增长，而是在平等基础上为所有人提供充裕的物质生活。以此为基础，人们可以把社会必要劳动缩减到最低限度，节约劳动时间，增加自由时间，用于民主讨论，管理社会事务，或根据个人意愿选择休闲活动。① 但资本主义竞争的结构性压力让这样的设想难以实现，财富极大增长同时伴随人的"异化"，在这样的社会，不仅劳动者，还包括资本家都会感到自己无能为力、生活意义全无；个人陷入孤立无援、自我疏远的境地。所以，即便物质生活得到改善，日本民众的幸福感仍呈现轻微下降趋势。

美国总统富兰克林·罗斯福（Franklin Roosevelt）强调：未来的一项首要目标可以概括为一个词：安全。安全不仅指身体安全，还包括经济安全、社会安全、精神安全。② 但在资本主义条件下，民众的经济安全、社会安全和精神安全都难以实现。这是资本主义生产方式造成的，民众会在精神上出现贫困化。因此，布劳格才会指出，马克思指出工人阶级的贫困化，不是关于物质的贫困，而是工人阶级的贫困化，增长的不幸和精神的堕落。③ 在资本主义制度下，人们很少能从劳动中获得收获感和满足感。在阶级社会之前，人类劳动往往是迫不得已，为了糊口需要；在阶级社会，本应成为目的

---

① ［加拿大］亨利·海勒：《马克思主义的资本主义史》，第 86 页。
② Nelson Lichtenstein, *State of the Union: A Century of American Labor*, Princeton: Princeton University Press, 2002, p. 30.
③ ［英］马克·布劳格：《经济理论的回顾》，第 198 页。

的劳动，却成了他人权力和利益的工具。[①] 资本主义越发达，民众对劳动的憎恶感可能越强，生活则可能越不幸。民众幸福感不会随着经济增长而增长。

在贫富差距越严重的资本主义国家，人与人之间更缺乏信任，更容易患精神疾病，更多吸食毒品。调查显示，从 1952 年到 1993 年，美国学生也变得越来越焦虑。[②] 不仅在发达资本主义国家的穷人出现严重的精神危机，富人也未能幸免。马克思将注意力从对未来美好社会的向往转移到枯燥的现实工作中。但正是在对现实的批判中，马克思找到了真正丰富多彩的未来。他对过去的看法比很多思想家都更阴郁，但他对未来的憧憬比很多思想家更具希望。[③]

三 为何 19 世纪末的麦金利能赢得选举？

1896 年的美国总统选举，资本集团影响达到高潮。民主党推出了候选人威廉·布莱恩，他在施政纲领中对美国大公司进行了猛烈攻击。这让美国东部银行家和工业家感到震惊。为防止布莱恩当选，资本集团把大量资金投到共和党候选人威廉·麦金利的钱箱。麦金利选举团队筹集到了 1000 万美金竞选经费，布莱恩只筹到 30 万美

---

① ［英］特里·伊格尔顿：《马克思为什么是对的》，第 127—128 页。
② ［英］理查德·威尔金森、凯特·皮克特：《不平等的痛苦：收入差距如何导致社会问题》，第 3—149 页。
③ ［英］特里·伊格尔顿：《马克思为什么是对的》，第 81 页。

元。^① 当布莱恩在全国巡回演讲时，麦金利待在家中就赢得了总统选举。100 年后的俄罗斯出现了类似一幕。在 1996 年大选前 4 个月，鲍里斯·叶利钦（Boris Yeltsin）支持率只有 5%，但俄罗斯的资本集团动员起来。他们利用手里拥有的雄厚资金和覆盖全国的媒体，给予叶利钦全面支持。叶利钦在其回忆录中写道：金融巨头们一个个来到我们的竞选班子。他们投身其中，分别从组织上、精神上或财力上给予支持。^② 在这样强大支持下，叶利钦最终赢得大选。

强大的资本集团深度介入政府日常事务。在 19 世纪后半期的美国，铁路部门贿赂政府官员变得极为普遍。大多数铁路公司给政府官员发放免费乘车通行证。联合太平洋铁路公司将股票打折卖给政府官员。经济权力和政治权力的融合使不少资本家欢迎各式各样的政府干预。他们希望获得政府土地赠与，也希望提高保护性关税，他们还希望政府帮他们镇压罢工。20 世纪末俄罗斯的情况也如出一辙。叶利钦指出：俄罗斯"金融巨头试图操纵国事的方式各不相同。一些银行家们将莫斯科官员、市政府玩于股掌之中；还有一些银行家，例如别列佐夫斯基和古辛斯基，投入所有资金创建强大的电视集团公司、印刷股份公司，就其实质而言，也就是试图垄断大众传播媒介"。^③ 这些资本集团公然地、直接地对政府日常工作施加影响，在政治家背后操纵国家。

20 世纪 60 年代中期，不到三分之一的美国人认为：政府并非关

---

① ［美］埃里克·方纳著，王希译：《给我自由！——一部美国的历史》（下），商务印书馆 2010 年，第 820 页。
② ［俄］鲍里斯·叶利钦著，曹缦西等译：《午夜日记——叶利钦自传》，译林出版社 2001 年，第 33 页。
③ 同上，第 105 页。

照所有选民利益，而是照顾大集团利益。到了 2008 年，超过 70% 的选民持这一看法，在最近几十年，持这一看法的美国民众超过三分之二。① 从 20 世纪 60 年代中期到 90 年代中期，美国民意出现转变。认为政府被少数大型利益集团所左右的美国民众人数翻番，比重高达 76%；认为政府官员对民众想法不管不顾的美国人占总人口比重从 36% 上升到 66%。② 普林斯顿大学教授拉里·巴特尔斯（Larry Bartels）的研究显示：20 世纪 80 年代末 90 年代初，美国参议院对不同收入群体的回应存在巨大差异。如果把美国选民划为三等，就收入为前三分之一的选民而言，参议员立场与之高度一致；而对收入处于中间位置三分之一的选民而言，参议员态度与其诉求关联程度则弱得多；对收入最底层的三分之一选民而言，参议员对其诉求的回应乃至呈负相关。③ 巴特尔斯的研究得到了其同事响应。《富裕与影响：美国的经济不平等与政治权力》的作者，普林斯顿大学政治学者马丁·吉伦斯（Martin Gilens）展示了美国财富如何构成了政治影响。他发现：在美国，大多数人支持的政策并不会自动变成法律。当政策得到美国顶层人群支持时，才可能变成法律。同时他发现，在没有大选的年份，美国政府不仅不回应穷人诉求，甚至回应呈现负值。这意味着收入最低 10% 的美国底层民众想要政府做什么，往往适得其反。④ 这和马克思对资本主义国家的看法吻合。

---

① ［美］雅各布·哈克、保罗·皮尔森著：《赢者通吃的政治》，第 101 页。
② American Political Science Association Task Force, "American Democracy in an Age of Rising Inequality," *Perspectives on Politics*, 2004, Vol. 2, No. 4, p. 655.
③ ［美］拉里·巴特尔斯：《不平等的民主：新镀金时代的政治经济学分析》，第 268 页。
④ Martin Gilens, *Affluence and Influence: Economic Inequality and Political Power in America*, New York: Princeton University Press, 2012, p. 172, p. 216.

马克思的国家观体现他的社会观。在自由主义者看来，社会是多元的；而在马克思看来，资本主义社会是两极分化的。在自由主义者看来，经济与政治是相对分立的两个领域；在马克思看来，经济权力塑造政治权力。因此马克思指出："现代的国家政权不过是管理整个资产阶级的共同事务的委员会罢了。"① 这被后来学者称为"工具主义国家观"（instrumentalist theory of the state），即国家是统治阶级镇压被统治阶级、维系统治的工具。与自由主义的政治经济学不同，马克思把精力集中在资本主义内部的权力分配，这个问题被古典经济学所忽视。传统古典经济学对不受约束的自由企业带来的显著不公正未置一词。② 自由主义的政治经济学强调产权保护，而马克思则看到产权保护背后的阶级性。事实上，在资本主义社会，法院、军警、社会组织以及道德、哲学、艺术、宗教等"上层建筑"均和其"经济基础"，即生产资料被资产阶级占有密不可分。经济基础是指一个社会中占统治地位的生产关系各个方面的总和，即生产资料所有制形式、各种不同的社会集团在生产中的地位及相互关系、产品分配方式三个方面的总和。马克思的"经济基础"和"生产关系"是两个术语，但内容基本相同。相对于生产力而言，叫生产关系；相对于上层建筑而言，占统治地位的生产关系叫经济基础。如果我们审视阶级社会的法律、政治、宗教、教育和文化，我们将发现这些机构多数行为都是为占优势的社会秩序提供支持的。③

① 《马克思恩格斯选集》（第一卷），第 253 页。
② ［英］约翰·米尔斯著，高湘泽译：《一种批判的经济学史》，商务印书馆 2005 年版，第 160 页。
③ ［英］特里·伊格尔顿：《马克思为什么是对的》，第 156 页。

借助国家这一工具，资产阶级实现了资本原始积累。马克思指出，资产阶级和无产阶级的分化并非如古典经济学家认为那样，是勤劳者与懒惰者分化导致。传统认识是："在很久很久以前有两种人，一种是勤劳的、聪明的，而且首先是节俭的精英，另一种是懒惰的，耗尽了自己的一切，甚至耗费过了头的无赖汉。"[1] 马克思指出，这样的虚拟历史毫无依据。在资本主义制度建立早期，国家需要帮助资本家完成"原始积累"（primitive accumulation）。"在真正的历史上，征服、奴役、劫掠、杀戮，总之，暴力起着巨大的作用。"[2] 因此，资本原始积累并非传统政治经济学所描述那样是田园诗般的历程。资本的原始积累伴随着对边缘群体的"剥夺"，"对他们的这种剥夺的历史是用血和火的文字载入人类编年史的"[3]。

　　资本原始积累有几个途径。首先是对外掠夺，国家帮助资产阶级在世界范围内展开殖民活动，掠夺落后地区财富。"美洲金银产地的发现，土著居民的被剿灭、被奴役和被埋葬于矿井，对东印度开始进行的征服和掠夺，非洲变成商业性的猎获黑人的场所；这一切都标志着资本主义生产时代的曙光。"[4] 殖民历史就是资本原始积累历史，这一过程离不开国家帮助。

　　其次是对内盘剥，国家剥夺传统自耕农土地，让他们变成一无所有的雇佣工人。英国"圈地运动"，即"15 世纪以来的血腥立法"，这一历程持续了几百年。在马克思看来，正是英国政府颁布了一系

---

[1]《资本论》（第一卷），第 820 页。
[2] 同上，第 821 页。
[3] 同上，第 822 页。
[4] 同上，第 860 页。

列圈地法令，残暴地摧毁了传统村庄，把自耕农从自己土地上赶走，才把传统耕地变为牧场。"被暴力剥夺了土地、被驱逐出来而变成了流浪者的农村居民，由于这些古怪的恐怖的法律，通过鞭打、烙印、酷刑，被迫习惯于雇佣劳动制度所必需的纪律。"① 在国家帮助下，大量的、不受法律保护的无产者被抛向了市场。国家帮助资本家获得了"自由劳动者"。而马克思指出："这里所说的自由，具有双重意义：一方面，工人是自由人，能够支配自己的劳动力，另一方面，他根本没有别的商品可以出卖，自由得一无所有，没有任何实现自己的劳动力所必需的东西。"②

马克思的政治经济既有政治，又有经济。资本原始积累离不开政治，离不开权力。"资本在它的萌芽时期，由于刚刚出世，不能单纯依靠经济关系的力量，还要依靠国家政权的帮助才能确保自己榨取足够的剩余劳动的权利。"③ 资本获得所谓的"剩余索取权"只是由于强权！

资产阶级的产生并不是有些人"勤劳""聪明""节俭"。对外殖民以及"圈地运动"等资本原始积累的过程，都是以暴力为基础的。马克思指出："所有这些方法都利用国家权力，也就是利用集中的、有组织的社会暴力，来大力促进从封建生产方式向资本主义生产方式的转化过程，缩短过渡时间。"④ 这一过程伴随权力介入，伴随暴力掠夺，"暴力本身就是一种经济力"。⑤ 马克思对资本原始积累的这句总结成为《资本论》中的名言，被后人不断引用："资本来到世

---

① 《资本论》（第一卷），第 846 页。
② 同上，第 197 页。
③ 同上，第 312 页。
④ 同上，第 861 页。
⑤ 同上，第 861 页。

间，从头到脚，每个毛孔都滴着血和肮脏的东西。"① 当原始积累阶段结束以后，资本家再积累的来源就是剩余价值。

既然国家是资产阶级手中的工具，在成长阶段和成熟阶段的资产阶级需要国家扮演的角色会有所不同。马克思主义学者就看到：18 世纪末，普鲁士把 70% 以上的国民预算用于军工部门，以此来弥补私人工业在采纳和开发新技术方面的不足。② 在 19 世纪中期，自由主义的英国政府开支是沙皇俄国的四倍，此时的自由主义国家并不虚弱，她的能力远远超过了旧制度国家。③ 同时，不同国家的资产阶级对国家作用也有迥异态度。美国资本家会对欧洲和日本资本主义战略非常厌烦，因为欧洲和日本加大了国家权力的运用，将国家视为直接的企业资本来源和向国外市场渗透的工具。④ 不同成长阶段，不同国家的资产阶级对国家扮演的角色可能会有较大差异，但国家最终目标却是要为资本积累服务。

由于国家需要服务资本积累，因此其内外经济政策也做不到公允无私。资本家通常反对政府发展与垄断资本竞争的国有产业，资本家支持国民健康保障计划，但并不支持医疗社会化；资本家支持联邦政府的公路建设计划，但不支持组建国家经营的建筑公司。⑤ 有国家的经济支持而没有国有企业竞争，资本家可以从国民健康保障

---

① 《资本论》（第一卷），第 871 页。
② ［美］詹姆斯·奥康纳著，沈国华译：《国家的财政危机》，上海财经大学出版社 2017 年版，第 146 页。
③ ［加拿大］罗伯特·考克斯著，林华译：《生产、权力和世界秩序：社会力量在缔造历史中的作用》，世界知识出版社 2004 年版，第 92 页。
④ ［美］罗伯特·海尔布隆纳：《资本主义的本质与逻辑》，第 161 页。
⑤ ［美］詹姆斯·奥康纳：《国家的财政危机》，第 40 页。

计划、从高速公路建设计划中获得巨额投资收益。质言之，国家对内经济政策要服务于资本积累而非与之竞争。对于投资的优先顺序，资本家也按自身利益予以排序。纽约投资银行家按他们的计划重建城市。在他们的规划下，纽约大力推动电信产业发展，利用公共资源建设适合商业的种种基础设施，创建一个具有良好商业氛围的城市。企业福利取代了人民福利。① 国家并非一种中立的政治组织，它不会小心翼翼、公正无私地处理社会各方的利益冲突。在解决劳资纠纷时，国家也做不到哪怕最低限度的客观公正。② 不仅国内经济政策服务于生产资料占有者资本家的利益，对外经济政策同样如此。

资本家活跃在世界舞台，为资本自由流动开辟道路。秉持新自由主义学说的学者提出向资本开放边界，却不向民众开放边界。因此这样的政策建议只会加剧全球资本主义的两极分化。③ 因为资本可以自由流动，而劳动力则不能，如此一来就更加削弱了劳动力的议价能力。典型的新自由主义国家靠政策松绑、放松管制来推动金融机构影响扩大，他们积极呼吁自由放任。但是当金融全球化遭遇危机时，这些国家却在金融机构遇到麻烦时伸出援手，常常不惜代价保障金融机构的信誉和偿还能力。金融资本集团并没有为自己的莽撞行为买单，而由国家出面填补窟窿，弥补损失。他们一边呼吁国家自由放任，一边暗中要求国家救济。④ 因此，资本与国家权力的关系是务实的，资本家会欣然接受军事、官僚、立法或其他方面的国

① ［英］大卫·哈维：《新自由主义简史》，第 54 页。
② ［英］特里·伊格尔顿：《马克思为什么是对的》，第 196 页。
③ ［埃及］萨米尔·阿明：《全球化时代的资本主义——对当代社会的管理》，第 67 页。
④ ［英］大卫·哈维：《新自由主义简史》，第 83—85 页。

家干预，只要这些干预有利于资本积累。① 资本主义国家对内与对外经济政策，都体现出为资本家利益服务的偏颇性。

不仅如此，立法机构、法院以及军警等"上层建筑"在马克思主义者眼中也不是公正无偏的。由于放松金融管制的法律引发全球金融危机，马克思主义学者就看到，制定法律法规的人自身就与大投机者关系密切。美国财政部长罗伯特·鲁宾自己就是一位职业投机商，曾经是戈德曼-萨克斯（Goldman Sachs）公司管理层一员；美联储主席艾伦·格林斯潘（Alan Greenspan）在未进入政府工作前一直从事市场投机工作。② 立法者要么自身就是资本家，要么是其代言人。有研究者展示美国警察变得越来越军事化，并展示以 20 世纪初加州伯克利的奥古斯特·沃尔默（August Vollmer）等人借鉴自身在菲律宾等地的经验，将海外警察军事化做法移植到美国，对警察进行军事化改革，以应对少数族裔和移民群体威胁。③ 马克思主义者对诸如此类的分析不以为然。在马克思主义者的眼中，随着新自由主义改革推行，国家日益削减公共支出，与此同时会相应增加军队、警察和监狱支出。自 1997 年以来，已有 50 多亿元的军事装备从五角大楼转移到美国各地警察机关，使美国警察的训练和装备越来越像正规军。④

不仅国内机构如此，在资本主义的世界，马克思主义者对国际

---

① ［美］罗伯特·海尔布隆纳：《资本主义的本质与逻辑》，第 98 页。
② ［英］彼得·高恩著，顾薇、金芳译：《华盛顿的全球赌博》，江苏人民出版社 2003 年版，第 76 页。
③ Julian Go, *Policing Empires: Militarization, Race, and the Imperial Boomerang in Britain and the US*, New York: Oxford University Press, 2023.
④ ［加拿大］亨利·海勒：《马克思主义的资本主义史》，第 113—114 页。

机构也从"阶级性"视角加以审视。在他们眼中,二战后的三大经济组织身上显著体现着跨国资本的印记。在他们眼中,关贸总协定与世界贸易组织通过彻底消除国家,尤其是第三世界国家的管制,来为跨国垄断者服务。^① 在亚洲金融危机期间,由于被迫实施国际货币基金组织的结构调整方案,第三世界国家企业纷纷倒闭。如此一来,美国金融公司并购海外企业的机会增加了三分之一。有一半倒闭企业被美国公司所收购;剩下一半由与美国有着广泛业务联系的欧洲公司收购。^② 国际组织并不是中立的,在马克思主义学者眼中,国际货币基金组织起到了强制执行殖民主义统治比赛规则的作用。^③

即便是以发展和援助为重点的世界银行,马克思主义者也对它充满怀疑。在马克思主义者看来,世界银行从来没有把自己看作一个与私人资本竞争的机构,相反,它把自己看作支持私人资本跨国集团向第三世界渗透的工具。它通过承担第三世界基础设施项目来间接补贴矿产公司,改善公路设施,打开石油出口市场。^④ 世界银行促使陷入危机的国家重塑国内经济,让这些国家推动出口,吸引外国资本,推动私有化;通过解除对资本项目的控制,吸引资金流入等举措,以达到降低预算赤字的目的。这样美国放款者的贷款得以偿还,美国工业界得到廉价原材料,美国公司可以购买私有化的公共设施和当地国有资产。由于当地国家解除资本控制,

---

① [埃及]萨米尔·阿明:《全球化时代的资本主义——对当代社会的管理》,第27页。
② Trung Dang and Randall Stone, "Multinational Banks and IMF Conditionality," *International Studies Quarterly*, Vol. 65, No. 2, 2021, pp. 375 – 386.
③ [美]哈里·马格多夫著,伍仞译:《帝国主义时代:美国对外政策的经济学》,商务印书馆1975年版,第160页。
④ [埃及]萨米尔·阿明:《全球化时代的资本主义——对当代社会的管理》,第22页。

美国公司还可以进入当地股票市场进行操作。① 世界银行种种举措，在马克思主义者眼中，均为跨国资本的全球利益服务。在马克思主义者笔下，七国集团看上去越来越像一个管理世界资产阶级共同事务的委员会。② 哈维乃至宣称，在世界政治中，非政府组织扮演的角色是全球新自由主义的特洛伊木马。非政府组织本身不是民主机构，它们往往是精英主义且不负责任的。它们常常隐藏自己的议事日程，更愿意与国家和阶级力量进行直接谈判和施加影响。③

因此，不少新马克思主义者从国际层面解读马克思强调的经济基础决定上层建筑。他们认为国际经济机构实施的政策是资本主义扩张逻辑的组成部分，国际组织为跨国集团利益服务而无视失业急剧上升、环境严重恶化，医疗保障体系恶化、入学率下降，也无视许多国家生产能力下降、民主体制被破坏、外债持续增长。④ 各式国际机构成为维护资本主义利益的有效工具。在马克思主义者眼中，法院、军队、警察都不是中立的，国际机构也不是中立的，法律自然也如此。

马克思在早期作品中指出木材盗窃成了德国各州法院被起诉最多的犯罪行为。柴火是当时穷人的主要燃料，而且他们世代以来都靠从树林里捡来的柴火作为燃料。但是地主拥有了对树林的财产权。为保护地主产权，相关法律就规定：捡柴火成了盗窃行为。马克思认为有产者在德国州议会中占据统治地位，议会不会顾及数量越来

① 〔英〕彼得·高恩：《华盛顿的全球赌博》，第57页。
② 〔意〕杰奥瓦尼·阿瑞基著，姚乃强、严维明、韩振荣译：《漫长的20世纪：金钱、权力与我们社会的根源》，江苏人民出版社2001年版，第390页。
③ 〔英〕大卫·哈维：《新自由主义简史》，第204—205页。
④ 〔埃及〕萨米尔·阿明：《全球化时代的资本主义——对当代社会的管理》，第11—13页。

越多、处境越来越糟的穷人利益。① 在马克思看来，资本主义的法院、政府、警察机构等国家机器，都不是全民，而是资产阶级利益的代表。美国马克思主义政治经济学家哈里·马格多夫（Harry Magdoff）引用了法国文学的一句话：在庄严的法律面前人人平等，既不允许富人，也不允许穷人躲在桥底下睡觉、在街上行乞或偷窃面包。② 1969 年，美国有 502 起骗税案件，犯法者大都是富人，平均每起骗税案件涉案金额为 19 万美元。但在这些骗税案中，只有 20% 的涉案者被判入狱，平均量刑为 7 个月。同年美国偷盗汽车以及入室行窃的犯罪，有 60% 会被判入狱。就偷车案而言，平均每起涉案金额为 992 美元，平均量刑为 18 个月；入室盗窃平均涉案金额为 321 美元，平均量刑为 33 个月，要知道，偷车和入室行窃的涉案者大都是穷人。③

资产阶级需要有相应意识形态、信仰、规范来论证自身的合法性。英国帝国史专家 R·E·罗宾逊在论及英国帝国扩张时说：伦理一直是英国帝国主义者的第一避难所。神学对帝国进程的重要性与过剩资本或高速火炮一样重要。④ 马克思主义学者安东尼奥·葛兰西（Antonio Gramsci）就深刻反思了欧洲社会主义革命失败的原因。同样是无产阶级革命，为什么俄国十月革命取得胜利，而经济发达

---

① ［美］杰瑞·穆勒著，佘晓成等译：《市场与大师：西方思想如何看待资本主义》，社会科学文献出版社 2016 年版，第 220—221 页。

② ［美］哈里·马格多夫：《帝国主义时代：美国对外政策的经济学》，第 135 页。

③ ［美］霍华德·津恩著，许光春等译：《美国人民史》，上海人民出版社 2013 年版，第 416 页。

④ R. E. Robinson, "Andrew Cohen and the Trnsfer of Power in Tropical Africa, 1940 - 1951," in W. H. Morris-Jones and Georges Fischer, eds. , *Decolonisation and After: The British and French Experience*, London: Routledge, 1980, p. 57.

的欧洲社会却屡遭失败。他看到了"文化领导权"或者"文化霸权"的重要性。以俄国为代表的东方社会采取暴力革命可以有效打击以暴力统治为特征的国家机器；但是西方社会单单依靠暴力收效甚微。在欧洲资本主义国家，人们的思想、意识形态被资产阶级的"文化霸权"统治，所以必须先在市民社会夺取意识形态领导权。"在战争中，猛烈的炮火有时看似可以破坏敌人的全部防御体系，其实不过损坏了他们的外部掩蔽工事；而到进军和出击的时刻，才发觉自己面临仍然有效的防御工事。"① 资产阶级的意识形态构成了其"有效的防御工事"。

在马克思主义者眼中，资产阶级通过教育来塑造意识形态。传媒大亨鲁伯特·默多克（Rupert Murdoch）在澳大利亚起家，然后他把注意力转向英国，最终在美国获得公民身份。默多克通过他的媒体对英国、美国、澳大利亚政治产生巨大影响。他的报刊在世界上拥有 247 位独立编辑，而这些人无一例外支持美国对伊拉克的侵略。② 如此一边倒的声音不仅因为资产阶级对媒体所有权的掌握，还在于其意识形态上的优势地位。意识形态的目的不是为了故弄玄虚，而是为了澄清"事实"。意识形态成功地提供了错与对的定义，使得市场活动的行为和结果免受指控。统治阶级通过意识形态观察自身行为，产生了道德上的自信。③ 不仅如此，成功的意识形态也减少了被统治者的抗争。当雇主给工人工资太低，工人因此而集体拒绝劳

---

① ［意］安东尼奥·葛兰西著，曹雷雨等译：《狱中札记》，中国社会科学出版社 2000 年版，第 191 页。
② ［英］大卫·哈维：《新自由主义简史》，第 41 页。
③ ［美］罗伯特·海尔布隆纳：《资本主义的本质与逻辑》，第 90 页。

动，这种行为被称为"罢工"，可以算作扰乱社会秩序；而另一方面，当资本家认为投资利润率太低而不再投资时，他们的行为却不能叫做"罢投资"，也不能被认为是对社会秩序的扰乱。当工人罢工时，政府对工人采取限制和干预；当资本家不愿投资时，政府却采取措施，提高利润率以鼓励投资。① 为何有对"罢工"的谴责却没有对"罢投资"的诘问？这是因为资产阶级有意识在塑造意识形态霸权。诸如斯坦福和哈佛等名校新办的商学院，企业和基金会纷纷慷慨捐助。这些商学院在建立之初便成为新自由主义正统学说的中心。不仅如此，诺贝尔经济学奖和其他奖项不同，它受到瑞典银行精英牢牢掌控，话语权也牢固把握在资产阶级手中。②

在马克思主义者看来，资本主义国家不是中立的，而是有着深刻的阶级印记；资本主义法律也不是公道的；相反，法院会以维护自由为名，维护有产者利益。在资本主义社会，诉诸司法手段实际上耗资不菲。尽管名义上人人平等，如果某位普通民众起诉有产者或某个国家起诉美国触犯世贸组织条约，手续费可能要耗费上百万美元。这笔钱相当于某些贫穷小国年度财政预算。如此一来，资本主义司法的结果就是天平严重向富人倾斜。在资本主义社会，司法判决的阶级倾向在任何情况下都是相当普遍的。③ 马克思指出："资产阶级用来束缚无产阶级的奴隶制的锁链，无论在哪里也不像在工厂制度上这样原形毕露。在这里，法律上和事实上的一切自由

---

① ［加］罗伯特·考克斯：《生产、权力和世界秩序：社会力量在缔造历史中的作用》，第11页。
② ［英］大卫·哈维：《新自由主义简史》，第63、26页。
③ 同上，第89页。

都不见了。……在这里，工厂主是绝对的立法者。他随心所欲地颁布工厂的规则，即便工厂主颁布最荒谬的规则，法院会对工人说：这是自愿的契约，你们现在就需要履行这样的契约。"[1] 在资本主义国家，国家机器会维护资产阶级利益；国家成为资本家对抗工人的工具。

在阶级社会，由于经济基础和剥削联系在一起，由此导致大量纷争。"上层建筑"的作用在于规范和控制这些冲突。上层建筑之所以至关重要，就是源于"剥削"的存在。要是"剥削"不存在，人们依然会有艺术、法律甚至宗教，但它们不再负担起这些声名不佳的职能。相反，艺术、法律甚至宗教或许会摆脱这些限制，变得更加自由。[2]

四　资本主义企业的利润率为何呈下降趋势?

当代资本主义产业不断升级，技术不断进步。但让人感到奇怪的是，有研究者揭示二战后资本主义企业却面临利润率下降压力。经济史学家罗伯特·戈登（Robert Gordon）在其著作中展示计算机、互联网等信息技术对美国经济增长的贡献远远不如第二次工业革命时期的电力、汽车等技术。[3] 技术进步不仅没有带来相应的经济增长，也没有带来更高的利润率。托马斯·魏斯科普夫（Thomas

---

[1]《资本论》（第一卷），第 489 页。
[2]〔英〕特里·伊格尔顿：《马克思为什么是对的》，第 158 页。
[3]〔美〕罗伯特·戈登著，张林山等译：《美国增长的起落》，中信出版集团 2018 年版，第 1—22 页。

Weisskopf）估计：1949 年到 1975 年，美国企业平均利润率从 13%
下降到 8%。[1] 而弗雷德·莫斯利（Fred Moseley）研究显示，在同
一时期，美国企业平均利润率下降了 18%。[2] 爱德华·沃尔夫
（Edward Wolff）则估计美国企业平均利润率从 1947 年的 14.5% 下
降到 1976 年的 12.2%。[3] 如图 5 - 2 所示，大卫·科兹（David
Kotz）展示从 20 世纪 60 年代至 2008 年，美国非金融部门的利润率
呈下降趋势。马克思主义学者安德鲁·克莱曼（Andrew Kliman）

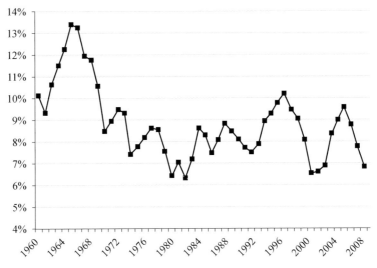

图 5 - 2　美国非金融部门利润率的变迁

资料来源：David Kotz, "Social Structures of Accumulation, the Rate of
Profit, and Economic Crises," in Jeannette Wicks-Lim and Robert Pollin, eds. ,
Capitalism on Trial: Explorations in the Tradition of Thomas E. Weisskopf,
Northampton: Edward Elgar, 2013, p. 339.

---

[1] Thomas Weisskopf, "Marxian Crisis Theory and the Rate of Profit in the Postwar U. S.
Economy," *Cambridge Journal of Economics*, Vol. 3, No. 4, 1979, pp. 341 - 378.

[2] Fred Moseley, *The Falling Rate of Profit in the Postwar United States Economy*, New
York: Saint Martin's Press, 1991, p. 87.

[3] Edward Wolff, "The Productivity Slowdown and the Fall in the U. S. Rate of Profit,
1947 - 76," *Review of Radical Political Economics*, Vol. 18, No. 1 - 2, 1986, p. 95.

也系统展示自 20 世纪 70 年代以来，美国平均利润率的下降趋势，并认为这是美国经济陷入深层次衰退的原因。克莱曼指出：从 1982 年到 2001 年间，美国财产收入利润率（property-income rate）下降了 26.9%；而税前收入利润率（before-tax profit rate）几乎下降了同样的幅度，为 26.3%。[①] 除美国以外，魏斯科普夫发现，1955 年到 1985 年，其他资本主义国家，如英国、法国、瑞典、西德、意大利、日本、加拿大等国都出现了平均利润率在波动中呈整体下降的趋势。[②]

事实上，不少马克思主义者都在努力寻找资本主义国家平均利润率下降的证据，不同的测量方式、采用不同时间段的数据会有偏差，或者得出完全不同的结论。那么，就上述初步数据来看，资本主义国家的企业为什么遭遇平均利润率的下降呢？连迅速的技术进步都无法挽回其增长与利润颓势。

事实上，马克思主义者会认为：这与马克思在一百多年前的预测是吻合的。资本主义经济会出现技术进步与平均利润率下降两个趋势同时并存。资本主义社会到处是竞争，资本家都需要扩大企业规模，推动技术进步，让自己在竞争中获胜。"资本主义生产的发展，使投入企业的资本有不断增长的必要，而竞争使资本主义生产的内在规律作为外在的强制规律支配着每一个资本家。"[③] 在马克思

---

① ［美］安德鲁·克莱曼著，周延云译：《大失败：资本主义生产大衰退的根本原因》，中央编译出版社 2013 年版，第 79 页。

② Thomas Weisskopf, "An Analysis of Profitability Changes in Eight Capitalist Economies," *Review of Radical Political Economics*, Vol. 20, No. 2 - 3, 1988, pp. 68 - 79.

③ 《资本论》（第一卷），第 683 页。

与恩格斯那里，竞争就是敌对的同义词，市场竞争就是另外一种形式的战争。资本家如果不能在竞争中获胜，就面临破产危险，他就会沦为无产者。在动物世界，自我保护是一种生存威胁激发的反应；但是在资本主义社会，经济竞争带来的威胁不是死亡，而是资产减值。[①] 在斯密笔下，竞争带来技术进步，提升了经济效率；而在马克思的分析中，个体效率提升与社会平均利润率下降以及随之出现的危机是并行不悖的。这是马克思从社会层面看到的不同于斯密的世界，这是马克思所揭示的"利润提升悖论"。

如果要扩大生产规模，资本家就需要雇佣更多工人。对工人需求增加，会推动工人工资上涨。但是工人工资的上涨则会侵蚀资本家利润。因此大部分资本家在竞争压力下，采用另外一种办法：推动技术进步，采用新的机器设备。率先使用先进技术与设备提高了单个资本家工厂的生产率。

首先，资本家要和其他资本家竞争，需要率先采用新技术以赢得竞争。对单个资本家而言，使用新技术就能让工人在更短的时间，比如 4 小时，而非 8 小时生产出维系自身和家庭所必要的生活资料的价值。如此一来，"剩余劳动时间"延长了，单个资本家的利润率则提高了。"像其他一切发展劳动生产力的方法一样，机器是要使商品便宜，是要缩短工人为自己花费的工作日部分，以便延长他无偿地给予资本家的工作日部分。机器是生产剩余价值的手段"。[②] 如果一个资本家率先采用新技术，那么他就会因为生产效率提高而赚取更多利润。"采用改良的生产方式的资本家比同行业的其余资本家，

---

① ［美］罗伯特·海尔布隆纳：《资本主义的本质与逻辑》，第 42 页。
② 《资本论》（第一卷），第 427 页。

可以在一个工作日中占有更大的部分作为剩余劳动。"① 而对其他资本家而言，他们也得纷纷采用新技术，否则就会因为效率滞后而被更有效率的资本家吞并。"作为竞争的强制规律，迫使他的竞争者也采用新的生产方式。"② 他不是积累，就是被别人积累；资本家不采用新技术，也会被别人积累。因此，资本家竞相采用新技术是与其他资本家竞争的需要。

其次，资本家需要同工人竞争，需要推动技术进步以替换工人，加大对工人的控制。由于资本家的剥削，劳工常常组织起来反抗，因此资本家也面临工人的竞争。由于面临工人压力，资本家需要推动技术进步。引入机器可以减少工人罢工给生产过程带来的损失。"由于工厂的全部运动不是从工人出发，而是从机器出发，因此不断更换人员也不会使劳动过程中断。"③ 而推动技术进步，用机器代替工人可以让资本家获得更大的讨价还价能力。

这是因为：首先，大部分技术进步都是资本密集型的技术进步，或者说是节约劳动型的技术进步。由于技术替代了劳动，失业工人增多，"产业后备军"增加，资本家的议价能力得到了增强。其次，机器使得资本家对工人的技术依赖减少。以往的车间生产对技术工人的要求高，技术工人对生产过程有着较大的主导权。机器的使用让生产过程变得简单，生产过程不再依赖工人技术，资本家夺回了对生产过程的控制权。再次，由于机器的使用，生产过程变得更简单，妇女和儿童都可以进入生产过程，替代了男性工人。资本家使

---

① 《资本论》（第一卷），第 370 页。
② 同上，第 370—371 页。
③ 同上，第 485 页。

用机器的目的是："力图把有反抗性但又有伸缩性的人的自然界限的反抗压到最低限度。而且，由于在机器上劳动看来很容易，由于妇女和儿童比较温顺驯服，这种反抗无疑减小了。"① 因此，资本家使用新机器，推动技术进步，除了需要和其他资本家竞争，也出于和工人竞争的需要。机器的使用，使得"这种活十分简单，从事这种苦役的人员可以迅速地经常地更换"②，"工人终于毫无办法，只有依赖整个工厂，从而依赖资本家"。③ 这就是技术进步给资本家带来了"权力"，按巴泽尔的理解，权力是强加成本的能力。技术进步让资本家能更好控制工人，进而将成本转嫁给工人。

技术学的研究者认为技术进步有自身的规律，在马克思看来，资本主义的技术进步背后有着重要的阶级推手，即资本家。资本家推动技术进步，采用新机器，是出于上述两个竞争的需要：与其他资本家竞争，与工人竞争。他们会始终不渝地推动技术进步，因为技术进步与机械化是劳动节约装置。那么，问题就出来了。

当单个资本家采用新技术时，他会获得超额利润。马克思指出：在机器生产还被垄断的这个过渡时期，利润特别高，这是资本家与新机器的"初恋时期"。④ 但是当其他资本家在竞争压力下纷纷采用新技术，"初恋"带来的利润就会消失。"当新的生产方式被普遍采用，因而比较便宜地生产出来的商品的个别价值和它的社会价值之间的差额消失的时候，这个超额剩余价值也就消失。"⑤ 事实上，不

---

① 《资本论》（第一卷），第 464 页。
② 同上，第 485 页。
③ 同上，第 486 页。
④ 同上，第 468 页。
⑤ 同上，第 370 页。

仅是超额利润会消失，资本家连最初的利润率都无法获得。因为既然剩余价值是工人创造的，而资本家使用新机器替代了工人，那么也就减少了剩余价值的来源。所有资本家都在积极推动技术进步，用机器替代工人，就会出现马克思指出的：资本有机构成（organic composition of capital）提高，它可以用不变资本与可变资本的比率来衡量。资本有机构成是每个劳动者占有生产资料的数量。在资本主义制度下，每个劳动者占有的生产资料越多，就意味着资本有机构成越高。1841 年，纺纱工人总共只有 448 人，但他们所照管的纱锭却比 1829 年 1088 个工人照管的纱锭还要多 53353 个。[①] 资本主义竞争推动技术进步，技术进步却没有推动就业岗位同步增长。从 1900 年到 1929 年，美国制造业产出增加了两倍，但就业人数只增加了一倍。[②] 在过去 60 年时间里，资本的技术构成和有机构成几乎一直在迅速上升，平均每年上升 1.5%。[③] 每个劳动者在生产过程中占有越来越多的生产资料，也就是说，单位资本雇佣的劳动者减少了。

马克思指出，尽管随着社会资本总量增长，雇佣的劳动力也会增加。但是等量资本雇佣的劳动力会越来越少。"诚然，随着总资本的增长，总资本的可变组成部分即并入总资本的劳动力也会增加，但是增加的比例越来越小。"[④] 从比例上看，劳动者越来越少地参与生产过程，资本主义的剥削会变成无源之水。这么看来，机器的使用会削弱资本主义的生存基础。那么，为什么资本家会做出如此不

---

① 《马克思恩格斯选集》（第一卷），第 203 页。
② ［美］罗伯特·海尔布隆纳：《资本主义的本质与逻辑》，第 130 页。
③ ［美］安德鲁·克莱曼：《大失败：资本主义生产大衰退的根本原因》，第 133 页。
④ 《资本论》（第一卷），第 726 页。

理性的选择呢？

我们可以回到奥尔森"集体行动的逻辑"。个体理性与集体理性常常是相悖的。从资本主义整体理性而言，应该更多地雇用劳动力到生产线上，以获得更多剩余价值；但从资本家个体理性来看，却要更多地使用资本密集型技术革新，以率先获得更多利润。即使他不这么做，同行也会这么做。因此单个资本家的个体理性是需要用机器替代工人。这些资本家"不管是否愿意，人人都走向他们的结局，而且他们是在不知不觉的情况下合力走向灭亡"。[①] 个体理性导致了集体的不理性。平均利润率下降的原因是资本主义经济的竞争性，而且这种下降不受资本家偏好影响，资本家企图使利润最大化，结果却事与愿违，最终导致平均利润率下降。[②]

这正符合马克思从社会层面分析资本主义的运行困境，在马克思主义者看来，要充分理解资本主义系统，我们要看的就不是该系统的部分，而是要看系统整体，想要彻底理解系统某部分，就必须理解整体。[③] 个体资本家在竞争压力下通过提升技术，进而提升利润率的努力，最终却在社会层面降低了平均利润率。由于资本有机构成提高，资本主义社会总资本剥削的劳动力份额在变少，剩余价值率在减少，而剩余价值是平均利润率的基础，因而资本主义国家在经历技术进步同时，会出现平均利润率下降的趋势。马克思展示了竞争促进了资本积累，竞争也导致了技术更新需求。在竞争压力下，

① ［美］罗伯特·海尔布隆纳：《经济学统治世界》，第 134 页。
② ［英］鲍勃·密尔沃德：《马克思主义政治经济学：理论、历史及其现实意义》，第 97 页。
③ 同上，第 22 页。

资本家在生产过程中引进节约劳动力的技术，保证了劳动生产率提高和经济增长。与此同时，生产商品的社会必要劳动时间减少了。恰恰是资本主义生产方式的成功，将导致它最终灭亡。[①]

马克思发现，资本主义不仅会出现资本有机构成提高、平均利润率下降的趋势，还会出现资本集中趋势。这是马克思主义者所看到的"市场竞争悖论"，资本主义市场竞争会促成市场呈现高度垄断趋势。大企业对主导地位的渴望是迫切的。市场竞争压力，技术变迁速度，不仅威胁到资本家的利润率，还威胁到资本投资本身。企业总是想方设法地施加控制。在一个又一个行业里，资本主义企业间生存的竞争，也是征服的战争，导致大型企业应运而生。[②] 随着资本有机构成提高，单个企业所需的生产资料越来越多，资金规模越来越高。大量小企业破产倒闭，市场变得越来越集中。马克思观察到："竞争的结果总是许多较小的资本家垮台，他们的资本一部分转入胜利者手中，一部分归于消灭。"这一过程是资本家之间的竞争，是资本家之间的零和博弈。"资本家剥夺资本家，是许多小资本变成少数大资本。""资本在这里，在一个人手中膨胀成很大的量，是因为它在那里，在许多人手中丧失了。"在此过程中，"较大的资本战胜较小的资本"。[③] 在英国制造业城市伯明翰，亚当·斯密所津津乐道的制针业，1900 年时还有 50 家制针工厂；到 1939 年，整个英国的制针企业缩减到 12 家；而到了 1980 年，整个英国只剩下 1 家制

---

① ［英］鲍勃·密尔沃德：《马克思主义政治经济学：理论、历史及其现实意义》，第84 页。
② ［美］哈里·马格多夫：《无殖民地的帝国主义》，第 22 页。
③ 《资本论》（第一卷），第 722 页。

针工厂。① 由于激烈的竞争，资本主义企业变得越来越集中，马克思预言大企业会成为资本主义经济的主体。《资本论》问世的时候，世界上的大企业还很少，仍然以小企业为主。在1867年马克思宣称大企业将支配世界跟当前我们宣布50年后美国小业主会取代大公司一样惊人。②

与"利润提升悖论""市场竞争悖论"相伴相生的还有"多元社会悖论"。不少西方学者宣称资本主义带来了竞争，也促成了多元社会形成。但是马克思却看到在多元社会表象背后，社会变得越来越单一。在资本主义社会，不仅工人没有安全感，资本家同样也没有安全感。由于竞争，资本有机构成在逐步提高，跟不上这一步伐的资本家会破产，沦为无产者。这一过程是"一个资本家打倒许多资本家"③或者"少数资本家打倒多数资本家"的过程。"随着这种集中或少数资本家对多数资本家的剥夺"④，大多数资本家也会沦落成无产者。同时，中间阶级也会逐渐消失。马克思和恩格斯在《共产党宣言》里预言："以前的中间等级的下层，即小工业家、小商人和小食利者，手工业者和农民——所有这些阶级都降落到无产阶级的队伍里来了，有的是因为他们的小资本不足以经营大工业，经不起较大的资本家的竞争；有的是因为他们的手艺已经被新的生产方法弄得不值钱了。无产阶级就是这样从居民的所有阶级中得到补充

---

① Clifford Pratten, "The Manufacture of Pins," *Journal of Economic Literature*, Vol. 18, No. 1, 1980, pp. 93 - 96.
② ［美］罗伯特·海尔布隆纳：《经济学统治世界》，第138页。
③ 《资本论》（第一卷），第874页。
④ 同上，第874页。

的。"[1] 美国经济变迁从一个侧面印证了马克思的预言。1800 年到1825 年，大约有四分之三的美国人在自己的农场或小店铺工作；但二战以后，自我雇用的人数却只有美国总人口的十分之一。[2] 自我雇用的人群正在减少，越来越多的人要么受雇于资本家，要么失业。资本主义的阶级关系将会非常简单，大量资本家破产，中间阶级将会消失，而剩下的只有资产者和无产者，社会多元表象的背后是阶级结构日趋单一。"我们的时代，资产阶级时代，却有一个特点：它使阶级对立简单化了。整个社会日益分裂为两大敌对的阵营，分裂为两大相互直接对立的阶级：资产阶级和无产阶级。"[3] 事实上，马克思中间阶级消失的预言在当今世界引发了担忧。

在马克思眼中，资本主义不仅是剥削的、异化的、压迫的，还是自我毁灭的，资本主义将面临平均利润率下降趋势，也将面临资本集中趋势以及阶级结构简单化趋势。随着越来越多的中小企业倒闭，随着越来越多的人变成无产者，资本主义的反对者会越来越多，这会不断增强资本主义"自我毁灭"的因素。

五　为何资本主义国家增长与分化并存?

一提到马克思，大家就会想到他对资本主义与资产阶级无情的批判。如果我们阅读《共产党宣言》，就会发现，在这部文献中最吸

---

① 《马克思恩格斯选集》（第一卷），第 259 页。
② ［美］罗伯特·海尔布隆纳：《经济学统治世界》，第 1、139 页。
③ 《马克思恩格斯选集》（第一卷），第 251 页。

引人的是马克思对资产阶级成就的承认。① 在人类经济史上，近代以来，社会经济增长率实现了巨大提升。从公元元年到公元 1400 年，全世界经济的年均增长率仅为 0.05%，换言之，经济总量翻番需要1400 年。17 世纪，荷兰经济走向商业资本主义，它的年均经济增长率达到 0.5%，荷兰的经济总量用 140 年就能翻番；而在英国工业革命期间，年均经济增长率为 2%，如此一来，英国经济总量在 35 年就能翻番。②

资产阶级在极大地促进经济发展，这也是资产阶级最为关键的贡献。马克思对资产阶级这一方面的赞誉无以复加，"资产阶级在它的不到一百年的阶级统治中所创造的生产力，比过去一切世代创造的全部生产力还要多，还要大"。③ 这句话简短而有力，资产阶级的出现让人类经济发展水平有了质的飞跃。所以人类才能突破"马尔萨斯陷阱"，亚当·斯密去世后的两个世纪以来，世界工业产出增加了 500 多倍。这一增长的三分之二发生在 1948 年到 1971 年间。④

经济增长的同时，社会分化与极化也在逐渐出现。沃尔玛首席执行官告诉公司主管和董事：美国最低工资已落后于时代，我们亲眼见证了我们很多顾客正为生活而挣扎。每个月 1 号到 15 号，顾客开支增加；在月底，他们开支减少。这让我们明白一个简单道理：我们顾客在每个月领取薪酬前一段日子，没钱购买基本生活物品。⑤有 60% 的美国人会指责说：因为穷人懒惰导致他们陷入困境（只有

---

① ［美］亨利·威廉·斯皮格尔：《经济思想的成长》（上），第 396 页。
② 萧国亮：《序言》，载 ［英］罗伯特·艾伦：《全球经济史》，第 2 页。
③《马克思恩格斯选集》（第一卷），第 256 页。
④ ［美］罗伯特·海尔布隆纳：《资本主义的本质与逻辑》，第 137 页。
⑤ ［美］拉里·巴特尔斯：《不平等的民主：新镀金时代的政治经济学分析》，第 251 页。

26%的欧洲人认同这一观点）。事实上，美国收入分配最底层的五分之一人群一点也不懒惰。他们工作时间远远超过欧洲人。[①] 美国出现更大的社会分化，穷人陷入更显著的困境，是因为美国资本主义制度贯彻得更彻底。

面对人类社会经济增长率的进步以及财富水平的提升，斯密等自由主义政治经济学家会归功于理性个体、劳动分工、自由放任、市场竞争、经济规模等。而马克思则会从一个新兴阶级的崛起中寻找原因，他认为，资产阶级对经济增长起到了极大的推动作用。马克思认为资产阶级做了哪些贡献呢？

第一，资产阶级推翻了封建统治。尽管马克思对资产阶级进行了无情批判，但是他并不怀念"田园诗"般的封建时代。马克思指出：资产阶级推动了一个新时代的诞生。"资产阶级在它已经取得了统治的地方把一切封建的、宗法的和田园般的关系都破坏了。它无情地斩断了把人们束缚于天然尊长的形形色色的封建羁绊，它使人和人之间除了赤裸裸的利害关系，除了冷酷无情的'现金交易'，就再也没有任何别的联系了。它把宗教虔诚、骑士热忱、小市民伤感这些情感的神圣发作，淹没在利己主义打算的冰水之中。它把人的尊严变成了交换价值，用一种没有良心的贸易自由代替了无数特许的和自力挣得的自由。总而言之，它用公开的、无耻的、直接的、露骨的剥削代替了由宗教幻想和政治幻想掩盖着的剥削。"[②] 在批评资产阶级"公开的、无耻的、直接的、露骨的剥削"同时，马克思

---

① Alberto Alesina and Edward Glaeser, *Fighting Poverty in the U. S. and Europe: A World of Differenc*, p. 184.
②《马克思恩格斯选集》（第一卷），第 253 页。

肯定资产阶级的进步性，即与束缚人的封建社会相比，资本主义是历史进步。如果没有资产阶级打破封建社会对人的禁锢，社会经济难以实现质的飞跃。

亨利·梅因（Henry Maine）所著的《古代法》有一句脍炙人口、广为传诵的名句："所有进步社会的运动，到此处为止，是一个'从身份到契约'的运动。"① "从身份到契约"标志着前现代社会向现代社会的转变。而资产阶级推动了"从身份到契约"、从封建制度到资本主义制度的转变。生产力的发展，让封建制度不再适应生产力发展的要求。马克思在《哲学的贫困》中有这样一句话："手推磨产生的是封建主的社会，蒸汽磨产生的是工业资本家的社会。"② 资本主义取代封建主义。这正是马克思强调的"生产力决定生产关系"。

第二，资产阶级推动了世界经济与文化联系。凯恩斯在《和约的经济后果》一书中展示了 20 世纪初世界经济联系所达到的高度。"伦敦居民早上可以一边在床上喝早茶，一边用电话订购世界各地的商品，这些产品质量优异，并且会一大早就被送到顾客的家门口；同时，他们也可以用同样的方法来投资世界各地的自然资源和新企业，不用费力甚至不用承担什么风险就可以获得预期的成果和收益；或者他一时高兴，或得到什么信息，就可以把他的财产托付给那个洲大都会的市民。如果他愿意，他可以立刻乘坐舒适又廉价的交通工具去任何国家或地区，并且不需要护照或是其他手续。他可以派仆人去附近银行的办公场所非常方便地获得珍贵的金属，然后就可

① ［英］亨利·梅因著，沈景一译：《古代法》，商务印书馆 1959 年版，第 112 页。
② 《马克思恩格斯选集》（第一卷），第 142 页。

以带着这些贵金属出国，即使不了解该国的宗教、语言和习俗也没有关系，并且稍被干预就会大惊小怪地认为自己受到了严重侵犯。最重要的是，他们认为这种情形是正常的、自然而然的、永恒的。"①凯恩斯不是马克思主义者，但是他所描述的现象就是我们后来冠名的"经济全球化"。事实上，他应该参考马克思对此的描述。

为什么会出现经济全球化？在马克思看来，资产阶级起着重要推动作用。"不断扩大产品销路的需要，驱使资产阶级奔走于全球各地。它必须到处落户，到处开发，到处建立联系。"②在资产阶级推动下，全球经济联系逐步增强，不仅促进了全球经济的融合，也促使了全球文化的融合。1881年自动卷烟机发明，卷烟速度从每分钟4根变成了200根。位于北卡罗莱纳州的烟草大王詹姆斯·杜克（James Duke）知道后大喊一声：给我拿地图来！拿到地图后，杜克一张一张地翻看，直到翻到中国那一页，看到当时中国人口有4.3亿。他说：那是我要去卖烟的地方。杜克从来没有去过中国，但是他的管理团队非常激动，那里可有4亿多的人口。③事实上，早在杜克盘算来中国大赚一笔之前，就有美国人来中国寻找机会。1784年，美国商船"中国皇后"号从纽约启程到达广州，当时的美国船只来华并非美国政府主导，完全是一些商人为了财富靠着拼命三郎的精神实现的。④美国总统富兰克林·罗斯福不止一次说自己的祖上，特别是外祖父去中国做过生意。但是罗斯福总统并没有进一步告诉大

---

① ［英］约翰·梅纳德·凯恩斯著，张军等译：《和约的经济后果》，华夏出版社2008年版，第9—10页。
② 《马克思恩格斯选集》（第一卷），第254页。
③ 王元崇：《中美相遇：大国外交与晚清兴衰（1784—1911）》，第123—456页。
④ 王元崇：《中美相遇：大国外交与晚清兴衰（1784—1911）》，第43页。

家，他的外祖父在中国广州做的是鸦片生意。[①] 资本家就是这样到处落户，到处开发，到处建立联系，推进了全球化。马克思主义者萨米尔·阿明（Samir Amin）指出：当今正在进行的全球化并非外部强加于人类的力量，而是资本实现自己的目标而已。[②]

资产阶级在推动世界文化的传播和融合。"物质的生产是如此，精神的生产也是如此。各民族的精神产品成了公共的财产。民族的片面性和局限性日益成为不可能，于是由许多种民族的和地方的文学形成了一种世界的文学。"[③]

第三，资产阶级无意中推动了落后国家与民族的进步。马克思曾指出："工业较发达的国家向工业较不发达的国家所展示的，只是后来者的景象。"[④] 由于资产阶级遍布世界各地，他们在摧毁旧有体系同时，给新事物成长带来机会。"古老的民族工业被消灭了，并且每天都还在被消灭。它们被新的工业排挤掉了，新的工业的建立已经成为一切文明民族的生命攸关的问题；这些工业所加工的，已经不是本地的原料，而是来自极其遥远的地区的原料；它们的产品不仅供本国消费，而且同时供世界各地消费。旧的、靠本国产品来满足的需要，被新的、要靠极其遥远的国家和地带的产品来满足的需要所代替了。过去那种地方的各民族的自给自足和闭关自守状态，被各民族的各方面的互相往来和各方面的互相依赖所代替了。"

资产阶级在创造一个全新的世界。"资产阶级，由于一切生产工

---

① 王元崇：《中美相遇：大国外交与晚清兴衰（1784—1911）》，第113页。
② ［埃及］萨米尔·阿明：《全球化时代的资本主义——对当代社会的管理》，第38页。
③《马克思恩格斯选集》（第一卷），第254—255页。
④《资本论》（第一卷），人民出版社1995年版，第8页。

具的迅速改进，由于交通的极其便利，把一切民族甚至最野蛮的民族都卷到文明中来了。它的商品的低廉价格，是它用来摧毁一切万里长城、征服野蛮人最顽强的仇外心理的重炮。它迫使一切民族——如果它们不想灭亡的话——采用资产阶级的生产方式；它迫使它们在自己那里推行所谓文明，即变成资产者。一句话，它按照自己的面貌为自己创造出一个世界。"① 马克思看到了资产阶级摧枯拉朽的力量。在他看来，资产阶级也在无意中推动着落后国家的进步。马克思在这一个问题上，和后来的依附论有较大不同。

第四，资产阶级在积极推动世界呈现城市化趋势。在马克思看来，农村生活是愚昧状态，而迈向城市化则让农村居民摆脱这样的愚昧。"资产阶级使农村屈服于城市的统治。它创立了巨大的城市，使城市人口比农村人口大大增加起来，因而使很大一部分居民脱离了农村生活的愚昧状态。正像它使农村从属于城市一样，它使未开化和半开化的国家从属于文明的国家，使农民的民族从属于资产阶级的民族，使东方从属于西方。"② 全球城市人口占比不断提升，在新加坡等国家，城市人口占比已达 100%。城市生活开始变成世界主要地区的主导生活。马克思对"东方从属于西方"的论述，也为后来依附论等理论提供了资源。

第五，资产阶级推动了政治统一。这是资产阶级对政治的贡献。"资产阶级日甚一日地消灭生产资料、财产和人口的分散状态。它使人口密集起来，使生产资料集中起来，使财产聚集在少数人的手里。

---

① 《马克思恩格斯选集》（第一卷），第 255 页。
② 同上，第 255 页。

由此必然产生的结果就是政治的集中。"① 以往分散的市场阻碍了资产阶级的发展，他们需要统一市场，才能获得更多利润。因此他们和统治者联合，积极推动国家与民族实现政治统一。"各自独立的、几乎只有同盟关系的、各有不同利益、不同法律、不同政府、不同关税的各个地区，现在已经结合为一个拥有统一的政府、统一的法律、统一的民族阶级利益和统一的关税的统一的民族。"②

厄内斯特·盖尔纳（Ernest Gellner）呼应马克思，他认为民族主义的兴起离不开资产阶级推动的工业化。盖尔纳指出，"向工业主义过渡的时期也必然是一个民族主义的时期，这是一个狂暴的调整时代，政治疆界或文化疆界，或者两者都在被改变"，以便满足民族主义需要。③ 在工业化过程中，资本家需要流动的、更高效的劳动力。新式劳动力能掌握新式技能，使用同一语言。在工业化的推动下，国家资助教育体系，让劳动者在公共教育系统接受培训，如此促成了国家认同。

资产阶级需要建立强大的民族国家。这也符合马克思指出的"经济基础决定上层建筑"。资本主义经济基础推动了统一的国家、统一的民族，随之推动"民族国家"这样的理念与相应的意识形态。在资产阶级做出重要贡献时，马克思也看到资本主义社会的问题，经济增长的同时却带来了民众的贫困化，这是资本主义条件下的"经济增长悖论"。如前所述，在斯密去世后的两个世纪，世界工业

---

① 《马克思恩格斯选集》（第一卷），第 255 页。
② 同上，第 255—256 页。
③ ［英］厄内斯特·盖尔纳著，韩红译：《民族和民族主义》，中央编译出版社 2002 年版，第 53 页。

产出增加了 500 多倍。但是世界在经历高速增长的同时，严重的社会分化也随之出现。在 1998 年全世界最富裕的三位亿万富翁的资产超过最不发达国家以及他们 6 亿人口的国民生产总值之和。① 严重的贫富分化不仅体现在全球范围内，在资本主义国家内部，贫富差距也在显著拉大。在墨西哥，一位亿万富翁的收入相当于 1700 万最贫穷墨西哥人收入之和。②

近几十年来的美国，财富越来越多地流向了富人。20 世纪 50 年代末，美国总收入流向最富有的 0.1% 富人的比重为 0.2%；到了 2005 年，这一数字变成了 10.9%。与此同时，收入流向最富有的 1% 的人的比重，则在同一时段翻了一番多，从 10.2% 增长到 21.8%。③ 1981 年到 2005 年，最富有的 1% 的美国人实际收入翻番，最富有的 0.1% 的美国人实际收入增加了近 2 倍，最富有的 0.01% 的美国人（约 1.3 万名超级富豪）实际收入则增加了 4 倍。④ 1985 年到 2005 年，美国最富有的 400 人，平均净财产从 6 亿美元增加到了 28.1 亿美元，在 20 年间增加了 3 倍多。2005 年，这群人的财富总值超过了加拿大国内生产总值。⑤ 这些美国富人群体收入高速增长，显著扩大了他们在美国经济中的份额。美国最富有的 1% 的居民收入，2007 年时为美国总收入的 18%；而 1974 年时只有 8%。事实上，最富有的 1% 的居民收入占总收入比重，和 1928 年美国大萧条

① ［英］大卫·哈维：《新自由主义简史》，第 40 页。
② ［英］特里·伊格尔顿：《马克思为什么是对的》，第 12 页。
③ ［美］拉里·巴特尔斯：《不平等的民主：新镀金时代的政治经济学分析》，第 1 页。
④ 同上，第 9 页。
⑤ 同上，第 10 页。

来临前接近。1928 年，最富有的 1% 的居民收入占美国总收入的 24%。①

与此形成鲜明对照的是，在 20 世纪 90 年代的经济扩张中，有将近一半的收入增量进入了最富有的 1% 的人的腰包；在 21 世纪前 10 年经济增长中，有接近三分之二的收入增量进入了这些人腰包。② 从 2002 年到 2007 年，最富有的 1% 的美国人收入上涨了 62%；相比之下，底层 90% 家庭的收入只增长了 4%。③ 2004 年，美国底层 40% 的家庭平均资产只有微不足道的 2200 美元，比 1983 年时这一群体的平均家庭资产 5400 美元少了一半左右。④ 大多数美国人，不仅仅是穷人，都因为基本生存问题而倍感忧虑：让孩子得到体面教育，赚到一份可以应付家庭开销的薪水，或者退休后能有足够存款。⑤ 2007 年的一项调查显示，有 72% 的受访者认为美国收入差距过大；有 68% 的美国受访者认为现有钱财分配不公平。⑥ 对普通美国人而言，他们发现未来越来越没有保障；他们觉得美国经济越来越偏离"包容性增长"。

法国经济学家托马斯·皮凯蒂（Thomas Piketty）的《21 世纪资本论》问世后立刻成为畅销书。皮凯蒂的著作用长时段的经济数据呼应马克思。他试图展示，从 18 世纪以来的经济史数据看，资本

---

① ［美］雅各布·哈克、保罗·皮尔森：《赢者通吃的政治》，第 6 页。
② 同上，第 190 页。
③ ［美］唐纳德·巴利特、詹姆斯·斯蒂尔著，陈方仁译：《被出卖的美国梦》，上海人民出版社 2013 年版，第 16 页。
④ ［美］雅各布·哈克、保罗·皮尔森：《赢者通吃的政治》，第 20 页。
⑤ ［美］约瑟夫·斯蒂格利茨：《重构美国经济规则》，第 3 页。
⑥ Benjamin Page and Lawrence Jacob, *Class War: What Americans Really Think about Economic Inequality*, London: University of Chicago Press, 2009, pp. 40 - 41.

平均收益一直高于经济增长率，这意味着靠资本获得收入和靠工资获得收入的两个群体之间分化不断加大，其结果就是财富集中。皮凯蒂从以往数据推断，如果没有相应政治干预，财富集中的趋势将继续下去：资本平均收益会在 4%—5% 左右，而经济增长率在 1%—1.5% 左右。[①] 这样，靠资本获益的群体会分到更多份额，而靠出卖劳动力的群体则分到较小份额。资本主义有重新回到世袭资本主义（patrimonial capitalism）的危险。在经济发展的过程中，资本所获得的份额较高，而劳动者所获得的份额较少，二者差距将越拉越大，这就是马克思所预言的工人阶级贫困化（immiseration of the working class）。在资本主义制度下，这一问题并不会随着技术进步而得到有效遏制。

不少学者预言技术进步会改善民众生活。因为技术进步减轻了工人工作负担，创造了更多物质财富。而马克思则认为：在资本主义条件下，不要指望技术进步改善工人阶级处境。当然马克思、恩格斯也认为，也不要指望自由贸易会给工人阶级带来好处。为什么技术进步难以改善工人阶级处境呢？马克思引用了密尔的一句话，"值得怀疑的是，一切已有的机械发明，是否减轻了任何人每天的辛劳"[②]。马克思指出：不用怀疑，机器发明无法改善工人处境。

首先，由于机器的使用，可供资本家剥削的人群扩大了。以往资本家主要剥削男性工作，随着机器的使用，原本由熟练男性工人做的工作，现在妇女和小孩都可以做了。因此机器瓦解了传统家庭

---

① ［法］托马斯·皮凯蒂著，巴曙松等译：《21 世纪资本论》，中信出版社 2014 年版，第 590 页。
② 《资本论》（第一卷），第 427 页。

分工，资本家剥削的对象扩大到了妇女和小孩。"这种代替劳动和工人的有力手段，就立即变成了这样一种手段，它使工人家庭全体成员不分男女老少都受资本的直接统治，从而使雇用工人人数增加。为资本家进行的强制劳动，不仅夺去了儿童游戏的时间，而且夺去了家庭本身通常需要的、在家庭范围内从事的自由劳动的时间。"① 因此，"机器把工人家庭的全体成员都抛到劳动市场上，就把男劳动力的价值分到他全家人身上了。因此，机器使男劳动力贬值了。"② 同时，以往靠男性劳动者工作就能养活整个家庭，现在随着技术进步，使得男性劳动力贬值，他挣得的工资已经难以养活整个家庭。因此，其子女和妻子也不得不为资本家工作以养家糊口。"大多数工人之所以能供养家庭，是因为他们的妻子和孩子也在拼命工作。"③ 机器在使男性劳动力贬值同时，让资本家可以剥削更多的人群，包括妇女和小孩。机器原本是"缩短劳动时间的最有力手段，竟成为把工人及其家属的全部生活时间变成受资本支配的增殖资本价值的劳动时间的最可靠的手段"。④ 技术进步使得以往靠一个人能养活的家庭，现在要全家人一起去工厂工作，挣得的工资，才能勉强让全家维持生计。

其次，由于机器的使用，造成了工人技术贬值。在引入机器前，资本家主要依靠熟练工人技术，因此熟练工人对生产过程有着相当大的主导权。由于机器的使用，让资本家重新夺回对生产过程的控

---

① 《资本论》（第一卷），第 454 页。
② 同上，第 454 页。
③ ［美］杰瑞·穆勒：《市场与大师：西方思想如何看待资本主义》，第 216 页。
④ 《资本论》（第一卷），第 469 页。

制。"分工的进一步发展使工人的手艺化为乌有，从前需要用手艺的地方，现在任何人都能做得到，从而工人之间的竞争也就加剧了。"[1]

再次，由于机器的使用，造成了"相对过剩人口"。马克思预言资本主义会持续被失业问题困扰，工人阶级会出现贫困化趋势，"贫困比人口和财富增长得还要快"。[2] 在资本主义条件下，"大工业的本性决定了劳动的变换、职能的更动和工人的全面流动性"。[3] 资本家推动的技术进步往往是资本密集型的技术进步，它替代了劳动，使得工作失去了稳定性。因而，机器的使用带来失业问题，失业问题"破坏着工人生活的一切安宁、稳定和保障，使工人面临这样的威胁：在劳动资料被夺走的同时，生活资料也不断被夺走，在他的局部职能变成过剩的同时，他本身也变成过剩的东西"。[4] 根据 2004 年的调查数据，美国低收入群体的白人选民只有 39% 的人在工作。[5] 2008 年金融危机以后，制造业占全美就业的比重已跌破 10%。"相对过剩人口"变得越来越多。他们工作机会更少，就业更不稳定，工资日益下滑，前景日趋黯淡。

面临大规模的失业，有资本家会指责是由于工人生育了过多小孩，导致劳动力供给过剩，"原来你们的婚姻比你们的手艺还要多产"。[6] 但是，马克思则认为，失业问题是资本家的阴谋。因为资本

---

① 《马克思恩格斯选集》（第一卷），第 202—203 页。

② 同上，第 263 页。

③ 《资本论》（第一卷），第 560 页。

④ 同上，第 560 页。

⑤ Alan Abramowitz and Ruy Teixeira, "The Decline of the White Working Class and the Rise of a Mass Upper-Middle Class," *Political Science Quarterly*, Vol. 124, No. 3, 2009, p. 403.

⑥ 《马克思恩格斯选集》（第一卷），第 196 页。

家需要维持一支庞大的"产业后备军"以增强对工人的控制。

马克思指出:"过剩的工人人口是积累或资本主义基础上的财富发展的必然产物,但是这种过剩人口反过来又成为资本主义积累的杠杆,甚至成为资本主义生产方式存在的一个条件。过剩的工人人口形成一支可供支配的产业后备军,它绝对地隶属于资本,就好像它是由资本出钱养大的一样。"[1] 这些相对过剩人口,"为不断变化的资本增殖需要创造出随时可供剥削的人身材料"。[2] 因此,资本主义的失业问题会一直困扰工人阶级。如表5-1所示,二战后,主要资本主义国家的失业率呈不断上升趋势。和自由主义政治经济学家看法不同,在马克思主义者看来,资本主义严重失业就是资本家蓄意而为的阴谋。

表5-1　主要资本主义国家失业率

	法国	德国	意大利	英国	美国
1960—1974	2.06	0.62	3.95	2.00	4.99
1975—1984	6.40	3.30	6.04	7.09	7.67
1985—1999	10.28	6.09	9.73	9.14	6.41

资料来源:Engelbert Stockhammer, *The Rise of Unemployment in Europe: A Keynesian Approach*, Northampton: Edward Elgar, 2004, p. 7.

马克思认为,出现大规模失业并不是没有足够的工作机会,由于资本家的竞争压力,需要推动技术进步,用资本密集型技术代替劳动者。这样的做法加剧了工人之间的竞争,就业工人不得不从事

---

[1]《资本论》(第一卷),第728—729页。
[2] 同上,第729页。

过度劳动和听从资本的摆布。"劳动生产力越是增长，资本造成的劳动供给比资本对工人的需求越是增加得快。工人阶级中就业部分的过度劳动，扩大了它的后备军的队伍，而后者通过竞争加在就业工人身上的增大的压力，又反过来迫使就业工人不得不从事过度劳动和听从资本的摆布。工人阶级的一部分从事过度劳动迫使它的另一部分无事可做，反过来，它的一部分无事可做迫使它的另一部分从事过度劳动，这成了各个资本家致富的手段。"①

因此，资本家以及资本主义国家的政府对大规模失业带来的"产业后备军"乐观其成。因为产业后备军加强了资本家权力。"部分地由于使资本过去无法染指的那些工人阶层受资本的支配，部分地由于使那些被机器排挤的工人游离出来，制造了过剩的劳动人口，这些人不得不听命于资本强加给他们的规律。"② 对整个工人阶级而言，无论是在经济繁荣时期还是在危机时期，他们都无法向资本家索要更高的工资，改善工作条件。"产业后备军在停滞和中等繁荣时期加压于现役劳动军，在生产过剩和亢进时期又抑制现役劳动军的要求。"③ 产业后备军在削弱工人权力的同时，赋予资本家更大的权力，"失业工人的压力又迫使就业工人付出更多的劳动。劳动供求规律在这个基础上的运动成全了资本的专制。"④ 值得注意的是：资本家解雇这些工人不是出于仇恨、恶意或敌意，而正是因为他们要在这样一个高度竞争的资本主义体制中保证盈利率，否则他们就会被

① 《资本论》（第一卷），第733页。
② 同上，第469页。
③ 同上，第736页。
④ 同上，第737页。

这个体制吞噬。[1]

马克思提醒人们注意，技术进步不是中性的，而是有阶级性的。因为技术进步加剧了工人的脆弱性，提高了资本家的议价能力。"劳动生产力越高，工人对他们自己就业手段的压力就越大，因而他们的生存条件，即为增加别人财富或为资本自行增殖而出卖自己的力气，也就越没有保障。"[2] 马克思看到机械化使得劳动者本身过剩，这点是斯密没有察觉到的。[3]

托马斯·弗里德曼（Thomas Freedman）的畅销书《世界是平的：21世纪简史》展示了让世界变得越来越平坦的几大动力，尤其是计算机与互联网，让美国工作不断以外包形式流向劳动力更为廉价的国家和地区。[4] 弗里德曼认为技术进步带来了美国工人失业，需要更重视教育才能让普通民众避免技术进步的冲击。但是技术进步无法解释在过去几十年里，高技能的人越来越多地从事低技能的工作；同样也无法解释技术工人的日子同样不好过。[5] 在过去三十年中，美国大学毕业生实际收入年均增长不到1%；1989年至1997年，美国数学家和计算机科学家的收入增加不过4.8%，工程师收入则减少了1.4%。与此形成鲜明对照的是，美国公司的首席执行官收入增长了100%。[6] 2002年，美国电脑程序员人数下滑至不足50万

---

① ［英］特里·伊格尔顿：《马克思为什么是对的》，第102页。
② 《资本论》（第一卷），第743页。
③ ［美］罗伯特·海尔布罗纳：《改变世界的经济学家》，第146页。
④ ［美］托马斯·弗里德曼著，何帆等译：《世界是平的：21世纪简史》，湖南科学技术出版社2009年版，第42—154页。
⑤ ［美］约瑟夫·斯蒂格利茨：《重构美国经济规则》，第11页。
⑥ ［美］拉里·巴特尔斯：《不平等的民主：新镀金时代的政治经济学分析》，第15页。

人，与 1990 年相比下滑了 12%。到 2006 年，美国电脑程序员就业人数又进一步下滑到 43 万余人。① 皮尤研究中心 2015 年的一项调查显示，在世界范围内，大部分民众担心机器人和计算机会取代人的工作。有 89% 的日本受访者和 91% 的希腊受访者认为：绝对如此或者很可能如此。在 2017 年的一项调查显示，世界范围内，很多民众认识到由于工作自动化，将来找工作会越来越难。91% 的希腊受访者和 74% 的日本受访者同意这一看法。同时，有 83% 的日本受访者和 76% 的美国受访者认识到，随着工作自动化，贫富差距将会扩大；只有 25% 的美国受访者和 35% 的日本受访者认为随着工作自动化，工作会更新，工资会更高。② 换句话来讲，大家对技术进步所带来的后果，看法更多是担忧和悲观而非积极乐观。马克思主义者认为要消除技术进步的玫瑰色，因为技术进步有阶级性，不会让所有阶级受益。

不仅技术进步难以改善工人阶级的状况，对马克思以及恩格斯而言，自由贸易也难以改善工人阶级处境。为何如此呢？因为既然工资是由生产工人所需的生活资料的社会必要劳动时间决定，自由贸易降低了工人的生活成本，工资会随之下降。资本家推动自由贸易只是对自己有利，而对工人不会有什么好处。"他们很了解，厂主希望降低粮食价格就是为了降低工资，同时也知道，地租下降多少，资本的利润也就上升多少。"③ 当粮食价格降低以后，工资也随之降低了。那些"仍然继续相信那些经济学家的论据的劳动者将发现自

① ［美］唐纳德·巴利特、詹姆斯·斯蒂尔：《被出卖的美国梦》，第 89 页。
② 网址参见 https://www.pewresearch.org/global/2018/09/13/in-advanced-and-emerging-economies-alike-worries-about-job-automation/。
③《马克思恩格斯选集》（第一卷），第 200 页。

己口袋里的法郎已经融化"。① 马克思指出，自由贸易也是有阶级性的，自由贸易是资本的自由，就是要"排除一些仍然阻碍着资本前进的民族障碍"，让资本能"充分地自由活动"。② 在资本主义社会，工人只能得到生存工资（subsistence wage），也叫最低工资。那什么是最低工资呢？要维持工人使他能勉强养活自己并在某种程度上延续自己的子嗣，就需要一些物品，生产这些工人生活必需品所需的最低限度的支出恰好就是最低工资。③

马克思在早年著作中指出了工人阶级将陷入绝对贫困，但是在《资本论》写作过程中，他放弃了这一想法，"实际工资从来不会和劳动生产率按同一比例增加"。④ 此时他意识到工人阶级会陷入相对贫困，工人阶级所得的份额不如资本所得的份额增长快。因此，即使无产阶级的收入有所提高，其相对状况会下降。这也正是皮凯蒂（Thomas Piketty）在《21世纪资本论》中所展示的，资本的收入会比劳动力的收益要高，资本主义社会会持续分化。只要分化、极化继续，贫困就会继续。因为贫困本身也是有阶级性的。世界上最原始的人们没有什么财产，但他们并不贫穷。贫穷是一种社会地位，是由文明所造成的。⑤

马克思指出了在资本主义社会，尽管经济迅速发展，但由于生产资料私人占有，会导致庞大的"产业后备军"，会带来"工人阶级

---

① 《马克思恩格斯选集》（第一卷），第 202 页。
② 同上，第 207 页。
③ 同上，第 206 页。
④ 同上，第 698 页。
⑤ ［加拿大］罗伯特·考克斯：《生产、权力和世界秩序：社会力量在缔造历史中的作用》，第 20—21 页。

的贫困化"。这就是资本主义的"经济增长悖论",高速的增长与贫困并行不悖地出现,资本主义社会会被持续的两极分化所困扰。资本主义在进步,而工人无法分享其进步的好处,工人阶级会陷入贫困化。因此,在一极是财富的积累,同时在另一极,是贫困、劳动折磨、受奴役、无知、粗野和道德堕落的积累。[①] 财富在积累,贫困也在积累。在资本主义制度下,技术进步无法改变社会分化;自由贸易无法改变,其他政策都难以改变。沃尔特·沙伊德尔所著的《不平等社会》展示了人类从石器时代以来的经济社会分化。她发现在漫长的历史中,只有靠战争、革命等暴力行动才能撼动持续困扰人类社会的分化。[②] 这和马克思主义者的判断是吻合的。致力于实现"全体人民共同富裕的现代化"的中国式现代化离不开中国社会主义革命的胜利。在马克思看来,资本主义屡屡遭遇的经济危机会促成革命。

六 为何资本主义国家不断受经济危机困扰?

约翰·肯尼斯·加尔布雷思的《1929 年大崩盘》是对那一时期美国经济危机的绝妙记录。在这次危机爆发之前与之后,资本主义不断被经济危机困扰。1825 年危机被马克思确认为周期性经济危机的开始。1825 年以后,资本主义经济危机间歇性地爆发。例如,1836 年、1847 年、1857 年、1866 年、1873 年、1882 年、1890 年、

---

① 《资本论》(第一卷),第 743 页。
② [美] 沃尔特·沙伊德尔著,颜鹏飞等译:《不平等社会》,中信出版集团 2019 年版,第 1—36 页。

1900 年、1907 年、1914 年、1921 年、1929—1933 年、1937—1938
年等年份都爆发了经济危机。第二次世界大战后，经历了战后初期
的快速增长，资本主义国家在 20 世纪 70 年代以后又再度陷入危机，
经济停滞同时伴随严重的通货膨胀，因此当时危机被称为"滞涨"。
20 世纪 80 年代初，拉美国家经历了严重债务危机；20 世纪 80 年代
末，美国经历了储贷危机（S&L Crisis），全美 3000 多家储贷机构
中，有上千家无法兑付储户存款；1987 年，以美国纽约股市暴跌为
开端，美国金融地震引发全球股灾；进入 20 世纪 90 年代，日本也
经历了股票市场萧条与经济停滞；1992 年，欧洲货币体系出现问题，
爆发货币危机；1994 年，墨西哥比索汇率狂跌，股票价格大幅度下
跌，墨西哥和土耳其爆发危机；1997 年，亚洲经济危机从泰国开始，
波及印度尼西亚、韩国，1998 年，危机扩散到俄罗斯等国家；2000
年，由于互联网泡沫破裂，美国与欧洲股市大跌，遭遇危机；2001
年，土耳其以及阿根廷又爆发危机，阿根廷危机期间，两周之内五
易总统；从 2007 年开始，次贷危机席卷美国，2008 年美国的危机引
发了世界范围内的危机。这次危机波及了欧盟、日本等世界主要金融
市场，也引发了全球企业破产浪潮。全球主要经济体的经济指标急剧
下降，全球经济经历了一次严重冲击。以上危机的原因和形式各不相
同，但却印证了马克思的预言：危机将始终和资本主义相伴随。

经济思想史学家亨利·威廉·斯皮格尔（Henry William Spiegel）
认为马克思从未提出一个独立的、内容充实的经济波动理论。[①] 有学
者认为这主要是因为在马克思看来，危机受到无穷多因素影响，所

---

① ［美］亨利·威廉·斯皮格尔著：《经济思想的成长》（上），第 408 页。

以不可能在任何一个抽象层面得到一个完整解释。[①] 马克思关于危机的论述散见在他《资本论》以及《剩余价值理论》中多个章节。马克思对危机的论述有重要价值，海尔布隆纳指出，马克思的预言被不断验证，尤其是当时的政治经济学者都没有认识到资本主义具有内在的危机倾向。[②]

马克思对危机的关注点有好几个，包括平均利润率下降导致危机、生产部门比例失调导致危机等，这里无法一一展开。自由主义政治经济学家让·巴蒂斯特·萨伊（Jean-Baptiste Say）等人认为，供给自动创造需求，一种产品，生产得越多，那么对要素需求就越大。买的过程就是卖的过程，供给与需求相联系、相适应。因此，资本主义不会出现普遍性危机。在前资本主义时代，马克思认为不会有经济危机。"在人们为自己而生产的状态下，确实没有危机，但是也没有资本主义生产。我们从来没有听说过，古代人在他们的奴隶生产中知道有危机这一回事，虽然在古代人中，曾经有个别的生产者破产。"[③] 资本主义之所以会有危机，是因为人们不再为自己生产产品，"没有一个资本家是为了消费自己的产品而进行生产的"。[④]马克思注意到，如果为他人生产产品，就可能存在买和卖的脱节："危机的可能性在于卖和买的彼此分离。"[⑤] 因为出卖商品的人会遇到困难。"已经卖掉了商品而现在持有货币形式的商品的人并不是非要

---

① 邱海平：《经济危机理论》，载《当代马克思主义政治经济学十五讲》，中国人民大学出版社 2016 年版，第 155 页。
② ［美］罗伯特·海尔布隆纳：《经济学统治世界》，第 138 页。
③ 《剩余价值理论》（第二卷），人民出版社 1975 年版，第 573 页。
④ 同上，第 573 页。
⑤ 同上，第 580 页。

立刻重新买进、重新把货币转化为个人劳动的特殊产品不可。"①

如果手里面有货币的人并不着急买进产品，而是把货币储存起来，延缓使用。这就给下一步支付带来了压力。"卖者——假定他的商品具有使用价值——的困难仅仅来自于买者可以轻易地推迟货币再转化为商品的时间。"② 一旦他推迟了消费的时间，就可能引发连锁效应。因为"不仅是因为商品卖不出去，而且是因为商品不能在一定期限内卖出去，在这里危机所以发生，危机所以具有这样的性质，不仅由于商品卖不出去，而且由于以这一定商品在这一定期限内卖出为基础的一系列支付都不能实现"。③ 一系列支付不能实现，债务链条被干扰，就会引发信用危机，进而出现经济危机。因此，以货币为媒介的商品流通包含了经济危机的可能性，买和卖的分离以及支付连锁关系的破坏。但是这是资本主义爆发危机的可能性。

马克思也提到资本主义企业平均利润率下降也会导致危机。因为如果企业获得的利润率呈下降趋势，这会给资本家带来负面影响。利润减少抑制了资本积累，进而导致投资不足。投资不足会引发经济低迷，最后导致危机。

跟投资相关的是产业后备军的变动，当资本主义在经济活跃期，企业规模扩大，对劳动力需求增长。资本家吸纳了产业后备军，失业者减少，这会导致工资提高。而工资提高会减少资本家利润，进而抑制积累，并导致投资不足，投资不足也会导致危机。马克思指出："现代工业特有的生活过程，由中等活跃、生产高度繁忙、危机

---

① 《剩余价值理论》（第二卷），人民出版社 1975 年版，第 581 页。
② 同上，第 581 页。
③ 同上，第 587 页。

和停滞这几个时期构成的、穿插着较小波动的十年一次的周期形式，就是建立在产业后备军或过剩人口的不断形成、或多或少地被吸收、然后再形成这样的基础之上的。"①

马克思还关注到资本主义危机的一个结构性原因，这个原因被后来的学者所不断地、反复地强调，就是"生产相对过剩"。现代资本主义发展伴随着两个过剩，第一是产能过剩；第二是人口过剩。②事实上，在马克思看来，正如人口是相对过剩，产能也是"相对过剩"，因为贫困的民众没有购买能力。在经济危机期间，你会发现企业家将卖不出去的产品销毁，这让人感觉出现了"生产过剩"。"在商业危机期间，总是不仅有很大一部分制成的产品被毁灭掉，而且有很大一部分已经造成的生产力被毁灭掉。在危机期间，发生一种在过去一切时代看来都好像是荒唐现象的社会瘟疫，即生产过剩的瘟疫。"③"经济增长悖论"不仅表现为经济增长同时，相对贫困和社会分化加剧；同时也表现为巨额物质财富增长同时，社会购买力却在相对减少。在资本主义条件下，资本家竞逐剩余价值，在生产过程中，需要降低工人工资以降低成本；但在消费过程中，高工资却有助于剩余价值的实现，因为高工资意味着更多的购买力。从个体资本家角度来看，理想解决方案是：压低自己雇佣工人工资，但鼓励其他资本家支付高工资，让自身生产的产品有旺盛市场需求。然而，如果所有资本家都试图要这样的小聪明，结果就不妙了。在资本主义条件下，工资具有双重作用——工资既是生产成本，也是需

①《资本论》（第一卷），第 729 页。
②［美］詹姆斯·奥康纳：《国家的财政危机》，第 25 页。
③《马克思恩格斯选集》（第一卷），第 257 页。

求来源。① 资本主义剥削形式，就其本质来说，其强度会超过以往剥削社会。高强度剥削导致民众生活贫困化，资本主义产能过剩会格外严重。

马克思则认为："生产过剩"这个词有误解。"只要社会上相当大一部分人的最迫切的需要，或者哪怕只是他们最直接的需要还没有得到满足，自然绝对谈不上产品的生产过剩。"② 2008 年 11 月，美国经济危机爆发初期，科罗拉多州一对农场主夫妇宣布：任何人都可以来农场拿走他们采收之后的剩余蔬菜。让他们意外的是，超过 4 万人来到农场，把地里剩余蔬菜摘得一干二净。③ 马克思强调，看似过剩其实是工人买不起这些产品。"生产能力的过剩同支付能力的需要有关。这里涉及的不是绝对生产过剩。"④ 占人口绝大多数的无产者没有支付能力，缺乏消费能力。由于资本家尽最大限度地榨取工人剩余价值，工人所得的经济份额太低，难以形成有效购买力。马克思指出："发生生产过剩的时候尤其令人奇怪的是，正是充斥市场的那些商品的真正生产者——工人——缺乏这些商品。"⑤

而获得利润，有消费能力的资本家会大肆消费吗？不会！"只有在越来越多地占有抽象财富成为他的活动的唯一动机时，他才作为资本家或作为人格化的、有意志和意识的资本执行职能。因此，绝不能把使用价值看作资本家的直接目的，他的目的也不是取得一次

---

① Frank Stilwell, *Political Economy: The Contest of Economic Ideas*, New York: Oxford University Press, 2006, p. 142.
② 《剩余价值理论》（第二卷），第 602 页。
③ ［美］大卫·科兹：《新自由资本主义的兴衰成败》，第 141 页。
④ 《剩余价值理论》（第二卷），第 578 页。
⑤ 同上，第 578 页。

利润，而只是谋取利润的无休止的运动。"① 在这场谋取利润的无休止运动中，资本家不是好的消费者。按马克思的理解，在资本主义社会，资本家不仅最大限度地榨取工人剩余价值，他自己也会尽最大可能积累资本，扩大生产规模，以期在竞争中获胜。因此，资本家是为他人生产，自己却不怎么消费。从长期来看，资本家会把他们结余下来的剩余价值全部用于投资。在资本主义经济里，投资是资本家的功能，为了积累而积累，为了生产而生产。资本主义制度迫使资本家积累。资本家为了在竞争中生存下来必须积累。② 资本家会不断扩大生产，"按照生产力的发展程度（也就是按照用一定量资本剥削最大量劳动的可能性）进行生产，而不考虑市场的现有界限或有支付能力的需要的现有界限"。③ 因此，这里就出现了"生产相对过剩"。"它们的生产过剩之所以成为生产过剩，仅仅因为会出现相对的，或者说，被动的生产过剩的那些物品存在着生产过剩。"④

资本家不断扩大生产规模，而工人的购买力却在缩减，资本家自身又不是好的消费者。在这种情况下，"生产资本愈增殖，它就必然更加盲目地为市场生产，生产愈益超过了消费，供应愈益力图扩大需求，由于这一切，危机的发生也就愈益频繁而且愈益猛烈"。⑤ "生产相对过剩"的一个表现就是资本主义国家不断攀升的家庭负债

---

① 《资本论》（第一卷），第 179 页。
② ［英］鲍勃·密尔沃德：《马克思主义政治经济学：理论、历史及其现实意义》，第 87 页。
③ 《剩余价值理论》（第二卷），第 610 页。
④ 同上，第 605 页。
⑤ 《马克思恩格斯选集》（第一卷），第 203 页。

率。在 1964 年到 1984 年间，美国家庭负债占税后薪资比例稳定在 66% 左右；在 2008 年经济危机前夕，这一数据上升到 134%。2013 年的第一季度仍然有 112%。[①] 低储蓄、高负债导致家庭难以形成有效购买力。而危机根源在于资本主义制度本身，在于资本主义基本矛盾，即生产的社会化与生产资料私人占有制之间的矛盾。资本主义制度下，资本家不顾民众支付能力，无限扩大生产；单个企业管理得井井有条，而整个社会生产则陷入无政府状态。

按马克思的说法，资本主义的生产关系已不适应资本主义生产力，因此，经济危机就是资本主义生产力与生产关系之间矛盾的体现。"几十年来的工业和商业的历史，只不过是现代生产力反抗现代生产关系、反抗作为资产阶级及其统治的存在条件的所有制关系的历史。只要指出在周期性的重复中越来越危及整个资产阶级社会生存的商业危机就够了。"[②] 资本主义不仅是剥削的、异化的，还是自我毁灭的。资本主义周期性的危机将触发革命。

在危机中无产者深受苦难，他们会组织起来反抗资本家，反对资本主义制度。不仅如此，不少资本家破产，沦为无产者，憎恶资本主义的人会越来越多。资本主义的掘墓人——无产者会日益壮大。"随着那些掠夺和垄断这一转化过程的全部利益的资本巨头不断减少，贫困、压迫、奴役、退化和剥削程度不断加深，而日益壮大的、由资本主义生产过程本身所训练、联合和组织起来的工人阶级反抗

---

① [法] 热拉尔·迪梅尼尔、多米尼克·莱维著，陈杰译：《大分化：正在走向终结的新自由主义》，商务印书馆 2015 年版，第 126 页。
② 《马克思恩格斯选集》（第一卷），第 257 页。

也不断增长。"① 最终，人类社会会拾级而上，走向共产主义。在 19 世纪中期的欧洲，马克思与恩格斯写作《共产党宣言》的时候就指出：一个幽灵，共产主义的幽灵，在欧洲游荡。② "生产资料的集中和劳动的社会化，达到了同它们的资本主义外壳不能相容的地步，这个外壳就要炸毁了。资本主义私有制的丧钟就要响了，剥夺者就要被剥夺了。"③ 马克思和恩格斯号召全世界无产者联合起来，推翻资本主义制度，建立共产主义社会。

事实上，马克思预言的革命在俄国、中国等国家爆发了，而在他寄予厚望的发达资本主义国家，无产阶级革命要么迟迟没有爆发，要么没有取得足够成功。如果要解答这一现象，需要看当代资本主义有哪些变化，延缓了革命爆发。

我们知道，当代资本主义经济已和马克思所处的时代有较大差别。当代资本主义技术工人增多，工人主体已不再是蓝领工人。技术工人获得的工资更高，工作更有保障。在 20 世纪 70 年代，"新阶级"开始出现了。部分美国劳工变成白领工人，成为"专业管理阶层""受教育阶层""知识阶层""创意阶层"。他们居住在纽约郊区、费城、波士顿、芝加哥、西雅图、洛杉矶、硅谷等地，大部分居住在城市郊区。这些人成为科学家、工程师、科技企业的高管、律师、学者。他们积极支持平权运动，关注环境问题，重视高科技产业的发展，他们的需求和传统蓝领工人显著不同。此外，"经理革命"的出现，让那些不是资本家，而有卓越管理才能的经理人在掌控公司，领取高薪。

---

① 《资本论》（第一卷），第 874 页。
② 《马克思恩格斯选集》（第一卷），第 250 页。
③ 《资本论》（第一卷），第 871 页。

资本主义社会阶层或许不是单单的无产者与有产者，社会阶层在变得多元化。此外，有两个方面的政治变化也值得我们注意：资本主义国家"国家自主性"的变化和工会作为政治力量所发挥的重要作用。

首先，国家是否能调节资本主义矛盾？马克思告诉我们，要让政府来纠正资本主义体系的错误是根本不可能的。国家是经济上占统治地位的阶级的代理人，不可能成为社会不同成员之间冲突利益的仲裁者。因此资本主义根本无可救药。[1] 而有学者注意到，资本主义国家在发展过程中，获得了"相对自主性"。他们不仅仅是资产阶级短期利益的代理人，而成为长期与全局利益的代理人。为维护资产阶级长远统治，资本主义国家需要调和矛盾。美国西奥多·罗斯福（Theodore Roosevelt）在麦金利遇刺后意外就任美国总统。他运用国家力量，积极限制资本集团影响政治的权力。1902年，宾夕法尼亚煤矿工人举行罢工。罗斯福任命了一个委员会调解劳资矛盾。强大的煤矿主坚持动用军队来对付矿工。罗斯福的做法与以往总统大相径庭。他考虑派遣军队从矿主那里夺取矿山，重新开矿。此前没有任何一位总统威胁使用军队来反对大公司。而西奥多·罗斯福有效运用国家权力，抑制了资本集团强大力量。

在20世纪30年代，富兰克林·罗斯福（Franklin Roosevelt）第二次就职演说常被称为"三分之一演说"。他指出：我看到国家三分之一的人口住得很差、穿得很差、营养很差。他传递出这样的信息，要帮助美国穷人与工人。[2] 罗斯福"新政联盟"（New Deal

---

[1] ［美］罗伯特·海尔布隆纳：《经济学统治世界》，第136页。

[2] Jason Scott Smith, *A Concise History of the New Deal*, New York: Cambridge University Press, 2014, p. 124.

coalition）的核心成员是资本密集型的制造业集团、投资银行和面向海外的商业银行。由于这个资本集团的用工成本低，他们积极团结崛起的劳工以赢得政治竞争。[1] 1935 年，纽约州参议员罗伯特·瓦格纳（Robert Wagner）倡导的《全国劳工关系法案》（*National Labor Relation Act*，即《瓦格纳法案》）通过。虽然罗斯福对该法案并不满意，但他最终还是在法案上签字。这主要是因为在 1935 年，美国劳工已成为一股强大力量，罗斯福意识到自己的政治前途有赖于劳工支持。该法案承认工会享有集体谈判等权力，保障工人结社自由，宣布罢工不受干扰，要求雇主承认工会。在美国历史上，劳工第一次获得了联邦政府实质性的支持。1935 年的《社会保障法案》获得了罗斯福的公开支持。该法案第一次为全国老年人建立退休金，对残疾人及幼童予以救助，为失业者提供救济。该法案在"二战"结束后仍发挥影响，美国对贫穷人口及社会福利的支出从 1950 年的 350 亿美元上升至 1964 年的 1080 亿美元。[2]

在不少时候，资本主义国家具有"相对自主性"，不再被资本家俘获，起码不是完全俘获。马克思主义在某种意义上改造了资本主义，因为——资本主义国家在面临挑战的时候开始积极行动，推动建立社会福利制度，缓和阶级矛盾。资本主义国家也纷纷采用凯恩斯主义宏观经济政策，尝试解决"有效需求不足"问题，也是马克思所揭示的"生产相对过剩"问题。北欧国家"统合主义"（corporatism）资

---

[1] 黄琪轩：《去工业化中的失落者：美国保守主义兴起的选民基础》，《文化纵横》2022 年第 6 期。

[2] William Nester, *A Short History of American Industrial Policies*, New York: St. Martin's Press, 1998, p. 178.

本主义模式，更是让国家发挥更为重要的协调作用，把资本家与工人的利益进行统合，促成阶级矛盾缓和，实现经济长远发展。因此资本主义国家在调和阶级矛盾上，开始发挥更为重要的作用。

其次，工会等工人组织开始积极发挥政治作用。马克思在早年即指出工人阶级会走向贫困化。作为无产阶级贫困化的一个后果，就是福利开支减少，工人平均身高下降。在 19 世纪，资本主义国家福利支出有所下降。在 1820 年，福利支出占资本主义国家 GDP 的 2%，达到峰值。在这个世纪的剩余时间里，资本主义国家福利支出日益下降，占 GDP 比重降至不足 1%。[①] 不过步入 20 世以后，社会福利在资本主义各国以不同形式逐步普及推进。此外，从 1830 年到 1860 年，英国工人平均身高的确下降了，这是当时工人生活水平下降的一个体现。但随后，英国工人的身高却开始增高了。这是因为 1850 年到 1865 年，英国工人阶级实际薪酬涨了 17%，全职工人平均工作时间也在逐渐减少，1856 年为 65 小时，到 1873 年缩减为 56 小时。在马克思撰写《资本论》期间，英国工业生活水平提高了，1865 年到 1895 年，英国工人生活水平提高了 50%。[②] 因此可以说，马克思选择英国作为其研究资本主义的对象是选取了典型案例，但是在选取工资变动的产业时，却可能选取了非典型案例。那一时期，英国典型产业的工资在缓慢上升，而不是下降。马克思指出："资本

---

① Alessandro Lizzeri and Nicola Persico, "Why Did the Elites Extend the Suffrage? Democracy and the Scope of Government, With an Application to Britain'Age of Reform," *Quarterly Journal of Economics*, Vol. 119, No. 2, 2004, p. 710.

② ［美］杰瑞·穆勒：《市场与大师：西方思想如何看待资本主义》，第 252、256、257 页。

是根本不关心工人的健康和寿命的，除非社会迫使它去关心。"① 而工会作为有组织的政治力量，在日益崛起。因为工会出现，工人工资开始上升，工人健康水平和寿命得到提高。的确，工人阶级所得到的相对份额减少，资本主义社会贫富差距扩大。但是工人获得的绝对份额在逐步增加。相对份额是否如此重要？贫富差距的扩大在资本主义社会产生"相对剥夺感"，但是正如西达·斯考切波（Theda Skocpol）在她的著作中展示的，这样的"相对剥夺感"却未必带来革命。

不过就美国而言，社会福利、工会作用在近几十年又有新的变化。第二次世界大战结束的时候，有三分之一的美国工人加入工会，而现在的工会会员只占工人总数的九分之一。在美国私营部门，20世纪70年代，工会会员占工人总数的四分之一；而到了2010年，这一数字为7%。② 美国劳动者加入工会的比重在1960年的时候为30%；到1984年变为20%；到2014年，降至11.1%。③由于发达资本主义国家在经历"去工业化"转型，工会受到削弱。由于缺乏工会制约，美国近几十年的贫富差距进一步扩大，社会矛盾加剧。

资本有机构成提高、平均利润率下降、资本集中、无产阶级的贫困化、周期性的经济危机——马克思所展示的这些资本主义的发展趋势是否存在，在多大程度存在本身就存在争议。马克思主义学者和其他阵营的学者都可以找到支持与反对证据。即便使用

---

① 《资本论》（第一卷），第311页。
② ［美］雅各布·哈克、保罗·皮尔森：《赢者通吃的政治》，第45页。
③ ［美］约瑟夫·斯蒂格利茨：《重构美国经济规则》，第73页。

"科学"手段，在研究社会问题时，不同视角常常会找出不同证据，得出不同答案。

总的说来，以往的政治经济学是以"个体"为中心，而马克思引领了政治经济学一个新视角，即以"阶级"为中心的政治经济学。

THE WISDOM OF POLITICAL ECONOMY

黄琪轩　著

政治经济学的智慧

经典传承与当代回响

（下）

上海三联书店

目 录

第六章

政治经济学中马克思的跟随者：
希法亭、列宁等人的贡献

马克思开创了政治经济学的一个新传统，这个传统的重要特征是以阶级为中心的分析视角。这一分析视角吸引了不少跟随者。随着资本主义发展，马克思的跟随者沿着马克思开创的事业继续推进。他们对世界资本主义发展出现的新现象、新问题展开讨论。由于资本主义的影响遍及世界各地，这些跟随者也遍及世界各地。在这些跟随者当中，既有来自英、美、德等发达国家的理论家，也有来自拉美、埃及等发展中国家的学者。他们中大部分人的分析主题主要集中在"帝国主义的政治经济学"，同时涉及诸多相关领域。在经典马克思主义中，"帝国主义"一词主要指发达国家之间的竞争，这种竞争体现在政治、军事以及经济等方面。发达国家之间的竞争可能导致冲突升级，甚至会引发世界战争。在经典马克思主义中，发达国家与落后国家之间的关系则是次要的。而随着马克思主义政治经济学的发展，"帝国主义"一词有了新变化。马克思的跟随者将帝国主义用来描述发达国家对不发达国家的控制和剥削，其代表理论就是"依附论"。[①] 从希法亭所著的《垄断资本》到依附论，马克思主义的政治经济学家继续用不同视角讲述资本主义世界政治经济的起源与演变，对资本主义展开批判。

---

① ［英］布鲁厄著，陆俊译：《马克思主义的帝国主义理论》，重庆出版社 2003 年版，第91 页。

一 为何美国对金融集团一边放任一边救济？

2008 年金融危机后，《大而不倒》（*Too Big to Fall*）成了畅销书，而纪录片《监守自盗》（*Inside Job*）也受到追捧。在二十世纪三十年代美国新政时期，政府对资本管制主要体现在三个方面：控制黄金、重组银行与监管金融。国会通过了格拉斯-斯蒂格尔法案（Glass-Steagall Act）即《1933 年银行法》，该法案将投资银行与商业银行的业务严格区分开来。在银行出现危机时，上述举措提供了一道防火墙。1934 年，国会又通过了证券交易法案，成立了证券交易委员会（security exchange commission）来监管股票和债券市场。这些改革使美国政府对资本的控制能力大幅度提高。二战结束后，美国主导下的国际经济秩序是"半开放市场"，即在保证商品自由流动的同时，抑制资本自由流动。1945 年的国际货币基金组织条款、1957 年的《罗马条约》以及 1961 年的经济合作与发展组织资本自由化条款均保护各国管制资本的权利。在二战结束后，美国缔造的新秩序复兴了自由贸易，该秩序允许私人资本为贸易融资或为生产性投资而转移资金，但其他跨国资金流动则被禁止。二战后，美国凭借自身的经济与军事优势，将其国内具有管制特质的新政秩序扩展成为国际秩序。[①] 在这一秩序下，国际金融需要服务于国际贸易。

在 20 世纪 70 年代初，美国财政部长乔治·舒尔茨（George

---

① 黄琪轩：《国际秩序始于国内——领导国的国内经济秩序调整与国际经济秩序变迁》，《国际政治科学》2018 年第 4 期。

Schultz）强烈建议放松国际金融管制。1972 年，欧洲和日本建议与美国一起重新加强资本管制，但这一提议遭到美国拒绝。相反，美国强调支持金融自由化。1974 年美国政府对资本的管制全部解除，1979 年，英国也随之解除了延续 40 余年的资本管制，其他发达资本主义国家纷纷追随。金融自由化遂成为世界潮流，成为新自由主义国际秩序的重要内容。

美国共和党的参议院银行委员会主席菲尔·格拉姆（Phil Gramm）在 1999 年主导废除了新政时代的《格拉斯-斯蒂格尔法案》。这一法案在投资与商业银行之间划定界限，确保吸收存款的银行不会使用联邦担保的资金从事高风险投机，以防止系统金融风险出现。格拉姆在会议上用手指着证券交易委员会主席阿瑟·莱维特（Arthur Levitt）说：除非投资者的鲜血把水染成深红色，否则我不会让你实施任何异想天开的监管。[1] 在新自由主义理念影响下，美国放松了对金融业的管制。

金融自由化带来的好处由金融资本家获得。但是，当自身经营不善或将世界推向金融危机时，金融资本家却没有为此付出代价。美国长期资本管理公司（Long-Term Capital Management）是一家大型对冲基金公司，拥有资产约 900 亿美元，但注册资金只有 23 亿。在 1998 年破产之际，美国政府对长期资本管理公司的对冲基金提供救助，动用的资金高达 35 亿美元。大型金融机构都可以任意从事投机性行为，因为成功的话会给自身带来高额利润，即便最终濒

---

① Arthur Levitt, *Take on the Street: What Wall Street and Corporate America Don't Want You to Know*, New York: Pantheon Books, 2002, p. 205.

临破产，美联储也会出手相助。① 在 2008 年金融危机期间，美国政府耗资 1800 亿美元来救济从事金融和保险业务的美国国际集团（American International Group，AIG），但该集团却拿出 1.65 万亿美元作为部门主管和交易员的奖金。在美国政府花费数万亿美元救市同时，各金融公司的薪酬和奖金还在稳步上升。2009 年 9 月，国际投资银行高盛集团（Goldman Sachs）为每位员工拨出 75 万美元作为报酬，高盛首席执行官被《金融时报》提名为年度人物。② 因为美国金融集团"大而不倒"，政府用纳税人的钱为金融资本埋单。我们知道，金融自由化带来的收益与成本分配是不均的，好处由金融资本独享，而成本却由民众负担。

金融市场不稳定常常给经济带来巨大损失。2008 年金融危机的成本约为美国全年 GDP 总量的 40%—90%，相当于 16 万亿美元。但是美国金融部门在将收益归于己有同时，把金融风险带来的损失留给美国民众。2007 年到 2013 年，有 400 万人失去了自己的住房，薪资中位数下降了近 8%。③ 在经济下行时，美国的普通民众失去最多；而在经济恢复时，他们获益最少。在 2008 年危机中，高中没毕业的美国民众失去了约 560 万个工作岗位，随着经济恢复，这群人仅重获 8 万个岗位；相比之下，获得大学学位的美国人在危机期间失去 18.7 万个岗位，而在经济上行期间，获得 840 万个工作岗位。④ 哈维

① ［美］大卫·科兹：《新自由资本主义的兴衰成败》，第 126 页。
② ［美］西蒙·约翰逊著，郭庚信译：《13 个银行家：下一次金融危机的真实图景》，中信出版社 2010 年版，第 10—19 页。
③ ［美］约瑟夫·斯蒂格利茨：《重构美国经济规则》，第 44、13 页。
④ Rory McVeigh and Kevin Estep, *The Politics of Losing: Trump, the Klan, and the Mainstreaming of Resentment*, p. 82.

指出：典型的新自由主义国家靠松绑来推动金融机构扩大。他们常常会不惜代价地保障金融机构的信誉和偿还能力。关于金融资本和金融机构的实践或许最难与新自由主义的教条相匹配，因为国家一边放任，一边救济。[1]

事实上，金融资本已经成为美国最重要的利益集团之一。格蕾塔·克瑞普纳（Greta Krippner）在其著作《危机的资本化：金融崛起的政治起源》（*Capitalizing on Crisis：The Political Origins of the Rise of Finance*）中展示了 20 世纪 60 年代末 70 年代初以来美国经济出现的金融化（financialization）趋势。她看到美国金融部门已然变成主导美国经济的力量。2001 年时，股票市场的盈利已占美国经济整体利润来源的 40%。福特汽车公司原本是以制造业起家，而现在这家公司主要收入来源却是靠给买车者提供贷款来获得利润。和福特一样，通用汽车和通用电气等制造商也纷纷拓展金融业务，使得来自金融业务的利润变成公司主要收入来源。"公司美国"（Corporate America）已经变成"银行美国"（Bank America）。[2]

如图 6－1 所示，在美国经济中，金融、保险以及房地产行业所占的利润份额已远远超过制造业以及其他服务行业。"20 世纪 50 年代，美国经济处于快速发展阶段，金融服务业占 GDP 的比重为 2.8%。20 世纪 80 年代末，金融部门的利润增至企业利润总额的 26%。而到 2001 年，金融部门利润更是达到企业总利润的 46%。2000 年后直至危机之前，美国金融业利润平均值占企业总利润的

---

[1] ［英］大卫·哈维：《新自由主义简史》，第 83 页。

[2] Greta Krippner, *Capitalizing on Crisis: The Political Origins of the Rise of Finance*, Cambridge: Harvard University Press, 2011, p. 4.

32%。"1979 年到 2005 年，金融业为美国最为富裕的 0.1% 的人群贡献了 70% 的收入增长，而美国金融业的从业人员薪酬随着管制的解除，呈现大幅上升趋势。在 2006 年，金融业薪酬比非金融业要高出 72%，其高薪中 30%—50% 的收益来自政府赋予其垄断地位而获得的垄断收益。[1]

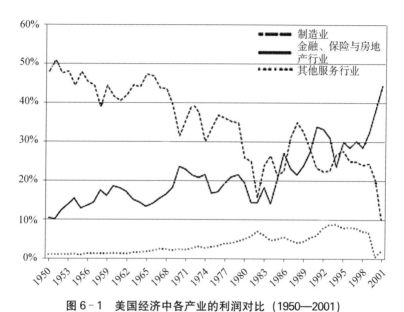

图 6-1　美国经济中各产业的利润对比（1950—2001）
资料来源：Greta Krippner, *Capitalizing on Crisis: The Political Origins of the Rise of Finance*, p. 4。

　　庞大的金融资本形成强大的政治势力。金融资本家冒着巨大风险去赚取超额收益，引发金融危机。他们获得收益，却没有承担风险。他们将自己和整个行业乃至国民经济绑定到一起，美国政府不得不动用巨额纳税人的钱去救助这些金融寡头。这就是金融集团

---

① ［美］约瑟夫·斯蒂格利茨：《重构美国经济规则》，第 46—47 页。

"大而不倒"的逻辑，也是美国政府为何要一边放松管制，一边救济金融集团的原因。

鲁道夫·希法亭（Rudolf Hilferding）于 1910 年出版了他的马克思主义政治经济学著作《金融资本：资本主义最新发展研究》。该书被认为是除《资本论》外，马克思主义政治经济学史上最具影响力的著作之一。[①] 按希法亭的理解，当时的资本主义已经和马克思生活时代的资本主义有所不同。资本主义发展已经进入了一个新阶段，而这个阶段的特点是金融资本统治。那么，什么是金融资本呢？希法亭指出："金融资本意味着资本的统一化。以前被分开的产业资本、商业资本和银行资本等，现在被置于产业和银行的支配者通过紧密的个人联络而结成的金融贵族的共同领导之下。这种联合是以大垄断联合从而消除个别资本家自由竞争为基础的。"[②] 希法亭展示，马克思看到的资本集聚和资本集中在当前已发展到一个新阶段。日益崛起的、以金融资本为代表的大资本排挤小资本，使得资本主义垄断趋势日益明显。

如果说马克思分析的资本主义是以英国为典型案例，以自由竞争的资本主义为代表；那么希法亭分析的资本主义则是以德国为典型案例，以垄断资本主义为代表。希法亭指出：一旦以资本集中和集聚的程度即卡特尔化和托拉斯化的程度以及银行支配产业的程度——简言之，以所有资本向金融资本转化的程度为标准，那么，

---

① ［加］M. C. 霍华德、［澳］J. E. 金著，赵吉伟等译：《马克思主义经济学史（1883—1929）》，中央编译出版社 2014 年版，第 99 页。
② ［德］鲁道夫·希法亭著，福民等译，王辅民校：《金融资本》，商务印书馆 1994 年版，第 343 页。

不是自由贸易国家的英国，而是保护关税的国家德国和美国，变成了资本主义发展的典型国家。① 资本主义步入垄断阶段。这样的观察被俄国的列宁、美国的保罗·巴兰（Paul Baran）以及保罗·斯威齐（Paul Sweezy）等人所继承和发展。

在希法亭著作中，在德国和美国，银行的作用与英国有着显著不同。银行开始变成资本主义政治经济生活的主角。如果说马克思时代，资本是分散的，可以划分为商业资本、产业资本以及银行资本，那么在希法亭著作中，金融资本（finance capital）意味着资本的统一。因此，当前学者日益关注的资本主义国家"金融化"并非全新现象。

受益于希法亭的《金融资本》，列宁在1916年出版的著作《帝国主义是资本主义的最高阶段》一书中也分析了资本主义国家的"金融化"趋势。列宁指出，现在的政治经济变迁和马克思时代已经不同了，"在半个世纪以前马克思写《资本论》的时候，绝大多数经济学家都认为自由竞争是一种'自然规律'"。② 而现在，经济生活的重大方面通常不受自由竞争支配。因为现在，"资本主义转化为帝国主义"。③ 和早期资本主义不同，当资本主义到了帝国主义阶段，此时资本主义依靠的不再是工业资本。"帝国主义的特点，恰好不是工业资本而是金融资本。"④ 这样庞大的经济力量可以转化成强大的政治力量，支配世界政治经济。"金融资本是一种

① ［德］鲁道夫·希法亭：《金融资本》，第347页。
② ［俄］列宁著，中共中央编译局译：《帝国主义是资本主义的最高阶段》，人民出版社2001年版，第13—14页。
③ 同上，第15页。
④ 同上，第80页。

存在于一切经济关系和一切国际关系中的巨大力量，可以说是起决定作用的力量，它甚至能够支配而且实际上已经支配着一些政治上完全独立的国家。"①

　　沿袭希法亭的著作，列宁也看到了银行角色的变化。银行基本的和原来的业务是在支付中起中介作用，但是新的情势发展导致银行开始扮演更加重要的政治经济角色。"随着银行业的发展及其集中于少数机构，银行就由中介人的普通角色发展成为势力极大的垄断者，它们支配着所有资本家和小业主几乎全部的货币资本，以及本国和许多国家的大部分生产资料和原料产地。为数众多的普通中介人成为极少数垄断者的这种转变，是资本主义发展成为资本帝国主义的基本过程之一。"② 在资本主义国家，银行已经实现了从"中介者"到"垄断者"的转变。垄断已代替自由竞争，成为资本主义政治经济的基本特征。"自由竞争是资本主义和一般商品生产的基本特性；垄断是自由竞争的直接对立面，但是我们眼看着自由竞争开始转化为垄断：自由竞争造成大生产，排挤小生产，又用更大的生产来代替大生产，使生产和资本的集中达到这样的程度，以致从中产生了并且还在产生着垄断。"③ 资本主义已经步入了垄断阶段。

　　在资本主义走向垄断的过程中，银行充当着重要角色。银行变成了重大的资本家团体，它们通过形形色色的活动，增强自身垄断力量。首先，大银行兼并小银行。列宁列举了德国银行的例子，"小

① 列宁：《帝国主义是资本主义的最高阶段》，第 71 页。
② 同上，第 23 页。
③ 同上，第 77 页。

银行被大银行排挤，大银行当中仅仅九家银行就差不多集中了所有存款的一半"。①

其次，大银行通过发展网点，建立更广阔的网络，从而形成更强大的影响力。"我们看到，银行渠道的密网扩展得多么迅速，它布满全国，集中所有的资本和货币收入，把成千上万分散的经济变成一个统一的全国性的资本主义经济，并进而变成世界性的资本主义经济。"② 银行形成了强大的政治经济实力，不断扩张自己地盘，同时不断扩大自身势力。银行通过兼并收购以及拓展网点，使得资本主义国家经济力量更加集中，进而形成新的政治力量。"随着资本的集中和银行周转额的增加，银行的作用根本改变了。分散的资本家合成了一个集体的资本家。"③ 这样的"集体的资本家"开始介入资本主义国家政治经济生活的方方面面。列宁指出："其实，这是集权，是垄断巨头的作用、意义和实力的加强。"④

再次，银行开始影响大企业。随着"集体的资本家"的出现，大企业，尤其是大银行，开始主导经济生活，"大企业，尤其是大银行，不仅直接吞并小企业，而且通过'参与'它们的资本、购买或交换股票，通过债务关系体系等等来'联合'它们，征服它们，吸收它们加入'自己的'集团'。⑤ 这样，"银行资本和工业资本日益融合……银行发展成为具有真正'包罗一切的性质'的机构"。⑥ 此时

---

① ［俄］列宁：《帝国主义是资本主义的最高阶段》，第 24 页。
② 同上，第 26 页。
③ 同上，第 27 页。
④ 同上，第 26 页。
⑤ 同上，第 24—25 页。
⑥ 同上，第 36 页。

的银行高度卷入工业经济，"在工业高涨时期，金融资本获得巨额利润，而在衰落时期，小企业和不稳固的企业纷纷倒闭，大银行就'参与'贱价收买这些企业，或者'参与'有利可图的'整理'和'改组'。"①

股份公司的出现进一步为银行资本和产业资本的结合创造了条件。希法亭看到了股份制的发展并没有牵制大企业与大银行，因为小股民所持有的些许股票是毫无影响的，小股东的增长只不过增强了大资本家的力量。因为大资本家只要持有很少一部分股票，就足以控制整个企业。希法亭看到"在实践中，足以控制股份公司的资本额通常还要小，只是资本的三分之一到四分之一，甚至比这个数目还小。而股份公司的控制却支配别人的资本，就像他支配自己的资本一样"②。列宁也同希法亭相呼应，"只要占有 40% 的股票就能操纵一个股份公司的业务，因为总有一部分分散的小股东实际上根本没有可能参加股东大会"。因此股权的分散只不过是"加强金融寡头实力的一种手段而已"。③ 在股份制下，金融寡头有了更好的杠杆来剥夺公众。"集中在少数人手里并且享有实际垄断权的金融资本，由于创办企业、发行有价证券、办理公债等等而获得大量的、愈来愈多的利润，巩固了金融寡头的统治，替垄断者向整个社会征收贡赋。"④ 这就是集中带来的权力，金融资本通过股份公司，影响公众，左右政权，获得收益。

---

① 列宁：《帝国主义是资本主义的最高阶段》，第 47 页。
② ［德］鲁道夫·希法亭：《金融资本》，第 120 页
③ 列宁：《帝国主义是资本主义的最高阶段》，第 41 页。
④ 同上，第 45 页。

希法亭和列宁都看到资本主义进入一个新阶段,这个阶段是帝国主义,而帝国主义的重要特点就是垄断。这个时候,"一个工业部门的生产总量,往往有十分之七八集中在卡特尔和托拉斯手中"。[①]这些金融寡头有着强大的"市场力量"和政治力量。

首先,就市场力量而言,金融寡头拥有的市场力量在于它们可以左右市场价格。"货币资本和银行使极少数最大企业的这种优势变成更强大的而且是名副其实的压倒优势,就是说,几百万中小'业主',甚至一部分大'业主',实际上完全受几百个金融富豪的奴役。"[②]竞争性的小企业会逐渐退出历史舞台,"现在已经是垄断者在扼杀那些不屈服于垄断、不屈服于垄断的压迫和摆布的企业了。"[③]

其次,就其政治力量而言,金融寡头的政治力量则在于它们更有能力俘获政府,政府更直接地充当金融寡头剥削大众的工具。新的垄断力量会带来新的强制关系,"统治关系和由此产生的强制,正是'资本主义发展的最新阶段'的典型现象,正是势力极大的经济垄断组织的形成所必然引起而且已经引起的结果"[④]。强大的政治力量,卷入社会生活与政治生活。现有的法律无法约束这些金融寡头做大,"在任何情况下,在一切资本主义国家,不管有什么样不同的银行法,银行总是大大地加强并加速资本集中和垄断组织形成的过程"。[⑤]随着金融寡头在经济上日益强大,它们会日益渗透到政治生活中。"垄断既然已经形成,而且操纵着几十亿资本,它就绝对不可

---

① 列宁:《帝国主义是资本主义的最高阶段》,第16页。
② 同上,第11页。
③ 同上,第19页。
④ 同上,第20—21页。
⑤ 同上,第29页。

避免地要渗透到社会生活的各个方面去，而不管政治制度或其他任何'细节'如何。"① 列宁引用相关资料指出"法兰西共和国是金融君主国"，在这样的国家，"金融寡头统治一切，既控制着报刊，又控制着政府"。② 列宁还引用德国作家的话，由于金融寡头势力太强大，"德国宪法所保证的经济自由，在经济生活的许多方面，已经成了失去内容的空话"，在现有的财阀统治下，"即使有最广泛的政治自由，也不能使我们免于变成非自由民的民族"。③ 马克思早就断言资本主义的国家是资产阶级的工具。由于金融资本崛起，国家成为一个特殊资本集团——金融资本操纵的工具。

时至今日，从金融资本对美国政治的影响来看，无处不见金融资本的强大影响力。从 1989 年到 2002 年，格拉姆从美国商业银行获得了最多的政治献金，也是从华尔街获得资金最多的五名美国政客之一。④ 他在 2003 年退休后，接受了瑞士联合银行集团的职务，为其效力，游说美国国会和财政部。格拉姆的妻子，美国商品期货交易委员会主席温迪·格雷姆（Wendy Graham）在 1993 年离任前夕，批准了安然公司金融衍生工具可免于监管，而她在几个星期后得到了安然公司董事会的一个席位。随后几年中，她在安然获得的工资和股票收入在 91.5 万美元和 180 万美元之间。由于不受监管，美国金融行业风险日益累积。当安然公司突然崩塌时，数千名员工的退休账户也被洗劫一空。不仅格拉姆夫妇如此，罗伯特·鲁宾在

---

① 列宁：《帝国主义是资本主义的最高阶段》，第 49 页。
② 同上，第 46 页。
③ 同上，第 50 页。
④ ［美］雅各布·哈克、［美］保罗·皮尔森：《赢者通吃的政治》，第 193 页。

担任美国财政部长期间，多次拒绝加强监管衍生工具。离任后，鲁宾担任美国花旗银行高级顾问。尽管花旗银行面临亏损，但他却获得了 1.26 亿美元的现金和股票。[①] 在马克思主义者看来，金融资本渗透到了资本主义政治生活的方方面面。在 1955 年，时任通用汽车公司董事长的查理·威尔逊（Charlie Wilson）宣称：对通用汽车好的就是对美国好。到 1990 年这个口号变成了对华尔街有利就是对美国有利。[②] 如此一来，放松管制对华尔街有利，那么美国政府就会放松管制。而金融具有系统的不稳定性，当华尔街遭遇危机困扰的时候，美国政府就会出手救济。

在不少自由主义学者看来，金融业代表高附加值产业，是经济具有活力的表现。而在不少马克思主义者看来，资本主义的金融化转向则代表了危机。阿瑞基指出：20 世纪 70 年代以来世界资本主义经历的金融扩张是世界规模资本积累过程中的一个显著趋势。从历史上看，金融扩张总是出现在世界贸易和生产扩张之后，是竞争压力加剧让资本家作出的典型反应。资本主义对金融的过度关注和对债务的容忍，是经济强国晚期的典型特征，这一转向预示着经济衰退的到来。[③] 在马克思主义者看来，是金融而非生产性投资在提高盈利能力方面逐渐处于主导作用，这是新自由主义经济的基本特征。金融和股东利益而非生产活动，反倒成为当前制造业的主要目标。这一重新定位反映出这样的事实，即国民经济中各个生产部门难以

---

① ［美］雅各布·哈克、保罗·皮尔森：《赢者通吃的政治》，第 194、243 页。
② ［英］大卫·哈维：《新自由主义简史》，第 39 页。
③ ［意］杰奥瓦尼·阿瑞基：《漫长的 20 世纪：金钱、权力与我们社会的根源》，第 355、371 页。

获得利润。资本主义这场危机的突出特征就是金融泡沫。经济发展愈发依赖金融业，意味着钱更多来自租金，而不是生产性活动。[1]

上述看法和列宁对"金融资本"的判断是吻合的。列宁指出："资本主义已经发展到这样的程度，商品生产虽然依旧'占统治地位'，依旧被看作全部经济的基础，但实际上已经被破坏了，大部分利润被那些干金融勾当的'天才'拿去了。这种金融勾当和欺骗行为的基础是生产的社会化，人类历尽艰辛所达到的生产社会化这一巨大进步，却造福于……投机者。"[2] 著名的金融评论家马丁·沃尔夫（Martin Wolf）指出：没有哪个行业能与金融业相比，它是收益私人化、损失社会化的天才。[3] 在资本主义进入帝国主义阶段，列宁看到了一个食利者阶层的崛起，他们攫取了经济发展成果的大部分。这样的食利者充斥的资本主义是腐朽的、没落的。"帝国主义，或者说金融资本的统治，是资本主义的最高阶段……金融资本对其他一切形式的资本的优势，意味着食利者和金融寡头占统治地位。"[4] 他们依靠国家政府，推动经济的金融化，同时享受着食利阶层不劳而获的、寄生的生活。青木昌彦在日本做讲座的时候，就告诫在座各位听众：希望在座各位有志学习金融学的同学不要做那种与制造业与实体经济无关的空虚幻想来赚钱的事情。[5]

从社会整体的视角看，金融集团的膨胀对社会无益。金融不能培育一个庞大的中产阶级，因为在任何国家，无论荷兰、英国或美

---

[1] ［加拿大］亨利·海勒：《马克思主义的资本主义史》，第 111、118 页。
[2] 列宁：《帝国主义是资本主义的最高阶段》，第 20 页。
[3] ［美］雅各布·哈克、［美］保罗·皮尔森：《赢者通吃的政治》，第 5 页。
[4] 列宁：《帝国主义是资本主义的最高阶段》，第 51 页。
[5] ［日］青木昌彦：《制度经济学入门》，第 17 页。

国，都只有一小部分精英能够分享证券交易所、商业银行和会计师事务所的利润。相反制造业、运输业和贸易的优势却可以带来更广泛的繁荣。[1] 在当前的美国，无论是民主党还是共和党，都高度依赖金融资本的支持。[2] 金融资本是从现行国际与国内政治经济秩序中获益最多的群体，他们左右着政权，反对再分配、支持金融化，也支持全球化。随着资本主义发展到"金融资本阶段"，资本主义国家日益变成金融资本的共同事务的"中央委员会"。为服务金融资本利益，国家需要一边放松管制，一边救济。

二 发达国家为何再度实施贸易保护？

19世纪是世界资本主义自由贸易的黄金时期。不过，好景不长，19世纪后期，世界主要资本主义国家开始了新一轮的贸易保护主义。1879年，时任德国宰相的奥托·冯·俾斯麦（Otto von Bismarck）开始对农业与工业进行贸易保护。其他欧洲国家纷纷效仿德国保护性经济政策，通过提高关税来刺激工业发展。法国在19世纪80年代以及1892年两次上调关税。瑞典在1892年加强了工业保护。意大利在1878年征收适度关税，又在1887年大幅上调关税。俄罗斯在1877年、1885年与1891年大幅上调工业关税。奥地利、匈牙利和西班牙也分别在19世纪70年代与80年代转向贸易保护。巴尔干

---

[1] ［意］杰奥瓦尼·阿瑞基：《漫长的20世纪：金钱、权力与我们社会的根源》，第372页。

[2] 孔元：《被遗忘的阶级议题与寡头政治的未来》，《文化纵横》2021年第2期。

半岛国家则进一步转向了更高程度的贸易保护。①

在保护主义压力下，英国对自由贸易的承诺不断减退。在 19 世纪 80 年代，英国公平贸易者（fair traders）的队伍主要来自陷入困境的羊毛业、钢铁业及农业。他们主张对海外制成品征收高关税，对外国保护主义予以报复。公平交易者希望进行战略收缩，更加重视加固大英帝国内部经济联系，让英国产品在帝国自治领和殖民地享有优惠地位。② 1903 年英国政治家约瑟夫·张伯伦（Joseph Chamberlain）引领了"关税改革运动"，发表《伯明翰宣言》，主张英国改变现有自由贸易制度，以帝国为单位设立关税，共同对抗外部压力。张伯伦指出："当德国和美国出现大规模产能过剩时，英国制造业将处于最严重的危险中。"③ 为保护本土产业，英国需要团结广大殖民地和自治领，为建立帝国经济联盟做准备。在"关税改革运动"的倡导者看来，只有一个经济上更加统一的大英帝国才能让英国恢复主导地位。张伯伦的倡议在 20 世纪 30 年代得到实质性推进。在 1932 年的渥太华会议上，英国政府同自治领及殖民地签订《进口关税法》（imported duties law），正式建立排他性的帝国特惠制（imperial preference）。与帝国特惠制度相联系的是英镑区。英国希望通过这样的制度安排，保持自身优势地位。渥太华会议是英

---

① Paul Bairoch, "European Trade Policy, 1815 - 1914," in Peter Mathias and Sidney Pollard, eds., *The Cambridge Economic History of Europe, Vol. VIII: The Industrial Economies: The Development of Economic and Social Policies*, New York: Cambridge University Press, 1989, pp. 51 - 69.

② P. J. Cain, *Economic Foundations of British Overseas Expansion 1815 - 1914*, London: Macmillan, 1980, p. 47.

③ Aaron Friedberg, *The Weary Titan: Britain and the Experience of Relative Decline, 1895 - 1905*, Princeton: Princeton University Press, 1988, p. 56.

国从自由贸易秩序收缩的标志，旗帜鲜明地回归保护主义。

　　二战以后，发达国家的保护主义又有了新的形式。美日双方展开激烈的贸易谈判。美国利用其对国际市场的主导权，不断迫使日本接受"自愿"出口限制。1972年，美国迫使日本接受对纺织品的自愿出口限制，而这样的限制一直持续不断：1969年和1978年针对日本钢铁；1977年针对日本彩电；1981年到1993年针对日本汽车。1988年，美国国会通过"超级301条款"，并利用该条款，让美国的超级计算机、卫星以及木材等产品进入日本市场。[1]

　　1985年，日本对美国贸易顺差超过500亿美元，美国参众两院通过决议，要求美国政府对日本不公平贸易行为展开报复。为纠正美日"双边贸易失衡"，防止"美国每年丧失数十万工作岗位"，美国政府拒绝日本产品进入美国市场。[2] 1986年，美日两国签署《美日半导体协议》，日本政府承诺在五年内努力帮助美国及外国公司占据20%日本半导体市场份额。[3] 1987年3月，美国总统罗纳德·里根（Ronald Reagan）认为日本人违反协定，决定对日实施惩罚性贸易制裁。这是二战结束后，美国第一次对日本实施大规模经济制裁，对来自日本的计算机、机床和彩电征收100%关税，价值高达3亿美元。[4]

---

① Andrew Gordon, *A Modern History of Japan: From Tokugawa Times to the Present*, New York: Oxford University Press, 2003, p. 293.

② John Kunkel, *America's Trade Policy Towards Japan: Demanding Results*, London and New York: Routledge, 2003, p. 52.

③ Aurelia Mulgan, "Understanding Japanese Trade Policy: A Political Economy Perspective," in Aurelia Mulgan and Masayoshi Honma, eds., *The Political Economy of Japanese Trade Policy*, London: Palgrave Macmillan, 2015, p. 17.

④ John Kunkel, *America's Trade Policy Towards Japan: Demanding Results*, pp. 83-99.

2018 年 3 月，美国政府宣布对来自中国、欧盟等地区的钢铁和铝制品加征关税。到 2018 年 4 月，美国政策调整有了显著变迁，其限制开始指向中国高技术产品。美国政府宣布对来自中国航空、航天、信息和通讯技术等高技术行业的 1300 余种商品加征 25% 的关税。2018 年 6 月，美国政府再次升级对华高技术进口限制，宣布对《中国制造 2025》中提到的高技术产品加征 25% 关税。此次政策调整实现了宽领域设限：价值高达 500 亿美元，涵盖了十个技术门类，涉及的高技术产品多达 1102 种。2018 年 7 月，美国政府进一步对中国 818 个类别 340 亿美元的进口产品加征关税。2024 年，欧盟又宣布对中国电动车征收高额关税。

如何解释这一轮又一轮发生在发达国家的贸易保护主义潮流？发达国家选择保护主义是应对经济危机的权宜之计吗？20 世纪初，鲁道夫·希法亭的著作《金融资本》试图指出：这些发达国家纷纷选择保护主义是未来的世界潮流，而不是权宜之计。霍华德等人在《马克思主义经济学史》中认为《金融资本》第 22 章有关"争夺经济区的斗争"是希法亭比较具有原创性的部分。[1] 而这部分正是要回答为何发达国家纷纷选择保护主义。

希法亭指出：随着金融资本逐步壮大，成为主导资本主义世界的力量，自由贸易的时代就要结束了。金融资本所希望的不是自由，而是统治。它们呼唤强大的国家对内实施保护主义，对外推行扩张政策并吞并殖民地。通过关税和税收政策可以保证国内金融资本能拥有一个比较稳定的国内市场；而对外扩张能帮助金融资本将利益

---

[1] ［加］M. C. 霍华德、［澳］J. E. 金：《马克思主义经济学史（1883—1929）》，第98 页。

延伸到国外。国家代表金融资本在世界各地进行干预，把世界转变成为金融资本的投资场所。① 因此在金融资本时代，金融资本需要的不是自由主义，而是寡头统治与帝国主义的经济政策。

在金融资本看来，自由贸易是有害的。各国资产阶级都在纷纷寻找和扩大本国的经济区（economic territory），这样才能获得垄断利润。为什么对金融资本而言，自由贸易是有害的呢？希法亭认为自由贸易剥夺了那些具有卡特尔化能力的产业在国内市场的垄断。尽管没有这样的卡特尔关税，国内卡特尔也会发展起来，但是，第一，国内卡特尔化速度会变慢；第二，卡特尔稳定性会变得更小；第三，国内卡特尔会担心国际卡特尔对抗。② 因此，金融资本的政策有三个目的：第一是建立尽可能大的经济区；第二是通过保护性关税排除外国竞争；第三，把这一经济区变成民族垄断联盟的开发区。③ 希法亭的"国家经济区"实际上比国家更大，因为它不仅包括发达国家自身的领土，还包括了它们所拥有的殖民地及势力范围等。④ 希法亭注意到各资本主义国家现在实施保护主义，建立经济区的目的是服务于民族资本家利益，它们要建立和维系国内垄断性的卡特尔，获得垄断利润，以便让"民族资本家"打败其他国家的资本家。

我们可以归纳出希法亭的"卡特尔关税"与以往关税几个方面的不同：首先，以往关税是保护幼稚产业，而现在的关税则是为强大的垄断资本提供垄断利润。"古老的保护性关税的使命，除了弥补

---

① ［德］鲁道夫·希法亭：《垄断资本》，第 385 页。
② 同上，第 358 页。
③ 同上，第 375 页。
④ ［英］布鲁厄：《马克思主义的帝国主义理论》，第 102 页。

既有的不利自然条件外，就是促进在被保护范围内产业的建立。它应保护处于发展中的国内产业，防止被已发展起来的外国产业的强大竞争所阻碍或者消灭。"① 这样的关税就是李斯特所倡导的关税，是为弱者建立的关税。在垄断时代，"卡特尔关税"所发挥的作用就显著不同了。那些最具有出口竞争力的产业也需要高额关税保护。因此，希法亭将这样的关税称为"卡特尔关税"，是保护强者的关税，是可以促进卡特尔化的关税。资本主义的竞争不仅支配着弱者，也支配着强者。1879 年实施的关税保护使德国能够在国内市场保持较高价格，并在国外降价销售。在德国卡特尔支持下，德国钢铁制造商实施纵向一体化。1893 年，德国在生铁领域超过英国；1905年，德国在钢铁领域击败了英国。② 这是当时世界政治中强者与强者的竞争。现在发达国家关税服务的对象已经从弱者变成了强者，为国内强大的垄断者服务。

其次，以往关税是临时性的，而现在的关税则是永久性的。按希法亭的理解，既然以往的关税是出于保护幼稚产业需要，那么它们就是培育性关税，是短暂的而不是长期性的。实施"培育关税"的目的是帮助被保护产业度过幼稚产业成长期。这也是李斯特所倡导的，"任何国家，借助于保护政策，据有了工商优势，达到了这个地位以后，就能够有利地恢复自由贸易政策"。③ 但按照希法亭的看法，李斯特的想法是难以实现的。因为在垄断资本主义阶段，关税

① ［德］鲁道夫·希法亭：《金融资本》，第 350 页。
② Tom Kemp，*Industrialization in Nineteenth Century Europe*，London and New York：Routledge，2013，p.177.
③ ［德］弗里德里希·李斯特著，陈万煦译：《政治经济学的国民体系》，商务印书馆 1961 年版，第 16 页。

变成了卡特尔关税,这样的关税将长久存在。因为卡特尔关税可以提高国内价格,让金融资本获得超额利润,让他们可以间接向国内征税。在卡特尔关税保护下,金融资本的积累得到强有力的促进。既然金融资本追求垄断利润的欲求没有止境,而国家又是金融资本的代言人。那么"卡特尔关税"的实施则会是长期的、永久性的。

再次,以往关税是防御性的,而现在的关税则是进攻性的。希法亭指出:"保护性关税的职能发生了彻底的变化,实际上走到了自己的反面。从抑制外国产业占领国内市场的手段变成了国内企业占领外国市场的手段,由弱者手中的防御武器变成了强者的进攻武器。"[1] 这种做法的特点就是"国内高价,国际低价"。为什么低价卖给海外消费者会让卡特尔有利可图呢?在全球市场上,卡特尔必须按照世界市场的价格来销售,乃至以低于其生产价格来出售。由于卡特尔在国内获得超额利润,因此卡特尔才能在国际市场以低于竞争者的价格出售其产品。如果这样可以获得国外市场,它们就可以扩大生产,实现规模经济,进而降低成本。这种做法类似于"倾销",厂商通过低价在国际市场销售,以便打败对手,占领世界市场。1876 年,在银行家敦促下,德国公司成立一个卡特尔组织,让德国钢铁企业度过了需求和价格低迷期。由于受到高关税保护,德国钢铁制造商免于遭受英国竞争的冲击,它们向铁路部门在内的国内客户索要高价,而以远低于生产成本的价格向海外销售。用"国内高价"来弥补"国际低价"的损失。[2] 在化学工业领域,德国同样

---

[1] [德] 鲁道夫·希法亭:《金融资本》,第 354 页。

[2] Ulrich Wengenroth, *Enterprise and Technology: The German and British Steel Industries, 1865 - 1895*, New York: Cambridge University Press, 1994, pp. 123 - 124.

采取"对内垄断、对外倾销""国内高价，国际低价"的做法。19世纪末，在13种主要化学品中，德国在国内垄断了12种产品的生产，仅有苏打没有被垄断。德国化学产品出口价格低于国内价格。德国这样的做法影响了世界各国化学品出口变化，进而影响整个产业布局。1901年，英国化学品出口盈余仅占化学品出口总额的10%，而德国则接近70%。[1]

概括起来，"国内高价，国际低价"的目的有两个：第一是实现规模经济，销售得越多，单位成本越低；第二是通过低价打垮竞争对手。如果其他国家的资本家不能像在"卡特尔关税"保护下的资本家这样实现低价销售，那么他们就难以赢得竞争。19世纪末英国钢铁制造商就抱怨，因为国内市场的"开放"，美国、德国和比利时的钢铁制造商通过"不公平竞争"压低钢铁销售价格，越来越多地进入英国本土市场。如果国内市场不是为本土制造商保留的，那么英国钢铁在海外贸易中就会处于不利地位，本土制造商的士气就会日益低落。[2] 事实上，研究者发现：就质量而言，早年英国钢铁质量更高，德国钢铁质量更低；就成本而言，英国生产的钢材成本更低。不过德国钢铁的出口实力更多取决于其庞大的国内市场，受关税保护的国内市场。由于德国国内市场受到保护，通过"国内高价，国际低价"，抢占国际市场，最终成就德国钢铁工业的世界领先地位。[3]

---

[1] H. W. Richardson, "Chemicals," in Derek Aldcroft, ed., *The Development of British Industry and Foreign Competition*, 1875 – 1914, Toronto: University of Toronto Press, 2018, p. 297.

[2] P. L. Payne, "Iron and Steel Manufactures," in Derek Aldcroft, ed., *The Development of British Industry and Foreign Competition*, 1875 – 1914, p. 79.

[3] Ulrich Wengenroth, *Enterprise and Technology: The German and British Steel Industries*, 1865 – 1895, p. 268.

如果大家都保护自己的国内市场，到哪里去寻找世界市场呢？希法亭没有提供明确的答案，他似乎假定有国家没有能力保护，因此留下了大片没有保护的世界。① 希法亭的这一点认识和以国家为中心的政治经济学者看法类似。只不过希法亭看到发达资本主义国家努力扩大自己的经济区，是服务于资产阶级利益；而以国家为中心的政治经济学则认为强国渗透弱国，扩大势力范围，是服务于国家整体利益。希法亭也认为，垄断组织剥削经济区内的所有消费者，无论是宗主国的消费者还是殖民地的消费者。

资本主义新的发展阶段，对国内而言是垄断过度，在国际上可能是集中不足。一个国家的金融资本要和其他国家的金融资本竞争，自然要借助国家的力量，通过保护主义，通过建立和扩大自己的经济区，来赢得竞争。保护性关税成了各国卡特尔竞争的武器。因此，国家和金融资本更加紧密地结合，参与到世界资本主义竞争中。"卡特尔试图通过国家的权力和外交干预来加强自己在竞争中的地位。"② 对后发资本主义国家而言，资产阶级的力量比先发国家更为弱小。因此后发国家的金融资本更迫切地希望国家保护。希法亭看到，德国资产阶级最终会和英国的资产阶级展开争夺。因为德国在发达国家中一直缺乏殖民地，"这种情况必然大大加剧德国同英国及其卫星国之间的对立，最后诉诸暴力解决"。③ 这一点被列宁进一步深化。

国家之间争夺经济区的竞争会加剧，金融资本需要更加紧密地与国家政权结合。"一切在外国有利益关系的资本家，呼吁建立一个

---

① ［英］布鲁厄：《马克思主义的帝国主义理论》，第 101 页。
② ［德］鲁道夫·希法亭：《金融资本》，第 358 页。
③ 同上，第 381 页。

强大的国家政权，凭借它的权威保护自己即便是在世界最遥远的角落的利益；呼吁举起必然到处可见的战争旗帜，从而能够到处竖起商业的旗帜。"① 在争夺经济区的斗争中，国家力量对资本家的意义尤其重要。"政治力量成为经济竞争中的决定性因素；对金融资本来说，国家的权力地位成为直接的利润利益。现在，外交把代表金融资本当作自己最重要的职能。"② 各国政府机构纷纷卷入到国内资本家的海外市场开拓行动中。政府官员亲自下场，为本国垄断资本开疆拓土。19 世纪 80 年代以来，英国在中国的地位日益受到欧洲其他国家威胁。欧洲各国特别是德国不断进入中国市场，参与对华贸易。德国甚至打破惯例，通过外交领事和驻华大使搞到中国订单，英国在中国的贸易利益逐渐被欧洲列强瓜分。③

霍华德和金认为，希法亭太容易从他自己的德国经验出发进行概括。④ 希法亭做出这样概括的意义在于：在资本主义新的发展阶段，资本主义国家的主流意识形态、国家角色都与此前有很大不同。希法亭指出了自由主义在英国与在欧洲大陆的不同，经济自由主义在英国比在欧洲大陆任何地方都得到了更强的贯彻。⑤ 这是因为英国是先发展国家，这里的资本家可以用自由主义意识形态来对抗国家。因为在自由竞争时代，国家常常对资本家进行武断干预。如此一来，自由主义就是英国资本家对抗强大国家的思想武器。而对德国这样

---

① ［德］鲁道夫·希法亭：《金融资本》，第 370 页。
② 同上，第 380 页。
③ 张红：《英帝国史（第六卷）：英帝国的危机》，江苏人民出版社 2019 年版，第 269 页。
④ ［加］M. C. 霍华德、［澳］J. E. 金：《马克思主义经济学史（1883—1929）》，第 100 页。
⑤ ［德］鲁道夫·希法亭：《金融资本》，第 344 页。

的后发展国家而言，他们不是要驱逐国家干预，而是要邀请国家介入。对先发展国家而言，国家可能是资本家的对手；而对后发展国家而言，国家却是资本家参与全球资本主义竞争的有力推手。以德国资本家为代表，他们不再相信自由主义，而是强化民族主义来服务于其金融资本全球扩张。希法亭看到，金融资本裹挟着"民族主义"，"现在是把国家从一种障碍物转化为自己发展的工具"。[①] 不仅德国如此，马克思主义学者阿瑞基还指出：美国政府和美国企业从一开始就是保护主义运动的先锋，这一运动最终摧毁了英国的世界市场体系，并使得世界资本主义退缩到民族经济和相关帝国的避风港中。美国在内战期间通过相应法案大幅度提高关税，随后在 1883 年、1890 年、1894 年、1897 年四次增加关税。[②]

事实上，自 19 世纪末兴起保护主义浪潮以来，发达资本主义国家一次又一次地兴起保护主义浪潮。不仅处于崛起时期的资产阶级需要国家诉诸保护主义来推动自身成长；处于衰落时期的资产阶级同样需要国家使用保护主义来维系自身利益。从希法亭的视角看，在 20 世纪，老牌资本主义国家英国实施"帝国特惠制"，即建立自己的经济区，是为自己的金融资本服务。二战后以及当前美国实施诸多"非关税壁垒"，也是服务于同样的目的。布鲁厄指出："因为垄断集团仍不能控制世界市场，它们需要关税的保护，并且因而试图尽可能远地扩展它们受保护的市场，和寻求金融资本对扩张主义政策的支持。因为开始了这些论证，希法亭成为经典马克思主义的

---

① ［德］鲁道夫·希法亭：《金融资本》，第 383 页。
② ［意］杰奥瓦尼·阿瑞基：《漫长的 20 世纪：金钱、权力与我们社会的根源》，第 347 页。

帝国主义理论的真正创始人。"① 今天的世界,新一轮科技革命已初现端倪,发达资本主义国家的垄断资本对高技术产业的保护出现回潮趋势。希法亭对保护主义回潮的分析对我们理解今天的世界仍有重要意义。

三 大规模国际投资是否导致了战争?

二十世纪上半期爆发了两次世界大战。第一次世界大战中有超过 1500 万人死亡。在第二次世界大战中伤亡的人数更是惊人,有超过 6000 万人死亡。美国在第二次世界大战中伤亡人员总计为 100 余万人,其中死亡人数为 40 余万人。从某种意义上来讲,第二次世界大战是第一次世界大战悲剧性的后续。在乔治·凯南(George Kennan)看来,第二次世界大战无可补救,只能任其发展,它不过是第一次世界大战不可避免的后果。②

19 世纪英国殖民者西塞尔·罗兹(Cecil Rhodes)指出:我们必须找到新的土地,从中我们可以很容易地获得原材料,同时剥削殖民地土著奴隶,享有其提供的廉价劳动力;殖民地还将为我们工厂生产的剩余商品提供倾销市场;正如我一直说的,帝国是一个面包和黄油的问题。如果我们想避免英国国内的阶级斗争,我们就必

① [英]布鲁厄:《马克思主义的帝国主义理论》,第 110 页。
② [美]乔治·凯南著,雷建锋译:《美国大外交》,社会科学文献出版社 2013 年版,第 112 页。

须成为帝国主义者。① 在马克思主义者看来，各资本主义大国纷纷走向帝国主义，其结果是冲突与战争。

第一次世界大战爆发前，英国和德国的关系日趋恶化。1885 年，英国"贸易工业萧条调查委员会"调查报告指出：在世界各地，来自德国的竞争已构成对英国日益严重的冲击。在商品生产方面，英国的领先优势已不显著。德国人比英国人更了解世界市场，比英国人更能迎合当地民众的消费需求和偏好，而且德国人有着更大的决心在一切可能的地方立足并经营下去。②

这一时期，随着德国商品出口带来的冲击加剧，英国对德国的抱怨不断增强。在英国官方文件以及报刊文章中，充斥着对德国的负面报道。据说德国人频频使用不正当竞争手段：他们销售假冒伪劣产品，而且这些产品上面还常常打着英国商标；他们派人到英国商行做学徒，以获取商业机密；他们毫无原则地迎合当地人需要，为了迎合消费者需要，他们甚至向无知让步，将销售目录翻译成当地语言。19 世纪末，英国人的抱怨达到顶点。英国议会发言人慷慨陈词反对德国。他们抨击英国政府购买德国巴伐利亚地区生产的铅笔；或者埋怨英国政府进口德国囚犯制造的刷子；英国报刊还强烈谴责英国人购买德国生产的廉价服装，说这些服装是用回收的英国羊毛制成的。即使是英国人使用德国制造的纸牌、乐器、马鞭等小玩意儿，也足以让英国人火冒三丈。当时，英国实施的几乎每一次

---

① Frank Stilwell, *Political Economy: The Contest of Economic Ideas*, p. 127.
② ［英］F. H. 欣斯利编，中国社会科学院世界历史研究所组译：《新编剑桥世界近代史·物质进步与世界范围的问题（1870—1898）》（第 11 卷），中国社会科学出版社 1999 年版，第 81 页。

官方调查，撰写的每一份访问团调查报告都会反复涉及一个主题：英国失去了领先地位，错过了应有的机会，放弃了不该放弃的市场。[1]

在英国人对德国的抱怨与日俱增的同时，德国也出现了对英国的严重不满。在德国崛起以前，英国人每一个构想都受到德国人的赞扬。但德国经济迅速成长使得他们把英国人视为欧洲木偶剧院的恶魔导演，这个恶魔导演早在 16 世纪与 17 世纪就一直控制着世界。"仇视"一词在绝大多数经济学著作中很难找到，但在德国著作中却频繁出现。[2] 英国与德国矛盾与日俱增。英德两国从经济竞争走向军备竞赛，并最终走向战争。

关于第一次世界大战爆发的原因，有汗牛充栋的研究。而马克思主义者则从一个独特视角寻找一战的原因，其中一个方面和资本主义国家从商品输出转向资本输出密不可分。英国对外投资从 19 世纪五六十年代开始增长，1870 年至 1914 年，每年向海外的净投资额占这一时期英国年储蓄的 30%。[3] 英国在 19 世纪末 20 世纪初对外输出了数额庞大的资本。从 1875 年到 1914 年，英国海外投资达到了 20 亿—30 亿英镑。当英国年人均国民收入还不到 40 英镑时，英国金融家对外国政府与企业的证券投资相当于每个英国人每年在国外

---

① 〔英〕大卫·兰德斯著，谢怀筑译：《解除束缚的普罗米修斯》，第 326—329 页。

② 〔美〕查尔斯·金德尔伯格著，高祖贵译：《世界经济霸权：1500—1990》，商务印书馆 2003 年版，第 245、259 页。

③ Michael Edelstein, "Foreign Investment, Accumulation and Empire, 1860 - 1914," in Roderick Floud and Paul Johnson, eds., *The Cambridge History of Modern Britain, Volume Ⅱ : Economic Maturity, 1860 - 1939*, Cambridge:Cambridge University Press, 2004, p. 191.

购买 4.5 英镑证券。①

希法亭在《垄断资本》中指出了发达国家资产阶级出于竞争需要，不得不纷纷向海外投资。"资本输出在不同形式上受到本国保护关税的有力促进，也同样受到外国保护关税的鼓励，它同时也为资本在世界范围的渗透和资本的国际化作出贡献。"② 这是"资本试图补偿由经济区的缩小造成的对生产力发展的阻碍，但不是通过向自由贸易的过渡，而是通过扩大本国的经济区和加速进行资本输出。"③ 列宁也非常重视发达国家的资本输出，他指出：资本输出是资本主义发展到新阶段的典型特征。如果说早期自由竞争资本主义是以商品输出为特征，那么垄断资本主义的特征则是资本输出。"对自由竞争占完全统治地位的旧资本主义来说，典型的是商品输出。对垄断占统治地位的最新资本主义来说，典型的则是资本输出。"④

帝国主义为何要从商品输出转向资本输出呢？这是因为，在这一时期，出现了所谓的"过剩资本"。"临近 20 世纪时，我们看到已经形成了另一种垄断：第一，所有发达的资本主义国家都有了资本家的垄断同盟；第二，少数积累了巨额资本的最富的国家处于垄断地位。在先进的国家里出现了大量的'过剩资本'。"⑤ 不过，列宁强调，这样的"过剩"是相对过剩。这是因为，资产阶级不愿意将资金用于改善工人生活，而只好将相对过剩的资本输出到其他国家，

---

① Lance Davis and Robert Huttenback, *Mammon and the Pursuit of Empire*, New York: Cambridge University Press, 1988, p. 36.
② ［德］鲁道夫·希法亭：《金融资本》，第 360 页。
③ 同上，第 360 页。
④ 列宁：《帝国主义是资本主义的最高阶段》，第 53 页。
⑤ 同上，第 53 页。

换来更高的利润。沃尔特·拉菲贝尔在其著作《新帝国：美国扩张主义的解读》一书中用历史将这一逻辑展现得淋漓尽致。在 19 世纪末，美国遭遇"产能过剩"问题。此时有两个解决办法摆在克利夫兰总统面前，一是国内再分配，二是对外扩张。美国统治者没法接受第一个办法，只能采取第二个办法。而美国统治者做此选择就塑造了后来美国扩张主义的对外政策。①

列宁指出："只要资本主义还是资本主义，过剩的资本就不会用来提高本国民众的生活水平（因为这样会降低资本家的利润），而会输出国外，输出到落后的国家去，以提高利润。在这些落后国家里，利润通常都是很高的，因为那里资本少，地价比较贱，工资低，原料也便宜。其所以有输出资本的可能，是因为许多落后的国家已经卷入世界资本主义的流转，主要的铁路线已经建成或已经开始兴建，发展工业的起码条件已有保证等等。其所以有输出资本的必要，是因为在少数国家中资本主义'已经过度成熟'，'有利可图的'投资场所已经不够了。"② 因此，由于海外投资利润更多，发达国家的资本家纷纷行动起来，热衷于资本输出。只是各国资本家的资本输出方式存在各自特点。英国资本家主要是输出生产资本，也就是到海外开矿设厂；法国资本家则是"靠放高利贷发财"，"法国帝国主义与英国殖民帝国主义不同，可以叫作高利贷帝国主义"。③

英国投资者认识到国内工业投资回报率正在减少，而新兴市场

① Walter LaFeber, *The New Empire: An Interpretation of American Expansion*, Ithaca: Cornell University Press, 1963, p. 154.
② 列宁：《帝国主义是资本主义的最高阶段》，第 53—54 页。
③ 同上，第 55 页。

基础设施的投资回报率则相对较高。因此英国金融家需要为其资金另谋出路。[①] 表 6-1 展示了 1870 年到 1913 年间，英国海外投资获得了更高的回报率。在此期间，英国海外投资年均回报率为 5.72%，而国内投资年均回报率是 4.60%。[②] 在法国和意大利的投资回报率要比英国高出 50%，在加拿大和美国投资的回报率则要高出 60%。[③] 因此，一个理性的英国资本家会选择投资海外。

表 6-1 英国各类投资的回报率（%）

投资类型 \ 年份	1870—1913	1870—1876	1877—1886	1887—1896	1897—1909	1910—1913
国内投资	4.60	7.62	5.37	6.42	1.35	3.60
国外投资	5.72	6.60	8.06	5.23	5.20	1.79
国外投资减去国内投资	1.12	−1.02	2.69	−1.19	3.85	−1.81

资料来源：Michael Edelstein, "Foreign Investment, Accumulation and Empire, 1860 - 1914," in Roderick Floud and Paul Johnson, eds., *The Cambridge History of Modern Britain, Volume Ⅱ: Economic Maturity, 1860 - 1939*, p. 199.

对民族国家而言，大量资本输出可能有害，但是对资本家而言，他们却可以获益，对全球资本主义发展而言也可能有利。"因此，如果说资本输出会在某种程度上引起输出国发展上的一些停滞，那也一定

---

① Michael Edelstein, "Foreign Investment, Accumulation and Empire, 1860 - 1914," in Roderick Floud and Paul Johnson, eds., *The Cambridge History of Modern Britain, Volume Ⅱ: Economic Maturity, 1860 - 1939*, p. 191.

② Ibid., p. 199.

③ Michael Dintenfass, *The Decline of Industrial Britain: 1870 - 1980*, London and New York: Routledge, 1992, p. 49.

会有扩大和加深资本主义在全世界的进一步发展作为补偿的。"[1] 19 世纪中后期到 20 世纪初，伦敦金融从业者的人数翻了一番，从 1871 年的 17 万人增加到 1911 年的 36.4 万人。[2] 在德国与美国国外贷款还不到国民总收入的 2% 时，英国海外资产占国民收入的比例已经从 1850 年的 7% 上升到 1870 年的 14%；到 1913 年，这一比例已高达 32%。[3] 伦敦作为英国的金融中心更多面向外部世界，而非英国北部的制造业城市。"伦敦通常更加关心墨西哥发生的事情而不是英国内部的事情，更加关心发生在加拿大的罢工而不是威尔士的罢工。"[4]

更让人扼腕的是，伦敦作为国际金融中心与昔日的阿姆斯特丹类似，在输出资本同时为自身潜在竞争者提供了大量资金。美国独立战争和购买路易斯安那州的资金主要是从法国和荷兰借来的。仅仅在几年内，这些借款的票据就跨过英吉利海峡转移到了英国投资人手中。英国投资人又将这些资金投向美国。1883 年，一位美国国会议员曾有一个形象的比喻："美国货币市场的晴雨表挂在伦敦证券交易所里"。[5] 到 19 世纪 50 年代，随着欧洲资本再一次开始大量流入美国，英国人又一次发挥了领导作用。如表 6-2 所示，18 世纪 60 年代初，英国人在美国的投资额占到了外国在美国投资总额的 9/

---

① 列宁：《帝国主义是资本主义的最高阶段》，第 55—56 页。

② Ronald Michie, *The City of London*. *Continuity and Change, 1850 – 1990*, Basingstoke: Palgrave Macmillan, 1992, p. 14.

③ Michael Edelstein, "Foreign Investment, Accumulation and Empire, 1860 – 1914," in Roderick Floud and Paul Johnson, eds. , *The Cambridge Economic History of Modern Britain, Vol. 2: Economic Maturity, 1860 – 1939*, p. 191.

④ Youssef Cassis, *Capitals of Capital: The Rise and Fall of International Financial Centres, 1780 – 2009*, New York: Cambridge University Press, p. 84.

⑤ Robert Sobel, *Panic on Wall Street: A History of America's Financial Disasters*, Washington D. C. : Beard Books, 1999, p. 42.

10，甚至到了一战爆发前的 1913 年，这一比例仍然高达 2/3 左右。

表 6‑2　1861—1913 年英国投资占美国境内所有外国投资的比重（%）

年份	比重
1861	90.0
1865	88.0
1870	85.5
1875	83.0
1880	80.5
1885	79.5
1890	77.0
1895	74.5
1900	66.0

数据来源：John Dunning, *Studies in International Investment*（Vol. 6），London: Routledge, 2001, pp. 178 – 181.

19 世纪中后期，美国铁路建设是最受伦敦金融家青睐的投资项目之一。19 世纪 50 年代，为偿付英国卖给美国的铁轨，数不清的美国铁路公司在英国发行债券。美国南北战争末期，伦敦城所有主要银行都加入对美国铁路的投资热潮，包括巴林银行、罗斯柴尔德银行等老牌银行。19 世纪 70 年代早期，为美国铁路发行的债券达到了伦敦发行铁路债券的 70%，占据了私人企业债券的 45%。[①] 值得一提的是，后来闻名遐迩的美国金融联合机构摩根财团也是在这一背景下创立的。祖上来自英国的富商朱尼厄斯·摩根（Junius Spencer

---

[①] Youssef Cassis, *Capitals of Capital: The Rise and Fall of International Financial Centres 1780 – 2009*, p. 57.

Morgan）经人介绍成为美国债券经纪人乔治·皮博迪（George Peabody）的合伙人。他后来成为皮博迪公司的实际运作者与继承人，在伦敦市场为美国内战与战后铁路等基础设施建设融资。皮博迪逝世后，朱尼厄斯·摩根遵照皮博迪遗愿将公司重新命名为 J. S. 摩根公司。① 而朱尼厄斯·摩根之子正是后来家喻户晓的 J. P. 摩根（John Pierpont Morgan）。这正是列宁看到的：遍布全球的银行，"金融资本的密网可以说确实是布满了全世界。在这方面起了很大作用的是设在殖民地的银行及其分行"。② 事实上，英国金融资本家是在资助英国未来的竞争对手，英国的做法在损害英国工业同时，也为英国资本家赢得了大量利润。

值得注意的是，资本输出并非像列宁预言那样流向了最落后地区。事实上，1914 年之前，资本没有输往最贫困的地方，而是流向了美洲、大洋洲等生活水平较高的地区；第二次世界大战结束后，美国资本输出流向发达国家的也比流向第三世界的多。

列宁不断强调，这样的资本输出具有寄生性。"在世界上'贸易'最发达的国家，食利者的收入竟比对外贸易的收入高 4 倍！这就是帝国主义和帝国主义寄生性的实质。"③ 这样丰厚的回报，是建立在这些发达国家的资本家剥削落后国家的基础上的。"这就是帝国主义压迫和剥削世界上大多数民族和国家的坚实基础，这就是极少数最富国家的资本主义寄生性的坚实基础！"④ 既然英国是典型的资

① ［美］罗恩·彻诺著，金立群校译：《摩根财团：美国一代银行王朝和现代金融业的崛起》，中国财政经济出版社 1996 年版，第 1—17 页。
② 列宁：《帝国主义是资本主义的最高阶段》，第 57 页。
③ 同上，第 89 页。
④ 同上，第 55 页。

本输出国家，那么资本家的寄生性在英国也就特别明显。"英国资本的大量输出，同大量的殖民地有最密切的联系。"① 资本输出导致了一个寄生的资产阶级出现。"以'剪息票'为生，根本不参与任何企业经营、终日游手好闲的食利者阶级，确切些说，食利者阶层，就大大地增长起来。帝国主义最重要的经济基础之一——资本输出，更加使食利者阶层完完全全脱离了生产，给那种靠剥削几个海外国家和殖民地的劳动为生的整个国家打上了寄生性的烙印。"② 从 19 世纪末开始，英国逐渐变成了一个"食利国家"，这样的状况愈演愈烈。在 1947 年，英国财务大臣说，我们这群人"靠着 19 世纪的投资生活"。③ 大量食利者阶层的兴起，标志着进入帝国主义的资本主义国家日趋腐朽没落。

除了获得比国内更高的利润，列宁还看到：对资本家而言，资本输出还有其他方面的积极意义。那就是发达国家的资本家可以用获得的超额利润来收买一部分工人阶级，进而分化工人阶级队伍。"帝国主义有一种趋势，就是在工人中间也分化出一些特权阶层，并且使他们脱离广大的无产阶级群众。"④ 这样的特权阶级也从帝国主义的全球扩张，获得超额利润的过程中分到了好处，"帝国主义意味着瓜分世界而不只是剥削中国一个国家，意味着极少数最富的国家享有垄断高额利润，所以，它们在经济上就有可能去收买无产阶级

---

① 列宁：《帝国主义是资本主义的最高阶段》，第 55 页。
② 同上，第 88 页。
③ Barry Supple, "Fear of Failing: Economic History and the Decline of Britain," *Economic History Review*, Vol. 47, No, 3, 1994, p. 451.
④ 列宁：《帝国主义是资本主义的最高阶段》，第 94 页。

的上层，从而培植、形成和巩固机会主义"。① 这样列宁看到了发达国家的海外投资对资产阶级而言有着双重意义。短期而言，资本输出对资产阶级有着积极意义，既提高了利润，又可以分化工人。但是发达国家的海外扩张也蕴含着危险。这就是各国资产阶级都积极推动本国政府实施海外扩张，争夺殖民地。这样一来，这些国家之间的关系会变得剑拔弩张，最终导致战争。

在列宁看来，英国和德国的敌对情绪不过是两国资本家争夺海外市场的结果。在列宁之前，英国政治经济学家约翰·霍布森（John Hobson）在《帝国主义》一书中就写道：随着海外市场开拓，运河开凿、工厂设立、矿山开发等，大大刺激了宗主国的工业制造巨头，并在他们心中形成了牢不可破的帝国主义信念。② 而霍布森看到：金融势力汇聚这些力量，以驱动帝国主义扩张。金融资本成为汇聚各方势力的总指挥："为帝国主义效劳的经济力量是一个广泛的、彼此很少有联系的集团，他们或从事工商业，或从事其他行业。他们从扩大军事和民政的职务中、从军事开支中、从开拓新地区的事务中、从和新地区贸易中，从这一切活动所需的新资本的动员中谋求有利可图的生意和收入丰厚的职位。他们把总金融家的实力看作自己的核心领导和指导力量。"③ 各国金融资本协调各方力量，致力于解决国内产能过剩、资本过剩问题，致力于海外扩张。

但是与马克思主义者有差异的是，尽管霍布森对当时英国政策持批评态度，但他认为：如果英国消费者的支出能跟得上生产力提

① 列宁：《帝国主义是资本主义的最高阶段》，第 92 页。
② ［英］约翰·霍布森著，卢刚译：《帝国主义》，商务印书馆 2020 年版，第 53 页。
③ 同上，第 64 页。

高的步伐，就不会有过剩商品，就不会出现资本喧嚣着要利用帝国主义寻求海外市场的情况。他认为，没有必要开发新的国际市场，国内市场可以无限扩充；如果将收入合理分配，英国无论生产什么东西都能在英国消费掉。[①]

作为马克思主义重要代表人物的列宁，呼应了霍布森又批判了霍布森。列宁认为资本主义的运行逻辑难以提升资本主义各国民众的消费能力。因此，各国的资本输出势在必行，各大国纷纷为金融寡头寻找资本输出国和势力范围。在此过程中，资本主义各国对世界的瓜分、争夺势必导致动荡与冲突。"在金融资本时代，私人垄断组织和国家垄断组织是交织在一起的，实际上这两种垄断组织都不过是最大的垄断者之间为瓜分世界而进行的帝国主义斗争中的一些环节而已。"[②] 随着资本主义的国家步入了资本主义垄断阶段，也是帝国主义阶段，金融寡头争夺世界市场的斗争日益尖锐化，而国家作为各国资本家的代理人，其斗争也日益尖锐。既然国家是资产阶级的工具，那么第一次世界大战就源于资产阶级全球扩张，推动了国际关系走向剑拔弩张之势，进而推动了战争爆发。

资本主义进入帝国主义阶段，各国资产阶级都要忙着瓜分世界，"帝国主义是资本主义的垄断阶段。这样的定义能包括最主要之点，因为一方面，金融资本就是和工业家垄断同盟的资本融合起来的少数垄断性的最大银行的银行资本；另一方面，瓜分世界，就是由无阻碍地向未被任何一个资本主义大国占据的地区推行的殖民政策，

---

① ［英］约翰·霍布森：《帝国主义》，第 65—71 页。
② 列宁：《帝国主义是资本主义的最高阶段》，第 63 页。

过渡到垄断地占有已经瓜分完了的世界领土的殖民政策。"① 在国内层面，国家需要积极推进国家垄断，直接干预国民经济，实现资本主义的再生产，以保障金融寡头获得超额利润。在国际层面，资本主义国家也积极参与海外市场开拓，以为金融资本谋求更大的利益。国家垄断的直接后果就是国家作为金融寡头的代言人，成为金融寡头的工具，纷纷卷入争取世界殖民地的斗争，掀起瓜分世界的狂潮。

世界各国的资本家之间存在竞争，需要瓜分世界。19世纪英国殖民者西塞尔·罗兹还说："可惜我们不能到达头顶上那些闪烁的星星，如果可能，我就要吞并那些星星。"② 他们"瓜分世界，并不是因为他们的心肠特别狠毒，而是因为集中已经达到这样的阶段，使他们不得不走上这条获取利润的道路"。③ 金融资本跟其他资本一样，都要追逐剩余价值。而在垄断资本主义时期，追逐剩余价值的方法就是要获得原料产地和产品销售市场。如果世界各地的金融资本都要这么做，他们之间就会存在激烈的竞争。"金融资本也估计到可能获得的原料产地，唯恐在争夺世界上尚未瓜分的最后几块土地或重新瓜分已经瓜分了的一些土地的疯狂斗争中落后于他人，总想尽量夺取更多的土地，不管这是一些什么样的土地，不管这些土地在什么地方，也不管采取什么手段。"④

同时，世界各国资本家之间的竞争已难以找到和平方式，因为

---

① 列宁：《帝国主义是资本主义的最高阶段》，第77页。
② 张红：《英帝国史（第六卷）：英帝国的危机》，第329页。
③ 列宁：《帝国主义是资本主义的最高阶段》，第65页。
④ 同上，第73—74页。

世界市场资源有限，且已经被瓜分完毕。"资本主义愈发达，原料愈感缺乏，竞争和追逐全世界原料产地的斗争愈尖锐，抢占殖民地的斗争也就愈激烈。"① 为什么资本主义国家要通过暴力的方式而不是和平的手段来瓜分世界呢？列宁认为，因为在当时，殖民地已经被瓜分完毕。"我们所考察的这个时期的特点是世界瓜分完毕。所谓完毕，并不是说不可能重新瓜分了——相反，重新瓜分是可能的，并且是不可避免的，而是说在资本主义各国的殖民政策之下，我们这个行星上无主的土地都被霸占完了。"② 列宁看到，"在金融资本时代，当世界上其他地方已经瓜分完毕的时候，争夺这些半附属国的斗争也就必然特别尖锐起来"③。"当非洲十分之九的面积已经被占领（到 1900 年时）、全世界已经瓜分完毕的时候，一个垄断地占有殖民地、因而使瓜分世界和重新瓜分世界的斗争特别尖锐起来的时代就不可避免地到来了。"④ 海外市场的稀缺性加剧了竞争与冲突。

让情况更糟的是，以往的殖民地被瓜分得并不平衡，同时帝国主义之间的发展也不平衡。随着新兴帝国主义的崛起，他们国内的资产阶级要求根据其国家实力，重新瓜分殖民地。"资本主义在殖民地和海外国家发展得最快。在这些国家中出现了新的帝国主义大国（如日本）。全世界帝国主义之间的斗争尖锐起来了。金融资本从特别盈利的殖民地企业和海外企业得到的贡款日益增加。"⑤ 各资本主

---

① 列宁：《帝国主义是资本主义的最高阶段》，第 72 页。
② 同上，第 66 页。
③ 同上，第 72 页。
④ 同上，第 111 页。
⑤ 同上，第 86 页。

义大国实力在起伏变化。各国资本家裹挟着本国政府，要求根据国家实力对殖民地和势力范围重新洗牌。各国资本重新洗牌的过程就是零和博弈。重新洗牌在资本主义运行的逻辑下会加剧冲突，资本主义制度迫使资本家在世界范围内积累，或是被其他资本家积累。这是各国资本捍卫自身存亡的竞争，最终导致的就是动荡、冲突与战争。

与列宁不同，卡尔·考茨基（Karl Kautsky）提出"超帝国主义论"，认为资本主义国家会以国际卡特尔的形式和平分割世界。随着资本输出增加，促成了跨国资本家的团结。"正是资本主义经济受到资本主义国家间的对立的最严重威胁。任何一个有远见的资本家，今天都要向他的伙伴们大声疾呼：全世界资本家联合起来！"考茨基判断帝国主义之间的争夺可能促成跨国资本合作，为世界带来和平："每一个大国的帝国主义者都认为自己不得不同一个或几个其他大国的帝国主义者达成协议，同他们结成联盟，尽管开始的时候有些摩擦。"帝国主义者会联合起来更深入地剥削世界"帝国主义国际也许能够带来世界和平，有时甚至能保障和平。但是在这种情况下组成的国际辛迪加的金融资本对世界的剥削将变得更加有计划和更大规模。"① 列宁批评考茨基时指出：不幸的是，世界已经被瓜分完毕，帝国主义国家的发展又不平衡，新兴国家的资产阶级做出任何新的尝试都意味着不得不重新瓜分世界，那必然意味着冲突。列宁援引相关著作指出，"所以近来全欧洲和美国都充满了殖民扩张和'帝国

---

① ［德］卡尔·考茨基著，王学东译：《考茨基文选》，人民出版社 2008 年版，第 309、321—322 页。

主义'的狂热，'帝国主义'成了 19 世纪末最突出的特点。"① 列宁问道："在资本主义基础上，要消除生产力发展和资本积累同金融资本对殖民地和'势力范围'的瓜分这两者之间不相适应的状况，除了用战争以外，还能有什么其他办法呢?"② 由于各国资产阶级纷纷推动国家重新瓜分殖民地，因此和平只是战争的间歇，战争才是当时时代主题。"不管形式如何，不管是一个帝国主义联盟去反对另一个帝国主义联盟，还是所有帝国主义大国结成一个总联盟，都不可避免地只会是两次战争之间的'喘息'"③ 阿瑞基指出：战争本身就是资本家内部斗争的重大升级，这种升级最后常常以全面的国际战争的形式呈现出来。④

因此，当资本主义走向帝国主义阶段，这一时期的资本主义就被战争阴云笼罩。列宁指出"给帝国主义下这样一个定义，其中要包括帝国主义如下五个基本特征：（1）生产和资本的集中发展到这样高的程度，以致造成了在经济生活中起决定作用的垄断组织；（2）银行资本和工业资本已经融合起来，在这个'金融资本'的基础上形成了金融寡头；（3）和商品输出不同的资本输出具有特别重要的意义；（4）瓜分世界的资本家国际垄断同盟已经形成；（5）最大资本主义大国已把世界上的领土瓜分完毕。帝国主义是发展到垄断组织和金融资本的统治已经确立、资本输出具有突出意义、国际托拉斯开始瓜分世界、一些最大的资本主义国家已把世界全部领土瓜分

---

① ［德］卡尔·考茨基：《考茨基文选》，第 309、76 页。
② 同上，第 87 页。
③ 同上，第 107 页。
④ ［意］杰奥瓦尼·阿瑞基：《漫长的 20 世纪：金钱、权力与我们社会的根源》，第 197 页。

完毕这一阶段的资本主义。"① 在这一时期，权力集中在大的金融资本手中，财富流向寄生的食利者阶级。资本主义从自由竞争的、前进的资本主义变成了垄断的、垂死的、腐朽的资本主义。在金融资本推动下，这个世界将是冲突的，布满战争风险的。

随着金融资本崛起，全球资本流动的增强，不同判断也随之出现。金融资本崛起是否导致了冲突与战争？保罗·肯尼迪（Paul Kennedy）发现在第一次世界大战前，为改良英德关系进行不懈努力的游说团体，就是伦敦金融城以及法兰克福、柏林和汉堡的金融集团。从世界贸易的巨大增长中获利颇丰的正是那些为贸易扩张提供资金和保险的公司。他们更愿意推动和平而非战争。第一次世界大战还没有爆发前，国际危机引发商业崩盘，很多金融界人士敦促劳合·乔治（Lloyd George）及其自由党政府采取妥协政策。② 历史学家尼尔·弗格森（Neil Ferguson）也发现：在伦敦，绝大多数银行家都心惊胆战。因为一旦爆发战争，那么为国际贸易提供资金支持的主要承兑银行都可能破产，罗斯柴尔德家族试图对英德大战退避三舍。③ 在 2015 年以色列大选之前，有研究者将金融资产随机分配给巴勒斯坦和以色列的选民，实验结果表明，获得金融资产的受试者有更显著的和平倾向。④ 国际关系学者乔纳森·科什纳

---

① 列宁：《帝国主义是资本主义的最高阶段》，第 78 页。
② ［英］保罗·肯尼迪著，王萍等译：《英德对抗的兴起——1860—1914》，商务印书馆 2022 年版，第 390—392 页。
③ ［英］尼尔·弗格森著，董莹译：《战争的悲悯》，中信出版社 2013 年版，第 29 页。
④ Saumitra Jha and Moses Shayo, "Valuing Peace: The Effects of Financial Market Exposure on Votes and Political Attitudes," *Econometrica*, Vol. 87, No. 5, 2019, pp. 1561 – 1588.

（Jonathan Kirshner）通过详尽梳理两次世界大战期间法国绥靖政策的推动者、英国与阿根廷福岛冲突时金融集团的态度等，展示：当面临战争或国际政治危机时，金融界不是战争的推动者，恰恰相反，他们倾向于谨慎行事，并表现出对战争的明显厌恶。[①] 从金融家个体层面，他们很可能需要和平环境。但是，资本家的意愿和行动往往会引发社会、国家与国际层面意想不到的后果。尽管金融资本不想要战争，但是他们的争夺却导致各方卷入战争。

金融资本的全球争夺是否带来了战争与冲突这样意想不到的后果？在资本全球化背景下，资本相互依存通过允许各国进行代价高昂的信号传递从而促进和平。有研究者展示了积极的证据。在 1951 年到 1985 年间，国家之间资本的相互依赖减少诉诸暴力的手段，以达成和平协议，促进和平。[②] 有研究者整理了从 1950 年到 1992 年的数据并指出：全球资本市场一体化是缓和冲突的重要因素。[③] 在资本全球化的背景下，随着冲突概率增加，各类资产因冲突和投资者外逃风险而贬值。以往只能靠武力来影响对方，资本开放则提供了非军事手段来相互施加影响，从而促进冲突各方谈判和妥协。[④] 不过上述研究面临的质疑是，即便用统计方式展示资本市场一体化减少了

---

① Jonathan Kirshner, *Appeasing Bankers: Financial Caution on the Road to War*, Princeton: Princeton University Press, 2018, pp. 1 – 30.

② Erik Gartzke, Quan Li and Charles Boehmer, "Investing in Peace: Economic Interdependence and International Conflict," *International Organization*, Vol. 55, No. 2, 2001, pp. 391 – 438.

③ Erik Gartzke, "The Capitalist Peace," *American Journal of Political Science*, Vol. 51, No. 1, 2007, pp. 166 – 191.

④ Allan Dafoe and Nina Kelsey, "Observing the Capitalist Peace: Examining Market-Mediated Signaling and Other Mechanisms," *Journal of Peace Research*, Vol. 51, No. 5, 2014, pp. 619 – 633.

冲突，他们选取的数据主要在冷战时期，此时资本市场一体化带来的和平效应是美国主导下美国及其盟友的和平。

还有一派马克思主义者也看到帝国主义国家之间合作的因素。彼得·高恩就指出：国家间除了存在劳动力分工之外，也存在资本分工。只有一些发达资本主义国家拥有大规模国际汽车制造公司，而其他国家并不一定有。英国就准备不再努力去维持汽车公司地位，而将注意力放在金融业与工业制药业。英德两国都致力于确保各自关键产业中的资本利益。这可能需要资本协调，彼此合作，携手帮助。① 市场力量让跨国公司和资本家变得国际化，他们认识到他们之间存在共同利益。尤其是跨国公司的全球扩展，让他们利润来源日益摆脱了对母国依赖，更加仰仗全球市场。以前跨国公司是基于民族性的冲突，而随着跨国垄断发展，他们日益共享市场，实现共谋。全球资本市场的推进，让跨国公司不断兼并重组，也促进了一个原本竞争的民族资本逐渐形成国际资本认同。② 这是新马克思主义者看到的新变化，是否有解释力，还需进一步观察检验。

布鲁厄指出：列宁的《帝国主义是资本主义的最高阶段》是一部通俗论述，在马克思主义文献中具有值得尊敬的重要地位。列宁在总结前人理论的同时，考察当时的实际情况，为决策提供依据。③ 列宁对帝国主义的分析是其革命观的关键。帝国主义将资本主义带

---

① ［英］彼得·高恩：《华盛顿的全球赌博》，第 90 页。
② Stephen Hymer, "The Internationalization of Capital," *Journal of Economic Issues*, Vol. 6, No. 1, 1972, pp. 99 - 102.
③ ［英］布鲁厄：《马克思主义的帝国主义理论》，第 118 页。

到了最后阶段，并为世界范围内的社会主义革命准备了先决条件。[①]
由于帝国主义会导致世界战争，因此共产党人就可以借此机会，变
帝国主义战争为国内战争，他们需要武装工人，以革命的战争反对
反革命的战争，夺取政权。

四 为何冷战后美国军费仍居高不下？

1950 年初，美国总预算约为 400 亿美元，其中军事开支 120 亿
美元。到 1955 年，美国总预算为 620 亿美元，而军事开支则增加到
400 亿美元。1960 年，美国军事开支预算达 458 亿美元，占财政开
支近 50%。1970 年，美国军事预算又增加到 800 亿美元，其中花在
武器系统上的有 400 亿美元。这 400 亿美元中有三分之二作为政府
军事采购合同，给了 12—15 家大公司。[②] 从 1945 年到 1970 年，美
国政府在军事上的开支达到 1.1 万亿美元，这一数额超过了美国
1967 年所有产业和住宅价值总和。由于庞大的军事开支，美国工业
体系中出现了庞大的国防工业体系。1945 年到 1968 年，美国国防部
工业体提供了价值高达 440 亿美元的产品和服务，它超过通用电气
公司、杜邦公司和美国钢铁公司销售额总和。[③]

---

① ［英］戴维·麦克莱伦著，李智译：《马克思以后的马克思主义》，中国人民大学出版社
2004 年版，第 105 页。
② ［美］霍华德·津恩：《美国人民史》，第 352 页。
③ ［美］戴维·F·诺布尔著，李风华译：《生产力：工业自动化的社会史》，中国人民大
学出版社 2007 年版，第 5 页。

"星球大战"计划是里根政府热衷的军事计划，为此要花费美国政府数十亿美元。尽管该计划前三次实验都以失败告终，但美国政府还是推动了第四次实验。美国政府还为此计划投资提供担保。但第四次实验又一次失败了。美国国防部长卡斯珀·温伯格（Caspar Weinberger）批准了伪造数据，来证明实验取得成功。苏联解体后，美国民众认为苏联威胁已不复存在。1992年一项调查显示，有59%的美国民众希望在下一个五年里，美国政府将国防开支减少50%。但美国政府却对民意置若罔闻。同年，美国国会投票，一致赞成投入1200亿美元保卫"欧洲"，尽管此时欧洲已经不再面临解体的"苏联"威胁。[1]

　　如果说美国庞大的军事开支是为了应付冷战时期的安全需要，那么冷战结束后，为何美国仍维持庞大军事开支？冷战后很长一段时期，美国在单极体系下的优势地位是历史上前所未有的。如表6-3所示，2006年，美国军事开支位居世界第一，且遥遥领先。美国军事开支超过排名第二的国家十多倍，比中国、日本、德国、俄罗斯、法国以及英国六国军事开支加起来还要多。事实上，不单美国如此，在日美安保条约以及和平宪法约束下，日本军费也呈现快速增长态势。1977年，日本军费预算达到61亿美元，居世界第九位；而十年以后，这个数字攀升到254亿美元，居世界第六位。[2] 十年间，日本军费扩充了四倍。

---

① ［美］霍华德·津恩：《美国人民史》，第585页。
② Akira Iriye, "Japan's Defense Strategy," *Annals of the American Academy of Political and Social Science*, Vol. 513, No. 1, 1991, pp. 45 - 46.

表 6-3　美国与其他国家国防开支对比（2006）

	军事开支（单位：十亿美元）	占主要大国国防开支百分比（%）	占全世界国防开支百分比（%）	国防开支占GDP的比重
美国	528.6	65.6	46	4.1
中国	49.5	6.1	4	2
日本	43.9	5.4	4	1
德国	36.9	4.6	3	1.4
俄国	34.7	4.3	3	4.1
法国	53	6.6	5	2.5
英国	59.2	7.3	5	2.7

资料来源：Stephen Brooks and William Wohlforth, *World Out of Balance: International Relations and the Challenge of American Primacy*, Princeton: Princeton University Press, 2008, p. 29。

　　对美国如此庞大的军事开支，马克思主义者有不同解释。帝国主义国家或者需要军事力量来开辟更广阔的海外市场；或者需要军事力量为后盾来迫使落后国家妥协让步；或者需要军事力量来维系海外落后国家秩序。

　　首先，帝国主义需要军事力量来开拓海外市场。在资本主义经济中，变化成为常态，企业家永远不能满足于现有生产形式，变化没有终点。持续不断的生产革命，导致现有资本不断贬值，这促进资本家需要不断寻找新方法，拓展新市场。[1] 资本主义扩张会越过民族国家疆界，而对外扩张需要强制力。即使没有清政府禁烟行动，英国对中国的侵略也终会发生。因为中国这个巨大市场具有的潜力

---

[1] Stephen Hymer, "The Internationalization of Capital," *Journal of Economic Issues*, Vol. 6, No. 1, 1972, p. 96.

与商业前景，对刚刚完成工业革命、急需获得巨大市场的英国人来说，其诱惑力是难以抗拒的。[①] 19 世纪末的美国资本家，也迫切需要海军来开拓海外市场。克利夫兰政府建立一支大型战列舰海军，美国政府采纳马汉的海权战略，该政策不仅可以保护本国海岸，还可以保护远在亚洲的商业利益。[②] 通过军事占领，帝国主义政府通过军事力量为其国内资本开辟海外市场。直接使用武力来拓展海外市场是帝国主义传统手段。

其次，军事力量是帝国主义国家在世界经济谈判中胁迫落后国家的隐蔽权力。哈维就看到：美国曾在 1973 年积极准备对石油输出国国家发动战争，以恢复石油流通，压低石油价格。迫于美国军事压力，沙特阿拉伯同意通过纽约投资银行收回其全部石油美元。[③] 没有军事力量做后盾，帝国主义对落后国家的不等价经济交换就难以维系。以武力相威胁也是帝国主义国家在国际关系中获得经济利益的传统手段。

再次，帝国主义需要军事力量来维系海外落后国家秩序。马格多夫展示战后帝国主义已进入"无殖民地的帝国主义"（imperialism without colonies）。帝国主义国家需要通过扩充军费来维系原料产地和产品市场稳定，帝国主义需要用海外驻军来支持当地统治阶级。这些落后国家需要外部军事力量才能维系秩序与稳定。这些国家的统治精英，包括大地主、商人、工业家以及金融家，和宗主国的资

---

① 张本英：《英帝国史（第五卷）：英帝国的巅峰》，第 52 页。

② Walter LaFeber, *The New Empire: An Interpretation of American Expansion*, pp. 150 – 151, p. 235.

③ ［英］大卫·哈维：《新自由主义简史》，第 31 页。

本集团有着不同程度的结盟关系，但却无力控制国内秩序。有时候，帝国主义国家给予其间接支持，为其提供军事训练和军事咨询服务以及军备销售。有时候，帝国主义则给予其更直接支持。为开辟南美市场，19世纪末的美国政府毫不犹豫地使用军舰击巴西败叛乱分子，以维持当地亲美政府的权力。① "由于需要继续在政治上控制已经独立的国家，保护属于跨国资本从属地位的当地精英，美国的军队需要分散在全球，也需要对当地统治阶级给予直接军事支持。"②在新的历史时期，同样如此。哈维就看到：美国试图借助武力强加伊拉克的国家机器，其根本任务是为国内外高盈利的资本积累创造有利条件，创造一个新自由主义国家。在军事占领下，2003年，时任伊拉克临时管理当局的负责人颁布法令：要求伊拉克国营企业完全私有化，外国公司对伊拉克企业可拥有完全所有权，外资盈利交还本国；伊拉克银行对外开放，可由外国管理，给予外国公司国民待遇；清除绝大多数贸易壁垒等。③

而在马克思主义学者中，保罗·巴兰以及保罗·斯威齐的分析另辟蹊径，独具一格。沿袭希法亭等人对垄断资本的分析，美国的马克思主义政治经济学者巴兰和斯威齐于1966年出版了《垄断资本：论美国的经济与社会秩序》（*Monopoly Capital: An Essay on the American Economic and Social Order*）。这是美国学者运用马克思主义政治经济学视角分析美国战后政治经济运行的重要著作。巴兰和斯威齐是"消费不足论者"，他们认为资本主义经济因为工人的

---

① Walter LaFeber, *The New Empire: An Interpretation of American Expansion*, p. 210.

② ［美］哈里·马格多夫：《无殖民地的帝国主义》，第97—98页。

③ ［英］大卫·哈维：《新自由主义简史》，第7—9页。

有限购买力而经受持久的需求短缺。① 战后，以军事开支为代表的浪费性开支刺激了总需求。垄断资本因此具有提高浪费水平的特征。

如果说马克思把分析的主要目光聚焦于英国；希法亭将分析的注意力聚焦在德国的话，那么巴兰和斯威齐二人则聚焦美国。在第二次世界大战以后，美国才是垄断资本的典型代表。"因为马克思在分析资本主义的时候，英国是最富有和最发达的资本主义国家，因此，英国是马克思理论的典型案例，而当时，要考察垄断资本主义，则美国成为典型案例。"②

《垄断资本》的出发点是大公司。③ 作者指出：在今天，资本主义世界典型的经济单位，"不是为无法知道的市场生产一种统一产品的微不足道部分的小商号，而是生产一个甚至几个工业部门的大部分产品的大规模企业，它能控制自己的产品的价格、生产的数量以及投资的种类和规模。换言之，典型的经济单位具有一度认为只有垄断组织才具有的那种特征"。④ 在竞争资本主义下，单个企业家是价格的接受者，"在而垄断资本主义下，大公司则是价格的制定者"。⑤ 美国的大公司垄断了国家经济的方方面面，"新商品、新技术、新供应来源、新组织形式全都会被少数巨型公司所垄断"。⑥

---

① ［英］布鲁厄：《马克思主义的帝国主义理论》，第 140 页。
② ［美］保罗·巴兰、［美］保罗·斯威齐著，南开大学政治经济学系译：《垄断资本：论美国的经济和社会秩序》，商务印书馆 1977 年版，第 12 页。
③ ［加］M. C. 霍华德、 ［澳］J. E. 金著，顾海良、张新译： 《马克思主义经济学史（1929—1990）》，中央编译出版社 2003 年版，第 116 页。
④ ［美］保罗·巴兰、［美］保罗·斯威齐：《垄断资本：论美国的经济和社会秩序》，第 11—12 页。
⑤ 同上，第 56 页。
⑥ 同上，第 75 页。

巴兰和斯威齐认为，当市场上只有一些大公司时，竞争性的斗争已经消失了，这些大公司普遍采用"自己活也让别人活"的策略。在美国、英国和加拿大这些市场上不少于 75% 的交易都是十家对冲基金操作。这十家公司合作非常紧密，各方联手，能够筹集到巨大数额的金融资金。[①] 金融资本利益的协调也让它们协调制造业等相关产业。公司在与对手竞争时，已经不再采取传统的竞争策略——降价。因为垄断者认识到这是自我拆台、自找失败的做法。取代价格战的是大公司之间的勾结和共谋。马克思主义政治经济学家斯蒂芬·海默（Stephen Hymer）看到：跨国公司有一项重要职能，那就是限制不同国家公司之间的竞争。标准教科书倡导的自由贸易和自由要素流动并不适用于跨国公司，他们本质上是反竞争的。[②] 这样一来，大公司获得的利润就不断增加。怎样使增长的利润得以吸收，这是《垄断资本》的核心问题。[③] 巴兰和斯威齐发现，在垄断资本主导的时代，马克思的"平均利润率下降"趋势会受到挑战。由于获得了垄断地位，资本主义大公司会获得越来越多的剩余。剩余必定具有强大的和持久不断的增长趋势。[④]

他们由此提出"剩余增长规律"。经济剩余的最简短定义就是一个社会所生产的产品与生产它成本的差额。[⑤] 按作者统计，1929 年时，美国的剩余在数量上相当于国民生产总值的 46.9%；到 1963

---

① ［英］彼得·高恩：《华盛顿的全球赌博》，第 137 页。

② Stephen Hymer, "The Efficiency (Contradictions) of Multinational Corporations," *The American Economic Review*, Vol. 60, No. 2, 1970, p. 443.

③ ［加］M. C. 霍华德、［澳］J. E. 金：《马克思主义经济学史（1929—1990）》，第 117 页。

④ ［美］保罗·巴兰、［美］保罗·斯威齐：《垄断资本：论美国的经济和社会秩序》，第 69 页。

⑤ 同上，第 15 页。

年，这一数字上升到 56.1%。[1] 伴随着剩余不断增长，资本主义开始面临一个新问题。以往马克思主义预设资本主义存在一个竞争性的制度，而当前，资本主义经历了根本变化。从竞争资本主义过渡到垄断资本主义。在垄断资本主义时代，人们就需要用"剩余增长的规律去代替利润下降的规律"。[2]

吸收剩余变成了一个迫切的问题。巴兰和斯威齐指出：垄断资本主义是一个自相矛盾的制度。它形成了越来越多的剩余，但是却没法为这些剩余找到出路。现在资本主义面临的问题和主流教科书尝试处理的问题相反。现在不是需要如何利用好稀缺资源；而是怎样处理掉过多剩余。现在的问题是太多了，而不是太少了。[3] 只有在垄断资本主义下，"太多了"的问题才会是在所有时候影响每一个人的普遍问题。[4] 在垄断资本主义下，如果剩余不能找到出路，停滞会成为资本主义经济运行的常态。在巴兰和斯威齐看来：剩余的吸收主要有三种方式：第一，剩余被消费掉；第二，剩余被用来做投资；第三，剩余被浪费掉。

凯恩斯诉诸国家投资和消费来解决有效需求不足问题。在巴兰和斯威齐看来，国家为吸收剩余扮演着重要作用。在垄断资本主义下，国家职能就是为垄断资本利益服务。[5] 要为垄断资本服务，国家就需要找到吸收剩余的有效方式。"垄断资本主义的问题不是要不要

---

① ［美］保罗·巴兰、［美］保罗·斯威齐：《垄断资本：论美国的经济和社会秩序》，第16页。
② 同上，第74页。
③ 同上，第106页。
④ 同上，第107页。
⑤ 同上，第67页。

刺激需求。它必须刺激需求，否则就只有灭亡。"① 刺激需求和吸收剩余是联系在一起的。在巴兰和斯威齐看来：资本主义国家吸收剩余有很多办法，通过广告来促销商品以及增加军事开支是吸收剩余的重要办法，这样做能掩盖资本主义的经济停滞。在《垄断资本》一书中的第七章，作者尤其强调：维持庞大军事开支是资本主义消化剩余的有效方式。

首先，维持庞大的军事开支有助于发达国家维持对边缘国家的剥削。巴兰和斯威齐指出：资本主义从其萌芽开始，就是一种国际制度，"如果不把这个制度的国际性放在分析的最中心，就会完全不可能懂得军队在资本主义社会中的作用"。② 在这一国际制度下，中心国家需要剥削落后国家。因此资本主义的国际制度是一个对抗的关系网。"其中剥削者与被剥削者对抗，相互竞争的剥削者又彼此对抗。"③ 处于领导地位的国家永远需要最大的军队。因此，美国维系如此庞大的军事开支就不足为奇了。维持资本主义的国内秩序，需要暴力做支撑；维持资本主义的国际秩序，同样需要暴力做后盾。

巴兰和斯威齐指出：美国需要庞大的军队，并非因为面临苏联威胁。不是因为苏联的进攻性，而是苏联的出现，对资本主义制度构成了挑战。因为社会主义本质上是一种国际主义的运动。苏联的出现使得广大落后国家纷纷效仿，危及了垄断资本对落后国家的剥削。而垄断资本家需要扩展其全球市场与利益，"资本主义没有

---

① ［美］保罗·巴兰、［美］保罗·斯威齐：《垄断资本：论美国的经济和社会秩序》，第108 页。
② 同上，第 168 页。
③ 同上，第 169 页。

对外贸易就不能存在，而社会主义每前进一步，就意味着资本主义贸易地区的缩小"。① 因此不是苏联的军事威胁，而是苏联制度威胁了美国。同时，美国公司需要在全球建立和扩大工厂。"只有通过美国军队越来越多的直接的和大规模的干预，才能使旧秩序多维持片刻。"② 因此庞大的军事开支不是应对苏联的军事威胁，而是维系旧秩序，维持"无殖民地的帝国主义"，以便维系对落后国家剥削的需要。

其次，或者说更重要的是：庞大军事开支可以吸收过多的剩余。巴兰和斯威齐指出：国家的支出，尤其是军费，以不同形式的浪费的方式吸收了过剩的剩余。而且军费开支能以不伤害统治阶级任何权力的情况下来吸收剩余。③ 对垄断资本家而言，庞大军事机构不会构成对私人企业的竞争，"军队对私人商业来说是一个理想的顾客，每年花费数以十亿计的美元，而条件则是于出售人最有利的"④。因此在国会中，反对军事预算扩大的人如此之少，每当议员提出为军队增加几十亿美元的预算拨款时，即出现"庄严的全体一致的场面"。⑤ 军费开支很少会遇到政治阻力。正如大卫·兰德斯（David Landes）所说，政府唯一不太考虑节约的领域是兵器制造领域，人们很少在用于杀人的工具上计较价钱。⑥ "在军火上，更多的军火，

---

① ［美］保罗·巴兰、［美］保罗·斯威齐：《垄断资本：论美国的经济和社会秩序》，第180 页。
② 同上，第193 页。
③ ［英］布鲁厄：《马克思主义的帝国主义理论》，第149 页。
④ ［美］保罗·巴兰、［美］保罗·斯威齐：《垄断资本：论美国的经济和社会秩序》，第195 页。
⑤ 同上，第198 页。
⑥ ［英］大卫·兰德斯：《解除束缚的普罗米修斯》，第254 页。

永远是更多的军火。"① 只要能操纵好军火的数量，"寡头统治集团的领袖们就可以在经济引擎中保持恰当的蒸汽源头"。②

为了消化掉剩余，在发达资本主义国家，资本集团联合其他部门，已形成一个"军工复合体"（military-industrial complex），这个资产阶级主导的利益集团绑架着政府军费开支。而所谓"军工复合体"，就是由美国的政府部门，尤其是国防部门、军工企业和国防科研机构等组成的庞大利益集团。美国的军队为自身利益，推动不断改进武器装备。政客为了自身选票，力促扩大军事开支以促进选区内的军事基地建设。如此一来，选区内的军工企业获得了更多的订单，当地民众则获得了更多的就业机会。军工企业要更多的国家拨款以及军事产品订单。军事科研机构则要更多的科研经费。正是这些利益相关者的共同作用和相互关联的利益需求，让他们形成了一个特殊的利益团体，一个复合体。

资产阶级主导的军工复合体给美国带来了深远影响。它的影响遍及美国每一个城市、每一个州以及美国每一个政府办公室。以致有人如此描述：在美国，军工复合体已经如此强大，它主导了政府部门，使得美国政府部门做出不理智的行动。它不断叫嚣要对苏联发动先发制人的攻击。③ 在 1953 年，美国总统德怀特·艾森豪威尔就表达了他对军工复合体的忧虑：造出的每一支枪、下

---

① ［美］保罗·巴兰、［美］保罗·斯威齐：《垄断资本：论美国的经济和社会秩序》，第201 页。
② 同上，第 201 页。
③ Daniel S. Greenberg, "Who Runs America? An Examination of a Theory That Says the Answer Is A 'Military-Industrial Complex'," *Science*, Vol. 138, No. 3542, 1962, p. 797.

水的每一艘战舰、发射的每一枚火箭说到底意味着偷窃了那些衣不蔽体、食不果腹的人们……为造一艘驱逐舰，我们可以为八千多人盖新的住宅。①艾森豪威尔总统抱怨一个利益集团在崛起，将过度的资源投向军事技术用途。在没有强烈外部威胁的情况下，威胁近在咫尺的鼓噪在美国仍甚嚣尘上。因为只有不断夸大威胁，才能推动军事采购，进而消化剩余。从这个角度上看，大规模的军事开支是资本主义国家，尤其是世界霸主美国吸收经济剩余的需要。

刺激需求——创造和扩充市场——日益成为垄断资本主义下商业政策和政府政策的主题。②巴兰、斯威齐和凯恩斯存在一致之处，都相信国家需要开始扮演重要经济角色。事实上，马克思主义者马格多夫也从另一个角度来看军费与军事采购。在资本主义生产中，有一个"盈亏平衡点"。如果生产 100 架飞机，那么企业可能只能达到"不赚不亏"的水平。而庞大的军事开支增加了额外采购。这个额外的 20%—50% 的军用物资采购和出口需求，可能是资本主义国家利润的主要来源。对为数不少的公司来说，这一部分采购占其利润总额可能高达 80%—100%。③当居民消费不足时，需要资本主义国家通过军事开支来维系资本主义运行。

但是巴兰和斯威齐却不相信国家干预能够带来一个稳定的、无

---

① ［美］约翰·加迪斯著，时殷弘等译：《遏制战略：战后美国国家安全政策评析》，世界知识出版社 2005 年版，第 141 页。

② ［美］保罗·巴兰、［美］保罗·斯威齐：《垄断资本：论美国的经济和社会秩序》，第 107 页。

③ ［美］哈里·马格多夫：《帝国主义时代：美国对外政策的经济学》，第 208 页。

冲突的资本主义。① 垄断资本主义既不能满足人类的需求，也没有使人快乐。"垄断资本主义社会的产品中有很大的和日益增长的一部分，从真正的人类需要来判断，是无用的、浪费的或者起积极破坏作用的。最明显的实例，是每年吞噬价值以百亿美元计的货物和劳务的一个军事机器。"② 这样的军事开支不仅浪费了资源，还毒化了人民心灵。在巴兰和斯威齐看来，这样的社会是一个全面没落的社会。

我们看到，上面几个小节的分析主要集中在资本主义发达国家。如果说早年马克思主义政治经济学对帝国主义的分析主要集中在发达国家，而后来的学者逐渐将关注点转向世界政治经济中的欠发达国家。巴兰《增长的政治经济学》是转型的开始，"依附论"学者承接了巴兰对欠发达国家的关注。

五　为何 18 世纪的印度会出现"去工业化"趋势

从 1970 年至 2017 年，除亚洲外，世界其他地区制造业比重逐渐下降。③ 哈佛大学教授丹尼尔·罗德里克（Dani Rodrik）指出：

① ［英］布鲁厄：《马克思主义的帝国主义理论》，第 149 页。
② ［美］保罗·巴兰、［美］保罗·斯威齐：《垄断资本：论美国的经济和社会秩序》，第 324 页。
③ Elisangela Araujo, Eliane Araújo, Samuel Peres and Lionello Punzo, "An Investigation into Shapes and Determinants of Deindustrialization Processes: Theory and Evidence for Developed and Developing Countries (1970 – 2017)," *Economia*, Vol. 22, No. 2, 2021, pp. 129 – 143.

近三十年来，大量还没有完成工业化的国家开始经历"早熟的去工业化"（premature deindustrialization）。[1] 事实上，发展中国家的"去工业化"在历史上曾一度发生。

在 17 世纪时，许多欧洲旅行家和商人都以羡慕的口吻描述印度精细的纺织品。印度生铁和钢铁冶炼质量也很高，英国人难以企及。印度造船技术举世闻名，所造船只比英国船只的使用年限要多出十年。[2] 1750 年的时候，世界上大多数产品大都是由中国与印度制造的，其中中国制造的产品占世界总量的 33%，印度占 25%。尽管亚洲人均产量低于西欧国家，但差距并不显著。

到 1913 年，世界格局发生巨大变化。中国和印度占世界制造业的比重分别下降至 4% 和 1%。英国、美国和欧洲的制造业产量则占世界总产量的四分之三。此时英国制造业的人均产量是中国的 38 倍，是印度的 58 倍。[3] 在 1830 年，一位英国商人感慨良多地说：当我 1811 年第一次到达爪哇岛时，那里的人穿的几乎全是中国产品。在我逗留期间，我目睹那里发生了一场革命，几乎所有爪哇岛居民都换上了欧洲机器制成的纺织品。[4] 表 6-4 展示了中国和印度自 18 世纪中期以来的"去工业化"趋势。为何 18 世纪中期以后，印度制造业会逐步萎缩？依附论学者会指出，印度制造业的衰退和英国制造业的繁荣是一枚银币的两面。陷入对发达资本主义国家的依附让印度经济出现"去工业化"趋势。

----

[1] Dani Rodrik, "Premature deindustrialization," *Journal of Economic Growth*, Vol. 21, No. 1, 2016, pp. 1-33.
[2] 郭家宏：《英帝国史（第四卷）：英帝国的转型》，第 324 页。
[3] ［英］罗伯特·艾伦著，陆赟译：《全球经济史》，译林出版社 2015 年版，第 8 页。
[4] 张本英：《英帝国史（第五卷）：英帝国的巅峰》，第 279 页。

表 6-4 人均工业化水平 (1750—1913)

（以英国 1900 年工业化水平为 100）

国家 ＼ 年份	1750	1800	1860	1913
奥匈帝国	7	7	11	32
比利时	9	10	28	88
法国	9	9	20	59
德国	8	8	15	85
意大利	8	8	10	26
俄国	6	6	8	20
西班牙	7	7	11	22
瑞典	7	8	15	67
瑞士	7	10	26	87
英国	10	16	64	115
加拿大	无数据	5	7	46
美国	4	9	21	126
日本	7	7	7	20
中国	8	6	4	3
印度	7	6	3	2
巴西	无数据	无数据	4	7
墨西哥	无数据	无数据	5	7

资料来源：Paul Bairoch, "International Industrialization Levels from 1750 to 1980," *The Journal of European Economic History*, Vol. 11, No. 2, 1982, p. 281.

依附论（dependency theory）的学者大致有两班人马，第一部分来自美国，其中以保罗·巴兰为代表，其代表作为《增长的政治经济学》。巴兰的著作在传统马克思主义基础上，对落后国家资本主义经济发展问题做出了明确的突破，对不发达理论做了系统地阐述。巴兰在马克思主义帝国主义理论研究中的地位可以和希法亭比肩。[1] 作为马克思的追随者，巴兰适应新形势需要，率先用马克思主义的观点分析第三世界问题。[2] 20世纪50年代，巴兰在学术上持有的政治立场让他发表文章都成问题。在巴兰公开表示对古巴革命支持后，他在斯坦福大学的教职受到了威胁。斯坦福大学校长向富有校友以及捐助人致歉，因为他不能解聘巴兰。[3] 巴兰的开创性著作《增长的政治经济学》出版过程一波三折。他经历了差不多两年时间，收到了无数拒信后才找到一个出版商。在美国书店，民众很难看到巴兰这本书，但在邻国首都墨西哥城，几乎所有书店都陈列着这本书的西班牙语版。[4]

另一部分学者是巴兰的跟随者，主要来自拉美等欠发达国家，包括安德烈·冈德·弗兰克（Andre Gunder Frank）、特奥托尼奥·多斯桑托斯（Theotonio Dos Santos）、费尔南多·卡多佐（Fernando Cardoso）、恩佐·法勒托（Enzo Faletto）、萨米尔·阿明等人。[5] 他们之间也存在差异，如弗兰克属于激进革命派的代表，多斯桑托斯属于正统中庸论的代表，而卡多佐则属于温和改良派的代表。[6] 弗兰克在《每月评论》（*Monthly Review*）发表论文《不发

---

[1] ［加］M. C. 霍华德、［澳］J. E. 金：《马克思主义经济学史（1929—1990）》，第168页。

[2] ［澳］海因茨·沃尔夫冈·阿恩特著，唐宇华等译：《经济发展思想史》，商务印书馆1997年版，第121页。

[3] J. E. King, *Economic Exiles*, London: Palgrave Macmillan, 1988, p.176.

[4] ［美］哈里·马格多夫：《无殖民地的帝国主义》，第8—9页。

[5] Richard Peet and Elaine Hartwick, *Theories of Development: Contentions, Arguments, Alternatives*, New York: The Guilford Press, 2015, p.189.

[6] 张建新：《激进国际政治经济学》，上海人民出版社2011年版，第188—213页。

达的发展》（The Development of Underdevelopment）后，被美国政府视为对国家安全的威胁。弗兰克收到了来自美国司法部长的信件，告知他不能再进入美国。[①]

资本主义宏大逻辑的性质在于它是不分国界的。[②] 依附论学者恰恰突出了资本主义的全球特质。世界经济划分为发达国家与不发达国家；有中心国家，也有边缘国家。处于依附状态的边缘国家在国际分工中没有自主权，生产什么？如何生存？为谁生产？它们都不能自行决定。

英国政府长期贯彻的一项原则就是殖民地不应该在工业生产上与宗主国展开竞争。1719 年，英国下院通过决议：如果殖民地建立工厂，会削弱它们对宗主国依赖。因此殖民地只能生产英国不能生产的产品。[③] 为摧毁印度家庭纺织业，英国殖民者借助国家力量实行差别关税，对英国输往印度的商品只征收象征性关税；而对印度输往英国的商品征收高关税。例如，在 1824 年，英国对印度进入英国的纺织品征收 37.5%—67.5% 的关税；而在 1836 年，英国输入印度的纺织品只需付 2%—3.5% 的关税。同时，英国在印度的殖民当局还对英国与印度货物征收不同的内地过境税。对英国布匹，英国殖民当局只征收其价格 5% 的过境税；而对印度布匹则征收 20% 的过境税。印度手工纺织业由此遭受沉重打击。1814 年，印度输往英国的棉布有 125 万匹；到 1835 年下降到 30.6 万匹；1844 年继续下降

[①] Richard Peet and Elaine Hartwick, *Theories of Development: Contentions, Arguments, Alternatives*, p. 192.

[②]［美］罗伯特·海尔布隆纳：《资本主义的本质与逻辑》，第 158 页。

[③] 张亚东：《英帝国史（第三卷）：英帝国的发展》，江苏人民出版社 2019 年版，第 116—117 页。

到 6.3 万匹。① 马克思在《不列颠在印度的统治》一文中指出："不列颠侵略者打碎了印度的手织机，毁掉了它的手纺车。英国起先是把印度的棉织品挤出了欧洲市场，然后是向印度输入棉纱，最后是使这个棉织品的祖国充满了英国的棉织品。"② 那么，边缘国家可能通过发展工业，变成中心国家吗？

尽管马克思对英国在印度的统治有诸多批评，但马克思对此比较乐观，他认为："英国在印度要完成双重的使命：一个是破坏的使命，即消灭旧的亚洲式的社会；另一个是重建的使命，即在亚洲为西方式的社会奠定物质基础。"③ 因此，英国对印度的殖民会为印度的发展提供物质基础。马克思还指出："我知道，英国的工业巨头们之所以愿意在印度修筑铁路，完全是为了要降低他们的工厂所需要的棉花和其他原料的价格。但是，你一旦把机器应用于一个有铁有煤的国家的交通运输，你就无法阻止这个国家自己去制造这些机器了。"④ 所以马克思在《资本论》第一版序言中才宣称："工业较发达的国家向工业较不发达的国家所展示的，只是后来者的景象。"⑤ 马克思认为："英国不管是干出了多大的罪行，它在造成这个革命的时候毕竟是充当了历史的不自觉的工具。"⑥ 马克思对不发达国家在帝国主义的推动下，实现工业化和现代化持乐观态度。

对此同样持乐观态度的还有以沃尔特·罗斯托等为代表的"现

---

① 张本英：《英帝国史（第五卷）：英帝国的巅峰》，第 296—297 页。
② 《马克思恩格斯选集》（第二卷），人民出版社 1972 年版，第 65 页。
③ 《马克思恩格斯选集》（第一卷），人民出版社 2012 年版，第 857 页。
④ 同上，第 860 页。
⑤ 《资本论》（第一卷），人民出版社 1995 年版，第 8 页。
⑥ 《马克思恩格斯选集》（第二卷），第 68 页。

代化"理论学者。罗斯托在《经济增长的阶段》一书中指出,所有国家的经济增长会经历五个阶段——传统社会,为经济起飞做准备的阶段,起飞阶段,走向经济成熟阶段以及大众高消费时代。[①] 他们认为不发达国家最终能拾级而上,变成发达社会。什么是"发达社会",人们熟悉的发达社会的模式就是美国、欧洲、日本等国家。现代化理论的学者乐观地认为落后国家要实现现代化,要达到发达国家所达到的发展水平,是可能的。"发展的过程"就是完成或者是重复欧美国家社会变革的过程,而阻碍发展的障碍是传统社会的羁绊。如果落后国家经济长期停滞,这是由于所谓的"封建社会"或者"封建残余"在作祟。

但是,依附论学者却认为,对"不发达"国家而言,现存的发达国家的模式是不可复制的。[②] 拉美等国家与发达国家的差异并非时间上的差别,即一个处于"传统社会",一个处于"现代社会"。他们认为,这些不发达国家并非处于 18 世纪或者 19 世纪发达国家的发展状态。依附论对传统马克思主义以及现代化理论提出质疑与批评。他们认为不发达国家要实现现代化,变成发达国家的希望渺茫。弗兰克指出:马克思预测说英国的工业化是印度未来的镜子,那是不可能的。[③] 阿明也指出:马克思对印度的预计太乐观了,垄断资本就是要阻止

---

① [美] W. W. 罗斯托著,郭熙保等译:《经济增长的阶段:非共产党宣言》,中国社会科学出版社 2012 年版,第 4—16 页。

② [巴西] 特奥托尼奥·多斯桑托斯著,杨衍永等译:《帝国主义与依附》,社会科学文献出版社 1999 年版,第 276—277 页。

③ [德] 安德烈·冈德·弗兰克著,高铦等译:《依附性积累与不发达》,译林出版社 1999 年版,第 94 页。

可能出现的当地的资本主义。① 那么，巴兰问："为什么落后的资本主义国家没有沿着其他资本主义国家的历史所常见的资本主义发展道路前进，以及为什么它们一直没有什么进展或者进展缓慢？"②

弗兰克提出要区分"未发展"（undevelopment）和不发达（underdevelopment）。他指出："目前的发达国家过去虽然可能经历过'未发展'，但是绝对没有经历过'不发达'状态。"因为，不发达是依附的体现，是"卫星国（satellite）和现在发达的宗主国（metropolitan countries）之间过去和当前经济等关系的产物"③。因此，现在的不发达状态是世界资本主义全球扩张的历史形成的，而不是传统社会的遗留。世界资本主义经历了几个世纪的扩张，"已经有效和彻底地渗入了不发达世界中甚至显然最为孤立的地方"④。即便世界上最边远的角落，看似"传统社会"有着顽固痕迹的地方，也被统统纳入了世界资本主义体系。拉美最不发达的地区是那些曾经有过高度繁荣的出口地，因而也就是商业的地区。它们在资本主义发展的历史上曾经有过"依附性发展"，也曾经经历过繁荣。发达与不发达是资本主义同一枚银币的两面，是发达国家的发达造就了边缘国家的不发达。"不发达并不是由于孤立于世界历史主流之外的那些地区中古老体制的存在和缺乏资本造成的。恰恰相反，不论是

---

① ［埃及］萨米尔·阿明著，高铦译：《不平等的发展：论外围资本主义的社会形态》，商务印书馆 1990 年版，第 167 页。

② ［美］保罗·巴兰著，蔡中兴、杨宇光译：《增长的政治经济学》，商务印书馆 2000 年版，第 223 页。

③ ［德］安德烈·冈德·弗兰克著：《不发达的发展》，载 ［美］查尔斯·威尔伯编，高铦等译：《发达与不发达问题的政治经济学》，商务印书馆 2015 年版，第 162 页。

④ 同上，第 163 页。

过去还是现在，造成不发达状态的正是造成经济发达（资本主义本身的发展）的同一个历史进程。"① 因此，不发达不是传统社会的遗留，而是深陷于依附地位导致的。资本主义的形成和发展从一开始就确定了资本主义中心和边缘的关系。作为边缘的拉美国家，从一开始就加入了资本主义的体系。作为这一体系的一份子，它们始终作为边缘经济而存在。② 因此，弗兰克认为："这些地区在世界资本主义发展进程中的从属性依附地位就是它们不发达的发展的原因所在。"③

离开世界资本主义的发展来讨论巴西、阿根廷等国家的落后状态是没有意义的。不发达不是一个国家内的现象，不是孤立的现象，它是世界形势发展的产物，是资本主义在世界范围内扩张的结果。④历史上，这些国家的市场被殖民者和不平等条约打开国门，变成了西方资本主义"内部市场"的附属物。⑤ "不发达不是先于资本主义的一个落后阶段，它是资本主义的一种结果，是资本主义发展的一种特殊形式，即依附性资本主义。"⑥

那么，什么是依附（dependency）呢？根据多斯桑托斯的看法："依附是这样一种状况，即一些国家的经济受制于它所依赖的另一国经济的发展与扩张。两个或更多的国家经济之间以及这些国家的经

① ［德］安德烈·冈德·弗兰克著：《不发达的发展》，载［美］查尔斯·威尔伯编，高铦等译：《发达与不发达问题的政治经济学》，商务印书馆 2015 年版，第 168 页。
② ［巴西］费尔南多·卡多佐、恩佐·法勒托：《拉美的依附性及发展》，世界知识出版社 2002 年版，第 31 页。
③ ［德］安德烈·冈德·弗兰克：《依附性积累与不发达》，第 2 页。
④ ［巴西］特奥托尼奥·多斯桑托斯：《帝国主义与依附》，第 300 页。
⑤ ［美］保罗·巴兰：《增长的政治经济学》，第 264 页。
⑥ ［巴西］特奥托尼奥·多斯桑托斯：《帝国主义与依附》，第 302 页。

济与世界贸易之间存在着互相依赖的关系，但结果是某些国家（统治国）能够扩展和加强自己，而另一些国家（依附国）的扩展和自身的加强则又是前者扩展——对后者的近期发展可以产生积极的或消极的影响——的反映，这种相互依赖关系就呈现依附的形式。"[1]因此，"我们把依附确立为一种历史状况，它造成了一种世界经济结构，即有利于一些国家却损害另外一些国家经济发展的结构，并决定了这些国家内部经济发展的可能性，从而形成了它们的经济社会现实"。[2] 卡多佐以及法勒托也指出：资本主义通过市场把不同的经济体系联系在一起。这些经济体不仅有不同发展水平的产业体系，而且在全球资本主义体系中占据的位置也不同，存在一种支配与被支配的关系。[3] 依附有多种形式，如贸易依附、金融依附、投资依附、技术依附等。不同形式的依附并非独立存在，它们之间相互影响也相互补充。依附论学者讨论得较多的是贸易依附。

　　首先，从出口的产品形式来看，不发达国家主要生产原材料以及低端产品。他们并非不愿意生产高端产品，但在国际分工中，不发达国家的贸易陷入对发达国家的依附。生产什么，如何生产，为谁生产，都被发达资本主义国家影响。不发达国家并没有自主权。

　　如表 6-5 所示，不发达国家往往生产棉花、咖啡、蔗糖等原材料。长期出口原材料，使边缘国家经济陷入一种"主产品陷阱"或者说是"低水平陷阱"。[4] 即便到现在，有些不发达国家开始出口制

---

① ［巴西］特奥托尼奥·多斯桑托斯：《帝国主义与依附》，第 302 页。
② 同上，第 305 页。
③ ［巴西］费尔南多·卡多佐、恩佐·法勒托：《拉美的依附性及发展》，第 22 页。
④ ［德］安德烈·冈德·弗兰克：《依附性积累与不发达》，第 119 页。

成品，但是旧的国际分工和新的国际分工并无本质不同。以往不发达国家提供原材料，发达国家提供制成品；现在不发达国家供应初级产品和制成品，而发达国家提供设备和"软件"——技术、研发与管理。① 因此在国际分工中，边缘国家始终生产并出口低附加值产品，而中心国家则垄断高附加值产品出口。

表 6-5　部分国家出口依附的程度（1985）

国家	商品	所占出口收入的比重（%）
布隆迪	咖啡	85
哥伦比亚	咖啡	65
古巴	蔗糖	86
埃塞俄比亚	咖啡	77
加纳	可可	75
马拉维	烟草	57
塞舌尔	油籽	65
索马里	牲畜	87
乌干达	咖啡	86

资料来源：James Cypher and James Dietz, *Process of Economic Development*, New York: Routledge, 2004, p. 335.

其次，不发达国家难以影响出口产品价格，因此它们面临日益恶化的贸易条件。"贸易条件由中心经济的金融、贸易部门及其在当地的代理人决定。"② 例如，当今掌握全球粮食营销的是四家跨国公

① ［埃及］萨米尔·阿明：《不平等的发展：论外围资本主义的社会形态》，第 178 页。
② ［巴西］费尔南多·卡多佐、恩佐·法勒托：《拉美的依附性及发展》，第 47 页。

司，号称"四大粮商"，即美国 ADM、美国邦吉（Bunge Limited）、美国嘉吉（Cargill）、法国路易达孚（Louis Dreyfus）。这四家企业是世界粮食价格的操纵者。依附论学者发现，"初级产品的价格不断下降，制成品的价格却在不断上涨"。[①] 图 6-2 展示了发达国家进口的初级产品与出口的工业制成品的价格对比图。这张图表明发达国家进口的初级产品的比价不断下跌。这为依附论学者的关切提供了佐证，不发达国家面临的贸易条件不断恶化。通过不平等的交换，不发达国家被剥削了。这就是弗兰克强调的：只要世界市场把宗主国生产的制成品定价过高，而把殖民地生产的产品定价过低，那么就存在不平等的交换。[②]

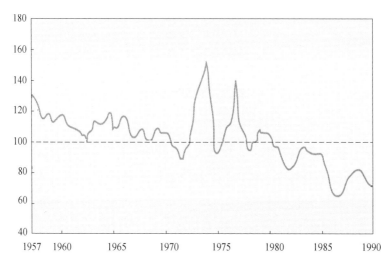

图 6-2 发达国家进口初级产品与出口制成品成本对比（1957—1990）

资料来源：Jill Steans, Lloyd Pettiford, Thomas Diez and Imad El-Anis, *An Introduction to International Relations Theory: Perspectives and Themes*, London: Pearson Education Limited, 2010, p. 85.

---

① ［巴西］特奥托尼奥·多斯桑托斯：《帝国主义与依附》，第 282 页。
② ［德］安德烈·冈德·弗兰克：《依附性积累与不发达》，第 82 页。

再次，由于生产结构单一，不发达国家在国际经济交换中容易受国际价格波动影响，国内经济也难以稳定。不发达国家长期从事单一作物生产，他们往往会面临一个制约，即"恩格尔定律"：随着家庭和个人收入增加，家庭收入中用于食品方面的支出比例将逐渐减少。随着发达国家人均收入增加，家庭在食品上的花销越来越少，而出口这些产品的不发达国家分到的份额也会越来越少。同时由于不发达国家的出口经济高度依附于世界贸易，所以发达国家的经济波动对出口经济有着更为直接的影响。巴西经济长期依赖咖啡出口，导致历史上巴西经济常常随着咖啡进出口变化而大起大落。单一的经济结构使得国内经济也难以稳定。当中心国家对边缘国家某种产品感兴趣时，依靠出口该产品可以实现短暂发展。一旦中心国家对该产品丧失兴趣或者需求下降时，边缘国家经济发展就会再度跌入低谷，出现经济停滞或倒退。[1] 因此依附论学者认为，在国际贸易中，生产和出口初级的、单一的经济作物是"依附性发展"。这样的发展是不稳定的、没有前途的。

最后，在贸易的相互依存上，不发达国家更加依赖发达国家。发达国家之间的贸易，有 80% 是在发达国家之间进行的，只有 20% 的贸易是与不发达国家展开。与此形成鲜明对比的是，不发达国家之间的贸易则很少，而约 80% 的贸易是和发达国家展开。[2] 这样的数据展示不发达国家出口严重依赖发达国家，二者相互依赖是不对称的。值得注意的是，这样的数据并不能说明发达国家对不发达国家的依赖程度低，按依附论学者的意见，因为发达国家压低了不发

① ［埃及］萨米尔·阿明：《不平等的发展》，第 201 页。
② 同上，第 133 页。

达国家的产品价格。尽管不发达国家将自身出产的原材料大量地输入发达国家，但是由于发达国家的跨国公司掌握着国际市场定价权，这些原材料价格被压得非常低。因此，发达国家从不发达国家购买了大量且低价的原材料。要知道，离开铜、铁、铝、稀土、原油等原材料，发达国家的生产也没法进行。从 20 世纪 70 年代爆发的两次石油危机我们可以看到，发达国家对不发达国家也相当依赖。发达国家对不发达国家贸易依存度的统计数据掩盖了发达国家严重依赖不发达国家低价原材料的真相。

除了贸易依附，不发达国家对发达国家还存在其他形式的依附，比如金融依附。金融依附存在几个方面的表现：首先，不发达国家常常依附于发达国家的货币。由于在贸易上依附发达国家，为了方便国际交易，美元在世界经济中扮演了货币锚的角色。2008 年，有 66 个国家将美元作为货币锚①，如巴拿马等一些拉美国家直接将美元作为本国货币。这样，美国等发达国家可以获得丰厚的"铸币税"。据保守估计，1995 年，境外流通的美元达到 2500 亿美元，仅利息就有 110 亿到 150 亿美元，相当于美国年消费总量的一个百分点。② 此后，这一数额不断上升，在 2010 年，大约有 5000 亿美元在美国境外流通。为此，外国人必须要为美国提供价值 5000 亿美元的实际商品与服务。③

其次，不发达国家常常被迫开放资本市场。美国以及国际经济

---

① Daniel W. Drezner, "Will Currency Follow the Flag?", *International Relations of the Asia-Pacific*, Vol. 10, No. 3, 2010, p. 392.

② Benjamin Cohen, *The Geography of Money*, p. 124.

③ Barry Eichengreen, *Exorbitant Privilege: The Rise and Fall of the Dollar*, p. 4.

组织如世界银行、国际货币基金组织常常敦促不发达国家开放资本市场。但是一旦遇到金融危机，美国等发达国家与不发达国家分担的成本却有很大不同。美国拥有庞大的金融资产，华尔街金融人才贮备堪称世界之最，美国金融部门的管理技能也十分娴熟，他们在全世界享有的绝对优势是其他国家难以企及的。金融自由化不仅为美国金融资本投机行为带来丰厚利益，还为美国金融资本左右他国政治经济打开方便之门。即使金融自由化存在风险，美国作为世界上最强大的金融帝国，其抗风险能力也远远强于不发达国家，各方承担的风险与收益并不对称。[1] 在普通民众看来，在大动荡时期，美元才是最安全的货币。在亚洲金融危机期间，大量资金撤到了美国。从 1997 年 3 月到 1998 年，流向美国的直接投资和证券投资达到3200 多亿美元。[2] 在 2010 年春，金融泡沫破灭的时候，投资者再次涌向美国，纷纷购买美国国债，使得美国政府借款的成本进一步降低。[3] 金融危机爆发时，风险与成本常常是由不发达国家的民众承担，收益却主要由发达国家的金融资本获取。

再次，不发达国家常常在债务问题上被发达国家左右。由于经济波动较大，加之实施"进口替代战略"，包括阿根廷在内的不少不发达国家常常被债务负担困扰。在 1962 年—1966 年间，拉丁美洲每年偿还外债大约为 16 亿美元；而同期美国每年给拉美国家贷款和赠款援助合计约为 12 亿美元。[4] 由于第二次石油危机引发的经济问题，

---

[1] Jonathan Kirshner, "Globalization and National Security," in Jonathan Kirshner, ed., *Globalization and National Security*, New York: Routledge, 2006, p. 13.

[2] Eric van Wincoop and Kei-Mu Yi, "Asia Crisis Postmortem," pp. 247 - 258.

[3] Barry Eichengreen, *Exorbitant Privilege: The Rise and Fall of the Dollar*, p. 7.

[4] ［美］哈里·马格多夫：《帝国主义时代：美国对外政策的经济学》，第 167 页。

出于吸引外资以弥补财政赤字考虑，美联储在 1979 年以及 1981 年三次单方面提高了利率，平均利率从 6.25% 上涨到 24%，[①] 这一举措让不少美元回流美国。由于大部分发展中国家都持有美元债务，这一举措引发了发展中国家债务危机。不发达国家需要偿付的利息陡增，使得它们面临艰难选择，要么宣布无力偿还债务，要么接受非常不利的条款，就债务问题与美国进行磋商。1982 年墨西哥出现债务危机，国际资本大规模撤离，巴西也受到严重冲击。当巴西偿付外债困难时，巴西"经济奇迹"就走到了尽头。1983 年，巴西经济陷入衰退泥潭，国民收入跌入二战后最低值；巴西工业受到最为严重的冲击，工业产值下跌 7.9%，商业产值下跌 4.4%，农业产出下跌 2.1%，巴西 GDP 下跌 5%，人均 GDP 下跌 7.3%。[②] 在美元储备枯竭的情况下，1983 年 2 月，巴西不得不求助于国际货币基金组织，接受严苛的救助方案，接踵而来的是巴西与国际货币基金组织之间发生一系列争执，巴西经济继续衰退，同时承受繁重的债务负担。1984 年，巴西居民每生产 1619 美元的产值，就得用 781 美元去偿还外债。[③] 因此，不发达国家居高不下的债务使得它们经济风险增加，这是不发达国家在金融上依附于发达国家的重要体现。

　　每当发生金融危机时，跨国资本集团就能从国际货币基金组织和世界银行的经济重组计划中获利。他们的货币资本可流入华尔街，以躲避发展中国家国内危机。而整套重组计划的实施一般都能加强

---

① Marcos Arruda, *External Debt: Brazil and the International Financial Crisis*, London: Plato Press, 2000, p. 12.
② Thomas Skidmore, *The Politics of Military Rule in Brazil: 1964 - 1985*, New York: Oxford University Press, 1988, p. 238.
③ Marcos Arruda, *External Debt: Brazil and the International Financial Crisis*, p. 11.

跨国资本集团在本国的优势地位。为重振国家金融而进行的国营企业私有化，使能够筹措到大笔资金的资产阶级获益。发展中国家向出口导向型外贸政策调整，资产阶级同样能从中受益。而资产阶级作为一个整体，能够在国际货币基金组织的重组计划中把他们的统治强加在其他从属社会集团头上。[①]

在贸易依附、金融依附之外，还有一种依附形式就是投资依附。资本家实施投资依附的工具就是跨国公司。早年很多依附论研究者将拉美作为依附的典型案例。和东亚地区不同，东亚大企业大都是本土企业，而拉美的大企业大都是外资企业。[②] 拉美各类外资数量多，规模大，当地政府根本无法管控，本地产业的发展空间也受到严重挤压。斯蒂芬·海默指出：现代跨国公司和历史上的跨国公司，如东印度公司已有很大不同。历史上的跨国公司就像恐龙，身体很大但头脑很小。现代跨国公司却拥有一个强大的大脑。跨国公司有权力发起并终止经济交换，拥有储备和获取信息的巨大能力，决定世界经济交换的程度以及世界经济磋商的议题。就像当年殖民者对落后地区施加的控制一样，跨国公司通过等级化结构，集中地控制着落后地区。[③] 随着跨国公司在全球投资业务的扩张，边缘国家日益变成跨国公司集中计划和控制的一部分，扮演着依附角色。[④] 外国资

① ［英］彼得·高恩：《华盛顿的全球赌博》，第 78 页。

② Gary Gereffi, "Big Business and the State," in Gary Gereffi and Donald Wyman, eds. , *Manufacturing Miracles: Paths of Industrialization in Latin America and East Asia*, Princeton: Princeton University Press, 2014, pp. 90 - 109.

③ Stephen Hymer, "The Multinational Corporation and the Law of Uneven Development," in Jagdish Bhagwati, ed. , *Economics and World Order*, New York: Macmillan, 1972, p. 115, p. 126.

④ Stephen Hymer, "The Efficiency (Contradictions) of Multinational Corporations," *The American Economic Review*, Vol. 60, No. 2, 1970, p. 446.

本控制日益加强，限制了不发达国家发展独立的民族工业。在 1990 年，墨西哥的私有银行只有一家是外资所有；到了 2000 年，30 家银行中有 24 家掌握在外资手中。[1]

在外国垄断集团控制下，深陷投资依附的不发达国家难以反抗。这些外国资本集团掌握了技术、资本和管理技能。不发达国家最终被外国资本集团控制和操纵。[2] 通过对外投资，跨国公司从不发达国家获得丰厚的经济盈余，但这些资金并没有留在东道国，而是以利息以及红利的名目转移到母国，输送到发达国家。[3] 作为东道国的不发达国家，成了跨国资本在本国竞技的平台，自身没有足够资金进行投资。至于不发达国家的本地资本，它们集中程度不足，难以达到和外国垄断资本竞争的规模，因此它们只好选择扮演边缘角色，进入非竞争的补充部门：如买办贸易和服务部门。[4] 跨国公司并没有如自由主义政治经济学许诺那样在世界范围内推动技术流动和财富流动。相反，随着跨国公司日益扩展，全球不平等也在日益加剧。[5]

除了贸易、金融、投资依附，还有一种依附形式和上述三类依附紧密相关——技术依附。不发达国家对发达国家的技术依附主要体现在：首先，不发达国家没有掌握技术自主权，因此需要向发达国家购买技术。由于不发达国家技术水平低，需要从国外购买机器和材料，使得不发达国家受制于中心国家对技术的控制。垄断资本

① ［英］大卫·哈维：《新自由主义简史》，第 118 页。
② ［巴西］特奥托尼奥·多斯桑托斯：《帝国主义与依附》，第 291 页。
③ ［美］保罗·巴兰：《增长的政治经济学》，第 274 页。
④ ［埃及］萨米尔·阿明：《不平等的发展》，第 176 页。
⑤ Stephen Hymer, "The Multinational Corporation and the Law of Uneven Development," pp. 113 - 135.

能绝对掌握技术价格。① 为获得发展经济和公共卫生事业所必需的技术和药品，发展中国家每年需要向外国专利所有者支付约 600 亿美元的专利费。② 在国际贸易领域，不发达国家不得不以高昂代价获得这些技术，因此，技术依附是不平等交换的又一个方面。

其次，依赖发达国家的技术损害了不发达国家自主掌握技术的能力。技术的发展有很强的累积性，不发达国家长期引进技术，导致其技术出现"引进"到"持续引进"的恶性循环，制约了不发达国家自身的技术能力的发展和积累。随着跨国公司在全球的日益扩张，庞大的国际资本集团在摧毁不发达国家民族工业的同时，也摧毁了这些国家的技术能力。有学者研究发现：对一些发展中国家而言，技术引进不仅没有带来技术进步，反而导致了这些国家出现技术倒退。③ 在国际投资领域，跨国公司以投资为渠道，损害了不发达国家的技术能力。

再次，依赖发达国家技术，致使不发达国家不能主导自身技术轨迹。一般而言，不发达国家人口众多，应该采用劳动密集型技术。资本主义的渗透给不发达国家农村带来危机，导致大量农业人口涌入城市。这样一来，不发达国家对劳动密集型技术的需求更加迫切。但是，由于不发达国家引进的是发达国家技术，而这些技术大都是资本密集型技术，使得不发达国家的技术发展和自身技术需求严重脱节。在经济增长过程中，不发达国家技术引进带来的就业机会并

---

① ［埃及］萨米尔·阿明：《不平等的发展》，第 127—128 页。
② ［斯威士兰］杰森·希克尔：《鸿沟：全球不平等及其解决方案》，第 22 页。
③ Devora Grynspan, "Technology Transfer Patterns and Industrialization in LDCs: A Study of Licensing in Costa Rica," *International Organization*, Vol. 36, No. 4, 1982, pp. 795 - 806.

不多。比如在巴西，企业长期致力于发展资本和技术密集型产业，以服务巴西富人需求；但巴西却缺乏劳动密集型产业以满足普通民众需求。因此，巴西生产集中于高端产品，消费也致力于满足富人需求。[1] 在这样的技术结构下，巴西面临严重的就业问题。城市剩余劳动力持续增长消耗了经济发展带来的收益，也让巴西不平等问题长期难以得到解决。[2] 新技术的采用给不发达国家的居民带来了灾难性后果。"企业结构不能吸收农村中被解放的劳动力和一般增长的人口"[3]，贫困人口持续增长。技术依附导致不发达国家经历了不充分的工业化；不充分的工业化造成失业；带来了没有工业化的城市化。

此外，依附还有一种更隐蔽的形式，即意识形态依附。葛兰西指出：任何在统治地位的集团所具有的最重要的特征之一，就是他为"同化"和在意识形态上征服传统知识分子而做斗争。该集团越是同时成功地构造其"有机的知识分子"，这种同化和征服便越快捷、越有效。[4] 跨国资产阶级的意识形态霸权，在第三世界日益流行。美国芝加哥大学、耶鲁大学、麻省理工学院、斯坦福大学等都承担了对第三世界的培训任务。在二十世纪七十年代，佩得罗·艾斯普（Pedro Aspe）在麻省理工获得了博士学位，后来他担任了墨西哥的财政部长。阿里加多·弗克利（Alejandro Foxley）在麻省理工做访问学者，后来他担任智利的财政部长。多明戈·卡瓦洛

---

① Celso Furtado, *Economic Development of Latin America*, New York: Cambridge University Press, 2004, 1976, p. 64, p. 178.
② Cristobal Kay, "Agrarian Reform and Industrial Policy," in Richard Boyd, Benno Galjart and Tak-Wing Ngo, eds. , *Political Conflict and Development in East Asia and Latin America*, New York: Routledge, 2006, p. 46.
③ ［巴西］特奥托尼奥·多斯桑托斯：《帝国主义与依附》，第293—294页。
④ ［意］安东尼奥·葛兰西：《狱中札记》，第5—6页。

（Domingo Cavallo）在哈佛大学获得博士学位，后来他担任了阿根廷的财政部长。这些拉美学员和美国的经济学家、政策制定者有着密切的联系。① 这样的跨国知识群体及其信奉的理念为新自由主义的全球扩张奠定了基础，也让不发达国家在意识形态上依附于中心国家。

这批拉美学员学成回国后，很快占据了拉美学界与政界的重要岗位，并将他们的理念付诸实施。到 1963 年，智利天主教大学经济学系 13 名全职教授中，有 12 名是芝加哥大学的毕业生。他们回到智利以后，开始大刀阔斧地进行自由化改革，让价格市场化、贸易自由化，取消对金融部门的管制，大规模地进行私有化。在 1973 年，智利的国有企业有五百多家；到了 1980 年，降到 25 家。② 他们用极快的速度拆散了智利原有的经济发展模式。巴西的费尔南多·卡多佐，他原来是依附论学者。后来他转变成为自由主义者，并当选了巴西总统，引导了巴西的自由化改革。

因此，依附体现在方方面面，包括贸易、金融、投资、技术以及意识形态依附等。依附论学者认为，阿根廷等国家难以通过传统发达国家曾经历的工业化来步入现代化。各国纷纷经历"不充分的工业化""早熟的去工业化"，与美国差距会越来越大。让我们再次审视全球资本主义体系下的"权力"，随着世界经济联系增加，跨国

① Mark Berger, "Up from Neoliberalism: Free-Market Mythologies and The Coming Crisis of Global Capitalism," *Third World Quarterly*, Vol. 20, No. 2, 1999, pp. 453 – 463.

② Daniel Yergin and Joseph Stanislaw, *The Commanding Heights: The Battle between Government and the Marketplace that is Remaking the Modern World*, New York: Simon & Schuster, 1998, pp. 239 – 240.

资本将成本强加给不发达国家的能力也在增强。

亚当·斯密以乐观的情绪看待国际分工，而依附论的学者则不然。"依附的基础是国际分工。这种国际分工使某些国家的工业获得发展，同时又限制了另一些国家的工业发展。"[1] 这样的国际分工形成了一个全球剥削链条。全球剥削链的存在也在加剧世界的不平等分工。生活在最富裕国家的五分之一人口与生活在最贫穷国家的五分之一人口之间的收入比在 1960 年时为 30∶1；到 1990 年变成 60∶1；在 1997 年变成 74∶1。[2]

资本主义体系就如一群卫星环绕着中心，经济决策是依据发达国家的要求和利益来制定的。归根到底，依附建立在各种形式的经济剥削之上。[3] 不发达国家的社会普遍特征是：经济增长率较低；资源耗尽；在边缘国家投资的跨国公司将大量利润汇回母国；外债居高不下；经济更加不稳定等等。在不发达国家，传统社会被扭曲到无法辨认的程度，它们失去了独立性，其主要职能是为世界市场而生产。而这样的依附性发展几乎没有进步的前景。所以在全球资本主义体系，不发达国家要实现现代化，将步履维艰。它们彻底地变成了依附的、外围的、边缘的社会。在依附论学者看来，在日益"相互依存"的世界，跨国资本的权力也日益彰显，让不发达国家日益陷入依附。不发达国家在依附状态下深陷绝境；它的前进路子都被堵塞了。[4]

---

[1]〔巴西〕特奥托尼奥·多斯桑托斯：《帝国主义与依附》，第 303 页。
[2]〔英〕大卫·哈维：《新自由主义简史》，第 22 页。
[3]〔巴西〕费尔南多·卡多佐、恩佐·法勒托：《拉美的依附性及发展》，第 30 页。
[4]〔埃及〕萨米尔·阿明：《不平等的发展》，第 281 页。

六　为何历史上巴西经济奇迹一再中断?

新兴经济体在世界政治经济舞台上扮演了越来越重要的角色,对国际发展、全球治理以及国际格局产生了重要的影响。2008年蔓延全球的国际金融危机爆发后,新兴经济体相对快速的经济复苏以及对全球经济的拉动更使得它们备受世人关注。不少国际关系学者日益关注新兴经济体未来的发展趋势以及它们的崛起对世界政治经济格局可能产生的影响。巴西作为新兴经济体中的重要一员,也是金砖国家在美洲大陆的惟一代表,它的发展一直在吸引各方的关注。2012年8月,美国前总统比尔·克林顿(Bill Clinton)表示,在新兴经济体的诸多国家中,他最看好巴西的经济前景,因为巴西有着稳定的经济框架,丰富的自然资源,同时,巴西与周边国家关系友好。有研究机构也对巴西的经济前景做出了非常乐观的预测。他们认为:全球市场对巴西的主要产品有着强劲的需求;在国际市场上,巴西的几家大企业获得了巨大的成功。因此,巴西正在稳步前进,实现其大国夙愿,逐渐变成世界经济的领导力量。[①] 作为金砖国家和新兴经济体的重要代表,巴西经济的兴衰起落不仅对发展中国家有着重要的影响,也会对国际发展、国际格局产生深远的影响。那么,巴西的发展前景是令人乐观的吗?

[①] Lael Brainard and Leonardo Martinez-Diaz, eds., *Brazil as an Economic Superpower: Understanding Brazil's Changing Role in the Global Economy*, Washington, D.C.: Brookings Institution Press, 2009, pp. 1 – 17.

有研究者称历史上巴西经济发展常常陷入"进一步，退两步"的困境。[①] 在 19 世纪初，从葡萄牙殖民统治下赢得独立后，巴西没有选择支持工业化。此时的巴西依赖对英国贸易，对英国产品征收的关税很低。这一时期巴西市场上充斥着英国商品。由此导致的后果是，尽管巴西海外市场广阔，商品出口繁荣，但十九世纪巴西农业生产率几乎没有提高。直到十九世纪晚期，巴西工业也几乎没有得到发展。

巴西工业化起步于 19 世纪晚期，即巴西第一共和国时期。在这一时期，巴西咖啡出口是经济成长的关键。咖啡种植者和出口商掌握着巨大的政治权力。咖啡出口带动了巴西铁路建设，也推动了这一时期的工业化。但这一时期巴西仍旧依赖外国资金、技术以及企业家。直到 1962 年的一项调查表明：当时的巴西企业家中，祖父一辈就是本土巴西人的比重不到 16%。[②] 在经历短暂工业化后，巴西经济又再度陷入低迷。

热图利奥·瓦加斯（Getúlio Vargas）在 1930 年掌握巴西政权，再度推动新一轮工业化，巴西工业再度迅猛发展。在 1930 至 1947 年间，巴西经济以年均 6% 的速度增长；工业增长率达到了年均 9%。[③] 但在这一时期工业化过程中，巴西的企业家和国家精英却满足于在保护主义经济政策下生产低附加值产品，依赖进口以及外国

① 下面素材主要参考［美］阿图尔·科利：《国家引导的发展——全球边缘地区的政治权力与工业化》，第 121—242 页。

② Joseph Love, *Sao Paulo in the Brazilian Federation*, Stanford: Stanford University Pres, 1980, pp. 19 - 20.

③ Nathaniel Leff, *Underdevelopment and Development in Brazil*, Vol. 1, London: George Allen and Unwin, 1982, p. 50.

技术，钢铁等关键产业发展依赖美国。在二战结束后，这一轮工业化再度陷入低迷。

二战结束后，巴西在军政府执政的大部分时期，即在 1968 年到 1980 年间，再度实现工业快速增长。在这一轮工业化过程中，巴西的问题依然存在，即严重依赖国际直接投资。巴西对外资的依赖，既是巴西经济力量的源泉也是巴西经济脆弱的根源。国际投资者对巴西充满信心，大量外资涌入巴西。在 1964 年，巴西吸引的国际直接投资额为 4740 万美元；到了 1980 年，巴西吸引的国际直接投资额达到 14.61 亿美元，增长了近 31 倍。[①] 不过好景不长，进入 20 世纪 80 年代以后，巴西经济遭遇危机。进入 21 世纪后，巴西再次取得良好的发展业绩，跻身"金砖"国家行列。但是，近年巴西经济持续低迷，面临财政赤字高涨，经济持续衰退，失业率猛增等问题。这和历史上巴西经济"进一步，退两步"何其相似。

巴西发展一波三折的故事是拉美国家发展道路的一个缩影。英格兰银行经济学家艾伦·比蒂（Allen Beattie）写了一部通俗的经济史《美国不是故意的》（*False Economy: A Surprising Economic History of the World*）。在该书的开篇，比蒂就用阿根廷和美国做对比："短短一个世纪以前，美国和阿根廷还是竞争对手，从差不多的地方开始起跑。两国都赶上了 20 世纪初的第一波全球化浪潮。两国都很年轻，都有着富饶的农场、信心百倍的出口商。两国都把新世界的牛肉送上了原来欧洲殖民宗主国的餐桌。20 世纪 30 年代大萧条降临之前，在全世界最富裕的 10 个经济体中，阿根廷是排得上号

---

① Jorg Meyer-Stamer, *Technology, Competitiveness and Radical Policy Change: The Case of Brazil*, London: Frank Cass & Co. Ltd., 1997, p. 40.

的。19 世纪末，数百万渴望逃离贫困家乡的意大利和爱尔兰移民都曾在两者之间犹豫不决：是去布宜诺斯艾利斯还是纽约？是去南美洲的大草原还是北美洲的大草原？"① 100 年后，世界各地的移民大都不用再做这样艰难的选择。阿根廷已经被美国远远地甩在了后面。巴西也好，阿根廷也罢，其发展困境是诸多拉美国家困境的代表性案例。陷入依附的国家不仅经济发展受挫，社会稳定也受到日益严重的冲击。在 20 世纪 80 年代，随着新自由主义改革的推进，犯罪浪潮使得墨西哥城在十年内从一座安宁的城市变成拉丁美洲最危险的城市之一。② 不少人抱怨拉美的困境就在于：离上帝太远而离美国太近。

依附论学者会指出，美国与巴西、阿根廷等拉美国家的命运之所以大相径庭，是因为巴西、阿根廷陷入了"依附"，不仅仅存在国际约束，还存在国内约束。诸多不发达国家之所以难以走出困境，不仅是因为在全球资本主义的扩张中它们被中心国家左右，而且其国内还形成了一个庞大的依附性集团，即"买办"阶级。这个集团从依附中获得巨大收益，想方设法阻挠这些国家实现工业化和现代化。国际约束与国内约束一道形成的依附结构限制了不发达国家的发展。

那么这些国家的民族资产阶级是否可以给不发达国家带来希望，推动不发达国家实现工业化和现代化呢？依附论认为，这样的希望很渺茫。因为依附不仅是这些国家的外部情况，也反映了

---

① ［英］艾伦·比蒂著，闾佳译：《美国不是故意的：一部经济的辛酸史》，中国人民大学出版社 2010 年版，第 3 页。
② ［英］大卫·哈维：《新自由主义简史》，第 115 页。

不发达国家的内部情况。① 一方面帝国主义力量通过保护和加强边缘国家封建主义商业的秩序，建立一个稳定和奴役的社会；另一方面，帝国主义在经济上扼杀当地本土工业资本主义，阻止中产阶级革命性的发展。边缘国家的社会体系受到买办阶级、帝国主义者和大地主组成的政治和社会联盟控制，这些联盟成员都竭尽全力保护现存的经济结构，竭力维持边缘地带和中心国家建立起来的纽带。②

国际上的依附塑造了不发达国家国内的阶级结构。在世界资本主义渗透到不发达国家的过程中，宗主国的资本家重塑了不发达国家的阶级结构。他们把农村的社会结构转变为至今尚存的依附于资本主义的结构，而把旧时代的地主变成了世界资本主义的代理人。③巴兰指出：英国培养出许多新的阶层和既得利益集团来维护它的统治，这些阶层和利益集团的利益和英国的统治联系在一起，他们所享有的特权是以英国的统治为基础的。④ 拥有大庄园的买办资产阶级成为欧洲资产阶级利益的传送带。正是国内各阶级的内在联系使依附成为可能。⑤ 这里的有产阶级最终变成帝国主义在本国的代理人——买办阶级。不发达国家的买办阶级和帝国主义的利益绑定在一起。因此，"国家统治集团不是作为经济阶层，而更像是作为政治统治阶级而同外国企业相联系"。⑥ 这些当地精英在心理上和经济上

---

① ［巴西］费尔南多·卡多佐、恩佐·法勒托：《拉美的依附性及发展》，第 24 页。
② ［美］哈里·马格多夫：《无殖民地的帝国主义》，第 13 页。
③ ［德］安德烈·冈德·弗兰克：《依附性积累与不发达》，第 95 页。
④ ［美］保罗·巴兰：《增长的政治经济学》，第 237 页。
⑤ ［巴西］费尔南多·卡多佐、恩佐·法勒托：《拉美的依附性及发展》，第 35 页。
⑥ 同上，第 85 页。

依赖于外国统治者。他们认为自己的国家做一个帝国主义国家的附属国对自身而言是一种有效的，可以获益的方法。① 跨国资本的力量重塑了全球的权力关系。从地中海到亚洲，再到拉丁美洲，在所有被渗透的地区，当地资产阶级都是扩张国资本的代理人或中间人。这些买办集团欢迎欧洲的经济渗透。当地的专制政权也对其提供鼓励和保护。②

如图6-3所示，全球资本主义剥削链由资本主义中心国家开始，它从一些国家的中心城市抽走经济盈余。这些中心城市则从各地区中心城市抽走盈余，地区中心则剥削地方中心。在地方中心活动的大庄园主和大商人则剥削小农和小业主，小农和小业主则剥削

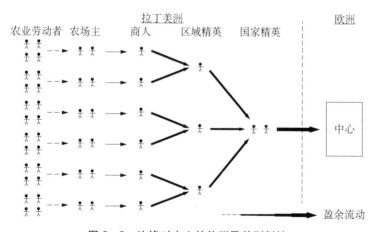

图6-3 边缘对中心的依附及其剥削链

资料来源：Katie Willis, *Theories and Practices of Development*, New York: Routledge, 2005, p. 79.

---

① ［美］哈里·马格多夫：《无殖民地的帝国主义》，第89页。
② ［加］罗伯特·考克斯：《生产、权力和世界秩序：社会力量在缔造历史中的作用》，第102页。

在土地上干活的劳动者。每一个环节上都是少数人侵占多数人的盈余。① 所以 19 世纪依靠对英贸易的巴西国王不希望巴西推进工业化；依靠外部市场的巴西咖啡种植园主不希望巴西发展强大的工业；依赖外国资金和技术的巴西企业家也满足于外资在巴西经济生活中扮演主要角色。

依附论的学者指出：巴西圣保罗这样的大城市，其工业的发展并不会带动巴西经济的发展。以圣保罗为中心城市，辐射其他地区性的中心城市，把这些地区性的城市变成殖民地的卫星城市，有助于中心国家进一步榨取资本。② 这样的剥削链就是从中心通过次一级的中心，层层掠夺剩余。"把这些受害国家以前积累的和现时产生的剩余的一大部分掠走，不可能不对这些国家的资本积累造成严重阻碍。把这些国家置于毁灭性的外来竞争中，不可能不窒息他们的幼稚工业。"③ 马克思主义者提醒：即便是中心国家对外围国家的国际直接投资，其资金来源也并非主要源于中心国家国内剩余，而是来自海外。例如在 1957 年到 1965 年间，美国资本并非用自己的钱来投资。在美国对外投资中，只有大约 15% 的资金来自美国，大约 85% 的资金来自海外，或从海外募集，或由跨国公司海外的子公司提供。④ 而剥削链中的每一个资产者，无论是身处中心国家还是位于边缘国家，都从中获得了巨大好处。

概言之，不发达国家对发达国家的依附要持续下去，不仅需要

---

① ［巴西］特奥托尼奥·多斯桑托斯：《帝国主义与依附》，第 355 页。
② ［德］安德烈·冈德·弗兰克：《不发达的发展》，载 ［美］查尔斯·威尔伯编：《发达与不发达问题的政治经济学》，第 167 页。
③ ［美］保罗·巴兰：《增长的政治经济学》，第 231 页。
④ ［美］哈里·马格多夫：《无殖民地的帝国主义》，第 76、78 页。

外部环境，也需要内部支持。这些不发达国家内部的"买办阶级"成为全球资本在本土的有效代理人。"统治中心中占主导地位的利益集团和依附性社会中占主导地位的利益集团必然联系在一起……外部统治只有得到当地国家内部一些从外部统治中获益的阶层的支持才能实现。"[①] 对国家发展有益的，未必对本土买办有益。而维持全球资本主义在本国的渗透和剥削，不发达国家的买办阶级则维系了自身在全球资本主义不平等分工中的巨大利益。

不少依附论学者指出：在不发达国家内部有一个与国际体系相联系的内部剥削体系。这些人过着奢侈的生活，住着豪华住宅，拥有大量仆役。他们和中心国家的资产阶级一道，共同剥削不发达国家的工人。在中国近代工业发展史上，买办阶级生活奢侈，尽管民族工业发展滞后，广大民众生活在水深火热中，但他们却生活优渥。在鸦片战争后很长一段时期，买办曾一直"耻言身份"。随着买办日益崛起，获得身份、地位和特权，且享有优厚收入，以致有些人竟以做买办为志，以做买办为荣。[②] 在清代的中国，西方对华展开鸦片贸易，其中就有买办的前身与帝国主义者共谋。两广总督邓廷桢的儿子就是一个鸦片贩子。不法贩子或许有国界差异、有种族之分，但资本利润却无国界、无种族、无道德，必要时可以践踏一切。[③] 不发达国家要发展，不能寄希望于这里的资产阶级。因为他们是全球资本主义剥削链的一环，大部分已经买办化了。他们和跨国资本之

---

① ［巴西］特奥托尼奥·多斯桑托斯：《帝国主义与依附》，第 307 页。
② 许涤新、吴承明主编：《中国资本主义发展史》（第二卷），人民出版社 2005 年版，第 772—773 页。
③ 王元崇：《中美相遇：大国外交与晚清兴衰（1784—1911）》，第 120 页。

间是一荣俱荣、一损俱损的关系。不过，依附论遇到的重要挑战是：如何解释一些边缘地带实现了发展？中国的学者对这一重要问题做出了自己的回答。①

阿明等人指出：中心国家的资产阶级剥削世界各地的无产阶级，既包括中心国家的，也包括外围国家的，而对外围国家无产阶级的剥削尤其残酷。② 因此，在不发达国家，工人阶级受到的剥削特别严重。在中心地区实现了和谐的同时，外围地区则日益呈现不和谐。③ 因此，阶级斗争不是在国别范围内进行的，而是在世界范围内展开的。④ 无产阶级的核心是在外围地区而不是在中心地区，因为外围的无产阶级受到的剥削更为残酷。⑤ 阿明也将未来社会变迁的希望寄予不发达国家的无产阶级。

历史上，中心国家通过掠夺殖民地边缘国家，导致了这些边缘地区的不发达。印度和日本的对照是依附论学者喜欢援引的例子，这是在做跨案例比较。历史上，印度的经济陷入不发达，正是印度对英国的依附造成的。弗兰克引用的材料指出："印度曾经是一个伟大的制造业国家，它的工业产品多少世纪以来供应着广大亚洲市场与欧洲市场的需求。"⑥ 在 15 世纪初，英国在有利可图的制造业方面非常落后，只好专注于利润率最低的制造业。直到 16 世纪末 17 世纪初，英国制造业长期围绕低附加值活动展开。⑦ 在 17 世纪，因为

---

① 王正毅：《边缘地带发展论：世界体系与东南亚的发展》，上海人民出版社 1997 年版。
② ［埃及］萨米尔·阿明：《不平等的发展》，第 164 页。
③ 同上，第 312 页。
④ 同上，第 307 页。
⑤ 同上，第 309 页。
⑥ ［德］安德烈·冈德·弗兰克：《依附性积累与不发达》，第 105 页。
⑦ ［意］杰奥瓦尼·阿瑞基：《漫长的 20 世纪：金钱、权力与我们社会的根源》，第 231 页。

印度棉布便宜、耐洗、轻巧，印度棉织品在欧洲、美洲以及非洲西海岸都有广阔市场，能很好满足英国消费者需求。1674 年到 1675 年间，英国东印度公司出口的工业品价值是 15.5 万英镑；进口商品价值为 86 万英镑，其中大部分是纺织品。① 一直到 1760 年时，英国兰开夏使用的纺织机几乎和印度使用的一样简陋。② 但是由于陷入依附，印度的制造业被摧毁了，套用马克思的话来讲，就是：印度失去了一个旧世界，但并没有获得一个新世界。弗兰克引用的一份报告指出："1815 年至 1832 年，印度棉织品出口值从 130 万英镑降至 10 万英镑以下，或者说这项贸易在 16 年间损失了 12/13。在同一时期，进口到印度的英国棉织品总值从 2.6 万英镑上升至 40 万英镑，增加了 16 倍。到 1850 年，多少世纪以来一向出口棉织品到全世界的印度却进口了英国出口棉布的四分之一。"③ 因此，印度的纺织业是被英国摧毁的。而且弗兰克指出：不但印度的纺织工业垮掉了，它的钢铁工业也同样被摧毁了。巴兰认为：如果把英国从印度榨取的大量经济剩余投资于印度，那么印度的经济发展就会和现在的黯淡前景大相径庭。④ 日本的命运非常不同，巴兰问：是什么样的力量使得日本能够走上一条与现代不发达国家完全不同的道路呢？他的回答是：日本是亚洲国家中唯一能够逃脱沦为西欧以及美国资本主义殖民地以及附属国地位的国家。1866 年，西方列强强迫日本签订条约，将最高关税定为 5%，因此日本不可能用关税来保护本国工业

① 张亚东：《英帝国史（第三卷）：英帝国的发展》，第 89—90 页。
② ［美］保罗·巴兰：《增长的政治经济学》，第 234 页。
③ ［德］安德烈·冈德·弗兰克著：《依附性积累与不发达》，第 94 页。
④ ［美］保罗·巴兰：《增长的政治经济学》，第 236 页。

的发展。所幸的是，和其他亚洲国家相比，日本除了在短期内关税自主权受到限制外，自身并没有陷入依附。1894 年和 1911 年，日本重新获得了关税自主权，它立即提高税率以保护本国工业。① 巴兰认为：由于日本摆脱了依附的命运，使它有机会独立发展国民经济。② 弗兰克也认为：日本没有变成中心国家的卫星国，因此日本的发展结构没有受到卫星化了的国家那样的限制。③

弗兰克对美国北部和南部的发展道路进行了跨案例比较。在美国内部，北部和南部的不同命运也和依附的程度密切相关。美国的北部和南部与世界资本主义体系的关系有很大的不同。正是由于美国东北部地区相对贫乏且气候不佳，也没有足够的矿产，所以西班牙、英国等殖民者相对忽视美国北方的殖民地。因此，美国的东北部发展起来了，而美国南部则陷入了对发达国家的依附。北方能相对独立地发展自身的工业，实现资本积累和资本集中，最终能参与世界资本主义体系，并从中分一杯羹。④

同时，弗兰克指出：当卫星国同它们的宗主中心的联系处于最微弱状况的时候，则是卫星国经济发展最好的时期。⑤ 依附论学者认为：宗主中心总是希望遏制边缘地带的发展。美洲是英国巨大的市场。为了限制北美，防止殖民地和英国展开竞争，英国政府采取了一系列措施。1660 年英国颁布了"列举商品法令"，明确规定北美殖

---

① ［英］罗伯特·艾伦：《全球经济史》，第 122—125 页。
② ［美］保罗·巴兰：《增长的政治经济学》，第 247 页。
③ ［德］安德烈·冈德·弗兰克：《不发达的发展》，载［美］查尔斯·威尔伯编：《发达与不发达问题的政治经济学》，第 170 页。
④ ［德］安德烈·冈德·弗兰克：《依附性积累与不发达》，第 64—65 页
⑤ ［德］安德烈·冈德·弗兰克：《不发达的发展》，载［美］查尔斯·威尔伯编：《发达与不发达问题的政治经济学》，第 169 页。

民地的糖、烟草、棉花和燃料只准运到英国出售。此后，被列举的商品名目越来越多。到北美独立前夕，殖民地的重要产品中只剩下咸鱼一项未被列举。这一法令基本上确定了英国对北美殖民地出口贸易的垄断地位。[①] 此外，英国政府相继颁布一系列法令，如《1699年羊毛法案》（*Wool Act of 1969*）、《1732年帽子法案》（*Hat Act of 1732*）以及《1750年铁法案》（*Iron Act of 1750*）等。这些法令旨在禁止北美殖民地制作和生产上述产品。在《1732年帽子法案》中，美国生产的帽子不仅不能卖给英国本土，乃至不能卖给英国的其他殖民地。《1750年铁法案》的目的在于禁止北美地区建设可能与英国工业竞争的钢铁厂。依附论学者认为："依附国只有当统治中心发生危机时才能相对地拥有较大的决策自主权。这时，依附的纽带遭到削弱，出现了依附国统治阶级在经济和政治上采取主动行动的可能性。"[②] 美国在1776年赢得独立是摆脱依附的第一步。而此后，欧洲大陆的战争为美国摆脱依附创造了新的机会。在拿破仑战争和1812年战争期间，战争切断了美国进口廉价制成品的渠道，美国新英格兰地区的资本开始从运输原材料转移到制造制成品。由于中断了对中心国家的联系，美国的工业化起步了。"若非如此，美洲大陆可能会变成印度一样被殖民者统治。"[③] 因此依附论学者认为：如果能摆脱依附，这些边缘国家的经济就有望实现飞跃。"自从1949年中国挣脱资本主义而解放以来，它真正取得了无可比拟的进步。亚洲的

---

① 郭家宏：《英帝国史（第四卷）：英帝国的转型》，第18页。
② ［巴西］特奥托尼奥·多斯桑托斯：《帝国主义与依附》，第409页。
③ ［美］查尔斯·佩罗：《组织美国》，载［美］弗兰克·道宾主编，冯秋石、王星译：《经济社会学》，上海人民出版社2008年版，第30页。

另一个主要地区日本从 1868 年以来设法取得了很大的工业发展；而且，这一发展之所以可能，必须归因于日本具有独立的非殖民地地位，以及它在发展中没有外国投资。"①

在很多马克思主义者看来，资本主义从一开始就是全球体系。这是因为从一开始资本主义就依赖于世界市场，依赖欧洲以外的农奴制国家和奴隶制国家所生产的原材料。外部世界的初级产品和市场都是欧洲出现雇佣劳动关系和资本主义利润不可或缺的一部分。②随着技术进步，资本主义体系的扩展继续加深，世界的分化还在加大。很多非洲国家有时候被称为第四世界国家，他们在世界新秩序中面临的是更加外围化的前景。③ 在面临全球资本主义强大压力的同时，依附论学者曾讨论"脱钩"来解决问题。不过，由于与世界经济隔离会带来巨大的机会成本，依附论学者也承认：脱钩只能在积极参与全球化，并改变其状况的行动中才能找到。④ 马克思主义学者马格多夫也指出：把经济独立和自给自足混为一谈是错误的。问题的关键并不在于取消对外贸易。而是在于取消一定类型的对外贸易。⑤

因此，在依附论学者看来：要获得发展机会，需要摆脱"依附"，就要致力于经济独立，在全球范围内切断跨国资本左右本国经济发展的渠道，同时在国内斩断本国买办阶级对帝国主义的权力与经济依附，从而削弱其国内的政治经济影响力。依附论学者远远不

---

① ［德］安德烈·冈德·弗兰克：《依附性积累与不发达》，第 152 页。
② ［加］亨利·海勒：《马克思主义的资本主义史》，第 10—11 页。
③ ［埃及］萨米尔·阿明：《全球化时代的资本主义——对当代社会的管理》，第 132 页。
④ 同上，第 67 页。
⑤ ［美］哈里·马格多夫：《帝国主义时代：美国对外政策的经济学》，第 159 页。

如生活在 19 世纪的马克思乐观。根据马克思的看法，资本主义是不发达国家摆脱落后状态需要经历的必要阶段；而巴兰认为，资本主义是不发达国家摆脱落后的障碍；弗兰克认为，不发达国家的落后状态是资本主义引起的。[①] 由于印度陷入了对发达国家的依附，它的纺织业和冶金业被驱逐出了市场。19 世纪，亚洲各国从世界制造业的中心变成了生产并出口农产品的不发达国家。从 1750 年到 1880 年，英国占世界制造业的份额从 2% 上升至 23%。[②] 因此，按弗兰克的理解，发达和不发达是一枚银币的两面。印度的"去工业化"成就了英国的"工业化"。

在依附论之后，马克思主义的政治经济学家跟随先行者的步伐继续前行。伊曼纽尔·沃勒斯坦（Immanuel Wallerstein）的世界体系论把分析单位更为明确地放在"世界体系"。中国的发展也和这一世界体系息息相关。[③] 而约翰·罗默（John Romer）等分析马克思主义者则以"个人"为单位来分析马克思的"剥削"等问题。这些发展都和经典马克思主义倡导的阶级分析有差异，分析单位出现了上升和下移。不管马克思的跟随者有哪些变化，这一派的政治经济学家始终秉持着马克思毫无保留的批判精神。斯蒂芬·海默是国际政治经济学中研究跨国公司的重要代表。查尔斯·金德尔伯格在论及自己学生海默在 20 世纪 60 年代转变为马克思主义者时，提到了海默在第三世界国家加纳的研究经历。[④] 只要全球资本主义的剥削、

---

① ［澳］海因茨·沃尔夫冈·阿恩特：《经济发展思想史》，第 134 页。
② ［英］罗伯特·艾伦：《全球经济史》，第 8 页。
③ 王正毅：《世界体系论与中国》，商务印书馆 2000 年版。
④ Charles Kindleberger, "Introduction," in Stephen Hymer, *The Internationanl Operation of National Firms*, Cambridge: MIT Press, 1976, p. 16.

压迫、分化在持续，马克思及其跟随者对资本主义的批评就会继续。马克思主义政治经济学的研究视角与传统将不断吸引新的追随者，获得新的发展，也将不断丰富世界政治经济研究。

第七章

政治经济学中的国家视角：
李斯特与汉密尔顿的遗产

弗里德里希·恩格斯（Friedrich Engels）曾指出："德国人早已证明，在一切科学领域内，他们与其余的文明民族不相上下，在大部分领域内甚至胜过它们。只有一门科学，在它的大师们当中，没有一个德国人的名字，这就是政治经济学。"[①] 而这一章涉及的经典，就有两个德国人撰写的篇章，一是弗里德里希·李斯特（Friedrich List）撰写的《政治经济学的国民体系》（*The National System of Political Economy*），另一是马克斯·韦伯（Max Weber）撰写的《民族国家与经济政策》。韦伯的研究领域相当广泛，《新教伦理与资本主义精神》是以文化为中心的视角，而《民族国家与经济政策》则是以国家为中心的政治经济学重要作品。本章还论及了两位作者，一位是英国人托马斯·孟（Thomas Mun），他撰写了《英国得自对外贸易的财富》（*England's Treasure by Foreign Trade*）。他写作这部作品时，英国正试图从荷兰手中争夺世界经济霸权。另一位是亚历山大·汉密尔顿（Alexander Hamilton），他是美国开国元勋，在独立战争后担任美国第一任财长。汉密尔顿试图让美国跻身世界强国之林，在当今美联储发行的十元美钞正面，就印着他的头像。此外，还有受关注度没有这么高的英国重商主义者查尔斯·达维南特（Charles Davenant）以及德国的古斯塔夫·冯·施穆勒（Gustav von Schmoller）。

本章主要讨论的几位以国家为中心的政治经济学代表人物都是

---

① 《马克思恩格斯全集》（第13卷），人民出版社1962年版，第524页。

后发展国家或者一国处于后发展时期的作者。在国际政治经济学中，现实主义流派的政治经济学与之相呼应；在比较政治经济学中，国家主义的政治经济学是其回响。在历史上，以汉密尔顿、李斯特等人为代表的这一学派有着诸多的名称，包括经济民族主义、重商主义、经济统治论、保护主义、新保护主义等，不过其中心思想都是经济活动要服务于国家建设的大目标，要服务于国家利益。[1] 以国家为中心的政治经济学为我们提供了一个全然不同的视角，在以个体为中心的政治经济学中看不到的问题，却在以国家、民族等更大的群体为中心的政治经济学中出现。例如在两次世界大战之间，个体的阿拉伯人很愿意把土地卖给犹太人，因为他们出价很高。但理性个体的行为会给群体带来不一样的后果。由于犹太人的财富和土地急剧上升，作为群体的阿拉伯人就感到了巨大的威胁。[2] 除了阶级，民族国家是"集体"的典型代表，这一视角的政治经济学在经济史上被不少后发展国家奉为圭臬，也引发了无数争议。我们将从几个问题引出这一视角的主要论点。

一　非洲为何没有演化出现代经济体？

近代以来的非洲命运多舛，长期遭受西方国家殖民。二战结束

---

① ［美］罗伯特·吉尔平著，杨宇光等译：《国际关系政治经济学》，上海人民出版社 2006 年版，第 29 页。
② 洪霞、刘明周著：《英帝国史（第七卷）：英帝国的衰落》，江苏人民出版社 2019 年版，第 252 页。

以后，尽管非洲国家陆续获得了国家独立，但是大部分国家仍没有建立起现代经济。这一状况在 20 世纪 80 年代以后更加恶化。一般而言，别的国家和地区危机是相对短暂的，而非洲的困境被称之为"持续的危机"。[①]《科学》杂志提出这样的疑问：在撒哈拉以南的非洲，为何其贫困率在增长，人均寿命在减少？20 世纪 80 年代，撒哈拉以南的非洲人均年收入不仅没有增长，反而还出现了倒退，每年减少 1.2%。到 20 世纪 90 年代，当地居民年人均收入增长率仅为 0.2%。2000 年到 2003 年，撒哈拉以南的非洲年人均收入增幅有所提高，达到 0.5%。即便如此，如果继续保持这个增长速度，到 2020 年，其人均收入还是低于 1980 年的水平。[②]

为什么非洲国家积贫积弱，长期难以建立起现代经济？针对这个问题，杰弗里·赫伯斯特（Jeffrey Herbst）给出的解释是非洲国家间缺乏战争。[③] 因为战争可以打破原有政治经济结构，使执政者能够加强对社会的汲取（extraction）能力，战争带来的"意想不到的后果"是促成中央集权国家与现代国家的形成。在战争的过程中，一整套严密有效的现代国家官僚机构也会被塑造出来。此外，战争还会促发民族主义兴起，塑造有凝聚力的国际关系行为体。有了现代国家，才可能有现代经济。

政治经济史上，以国家为中心的政治经济学视角多和战争有关，

---

① Nicolas van de Walle, *African Economies and the Politics of Permanent Crisis, 1979 – 1999*, New York: Cambridge University Press, 2001.

② Ha-Joon Chang, "Why Developing Countries Need Tariffs? How WTO NAMA Negotiations Could Deny Developing Countries' Right to a Future," Geneva: South Centre, 2005, p. 72.

③ Jeffrey Herbst, "War and the State in Africa," *International Security*, Vol. 14, No. 4, 1990, pp. 117 – 139.

包括历史上的重商主义作家、美国的第一任财长汉密尔顿、德国的李斯特以及马克斯·韦伯。重商主义被用来称呼 1500 年到 1750 年间流行的政治经济文献与实践。早期重商主义学说最重要的贡献是英国和法国做出的。重商主义兴起的背景是崛起的民族国家日益强大，国家逐渐取代教会成为经济活动的重要参与者。我们可以说，重商主义思想是在欧洲强权之间的对立和战争背景下发展起来的。从 1600 年到 1667 年，欧洲只维持了一年时间的和平。[①] 汉密尔顿面临的环境是美国需要从英国赢得独立，并保卫自己的独立成果，防止英国干预。因此无论是他《关于美国制造业的报告》还是他在《联邦党人文集》中撰写的篇章，都强调需要锻造强有力的联邦以防御外敌，发展经济。而李斯特《政治经济学的国民体系》中，尽管不同版本有出入，但提到战争的次数均在 100 次左右。吉尔平指出，重商主义是一个富有争议的术语。历史上它一直跟民族国家追求贸易盈余与财富联系在一起。而重商主义视角的本质在于：经济从属于国家以及国家利益，这一利益包括国内福利到国际安全等内容。[②]

自由主义认为经济关系是非零和的，而马克思主义和重商主义则认为经济关系在本质上是零和的。对马克思主义而言，财富在不同阶级之间分配，统治阶级与被统治阶级之间处于竞争状态；而对重商主义而言，就业机会、产业以及军事力量在不同国家之间分配，不同国家之间处于竞争状态。[③] 重商主义者把世界看作零和博弈，他

---

① ［美］亨利·威廉·斯皮格尔：《经济思想的成长》（上），第 85 页。
② ［美］罗伯特·吉尔平著，钟飞腾译：《跨国公司与美国霸权》，东方出版社 2011 年版，第 19—20 页。
③ 同上，第 21 页。

们以狂热的热情试图确保自己国家在这个总额不变的世界中获得最大份额。① 从汉密尔顿到李斯特，他们都有类似假定，即国家间经济竞争的零和性。因此他们都强调国家建设的重要性，以便能赢得国际竞争。对自由主义政治经济学而言，国家是私人利益的加总，政策是多元社会力量互动博弈的结果。而在重商主义那里，国家有着自身的正当性，国家作为一个整体，大于部分之和。② 在以国家为中心的政治经济学者眼中，非洲却缺乏现代经济的政治基础，即现代国家。

在以个体为中心的政治经济学家眼中，自由市场就能孕育现代经济。以国家为中心的视角，对此有不同的看法。我们需要回顾一下卡尔·波兰尼（Karl Polanyi）的《大转型》（*The Great Transformation*）。波兰尼强调：经济史向我们揭示，全国性市场的形成，不是政府逐步放松对经济控制的结果。相反，它需要政府有意识地、强有力地干预才能产生。③ 即便是美国这样典型的自由市场经济，在建立国内统一市场过程中，也遇到各个地方的政治挑战。美国统一市场的形成不是因为美国有优越的自然地理环境，也不是美国人民有这样的文化偏好，它靠的是政治建设。在整合国内市场过程中，整个美国弥漫着政治气息，也布满了血迹。④ 美国内战就是市场整合过程中的重要一环，美国通过内战这样残酷的方式，实现

① Eli Heckscher, *Mercantilism*, *Vol. 2*, London: George Allen & Unwin, 1935, p. 285.
② ［美］罗伯特·吉尔平：《跨国公司与美国霸权》，第 22 页。
③ Karl Polanyi, *The Great Transformation: The Political and Economic Origins of Our Time*, Boston: Beacon Press, 1944, p. 258.
④ Richard Bensel, *The Political Economy of American Industrialization*, *1877 - 1900*, New York: Cambridge University Press, p. 291.

了国内市场统一。自由市场需要政治基础，即现代国家。

在以国家为中心的政治经济学者眼中，"国家是一个强制性的政治组织，它控制着一个领土疆域。在该疆域内，行政人员成功地宣称，他们在执行命令时合法地垄断使用暴力"。[1] 这和马克思主义的视角有所差异。恩格斯指出，国家是社会在一定发展阶段的产物："这个社会陷入了不可解决的自我矛盾，分裂为不可调和的对立面而又无法摆脱这些对立面。而为了使这些对立面，这些经济利益互相冲突的阶级，不致在无谓的斗争中把自己和社会消灭，就需要有一种表面上凌驾于社会之上的力量。这种力量应当缓和冲突，把冲突保持在'秩序'的范围以内，这种从社会中产生但又自居于社会之上并且日益同社会脱离的力量，就是国家。"[2] 马克思主义者的视角独到深刻，捕捉到了"国家是阶级矛盾不可调和的产物"。不同定义会展示不同视角关注的重点。在其他学者看来，国家就是一组制度的集合，它拥有专业化的人员，对一定疆域内民众生活的重要方面进行管制，并通过税收从民众那里汲取资源，如果必要的话，它的管制以武力为后盾，在国际上，它也被其他国家所承认。因此，国家具有四个重要要素：第一，国家都具有管制的特征；第二，国家机器有强制性；第三，国家从民众那里汲取资源；第四，国家是国际关系行为体。[3]

在英文世界，国家有不同表达，country 一词重点强调领土；

---

① Max Weber, *Economy and Society: An Outline of Interpretive Sociology*, Berkeley and Los Angeles: University of California Press, 1978, p. 54.

② 《马克思恩格斯选集》（第四卷），人民出版社 1972 年版，第 166 页。

③ Francisco Herreros, "The State," in George Kurian et al., *The Encyclopedia of Political Science Set*, Washington, D. C. : CQ Press, 2011, pp. 1594 – 1598.

nation 一词更侧重居住在这片领土上的民众；而 state 则强调这片疆域所建立的政权。当代国家常常被界定为"民族国家"（nation state）。1944 年，美国介绍中国的英文纪录片《中国之抗战》中有一句解说词：中国是一个国家，但还不是一个民族（China was a country，but yet not a nation）。因为不少国家有一片疆域，但却没有整合成一个"民族共同体"。

从传统经典来看，民族是人们在历史上形成的一个有共同语言、共同地域、共同经济生活以及表现于共同文化上的共同心理素质的稳定共同体。同时，也有学者看到民族还需要考虑其他方面。其一，和国家不同，一个民族不一定享有一个共同地域。在 1947 年建国之前的以色列并不是一个享有共同地域的国家，但是犹太民族却已存在。其二，有国家是否就有民族？对此的回答不确定。当代不少非洲国家的疆界是西方殖民者划分的。不少非洲国家已成立国家，但是国内却没有一个民族共同体意识。因此，即便存在国家，也不一定存在一个民族。其三，有共同的经济生活并非意味着能形成一个民族。当代欧洲一体化将欧洲各民族整合到一起，但是他们却是享有共同经济生活的不同民族，而没有形成一个整体的欧洲民族。其四，共同的文化、宗教、语言也并不能构成一个民族。墨西哥的墨西哥人和美国的墨西哥裔美国人有共同祖先，享有共同文化，但却属于不同民族；都信奉伊斯兰教的伊朗和伊拉克等中东诸国也属于不同民族；英国、澳大利亚、加拿大、美国国家大部分居民都说英语，但是他们却是各自独立的民族。其五，享有共同的意识形态也并非意味着能形成一个民族。事实上，像巴兰等左派美国学者传承了马克思主义的学术衣钵，但是他既不属于德意志民族，也不属于苏联民族。因此，要形成民族这样一个稳定的共同体，需要有"共同心理素质"，关键在于这群人致力追求和维持成为自主的治理单元，大家相信这个群体有共同的命运和未来（commmon destiny and common future）。① 因此，当非洲、墨西哥、亚洲等移民到了美国后，他们日益融入，当其既不追求成为自主的治理单元，也认可美国这个共同体代表了他们自身命运和未来时，他们各自就不再是一个民族，而是成为美利坚民族的一个"族裔"（ethnic group）。新中国建立以来，中国政府积极努力，铸牢中华民族共同体意识，中国民众对于"人民有信仰，国家有力量，民族有希望"耳熟能详。但是，当代世界很多国家却缺乏这样的"民族共同体意识"。现代经济需要政治基础，它需要现代国家。尽管很多不发达国家有共同的政府，却没有形成当代的"民族国家"。在典型的民族国家，国家构建和民族构建是统一的，民族边界和治理边界实现了统一。

在以国家为中心的政治经济学中，国家成为其政治经济分析的基本单位。汉密尔顿敦促独立后的美国各州联合成一个强大的联邦，因为"我们在不联合的情况下将会招致外国武力和诡计的种种威胁。"② 李斯特也呼吁政治经济分析要聚焦国家，他指出：斯密的政治经济学是世界主义的政治经济学，但这样的政治经济学却不能代替"政治的"或国家的经济学。李斯特认为，斯密"虽然在这里或那里不时提到战争，但只是偶然提到的。构成他理论基础的是持久

---

① Andrew Sobel, *Political Economy and Global Affairs*, Washingtong, D. C: CQ Press, 2006, pp. 54 – 58.
② ［美］汉密尔顿、杰伊、麦迪逊著，程逢如等译：《联邦党人文集》，商务印书馆 1980 年版，第 23 页。

和平局势的概念。"① 李斯特认为,保护主义的政治经济理论和实践兴起的背景离不开战争,"晚近的保护制度是战争所促成的"。② 无论是汉密尔顿还是李斯特,都看到战争与国家之间的密切关联。那么战争如何促进了现代国家和现代经济的构建?国家构建有几个基本阶段和一些基本任务,只有完成了相关任务,现代经济才成为可能,而这些都和战争密切相关。③

首先,国家构建的一个重要任务是统一(integration),而统一往往靠战争完成。传统的国家有边陲而无国界,有地方经济而无国民经济。国家构建不仅要做到领土统一,还要做到经济统一。在封建时代,教会、领主、国王、皇帝以及城镇都宣称对同一片领土具有管辖权,这是一个复杂网络,是一个各方势力管辖权相互交织与竞争的时代。④ 即便在当代,不少国家仍无法做到合法垄断暴力。2006 年,墨西哥的费利佩·卡尔德龙·伊诺霍萨(Felipe Calderon Hinojosa)总统上台执政。他是哈佛大学公共管理硕士,上台后把打击贩毒作为执政的一项主要任务,展开了声势浩大的扫毒行动。在墨西哥打击老毒贩同时,引发了意想不到的后果。旧有势力范围被打破了,新毒贩之间展开了争抢地盘的斗争。从 2007 年开始,与毒品有关的暴力事件在墨西哥急剧上升,夺走了 6 万多人的生命,

---

① [德]弗里德里希·李斯特:《政治经济学的国民体系》,第 107 页。

② 同上,第 159 页。

③ Charles Tilly, "Western State-Making and Theories of Political Transformation," in Charles Tilly, ed., *The Formation of National States in Western Europe*, Princeton: Princeton University Press, 1975, pp. 608 – 609.

④ Hendrik Spruyt, *The Sovereign State and Its Competitors*, Princeton: Princeton University Press, 1994, p. 12.

引发了人们对墨西哥政府合法垄断暴力能力的担忧。[①]

国家不仅需要消除地方武装势力，还需要消除地方经济分隔，把国家整合成为一个统一的政治经济体。在不少发展中国家，尤其在非洲，统一的任务远没有完成，地方武装势力割据，市场也由各地方势力分割。因此，发展现代经济也无从谈起。自由主义政治经济学往往假定存在一个自发的市场秩序；而事实上，统一的国内市场并不是自然形成的，往往要靠国家大规模的、持续的干预才能实现。在这一点上，大量后发展国家还有很多工作要做。汉密尔顿呼吁建设一个强大的联邦，就是要保持美国统一。他认为："目前的邦联不足以维持联邦。"[②] 而独立后的美国需要维持一个坚强有力的政府。汉密尔顿指出，要想统筹全国的商业利益与政治利益，"只能通过统一的政府才能达到"。[③] 李斯特也指出："国家的统一是国家长期发展的基本条件。"[④] 而且要先做到政治统一，才会有经济统一。"历史上一切的成例告诉我们，领先的总是政治联合，跟着发生的才是商业联合。"[⑤] 美国靠内战统一了全国市场，德国靠一系列内外战争，完成了德国的政治与经济统一。

其次，国家构建的另一项重要任务就是唤醒民族主义，而战争过程的动员往往能强化民族主义。在现代国家构建过程中，国家会逐渐消除地方势力、教会力量和贵族力量等与之竞争的力量，把人

---

① Melissa Dell, "Trafficking Networks and the Mexican Drug War," *American Economic Review*, Vol. 105, No. 6, 2015, pp. 1738 - 1779.
② ［美］汉密尔顿、杰伊、麦迪逊：《联邦党人文集》，第6页。
③ 同上，第57页。
④ ［德］弗里德里希·李斯特：《政治经济学的国民体系》，第143页。
⑤ 同上，第112页。

们对宗教、地方的忠诚转化为对国家的忠诚。只有当国家有效地渗透到社会，国家才能将自身的政策贯彻实施。民族主义是国家完成渗透的重要工具，因此民族构建往往和国家构建交织在一起。对于团体的情感与认同，无论来自内部还是外部，都必然同时创造出一种集体的利己主义。[1] 有研究指出，西方世界的兴起离不开所谓的"资本主义精神"，但是资本主义精神却不是马克斯·韦伯所讲的"新教伦理"，而是民族主义。[2] 现代经济的持续增长不是自然而然的，它需要民族主义的激励和支撑。民族主义提供了一套新的思想理念和社会观念，赋予经济增长以正面价值，并将分散的社会能量集中到经济发展上来。因此民族主义是国家渗透到社会的重要工具。在不少发展中国家，绝大多数民众效忠的对象仍是自己的宗族、村落，而不知道有国家。在总结中国近代史上的教训时，历史学家蒋廷黻先生指出："西洋人养成了热烈的爱国心，深刻的民族观念。我们则死守着家族观念和家乡观念。所以在 19 世纪初年，西洋的国家虽小，然团结有如铁石之固；我们的国家虽大，然如一盘散沙，毫无力量。"他指责当时的湘军"充满了宗族观念和家乡观念，兵士只知道有直接上级长官，不知道有最高统帅，更不知道有国家"。[3] 而当前，不少发展中国家与清末的中国并无二致，它们的情况甚至更糟，国家渗透的工作远未完成。用独立后莫桑比克首任总统萨莫拉·马谢尔（Samora Machel）的话来讲就是："国家想要生，部落

---

① ［德］古斯塔夫·冯·施穆勒著，严鹏译：《重商主义制度及其历史意义》，东方出版社 2023 年版，第 135 页。

② ［美］里亚·格林菲尔德著，张京生等译：《资本主义精神：民族主义与经济增长》，上海人民出版社 2004 年版。

③ 蒋廷黻：《中国近代史》，上海古籍出版社 1999 年版，第 2、40 页。

就必须死。"[1] 有共同体意识的加拿大社会诞生于 1812 年战争。正是美国入侵加拿大，激发加拿大各族裔民众的反美情绪，在此基础上产生了加拿大的民族主义。[2] 事实上，美国内战很大程度上培育了美国的国家主义与民族主义。美国内战以后，在指代美国时，美国人更多用"国家"（nation）一词；而在内战之前，则更多用"联盟"（union）一词。1861 年就职典礼上，林肯提到"联盟"达 20 次，却没有提到过"国家"；而 1863 年，林肯在葛底斯堡所做的演讲，共有 269 词，"联盟"一词未再出现，"国家"则提到了 5 次。[3] 一般而言，是国家之间的战争促进了国家构建，美国内战促进国家构建与民族构建属于异常案例。随着研究的进展，异常案例在增多，有研究者展示了东南亚国家内战促成国家建构；[4] 也有研究者展示非洲国家的内部竞争促成了国家建构。[5] 尽管异常案例丰富了我们对国家建构的理解，但是从国际关系史的经验来看，内部竞争促成的国家建构和外部竞争促成的国家建构二者在"质"上存在巨大差异。

再次，国家构建还需要建立强大的官僚系统。有了强大的官僚系统，国家的统一工作、渗透工作以及由此相伴随的征税活动才能有效实施。西方发达国家强大的官僚队伍和其长期战争历史紧密相

---

① ［英］罗伯特·艾伦：《全球经济史》，第 113 页。

② 郭家宏：《英帝国史（第四卷）：英帝国的转型》，第 282 页。

③ Eric Foner, *Give Me Liberty! An American History*（*Vol. 1*），New York: W. W. Norton & Company, 2008, p. 523.

④ Dan Slater, *Ordering Power: Contentious Politics and Authoritarian Leviathans in Southeast Asia*, New York: Cambridge University Press, 2010.

⑤ Cameron Thies, "The Political Economy of State Building in Sub-Saharan Africa," *Journal of Politics*, Vol. 69, No. 3, 2007, pp. 716 - 731.

关。由于需要为战争融资，政府发展出庞大的官僚队伍，渗透到社会，汲取社会资源。因此较强的官僚队伍很大程度是历史上战争的遗产。发展中国家的政府雇员数量远远低于发达国家，而且越是落后的国家或地区，政府雇员占总人口的比重越低。发达国家政府雇员占总人口的比重为 7.7%，位居世界最高水平；而非洲国家政府雇员仅占总人口比重的 2%，位居世界末位。中央或联邦雇员占总人口的比重，发达国家也是最高，为 1.8%；而非洲仍名列末位，为 0.9%。地方政府雇员占总人口比重，发达国家为 2.5%，非洲国家为 0.3%。由此不难看出，发达国家并非所谓的"小政府、大社会"，即便到了今天，发达国家政府雇员占总人口比重也远远高于发展中国家。正是由于发达国家有着庞大的官僚系统，其经济社会职能才得到有效履行。由于政府雇员不足，发展中国家很多基本政府职能都无法履行，经济发展也无从谈起。因此，"在发展中国家，政府软弱、无能或者无政府状态，成为严重问题的根源"。[1] 只有发展中国家有了较好的国家构建，才能有效为本国经济发展和社会进步提供必要帮助，也才可能摆脱发展困境。非洲困境的政治根源就在于，发展市场经济的同时，它并没有现代国家做支撑，国家能力不但没有增强，反而遭到削弱。

又次，国家构建还需要夯实国家的汲取能力。"无财就无政"，要供养庞大的官僚系统，需要充足的财政能力。在 18 世纪下半叶，虽然法国和英国人口不足当时中国的十分之一，但两国各自的税收

---

① [美] 弗朗西斯·福山著，黄胜强等译：《国家构建：21 世纪的国家治理与世界秩序》，中国社会科学出版社 2007 年版，序。

总量均超过了当时的清政府。① 而财政能力往往是靠战争或战争动员发展起来的。战争需要动员民众，让国家能更好渗透社会，进而增强国家的汲取能力。在 1816 年到 2000 间，一个国家如果进行了大规模战争动员，比没有进行过战争动员的国家，其最高遗产税税率会提高 14%—25%。第一次世界大战后，进行了战争动员的英国遗产税的最高税率翻了一番，从 20% 提高到 40%。在第二次世界大战期间，英国再次进行战争动员，其遗产税的最高税率再次大幅提高，达到 80% 的峰值。而荷兰在两次世界大战中都没有进行大规模战争动员，因此荷兰遗产税的最高边际税率长期以来一直远低于英国。②

最后，支撑现代经济的技术变革往往是战争催生出来的。③ 正如社会学家维尔纳·桑巴特（Werner Sombart）展示的那样：大国在制办其全部战争物资时，力图摆脱对外国的依赖，催生了本国的民族工业。桑巴特指出：武器生产的巨大数量令传统手工业者无所适从，按传统的做法，他们既不能满足如此大量、如此迅速、如此整齐的武器供应，也无法适应技术进步的要求，准确无误地制造枪支。在迫切及大规模的军需推动下，专业分工得到了进一步推动。供应武器的需要推动了技术加工过程深化、专业化，也推动了各类机器与工具出现。直到 18 世纪末，枪支制造分为 12 道工序。桑巴特还

---

① ［美］菲利普·霍夫曼著，赖希倩译：《欧洲何以征服世界》，中信出版集团 2017 年版，第 70 页。
② Kenneth Scheve and David Stasavage, "Democracy, War, and Wealth: Lessons from Two Centuries of Inheritance Taxation," *American Political Science Review*, Vol. 106, No. 1, 2012, pp. 81 - 102.
③ 黄琪轩：《大国权力转移与技术变迁》，上海三联书店 2024 年版。

看到：军队制式化需求形成了大众化需求和大众化生产，从而带来大量好处，其中最为重要的便是使新技术产品价格低廉。斯密看分工仰仗市场规模，而桑巴特则看到分工源自军事需求，进而推动了技术变革。在桑巴特看来：武器需求日益增长，对经济活动产生巨大影响。由此决定几个支柱产业以及多种产品贸易发展。铜、锡，尤其是制铁业都是为武器制造提供原材料的产业部门。在激烈的国际竞争中，军队是生铁唯一的、真实的大宗消费者。军队需求决定了英国钢铁工业的命运。在 1795 年前后，英国炮兵对铸铁的年度需求为 11000 吨。[①]

在 19 世纪初，施穆勒在谈到德意志时指出：西方诸国纷纷变成民族国家，和西方列强相比，德意志比较落后。德意志落后的原因是缺乏政治—经济组织以及自身力量不够统一。[②] 欧洲历史上，要构建现代国家，常常需要战争驱动。即便是最宏伟的凡尔赛宫，也只花费了路易十六不到 2% 的税收；同时 40%—80% 的政府预算直接投入军队，以支付需要不断应战的陆海军所需。[③] 经历了多次战争洗礼，德国才逐渐构建成为一个现代国家。历史上德意志所缺乏的，也是当今很多落后国家所缺乏的。在建立现代国家以后，德国才焕发新的生机。战争缔造了现代国家，而现代国家又是现代经济的政治支撑。

所谓"经霜的甘蔗分外甜""不受磨难不成佛"，在不少以国家

[①] ［德］维尔纳·桑巴特著，晏小宝译：《战争与资本主义》，上海人民出版社 2023 年版，第 133、148、154、157、277、256 页。
[②] ［德］古斯塔夫·冯·施穆勒：《重商主义制度及其历史意义》，第 97 页。
[③] ［美］菲利普·霍夫曼：《欧洲何以征服世界》，第 23 页。

为中心的政治经济学者眼中，战争就是国家构建过程中的风霜和磨难。在被西方国家殖民时期，非洲缺乏持续的战争威胁与洗礼，缺乏现代国家构建与民族构建。施穆勒指出：那种认为经济生活要依赖个体行为的看法，误解了人类文明经历的阶段。政治经济生活核心在集体而非个体。施穆勒展示了从乡村、市镇、领地邦国，再到民族国家的形成。在市镇阶段，市镇市场形成了一个包含货币、信用、贸易、过境税和财政的复杂体，通过闭关自守的方式，作为一个整体施加管理。这套体系发现自己是地方利益的重心，通过集体力量而为经济优势斗争。[1] 而国家是"集体""群体"在政治经济中的扩大化。随着群体冲突不断升级，封建秩序逐渐被民族国家秩序所取代。以往存在诸多"类国家"行为体，包括城市国家、帝国、城市联盟等。这些各式各样的行为体逐渐演化成主权国家，日益具备两个显著特征：第一是内部等级，第二是对外自主。[2] 在一些学者看来，当代世界，不少国家是"失败国家""失能国家"（failed state），它们享有法理上的主权（de jure sovereignty），却并不具有事实的主权（de facto sovereignty）。[3] 很多落后国家尽管赢得了独立，但是却没有经历欧洲国家形成过程中的战争洗礼。它们独立之时，世界政治已经变得更加"文明化"。即便比较羸弱的国家，也已缺乏生存压力和灭国危险。在国际社会保护下，包括非洲国家在内的大部分经济落后国家缺乏持续战争洗礼。因此，它们也很难像欧

---

[1] ［德］古斯塔夫·冯·施穆勒：《重商主义制度及其历史意义》，第51、60页。

[2] Hendrik Spruyt, *The Sovereign State and Its Competitors*, pp. 3–6.

[3] Stephen Krasner, *Sovereignty: Organized Hypocrisy*, Princeton: Princeton University Press, 1999, p. 4.

洲那样建立现代国家，它们对内缺乏等级，国家难以合法垄断暴力；对外自主不足，国家难以有效参与国际事务。目前，仍有不少非洲国家正长期饱受内战创痛。在以国家为中心的政治经济学看来，如果缺乏现代国家，现代经济的发展也就步履维艰。如果说非洲国家是自身一直缺乏现代国家，影响了发展绩效；那么有些原本具备现代国家基础的国家，由于内战、解体，国家受到削弱，进而也影响了其发展绩效。

杰弗里·萨克斯（Jeffery Sachs）于 1980 年获得了哈佛大学博士学位，并取得了哈佛大学教席。他在两年后又获得哈佛大学经济学系终身教席，那年他还不到 28 岁。萨克斯的名声不仅在于他卓越的学术能力，还因他积极投身政策实践，帮助拉美和东欧国家向市场经济转型。1985 年，拉美国家玻利维亚遭遇了恶性通货膨胀，通胀率达到了 24000%。萨克斯应邀参与玻利维亚经济改革，帮助其控制恶性通货膨胀。随后萨克斯又积极参与到波兰经济改革中，同样也获得了很大成功。但是萨克斯在参与俄罗斯经济改革过程中，却遭遇了失败。萨克斯改革的中心任务是将中央计划型的苏联经济迅速变为市场经济。在《贫穷的终结：我们时代的经济可能》中，萨克斯回忆了这几次改革以及改革失败的教训。

1994 年，俄罗斯的 GDP 比 1991 年下降了 40%。[①] 经济全面下滑影响到普通民众的工资、养老金、住房、幼托、医疗、休假等生活的方方面面。1996 年的一项调查显示，只有 30% 的俄罗斯人能按

---

① Michael Kort, *A Brief History of Russia*, New York: Checkmark Books, 2008, p. 236.

时足额领到工资；而有 39% 的人根本领不到工资。[①] 20 世纪 90 年代中期，只有 1/10 的俄罗斯人能获得最低养老金，而这点微薄的养老金也在最低生存线之下，有时甚至还不到最低生存线的一半。[②] 1992 年到 1993 年，至少有 1/3 的俄罗斯人属于贫困人口，这个数字是 1991 年的 3 倍。到 1999 年，仍有超过 38% 的俄罗斯人属于贫困人口。[③] 由于物资匮乏，超过一半的俄罗斯人开始自己种植土豆、洋葱、大蒜、黄瓜和西红柿。为了生存，不少俄罗斯人退回到了前现代社会自给自足的生活方式。[④] 俄罗斯民众的健康状况也急剧恶化，20 世纪末 21 世纪初，18 岁以下的俄罗斯青少年，有 1/6 被诊断患有慢性疾病。20 世纪 90 年代，俄罗斯死亡率上升了 30%，出生率下降了 40%。俄罗斯人变得沮丧、愤世嫉俗、悲观失望，自杀率增加了三成，高居世界第三（1992 年、1993 年，自杀人数占俄罗斯非正常死亡人数的三分之一）。[⑤] 据调查，大约有 60% 的俄罗斯民众认为他们是这次转型的受害者。[⑥]

转型时期的俄罗斯政府常常好几个月发不出工资，甚至连军队工资也无法正常支付。有时上级军官只好建议下级军官去打猎、钓

---

① Allen Lynch, *How Russia Is Not Ruled: Reflections on Russian Political Development*, New York: Cambridge University Press, p. 91.

② Stephen Lovell, *Destination in Doubt: Russia since 1989*, New York: Zed Books, 2006, p. 114.

③ Bertram Silverman and Murray Yanowitch, *New Rich, New Poor, New Russia: Winners and Losers on the Russian Road to Capitalism*, Armonk: M. E. Sharpe, 2000, pp. 17 - 18.

④ Harley Balzer, *Russia's Missing Middle Class*, Armonk: M. E. Sharpe, 1996, p. 177.

⑤ Allen Lynch, *How Russia Is Not Ruled: Reflections on Russian Political Development*, p. 99, p. 106.

⑥ Stephen Lovell, *Destination in Doubt: Russia since 1989*, p. 114.

鱼、种地以维持生计。有些军人甚至穿着便装上街乞讨。由于缺乏公共资金，俄罗斯机器老化失修，事故频发。如 2000 年，俄罗斯核潜艇库尔斯克号爆炸，全体船员罹难。由于缺乏医疗、体育设施等基本公共服务，俄罗斯人的身体状况也在恶化，人均寿命下降。每年新征入伍的士兵中，有大量的新兵被发现身体不合格。为什么俄罗斯激进的市场化改革没有获得预期的成功？俄罗斯经济改革寄希望于市场，但是当国家解体以后，自由市场运行却没有了保障。俄罗斯的改革只看到了市场，而却忽视了国家。国家却是政治经济学的重要分析单位。

赢得独立战争以后，美国各州仍没有整合成一个"现代国家"。1784 年，西班牙关闭密西西比河，禁止美国船只航行；1785 年，阿尔及利亚海盗在地中海袭击美国船只，绑架美国公民并索要赎金，孱弱的美国政府只能对此保持沉默。① 所以汉密尔顿呼吁制定一部新宪法。因为汉密尔顿意识到，有强大的国家，美国才能生存，才可能有安全，在此基础上，民众才能实现其福祉。"要请你们为美利坚合众国慎重考虑一部新的宪法。这个问题本身就能说明它的重要性；因为它的后果涉及联邦的生存、联邦各组成部分的安全与福利，以及一个在许多方面可以说是世界上最引人注意的帝国的命运。"② 青年时代的李斯特看到德意志在世界政治中如此衰微，决定研习政治

---

① Michael Klarman, *The Framers' Coup: The Making of the United States Constitution*, New York: Oxford University Press, 2016, p. 11.
② ［美］汉密尔顿、杰伊、麦迪逊：《联邦党人文集》，第 3 页。

经济学。① 不过，他摒弃了斯密主导的、当时流行的政治经济学传统，认为它无助于德国崛起。李斯特抱怨传统的、当时占主流地位的政治经济学忽略政治，忽略国家，"流行经济学派要我们相信，政治和政治力量是不能放在政治经济学里来考虑的"。② "我所发觉的是流行学派并没有考虑到国家，它所顾及的，一方面是全人类，另一方面只是单独的个人。"③ 但是李斯特指出，在个人与整个人类之间还有一个中介，就是国家。④ 而这个中介在政治经济生活中扮演着不可替代的角色。他旗帜鲜明地提出，政治经济学离不开政治，也离不开国家。

李斯特甚至认为传统的政治经济学搞错了分析单位，他认为政治经济学的分析单位不应该从个人出发，而应该从国家出发，"政治经济或国家经济是由国家的概念和本质出发的，它所教导的是，某一国家，处于世界目前形势以及它自己的特有国际关系下，怎样来维持并改进它的经济状况"。⑤ 在李斯特之后，韦伯回答了这样一个问题：为什么德国政府出面收购东部土地，为什么要保护东部的德国人免受波兰人冲击？他回答："对此的答复尽在于：我们的国家是一个民族国家。"经济政策的终极价值标准就是"国家理由"。⑥

以国家为中心的政治经济学，无论是国际政治经济学中的现实

① ［美］爱德华·米德·厄尔：《亚当·斯密、亚历山大·汉密尔顿、弗里德里希·李斯特：军事力量的经济基础》，载［美］彼得·帕雷特、戈登·克雷格、费利克斯·吉尔伯特主编：《现代战略的缔造者：从马基雅维利到核时代》，第 234 页。
② ［德］弗里德里希·李斯特：《政治经济学的国民体系》，第 124 页。
③ 同上，第 4 页。
④ 同上，第 152 页。
⑤ 同上，第 109 页。
⑥ ［德］马克斯·韦伯：《民族国家与经济政策》，第 89、93 页。

主义，还是比较政治经济学中的国家主义，其分析单位都是国家。李斯特指出：世界主义经济学与政治经济学两者之间是有区别的。他认为以往的政治经济学往往关注个人而忽略国家，而政治环境却是经济成长的前提。"有些政治经济学理论硬要我们把国家的物质福利完全归因于个人的生产，与上述的一些观察相对照时即不难看出，这种论调实在是不切实际的，不足取的，它完全忽视了一个事实，即一切个人的生产力，在很大程度上是取决于国家的社会环境与政治环境的。"① 因此，李斯特等人认为，传统的政治经济学应该转型，把分析单位上移。这类政治经济学者大部分都有比较浓厚的民族主义情结。他们不相信世界主义的政治经济学，也不相信有世界主义的价值标准。除了李斯特，韦伯也宣称："一个德意志国家的经济政策，只能是一个德国的政策；同样，一个德国经济理论家所使用的价值标准，只能是德国的标准。"②

《政治经济学的国民体系》的第一部分是历史描述。用现在方法论的话来说，李斯特采用了"比较历史分析"（comparative-historical analysis）。纳入他分析框架的国家有意大利、荷兰、英国等，当然还有他寄予厚望的美国和德国。李斯特展示了一个经济体兴衰成败背后的"国家"因素。他指出：意大利曾经有很多繁荣的城市，曾经煊赫一时。但是历史上的意大利："却独独缺少一件东西，因此使它不能达到像今天英国这样的地位，因为它缺少了这件东西，所以一切别的繁荣因素都如风卷残云，一霎时化为乌有了；

① ［德］弗里德里希·李斯特：《政治经济学的国民体系》，第5、75页。
② ［德］马克斯·韦伯：《民族国家与经济政策》，第91页。

它所缺少的是国家统一以及由此而产生的力量。"①

不仅意大利如此，德国历史也给后人提供了镜鉴。因为德国历史上的汉萨同盟也经历了意大利城市同样的命运。历史上的汉萨同盟也曾盛极一时。在15世纪，汉萨同盟在伦敦有一个"铁院子"（steelyard），里面有仓库、教堂、住宅区等，相当于有一个享有治外法权的"租界"。英国商人对此非常不满，但汉萨同盟的特权直到1598年才被取消。② 汉萨同盟在英国保持特权地位的原因就在于它利用当时英国国内形势不稳和王权尚不强大的弱点。不过好景不长，李斯特认为那些德国汉撒同盟遵循自由主义教导，只看到生意，看不到政治，"由于专心致志地追求物质财富，对于政治利益的促进这一点就完全置之不顾"。在强国竞争中，这样一个联盟没有现代国家作为支撑，因此它的发展注定是昙花一现。"汉撒城市所曾一度拥有的巨额财富，除了十三、十四世纪黯淡模糊的历史纪录以外，大部分现在已杳无影踪。"③ 缺乏现代国家，这正是汉萨同盟一败涂地的原因。

如果说意大利的城市和德国的汉萨同盟是失败的案例，那么荷兰则是中间案例，有过成功，最终却经历了失败。16世纪末，荷兰从哈布斯堡西班牙的统治下独立，并在当时君主国林立的欧洲成立了尼德兰联省共和国（Republic of the Seven United Netherlands）。此后荷兰经历了一轮快速的经济增长，商业也取得突破性发展，其商业活动扩大到地中海、远东和波罗的海等地区，呈现出一派繁荣

---

① ［德］弗里德里希·李斯特：《政治经济学的国民体系》，第11页。
② 姜守明：《英帝国史（第一卷）：英帝国的启动》，第159—166页。
③ ［德］弗里德里希·李斯特：《政治经济学的国民体系》，第27—29页。

景象。① 早期的"准工业革命"、围海造田、农业革新促使荷兰经济在 17 世纪中叶达到欧洲最高水平。广阔的海外市场与发达的对外贸易使荷兰经济加速成长，并获得了"海上马车夫"的美誉。荷兰首都阿姆斯特丹也随之成为世界贸易中心。但是，荷兰是联省王国，没有凝聚成一个强大的民族国家。当英国等国家纷纷变成强大的民族国家时，荷兰这样松散的联省王国就危险了。荷兰民众将大量资本投向英国，以至于当时有人感叹："荷兰有向英国人屈服的危险，国内有一大帮人策划投降。"② 荷兰大商人在伦敦的社会环境中生活更舒服，赚钱更容易，甚至还能享受在节俭的阿姆斯特丹享受不到的娱乐。荷兰缺乏真正的"国家构建"（state-building）。出乎荷兰人意料的是，尽管英国吸纳了巨额的荷兰投资，在 1780 年到 1784 年爆发的第四次英荷战争中，英国依旧对荷兰兵戎相见，并把荷兰打翻在地。

李斯特指出，荷兰的衰落也说明："如果所处的外国环境不利，单靠私营工业是不足以维持整个地区或整个国家的工商业和财富的；还有一层，个人的生产力大部分是由政府的政治组织与国家的力量得来的。"③ 因此，要在世界政治经济中占有一席之地，离不开"国家"。李斯特对当时流行的，以个体为中心的政治经济学的最大抱怨就在他们只看到个人，看不到国家；因此这些政治经济学家也是只见树木，不见森林。李斯特指出："他们对于国家的是否继续存在根

---

① ［美］查尔斯·金德尔伯格：《世界经济霸权：1500—1990》，第 153 页。
② ［法］费尔南·布罗代尔：《15 至 18 世纪的物质文明、经济和资本主义》（第三卷），第 223 页。
③ ［德］弗里德里希·李斯特：《政治经济学的国民体系》，第 36 页。

本不十分注意……他们对于国家的权力、尊严或光荣这些问题是不会去多操心的。"① 这也是萨克斯在为俄罗斯设计"休克疗法"时所忽略的问题。

俄罗斯转型过程遇到的问题就是，一个强有力的国家瓦解了，为现代经济运行提供的政治保障也随之消失了。由于没有现代国家作为现代经济的保障，俄罗斯的经济运行备受困扰。解体后的俄罗斯开始遭遇犯罪频发的困扰。20世纪90年代中期，俄罗斯境内有5000多个有组织的犯罪帮派，比90年代初期上升了十倍。黑帮控制了俄罗斯近一半的银行，近1/3的经济活动。黑帮活动严重扰乱了俄罗斯的国内秩序。当时针对政府官员和商人的暗杀活动常常在光天化日下进行。② 经济的困境、国家治理的失败严重动摇了民众对俄罗斯民主转型的信心。在这种政治环境下，自由市场也无法发挥作用。在非洲，不少国家同样沦为失败的国家。在这些国家，国家职能无法履行，国家秩序无法维护，常常陷入内战和纷争，经济发展的基本保障都失去了。

自由主义学者布坎南在其《自由的界限》一书中举了一个买卖西瓜的例子。我们日常生活中，看似最平常不过的买卖西瓜，也离不开国家。尽管我和卖西瓜的老板相互不认识，但是顷刻之间就可以完成买卖。这样的买卖需要国家提供相应的保障。首先，我们要相互尊重双方的"产权"，也就是我承认西瓜是店主的，他承认我持有的货币是我的。而且我们双方都相信，我们任何人要掠夺对方的所有物都会遭受政府惩罚。因此，我不会抢他的西瓜，他也不会来抢我的钱。

---

① ［德］弗里德里希·李斯特：《政治经济学的国民体系》，第151页。
② Michael Kort, *A Brief History of Russia*, p. 236.

我们双方都要遵守交易过程中的法律。[1] 事实上，布坎南的清单还可以列得更长：顾客希望商贩使用的度量手段是准确的，而不是欺诈的；商贩希望自己收到的货币是真实的，而不是伪造的，等等。[2] 布坎南列举的卖西瓜的例子向我们展示，日常生活中的市场交易，背后都需要政治保障。

就买西瓜所使用的货币而言，民族国家是国家货币诞生的政治前提。本杰明·科恩（Benjamin Cohen）指出：一个国家控制一种货币是国际货币体系的威斯特伐利亚模式（Westphalian Model）。[3]在这种以国家为中心的货币体系里，国家在货币的发行和管理方面具有垄断权。在 1648 年威斯特伐利亚条约签订以后，民族国家登上历史舞台。到了 19 世纪，欧洲各民族国家开始经历了一波新的民族主义浪潮，也启动了新一轮的政治权威集中化趋势，而国家货币则在此背景下应运而生。[4] 随着国家构建的展开，民族国家开始缔造国家货币，如果没有民族国家作为后盾，国家货币的基础是不牢靠的。[5] 国家合法地垄断着暴力，影响着国内经济的方方面面，拥有中央化的权威。因此民族国家有着更强的能力让国内民众信任国家货币。民族国家，尤其是民族国家的国家构建进程，是国家货币诞生

① James Buchanan, *The Limits of Liberty: Between Anarchy and Leviathan*, Indianapolis: Liberty Fund, 2000, p. 22.
② 李强：《自由主义》，中国社会科学出版社 1998 年版，第 229—230 页。
③ Benjamin Cohen, *The Geography of Money*, p. 34.
④ Benjamin Cohen, *The Future of Money*, Princeton: Princeton University Press, 2003, p. 5.
⑤ Nigel Dodd, "Globalisation of Money? National Sovereignty and the Management of Risk," in Emily Gilbert and Eric Helleiner, eds., *Nation-States and Money: The Past, Present and Future of National Currencies*, London and New York: Routledge, 1999, pp. 181 - 197.

的重要政治前提。如果说国家货币是现代经济运行的重要构成，那么，现代经济生活的方方面面都离不开现代国家作为政治支撑。

所以以国家为中心的政治经济学者才对国家如此情有独钟。在韦伯眼中，一个德国经济理论家所使用的价值标准只能是德国的标准。经济政策的终极价值标准就是"国家理由"。在以国家为中心的政治经济学者看来，政治经济运行的基本行动单位是国家。有了现代国家，现代经济才具备发展的政治基础。在当今世界，国家之间也存在巨大差异，其中就有国家自主性和国家能力的差异。

二 为何巴西大农场主缴纳很低的税？

在军政府统治时期，巴西有一个显著特点：居住在各州的富人群体能影响地方政治，而联邦政治又显著受地方政治影响。巴西富人获得了大量的政府补贴，这是因为巴西富人左右着政府，政府在分配资源时，难以照顾到弱势群体。[1] 巴西拥有拉美最先进的金融市场，但70%的普通家庭根本没有渠道获得金融资源和服务。在巴西，金融资源成了少数人享有的特权，只有15%的巴西家庭拥有银行账户。[2] 尽管大量信贷流向农业，但农业信贷是非常集中且有选择性的。1978年，只有20%—25%的巴西农场主能获得信贷。即便在这

---

① 黄琪轩：《巴西"经济奇迹"为何中断》，《国家行政学院学报》2013年第1期。

② John Price and Jerry Haar, "Introduction: Can Latin America Compete?" in Jerry Haar and John Price, eds., *Can Latin America Compete: Confronting the Challenges of Globalization*, New York: Palgrave Macmillan, 2008, p. 19.

么小的群体中，信贷也会根据农场规模不同而极不平地分配。1969年到1975年，分配给大农场的信贷增长了10倍，而分配给小农场的信贷还不到以往两倍。[1]

巴西的社会福利也不能关照到那些最为需要的人，难以惠及贫民，而是给了那些需求并不是那么迫切的人。[2] 巴西教育是很典型的例子。巴西是世界上教育代际流动最差的国家，也是社会与经济机会公平最差的国家。[3] 在巴西，最好的中学都是私立的，富人子弟来这里读书，他们赢在起跑线上。这些富家子弟再通过激烈的入学考试，进入巴西国立大学读书，而在这里接受教育却是免费的。因此巴西国立大学处处是富家子弟，政府的教育拨款有一半流向了国立大学。政府忽视基础教育而重视高等教育的政策让贫民无法获得良好的教育机会。政府教育政策不仅补贴了富人，也阻碍了贫民通过教育实现社会流动。[4] 除此以外，即便是城市基础设施的日常维护、改造建设以及新建工程也围绕着富人群体需要展开，耗费了大量公共资源。[5]

巴西的富人左右着政治，他们向政府索取很多，付出却很少。在巴西，像圣保罗、米纳斯吉拉斯等州能对联邦政府构成军事威胁。地

[1] Ben Ross Schneider, *Business Politics and the State in Twentieth-Century Latin America*, New York: Cambridge University Press, 2004, p. 242.

[2] Sonia Draibe, "The Brazilian Developmental Welfare State: Rise, Decline and Perspectives," in Manuel Riesco ed., *Latin America: A New Developmental Welfare State Model in the Making*, New York: Palgrave Macmillan, 2007, p. 259.

[3] Stephan Klasen and Felicitas Nowak-Lehmann, "Introduction," in Stephan Klasen and Felicitas Nowak-Lehmann, eds., *Poverty, Inequality, and Policy in Latin America*, Cambridge: MIT Press, 2009, p. 6.

[4] Thomas Skidmore, *The Politics of Military Rule in Brazil: 1964-1985*, p. 10.

[5] Ignacy Sachs, "Growth and Poverty: Some Lessons from Brazil," in Jean Dreze and Amartya Sen, eds., *The Political Economy of Hunger, Volume 3: Endemic Hunger*, New York: Oxford University Press, 1991, p. 97.

方政府拥有的警察力量对联邦政府构成了有力挑战。这些州甚至能有效反对巴西军政府的再分配方案,[1] 军政府也难以集中巴西财政权。[2] 如此一来,各州政府保留了极大的财政权力,致使巴西财政管理体制高度分散。地方富人群体的强大影响了巴西政治,且影响深远。即便到 20 世纪 90 年代早期,巴西联邦政府获取的税收仅占 GDP 的 3.8%,而南非联邦政府税收则占 GDP 的 14.4%。[3] 面对强大的地方,巴西军政府难以渗透到社会,军政府只能分配有限的资源,而且这些资源还需要优先满足富人群体需求,以换取他们支持。

1964 年到 1967 年,巴西进行了税制改革,而最后实施的效果与最初拟定的方案大相径庭,巴西联邦政府发现改革后的税收变得更为复杂,更具有累退性,联邦政府获得的收入也更低。在巴西,政府难以对大农场主征税,导致 20 世纪 70 年代与 80 年代,农业所得税仅占国家所得税的 1%;与此同时,大农场获得了政府巨额补贴。国家所得税中的 10% 用于农业补贴,用于发放信贷或者购买农机与化肥,[4] 这些补贴集中流入了巴西大农场。

比较政治经济学中的"国家主义"是以国家为中心的视角,从这一视角来看,巴西政府难以将发展好处惠及穷人,一个重要原因是它既缺乏国家自主性(state autonomy),也缺乏国家能力(state capacity)。国家权力往往划分为国家自主性和国家能力。简单说,

---

[1] Alberto Diaz-Cayeros, *Federalism, Fiscal Authority, and Centralization in Latin America*, New York: Cambridge University Press, 2006, p. 211.

[2] Frances Hagopian, *Traditional Politics and Regime Change in Brazil*, New York: Cambridge University Press, 1996, pp. 1 - 36.

[3] Evan Lieberman, *Race and Regionalism in the Politics of Taxation in Brazil and South Africa*, New York: Cambridge University Press, 2003, p. 63.

[4] Cristobal Kay, "Agrarian Reform and Industrial Policy," p. 41.

国家自主性是指国家不受社会集团干扰，独立决策的能力。韦伯在谈到德国东部边境农民与土地问题时指出：德国要发展，就要让国家摆脱容克地主集团的控制，就需要让德意志国家获得自主性，"直至今天，德国王室在普鲁士的政治基础一直依赖于普鲁士容克地主这一社会阶层。只有靠着与容克阶层的合作（同时也是为了抑制他们）王室才得以建立普鲁士国家"。① 在韦伯看来，被容克地主集团左右的德国政府缺乏自主性，难以自主地制定政策以维护国家利益。韦伯对德国容克地主的警惕在当代很多发展中国家具有代表性。在拉丁美洲，拥有雄厚资财的大地主数量很少，这让他们成为一个有社会凝聚力的群体。这些地主精英家庭相互通婚，通过排他性的乡村俱乐部和各类私人活动保持密切联系。政府在制定经济政策时，常常和这些土地精英发生冲突。执政者的一项重要任务就是要摆脱这些地主精英，争取更大的国家自主性。②

因此按韦伯的理解，民族国家不能像马克思所讲的那样，成为统治阶级的代理人，"民族国家绝非只是单纯的'上层建筑'，绝非只是经济上占统治地位的阶级的工具。相反，民族国家立足于根深蒂固的心理基础，这种心理基础存在于最广大的国民中，包括经济上受压迫的阶层"。③ 和德国容克地主集团一样，巴西存在强大的权势集团，国家缺乏自主性。政策被这些集团左右，政府难以独立制定政策，因此巴西的金融政策、教育政策都偏向权势阶层。

---

① ［德］马克斯·韦伯：《民族国家与经济政策》，第100页。
② Michael Albertus, *Autocracy and Redistribution: The Politics of Land Reform*, New York: Cambridge University Press, 2015, pp. 29 - 38.
③ ［德］马克斯·韦伯：《民族国家与经济政策》，第99页。

在各国政治发展史上，各种社会势力常常左右政府，削弱国家自主性。在1893年，意大利西西里地区发生大面积干旱，对农业生产造成严重冲击，进而引发农民暴乱。当地大地主借助黑手党以应对农民暴乱，致使黑手党势力迅速做大。黑手党兴起削弱了政府，导致政府难以提供公共服务。不仅如此，黑手党也影响选举，让选票更加集中在少数候选人身上。[1] 如此一来，被社会势力左右的政府难以独立制定政策。黑手党等社会势力对政府的左右不仅限于意大利。在20世纪20年代，黑手党左右着美国地方政府和城市政治。甚至有报道称，在1960年的美国总统选举中，约翰·肯尼迪（John Kennedy）能以微弱优势获胜，离不开芝加哥黑手党头目萨姆·詹加纳（Sam Giangana）的帮助。[2] "国家自主性"的缺失在当代发展中国家更为常见。在菲律宾，政治竞争中的候选人不成比例地来自几个核心家庭。有着广泛政治经济影响的家庭网络有助于提高候选人的选票份额。[3] 各大家族势力控制着国家，左右国家经济政策。

不仅巴西富人缴纳更少的税收，菲律宾大家族把持国家政务，在其他国家，如美国也存在类似的状况。国家自主性的缺失让政府对富人多予少取，对穷人多取少予。约翰·肯尼斯·加尔布雷斯（John

① Daron Acemoglu, Giuseppe De Feo and Giacomo Davide De Luca, "Weak States: Causes and Consequences of the Sicilian Mafia," *Review of Economic Studies*, Vol. 87, No. 2, 2020, pp. 537 – 581.

② Stergios Skaperdas, "The Political Economy of Organized Crime: Providing Protection When the State Does Not," *Economics of Governance*, Vol. 2, No. 3, 2001, p. 116.

③ Cesi Cruz, Julien Labonne and Pablo Querubin, "Politician Family Networks and Electoral Outcomes: Evidence from the Philippines," *American Economic Review*, Vol. 107, No. 10, 2017, pp. 3006 – 3037.

Kenneth Galbraith）将工会视为"抗衡力量"（countervailing power）。[1]
加尔布雷斯看到国家自主性可能需要在平衡中实现。"鹬蚌相争，渔
翁得利"，如果有两个性质完全不同的社会集团，如劳工和资方存
在，他们之间的牵制平衡会让国家获得更大的自主性。在历史上，
由于工会存在，抗衡了资本集团，让国家能保持自主性。但随着工
会衰落，美国政府日益丧失自主性，其经济政策日益偏向富人群
体。[2] 在 1955 年，美国最富裕的 400 户家庭需要上缴占其收入
51.2%的联邦税；而在 2007 年，他们需要缴纳的份额跌至 16.6%。
美国个人所得税的最高税率在高点时为 92%，现已降低至 35%。在
20 世纪 50 年代到 70 年代，美国百万富翁需要支付 70%的股息所得
税；到 2003 年，这一比率降至 15%。[3] 美国富人需要缴纳的税收在
大幅度下降。最富有的万分之一的美国人所支付的税率还不及过去
的一半。[4] 同时，"中间选民"的税负却在增加。1960 年，处于收入
中间位置的 20%的美国人向联邦支付了其收入的 15.9%；到 2007
年，这一比重升至 16.1%。[5] 在 2013 年，美国税收减免额的 80%由
美国最富裕的 20%的家庭占据；处于收入分配中间 20%的中等收入
家庭只获得了 13%的减税；收入最少的 20%的家庭只获得减税份额
的 8%。[6]

---

① ［美］约翰·肯尼斯·加尔布雷斯著，沈国华译：《加尔布雷斯文集》，上海财经大学出
　版社 2006 年版，第 1—14 页。
② 黄琪轩：《美国内部失衡如何撼动了国际秩序》，《国际政治科学》2021 年第 3 期。
③ ［美］唐纳德·巴利特、詹姆斯·斯蒂尔：《被出卖的美国梦》，第 110、17 页。
④ ［美］雅各布·哈克、保罗·皮尔森：《赢者通吃的政治》，第 36 页。
⑤ ［美］唐纳德·巴利特、詹姆斯·斯蒂尔：《被出卖的美国梦》，第 112 页。
⑥ ［美］约瑟夫·斯蒂格利茨：《重构美国经济规则》，第 62 页。

在税收政策调整过程中，资本得到更多优待。在 1978 年，美国参众两院以及白宫均被共和党控制，国会通过一项税收法案，大幅削减资本增值税，并大幅提高工资税。1981 年的《经济恢复和税收法案》再度大幅度减税，资本增值税从 48% 降到 28%；最高遗产税从 70% 降至 50%。① 2001 年和 2003 年小布什政府两次大规模减税。非劳动收入——如股息和利息——在 1981 年时的税率为 70%，在 2012 年为 15%；在 1952 年，企业缴纳的税收占美国联邦政府总税收的 32%；到了 2011 年，跌至 7.9%。企业税不足 2009 年美国国内生产总值的 1%，降至大萧条以来的最低水平。② 2013 年，美国政府因推行资本收益的低税率损失了 1610 亿美元的税收。这些收入的 90% 被最富有的 20% 的人群占据，70% 归金字塔顶层 1% 的美国人。③

全球著名投资商沃伦·巴菲特（Warren Buffett）说：他和他的秘书支付相同的税率。事实上，对冲基金的经理常常比他们秘书支付更低的税率。④ 在 2002 年的问卷调查中，有 52.6% 的美国民众认为富人缴纳的税收低于应缴份额；在 2004 年，持这一看法的受访者比重上升至 59.2%。换句话，超过半数的受访者认为美国富人缴纳的税金过低。同时，这两次调查显示，有四分之三的受访者认为美国富人和穷人之间的收入差距比二十年前更大。⑤ 使得问题更严重的

---

① ［美］雅各布·哈克、保罗·皮尔森：《赢者通吃的政治》，第 91、124—125 页。
② ［美］唐纳德·巴利特、詹姆斯·斯蒂尔：《被出卖的美国梦》，第 112—122 页。
③ ［美］约瑟夫·斯蒂格利茨：《重构美国经济规则》，第 130 页。
④ ［美］雅各布·哈克、保罗·皮尔森：《赢者通吃的政治》，第 224 页。
⑤ ［美］拉里·巴特尔斯：《不平等的民主：新镀金时代的政治经济学分析》，第 139—142 页。

是：美国富人还通过各种办法避税与逃税。2008 年，美国总收入最高的 400 位纳税人，没有一位支付 35% 的最高税率；其中有 30 人缴付的有效税率不到 10%；有 101 人缴付的有效税率在 10%—15% 之间。在 2008 年至 2011 年中，通用电气公司、波音公司等纷纷申报免缴联邦所得税。在 1998 年至 2005 年，美国大型企业中有 55% 申报免缴任何联邦所得税。[①]

在以国家为中心的政治经济学看来，这也从一个侧面体现了美国国家自主性的下降。历史上，美国工会是制约资本集团的力量，让国家能在一段时期保持"自主性"，经济政策能惠及广大民众。但是随着美国工会的衰落，越来越多的美国民众不去投票。在 20 世纪 90 年代，家庭收入超过 7 万 5 千美元的美国选民，有超过九成的人去投票；家庭收入低于 1 万 5 千美元的选民，只有五成去投票。[②] 换句话来讲，美国低收入者更不愿意去投票。有研究者对 32 个国家的数据进行了检验：相对非工会会员，工会会员更愿意投票。而且工会会员的投票有外溢效应，他们的投票行为会影响他人，让非工会会员也跟着去投票。[③] 就美国的情况来看，结果同样如此：有研究检验了 1964 年到 2004 年的数据：不仅美国工会会员更愿意去投票，且工会会员的投票行为会带动一群乃至不是会员的选民去投票。如果劳工对工会的参与度保持在 1964 年的水平，美国最底层三分之一

---

① ［美］唐纳德·巴利特、詹姆斯·斯蒂尔：《被出卖的美国梦》，第 114、122—124 页。

② Sidney Verba, Kay Lehman Schlozman and Henry Brady, *Voice and Equality: Civic Voluntarism in American Politics*, Cambridge: Harvard University Press. 1995, p. 190.

③ Patrick Flavin and Benjamin Radcliff, "Labor Union Membership and Voting Across Nations," *Electoral Studies*, Vol. 30, No. 4, 2011, pp. 633 - 641.

以及中间收入三分之一的两个群体的投票率会各增加 3.5 个百分点。[1] 这两组 3.5 个百分点对美国选举结果的影响非常显著,对政治家的制约也非常显著。由于缺乏工会对资本的制约,美国政府日益依赖资本集团,越来越丧失"自主性",经济政策日益偏向富人。丧失自主性的国家也日益成为马克思所说的管理整个资产阶级共同事务的"中央委员会"。

由于缺乏对普通选民的依赖,美国竞选日益仰仗选举经费。对普通选民而言,候选人对其竞选开支每增加一美元,那么获得该选民支持的概率会提高 4%。[2] 竞选资金与选票多寡显著挂钩。民主党和共和党日益依靠政治捐款。从 20 世纪 70 年代中期到 80 年代中期,众议员的竞选费用大约增长了五倍。[3] 参议员及总统的竞选经费上涨更为突出。不是所有美国公民都能贡献竞选资金。在 2000 年,有 12% 的美国家庭年收入超过 10 万美元,但 95% 的政治献金却来自这个群体。[4] 显而易见,当穷人投票率显著下降时,为赢得竞选,无论是民主党还是共和党,都更需要向富人筹款,更多回应富裕选民的需求。

印度国大党也需要在乡村寻找庇护人支持,和他们建立复杂的利益纽带和很长的关系链条,因而导致国大党被社会俘获。[5] 如此一

---

① Jan Leighley and Jonathan Nagler, "Unions, Voter Turnout, and Class Bias in the U. S. Electorate, 1964 – 2004," *Journal of Politics*, Vol. 69, No. 2, 2007, pp. 430 – 441.

② [美] 拉里·巴特尔斯:《不平等的民主:新镀金时代的政治经济学分析》,第 118 页。

③ [美] 雅各布·哈克、保罗·皮尔森:《赢者通吃的政治》,第 165 页。

④ American Political Science Association Task Force, "American Democracy in an Age of Rising Inequality," p. 656.

⑤ [美] 阿图尔·科利:《国家引导的发展——全球边缘地区的政治权力与工业化》,第 299 页。

来，印度诸多经济政策制定也难以惠及广大民众。

在自由主义者看来，多元利益集团活跃在政治舞台，各方相互牵制，让政策能代表各方利益；在马克思主义者看来，所谓的多元利益集团实则是资本集团主导，绑架了政府，损害了劳工利益；而在国家主义者看来，只有一部分强势利益集团主导政策，会让国家不再像"一元"的行为体"理性地""自主地"制定政策，致使政策难以惠及广大民众。

除了国家自主性影响政治经济绩效，国家能力同样影响一个国家的政治经济绩效。有研究者就指出：用利益集团视角解释非洲国家很不恰当。事实上，非洲国家有很强的国家自主性，但是国家能力却很糟糕。这是一个奇怪的结合。[1] 强国家自主性和弱国家能力的组合事实上并不罕见。历史上的中国具有"皇权不下县"的治理特征。这一情况从积极方面看是皇权给地方一定自主权，中央政府不干预地方治理。另一方面则反映了当时国家能力比较弱，皇权难以控制到县以下。尽管在很多情况下，古代中国具有国家自主性，但是却缺乏国家能力。国家能力是指国家将政策贯彻实施的能力。国家能力越强，越容易将已有政策贯彻实施。在卢旺达成为国家之前，这里存在很多部族。有些部族在早期就发展出了较强的"国家能力"，更能将政策贯彻实施。因此他们也更有能力抵制欧洲殖民者的控制，更晚被合并到卢旺达这个新成立的国家。时至今日，卢旺达不少部族仍保留了相当的"地方国家能力"。研究者发现，历史上存

---

[1] Nicolas van de Walle, *African Economies and the Politics of Permanent Crisis*, 1979 - 1999, p. 49.

在较强"国家能力"的地区，在卢旺达大屠杀期间，屠杀率增加了8%。[①] 国家能力是一枚银币的两个方面，它既能用于经济发展，也能用于种族屠杀。以国家为中心的政治经济学看到了国家能力有助于经济发展的一面，而自由主义政治经济学则看到了它为非作歹的一面。

税收是测量国家能力的一个重要指标。一般而言，一个国家越能渗透到社会，与社会互动良好，那么它征税能力就越强，这也意味着它国家能力越强。在以国家为中心的政治经济学看来，18—19世纪英国崛起远不是斯密倡导的自由放任能解释的，英国强大的国家能力为其崛起提供了重要支撑。在18世纪80年代，法国将其GDP的7%用于战争；而英国则投入了12%；超过同一时期中国的两倍。[②] 在整个二十世纪，拉丁美洲国家的税收负担都低于美国和加拿大。按照北美国家标准，拉丁美洲地方政府规模相当小。[③] 这似乎是"小政府"的典范。但是较低的税赋则展示了拉丁美洲国家较弱的国家能力。巴西政府试图贯彻其税收政策，但事与愿违。即便是巴西军政府也无法有效向富人征税。同巴西一样，不少发展中国家纷纷制定发展计划，但这些计划却根本实施不下去。

普林斯顿大学的阿图尔·科利（Atul Kohli）教授所著《国家引导的发展》指出：20世纪60年代初期，韩国、印度、巴西以及尼日

---

① Leander Heldring and James Robinson, "Problematizing State Capacity: the Rwandan Case," *Journal of Institutional Economics*, Vol. 19, No. 3, 2023, pp. 401 – 425.

② ［美］菲利普·霍夫曼：《欧洲何以征服世界》，第21页。

③ Kenneth Sokoloff and Eric Zolt, "Inequality and the Evolution of Institutions of Taxation: Evidence from the Economic History of the Americas," pp. 83 – 136.

利亚人均收入都差不多，过了四十余年，这四个国家的经济绩效出现天壤之别（如图 7－1 所示）。他的解释寻找了经济绩效差异的政治根源。科利认为，韩国的国家是凝聚性资本主义国家（cohesive-capitalist states）；印度以及巴西是分散性多阶级国家（fragmented-multiclass states）；而尼日利亚则是新世袭性国家（neopatrimonial states）。

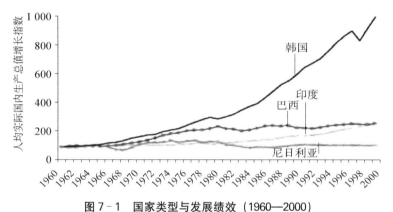

图 7－1　国家类型与发展绩效（1960—2000）

资料来源：［美］阿图尔·科利：《国家引导的发展——全球边缘地区的政治权力与工业化》，第 28 页。

　　韩国政府有着较强的国家能力，能深入社会内部，在追求快速增长过程中，凝聚性资本主义国家渗透到社会，与社会主要经济团体存在联系，并掌握着有效的政治工具。此时的韩国"国家具有发展经济的强烈意愿以及与大商业集团合作的意愿。韩国政府还具有四处延伸的具有经济倾向的官僚体系，能够实施民族主义的社会动员"。[1] 这让韩国政府更有能力执行其产业升级政策，凝聚性资本主

---

① ［美］阿图尔·科利：《国家引导的发展——全球边缘地区的政治权力与工业化》，第173 页。

义国家成为韩国等国家成功发展的关键。而在印度,即便深受穷人拥护的领导人英吉拉·甘地(Indira Gandhi)也无法执行其经济政策。尽管她可以给国大党精英贴上"穷人的敌人"的标签,可以解除阳奉阴违的部长的职务,但是印度国家能力不足却让她难以将宏伟的经济抱负付诸实施。[1]

1961 年,正在中国访问的巴西副总统若昂·古拉特(Joao Goulart)由于总统辞职而获得接任总统机会。古拉特被视为巴西底层民众的代表,他试图打破政治僵局,大幅推动社会与政治改革,土地改革是改革的重中之重。不过他却四处碰壁,尤其在土地改革问题上,巴西国会否决了他的土地改革方案。[2] 时间在一天天过去,古拉特不希望做傀儡总统。因此他开始动员巴西底层民众,尝试在全国举行集会。在里约热内卢的一次集会上,古拉特宣布:将联邦高速公路、铁路以及国界四英里内的土地国有化。巴西普通大众对此狂欢不已。[3] 集会群众高举红旗,要求共产党合法化;高挂标语,要求进行土地改革,这让巴西保守派不寒而栗。[4] 古拉特宣称将会举行更多集会,也要颁布更多总统令,以满足巴西底层民众需求。同样,由于缺乏国家能力,尽管古拉特总统制定政策,巴西政府也无力将这一土地改革政策付诸实施。

在 1964 年政变成功后,巴西军政府通过了土地改革法令。美国

---

① [美] 阿图尔·科利:《国家引导的发展——全球边缘地区的政治权力与工业化》,第 312、330 页。
② Gabriel Ondetti, *Land, Protest, and Politics: The Landless Movement and the Struggle for Agrarian Reform in Brazil*, p. 12.
③ Thomas Skidmore, *The Politics of Military Rule in Brazil: 1964–1985*, p. 15.
④ [巴西] 博勒斯·福斯托著:《巴西简明史》,第 254 页。

还为此提供了25亿美元的资助来支持巴西改革。布兰科总统刚就任就颁布了一项巴西历史上改革幅度最大的法案。根据这项法案，巴西将会实施一个比较深入的土地再分配计划。同时，巴西宪法修正案要求政府在征用土地同时，对地主进行补偿。由于巴西精英对此方案的反对异常强烈，这项方案被束之高阁。[1] 巴西军政府没有按法案要求剥夺大地主土地，也没能实现财富再分配。在这一时期，尽管美国政府有意愿推动巴西改革，但是它首要考虑的问题是阻止共产主义在拉美扩张，推动拉美进行社会改革则放到了这一议事日程的后面。[2] 缺乏国家能力意味着难以将政策贯彻实施，即便巴西军政府也没有能力推进其土地改革政策。

与此相反，具备国家自主性与国家能力的韩国则顺利地推动了土地改革。韩国曾是日本殖民地，1945年日本战败时的韩国还是一个农业国家，有五分之四的人居住在农村。此时韩国土地非常集中，不到5%的韩国农户拥有一半左右的土地。大部分土地要么是租赁给佃农耕种，要么雇佣农业工人耕作。在当时社会经济条件下，大部分韩国佃农仅能维持生计。当时的国际与朝鲜半岛局势推动了韩国的土地改革。由于苏联支持朝鲜进行土地改革，韩国一部分农民开始武装反抗，土地改革的呼声日益高涨。为平衡北方土地改革带来的压力，美国驻扎在韩国的军队开始稳步推进韩国进行土地改革。

韩国土地改革以后，大部分佃农获得了他们耕作土地的所有权。

---

[1] Gabriel Ondetti, *Land, Protest, and Politics: The Landless Movement and the Struggle for Agrarian Reform in Brazil*, p. 12.

[2] Nancy Lapp, *Landing Votes: Representation and Land Reform in Latin America*, New York: Palgrave Macmillan, 2004, p. 131, p. 122.

在二十世纪三十年代晚期，3%的韩国地主拥有近三分之二的土地，而土地改革以后，70%的农村家庭拥有了土地所有权，在1965年的时候，韩国佃农下降到了7%。① 韩国阶级分化逐渐减小，阶级斗争也大幅度减少。因此韩国的土地改革实现了其初衷，给韩国农村带来了政治稳定。② 由于成功实施了土地改革，韩国收入分配相对平均，在发展中国家中享有盛誉。③ 此外，韩国农村的大地主逐渐销声匿迹，这也为韩国此后的经济奇迹奠定了基础。

和韩国不一样，印度和巴西则无法像"凝聚性资本主义国家"那样将目标聚焦于发展，也无法有效地追求这些目标。巴西与印度此类"分散性多阶级国家"的领袖更关注他们所获得的政治支持。领导人必须同时追求几项目标，旨在满足各式各样的拥护者。这样一来，政策决策与实施往往被政治化。这或者是因为精英间的斗争，或者是因为国家权威无法渗透到社会，从而难以吸纳与控制下层民众。因此，"分散性多阶级国家"的经济绩效不如"凝聚性资本主义国家"那样成功。按科利的理解，而像尼日利亚这样的"新世袭性国家"，政府干预经济并非为了经济增长。不少发展中国家领导人干预经济，要么是满足个人私欲；要么是将经济利益作为特权，奖励给自己核心支持集团，以赢得短期政治支持。这些国家的政治不稳定，政策也难以持续，政策常常服务于个人利益和局部利益。因此，"新世袭性国家"阻碍了工业发展与经济增长。

---

① Alice Amsden, *Asia's Next Giant: South Korea and Late Industrialization*, New York: Oxford University Press, 1989, p. 147.

② Cristobal Kay, "Agrarian Reform and Industrial Policy," p. 28.

③ Alice Amsden, *Asia's Next Giant: South Korea and Late Industrialization*, pp. 37 – 38.

现实主义与国家主义的政治经济学都是以"国家"为中心的政治经济学，这两种"国家"之间存在差别。现实主义政治经济学属于国际政治经济学中一个重要流派。在国际政治经济学中，现实主义的政治经济往往假定国家是"一元"的，它们用一个声音说话，对国家利益有着统一的认识；假定国家是"自主的"，能不受社会各方利益影响，自行制定符合国家利益的政策；且假定国家是"理性的"。

而在比较政治经济学中，国家主义是其重要流派，该视角的政治经济学则挑战现实主义政治经济学的假定，从国家与社会的互动出发，他们发现每个国家获得"国家自主性"以及"国家能力"并不是必然的。[1] 有研究者就发现，尽管战争的爆发有时会导致交战双方贸易暂时下降，但在大多数情况下，战争对贸易并没有恒久的、长期的影响。事实上，敌对国家之间的贸易在战后往往会有所增加。研究者试图指出：一个国家内部有权有势的利益集团期望从与对手的贸易中获得私人利益。[2]

在国家能力较弱的国家，连关乎国家重大利益的对外政策也无法有效实施。因此，国家自主性较强的国家，能更好地制定包容性的经济政策，让政策摆脱"富人偏向"；而具备国家能力的国家，则能在与社会的互动中，将政策付诸实施，让普通民众获得发展机会。如果说国家是世界政治经济中的主要行为体，而要作为一个有效的

---

[1] 关于国家主义的详细介绍，参见朱天飚：《比较政治经济学》，北京大学出版社 2006 年版，第 5 章。

[2] Katherine Barbieri and Jack Levy, "Sleeping with the Enemy: The Impact of War on Trade," *Journal of Peace Research*, Vol. 36, No. 4, 1999, pp. 463 – 479.

行为体，需要具备国家自主性和国家能力。要知道，当今世界存在诸多国际经济交流，即便国家自主性与国家能力不强的国家，其国内民众、企业等诸多行为体也在参与国际经济交往。那么，为何以国家为中心的政治经济学坚持把国家作为世界政治经济的最主要行为体呢？这和他们假定国际政治经济运行的环境密切相关。

三　为什么历史上大国曾要靠军队讨债？

1838 年墨西哥政府宣布停止支付欠法国投资者的债务。为帮助法国侨民收回债务，法国军队在墨西哥的韦拉克鲁斯（Veracruz）登陆，前去讨债。1861 年，墨西哥政府又决定停止支付拖欠英国、法国和西班牙的债务。1862 年 1 月，英国、法国和西班牙派出了更大规模的军队前往墨西哥，英国派遣了 700 艘舰艇，法国与西班牙共派出了 8500 名士兵，这支庞大的联军一起攻打墨西哥。法国对墨西哥的占领一直持续到 1867 年。[1] 1876 年，埃及和土耳其无法按期偿还债务，法国和英国又将军队开到了小亚细亚半岛和北非。[2] 20 世纪初，委内瑞拉欠英国 250 万美元，欠德国 1250 万美元，同时也拖欠意大利债务，均无力偿还。1902 年，德国和英国联合出兵干涉，英德军队封锁了委内瑞拉港口，击沉

---

[1] ［美］玛莎·芬尼莫尔著，袁正清等译：《干涉的目的：武力使用信念的变化》，上海人民出版社 2009 年版，第 27 页。

[2] Michael Waibel, *Sovereign Defaults before International Courts and Tribunals*, New York: Cambridge University Press, 2011, p. 30.

了委内瑞拉炮舰。海牙国际仲裁法庭对此作出裁定，英国和德国的干涉是正当的。[1]

　　第一次世界大战结束后，战败国德国欠下了巨额战争债务。1921 年，赔款委员会公布德国需支付的赔款总额为 1320 亿金马克，相当于 350 亿美元的黄金。这个额度对新成立的魏玛共和国是沉重的打击，德国内阁因此瓦解。[2] 德国难以负担如此高昂的战争债务。1922 年底，赔款委员会宣布德国没有按时交付煤炭和原木来抵扣债务。为了讨债，1923 年 1 月，法国和比利时军队开进了德国鲁尔工业区。法国总理雷蒙·庞加莱（Raymond Poincare）表示，出兵占领鲁尔区是不可避免的，是必要的恶。[3] 占领鲁尔区使得整个德国经济陷入停顿，引发了严重混乱。

　　为什么在人类历史上，不少国家都需要靠军队去讨要债务？事实上，不少债务也是战争引起的。而大部分战败国一般都会偿还战争债务而不是赖账，因为积贫积弱的国家根本打不起仗。即便是战败国，也有偿债能力。[4] 以国家为中心的政治经济学假定国家是国际政治经济舞台的最主要行为体，国家需要有国家自主性和国家能力。同时，他们大都假定国家在国际舞台活动有一个特定的、不变的背景和环境。现实主义的政治经济学就是以国家为中心的政治经济学，它假定国家互动，包括国家间经济交换的背景是无政府状态

---

① ［美］玛莎·芬尼莫尔：《干涉的目的：武力使用信念的变化》，第 27 页。
② Eric Weitz, *Weimar Germany: Promise and Tragedy*, Princeton: Princeton University Press, 2007, p. 132.
③ Conan Fischer, *Europe between Democracy and Dictatorship: 1900 - 1945*, Malden: Wiley-Blackwell, 2011, p. 157.
④ Patrick Shea and Paul Poast, "War and Default," *Journal of Conflict Resolution*, Vol. 62, No. 9, 2018, pp. 1905 - 1931.

（Anarchy）。什么是无政府状态呢？我们来看下面的历史。

20 世纪 70 年代初，因美国等西方发达国家在阿拉伯世界与以色列的冲突中偏向以色列，石油输出国组织决心采取一致行动来表达对美国等西方国家的不满，他们大幅度抬高油价，致使西方国家经济遭受重创。1974 年底，时任美国国务卿的亨利·基辛格（Henry Kissinger）向阿拉伯国家发出警告：如果油价上涨扼杀了工业国家经济，那么美国会考虑诉诸武力。[①] 在一些情况下，国际石油市场的买卖不是自愿的，定价也不是自主的。在无政府状态下，使用暴力或威胁使用暴力的阴霾始终笼罩着市场交换。

1846 年，美国总统詹姆斯·波尔克（James Polk）派一个代表团到墨西哥去商谈购买加利福尼亚，但墨西哥政府拒绝谈判。遭到拒绝后，美国派兵占领了墨西哥首都。在美国墨西哥战争中功勋卓著的将军尤里西斯·格兰特后来回忆说：这是一个强大的国家对一个相对弱小的国家发动的最不正义的战争之一。《瓦尔登湖》的作者亨利·梭罗（Henry Thoreau）拒绝为战争纳税，以此表示对战争的抗议。为此，梭罗还遭到政府监禁。最后，美国与墨西哥签订条约，确认德克萨斯被美国兼并，墨西哥将加利福尼亚、新墨西哥、亚利桑那、内华达和犹他州割让给美国。[②]

1879 年，日本正式吞并了琉球王国，并将其更名为冲绳。清政府希望美国前总统尤里西斯·格兰特能够在中日之间调停琉球问题，

---

① Seyom Brown, *The Faces of Power: Constancy and Change in United States Foreign Policy from Truman to Obama*, New York: Columbia University Press, 2015, p. 285.
② ［美］埃里克·方纳著，王希译：《给我自由！——一部美国的历史》（下），第 604 页。

但没有取得任何实际效果。[①]

　　这就是现实主义政治经济学假定的世界政治经济运行的环境，即"无政府状态"。这也是霍布斯所说的：那样就是回到混乱状态当中去，回到每一个人对每一个人的战争状态当中去。[②] 如果把霍布斯的分析单位从个人改变为国家，这也是一种混乱的状态，可能是一切国家反对一切国家的战争状态。在这种状态下，"最糟糕的是人们不断处于暴力死亡的恐惧和危险中，人的生活孤独、贫困、卑污、残忍而短寿"。[③] 而现实主义的政治经济往往就假定世界政治经济运行的状态就是这样的无政府状态。霍布斯指出，国际社会所处的这样的状态和国内社会不同。由于世界各国具有"主权"，各国自己是自身的最高主宰。这意味着在各国之上没有更高的权威来裁定是非曲直并执行命令，各国是各自事务最高的仲裁者。国内政治经济的运行环境是有等级的，公民遇到问题可以诉诸警察、法院；而按现实主义的政治经济假定，国际社会却不存在这样的"中央政府"，国际社会成员遇到问题却没有国内公民可拨打的110。当墨西哥不愿意将领土卖给美国时，美国要强买，它们之上没有更高的权威作为仲裁者。因此，霍布斯指出："国王和最高主权者由于具有独立地位，始终是互相猜忌的，并保持着斗剑的状态和姿势。他们的武器指向对方，他们的目光互相注视；也就是，他们在国土边境上筑碉堡、派边防部队并架设枪炮；还不断派间谍到邻国刺探，而这就是战争

---

① 王元崇：《中美相遇：大国外交与晚清兴衰（1784—1911）》，第 123—379 页。
② ［英］托马斯·霍布斯著，黎思复等译：《利维坦》，商务印书馆 1985 年版，第 150 页。
③ 同上，第 95 页。

的姿态。"① 在无政府状态下，国家之间的政治经济互动常常是相互独立的，又是相互猜忌、相互竞争、混乱不安的。

贾雷德·戴蒙德在其《枪炮、病菌与钢铁：人类社会的命运》（*Guns, Germs, and Steel: The Fates of Human Societies*）一书中展示了新几内亚部族的状况：当一个又一个女人被要求说一说她的丈夫时，她会一连说出好几个死于非命的丈夫。典型的回答是这样的："我的第一个丈夫被埃洛皮族（Elopi）的袭击者杀死了。我的第二个丈夫被一个想要我的人杀死了，这个人就成了我的第三个丈夫。这个丈夫又被我第二个丈夫的兄弟杀死了，因为他要为他哥哥报仇。"② 这就是无政府状态造成的混乱。戴蒙德注意到，新几内亚部族的一个人若要走出自己领地去见另一个人，即使他们只相隔几英里，这一行为也无异于自杀。这就是无政府状态造成的混乱。在"国家"还没出现时，暴力成为常态。大量考古发现：在只有村庄和部落的社会，人类暴力的死亡率是 15%，男性间的暴力死亡率乃至达到 25%。③ 在公元前 14000 年到公元 1770 年，人类平均暴力死亡率是 15%。居高不下的暴力正是无政府状态造成的。而到 21 世纪初，西欧年均凶杀率降到十万分之一。④ 西欧凶杀率的下降，正是国家出现以后，国内的"等级"代替了"无政府状态"的结果。但是在国际社会，这样的无政府状态仍然存在。

托马斯·霍布斯（Thomas Hobbes）在《利维坦》中假定：人

---

① ［英］托马斯·霍布斯：《利维坦》，第 96 页。
② ［美］贾雷德·戴蒙德：《枪炮、病菌与钢铁》，第 302 页。
③ ［以］尤瓦尔·赫拉利：《人类简史：从动物到上帝》，第 82 页。
④ ［美］斯蒂芬·平克著，安雯译：《人性中的善良天使：暴力为什么会减少》，中信出版集团 2015 年版，第 67—69 页。

与人在智力和体力上大体平等。[①] 而人与人之间又存在竞争，他指出："有三种造成斗争的主要原因存在，第一是竞争；第二是猜疑；第三是荣誉。第一种原因使人为了求利、第二种原因使人为了求安全、第三种原因使人为了求名誉而进行侵犯。"[②] 平等的个体，加竞争的个体，再加上"没有中央权威"，那最终导致的就是"一切人反对一切人的战争"。

当"中央权威"诞生后，情况就会有所不同。在非国家形态社会，每10万人中，每年有500多人死于战争；而即便遭遇世界大战蹂躏的德国、日本、苏联，每10万人中的年均战争死亡率也降至130人左右。因此，如果按死亡人数比重而非绝对数量来看，在20世纪战争人口伤亡高峰时期，其死亡比重仍远远低于历史上的均值。[③]

国家是有组织的暴力，她通过国内的"等级"替代了国内的"无政府状态"，但是在国与国之间，仍然没有一个"最高权威"裁决竞争。因此国际政治经济交换中的"无政府状态"仍然存在。约翰·米尔斯海默（John Mearsheimer）列出了现实主义的五个基本命题：一、国际体系处于无政府状态，在国家之上没有中央政府。二、大国具有某些用于进攻的军事力量，这些军事力量为它们间的彼此伤害提供了资本。三、国家永远无法把握其它国家的意图。即便对方今天没有侵略意愿，明天也可能有。四、生存是大国的首要目标。五、大国是理性的行为体。[④] 所谓"人防虎，虎防人"，在无

---

① ［英］托马斯·霍布斯：《利维坦》，第 92 页。
② 同上，第 94 页。
③ ［美］斯蒂芬·平克：《人性中的善良天使：暴力为什么会减少》，第 69 页。
④ John Mearsheimer, *The Tragedy of Great Power Politics*, New York: W. W. Norton & Company, 2001, pp. 30 - 32.

政府状态下，国家之间的政治经济互动更是相互提防，国家安全议题始终会影响国与国之间的经济互动。

　　国家安全是个吸引汉密尔顿的问题，而且他对与国家安全相关的各因素有着现实主义的认识。[①] 在美国建国之初，汉密尔顿敦促美国要建立强大的联邦，就是因为他认识到无政府状态的存在，"国与国之间敌对的原因不胜枚举"。[②] 汉密尔顿告诫说，世界政治经济运行的这一背景已经长期存在，并且仍会长期存在，"假如把缺乏这类斗争的动机作为反对斗争存在的理由，那就是忘记人是野心勃勃、存心报仇而且贪得无厌。指望几个相邻的独立而未联合的国家一直和睦共处，那就是无视人类事变的必然过程，蔑视数世纪来积累的经验"。[③] 韦伯也提到经济政策背后有大国竞争的背景，提醒人们要注意"政治"因素，注意世界强权会影响国内政治。世界强权的地位使国家不断面临权力政治的重大决策。[④] 李斯特也认为，国与国之间的无序竞争是人类社会恒久的状况。他指出意大利的威尼斯尽管赚取了大量财富，但却缺乏应对无政府状态政治经济环境的军事实力。因此，李斯特指责威尼斯执政者目光短浅，没能同其他意大利城市实现海军力量联合，"威尼斯本身的倾覆，似乎也是间接由于这种目光短浅的政策。……威尼斯只顾保全自己，结果自己也不能保全，它受到了它兄弟之邦以及邻近的欧洲强国的攻击，终于崩溃"。[⑤]

---

① 〔美〕爱德华·米德·厄尔：《亚当·斯密、亚历山大·汉密尔顿、弗里德里希·李斯特：军事力量的经济基础》，载〔美〕彼得·帕雷特、戈登·克雷格、费利克斯·吉尔伯特主编：《现代战略的缔造者：从马基雅维利到核时代》，第 228 页。

② 〔美〕汉密尔顿、杰伊、麦迪逊：《联邦党人文集》，第 24 页。

③ 同上，第 23—24 页。

④ 〔德〕马克斯·韦伯：《民族国家与经济政策》，第 105 页。

⑤ 〔德〕弗里德里希·李斯特：《政治经济学的国民体系》，第 12 页。

可见，在无政府状态下，没有强大的军事力量，国家财富是难以保全的。

我们来看澳大利亚土著的例子，澳大利亚与世隔绝的程度超过了南美洲南端和非洲南端，是世界上一块孤立的大陆。长期的孤立使得澳大利亚土著缺乏抵抗外来强权的能力。当历史演进把澳大利亚卷入无政府状态的国际社会时，他们悲惨的命运就开始了。"如果拥有繁荣的文明和广泛的农业社会的美洲印第安人无法抵抗白人，那么，处于旧石器时代的澳大利亚人显然更没希望了……不幸的土著居民大批地被英国移民残忍地杀死。"① 1853 年，维多利亚女王时代的一位移民在以下这番颇有代表性的话中，暗示了澳大利亚人所受到的待遇："澳大利亚土著种族同莫希坎人以及其他许多已知的部落一样，由于天意，似乎注定要在文明的进步面前从其本土消失。"短短数十年间，大部分塔斯马尼亚人被消灭。最后一名男子死于 1869 年，最后一名女子死于 1876 年。"这位女子名叫特鲁加尼尼，生于 1803 年，即白人入侵的头一年。因此，她的一生跨越了其民族遭灭绝的整个时期。她临终曾恳求不要解剖她的尸体，尽管她的请求很可怜，她的骷髅还是被陈列在霍巴特博物馆——这是一个……注定灭亡的民族的命运的适当纪念物。"② 如韦伯指出，事情常常是这样，"每当我们认为自己最彻底地逃脱了我们自身的局限性时，恰恰也就是这种局限性最强烈地束缚我们之时。说得略为夸张一点，如果千年之后我们再度走出坟墓，我们在那些未来族类的面相中首

---

① ［美］斯塔夫里阿诺斯：《全球通史：1500 年以后的世界》（下卷），第 111 页。
② 同上。

先希望看到的就是我们自己族类的依稀印记"。①

现实主义学者爱德华·卡尔在其现实主义著作《20年危机（1919—1939）》中引用了卡尔·皮尔逊（Karl Pearson）著作中的一段话："在人类前进的道路上，到处可见灭亡民族的残骸断骨，到处可见劣等民族的荒冢坟墓，到处可见牺牲者的尸首遗体，他们无法找到通往更加完美境界的崎岖小路。然而，正是这些倒下的尸体，成为人类前进的铺路石，使人类走进了今天更加崇高的精神生活和更加丰富的感情天地。"卡尔认为，所谓的"利益和谐"，不过是通过牺牲弱势的非洲人和亚洲人来实现的。② 无政府状态下，国际政治关系与国际经济关系难有真正的和谐。无政府状态下世界政治经济运行，和谐是表象的、短暂的，而斗争才是内在的、恒久的。

在国际无政府状态下，国家的命运往往与个人的成功乃至存活绑定在一起。个人在经济上的成功离不开一个强大的国家。在这样的状态下，以国家为中心的政治经济学和自由主义政治经济学的一个基本不同就在于，自由主义政治经济学的总体色调是乐观的（马尔萨斯是例外），而现实主义政治经济学的总体基调却是悲观的。韦伯对德国经济发展的担忧在这里表现得入木三分。"我们能传给子孙的并不是和平及人间乐园，而是为保存和提高我们民族的族类素质的永恒斗争。我们决不能沉溺于乐观主义的期望之中。"③ 为什么不

---

① ［德］马克斯·韦伯：《民族国家与经济政策》，第91页。
② ［英］爱德华·卡尔著，秦亚青译：《20年危机（1919—1939）：国际关系研究导论》，世界知识出版社2005年版，第48页。
③ ［德］马克斯·韦伯：《民族国家与经济政策》，第92页。

要如此乐观呢? 韦伯讲道:"各民族之间的经济斗争从不停歇,在经济的生死斗争中,永无和平可言。"因为在无政府状态下,国家之间永远会存在斗争,从政治竞争到经济竞争。"只有那些被和平的外表迷惑的人才会相信,我们的后代在未来将享有和平和幸福的生活。众所周知,庸俗的政治经济学就是在于它以不断配置普遍幸福的菜谱为己任。根据这种庸俗的经济学观,政治经济学唯一可理解的目的就在于添油加醋地促进人类生存的愉悦和平衡。"[1] 韦伯用悲观的视角看待世界,他说:"无法相信在这个尘世生活中除了人与人之间的残酷斗争以外还有什么其他方式可以创造人类自由行动的机会。"[2] 经济史学家菲利普·霍夫曼(Philip Hoffman)指出:在历史上,火药技术从中国传到西方,但它并没有让西欧国家变得更富裕。即便在 1800 年时,大部分西欧国家的收入也不比亚洲富裕地区高。火药让欧洲人更善于掠夺,而不是和平贸易。[3] 韦伯深刻地揭示了不同群体之间的竞争与斗争,他悲观地告诉世人,政治经济学的学者要记住:"政治经济学的工作不能以对幸福的乐观主义期望为基础。就和平和人类幸福的梦想而言,我们最好记住,在进入人类历史的未知将来的入口处写着:放弃一切希望!"[4] 如果太过乐观,忘记世界政治经济运行的背景是无政府状态,那么,就可能再犯威尼斯的错误,重蹈澳大利亚土著的覆辙。

李斯特坦言,不少自由主义经济学家倡导的世界团结与和谐是

---

① [德]马克斯·韦伯:《民族国家与经济政策》,第89—90 页。
② 同上,第 90 页。
③ [美]菲利普·霍夫曼:《欧洲何以征服世界》,第 102 页。
④ [德]马克斯·韦伯:《民族国家与经济政策》,第 90 页。

美好的愿景，但是他们倡导的理想化的世界政治经济的运行环境还没有实现。"世界联盟这一原则是合理的，然而它不过是一个原则而已，并不是一个既成事实。"① 因此政治经济学家需要记住，在世界联盟出现之前，各国政治经济的运行状态是无政府状态。现实主义者提供了世界政治经济运行的悲观预期，他们不相信贸易、制度能带来实质的改变。

汉密尔顿曾告诫美国人，不要相信贸易会减少战争，也不要相信民主国家更爱好和平。"到现在为止，商业除了改变战争的目的以外，还做了些什么呢？爱好财富同爱好权力或荣誉不都是一种凌驾一切和冒险的激情吗？自从商业成为各国的普遍制度以来，起因于贸易动机的战争，不是和以前由于对领土或统治权的贪婪而引起的战争同样频繁吗？"②

汉密尔顿还警告美国人，不要相信民主国家爱好和平。在英国，人民的代表组成全国立法机关的一部分。多少年来，发展商业是英国政府的重要目标。然而，很少有国家在战争次数方面超过英国；而且它所进行的战争，在许多场合下是由人民引起的。③ 经济全球化改变不了民族国家之间的竞争。全球经济共同体的扩展只不过是各民族之间相互斗争的另一种形式。④ 相比自由主义的政治经济，以国家为中心的政治经济，尤其其中的现实主义政治经济对现实问题的看法更为悲观。

---

① ［德］弗里德里希·李斯特：《政治经济学的国民体系》，第 158 页。
② ［美］汉密尔顿、杰伊、麦迪逊：《联邦党人文集》，第 26 页。
③ 同上，第 27 页。
④ ［德］马克斯·韦伯：《民族国家与经济政策》，第 92 页。

只要国际体系冲突频仍，那么经济民族主义就会保持其强大的吸引力。[1] 在无政府状态下，如韦伯所说，政治经济学就成了政治的科学。他指出："我们的子孙后代冀望我们在历史面前能够担起的责任，并不在于我们留给他们什么样的经济组织，而在于我们为他们在世界上征服了多大的自由空间供他们驰骋。说到底，经济发展的过程同样是权力的斗争，因此经济政策必须为之服务的最终决定性利益乃是民族权力的利益。政治经济学乃是一门政治的科学。政治经济学是政治的仆人！"[2] 从国家层面看国际贸易与从个体层面看国际贸易，会看到非常不同的后果。由于世界政治经济运行的背景是无政府状态，此时，谈政治经济就不能不谈权力，而谈权力又离不开国家。现实主义与国家主义的政治经济学，其分析单位不是个人，不是阶级，而是国家。

值得我们注意的是，现实主义政治经济学强调国家所处的国际环境是无政府状态，而现代国家并非如霍布斯描述的自然状态那样脆弱。[3] 现代国家所处的国际环境不同于以往。国际关系史上，政治实体间激烈的军事竞争跌宕起伏、异常残酷。因此为了确保生存，国家在实施对外经济战略时往往无所不用其极。不过值得注意的是，"为什么国际关系的现实不像一个人处于自然状态时那样污秽、野蛮和短暂？一个重要的原因是国家不像自然状态的人那样脆弱。"[4] 在

---

① [美] 罗伯特·吉尔平：《国际关系政治经济学》，第 47 页。
② [德] 马克斯·韦伯：《民族国家与经济政策》，第 93 页。
③ 黄琪轩：《对外经济战略、大国关联利益与战后秩序——两次世界大战后美国对外经济战略与德国问题》，《当代亚太》2016 年第 3 期。
④ Robert Jervis, "Cooperation under the Security Dilemma," *World Politics*, Vol. 30, No. 2, 1978, p. 172.

自然状态下，人很容易被他人伤害或者杀害，而在当代的世界政治中，国家却并非如此脆弱，对当代的大国而言尤其如此。连肯尼思·沃尔兹（Kenneth Waltz）也坦言："在国际政治中，国家的消亡率非常低。在 19 世纪下半期，仅有四个国家灭亡了，它们是爱沙尼亚（Estonia）、拉脱维亚（Latvia）、立陶宛（Lithuania）和帝汶（Timor）。在竞争的经济体系中，很多企业倒闭破产，而在国际体系中，却罕见国家灭亡。"[1]

世界政治经济在演进，国家消亡率在降低，尤其对大国而言更是如此。19 世纪到 20 世纪初，随着主权观念在世界范围的普及，美国、英国和法国等这些主权思想的接受者和支持者，认为剥夺战败国德国的主权和生存权是不可想象的。大国俱乐部的进入与退出门槛变得更高，各成员之间需要长期共存与协调。尽管遭遇两次世界大战的失败，德国仍是世界大国俱乐部的成员；尽管遭遇希特勒的闪电战袭击，遭遇冷战的失败，俄罗斯也仍是世界大国俱乐部的成员。当代世界政治的大国俱乐部成员，都经历了漫长的国际竞争而留在了大国俱乐部中。这些大国在平衡国际安全冲击、世界市场波动，化解全球政治经济风险等方面的能力越来越强。因此，大国之间即便存在竞争，也已经不同于 20 世纪之前那种关系国家存亡的竞争。大国之间会长期共存。长期共存的大国之间既有长期竞争，又有长期协调。在政治经济领域的长期互动中，理性的大国之间不仅需要保留传统现实主义所强调的报复对手背叛行为的能力，同时还要持有

---

[1] Kenneth Waltz, *Theory of International Politics*, Reading: Addison-Wesley, 1979, pp. 137 – 138.

良善的、宽容的策略，以便在长期的共存中实现国家利益。① 随着大国的进入与退出门槛日益高昂，各大国都必须做好与竞争对手长期打交道的打算。只要竞争对手没有"从肉体上被消灭"，与竞争对手的博弈就是一个看不见尽头的多轮博弈。在这种情况下，注重长期收益并选择与对方合作对自己更有利。因此罗伯特·艾克塞罗德（Robert Axelrod）指出这就是长期博弈形成的"合作的进化"。② 长期博弈让各国演化出在"无政府状态"下，不是采取"一切人反对一切人的战争"，而是采用"自己活也让别人活"的策略。戴维·莱克（David Lake）则看到，不仅国内存在"等级制"，世界政治经济中也存在"等级制"可以克服"无政府状态"。世界政治中的主导国家通过维持秩序，规训附属国并承诺不滥用其权力等方式，让国际秩序变得更有"等级"的同时，也更为有序。③ 中国学者秦亚青则从中国传统文化中提炼出"关系理论"，展示世界政治经济中各国的关系并非像"无政府状态"这一假定预言的那样如此"孤独、贫困、卑污、残忍而短寿"，友谊是国际关系中极其重要的概念，建构、维护、扩展和密切关系是明智的政策和智慧的战略。④ 当前中国政府积极倡导构建"人类命运共同体"，为世界政治经济的发展提供了一个新的前景。

---

① 黄琪轩：《从大国间关联利益看国家安全——美国对俄德的经济战略及其后果》，《东北亚论坛》2015 年第 2 期。
② Robert Axelrod, *The Evolution of Cooperation*, New York: Basic Books, 1984, pp. 169 - 190.
③ ［美］戴维·莱克著，高婉妮译：《国际关系中的等级制》，上海世纪出版集团 2013 年版，第 94 页。
④ 秦亚青：《世界政治的关系理论》，上海人民出版社 2021 年版，第 178 页。

四 为何英国能成功塑造自由主义国际秩序?

在亚当·斯密《国富论》发表的时代,英国国内仍然推行"重商主义"的政治经济秩序。作为后来者的英国开始缔造一个新秩序以拓展海外贸易,发展本土产业,维护国家利益。荷兰思想家胡果·格劳秀斯(Hugo Grotius)在17世纪初出版的《论海洋自由》一书阐述了航行、捕鱼、贸易等自由秩序原则。而缔造一个替代性的重商主义秩序成为英国挑战荷兰国际秩序的重点。从英国重商主义作家托马斯·孟(Thomas Mun)在17世纪初所著《英国得自对外贸易的财富》一书中,可见英国对荷兰的敌意。孟指出:荷兰像一只披着借来的美丽羽毛的漂亮的鸟一样,倘使每一只鸟都要索回它的羽毛,那么这只鸟就要一丝不挂了。[①] 荷兰依靠高效快速平底帆船及强大海军主宰海洋贸易,成为海洋贸易中间商。而英国索回羽毛的办法就是用重商主义秩序替代荷兰主导的秩序,打破对荷兰转口贸易的依赖。[②] 19世纪之前,英国塑造了一个以"重商主义"为典型特征的国际经济秩序。不过时过境迁,英国政策在19世纪前半期发生了重大转变。

在19世纪前半期,英国缔造了以贸易自由化为重点的国际经济

---

① [英] 托马斯·孟著,袁南宇译:《英国得自对外贸易的财富》,商务印书馆1965年版,第79页。

② David Ormrod, *The Rise of Commercial Empires: England and the Netherlands in the Age of Mercantilism 1650–1770*, New York: Cambridge University Press, 2003, pp. 1–27.

秩序。"古典自由主义"秩序的思想起源以亚当·斯密、大卫·李嘉图、约翰·洛克等思想家为代表。英国是这一秩序的建立者与主导者。1815 年拿破仑战争结束以后，英国确立了"古典自由主义"的经济秩序，在世界范围内推进自由贸易，并通过确立"金本位"这一国际货币制度，推动资本在全球自由流动。在对内层面，该秩序体现为"守夜人"政府，政府将对经济的干预减少到最低程度；在对外层面，该秩序表现为开放市场，政府积极促进自由贸易、资本自由流动等。英国伦敦政治经济学院国际关系学者詹姆斯·莫里森（James Morrison）展示，自 19 世纪开始，英国执政者逐渐摒弃重商主义，推进构建自由国际经济秩序。而这一秩序转变离不开亚当·斯密这一重要的自由主义理念推手。斯密和英国执政者紧密互动，使其认识到重商主义损害国家权力与财富，为新秩序降临准备了思想基础。[①]

以国家为中心的政治经济学者则强调，英国之所以能塑造一个古典自由主义秩序，是因为英国取得了霸权地位。在无政府状态下，政治经济秩序需要仰仗"权力"。权力是政治学的核心概念，它指一个人或群体改变他人行为和思想的能力。这是权力的一个侧面，核心在于"改变"。而权力还有另外一个侧面，即个人与群体能够"自主"行动与思考的能力。因此，权力既包括自主行动，也包括对他人施加影响的能力。[②] 在欧洲诸国的竞争中，英国曾不具备这样的权

---

① James Morrison, "Before Hegemony: Adam Smith, American Independence, and the Origins of the First Era of Globalization," *International Organization*, Vol. 66, No. 3, 2012, pp. 395 – 428.

② Howard H. Lentner, "Power," in George Kurian, ed., *The Encyclopedia of Political Science*, Washintong DC: CQ Press, 2011, p. 1330.

力优势。

　　18 世纪后半期，面对欧洲强敌的竞争，寻找欧洲以外的市场对英国而言变得越来越重要。有一个故事反映出当时英国对海外市场的迫切需求：一位海军指挥官，在战时违反军纪、擅自决策。他指挥舰队横跨大西洋，从西班牙手中为英国抢到一块贸易区。皇家海军将领对此非常恼怒，海军军事法庭要对这位军官进行审判。这位军官招来英国商团为自己辩护，竟成功地挽救了自己。① 这个故事从一个侧面反映出英国拓展海外市场的政治前提——强大的海军。无论在和平时期还是在战争时期，英国海军都起到了不可替代的作用，为拓展英国的海外市场做出了重要贡献。有学者指出：英国的海军政策保障了英国产品能占据国际制成品与服务业市场的最大份额。② 在地中海、大西洋、太平洋、印度洋沿岸，英国海军加强了军事基地的建设，形成了捍卫英国海外利益的安全网络，保护了英国船只与货物。③ 从 1714 年到 1739 年，英国海军已经取得了无可匹敌的优势地位。④ 有了这样的政治前提，英国才能有效拓展海外市场，建立一个新的、自由主义的世界秩序。

　　由于英国需要与美洲、非洲与亚洲拓展贸易，而此时海上航路并不安全，其中一个重要的威胁来自海盗。当时，法国、西班牙以

---

① ［英］大卫·兰德斯：《解除束缚的普罗米修斯》，第 240 页。

② Patrick O'Brien, "Introduction: Modern Conceptions of the Industrial Revolution," in Patrick O'Brien and Roland Quinault, eds., *The Industrial Revolution and British Society: Essays in Honour of Max Hartwell*, Cambridge: Cambridge University Press, 1993, p. 12.

③ Maxine Berg, *The Age of Manufactures: 1700 – 1820: Industry, Innovation and Work in Britain*, p. 107.

④ Jan Glete, *Navies and Nations: Warships, Navies and State Building in Europe and America, 1500 – 1860, Vol. 1*, p. 257.

及荷兰等国家支持海盗劫掠英国商船。[1] 曾经有一段时期，英国贸易遭受了海盗的沉重打击。1693年，绝大部分的英国商船被海盗中途拦截。[2] 如果不能保障海上航道的安全，英国拓展海外市场的努力将付诸东流。在这一背景下，英国国会与海外贸易公司积极支持政府建设强大的皇家海军。海军为英国的商船保驾护航，海盗的威胁才得以有效解除。

英国海军除了对付海盗，还需要消解欧洲竞争对手的威胁，削弱竞争对手在海外的竞争能力。这是英国拓展海外市场、展开工业革命的重要保障。一位旅居英国的法国人写道："众所周知，在这10年（1804至1813年）中，世界上任何一个国家，如果没有得到英国的同意，就做不成生意。"[3] 这是英国海军霸权的生动写照。尤其重要的是，强大的海军能确保英国有效化解来自劲敌法国的竞争。即便是在拿破仑实施海上封锁期间，英国海军仍能维系英国对欧洲的贸易。当时有英国人这样评论英国的海上贸易："这个国家的航海受到了良好的保护，我们的船只优质，海员优良，法国对我们难以构成竞争。"[4] 在皇家海军保护下，英国远洋运输很少受到严重干扰，在战争期间的船舶损失也相对较少。而法国则相形见绌，法国海军原本有海上优势，但法国决策者重陆军而轻海军，如路易十五曾宣

---

① Maxine Berg, *The Age of Manufactures: 1700–1820: Industry, Innovation and Work in Britain*, p. 107.

② Jeremy Black, *Trade, Empire and British Foreign Policy, 1689–1815: Politics of a Commercial State*, London: Routledge, 2007, p. 112.

③ ［法］费尔南·布罗代尔：《15至18世纪的物质文明、经济和资本主义》（第三卷），第670页。

④ Jeremy Black, *Trade, Empire and British Foreign Policy, 1689–1815: Politics of a Commercial State*, p. 179.

称：在法国，除维特尼的海军外，绝不会有别的海军。^① 由于海军的缺失，"法兰西的商业则不复见于海上。法兰西的边界为敌国各军所封锁后，它只能依靠它本国极有限的物产为生，而英吉利则可以自中国远及马赛诸塞特的全世界为市场"^②。"英国的海军优势是个决定性的因素，因为在布雷斯托附近海面上巡航的英国舰队能切断法属殖民地与其母国的联系，使它们无依无靠，这种情况一再发生。"^③在这样的情况下，法国海外贸易常常受到战争的干扰，法国商业以及海外殖民地也随之不振。英国依靠强大的海军主导了海外市场开拓，英国贸易在战争期间遭受的损失也远远比法国要少。^④ 凭借强大的海军，英国的国家能力能投射到广大的不发达地区。相对法国而言，英国这一政治优势转化为贸易优势。长期来看，英国海军力量有着重要的商贸与经济后果。因此以国家为中心的政治经济学强调国家，同时也强调权力。当一个国家可以控制其他国家的想法和行动时，能施加控制的国家就享有对他国的权力。无论是政治权力还是经济权力，这都有助于英国成功实施其对外经济战略。19 世纪英国享有的权力优势成为其重塑世界秩序的基础。

美国的汉密尔顿承袭了这样的想法。他知道，英国能成为世界政治经济霸主，不仅是它能充分利用本国的天然资源，而且还能通过海外贸易和占领殖民地，使得国外的天然资源也为我所用。^⑤ 因此

---

① ［美］斯塔夫里阿诺斯：《全球通史：1500 年以后的世界》，第 178 页。
② ［英］屈勒味林：《英国史》（下册），第 545 页。
③ ［美］斯塔夫里阿诺斯：《全球通史：1500 年以后的世界》，第 178—179 页。
④ Daniel Baugh, "Naval Power: What Gave the British Navy Superiority?" pp. 235–257.
⑤ ［德］弗里德里希·李斯特：《政治经济学的国民体系》，第 121 页。

汉密尔顿呼吁美国政府建立强大的海军，"只要联邦在一个有效率的政府下面继续存在下去，不要很久，我们就有能力建立一支海军，这支海军即使不能同海上强国的海军竞争，至少在放到敌对双方中任何一方的天平上时也有相当的分量"。① 汉密尔顿指出，强大的海军不仅可以用于作战，还可以用于扩展海外商业利益，"可以很容易地看出非常有利的形势能使我们在争取商业特权的谈判中居于优势"。② 如果没有权力作保障，汉密尔顿说：我们的商业将处于式微状况，会成为互相作战国家粗暴干涉的牺牲品。一遇机会，这些外部强国就会毫无顾忌地或毫无怜悯地掠夺美国人的财产以供应他们的需要。中立的权利不是自然的，只有当一个国家有足够的力量保卫自己时，中立才会受到尊重。一个衰弱而卑下的国家，连中立的权利都会丧失殆尽。③

德国的李斯特同样指出：国家的经济是基于权力的经济。国际政治体系是限制和决定市场运行的最主要条件。由于各个国家都试图对市场施加影响，以便让市场为自身的国家利益服务，因此权力在市场关系的建立与维持过程中，就显得格外重要。④ 在李斯特看来，威尼斯衰亡的原因与意大利诸共和国走向衰落的原因如出一辙，不外乎是国家统一观念的缺失、国外强邻的优势、国内教会的统治，以及在欧洲更加强大而统一的国家的勃然兴起。⑤ 在很多时候，"力量比财富更加重要，因为力量的反面——软弱无能——足以使我们

① ［美］汉密尔顿、杰伊、麦迪逊：《联邦党人文集》，第 54 页。
② 同上，第 54 页。
③ 同上，第 54 页。
④ ［美］罗伯特·吉尔平：《国际关系政治经济学》，第 45 页。
⑤ ［德］弗里德里希·李斯特：《政治经济学的国民体系》，第 14—15 页。

丧失所有的一切，不但使我们既得的财富难以保持，就是我们的生产力量，我们的文化，我们的自由，还不仅是这些，甚至我们国家的独立自主，都会落到在力量上胜过我们的那些国家的手里"。①

现实主义政治经济学的前驱是重商主义。从重商主义学说开始，以国家为中心的政治经济学就强调通过经济政策达到政治目的。通过对外贸易，积攒充足货币，积少成多，"以至能够维持一场长期的防御战，可以使战争结束或转移目标"。② 由于英国要求英国商船包揽航运业务，"英国商船事业由此获得了发展后，它的海军力量也有了相应的增长，从而使它有力量与荷兰舰队相对抗"。③ 1651 年和 1660 年英国《航海法》就是这种政策的很好例子。该法案规定，进口到英国及其殖民地的商品，必须用英国及其殖民地的船只来运输，或者用原产国的船只运输。殖民地的某些商品只能销售到英国，其他商品在卖到外国之前也要先运到英国。殖民地的制造业受到严格控制。通过《航海法》，英国试图拔除荷兰的羽毛，获得更多的资金，让英国海军获得发展，让世界分配朝着有利于英国的方向改变。在托马斯·孟的时代，荷兰与英国的竞争在多个方面展开，其中包括海上捕鱼竞争。荷兰的胡果·格劳秀斯撰文指出公海上有捕鱼的自由，而孟指出，政治权力决定了经济权利。"能否享有这种权利，只能靠刀剑决定，而不是靠谈判决定的。"④ 不仅海军等军事权力可以服务于国家利益，经济权力同样可以。

---

① ［德］弗里德里希·李斯特：《政治经济学的国民体系》，第 47 页。
② ［英］托马斯·孟：《英国得自对外贸易的财富》，第 69 页。
③ ［德］弗里德里希·李斯特：《政治经济学的国民体系》，第 41 页。
④ ［英］托马斯·孟：《英国得自对外贸易的财富》，第 76 页。

阿尔伯特·赫希曼（Albert Hirschman）在其著作《对外贸易结构与国家权力》一书中指出，一个国家的贸易政策可以服务于国家权力。尤其当从事国际贸易的双方处于不对等地位的时候，大国就可以将贸易政策作为对外政策工具。大国可以牺牲暂时的经济利益，让小国日益依赖自己，扩大自身影响力。当一个小国严重依赖于对一个大国贸易的时候，大国就获得了非常显著的经济权力。因为一旦大国中断对小国的贸易，小国将面临很高的退出成本。小国需要寻找替代的市场与资源，可能因此陷入贫困。[1] 历史上的美国就曾运用过这样的经济权力。

夏威夷王国原本是由若干独立的小岛组成。19 世纪上半期，种植了大量甘蔗的夏威夷王国希望和美国签署贸易互惠条约，为夏威夷的蔗糖寻找销路。美国国会则一度拒绝和夏威夷王国签署这样的条约，而夏威夷王国寻找替代市场的努力也并未成功，因为其他大国难以在短时间内取代美国的市场地位。1873 年，夏威夷出口到美国的蔗糖为 1480 万磅，而出口到澳大利亚、新西兰的蔗糖只有 700 万磅，出口到英属哥伦比亚的仅为 120 万磅。[2]

随着美国日益崛起，美国对待夏威夷的态度也发生了变化。由于担心英国、德国等其他大国染指夏威夷，1875 年，美国政府开始允许夏威夷生产的蔗糖免税出口到美国，附带条件就是夏威夷王国要避免其他大国势力的渗透。需要注意的是，尽管夏威夷王国对美

---

[1] Albert Hirschman, *National Power and the Structure of Foreign Trade*, pp. 3 - 40, pp. 53 - 70.

[2] Ravi Abdelal and Jonathan Kirshner, "Strategy, Economic Relations, and the Definition of National Interests," *Security Studies*, Vol. 9, No. 1, 1999, p. 127.

国的诉求是经济上的，但美国对夏威夷的政策目标却是政治导向的，因为夏威夷王国特殊的地理位置将夏威夷和美国的整个亚太利益联系在一起。如果此时夏威夷被英国或者德国所控制，美国在亚太地区的利益就会受到威胁。在美国政界和商界看来，夏威夷成为通往中国的贸易中转站，战略地位十分重要。[1] 签署互惠条约正是美国用庞大的国内市场绑定夏威夷，用经济杠杆来实现其政治目的。在和美国签署贸易互惠条约之后，夏威夷王国的蔗糖生产迅速扩张，速度惊人。此时夏威夷生产的 92% 的蔗糖都出口到美国，而出口到英国的仅占 3.75%。[2] 同时蔗糖生产商在夏威夷国内成为最为重要的经济利益集团，势力不断增长。夏威夷国内的偏好结构已经被美国所重塑。

随后，事情向更加有利于美国的方向发展。1890 年，美国国会通过了《麦金利关税法》，该法案规定所有进入美国的蔗糖都不用支付关税，并且美国国内生产的蔗糖会得到每磅两美分的补贴，这让夏威夷的蔗糖产业面临危机。美国广阔市场的诱惑使得蔗糖产业的种植园主进一步倒向美国。1893 年，夏威夷的种植园主联合起来推翻了土著女王，夏威夷王国灭亡。当然在此过程中，我们不能忽略美国海军陆战队发挥的作用。1898 年，夏威夷正式并入美国，成为美国的第 50 个州。从这个案例中，我们知道，政治经济中的国家权力不仅包括政治层面，还包括经济层面。要实现国家利益不仅可以靠武力，还可以灵活运用对外经济政策工具。在这里，美国凭借自

---

[1] Walter LaFeber, *The New Empire: An Interpretation of American Expansion*, p. 209.

[2] Ravi Abdelal and Jonathan Kirshner, "Strategy, Economic Relations, and the Definition of National Interests," p. 129.

己的经济实力，将贸易作为对外政策工具，实现了自身的国家利益。[1] 在无政府状态下，权力成为国家对外经济战略的有力支撑。不仅崛起时期的美国依托权力实施对外经济战略，获得世界主导地位以后的美国也是如此。

吉尔平认为：二战结束后，美国的跨国公司之所以能在世界事务中发挥如此巨大的作用，关键是它们的做法符合霸权国美国的国家利益。跨国公司的地理扩张与美国政治势力的增长是同步进行的。跨国公司之所以兴盛，是因为它们依赖于美国的权力，且与美国的政治利益相吻合。[2] 国际贸易尽管是企业或者个人层面的活动，但是国家的安全因素却能促进抑或阻碍企业层次和个人层次的决定。二战后，美国利用对外贸易这项治国方略，先是对苏联展开经济战（economic warfare）；当美苏关系缓和以后，对外贸易又充当缓和政策（détente）的工具。[3] 当美苏之间政治关系良好，双方紧张程度降低的时候，美国政府就允许更多的美苏双边贸易；而当美苏双方关系恶化，双方紧张程度上升的时候，美国政府则开始为双边贸易设置障碍，使得双方贸易难以为继。[4]

为何 19 世纪的英国能塑造自由主义的世界秩序？现实主义政治经济学中的"霸权稳定论"强调，开放的国际经济秩序是公共品，

---

① 黄琪轩、李晨阳：《美国海外市场开拓对中国"一带一路"战略的启示》，《探索与争鸣》2016 年第 5 期。
② ［美］罗伯特·吉尔平：《跨国公司与美国霸权》，第 2—3、33 页。
③ Bruce Parrott, *Trade, Technology, and Soviet-American Relations*, Loomington: Indiana University Press, 1985, p. 274.
④ Jonathan Chanis, "United States Trade Policy toward the Soviet Union: A More Commercial Orientation," *Proceedings of the Academy of Political Science*, Vol. 37, No. 4, 1990, p. 111.

而这个公共品的提供需要一个政治前提：即霸权国家的存在。首先，霸权国家具有建立开放经济秩序的意愿。霸权国家在世界范围内具有产业竞争优势，开放的国际经济秩序显然有助于其国家利益的实现。步入 19 世纪后，英国制造业日趋成熟；到 19 世纪中期，英国制造业发展达到高峰，生产了世界上五成的铁，七成的钢，五成的棉布，四成的金属制品，且拥有世界蒸汽动力的三分之一，占世界制成品产出的三分之一。[1] 随着制造业日益成熟，旧式重商主义秩序已难以满足变动的国家利益。在 1830 年到 1840 年间，英国人发现：由于自身的重商主义政策，落后地区日益不愿进口英国纺织品。此时出现了一个奇怪的现象：当时英国是唯一的工业经济体，也是唯一的高水平制成品出口国，但却无法维持贸易顺差。英国政府亟需为日益成熟的制造业寻找出路，以贸易自由化为重点的新秩序呼之欲出。到 19 世纪中期，对很多英国人而言，自由贸易似乎是解决一切问题的灵丹妙药。首先，自由贸易意味着英国能自由地在世界市场出售廉价商品；其次，自由贸易意味着英国能以低廉价格购买落后国家的原材料，而落后国家则将赚来的钱购买英国制成品。[2] 正如卡尔所言："自由放任主义，无论是在国际关系领域还是在劳资关系领域，都是经济强者的天堂。国家控制，无论表现为保护性立法的形式还是保护性关税的形式，都是经济弱者使用的自卫武器。"[3] 强者偏爱自由放任的秩序。

---

① ［英］埃里克·霍布斯鲍姆著，梅俊杰译：《工业与帝国：英国现代化历程》，中央编译出版社 2016 年版，第 131 页。

② ［英］艾瑞克·霍布斯鲍姆著，张晓华等译：《资本的年代》，江苏人民出版社，1999年，第 44 页。

③ ［英］爱德华·卡尔：《20 年危机（1919—1939）：国际关系研究导论》，第 57 页。

其次，就霸权国家的能力而言，正是霸权国家的存在，克服了国家间合作难以逾越的障碍。建立自由国际秩序的一项重要障碍就是国家间合作需要克服强制执行的问题（enforcement）。合作的参与者需要能够界定哪些参与者违规了；当它们找出违规者以后，这些国家要有能力惩罚背叛者、惩罚违规者。同时这些国家还要有足够的意愿去惩罚违规者，而不是放任自流。[1] 如果国家间的权力分布势均力敌，它们彼此就没有足够的能力去监督、执行国家间的合作协议。同时势均力敌的国家难以克服搭便车的难题，因此它们也没有足够的意愿去执行合作协议。在这种条件下，国际经济合作难以实现，国际安全合作则更难实现。[2] 霸权国的出现提供了一条出路，其显著的权力优势会发挥作用。霸权国享有独特的权力优势，它手中既有"胡萝卜"，又有"大棒"，[3] 它既能对遵守规范者进行奖励，又能对违反规范者进行惩戒。因此，"在霸权体系下容易有开放的世界经济，因为单一领导国家的存在，它对自由贸易的偏好使得其他成员国也认识到与其角逐政治权力不会有什么好的结局。因此它们就会屈从于霸权的诱导"。[4] 这也是中国俗语对经验的总结："家无主，屋倒竖。"

1846 年是英国重商主义落幕的标志性年份。在这一年，英国废除《谷物法》，开始实施自由贸易改革。随后，英国将这一国内政策

---

① Robert Axelrod and Robert Keohane, "Achieving Cooperation under Anarchy: Strategies and Institutions," *World Politics*, Vol. 38, No. 1, 1985, pp. 226 - 254.

② Charles Lipson, "International Cooperation in Economic and Security Affairs," *World Politics*, Vol. 37, No. 1, 1984, pp. 1 - 23.

③ Beth Yarbrough and Robert Yarbrough, "Cooperation in the Liberalization of International Trade: After Hegemony, What?" *International Organization*, Vol. 41, No. 1, 1987, pp. 1 - 26.

④ Joanne Gowa and Edward Mansfield, "Power Politics and International Trade," *American Political Science Review*, Vol. 87, No. 2, 1993, p. 408.

逐步推进，成为流行的国际经济秩序。1860 年，英国同法国签订《英法通商条约》，也称《科布登‐谢瓦利埃条约》（Cobden-Chevalier Treaty）。英法两国给予对方最惠国待遇，互减商品关税。在签约过程中，英国做出较大让步，最终打通了英国制成品进入法国市场的通道。随后英国又和比利时、意大利、德国、奥匈帝国等签署自由贸易协定。到 19 世纪 60 年代，英国已把自由贸易原则推广到欧洲大部分国家，欧洲成为英国商品自由进出的场所。

即便称这一时期为自由国际秩序，强制也是该秩序不可或缺的一部分。英国需要贸易机会与特权，追求进入世界市场的自由。如果有落后国家不愿给予，英国或用外交威胁，或用军事武力，用皇家海军发射的 "24 磅重的炮弹之道德力量"，用坚船利炮迫使诸国就范。为了商业安全，干预成为必要手段。[①] 以贸易自由化为重点的国际秩序为英国制造业赢得日益扩大的海外市场。从 1848 年到 1870年的三十多年间，英国向土耳其、中东、亚洲及澳大利亚的出口直线上升。英国与遥远地域及落后地区的贸易额足足增加了六倍。[②] 一个贸易自由化的国际经济秩序业已建立。不过随着大英帝国的衰落，在 19 世纪末和 20 世纪初，开放的世界经济再度陷入纷争和无序。在 1932 年的渥太华会议上，英国政府同自治领以及殖民地正式建立了排他性的帝国特惠制度（imperial preference）。英国希望通过保护主义的制度安排，保持自己在贸易和金融领域的优势地位。而当

---

① Martin Lynn, "British Policy, Trade, and Informal Empire in the Mid-Nineteenth Century," in Andrew Porter, ed., *The Oxford History of the British Empire: Volume III: The Nineteenth Century*, New York: Oxford University Press, 1999, p. 108.

② ［英］艾瑞克·霍布斯鲍姆：《资本的年代》，第 59 页。

前美国日益高涨的贸易保护主义和当年英国保护主义的回潮有着相似的世界政治经济背景。

近年来，中国在推动高水平对外开放同时，维护多元稳定的国际经济格局和经贸关系。中国积极推进自贸协定谈判和签署，和厄瓜多尔、尼加拉瓜，塞尔维亚签署自贸协定，与新加坡签署自贸协定进一步升级议定书。到 2023 年底，中国已和 29 个国家和地区签署 22 个自贸协定。与此形成对照的是，准备参与 2024 年总统选举的美国前总统唐纳德·特朗普与顾问讨论了对华进口商品加征 60% 关税。这一新闻旋即引起轩然大波。事实上，特朗普曾屡屡提出退出北美自由贸易协定、退出世界贸易组织，挑起对中国、欧盟等国家和地区的贸易战，给国际秩序带来巨大冲击。制造业兴衰影响大国在世界政治中的结构性权力，进而影响其在不同国际秩序中的利益。在制造业成长阶段，英美两国均试图建立重商主义的国内或国际秩序，以促成本土制造业发展；在制造业成熟阶段，两国积极推进贸易自由化的国际秩序构建；在制造业衰落阶段，两国面临日益增大的保护主义压力，同时积极推进以金融自由化为重点的秩序构建。因此，霸权国家的自由秩序具有阶段性演进的特征，自由国际秩序并非意味着贸易自由化。当霸权国家制造业衰落，金融业崛起，其自由贸易秩序会转变为自由金融秩序。英国的自由贸易秩序就是"曼彻斯特秩序"，美国的自由贸易秩序就是"底特律秩序"。当英美两国制造业衰落的时候，相应的国际秩序也随之转变，变为"伦敦金融城秩序"与"华尔街秩序"。①

---

① 黄琪轩：《大国制造业兴衰与国际经济秩序变迁》，《人民论坛·学术前沿》2024 年第 9 期。

到 2023 年，中国制造业规模连续 13 年居全球第一；同时中国具备完整工业体系，是全球唯一拥有联合国产业分类目录中所有工业门类的国家。中国制造不断升级，在世界政治经济中逐渐占据技术与产业高地。依托制造业优势地位，崛起的中国能更好承担大国责任，做世界和平的建设者、全球发展的贡献者、国际秩序的维护者。依托制造业优势地位，崛起的中国积极向世界开放市场，提升贸易自由化、便利化水平，并旗帜鲜明反对保护主义，推动经济全球化朝着更加开放、包容、普惠、平衡、共赢的方向发展。2014 年，习近平主席指出："世界贸易扩大了，各国都受益。世界市场缩小了，对各国都没有好处。我们要继续做全球自由贸易的旗手，维护多边贸易体制，构建互利共赢的全球价值链，培育全球大市场。"①当前，中国稳居全球第二大消费市场和全球第一货物贸易大国地位，成为多个发达国家、新兴经济体国家以及发展中国家和地区的最大贸易伙伴。当发展中国家对欧美日等发达国家出口停滞不前，劳动密集型产品出口面临萎缩时，对中国出口却增加了。源于中国技术与产业升级，中国所需中间制成品随之升级，带动各国制造业升级，让广大发展中国家搭乘中国发展的顺风车。

现实主义政治经济学认为权力是世界政治经济运行的强力支撑。国际经济秩序并非"自发的秩序"。没有权力，自利的个体难以启动和维系一个开放的国际经济秩序。如果在世界政治经济中，权力高度集中，存在一个世界霸权，此时的世界经济会更加开放，更加有

---

① 习近平：《推动创新发展　实现联动增长——在二十国集团领导人第九次峰会第一阶段会议上的发言》，2014 年 11 月 15 日，https：//www.gov.cn/xinwen/2014-11/16/content_2779370.htm。

序。权力的集中从一定程度上缓解了"无政府"状态的压力。但是，当世界政治出现权力变迁时，世界政治经济的运行又会改变。

五　为何世界重大技术呈现周期性变迁?

如果有人问：在未来五十年的时间里，是否会出现技术革命？如果会，那么技术革命最可能出现在哪些国家？

世界技术史上，重大技术变迁呈现周期性的波动：有时候，技术进步比较缓慢；而有时候，重大技术变迁却在一段时间里集中出现，形成了技术革命。重大技术变迁的周期常常和世界政治的权力变迁周期存在共振。如表 7-1 所示：历史上，重大技术变迁总是和大国的权力转移如影随形。从地理大发现、科学革命、第一次技术革命、第二次技术革命到第三次技术革命，背后都有大国竞争的身影。

表 7-1　世界霸权竞争与技术革命

	霸权周期	领导国	挑战国	政府行为	技术变迁
第一次	1516—1580	葡萄牙	西班牙	皇室资助航海事业、支持航海技术的改进	地理大发现
第二次	1609—1688	荷兰	英国与法国	成立皇家学会等，资助与军事技术相关的力学、弹道学研究	科学革命
第三次	1714—1792	英国	法国	资助与军事技术相关的研究，促成对蒸汽机的改进。	第一次技术革命

	霸权周期	领导国	挑战国	政府行为	技术变迁
第四次	1815—1914	英国	德国	政府资助、采购，带动了钢铁、内燃机、有线电报等产业的发展。	第二次技术革命
第五次	1945—	美国	苏联	政府资助、采购，带动了计算机、软件等产业发展。	第三次技术革命

资料来源：黄琪轩：《世界技术变迁的国际政治经济学——大国权力竞争如何引发了技术革命?》，《世界政治研究》2018 年第 1 期。

以国家为中心的政治经济学关注权力对世界政治经济的塑造。如果说霸权稳定论关注集中的权力分布克服了国际关系的"无政府状态"，那么当霸权衰落、世界政治出现"权力转移"时，世界政治经济将呈现另外一种状态。修昔底德（Thucydides）在《伯罗奔尼撒战争史》（The Peloponnesian War）一书中写道：我的这部著作，不是应景之作，而将成为长久流传的财富。他之所以如此说，其中一个原因是他认为他从雅典和斯巴达的战争中找到了人类战争中规律性的认识。他指出战争的原因在于"雅典权力的增长，以及这个变化给斯巴达带来的警戒，使得雅典和斯巴达之间的战争不可避免"。[1]

承袭修昔底德，罗伯特·吉尔平（Robert Gilpin）的《世界政治中的战争与变革》一书就是关注国际政治变化的代表作。吉尔平指出，国家谋求与其权力位置相称的利益，只有当体系的利益分配与权力分布大致平衡时，这个国际体系才是稳定的。当体系的利益

---

[1] Thucydides, *The Peloponnesian War*, New York: Penguin, 1954, pp. 14 - 15.

分配与权力分布不匹配时，将引发结构变革，带来新的"均衡"（equilibrium）。吉尔平指出："一个社会如果面临自身权力的衰落，它的优先的、最具吸引力的选择就是消除这个问题的根源。通过发动预防性战争，正在衰落的国家摧毁或者削弱了正在崛起的挑战者。"[①] 奥根斯基（A. F. K. Organski）则强调，当一个正在崛起的、不满足于现状安排的崛起国的国家实力开始接近领导国（leading state）时，战争最可能爆发。[②] 按格雷厄姆·艾利森（Graham Allison）教授的研究，在过去的500年中，有16个大国崛起，并威胁取代现有守成国的案例，其中有12次导致了战争，还有4次例外。[③] 因此权力转移时期是世界政治中最危险、最不稳定的时期。权力转移时期常常引发大国之间的大战。

在世界政治经济的无政府状态下，大国更容易受到世界政治权力变迁的影响。大国之间的冲突与合作和小国有较大的不同，大国是国际体系的改写者，而小国往往是接受者，大战主角往往是大国。在过去五百年的战争中，大国参与的战争大约占到70%，其中有4个大国参与了五分之一的欧洲战争。[④] 在无政府状态下，大国更容易卷入争端。这和自然世界中的一些机制是吻合的。在自然世界，物种往往面临同一"生态位"其他物种的竞争。虽然马死了一半，但是有羊在吃草，剩下每匹马享有的资源提升有限，所以"马尔萨斯

① Robert Gilpin, *War and Change in World Politics*, New York: Cambridge University Press, 1981, pp. 10 - 11, p. 191.

② A. F. K. Organski, *World Politics*, New York: Knopf, 1968, pp. 272 - 299.

③ ［美］格雷厄姆·艾利森著，陈定定、傅强译：《注定一战：中美能避免修昔底德陷阱吗？》，上海人民出版社2019年版，第8页。

④ Jack Levy, *War in the Modern Great Power System: 1495 - 1975*, Lexington: University Press of Kentucky, 1983, p. 3.

陷阱"对马的效应相对微弱。但马尔萨斯总结的历史经验则指出，当世界人口显著减少时，剩下的人口享有的资源量就有了显著提升。人类在生态链中占据垄断优势地位，理当表现出更明显的马尔萨斯效应。[①] 大国同样如此，由于在世界政治经济中占据"生态位"顶端，因此大国的竞争常常更加激烈。

在"无政府状态"下，大国权力转移会加剧"安全困境"。[②] 即便领导国与崛起国双方都"缺乏恶意"，[③] 一个国家为了自身安全而采取的措施，即便是加强防御性武备，也会降低其他国家的安全感，致使竞争者也采取反制措施加固自身安全。双方角逐的结果是一个竞争螺旋，加剧了双方冲突。最终，为了自身安全而采取的措施，以双方更不安全告终。

正如约翰·米尔斯海默所言："军事技术的不对称扩散"使国家不会同时获得新技术。这意味着创新者往往比落后者获得重大的，尽管是暂时的优势。[④] 这也意味着即使在权力转移时期，战争也并非惟一出路。在无政府状态下，为了确保自身安全，大国常常发动预防性战争，正在衰落的大国通过战争摧毁或者削弱了正在崛起的挑战者。同时在权力转移时期，大国对安全竞争、经济竞争与荣誉竞争的担忧既可能导致崛起国与守成国发生冲突与战争，也会驱使大国之间的竞争从"热战"转向"冷战"，从战场转向工厂与实验室。

---

① 吴乐旻：《富种起源：人类是怎么变富的》，中信出版集团 2023 年版，第 16—17 页。
② Robert Jervis, "Cooperation under the Security Dilemma," p. 198.
③ 唐世平，林民旺、刘丰、尹继武译：《我们时代的安全战略理论：防御性现实主义》，北京大学出版社 2016 年版，第 76 页。
④ ［美］约翰·米尔斯海默著，王义桅、唐小松译：《大国政治的悲剧》，上海人民出版社 2003 年版，第 305 页。

因此，政府推动技术变迁成为大国面临加剧的大国竞争环境时的一项重要选择。国际关系学者保罗·麦克唐纳（Paul MacDonald）与约瑟夫·培伦特（Joseph Parent）指出，霸权衰落的时候，常常进行"战略收缩"而非"战略扩张"。但他们也发现，实施战略收缩的目标也是为内部的改革创造空间，包括改变国内的技术投资结构。①

15世纪末16世纪初，葡萄牙和西班牙的霸权竞争把双方的航海事业推向一个前所未有的高度。当时的航海家来回辗转于葡萄牙、西班牙两个王室之间，其中就有哥伦布和麦哲伦。最终，西班牙皇室资助了哥伦布、麦哲伦远航。正是在两国霸权竞争的推动下，双方斥巨资资助航海技术的改进与远洋航行，才有了改变世界的地理大发现。

17世纪的科学革命很大程度源于英国与荷兰对世界霸权的争夺。当时最著名的科学家牛顿，其力学体系的建立是科学革命的重要成果。社会学家罗伯特·金·默顿详尽地向人们展示：牛顿将自身的研究服务于英国的军事竞争。在《自然哲学的数学原理》中，牛顿尝试计算空气阻力对弹道轨迹的影响。除了牛顿，科学革命期间，一批科学家都将自身研究服务于英荷军事竞争，如罗伯特·胡克、爱德蒙·哈雷、罗伯特·波义耳、克里斯蒂安·惠更斯等。

随之而来的第一次技术革命也是霸权竞争的产物。18世纪的英国面临大陆强国法国的挑战。第一次技术革命的关键技术——蒸汽机的改良，其基础就来源于当时军事竞争对大炮镗床的改进。正是约翰·威尔金森（John Wilkinson）的天才努力，能够加工具有一

---

① ［美］保罗·麦克唐纳、约瑟夫·培伦特著，武雅斌等译：《霸权的黄昏：大国的衰退和收缩》，法律出版社2020年版，第18—21页。

定精度的汽缸，才保证了瓦特可能改造蒸汽机，确保汽缸的"加工误差不会超过六便士硬币的厚度（即 0.05 英寸）。"①

出现在 19 世纪晚期的第二次技术革命是在德国和英国霸权竞争的推动下展开的。第二次技术革命中很多关键技术就服务于军事竞争或作为军事竞争的副产品。如关键技术之一的内燃机，其原始雏形是火枪。② 其工作原理是引导性的爆炸：气体在某一有限空间（如汽缸）内迅速膨胀，推动一物体（通常是活塞）向指定方向运动。而无线电报等技术不仅服务于军事需要，也直接受益于政府项目。

第二次技术革命的一个重要投入品是钢材。而钢铁的兴起离不开当时英国和德国在争夺世界霸权的过程中，对新材料的需要。不仅造船需要新的钢铁材料，制造枪支也同样需要钢铁。在霸权竞争下，英德两国纷纷加强军备，炼钢业有了巨大进步，而军队是钢材最早的用户。最开始，钢材的价格过于昂贵，甚至军方都感到难以承受。但是军事竞争的压力迫使他们寻求技术上的改进。例如，大型钢铁厂曼德维尔钢铁厂和伯利恒钢铁厂的主顾就是海军而非普通民众，它们为海军制造装甲钢板。③ 而当军队率先使用钢材，并逐步打开市场以后，其他民用部门才开始接受这一新材料。

美苏争霸推动了第三次技术革命。第二次世界大战后，技术革命背后的故事也是大国权力竞争的故事。半导体、晶体管、互联网、航空航天等技术都源于同一个储蓄库。大国权力竞争推动了与国家

---

① ［英］大卫·兰德斯：《解除束缚的普罗米修斯》，第 103 页。
② 同上，第 279 页。
③ ［英］克里斯·弗里曼、［葡］弗朗西斯科·卢桑著，沈宏亮译：《光阴似箭：从工业革命到信息革命》，中国人民大学出版社 2007 年版，第 241 页。

安全相关的重大发明的出现，这些发明与发现为以后的技术改进和民用化提供了来源。苏联和美国基于国家安全考虑，在技术政策上做出了相应调整，双方政府密集地介入技术发展以确保权力竞争优势，进而推动重大技术变迁。从表7-2我们可以看到，美国第一代计算机的发展，得到美国军方的全力支持，其中海军的作用最明显，美国空军也发挥了积极作用（当时最重要的项目多半来自海军和空军的资助）。计算机成本巨大，如1951年麻省理工的旋风计算机（whirlwind），每台造价高达400万到500万美元。如果离开美国海军和空军的联合资助，这样耗资不菲的大型项目是难以筹集到足够资金的。而早在1944年，麻省理工学院就启动了旋风计算机项目，旨在为美国海军提供通用的飞机模拟器。

表7-2　美国第一代计算机及研发资金来源

项目名称	预计每台成本（千美元）	资金来源	开始时间
ENIAC	750	陆军	1945
哈佛马克二代	840	海军	1947
Eckert-Mauchly BINAC	278	空军	1949
哈佛马克三代	1160	海军	1949
NBS过渡性计算机（SEAC）	188	空军	1950
ERA 1101（Atlas一代）	500	海军以及NSA	1950
Eckert-Mauchly UNIVAC	400—500	陆军通过统计局；空军	1951
MIT旋风计算机	4000—5000	海军，空军	1951

项目名称	预计每台成本 （千美元）	资金来源	开始时间
普林斯顿 IAS 计算机	650	陆军，海军； RCA；AEC	1951
加州大学 CALDIC	95	海军	1951
哈佛马克四代计算机	—	空军	1951
EDVAC	467	陆军	1952
雷神飓风（RAYDAC）	460	海军	1952
ORDVAC	600	陆军	1952
NBS/UCLA 和风计算机 （SWAC）	400	海军、空军	1952
ERA 后勤计算机	350—650	海军	1953
ERA 1102	1400	空军	1953
ERA 1103	895	海军以及 NSA	1953
IBM 海军条例研究计算机	2500	海军	1955

资料来源：Kenneth Flamm, *Creating the Computer: Government, Industry and High Technology*, Washington, DC: Brookings Institution Press, 1988, p. 76.

　　首先，政府作为技术资助者出现。就政府资助而言，在世界政治的权力转移时期，领导国与崛起国政府往往加大对技术，尤其是军用技术的研发资助。其次，政府还作为技术采购者出现。社会学家维尔纳·桑巴特就曾指出："战争具有双重作用，此处在破坏，彼处则在建设"，而战争之建设作用的一个关键就在于："军事需求创造出了大宗需求"。①

我们从表 7 - 3 可知，1962 年，晶体管的平均价格为 50 美元。当时，国防采购了所有生产出来的晶体管，国防订单占据了 100% 的市场份额。后来，随着晶体管的改进，价格开始下降，民用需求也逐渐发育壮大。即使如此，国防需求对晶体管的研发仍起着相当重要的作用。20 世纪 60 年代中后期，国防需求仍然占据了晶体管需求一半以上的份额。同时，也正是由于大量的国防需求，使得半导体和晶体管有了进一步改进的机会。

表 7 - 3　晶体管的政府采购

年份	平均价格（美元）	国防生产占总产出的份额%
1962	50	100
1963	31.6	94
1964	18.5	85
1965	8，33	72
1966	5.05	53

资料来源：David Mowery and Nathan Rosenberg, *Paths of Innovation: Technological Change in 20th-Century America*, New York: Cambridge University Press, 1998, p. 133.

在权力转移时期，政府的资助与采购会从以下三个方面影响新技术的发展：支持的集中度；性能的优越性以及成本的敏感性。首先，就技术支持的集中度而言，在世界政治的权力转移时期，领导国与挑战国政府往往将资源集中投向一些大企业，因为只有少数企业才能够承担如此大规模、高精度的科研和生产。因此政

---

① 〔德〕维尔纳·桑巴特：《战争与资本主义》，第 24、103 页。

府的科研管理、研发资助、产品采购也相应比较集中。这样的集中支持为突破技术瓶颈带来了可能性。在 1950 年，超过 90%的联邦研发经费由国防部和原子能委员会（Atomic Energy Agency）控制。[①] 如此集中的资源控制有利于集中力量克服技术瓶颈。当时美国政府科研合同的总额高达 10 亿美元，获得这些合同的有 200 家企业，其中 10%的企业就获得了 40%的经费。资源集中投向重要企业，也集中投向重要大学。最重要的科研合同派送给了最顶级的大学，19%的大学获得了三分之二的科研经费。[②] 据保守估计，在二十世纪四十年代晚期和五十年代早期，麻省理工学院的旋风（Whirlwind）计算机和 ERA 计算机这两个项目就占到了军方对计算机研发资助经费的一半，耗资大概在一千四百万到两千一百万美金之间。[③] 集中的技术支持，有利于集中资源克服技术瓶颈，带来重大的技术变迁。

其次，就技术性能的优越性而言，在世界政治的权力转移时期，守成国与挑战国政府往往会提高对技术性能的要求，以确保在军事竞争中获得技术优势。正是在权力转移时期，政府耗费大量的资源来改善高技术产品的性能，力求精益求精。在研究高性能战斗机的过程中，人们对精确性的狂热达到了极点；要求技术达到极尽所能的精度，要求部件的精细程度提高十倍乃至二十倍。任何设备，只

---

① David Mowery and Nathan Rosenberg, *Paths of Innovation: Technological Change in 20th-Century America*, p. 135.
② ［美］戴维·F·诺布尔：《生产力：工业自动化的社会史》，第 11 页。
③ Kenneth Flamm, *Creating the Computer: Government, Industry and High Technology*, p. 78.

要在精确性方面出一点点差错，就会被认为毫无价值。[1] 正是政府对产品性能的要求，促进了技术往高性能、精加工方向发展。在国家安全的驱动下，企业对技术精度的要求提高，也相应提高了制造业水平。

再次，就技术成本的敏感性而言，在世界政治的权力转移时期，领导国与挑战国政府往往对技术进步的成本不那么敏感。[2] 这对商业投资而言是缺陷，但对重大技术进步而言却是优点。技术进步的一个显著特点就是具有很大的不确定性。贝尔实验室发明了激光，但却没有想到激光会有多大价值。1969 年，美国"阿波罗 11 号"宇宙飞船载人登月成功；1981 年，美国的"哥伦比亚号"航天飞机首航成功；1997 年，美国的"火星探路者号"航天飞机成功登陆火星。这些科学与技术的进步，在短时期都难以看到商业回报，正是大国竞争，让政府忽视科技的短期商业回报，而重视安全与政治价值。

此外，我们还应该注意到，政府大规模研发项目的启动还培养了大量的技术人才。如哈佛大学的艾肯（Aiken）计划也是受到美国政府的巨额资助，我们所熟知的华人计算机企业家王安（An Wang），就是在离开哈佛艾肯项目后，于 1951 年建立了自己的实验室。[3] 因此，政府对研发的资助与高新技术的采购不仅直接拉动了技术进步，也间接积累了技术能力，培养了技术人才，为实现重大技

---

① ［美］戴维·F·诺布尔：《生产力：工业自动化的社会史》，第 196 页。
② 关于政府对技术投资的敏感性研究，参见傅军：《制度安排与技术发展：两个技术市场的理论命题》，《上海交通大学学报》（哲学社会科学版）2013 年第 5 期。
③ Kenneth Flamm, *Creating the Computer: Government, Industry and High Technology*, p. 59.

术变革创造了重要条件。在大国权力转移时期，大规模资助与采购，能够克服以往的技术进步瓶颈，突破科学与技术边界，带动"大发明"出现的概率大大增加。从某种意义上来讲，"政治是主人，技术是仆人"。世界政治经济的"无政府"状态在大国权力转移时期会加剧，守成国与崛起国的竞争也日益激烈。恰恰是这一时期的大国竞争，孕育着重大技术革新。

这里我们对古代欧洲和中国做个比较。历史上的欧洲存在比较激烈的国际竞争，尤其是存在国家之间权力转移这样异常激烈的国际竞争，因此它在世界技术史中能脱颖而出。而古代中国在很长一段时间里缺乏严峻的国际竞争环境，更缺乏权力转移这样高强度的国际竞争，因此古代中国逐渐丧失了技术进步的意愿与能力，进而丧失技术上的领先地位。要知道，古代中国也曾有重大的技术变革，往往出现在它面临严峻的外部环境的时期，其中两个时期尤为突出：春秋战国时期，诸侯国之间的竞争让各诸侯国面临严峻的外部环境；宋代与游牧民族的竞争让宋面临同样严峻的外部环境。因此春秋战国时期与宋代，是古代中国科学、技术以及思想上的两个高峰。"生于忧患"的逻辑同样适用于技术史。

随着国际局势变化，中国的技术政策也相应调整，取得了重大进步。2022 年，中国共产党的二十大报告总结了中国在重大技术领域的突破："加快推进科技自立自强，全社会研发经费支出从一万亿元增加到二万八千亿元，居世界第二位，研发人员总量居世界首位。基础研究和原始创新不断加强，一些关键核心技术实现突破，战略性新兴产业发展壮大，载人航天、探月探火、深海深地探测、超级计算机、卫星导航、量子信息、核电技术、新能源技术、大飞机制造、生物医药等取得重大成果，进入创新型国家行列。"[1] 技术变迁的一个核心关键词就是"不确定性"，在权力转移背景下，崛起的中国既有能力，也有意愿来应对第四次工业革命带来的诸多"不确定性"，在"不确定"的世界中寻求秩序与繁荣。在大国竞争加剧的背景下，在"新的动荡变革期"，迈向世界科技强国的中国定能引领新一轮世界技术革命。

大国权力转移时期会带来世界政治经济的诸多变化。当今世界处于百年未有之大变局，我们更应该广泛学习借鉴，服务于走和平发展道路的中国式现代化。值得我们注意的是：19 世纪末 20 世纪初，德国与美国的经济得到了迅速发展。为何美国的经济成长没有引发英美两国强烈的对抗，而德国的经济崛起却将英德两国推向战争？很多研究者认为大国经济成长本身就会带来问题，因为崛起国会改变世界政治的既有均衡。

在 19 世纪末，德国这样的新兴大国的经济成长有几个方面会影响到霸权国家：首先，新兴国家的经济成长往往会伴随产业升级。如此一来，新兴国家可能逐步占据新兴产业的制高点，掌握国际市场的定价权，抢占更广阔的原材料产地与销售市场，这对霸权国家的产业利益构成了经济上的冲击。其次，新兴国家的经济成长带来经济实力与产业实力的增强，让更多的资源释放到军事用途成为可能，这也会对霸权国家构成安全上的冲击。再次，高度的经济联系把国内利益团体与外部世界绑在一起，这些外向型的经济团体不仅会积极维护和平，也可能会积极推动军事竞争与战争，因为他们需

---

[1] https://www.gov.cn/xinwen/2022-10/25/content_5721685.htm.

要国家权力去保障海外的原料产地与销售市场。最后，由于与海外市场高度的经济联系、频繁的信息交流，一国经济的迅速成长更容易被外界感知，乃至被夸大。有研究显示大国的经济成长具有危险性。当一国经济的成长使得国家对外利益、对外活动增加的时候，不同国家之间的利益冲突就增加了。因此，经济成长迅速的国家容易卷入国际冲突、危机与战争。[①] 自由主义政治经济学的贸易和平论认识到贸易可以化解此类冲突，经济交往让双方的利益绑定在一起，这使得支持和平的因素发展壮大。这一理论为解释战争与和平提供了一个微观基础。不过，在权力转移时期，守成国与崛起国紧密的经济联系也带来了相应的问题。与美国相比，19 世纪末的德国崛起是依靠海外市场的经济成长模式。这一模式对英国构成的挑战与冲击更为迫切与直接。紧密的经济联系让德国更直接地冲击英国的产业、就业以及经济安全。英德两国从经济竞争走向了军备竞赛，并最终走向了战争。相比之下，美国依靠国内市场的经济成长模式对英国的冲击相对较小。[②] 19 世纪末美国"基于国内开发的市场开拓模式"在当时收获了丰厚的红利。依靠自身庞大的市场体量，19 世纪末的美国稳步推动新技术的发展与运用，并逐渐消化新技术发展带来的过剩产能。依托庞大市场体量，19 世纪末 20 世纪初的美国在实现经济成长、推进世界科技强国建设的时候，也避免了与英国的直接竞争与冲突。

---

① Nazli Choucri and Robert North, *Nations in Conflict: National Growth and International Violence*, San Francisco: W. H. Freeman, 1975, p. 1.
② 黄琪轩：《大国经济成长模式及其国际政治后果——海外贸易、国内市场与权力转移》，《世界经济与政治》2012 年第 9 期。

尽管世界进入新的动荡变革期，中国也在积极发挥"超大市场优势"，依托日益成长的国内大市场，撬动更为广阔的海外大市场，国内国际双循环会驱动中国的技术成长迈向更高阶段，为中国在未来的世界技术博弈中提供更大的回旋余地。

六　为何美国宁可遭受损失也要禁止技术出口？

随着中国日益在世界政治中崛起，美国政府日益加紧对华技术出口限制。一个标志性事件发生在 2018 年 4 月，美国商务部宣布，在未来七年内，禁止中国的中兴通讯向美国企业购买敏感产品。在 2018 年 8 月，美国商务部以国家安全为名，将 44 家中国企业和研究机构列入出口管制的实体清单。同年 10 月，美国政府对从事芯片和半导体生产的中国企业福建晋华集成电路有限公司下达出口禁令，旨在切断美国企业与其技术往来。2018 年 11 月，美国商务部列出了 14 个"具有代表性的新兴技术"清单，试图强化技术出口限制。在 2019 年 5 月，美国商务部将华为及其 68 家子公司列入实体清单，禁止美国企业在没有许可证的情况下向华为提供商品和服务。在 2019 年 10 月，美国商务部又将中国 20 家政府机关以及 8 家高技术企业列入出口管制实体清单。2019 年 11 月，美国商务部发布了《确保信息通信技术与服务供应链安全》的法规草案，加强对信息通信技术领域的出口管制。

2021 年，美日韩在华盛顿举行三边国家安全顾问会议，美国意在联合日韩整合全球半导体产业链。美、欧、日、韩国家与地区的

64 家企业成立"美国半导体联盟"（Semiconductors in America Coalition，简称 SIAC），覆盖整个半导体产业链。波士顿咨询公司（Boston Consulting Group）的一份研究报告指出：实施对华技术禁运将撼动美国半导体产业在世界经济中的领导地位，致使美国产品的世界市场占有率降低 18%，收入减少 37%。[①]

事实上，此类事件并非第一次发生。进入 21 世纪以后，美国政府就陆续开始加强技术出口限制。即便是美国商业集团愿意出口高新技术给中国，美国政府也从国家安全考虑对技术出口给予诸多限制和控制。出于国家安全考虑，以往美国政府已经通过了的技术转让计划被否决。早在 2001 年上半年，美国半导体制造公司（SMIC）准备在上海投资 15 亿美元建立一个芯片工厂。然而，随着小布什政府的上台，半导体制造公司从美国应用材料公司所申请的两项电子光束系统技术遭到了美国政府的阻挠。美国国防部、商业部以及国务院组成的专门委员会实施的种种阻挠使得半导体制造公司最后不得不放弃了这两项技术的出口申请。美国不少大公司纷纷抱怨：自小布什政府上台以来，商界想要获得技术出口证书要费尽周折。一些美国技术出口公司抱怨美国政府的技术出口限制措施严厉，审批时间也比以前要长得多。美国商界认为美国政府对技术出口的控制使得他们失去了许多商机，损害他们在中国市场的销售份额和影响力。2006 年 7 月，美国政府公布了《对中华人民共和国出口和再出口管制政策的修改和澄清及新的授权合格最终用户制度》草案，进一步扩大了对华出口管制范围，新草案新增 47 项出口限制项目，对

[①] Antonio Varas and Raj Varadarajan, *How Restrictions to Trade with China Could End US Semiconductor Leadership*, Boston Consulting Group, 2020.

技术出口的审批程序大大复杂化。根据中国商务部的统计数据，在高科技账户方面，2004 年，美国从中国进口达到 460 亿美元；而出口到中国的高科技产品仅为 90 亿美元，不足进口的 1/5。在高科技产品上的逆差几乎占其整个对华贸易逆差的 1/3。

要理解美国政府对外经济决策，寻找其行为的思想根源是一项有意义的工作。以国家为中心的政治经济学强调国家是世界政治经济中最重要的行为体，它们互动的环境是"无政府状态"，它们在互动的过程中追逐各自的"国家利益"。弗朗西斯·培根（Francis Bacon）就指出：殖民地政府不可依靠商人，因为商人总是重目前之利。[1] 按培根的理解，对外贸易也不能靠商人，因为商人可能为眼前利益而损害国家利益。在自由主义者看来，没有所谓的"国家利益"，国家利益不过是个人利益的加总。而以国家为中心的政治经济学则不以为然。冷战期间，美国罔顾商人利益，对苏联实施了更为严格的出口控制。1958 年 6 月，苏共领导人赫鲁晓夫就美苏贸易问题致信美国总统德怀特·艾森豪威尔，赫鲁晓夫在信中列出了一些苏联希望从美国购买的商品，这些商品具有非军事的用途。赫鲁晓夫也列出了一些苏联希望卖给美国的产品。赫鲁晓夫的提议遭到了艾森豪威尔总统的婉拒。艾森豪威尔指出美国的贸易是私人和公司的事情，而不是由美国政府操办。[2] 事实上美国政府密切管控对苏贸易。美国召集其盟友成立了巴黎统筹委员会（Coordinating Committee

---

[1] ［英］弗朗西斯·培根著，水天同译：《培根论说集》，商务印书馆 1983 年版，第 127 页。

[2] Harold Berman, "The Legal Framework of Trade between Planned and Market Economies: The Soviet-American Example," *Law and Contemporary Problems*, Vol. 24, No. 3, 1959, pp. 525 - 526.

for Export to Communist Countries，简称 CoCom），该委员会对苏联集团实施战略物资禁运。被禁运的物资有一系列清单，主要包括对苏联军事设备的出口禁运。1962 年，美国商务部对具有战略意义的商品提出了一份"积极清单"（positive list）。这份清单涵盖了很多能够增加苏联经济潜力的商品。[1] 统筹委员会试图通过禁运来削减苏联在国际分工中可能获得的利益，进而损害苏联经济，削弱苏联在权力增长上的优势。

以斯密为代表的自由主义政治经济学看到了私人利益和国家利益的和谐。而现实主义政治经济学则看到了冲突。在 1955 年，时任通用汽车公司董事长的查理·威尔逊（Charlie Wilson）宣称：对通用汽车好的就是对美国好。持重商主义理念的一群人则不同，他们知道个人从自己的利益出发可能会和国家的利益发生冲突。[2] 尽管托马斯·孟自己是东印度公司的董事，但他认为自己的立场超越了商人的利益，将国家利益置于优先位置。孟列举了商人需要具备的一些优秀品质，他指出："一个商人的优秀品质：还能为祖国的利益着想。"[3] 而且商人的利益并不会总是和国家利益相一致。在斯密看来，个人利益的加总就是国家利益，二者是和谐的。但孟却看到了对外贸易中有三种利益：国家利益、商人利益与国王利益。孟认为：国家的利益可以在商人丧失利益的时候获得；商人在公平正当得利的时候，国家也可能成为损失者。[4] 在竞争的国际体系下，汉密尔顿则

① Josef Brada and Larry Wipf, "The Impact of U. S. Trade Controls on Exports to the Soviet Bloc," *Southern Economic Journal*, Vol. 41, No. 1, 1974, p. 47.
② ［美］亨利·威廉·斯皮格尔：《经济思想的成长》（上），第 84 页。
③ ［英］托马斯·孟：《英国得自对外贸易的财富》，第 3 页。
④ 同上，第 25 页。

担心：欧洲强国"需要鼓励我们分裂并且尽可能阻止我们独立地从事积极的贸易的政策。这样就能符合以下三项目的：阻止我们干扰他们的航海事业，独占我们的贸易利益，剪掉我们的翅膀，使我们无法飞到危险的高度"。① 对于是否需要国家制定政策保护德国东部边界的农民时，韦伯的回答是肯定的，因为这符合德国的国家利益："在德国经济政策的一切问题上，包括国家是否以及在多大程度上应当干预经济生活，是否以及何时开放国家的经济自由化并在经济发展过程中拆除关税保护，最终的决定性因素要看它们是否有利于我们全民族的经济和政治的权力利益，以及是否有利于我们民族的担纲者——德国民族国家。"② 李斯特认为：流行的政治经济学完全否认了国家和国家利益的存在。③ 这很大程度源于他们分析单位的不同。李斯特批评斯密眼里的商人是世界公民，而不是国家公民，可以到处经营商业："只需有一点不如意，他就可以把他的资本连同他所进行的事业全部，从这一国移到那一国。"④ 以国家为中心的政治经济学强调无政府状态是政治经济的运行环境，国家是最重要的行为体，它们的目标是追逐国家利益（national interest）。

发展与安全都是国家利益的重要部分。罗伯特·吉尔平指出：在思想史上，斯密是发现"战争成本增加规律"（law of the increasing cost of war）的第一人。⑤ 斯密在《国富论》中指出：君主首要职责是保卫社会免受其他独立社会的暴行和不公正行为伤害的职责。当

---

① ［美］汉密尔顿、杰伊、麦迪逊：《联邦党人文集》，第52页。
② ［德］马克斯·韦伯：《民族国家与经济政策》，第93页。
③ ［德］弗里德里希·李斯特：《政治经济学的国民体系》，第144页。
④ 同上，第28页。
⑤ Robert Gilpin, *War and Change in World Politics*, p. 162.

社会在文明上不断进步时，就逐渐变得越来越费钱。[①] 保障国家安全耗资不菲，需要有庞大财力支撑。在 1500 年到 1650 年间，富国和穷国打仗，二者胜算概率相当，获胜概率均不到一半；但在 1650 年之后，富国胜算概率显著增加，是穷国的三倍。[②] 支撑国家权力，维护国家安全不仅靠军队，还要靠财富。英国的丹尼尔·笛福曾指出：谁最经得起战争，这就得看谁的钱袋最充足，而不在于谁的剑最长。[③] 20 世纪 40 年代，雅各布·维纳（Jacob Viner）的一篇经典论文展示"发展"与"安全"、"强权"与"富足"如何紧密相连。针对以往对"重商主义"将"强权"视为终极目标而罔顾"富足"的批评，维纳强调：在大国竞逐富强过程中，"权力"与"繁荣"二者密不可分。首先，财富支撑权力，无论进攻还是防御，大国都仰仗着财富支撑的权力；其次，权力是获取财富、保有财富的重要手段；再次，对国家而言，二者不可偏废，权力和财富都是终极目标；最后，长期来看，权力和财富二者是和谐共融的。但在特殊情况下，国家需要牺牲经济利益以服务安全目标，这样才能更好地服务长远经济利益。[④] 由于生存是国家的首要利益，因此当"权力"与"繁荣"冲突的时候，二者是存在优先顺序的。

　　18 世纪时，荷兰金融界对英国的国债特别感兴趣。[⑤] 显然，荷

① ［英］亚当·斯密：《国富论》，第 776 页。

② Nicola Gennaioli and Hans-Joachim Voth, "State Capacity and Military Conflict," *Review of Economic Studies*, Vol. 82, No. 2, 2015, p. 1429.

③ ［英］笛福：《笛福文选》，第 169 页。

④ Jacob Viner, "Power Versus Plenty as Objectives of Foreign Policy in the Seventeenth and Eighteenth Centuries," *World Politics*, Vol. 1, No. 1, 1948, p. 10.

⑤ ［美］伊曼纽尔·沃勒斯坦著，尤来寅等译：《现代世界体系（第二卷）：重商主义与欧洲世界经济体的巩固（1650—1750）》，高等教育出版社 1998 年版，第 360 页。

兰的资金流向英国背后既非"封建商业"心态作祟，也非爱国心缺乏，而是荷兰商人对更高收益的追求。七年战争（1754—1763）之后，英国获得了加拿大等新的殖民地，荷兰对英国的投资扩大到了英国东印度公司、英格兰银行、南海公司。荷兰商人还大量购入英国的政府债券。到 1758 年，荷兰投资者拥有多达 1/3 的英格兰银行、英国东印度公司和南海公司的股票。到 1762 年，荷兰人拥有近 1/4 的英国债务，伦敦的荷兰侨民的数量和富人均属空前，似乎英国市场已经被荷兰资本所征服。[①] 荷兰商人注入大量资金，推动了伦敦的繁荣，使得伦敦在竞争中稳操胜券。[②]

然而出乎荷兰人意料的是，尽管英国市场吸纳了巨额的荷兰投资，在 1780 年到 1784 年爆发的第四次英荷战争中，英国依旧对荷兰兵戎相见，并把荷兰打翻在地。17 世纪初期，荷兰阿姆斯特丹的股票市场就像一台大功率的抽水泵，把全欧洲的剩余资本吸到了荷兰的事业中去；一个世纪以后，它还是一台功率巨大的抽水泵，把荷兰剩余的资本抽到了英国的事业中去。这就是经济逻辑与政治逻辑的矛盾。荷兰商人按经济逻辑来投资，现实主义政治经济学却认为荷兰商人此举扶植了荷兰未来的对手，损害了国家利益。正如李斯特所说的："有些在私人经济中也许是愚蠢的事，但在国家经济中却变成了聪明的事，反过来也是这样。"[③] 荷兰投资者在做明智抉择的时候，他们寻求更高的回报。但是对其国家利益而言，却做了愚

---

① ［法］费尔南·布罗代尔：《15 至 18 世纪的物质文明、经济和资本主义》（第三卷），第 291 页。
② 同上，第 272 页。
③ ［德］弗里德里希·李斯特：《政治经济学的国民体系》，第 145 页。

蠢的事情。因为荷兰投资者资助了自己国家的竞争对手。出于国家利益考虑，荷兰投资者应该避免投资英国；而基于个人利益考虑，荷兰投资者让自己的对手获得资金，发展壮大。

斯密在《国富论》中提到了托马斯·孟的作品。他认为孟的著作《英国得自对外贸易的财富》不仅成为英格兰而且成为所有其他商业国的政治经济学的根本信条。① 尽管从学理上看，重商主义既没有一致的原则，又缺乏共同的分析工具。② 但在实践中，该书的出版获得了英国国务秘书的许可，变成英国反对荷兰政策的思想武器。重商主义看到了个人利益与国家利益的不吻合之处。重商主义者关心财富，因为财富是国家权力的基础。在自由主义看来，财富为个人服务。但是在以国家为中心的视角中，财富是国家利益的重要构成。

为了国家利益，孟认为需要实施进出口限制，因为粮食与军火等是跟国家安全相关的战略产品。"在一个国家里边，凡是战争所需的食料与军火，都是非常宝贵的，以致似乎必须完全限制它们的出口。"③ 如果考虑国家利益，不是所有买卖都可以由私人来决定的。李斯特也说：火药、子弹、军械的买卖在承平时是允许的，但是谁要是在战时向敌人供应这类物资，就要当作卖国贼来处分了。④ 现在，高技术日益卷入战争，高技术的跨国流动也被日益管制。事实上，不仅和战争相关的技术会被管制，与经济增长相关的技术也很

---

① ［英］亚当·斯密：《国富论》（下），第481页。
② ［英］马克·布劳格：《经济理论的回顾》，第1页。
③ ［英］托马斯·孟：《英国得自对外贸易的财富》，第35页。
④ ［德］弗里德里希·李斯特：《政治经济学的国民体系》，第146页。

可能受到管制。因为经济增长会有安全的外部性。诺斯克利夫（Northcliffe）勋爵在驾车游历德国后声称：所有这些新建工厂的烟囱就是指向英国的枪炮。[1] 出于对国家利益的考虑，贸易常常是高度政治化的议题。自由贸易会增加本国的收益，同时也可能增加敌对国家或者潜在敌对国家的收益。敌对国家或潜在敌对国家能从贸易中获得经济利益，而它们将经济利益转化为军事实力的可能性会带来安全外部性。因此安全外部性使得自由贸易更容易在军事联盟内部进行，往往由一个军事力量较强的大国主导，促成联盟内的自由贸易。[2]

不少学者批评重商主义重视积累金银，亚当·斯密指出：海陆军不是用金银而是用消费品维持的。一个国家从国内产业的年产物中，从它的土地、劳动和可消费资本产生的年收入中，有财力在遥远的国家购买这种消费品，就能维持对外战争。[3] 在斯密看来，衡量国家战争能力最有效的尺度就是其生产能力而非金银。[4] 重商主义的早期著作是重金主义，尤其重视金银的积累。相关思想产生的背景是，在那一时期的大国竞争中，积累金银符合国家利益。金银不仅在国际支付中发挥着重要作用，还可以作为国家重要的经济资源，以便在战争期间招募士兵、发放军饷、建造船舰、收买盟友、贿赂敌人。即便到了 20 世纪初，这样的逻辑还在影响大国决策。在一战

---

① ［英］保罗·肯尼迪：《英德对抗的兴起——1860—1914》，第 407 页。
② Joanne Gowa, "Bipolarity, Multipolarity, and Free Trade," *American Political Science Review*, Vol. 83, No. 4, 1989, pp. 1245 - 1256.
③ ［英］亚当·斯密：《国富论》，第 487 页。
④ ［美］爱德华·米德·厄尔：《亚当·斯密、亚历山大·汉密尔顿、弗里德里希·李斯特：军事力量的经济基础》，载［美］彼得·帕雷特、戈登·克雷格、费利克斯·吉尔伯特主编：《现代战略的缔造者：从马基雅维利到核时代》，第 212 页。

爆发前 15 年里，欧洲各国纷纷加强了对黄金的争夺。各国政府将黄金用于购置海外物资，为战争储备资源。在战争预期下，各国政府通过法律禁止黄金出口。[1] 黄金作为战略物资，政治逻辑压倒了经济逻辑。一战前夕，悲观预期使得德意志银行决定加强黄金储备并在世界大战爆发前的最后两年从伦敦大量购入黄金。在战争预期下，黄金成了名副其实的战俘。黄金一旦进入了各国中央银行的金库，中央银行就不惜一切代价将黄金保留下来。由于各大国开始为战争做准备，储备黄金成为各国加强军备的重要内容，因为黄金是战争期间的主要支付手段。[2]

此外以国家为中心的政治经济学之所以不认可自由主义者秉持的"比较优势"，是因为他们不信奉国家利益是"绝对收益"（absolute gain）。凯恩斯在阅读赫克歇尔《重商主义》著作时，对重商主义做了概括，指出他们：所追求的是国家的优势和相对实力（national advantage and relative strength）。[3] 孟、李斯特等人往往认为各国追逐国家利益是零和博弈。自由主义政治经济学强调全世界生产资源的最优配置，希望这一问题与政治权力无涉。孟则依据实际的、潜在的、经济的、政治的国家利益来展开论述。在他看来，

---

① Barry Eichengreen，*Globalizing Capital：A History of the International Monetary System*，p. 46.

② Marcello De Cecco，*From Monopoly to Oligopoly: Lessons from the Pre-1914 Experience*，in Eric Helleiner and Jonathan Kirshner，eds.，*The Future of the Dollar*，Ithaca: Cornell University Press，2009，pp. 116–141.

③ John Maynard Keynes，*The General Theory of Employment, Interest and Money*，New York: Cambridge University Press，2013，p. 348. 中译本译为："他们追求国家利益与国家力量的相对增长"，参见 ［英］约翰·梅纳德·凯恩斯著，高鸿业译：《就业、利息与货币通论》，商务印书馆 1999 年版，第 359 页。

一个国家获益也就暗含着其他国家遭受了相应的损失。[1] 以孟为代表的重商主义者往往提倡通过鼓励生产、增加出口以及抑制国内消费来增加国家财富。在他们眼中，一个国家的财富是依靠很多国家的贫困来支撑的。在众多重商主义者的眼中，黄金跟领土一样，一个国家所得到的就是另一个国家所失去的。荷兰获得的份额多，英国的份额就少了。因此孟、李斯特及其同道对"相对收益"（relative gain）更为关注，认为获得"相对收益"才符合国家利益。将这一推理运用到极致，就不难得出米尔斯海默的论断："各国意识到，相对于对手，国家越强大，存活概率越大。生存的最好保障就是成为霸主，因为没有其他国家能够威胁一个如此强大的国家。"为何大国总表现得咄咄逼人？因为它们更在乎相对收益，"大国必须寻求更多权力，以便最大限度地提高生存几率。"[2]

英国的重商主义者罗杰·库克（Roger Coke）说：只要我们的财富比邻国多，我不在乎是否我们的财富只有现在的 1/5。[3] 英国外交大臣卡斯尔雷爵士（Lord Castlereagh）在 1817 年提出"两强标准"，即英国的海军实力需要维持在相当于能够反对英国的两个强国的海军力量之和这一水平。因为实力是相对的，如果他国海军力量增长，纵使英国海军力量再强大，也可能在战争中落败。从相对收益视角，即便自身获得相对收益，也可能改变整体相对实力。如果美国和墨西哥整体国家实力起点是 100∶1，两国的自由贸易让美国

---

① ［美］亨利·威廉·斯皮格尔：《经济思想的成长》（上），第 102 页。

② John Mearsheimer, *The Tragedy of Great Power Politics*, p. 3, p. 21.

③ Jonathan Kirshner, "Realist Political Economy: Traditional Themes and Contemporary Challenges," in Mark Blyth, ed., *Routledge Handbook of International Political Economy*, London and New York: Routledge, 2009, p. 39.

经济每年获得 10 个单位收益,让墨西哥每年获得 9 个单位收益。长此以往,美墨两国的实力对比就可能变成 10：9。即便美国获得相对收益更多,但是却可能改变美墨两国的整体相对实力。美国长期享有的"南北无强邻"的得天独厚的优越地缘政治格局就会改变。1990 年的一项调查显示,有 86% 的美国民众情愿看到美国和日本经济增长速度都放慢,而不愿意看到两国经济都增长但日本增长更快。在日本冲击美国经济优势地位时,美国民众为了拖垮日本,宁愿美国经济遭受损失。① "杀人一千、自损八百"这样追求"相对收益"的举措在个体层面看来是不理性的行为,但在大国互动中,却可以找到合理的依据。

"相对收益"常常影响各国政治经济决策。在 19 世纪中期,英国对帝国领土扩张漠不关心,而更重视自由贸易。但到了 19 世纪末,面对新的世界局势,英国人重新燃起对扩张帝国领土的热情,积极参与对非洲的瓜分。② 这是因为国家实力与利益是相对的,如果德国获得了更多的势力范围,英国对世界政治的主导权就会面临挑战。约瑟夫·格里克(Joseph Grieco)等人发现:国家担心别国获得更多收益,因为现在收益的差距会削弱本国将来的独立以及自主(independence and autonomy)。③ 邓肯·斯纳德(Duncan Snidal)也发现,"在 20 世纪 50 年代和 60 年代,欧洲、加拿大以及第三世

---

① Urban Lehner and Alan Murray, "Will the U. S. Find the Resolve to Meet the Japanese Challenge?" *Wall Street Journal*, July 2, 1990, p. Al.

② 张本英:《英帝国史(第五卷):英帝国的巅峰》,第 153 页。

③ Joseph Grieco, Robert Powell and Duncan Snidal, "The Relative-Gains Problem for International Cooperation," *American Political Science Review*, Vol. 87, No. 3, 1993, pp. 727 - 743.

界埋怨美国在国际投资与贸易中占据主导地位；而到了 70 年代和 80 年代，就轮到美国开始担心海外势力，尤其是日本所获得的相对收益了"，二战结束时，"在国际贸易领域，美国还对欧洲和不发达国家实施特殊优惠条款。但到后来，美国开始按照其自身利益修改这些规则"。[1] 这是因为战后欧洲、日本在迅速崛起，导致美国相对地位变化，进而对相对收益日益关注。迈克尔·马斯坦杜诺（Michael Mastanduno）的研究也发现：由于日本崛起，美国开始关注美日技术合作中收益的不均等性，美国对日本的技术政策开始调整，涉及飞机、卫星等领域。[2] 当时美国不少研究警告说，美国需要重新考虑对日本的高科技政策，因为不仅仅美国和苏联的冲突关系到国家安全，日本的技术领先同样威胁到国家安全。不少学者告诫美国政府，对日政策需要考虑相对收益，需要当心以后日本取代美国霸权。为什么国家要追逐"相对收益"，因为在无政府状态下，国家首要利益是国家生存，要确保国家生存，一个国家相对的财富优势与军事优势就显得尤其关键。

随着安全竞争加剧，国家对相对收益会更关注。事实上，历史上的大国竞争常常驱使各国将关注目光投向竞争者，比较自己和竞争者的优势与差距。在英国崛起过程中，英国重商主义作家总是将荷兰作为比较对象。查尔斯·达维南特指出："如果我们抛弃在印度具有的支撑点，并且放弃同那里的交易，则我们的邻国人荷兰人将

---

① Duncan Snidal, "Relative Gains and the Pattern of International Cooperation," *American Political Science Review*, Vol. 85, No. 3, 1991, p. 720.

② Michael Mastanduno, "Do Relative Gains Matter? America's Response to Japanese Industrial Policy," *International Security*, Vol. 16, No. 1, 1991, pp. 73 – 113.

肯定无疑会独占全部贸易。而如果荷兰人在海外的这种实力和财富增强了他们在欧洲的海军力量，则英格兰今后就必须甘心依靠他们的保护，甘心在他们的旗帜下从事贸易。"① 因此英国对印度的控制所带来的收益不仅是一笔经济账，而是和竞争对手荷兰比较出来的政治账。达南维特不仅和荷兰比较，也和法国比较。他指出："如果法国人将荷兰的船舶拿到手，并且作为荷兰人的支配者，一旦掌握这一非常有利可图的贸易，则这个狡诈的、人口稠密的大帝国所得到的这种增益，必然会使我们覆灭。"② 航海收益不能落入法国人手中，因为法国的相对经济收益会转化成在世界政治中的权力优势。

只看到个人利益而罔顾国家生存，这也是以国家为中心的政治经济学对以个体为中心的政治经济学的最大批评。李斯特宣称："只有个人利益服从国家利益，只有世世代代向同一个目标努力，国家生产力才能获得均衡发展，如果没有当代和后代各个个人对一个共同目标的努力，私人工业就很少有发展机会。"③ 因此，"国家"是这一流派政治经济学的分析单位。国家需要追求"国家利益"，在与他国竞争中，国家利益更多表现为"相对收益"。

不过，需要注意的是，现实主义强调国家需要最大化自身的国家利益，但当代世界大国的利益半径在扩大，使得大国利益与竞争对手甚至边远小国的利益开始关联。随着技术的进步，大国影响世界政治的手段更加便捷，大国的权力投射（power projection）在空

---

① ［英］查尔斯·达维南特著，胡企林译：《论东印度的贸易》，商务印书馆 1989 年版，第 9 页。
② 同上，第 35 页。
③ ［德］弗里德里希·李斯特：《政治经济学的国民体系》，第 143 页。

间上得到极大的扩展。沃尔兹用微观经济学中的完全竞争来比附国际体系。按沃尔兹对国际体系的理解，正如完全竞争条件下众多公司作为价格的接受者（price taker）而不是价格的制定者（price maker）一样，大国在国际体系中受到一个超出自身控制的国际结构影响。但是现代国际结构并不同于微观经济学中的完全竞争结构，而类似于寡头竞争结构，各个寡头都可以是价格制定者，而不仅仅是价格接受者。① 连沃尔兹也坦言，"国家，尤其是大国，就像大公司一样，它们既受到环境的限制，又能够通过行动来影响环境。大国不得不对其他行为体的行动作出反应，而后者的行动也会因为前者的反应而随之改变。因此，这就像个寡头市场"。② 换句话说，大国能成为国际结构的改写者，它们的选择可以重塑世界政治；反过来，世界政治中的大国也会受到自身行为的影响。由于大国的权力投射更广，以往和自身国家利益无关的安排，包括竞争对手的利益甚至地缘上相距遥远的国家的利益，现在都可能影响到国际安全和国际政治经济格局，进而影响到自身的利益与安全。

正是由于美国在一战结束后，在处理德国赔款问题上，罔顾大国之间利益的关联性，把自身的国家利益与获得战争债务绑定在一起，才造成了战后秩序格外混乱，使得德国极端政治势力有了发展壮大的空间，美国反过来也深受其害。③

一战结束后，参战各国面临的经济压力接踵而至。当时，协约

---

① Jonathan Kirshner，*Appeasing Bankers: Financial Caution on the Road to War*，p. 19.
② Kenneth Waltz，*Theory of International Politics*，p. 134.
③ 黄琪轩：《对外经济战略、大国关联利益与战后秩序——两次世界大战后美国对外经济战略与德国问题》，《当代亚太》2016 年第 3 期。

国之间的债务已达 230 亿美元，^① 美国成为了最大债主。英法希望美国免除它们欠下的战争债务，这样它们就不需要向德国索要大额赔款。1922 年 8 月，英国政府发布了贝福尔照会（*Balfour Note*）。英国政府表示，如果能解决英国所欠债务，英国愿意放弃应得的战争赔款。^② 但是美国却始终拒绝减免英法的战争债务，这很大程度上就是出于"相对收益"的考虑。减免债务后，英美的相对实力会发生变化。如果算上战争债务，美国的债权总额为 125 亿美元，英国为 170 亿美元；但是一旦所有债务被取消，美国债权将下降为 30 亿美元，而英国仍然有 140 亿美元。^③

历史学家威廉·麦克尼尔（William McNeil）曾夸张地形容道："德国欠下的所有战争债务，只需要美国人掏出五美分就能偿还了。"^④ 但是美国政府却始终不愿意掏出这"五美分"。美国坚持索要英法的战争债务，英法将经济压力转嫁德国，坚持向德国索要高额战争赔款。德国经济被战争债务压垮了。20 世纪 20 年代早期，德国为偿还赔款，发行了大量马克，导致严重的通货膨胀。到 20 年代晚

---

① Robert Self, *Britain, America and the War Debt Controversy: The Economic Diplomacy of an Unspecial Relationship, 1917 – 45*, London and New York: Routledge, 2006, p. 15.

② Alan Dobson, *Anglo-American Relations in the Twentieth Century: Of friendship, Conflict and the Rise and Decline of Superpowers*, London and New York: Routledge, 1995, p. 53.

③ Denise Artaud, "Reparations and War Debts: The Restoration of French Financial Power, 1919 – 1929," in Robert Boyce, ed., *French Foreign and Defence Policy, 1918 – 1940: The Decline and Fall of a Great Power*, London and New York: Routledge, 1998, p. 91.

④ William McNeil, "Weimar Germany and Systemic Transformation in International Economic Relations," in Jack Snyder and Robert Jervis, eds., *Coping with Complexity in the International System*, Boulder: Westview Press, 1993, p. 193.

期，杨格计划规定德国需要支付长期赔款，直至 1987 年才能付清。德意志帝国银行总裁耶尔马·沙赫特（Hjalmar Schachter）曾警告说，杨格计划的要求超过了德国的支付能力。但是这种预言并没有被认真地对待。[1] 德国被赔款以及美国经济所牵连。德国失业率从 1929 年底迅速上升，失业人口从 1929 年 9 月的 130 万人上升到 1930 年 9 月的 300 万人；到 1933 年初，失业人口超过了 600 万。这意味着每三个德国工人就有一个处于失业状态。[2] 此时，希特勒在报纸上写道："我这一生从来没有像这些日子这么舒坦，内心感到如此满意过。因为残酷的现实擦亮了千百万德国人的眼睛。"[3] 纳粹崛起离不开德国经济崩溃，而德国经济的崩溃和美国从"相对收益"出发，坚持索要战争债务相关，这导致英法坚持索要战争赔款，拖垮了德国经济。

要知道在 20 世纪 20 年代中期，道威斯计划开始实施。该计划实施的目的就是要让德国在未来四年内远离赔款问题的困扰。计划减少了德国在此后四年的赔款额，且赔款的偿还实行逐年递增的办法，到第五年，赔款额将达到最高值。因此，魏玛共和国中期，即 1924～1929 年，被誉为"黄金的二十年代"。1925 年，欧洲主要国家签署了洛迦诺公约。贝福尔为此写信给张伯伦，庆祝公约的签署："世界大战在 1918 年 11 月结束，而和平却在 1925 年 10 月才到来。"[4] 在

---

① ［英］E. H. 卡尔著，徐蓝译：《两次世界大战之间的国际关系》，商务印书馆 2009 年版，第 102 页。
② Eberhard Kolb, *The Weimar Republic*, New York: Routledge, 2005, p. 111.
③ ［美］威廉·夏伊勒著，董乐山等译：《第三帝国的兴亡》（上卷），世界知识出版社 2012 年版，第 131 页。
④ Alan Sharp, "Anglo-French Relations from Versailles to Locarno, 1919 – 1925: The Quest for Security," in Alan Sharp and Glyn Stone, eds. , *Anglo-French Relations in the Twentieth Century: Rivalry and Cooperation*, London and New York: Routledge, 2000, p. 132.

1924 年的选举中，右翼纳粹党遭受了严重损失，选举产生了一个更为温和的国会。在 1928 年选举中，温和的社会民主党重新执掌政权。繁荣使得德国人变得温和，并且越来越支持民主政体。这段时期也是纳粹运动时运不济的几年，希特勒的政治生涯到 1925 年变得停滞不前。在慕尼黑，纳粹党只剩下七百名成员。① 从 1925 年到 1929 年，希特勒已经处于半退休状态。② 这一时期的物质繁荣和安定舒适的生活不适于纳粹实现其政治目标。在 1928 年 5 月 20 日的选举中，纳粹党几乎全军覆没。在 3100 万张选票中，纳粹党只得到81 万张，在国会 491 个席位中只占了 12 席。③ 新闻界以大幅标题宣布："希特勒完了""纳粹党已经终结""鼓手没有敲响战鼓"。④ 一战结束后，经过近十年时间，魏玛共和国似乎站稳了脚跟。我们由此可以做一项反事实分析（counterfactual analysis），如果战胜国没有重新索要高额赔款，德国繁荣能继续下去，那么新生的魏玛政权就可能得以巩固，德国国内的温和政治势力也可能发展壮大。德国纳粹党的崛起以及第二次世界大战并非不可避免。

一战后美国政府对"相对收益"的执着，对战争债务问题的坚持，置大国之间的关联利益于不顾，反而阻碍了美国国家利益的实现。最终美国没能如数得到债务，反而被卷入二战。在二战中，从太平洋到大西洋，从东南亚到北非，从南美到中东，在全球范围内，美国都不得不做出牺牲以取得战争胜利。二战中，美国伤亡人数总

---

① ［美］克劳斯·费舍尔：《纳粹德国：一部新的历史》，第 194 页。
② ［美］威廉·夏伊勒：《第三帝国的兴亡》（上卷），第 112 页。
③ 同上，第 113 页。
④ ［美］克劳斯·费舍尔：《纳粹德国：一部新的历史》，第 194 页。

计为 100 余万人，其中死亡人数为 40 余万人。为了讨回麦克尼尔所说的"五美分"的战争债务，美国需要吞下自己酿下的苦果。事实上，美国政府对"相对收益"的执着仍让其重蹈覆辙。冷战结束以后，美国政府在俄罗斯转型问题上持消极的态度，既没有减免俄罗斯背负的巨额债务，也没有向俄罗斯提供及时有效的援助。不仅如此，美国还推动北约东扩、武装干预南联盟事务、支持颜色革命等。俄罗斯的经济困境导致了其国内政治困局，也使得俄罗斯民众和精英对以美国为代表的西方国家的认知越来越负面。美国在冷战结束后忽视大国间存在的关联利益，过度追求国家利益与安全，从而失去了一个可能的合作伙伴。[①] 我们可能需要反思，坚持以"相对收益"的视角看待国家利益，是否真能实现国家利益。新时代的中国倡导建立"新型国际关系"，正在积极建设覆盖全球的伙伴关系网络。中国带头践行"全球发展倡议"，推动建设一个共同繁荣的世界。

七 为何苏联要生产过时的计算机？

在美苏冷战期间，安全考虑驱使苏联走出国际技术分工模式，而专注于全面技术建设。在冷战期间，美苏两国均有大量的、训练有素的专业人员，他们分布于科学研究各个领域。他们打破国际技术市场分工，他们的研发活动相互重叠，他们的研究方法有所异同，

---

① 黄琪轩：《从大国间关联利益看国家安全——美国对俄德的经济战略及其后果》，《东北亚论坛》2015 年第 2 期。

他们得出的结论可能互补或者截然相反。换句话，他们很大程度上在从事高水平重复劳动。按经济逻辑，各国应该从事自己有比较优势的产业，也应该选择自身有比较优势的研发。但是，政治逻辑却驱使苏联做出不同选择。当时苏联的研究几乎涵盖了科学研究的所有领域。有研究者宣称：在苏联，你很少能找到一个科学领域，是苏联科学家的研究没有涉及的。

最明显的案例就是苏联研发的计算机。当时美国已经研究出了很先进的计算机，而这些计算机在很多非共产主义国家的零售商店都可以买到。由于美国在计算机技术上拥有绝对优势，出于经济考虑，很多国家研发的计算机系统都力图与美国主导的系统兼容。但是苏联却耗费了大量资源，独立开发苏联的计算机。尽管苏联所制造的计算机比当时美国前沿技术落后了两代，但是苏联还是乐此不疲。出于安全考虑，苏联选择完全不同的技术路线，它发明的计算机系统与美国的主导系统有相当大的距离。为何苏联要研制落后的计算机？这是因为，国际贸易与国内贸易不同。如果依靠国际贸易，一个国家需要购买的产品可能买不来。由于所处的政治经济环境是无政府状态，托马斯·孟提醒执政者，贸易问题背后是政治，"我们非但应该注意外来的侵略，而且还应该经常做好抗敌的准备。"① 为了做好抗敌的准备，苏联积极投入计算机等一系列技术研发。

在 1962 年，由于古巴导弹危机，原本贸易量就相当有限的美苏贸易经历了一次大幅度倒退。1961 年到 1962 年，美国对苏联的出口

————————

① ［英］托马斯·孟：《英国得自对外贸易的财富》，第 78 页。

从 0.43 亿美元下降到了 0.153 亿美元。与此同时，苏联对美国的出口也从 1961 年的 0.22 亿美元下降到 1962 年的 0.16 亿美元。[1] 正如以国家为中心的政治经济学者强调：在国际关系的"无政府状态"下，各个国家要追逐"国家利益"，而国家最大利益就是"生存"。为了确保国家生存，国家常常用"相对收益"来审视利益得失。在以国家为中心的政治经济学看来，在"无政府状态"下，实现"自主"这一目标，才能更好地保障国家生存。

李斯特强调，国际分工不同于国内分工。国际生产力的协作有着诸多缺陷，遇到战争风险、政治变动、商业恐慌等变故，国际分工往往会中断。[2] 一旦国际分工被打断，在国际贸易存在不对等相互依存的情况下，就会给一些国家带来严重的政治和经济后果。政治上，国际分工会影响一个国家的自主性；经济上，国际分工会让该国的脆弱性加深。因此，在一个竞争的世界，各国常常将"自主"作为自身的战略目标，也作为国家的重大利益。

1956 年，毛泽东主席发表了《论十大关系》。他总结新中国成立以来工业化建设的经验教训。人们从中看到了中国工业发展战略调整的端倪。在重工业和轻工业、农业关系问题上，毛泽东认识到要多发展一些农业、轻工业；在沿海工业和内地工业关系问题上，要充分利用和发展沿海工业；在军事工业与民用工业上，中央把军政费用降到一个适当的比例，增加经济建设费用。但是，后来事态的发展背离了《论十大关系》的预想。尤其是在三线建设时期，中国

---

[1] Michael Gehlen, "The Politics of Soviet Foreign Trade," *The Western Political Quarterly*, Vol. 18, No. 1, 1965, pp. 104 - 115.

[2] ［德］弗里德里希·李斯特：《政治经济学的国民体系》，第 142 页。

政府更加强调发展重工业，更加强调内地工业基地的发展，更加强调军事工业。为何会有这样的转变呢？20世纪60年代，日益严峻的安全环境促使当时的中国领导人对战争危险做了严峻估计，从最坏的可能出发，立足于早打，大打，立足于几个方面来打。备战成为影响中国政府政治战略和经济战略的重要因素。①

与三线建设直接相关的是"三五计划"。在"三五计划"制定前，党中央原本设想是以农、轻、重为序安排国民经济发展。1963年8月，邓小平在工业决定起草委员会会议上提出："我考虑，在一定时期内，我们工作的重点，必须按照以农业为基础的方针，适当解决吃、穿、用的问题。""第一要抓吃、穿、用的问题。"② 这个意见成为正在酝酿的"三五计划"的指导思想。但是随着外部局势日益严峻，加强国防被放到了越来越突出的位置，"三五计划"的指导思想也随之改变。1964年，毛泽东对李富春等人制定的着重恢复农业生产和人民经济生活的计划方案表示大不赞成，他说："（甘肃）酒泉和（四川）攀枝花钢铁厂还是要搞，不搞我总是不放心，打起仗来怎么办？"。同年，毛泽东在中央工作会议上多次强调备战问题，"只要帝国主义存在，就有战争危险。我们不是帝国主义的参谋长，不晓得它什么时候打仗。但是决定战争最后胜利的不是原子弹，而是常规武器。要搞三线工业基地的建设，一、二线也要搞点军事工业。各省都要有军事工业，要自己造步枪、冲锋枪、轻重机枪、迫击炮、子弹、炸药。

---

① 中共中央党史研究室著，胡绳主编：《中国共产党的七十年》，中共党史出版社1991年版，第429页。
② 《邓小平文选》（第一卷），人民出版社1994年版，第335页。

有了这些东西，就放心了。攀枝花搞不起来，我睡不着觉。"① 毛泽东强调要准备应对帝国主义可能发动的侵略战争。现在工厂都集中在大城市和沿海地区不利于备战。工厂可以一分为二，要抢时间搬到内地去。会议决定，三线建设在人力、物力、财力上予以保证，新的项目都要建在三线。② 为了保障中国国有工业的安全，在工业建设选址的时候，重要工业没有放在敌人飞机可以轰炸到的沿海地区。中央在审查厂址的时候，把厂址标在地图上，并用直线标出它与台湾地区、韩国、日本等美军基地的距离，说明美国的什么型号的飞机可以攻击到它。③

到了 1965 年，中共中央将中发（65）第 208 号文件下发至县团级党委，指示各级党委要加强备战："中央认为目前形势，应当加强备战工作。要估计到敌人可能冒险。我们在思想上和工作上应当准备应付最严重的情况。……我们对于小打、中打以至大打，都要有所准备。"④ 而加强备战的认识也主导了中国共产党的九大报告。1969 年，九大的大会报告指出：美帝国主义和苏修社会帝国主义"妄想重新瓜分世界，既互相勾结，又互相争夺……我们决不可因为胜利而放松自己的革命警惕性，决不可以忽视美帝、苏修发动大规模侵略战争的危险性。我们要作好充分准备，准备他们大打，准备他们早打，准备他们打常规战争，也准备他们打核大战。总而言之，

---

① 《毛泽东在国家计委领导小组汇报第三个五年计划设想时的插话》，《党的文献》1996 年第 3 期。
② 丛进：《曲折发展的岁月》，人民出版社 2009 年版，第 345 页。
③ 薄一波：《若干重大决策与事件的回顾》（上卷），中共中央党校出版社 1991 年版，第 299 页。
④ 《建国以来毛泽东文稿》（第十一册），中央文献出版社 1996 年版，第 359—350 页。

我们要有准备。"①"独立自主""重化工业优先发展"，这些经济理念的提出，离不开当时中国的安全环境。

因此"三五计划"实施的三线建设是在"备战、备荒、为人民"的方针指引下展开的。它实质是一个以国防建设为中心的备战计划。中国政府从准备应付帝国主义早打、大打出发，把国防建设放在第一位，抢时间把三线建成战略大后方。"三五计划"预计投资 850 亿元，计划施工大中型项目 1475 个，加上 1965 年度补充安排项目，共有 2000 个左右。从 1965 年到 1972 年，国家投入建设资金 800 多亿元，在三线建成或初步建成了一批骨干企业，如攀枝花钢铁厂、酒泉钢铁厂、成都无缝钢管厂、四川德阳第二重型机械厂以及一批大型国有煤矿、发电站等。② 1970 年 12 月底制定的《第四个五年国民经济计划纲要》仍然继续贯彻了"三五计划"中战备第一的国有工业发展战略方针，提出"四五计划"期间仍然要准备打仗，集中力量建立不同水平、各有特点、各自为战、大力协同的战略经济协作区。

由于安全威胁，国家需要根据不同的安全背景调整经济政策，目的就是为了保障国家的经济自主性。③ 自主（autonomy）是以国家为中心的政治经济学的重要政策诉求。如果不做好准备，国家经济发展会面临严重危机。原本的盟友可能变成对手，影响贸易、影响生产。因此，吉尔平看到：从古至今经济民族主义均认为国家权力与独立性是重要的目标，而且是压倒一切的目标。④

① 《在中国共产党第九次全国代表大会上的报告》，《人民日报》1969 年 4 月 28 日。
② 丛进：《曲折发展的岁月》，第 346—347 页。
③ 黄琪轩：《在剑与犁之间——安全环境对中国国有工业的塑造》，《华东理工大学学报》（哲学社会科学版）2015 年第 3 期。
④ ［美］罗伯特·吉尔平：《国际关系政治经济学》，第 32 页。

20 世纪 70 年代是中国外交的一个转机。在 1972 年 2 月，美国总统尼克松访华前夕，美国政府宣布放宽对华技术出口限制。在中美技术合作的过程中，1979 年之所以重要，不仅是因为中美建交，更重要的是因为苏联在这一年入侵阿富汗。苏联的扩张主义给美国带来更显著的安全竞争压力。美国更大规模放松了对华技术出口限制，其中不少涉及国防技术。① 苏联对美构成的安全竞争越紧迫，美国对华技术出口限制就越放松。1980 年 1 月，美国国防部长哈罗德·布朗（Harold Brown）访问中国。这是新中国成立以来，美国国防部长首次访问中国。在行前，卡特总统曾指示中美的技术合作不涉及军事领域。由于苏联入侵阿富汗，在布朗出访前的最后一刻，中美合作被定调为更全面的战略合作。② 在罗纳德·里根执政时期，美苏竞争达到一个新高度，同时，中美军事合作达到一个高点。③ 与此相关的是，中美技术合作也随之达到高点。

随着国家安全环境的改变，美国逐步放松了对华技术出口限制，同时也影响了中国对外经济政策与技术政策。在"文革"结束后，中国开始了一场"洋跃进"。中国领导人希望通过大规模购买西方技术，提升中国技术水平。④ 在 1978 年第五届人大一次会议上，中国

---

① Hugo Meijer, *Trading with the Enemy: The Making of US Export Control Policy toward the People's Republic of China*, New York: Oxford University Press, 2016, p. 52.
② Harry Harding, *A Fragile Relationship: The United States and China since 1972*, Washington, D. C.: Brookings Institution Press, 1992, p. 91.
③ Radha Sinha, *Sino-American Relations: Mutual Paranoia*, New York: Palgrave Macmillan, 2003, p. 74.
④ Tianbiao Zhu, "International Context and China's Business-Government Relations," in Xiaoke Zhang and Tianbiao Zhu, eds., *Business, Government and Economic Institutions in China*, New York: Palgrave Macmillan, 2018, pp. 200 – 201.

领导人还提出十年发展规划，包括建设百余个大型工业项目。① 此时，中国已签署的对外合同金额高达 70 亿美元，预计总金额高达约400 亿美元。② 从西方大规模引进技术的尝试，带来了建国以来最严重的财政赤字。在 1977 年，中国的财政赤字为 12 亿美元；到 1979年则高达 45 亿美元。③ 在这一时期，随着国家安全环境得到改善，中国领导人开始让市场发挥更大作用。分权化的、市场导向的、外向型的技术发展模式开始取代以往的技术发展模式，中国对技术自主性的强调逐渐淡化。在 20 世纪 80 年代和 90 年代前期，中国经历了一个"技术国际主义"时期。④

进入新时代以来，随着外部安全环境日益严峻，中国政府再度强调"科技自立自强"。2012 年中国共产党召开了十八大，中国领导人对"自主创新""加快实现高水平科技自立自强"的强调更进一步提升。习近平总书记在多个场合反复强调中国需要走"自主创新"的道路。2014 年，习近平总书记指出："我国科技创新基础还不牢，自主创新特别是原创力还不强，关键领域核心技术受制于人的格局没有从根本上改变。只有把核心技术掌握在自己手中，才能真正掌握竞争和发展的主动权，才能从根本上保障国家经济安全、国防安

---

① ［美］罗德里克·麦克法夸尔、费正清著，谢亮生等译：《剑桥中华人民共和国史——中国革命内部的革命：1966—1982》，中国社会科学出版社 1998 年版，第 458—459页。

② Barry Naughton, *The Chinese Economy: Transitions and Growth*, Massachusetts: MIT Press, 2007, p. 78.

③ John Gittings, *The Changing Face of China: From Mao to Market*, New York: Oxford University Press, 2006, pp. 54 – 55.

④ 黄琪轩：《在剑与犁之间——安全环境对中国国有工业的塑造》，《华东理工大学学报》（哲学社会科学版）2015 年第 3 期，第 85 页。

全和其他安全……不能总是指望依赖他人的科技成果来提高自己的科技水平，更不能做其他国家的技术附庸，永远跟在别人的后面亦步亦趋。我们没有别的选择，非走自主创新道路不可。"2023 年，习近平总书记指出，"努力突破关键核心技术难题，在重点领域关键环节实现自主可控。"① 在 2017 年中国共产党的十九大报告中，提出中国到 2035 年跻身创新型国家前列的战略目标。在 2022 年的二十大报告中，再次强调："以国家战略需求为导向，集聚力量进行原创性引领性科技攻关，坚决打赢关键核心技术攻坚战。"② 中国领导人反复表态，中国各界积极支持，展示中国对自主创新道路的高度认同。走自主创新道路已在中国社会形成共识。

我们看到，国家对"自主"的诉求会随着安全环境的变化而变化。外部安全环境越严峻，国内经济越强调自主。在国际关系史上，以国家为中心的政治经济学高度强调"自主"。这和国际关系史上欧洲国家安全竞争加剧的背景下，欧洲诸国推进重商主义的实践是吻合的。重商主义的理想有时以夸张的形式表现出来，但实际上他们只不过是为建立一个健全的国家和一个健全的国民经济，并推翻地方和行省的经济制度而展开的强硬斗争。他们意味着要摆脱对外国的商业依赖，这种依赖正变得越来越难以忍受，他们不遗余力地教育国家决策者要走上经济自给自足的道路。③

正如李斯特所说：战争对于国与国之间的商业关系是要起破坏

---

① 中共中央党史和文献研究院、中央学习贯彻习近平新时代中国特色社会主义思想主题教育领导小组办公室编：《习近平新时代中国特色社会主义思想专题摘编》，党建读物出版社、中央文献出版社 2023 年版，第 141、190—194 页。
② https://www.gov.cn/xinwen/2022-10/25/content_5721685.htm.
③ 〔德〕古斯塔夫·冯·施穆勒：《重商主义制度及其历史意义》，第 131 页。

作用的。① 美国和苏联原本是一起抗击法西斯的盟友，但是第二次世界大战胜利后，它们却变成对手。而封锁贸易市场以及禁止技术转让就被美国视为能够损害苏联经济的武器。② 托马斯·孟指出：现金被称为战争的命脉，是因为它可以在战争的时候调动人力，购买军火和食品，"倘使这些东西在需要的时候得不到供应，那么我们拿着我们的现金能做什么呢？"③ 李斯特也看到了一个国家实现经济独立自主的重要性。"由于利益的分歧，由于各国在追求独立与优势方面的争夺，也就是由于国际竞争与战争的自然结果：因此在国家利益上的这种冲突还没有停止以前，换个说法，就是一切国家还没有在同一个法律体系下合成一体以前，这个政策是不能舍弃的。"④ 事实上，即便是作为自由主义政治经济学旗手的斯密，在和国家安全相关的经济自主这一问题上，也有妥协。他甚至觉得需要对相关产业予以补贴，斯密说："如果任何一种制造品是保卫社会所必须的，依靠我们的邻国来供应可能是不明智的。如果这种制造业非奖励则不能在国内自行建立，那么对所有其他产业部门课税去支持它，也未必是不合理的。"⑤ 而独立自主的政策包括很多方面，比如粮食供应的自主、原料供给的自主、技术的自主、安全产品的自主、市场的自主等。

其一，一个国家要保障自身的经济安全，要实现食品供应的自主。即便自由主义的代表人物马尔萨斯也认为：一个依赖于对外贸

① ［德］弗里德里希·李斯特：《政治经济学的国民体系》，第 158 页。
② Bruce Parrott, *Trade, Technology and Soviet-American Relations*, p. 274.
③ ［英］托马斯·孟：《英国得自对外贸易的财富》，第 70 页。
④ ［德］弗里德里希·李斯特：《政治经济学的国民体系》，第 104 页。
⑤ ［英］亚当·斯密：《国富论》，第 572 页。

易的社会，其基础是最不稳定的。只有农业才是最重要、最永久的财富来源。因此马尔萨斯对废除谷物法持强烈反对态度，认为这是冒着摧毁英国社会基础即农业的危险，去实现短暂的商业利益。他认为依靠外部供应粮食是愚昧的做法。[①] 一战期间，德国就已经无法保障自己的粮食供应。由于遭遇英国的海军封锁，德国粮食进口受到严重干扰。在战争后期，德国的民众深受饥饿困扰。在 1917 年到 1918 年，德国民众的肉类消费为战前消费的 19.8%；黄油消费为战前的 21.3%。有历史学家估计饥荒人数达 75 万之多。[②] 食品供应的短缺严重损害了德国民众健康，也削弱了他们的士气。

其二，一个国家要实现原料供应自主。一战爆发前，德国一直难以自主供应原料，这严重影响了德国在一战期间的经济供应。从 1887 年到 1912 年，德国的进口增长了三倍。1900 年至 1902 年，德国进口了 560 多万马克的商品；而 1911 年至 1913 年，德国的进口金额上升到了 1030 万马克，增长了约 60%。[③] 德国对进口的需求主要集中在能源、原料、粮食等工业化急需的领域。从 1900 年到 1913 年，德国国内的石油产出增长了 140%，但也仅能供应德国 1/10 的石油需求。1897 年，德国还是铁矿石的净出口国，到 1913 年，德国开采的铁矿石增长了 120%，但接近 30% 的铁矿石仍需要靠进口。

---

① Bernard Semmel, *The Rise of Free Trade Imperialism: Classical Political Economy the Empire of Free Trade and Imperialism 1750 – 1850*, New York: Cambrige University Press, 1970, pp. 49 – 54.

② ［英］尼尔·弗格森：《战争的悲悯》，第 223 页。

③ B. R. Mitchell, *European Historical Statistics, 1750 –1970*, London: Macmillan, 1975, p. 494.

1913 年，德国有 57% 的原料需要进口。[①] 由于经济增长迅速，德国对能源、原材料的需求也在迅速增长，德国成为欧洲最大的原材料进口国。在战争期间，德国却无法保障这些原料的供应。

其三，一个国家需要保障技术自主。1979 年伊斯兰革命以前，伊朗空军和民航主要向美国采购飞机。伊斯兰革命爆发后，美国等西方国家对伊朗实施经济制裁，采取封锁措施，禁止向伊朗出售航空零部件，伊朗航空开始遭遇危机。由于无法购买新型客机和飞机零部件，伊朗空难频发。中国在 2006 年全国科技大会后，对技术自主性的诉求显著上升。中国政府制定了国家中长期科学和技术发展规划纲要，该纲要共安排了 16 个重大技术专项。国产大型商用飞机是其中一个重大专项。针对这一项目，北京大学路风教授指出："大飞机项目的成功还会使中国的空中力量发生质的飞跃，使中国在军事上更为安全。因此，由大飞机项目所推动的航空工业技术能力的跃升，将不仅足以使中国在世界经济中的地位发生结构性变化，而且将为保证中国的政治独立和国家主权提供强大的手段。这是一个强国之项目。"[②]

其四，一个国家需要保障安全产品自主。安全产品属于国防供应，大部分国家都强调对这一产品的生产与供应，而不是依靠他国。托马斯·孟指出："在千钧一发之际来不及准备军火，国家就要灭亡了。所以我们可以说：一个在有急需的时候买不到东西的国王，是和一个没钱去买东西的国王一样贫困的。"[③] 在国家安全领域，一些

[①] Dale Copeland, "Economic Interdependence and War: A Theory of Trade Expectations," *International Security*, Vol. 20, No. 4, 1996, p. 28.

[②] 路风：《走向自主创新：寻求中国力量的源泉》，广西师范大学出版社 2006 年版，第 330 页。

[③] [英] 托马斯·孟：《英国得自对外贸易的财富》，第 70 页。

重大武器装备和急需的关键元器件只能依赖进口的国家，就会处处存在被他国"卡脖子"的危险。参与核武器研制的科学家贺贤土就指出："一些跟国防有关的核心的高科技，西方国家不会卖给我们。"贺院士对中国依赖于外国技术予以很大质疑。他指出："现在我们的经济发展得很不错，势头也很好，高科技的生产已经占了较大比重。但是，大量的产值是合资企业生产的，是外面的公司在我们这里生产的高科技产品的产值。这虽然对发展我们的经济十分重要，但如果我们深入地想一想，就包含了某种风险在里面。一旦有风吹草动，外资可能会大批撤走，它的厂房可以留给你，机器可以留给你，但是核心的技术，他没有告诉你，这样生产就会受很大影响，甚至停顿。即使你能生产，但是知识产权不是你的，人家就会卡你。另外，在国防上，我们买了人家很多飞机、兵舰，自己没有掌握关键技术，受制于人，这也是很危险的事。因此在这一点上，我感到有某种危机感，只有真正掌握核心的技术，我们才不怕。20 世纪 60 年代，前苏联撤走了以后，不光是核武器，整个国家很多大项目就处在停顿状态，建设受到较大影响。"[1] 事实上，在俄乌战争中，西方国家也日益意识到安全产品自主供应的重要性。

作为美国的军事同盟，日本从 20 世纪 70 年代开始试图摆脱对美国武器生产的依赖，开始发展自己的武器。在日本防卫省、自卫队以及通产省官员的推动下，日本开始研发国产战斗机。[2] 这与今天

---

① 贺贤土：《参加核武器研制的经历与体会》，载路甬祥主编《科学与中国：院士专家巡讲团报告集》（第一辑），北京大学出版社 2006 年版，第 71 页。

② Michael Green, *Arming Japan: Defense Production, Alliance Politics, and the Postwar Search for Autonomy*, New York: Columbia University Press, 1995, p. 25.

中国开始重新研发制造国产大飞机是惊人地相似。日本国产武器的供给从 1950 年的 39.6%增加到了 1982 年的 88.6%。如果以 1981 年作为基期，从 1981 年到 1990 年的十年间，日本国内的武器生产总共增长了 220%，这个速度远远快于日本的经济发展速度，在这一时期，日本的产业增长只有 143%。① 日本开始把握与安全息息相关的国防技术和产品的主导权，提高自给率。通过努力，日本船只的自给率达到了 100%，军用飞机的自给率为 90%，弹药的自给率为87%，枪支的自给率为 83%。②

其五，一个国家需要保障市场自主。自由主义政治学者理查德·罗斯克兰斯（Richard Rosecrance）指出，第二次世界大战结束以后，以往强调军事征服、领土占领的"军事—政治的世界"（military-political world）开始变成"贸易世界"（trading world），各国更加强调通过贸易来增强自身的实力，而日本则变成了"贸易国家"（trading state）。③ 在罗斯克兰斯看来，历史上日本通过征服等手段获得外部市场，而二战后日本更强调自由无碍地与他国进行贸易以实现国家利益。但是，罗斯克兰斯赞许的"贸易国家"面临很大的脆弱性。重商主义者查尔斯·达维南特就强调在安全环境恶化的时候，国内市场的重要性。他指出："东印度贸易在和平时期对冒险家是有利可图的，但在战争和动乱时期很少如此。在和平时期，

---

① Reinhard Drifte, *Arms Production in Japan*, Boulder: Westview Press, 1986, pp. 11 - 34.

② Andrew Hanami, "The Emerging Military-Industrial Relationship in Japan and the U. S. Connection," *Asian Suvery*, Vol. 33, No. 6, 1993, pp. 601 - 602.

③ Richard Rosecrance, *The Rise of the Trading State: Commerce and Conquest in the Modern World*, pp. 23 - 26.

商人们可以向国外开拓销路和输出商品，使我国富裕起来；而在战争时期，国内消费主要是他们能够维持和继续进行交易。"① 二战结束后，在美国积极推动下，资本主义世界建立了相对统一的世界市场。出于对抗苏联需要，美国鼓励日本和欧洲增加出口。美国也容忍对日贸易逆差，甚至鼓励日本对美实施歧视性的贸易政策。日本则利用全球资本主义市场，尤其是美国市场，在经济重建中取得了惊人的成就。但是日本却没有掌握一个自主的市场。随着日本对美国竞争加剧，美国日益关闭自身市场。1980 年的《科学》杂志援引美国众议院的报告指出："我们相信，日本工业化的成就给美国带来的冲击，会跟当时苏联的人造卫星上天给美国带来的冲击一样严重。"② 面对日本的经济冲击，美国开始考虑选择性地封闭国内市场。美日双方展开了激烈的贸易谈判，美国利用掌控的庞大国内市场，不断迫使日本接受"自愿"的出口限制。1972 年，美国迫使日本接受对纺织品的自愿出口限制，而这样的限制一直持续不断：1969 年和 1978 年针对日本的钢铁，1977 年针对彩电，1981年至 1993 年针对汽车。③ 由于严重依赖霸权国美国的市场，日本的发展最终遭遇了瓶颈。到 20 世纪 80 年代，日本年均出口增长率下跌至 5.3%。（20 世纪 70 年代为 14.6%）。日本产品在美国进口产品中所占份额从 20 世纪 80 年代的 18.5%下跌到 21 世纪第一个

---

① ［英］查尔斯·达维南特：《论东印度的贸易》，第 31 页。
② Constance Holden, "Innovation: Japan Races Ahead as U.S. Falters," *Science*, Vol. 210, No. 4471, 1980, p. 751.
③ Andrew Gordon, *A Modern History of Japan: From Tokugawa Times to the Present*, New York: Oxford University Press, 2003, p. 293.

10 年的 10.7%。① 日本由于缺乏能够自主掌控的市场，其经济发展的脆弱性日益显现。②

事实上，如果缺乏市场的自主性，国家的很多对外经济战略都难以实现。1997 年 9 月，七国集团与国际货币基金组织在香港举行年会。在这次年会上，日本的财政大臣就提议，由亚洲国家出资1000 亿美元，打造亚洲货币基金组织，以应对当时和未来的金融与货币危机。日本政府会提供一半的资金，其余资金由其他亚洲国家筹集。日本的提议让不少人感到意外。美国财政部获悉日本政府的提议以后，立刻表示反对。时任美国财长的劳伦斯·萨默斯（Larry Summers）深夜打电话给日本大藏省副大臣神原英姿（Eisuke Sakakibara）说："我原本以为我们是朋友。"他们在电话里面展开了激烈的讨论，长达两个小时。萨默斯批评日本人建立亚洲货币基金组织的尝试，是把美国排除在外，并试图让亚洲货币基金组织独立于国际货币基金组织。为推动亚洲货币基金组织的成立，日本政府展开了积极行动。1998 年，包括日本首相桥本龙太郎（Ryutaro Hashimoto）在内的日本政府领导人与官员频繁出访亚洲国家，包括印度尼西亚、泰国、马来西亚以及新加坡，向各国阐释自身变更当前国际货币制度的理念，希望在亚洲国家内部达成共识。日本政府不仅作出了巨大的外交努力，还作出了巨大的经济努力。在泰国发生金融危机期间，日本的金融机构给予泰国最大份额的贷款，借

---

① ［美］巴里·艾肯格林著，张群群译：《全球失衡与布雷顿森林的教训》，东北财经大学出版社 2013 年版，第 66 页。
② 黄琪轩、李晨阳：《大国市场开拓的国际政治经济学——模式比较及对"一带一路"的启示》，《世界经济与政治》2016 年第 5 期。

款高达 380 亿美元。相比之下，欧盟对泰国的贷款金额为 200 亿美元，美国为 40 亿美元。① 但是，日本的努力却难以成功。

日本严重依赖出口，尤其是对美出口，日本大部分厂商与美国利益是绑定在一起的。他们需要维持现有国际货币制度安排，维持美元的国际关键货币地位，保持日本出口增长。因此日本国内的出口商抵制日本政府推动日元国际化的战略，抵制政府"去美元化"的努力。② 日本国内市场狭小，让日本经济既缺乏自主性，也缺乏美国这样的影响力。相反，日本国内出口集团受到美国市场的显著影响，让日本国内的意见也难以达成共识。日本变更国际货币制度在国内都难以得到支持。③

不仅日本如此，当年大英帝国也遭遇过类似困境。1873 年至 1896 年间出现了一轮世界性经济萧条，其间英国物价下跌了 22%，美国物价下跌了 32%，其他国家物价下跌则更为显著。④ 面临经济萧条压力，各国保护主义压力增大。而这一时期，兴起了第二次工业革命。钢铁业作为第二次工业革命的代表性产业，在英国则陷入了相对衰退。关税壁垒妨碍了英国钢铁业发展，保护了美国、德国和其他欧洲国家的市场，使这些国家本土制造业迅速成长。美国国会在 1890 年引入的麦金莱关税（*McKinley Tariff*）就对英国马口铁以及钢产业造

---

① Phillip Lipsey, "Japan's Asian Monetary Fund Proposal," *Stanford Journal of East Asian Affairs*, Vol. 3, No. 1, 2003, pp. 95 - 98.

② Saori Katada, "From a Supporter to a Challenger? Japan's Currency Leadership in Dollar-Dominated East Asia," *Review of International Political Economy*, Vol. 15, No. 3, 2008, pp. 399 - 417.

③ 黄琪轩:《国际货币制度竞争的权力基础——二战后改革国际货币制度努力的成败》,《上海交通大学学报》（哲学社会科学版）2017 年第 3 期。

④ ［美］杰弗里·弗里登:《20 世纪全球资本主义的兴衰》，第 7 页。

成巨大冲击。[1] 随着欧洲大陆国家开始工业化，其国内的工业生产替代了进口，英国出口的商品在欧洲大陆的市场份额日益下降。英国庞大的海外市场开始逐步萎缩，导致英国制成品的出口增长放缓。

如表 7-4 所示，到 19 世纪末，特别是 19 世纪 80 年代，英国出口增长要明显慢于其他主要的工业化国家。1913 年到 1929 年，国际贸易中制成品出口年均增长率为 2.9%，而英国制成品出口年均增长率仅为 0.5%。[2] 英国产品在国外的销量迅速下降。

表 7-4　各国制成品出口的年均增长率 (%)

国家＼年份	英国	美国	德国	法国
1871/5—1881/5	2.1	7.1	—	2.2
1881/5—1891/5	0.4	2.7	1.7	1.2
1891/5—1901/5	1.7	9.1	4.3	2.5
1901/5—1913	3.6	6.1	3.3	5.0
1871/5—1913	2.0	6.2	—	2.3
1881/5—1913	—	—	3.7	—

资料来源: Folke Hilgerdt, *Industrialization and Foreign Trade*, New York: League of Nations, 1945, pp. 158-161.

亚洲发展取得了举世瞩目的成就。外来技术、外部市场均为亚洲发展做出过重要贡献。但无论是外来技术还是外部市场，均不是典型意义上的"国际公共品"。随着亚洲国家从"追赶阶段"步入

---

[1] Sidney Pollard, *Britain's Prime and Britain's Decline: The British Economy, 1870 - 1914*, London: Edward Arnold, 1989, p. 53.

[2] Robert Matthews, Charles Feinstein and John Odling-Smee, *British Economic Growth, 1856 - 1973*, New York: Oxford University Press, 1982, p. 467.

"成熟阶段"，对先发国家的竞争压力逐渐增大，发达国家将会加大对亚洲国家的技术出口限制，同时也会加大对亚洲国家的市场准入限制。此时，依托自身庞大的国内市场体量，依托"科技自立自强"就有非常重要的意义。① 党的二十大报告提出：到二〇三五年，我国发展的总体目标之一是："实现高水平科技自立自强，进入创新型国家前列"。新时代的中国正在积极推进高质量发展，习近平总书记强调："加快实现高水平科技自立自强，是推动高质量发展的必由之路。"②

因此，国家的经济自主性体现在对食品、原料、技术、军工、市场等方面的自主供应与自我保障。自由主义的政治经济学则对此持完全不同的看法。自由主义政治经济学认为，在一个共同的法律框架下，理性的个人会实现分工。因此，根据要素禀赋，有的国家自然集中于生产高技术产品，有的国家则可能集中生产劳动密集型产品。通过国际交换，各国都实现了经济福利最大化，而经济独立无益于增进全球福利。李斯特却指出：这个学派拥护自由竞争的论点，实际上只能运用于属于同一国家的各个人之间的交换。③ 国内贸易和国际贸易是有很大差异的；国家内部的分工和国家间的分工也如此。李斯特强调：在目前世界形势下，任何大国要获得恒久的独立与富强的保障，首先要做到的就是使自己的力量与资源能够获得独立的、全面的发展。④ 要保障一个国家经济的良好、稳定运行，关

---

① 黄琪轩：《科技自立自强与亚洲发展的内生动力》，《人民论坛·学术前沿》2023 年第15 期。

② 习近平：《在参加十四届全国人大一次会议江苏代表团审议时的讲话》，《人民日报》2023 年 3 月 6 日，第 1 版。

③〔德〕弗里德里希·李斯特：《政治经济学的国民体系》，第 151 页。

④ 同上，第 104 页。

键时候需要依靠自己的资源和力量。大国不仅在安全上要自助，经济上也要独立，也要自主，如此才能在安全上实现自助。李斯特重申："在目前世界形势下，只能依靠它自己的力量和资源来保持生存和独立。"① 因此，在以国家为中心的政治经济学者看来，在世界政治经济的"无政府"状态下，各国追求"自主"就是在追求国家利益。国际安全环境越严峻，各国越要力图实现经济"自主"。

值得注意的是，今非昔比，"脱钩"与"闭关自守"在全球化发展水平较高的情况下，会带来巨大的机会成本。② 连依附论学者都日益反思简单"脱钩"，而希望在全球化背景下，在积极参与全球化的同时，摆脱对资本主义核心国家的依附，实现经济自主。在全球化高度推进的今天，"自主"有着重要的价值，同时返回闭关自守是有害的，而非有益的。强调技术自主重在"能力"，而非回归"闭关自守"。③ 在全球化高度推进的时代，大国通过再全球化，而非去全球化，可以增进国家技术效率，夯实国家技术能力，进而保障技术自主。④ 新时代的中国正是坚持高水平对外开放，实现科技的自立自强。

以国家为中心的政治经济学强调在无政府状态下，国家的最大利益是生存，为了生存，需要追求"相对收益"，也需要重视"经济

---

① ［德］弗里德里希·李斯特：《政治经济学的国民体系》，第 153 页。
② Jeffry Frieden and Ronald Rogowski, "The Impact of the International Economy on National Policies: An Analytical Overview," in Robert Keohane and Helen Milner, eds. , *Internationalization and Domestic Politics*, New York: Cambridge University Press, 1996, pp. 25 – 47.
③ Christoph March and Ina Schieferdecker, "Technological Sovereignty as Ability, Not Autarky," *International Studies Review*, Vol. 25, No, 2, 2023.
④ 黄琪轩：《地缘政治的复兴与大国的技术竞争》，《国际政治研究》2023 年第 6 期。

自主"。那么，如何实现经济自主呢？以国家为中心的政治经济学给后发国家与先发国家都提出了建议。

八　为何美国能在 19 世纪末成为制造业大国？

美国成为世界经济霸权以后，在世界范围内积极推动自由贸易，这容易让世人忽略其早期实施保护主义的历史。事实上，无论是英国还是美国，都曾是保护主义最为盛行的地方。[①] 与欧洲相比，19 世纪中期的美国仍然是"后发展国家"。如果没有美国政府的积极保护，欧洲产品和技术将占据美国市场，主导美国技术与产业。卡尔·波兰尼写道：欧洲有组织的独立国家能保护自己免受自由贸易冲击，而那些在政治上没有组织的殖民地人民就不能这样做了。欧洲的白种人能从自由贸易中保护自己，因为他们建立了主权国家，而那些有色人种则没有这么幸运，他们缺乏这样的政治前提，他们缺乏一个有力的政府。[②]

内战前夕以及内战期间，美国南北冲突使得国家的保护政策受到挑战，关税曾有所下降。但内战结束后，伴随美国国家能力的提升，美国关税又开始大幅度提高。从 19 世纪 60 年代中期到 1900 年，美国

[①] Ha-Joon Chang, *Kicking Away the Ladder: Development Strategy in Historical Perspective*, London: Anthem Press, 2002, p. 17.

[②] Karl Polanyi, *The Great Transformation: The Political and Economic Origins of Our Time*, p. 192.

关税税率大致维持在 40%—50% 之间。[①] 事实上，如表 7-5 所示，英国和美国在赶超时期，都通过实施高关税保护自身产业。甚至到了 1820 年，即英国已接近第一次工业革命尾声时，其制成品平均关税税率仍高达 45%—55%。而在第一次世界大战前夕，此时美国已经是世界第一大经济体，其对制成品征收的平均关税税率仍高达 44%。

表 7-5　1820—1990 年主要发达国家制成品平均关税税率（%）

年份 国家	1820	1875	1913	1925	1931	1950	1980
奥地利	—	15—20	18	16	24	18	14.6
比利时	6—8	9—10	9	15	14	11	8.3
丹麦	25—35	15—20	14	10	—	3	8.3
法国	—	12—15	20	21	30	18	8.3
德国	8—12	4—6	13	20	21	26	8.3
意大利	—	8—10	18	22	46	25	8.3
荷兰	6—8	3—5	4	6	—	11	8.3
俄国		15—20	84				—
西班牙	—	15—20	41	41	63	—	8.3
瑞典	—	3—5	20	16	21	9	6.2
瑞士	8—12	4—6	9	14	19	—	3.3
英国	45—55	0	0	5	—	23	8.3
美国	35—45	40—50	44	37	48	14	7.0
日本	—	5	30			—	9.9

资料来源：Paul Bairoch, *Economics and World History: Myths and Paradoxes*, Chicago: The University of Chicago Press, p. 40。

[①] Gary Walton and Hugh Rockoff, *History of the American Economy*, Mason: South-Western, 2010, p. 179.

而一直被大家视为重商主义的法国，其关税一直较低。在法国，让·科贝尔（Jean-Batiste Colbert）是重商主义者，他推行的政策取得了成功。但后来法国放弃了其政策，李斯特感叹："已经发展起来的工业可以在几年之间一败涂地，已经受到摧残的工业要想用整整一个世代的时间使它恢复却不那样容易。"① 如表 7-6 所示，号称自由贸易的英国关税一直比大家认为是保护主义的法国要高。19 世纪早期，英国关税税率至少是法国的两倍。1821 年到 1825 年，法国关税税率为 20.3%；而英国的关税则高达 53.1%。直到 1876 年以后，法国关税税率才略微超过英国。

表 7-6　英国法国 1821—1913 年平均关税率（关税收入与进口总额比）对比（%）

时间 \ 国家	英国	法国
1821—1825	53.1	20.3
1826—1830	47.2	22.6
1831—1835	40.5	21.5
1836—1840	30.9	18.0
1841—1845	32.2	17.9
1846—1850	25.3	17.2
1851—1855	19.5	13.2
1856—1860	15.0	10.0
1861—1865	11.5	5.9
1866—1870	8.9	3.8
1871—1875	6.7	5.3

---

① ［德］弗里德里希·李斯特：《政治经济学的国民体系》，第 69 页。

时间＼国家	英国	法国
1876—1880	6.1	6.6
1881—1885	5.9	7.5
1886—1890	6.1	8.3
1891—1895	5.5	10.6
1896—1900	5.3	7.0
1901—1905	7.0	8.8
1906—1910	5.9	8.0
1911—1913	5.4	8.8

资料来源：John Vincent Nye, "The Myth of Free-Trade Britain and Fortress France: Tariffs and Trade in the Nineteenth Century," *The Journal of Economic History*, Vol. 51, No. 1, 1991, p. 26.

因此，不少经济史学家和经济学家看法相左。经济学家的演绎展示了低关税的优势，而经济史学家则展示实施高关税是后发展国家发展的必由之路。所谓"并兼者高诈力，安定者贵顺权，此言取与守不同术也"，取天下和守天下的策略是不同的，后发国家和先发国家的经济发展战略是有差异的。有了高关税保护，美国的幼稚产业才有机会依托美国庞大的国内市场成长壮大。1869 年，进口制成品占据了 14% 的美国市场份额；而到 1909 年，这一比重下降到了6%。1869 年时的美国，几乎每个制造业部门都有 10% 左右甚至更多的产品依靠进口；而到了 1909 年，这个比重仅为 5%。在这一时期，与经济成长密切相关的钢铁业取得的成效更为明显。钢铁产品的进口比重从 12% 下降为 1.5%。[①]

长期以来，美国对内实施严格的关税保护，这种保护为美国本土技术进步与产业升级提供了国内市场。美国为保护主义贡献了政策实践，而美国的汉密尔顿和德国的李斯特等则为保护主义贡献了思想来源。李斯特对保护主义的论述不断被后人援引。1847 年，在布鲁塞尔的经济学家聚会上，有人做了一个关于贸易保护主义的报告，内容非常沉闷。马克思激动地大声说道：报告人最好直接重复李斯特的讲话吧，他的讲话至少是尖锐、生动而大胆的。[②] 不过，由于斯密的政策试验场是当代发达国家，故而斯密的学说获得了更大的影响力。而李斯特的政策试验场是当今的发展中国家，所以李斯特的声音往往被学界与政界弃之脑后。

以国家为中心的政治经济学常常讨论国家主导的产业政策（industrial policy），倡导发展民族工业。这伴随两个问题：第一，后发展国家为什么要发展自身的民族工业？按照比较优势发展农业就不行吗？第二，为什么需要国家介入来发展民族工业？让市场发挥作用，让企业家发挥作用不是很好吗？李斯特对第一个问题的回答包含四个方面的考虑。

首先，国际分工是有等级的，要优先发展有利于国家自主的工业。自由主义政治经济学强调分工，李斯特认为，他们的问题在于

---

① Robert Lipsey, "U. S. Foreign Trade and the Balance of Payments, 1800 - 1913," in Stanley Engerman and Robert Gallman, eds. , *The Cambridge Economic History of the United States*, *Vol. 2*: *The Long Nineteenth Century*, New York: Cambridge University Press, 2000, p. 725.

② ［俄］阿尼金著，晏智杰译：《改变历史的经济学家》，华夏出版社 2007 年版，第 276 页。

"提到商品时总是笼统来说的，并不考虑到问题是有关原料品还是制成品"。① 美国老布什政府的经济顾问委员会主席迈克尔·波斯金（Michael Boskin）的话表达了这样的看法："芯片就是芯片，薯片就是薯片，一国生产芯片还是薯片不重要。如果一国在薯片生产而不是计算机芯片生产上具有比较优势，那么它就应该出口薯片，进口计算机芯片。"② 这也是李斯特所指责的，卖农产品和卖工业品是有很大差异的。他认为，不区分农业品和工业品的看法有误导性："用农产品向国外交换工业品与自己建立工业，两者同样可以促进文化与物质生活的发展，尤其是社会进步；这样对国家经济的性质就完全陷入了误解。"③ 因为在国际分工中，售出制成品的一方占了优势，而只能供应农产品的那一方则居于劣势地位。④ 今天也一样，从事低端制造业和高端制造业同样处于不同的国际生产等级。这样的经济等级会影响国家的政治等级。国际分工会构成国家权力的重要基础。李斯特指出，要优先发展这样的工业："按照它们对国家独立自主的关系来说，都有着头等重要意义的工业。"⑤

其次，一国如果只有农业而没有工业品，产品就容易被他国替代，且经济发展更为脆弱。李斯特明确指出其脆弱性：假定担任这一工作的十个工人并不住在一处，而是各居一国，那么由于战争、运输方面发生的障碍、商业恐慌等等，他们之间的协作就不免要时

---

① ［德］弗里德里希·李斯特：《政治经济学的国民体系》，第 150 页。
② Robert Giplin, *Global Political Economy: Understanding the International Economic Order*, p. 127.
③ ［德］弗里德里希·李斯特：《政治经济学的国民体系》，第 156 页。
④ 同上，第 43 页。
⑤ 同上，第 156 页。

常中断。[①] 在国际分工带来脆弱性的同时，不同国家的脆弱程度是不一样的。李斯特尤其担心战争给农业经济带来的危害。他指出，一旦爆发战争，"这一国的农业家因此不得不与别国的工业家分手。这时工业家——尤其是属于有着广泛商业关系的海军强国的工业家——可以从容地向他本国农业那里获得补偿，或者与别的可以接触到的农业国家发生关系，而那个纯农业国家的居民，在这样关系中断的情况下，却要受到双重打击"。[②] 当时，生产农产品的国家容易被替代，因此这样的国家在国际竞争中无疑是脆弱的。李斯特的名言是："一个国家没有工业，只经营农业，就等于一个人在物质生产中少了一只膀子。"[③] 如果说在李斯特的时代，国家之间的产业差距在农业与工业，那么当今国家之间的产业差距更多体现在高端制造业与低端制造业。

2004年举行的中国科学院院士大会上，有院士指出："中国高技术产业发展的现状无法令人乐观：产业技术的一些关键领域存在较大的对外技术依赖，不少高技术含量和高附加值产品主要靠进口。在信息、生物、医药等产业领域的核心专利上，中国基本上受制于人；在一些关键技术，尤其是具有战略意义的重大装备制造业，如航空设备、精密仪器、医疗设备、工程机械等高技术含量和高附加值产品，中国主要都是依赖进口；而在国家安全领域，一些重大武器装备和急需的关键元器件只能依赖进口，处处存在被别人'卡脖子'的危险。甘子钊院士曾经考察过国内的一些集成电路企业，它

① ［德］弗里德里希·李斯特：《政治经济学的国民体系》，第133页。
② 同上，第158页。
③ 同上，第141页。

们的特征是：核心技术深度依赖国外厂商，一旦国外停止供应核心技术，15 天之内只能停产。"① 与当年只能从事农业生产的国家类似，今天只能从事低端制造业的国家同样面临被他国替代的威胁，面临巨大的脆弱性。

再次，从事低级的分工难以积累技术能力。中国古语云"铁匠没样，边打边像""熟读王叔和，不如临症多"，无论是打铁、看病，还是在其他技术与产业领域，技术发展的特点是有很强的积累性，且技术之间是互补的，"任何某一种工业的成功总不是孤立的，总是与许多别的工业的成就相辅相依的；任何一个国家，对于工业工作如果能代代相传，历久不懈，把前一代留下的工作由后一代紧接着继续下去，这个国家的生产力就必然会发展"。② 如果一个国家只有农业，是无法积累技术力量的。"我看到了工业力量与农业力量之间的差异。由此发现了这个学派论证错误的症结所在：它以那些只能适用于农产品自由贸易的理由为依据，借此来证明工业品自由贸易的正确。"③ 李斯特说的这个学派就是自由主义的政治经济学，他们看到了经济收益却忽视了技术能力积累。

技术发展是累积性的，是需要经验，需要连续进行的。自行车行业的发展为以后汽车产业的发展提供了熟练劳动力、商业圈、技术与设备。④ 在 20 世纪初，日本造船业的成长催生了飞机制造业的

---

① 浦树柔、戴廉：《两院院士：缺乏自主创新核心技术是中国软肋》，中国新闻网，2004 年 6 月 7 日，https://www.chinanews.com/news/2004year/2004-06-07/26/445594.shtml。
② ［德］弗里德里希·李斯特：《政治经济学的国民体系》，第 40 页。
③ 同上，第 7 页。
④ Nathan Rosenberg, *Perspectives on Technology*, New York: Cambridge University Press, 1976, pp. 9 – 31.

发展；在二战结束后，日本飞机制造业被解散，却在日本汽车制造业的发展中扮演了举足轻重的作用。飞机制造业的工程师后来加入日本国有铁道公司，在开发新干线子弹列车的过程中成为中流砥柱。[1] 在推动工业化时期，韩国忠州化肥厂的建设和运营虽然走了很多弯路，但在这个过程中，韩国培养了很多人才，成为引领韩国化学工业发展的主力军。[2] 此外，一个组织吸收新技术的能力也要靠前期积累才能发展起来。很大部分的技术引进是在发达国家之间进行的，这正是由于技术转移需要本国企业的技术积累作为后盾。[3] 我们可以试想一下，美国波音公司将飞机设计图纸送给撒哈拉以南的非洲国家，这些国家有可能制造出波音那样的大型民用客机吗？几乎没有可能！因为这些国家缺乏相应的技术积累。没有自己的民族工业，就没有积累技术能力的平台。李斯特举了一个例子：假定有两个家族，家长都是地主，一个家族仅仅靠储蓄来获得利息，而另外一个家族则投资后代的教育与技能，那么"后一家族在精神力量和才能上获得了巨大的、种种不同的培养和发展，而且一代一代传下去"。[4] 同理，如果一个国家重视技术能力积累，它获致物质财富的力量将有增无减。

葡萄牙、西班牙尽管在海外殖民过程中占据先机，但是葡西两国却没有发展制造业。葡西的殖民者用金属器皿、金属链珠、铁和

---

[1] ［日］小田切宏之、后藤晃著，周超等译：《日本的技术与产业发展：以学习、创新和公共政策提升能力》，广东人民出版社 2019 年版，第 248 页。

[2] ［韩］宋成守著，李姗、李莹译：《韩国现代化之路：工业化和技术革命》，中国科学技术出版社 2023 年版，第 34 页。

[3] Moses Abramovitz, "Catching Up, Forging Ahead, and Falling Behind," *Journal of Economic History*, Vol. 42, No. 2, 1986, pp. 385–406.

[4] ［德］弗里德里希·李斯特：《政治经济学的国民体系》，第 123 页。

其他金属品来换取西非的黄金、象牙、胡椒和可可豆,为葡西两国带来滚滚财源。但按李斯特的理解,葡萄牙没有生产力的积累。达维南特在论述西班牙衰落时指出:金银往往是一种过度的饮食,如果这种财富不用于适当用途,过多金银同过少金银一样有害。在它流入过快以抑制勤劳的地方,或者它陷入停滞不动状态的地方,它的害处多于好处。在西班牙,大量货币流入,使得西班牙民众慢慢变得懒惰。由于持有充足的货币,西班牙人忽视技艺、劳动和制造。① 西班牙靠外海殖民获得了丰裕的金银,却没有提升生产力。如果国际社会有生产农产品和工业品的划分,那么一个国家生产什么样的产品就很关键。李斯特指出"生产力"是国家的重要权力。要实现国家经济发展,为它进入将来的世界集团准备条件,这不单单是一个经济任务,这是一个政治经济任务。②

李斯特对技术能力的强调在今天的中国得到了回响。在面临选择时,财务逻辑与产业逻辑是不同的。路风教授在研究中国液晶产业崛起的《光变》一书中指出:财务逻辑是投资带来回报,且回报越快越好;产业逻辑则是推动工业发展,而且是持续的发展,实现技术能力的攀升。如果企业投资都要追求短期的财务回报,那么像生产液晶面板的京东方这样的属于战略性新兴的公司就发展不起来。③ 在考虑对外贸易时,李斯特认为:"决不可单纯地以任何特定时刻一些物质利益的所得为考虑的根据;考虑这个问题时所片刻不能忽视的是与国家现在和将来的生存、进展以及权力有决定关系的

① [英]查尔斯·达维南特:《论英国的公共收入与贸易》,第166页。
② [德]弗里德里希·李斯特:《政治经济学的国民体系》,第153页。
③ 路风:《光变:一个企业及其工业史》,当代中国出版社2016年版,第290页。

那些因素"。① 在以国家为中心的政治经济学者眼里，当政治逻辑与财务逻辑相悖时，政治逻辑需要在财务逻辑之上。按达维南特的说法，勤劳和技艺能够增进土地和地理位置的优势。对人民来说，这是比拥有金银更为确实的财富。② 葡萄牙和西班牙的政策就在于重视财务逻辑而忽视产业逻辑。

港英时代的香港也因为重视财务逻辑而忽视产业逻辑，为此后发展带来了困难。在 1964 年，港督柏立基（Robert Black）指出：香港没有希望赶上其他发达国家和地区，她唯一的竞争优势就是低廉的劳动力。我看不出香港如何在资本密集型产业能赢得竞争。③ 港英政府的自由放任政策，不足以支撑当地产业成长，也无法积累技术能力。缺乏港英政府支持，当地风险投资公司对集成电路等科技投资毫无兴趣。④ 缺乏产业发展，缺乏制造业平台，缺乏技术能力积累，港英时期的香港电子产业利用海外技术的水平难以达到韩国等竞争对手的高度。

这一时期，香港企业普遍存在存续时间短、技术劳工匮乏、研发强度较低等问题。由于企业规模小，不断转换生产，大多数企

---

① ［德］弗里德里希·李斯特：《政治经济学的国民体系》，第 128 页。

② ［英］查尔斯·达维南特：《论英国的公共收入与贸易》，第 166 页。

③ Tak-Wing Ngo, "Industrial History and the Artifice of Laissez-faire Colonialism," in Tak-Wing Ngo, ed., *Hong Kong's History: State and Society Under Colonial Rule*, London and New York: Routledge, 1999, pp. 133 – 136, p. 143.

④ Douglas Fuller, "Government Neglect and the Decline of Hong Kong's Integrated Circuit Design Industry," in Douglas Fuller, ed., *Innovation Policy and the Limits of Laissez-faire: Hong Kong Policy in Comparative Perspective*, London: Palgrave Macmillan, 2010, p. 251.

业开业时间不到 8 年。① 小企业不断创办和倒闭，每年约有 10% 的电子公司倒闭。② 与此相伴随的是企业短视行为，当地小企业大都采用"游击战术"，既缺乏对工人的技能培训，也缺乏研发努力。港英时期香港电子产业的熟练技工总是处于短缺状态。许多电子企业是代工工厂，并不参与产品设计与成品销售，以组装为主。有研究者认为这种短期行为使得香港企业在速度、灵活性和成本方面表现卓越。③ 但是这样做的短板也非常明显，即短期行为与低研发强度严重制约了香港企业的技术积累。港英时期的香港经历了"没有追赶的增长"（growth without catching up）。④ 从关键零部件供应及产品出口来看，港英时期的香港与竞争对手的差距越拉越大。1987 年，香港在全球电子产品出口中所占的份额跌至 1.7%。⑤ 当中国台湾地区被世人看作集成电路设计制造中心时，香港在该产业中扮演着默默无闻的配角。由于技术能力缺乏，港英时期的香港没有把握住技术转移的机会。缺失的技术能力最终导致"失去的机会"。⑥

① Theresa Lau, K. F. Chan and Thomas Mann, "Entrepreneurial and Managerial Competencies Small Business Owner Managers in Hong Kong," in Patricia Fosh et al., *Hong Kong Management and Labour*, London and New York: Routledge, 1999, p. 229.

② Yin-Ping Ho, *Trade, Industrial Restructuring and Development in Hong Kong*, London: Palgrave Macmillan, 1992, p. 179.

③ Howard Davies, "The Future Shape of Hong Kong's Economy: Why High-Technology Manufacturing Will Prove to Be a Myth," in Patricia Fosh et al., *Hong Kong Management and Labour*, pp. 51 – 52.

④ Stephen Chiu and Tai-Lok Lui, *Hong Kong: Becoming a Chinese Global City*, London and New York: Routledge, 2009, p. 34.

⑤ Yin-Ping Ho, *Trade, Industrial Restructuring and Development in Hong Kong*, p. 179.

⑥ 黄琪轩：《"振兴的机遇"与"失去的机会"——美日竞争背景下美国的技术转移与亚洲经济体》，《世界经济与政治》2021 年第 12 期。

最后，保护民族工业是增强国家权力的需要。李斯特强调：财富的生产力比之财富本身，不晓得要重要到多少倍。[①] 为什么财富不如生产力重要？按经济史学家安格斯·麦迪逊（Angus Maddison）的估算：1820 年的时候，中国占世界 GDP 总额的 32.9%，这样的经济份额和今天美国占世界经济的份额相当。而当时的英国只占世界 GDP 份额的 5.2%。即便到了 1870 年，屡战屡败的中国仍占世界 GDP 总额的 17.2%，而英国也不过占到了 9.1%。[②] 但是当时的中国是富而不强，当英国这样掌握更先进生产力的大国打到中国的时候，清朝统治者毫无还手之力。李斯特认为：英国执政者所注意的是生产力的提高，而不是制造价格低廉、经久存在的工业品，英国的生产力"是在于代价虽较高而能够长期存在的制造力的取得"。[③] 因此，重商主义者在欧洲曾发挥极其重要的作用。人们日益相信国家利益在于确立本国制造业，在于加工原料，而不是向外输出原料。若一国致力于发展本土工业，一国就可能雇佣更多劳动力，并从能工巧匠那里分得大量利润。随着各种税费收入增加，国库便可充盈，工业繁荣的国家就能同时拥有强大的海军实力和总体军事威力。[④] 更高梯度的产业发展支撑着国家在世界政治中享有的权力优势。李斯特指出：保护关税可能使财富有所牺牲，但却使生产力有了增长，足以抵偿损失而有余，"由此使国家不但在物质财富的数量上获得无

① ［德］弗里德里希·李斯特：《政治经济学的国民体系》，第 118 页。
② Angus Maddison, *The World Economy, Volume 2: Historical Statistics*, Paris: OECD Publishing, 2006, p. 263.
③ ［德］弗里德里希·李斯特：《政治经济学的国民体系》，第 44 页。
④ ［瑞典］拉斯·马格努松著，梅俊杰译：《重商主义政治经济学》，商务印书馆 2021 年版，第 72 页。

限增进，而且一旦发生战事，可以保有工业的独立地位"。①

实施产业保护政策，后发展国家才能发展现代工业，才能增进自身国家权力，才能实现在世界政治经济中的自由。李斯特不断强调："任何人如果安于现状，不求进取，结果他必将后悔莫及，一个国家也是这样，任何国家如果不求进取，它的地位必将逐渐降落，终至覆亡。"② 李斯特从产业发展出发，阐述了自己对"自由"的理解，这与自由主义政治经济学有显著不同。李斯特指出，国内贸易与国际贸易不同，因为关税保护这样"反自由"的国际贸易政策是实现自由的条件。"国内贸易方面的限制只有在极个别情况下才与公民的个人自由不相抵触；而在国际贸易方面，高度的保护政策却可以与最大限度的个人自由并行不悖。事实上最大限度的国际贸易自由，它的结果甚至能使国家沦于奴隶地位。"③ 因此爱德华·卡尔指出，不要认为存在普世的政治经济原则。自由放任是强者的武器，而保护主义则是弱者的工具。④

李斯特对美国的经验情有独钟，他认为美国是实施关税保护的一个成功案例。乃至有学者称：在李斯特理论的形成过程中，美国的环境和思想即便不是决定性的，也是主导性的。⑤ 李斯特指出：亚当·斯密等人断言，美国"就像波兰一样"，注定应当经营农业。但

---

① ［德］弗里德里希·李斯特：《政治经济学的国民体系》，第 128 页。
② 同上，第 13 页。
③ 同上，第 16 页。
④ ［英］爱德华·卡尔：《20 年危机（1919—1939）：国际关系研究导论》，第 57 页。
⑤ ［英］爱德华·米德·厄尔：《亚当·斯密、亚历山大·汉密尔顿、弗里德里希·李斯特：军事力量的经济基础》，载 ［美］彼得·帕雷特、戈登·克雷格、费利克斯·吉尔伯特主编：《现代战略的缔造者：从马基雅维利到核时代》，第 236 页。

李斯特指出：美国寻求它国家幸福前途时所遵循的方向与绝对的自由贸易原则恰恰相反，这个学派不得不眼睁睁地看着这个事实。[①] 1765 年，北美几个殖民地领袖决定抵制英国货物，用北美自己生产的商品而不用英国产品。若干殖民地议会公开支持当地商人签署的不进口协议，北美民众也积极支持该决定。穿戴本土纺织土布而抵制英国进口的华贵衣物成为北美风潮。1768 年，塞缪尔·亚当斯（Samuel Adams）发动了对英国产品的大规模抵制活动。1774 年第一届大陆会议上通过的大陆联盟决议鼓励北美发展本土制造业，要求从 1774 年 12 月 1 日起，抵制所有英国产品。[②] 李斯特认为美国是保护主义的成功案例，他乃至预言："看上去在我们孙子一辈的时代，这个国家将上升到世界第一等海军与商业强国的地位"。[③] 李斯特尤其指出了 1812 年第二次英美战争的重要性。因为英美战争，美国难以进口工业品，但也因此让美国领导人认识到保护自己产业的重要性。这使得美国的民族工业在第二次英美战争期间有所发展。"如果不是由于 1812 年的宣战而实行禁运，则毫无疑问，美国的工业面对着英国的竞争，将完全崩溃。"[④] 李斯特看到德国和美国有很多共同之处，其中一个重大的共同点就是它们都面临先发国家英国的竞争，因此需要保护主义来扶持制造业。事实上，第二次英美战争让汉密尔顿的反对派也放弃了对自由主义经济政策的幻想。

　　对建设农业国抱有极大热情的托马斯·杰斐逊（Thomas

---

① ［德］弗里德里希·李斯特：《政治经济学的国民体系》，第 91—92 页。
② ［美］埃里克·方纳：《给我自由！——一部美国的历史》（上），第 226—243 页。
③ ［德］弗里德里希·李斯特：《政治经济学的国民体系》，第 87 页。
④ 同上，第 89—90 页。

Jefferson）在亲身经历 1812 年英美战争之后，不情愿地得出一个结论：强权政治的现实要求他改变此前的看法，从制造业的反对者变成支持者，支持保护性关税。1815 年，杰斐逊给法国自由主义经济学家让·巴蒂斯特·萨伊写信："经验已经表明，持续的和平不仅取决于我们自己秉持公正处事和谨慎行事，还依赖别国也这么做。经验还表明：在被迫卷入战争时，对必须横渡大洋才能进行的交易进行拦截，成了支配大洋的敌人手中的强大武器。我们听任自己依赖别国供应的必需品、武器和衣物日益匮乏，这些都进一步加剧了战争的困苦。"1816 年 1 月，杰斐逊写了一篇措辞极其严厉的文字，抨击那些引用他此前支持自由贸易观点的人。杰斐逊说他们滥用托词，力图掩盖不忠倾向。他号召所有美国人和自己保持一致，在凡能得到同等国产纺织品的地方，绝不购买外国货。因为他自己得到的经验教训是：制造业的发展，现在对我们的独立就像对我们的舒适一样必不可少。①

因此，在汉密尔顿、李斯特等人看来，一个国家不能仅仅满足于生产农产品，满足于在国际产业分工中处于低端位置。在李斯特的时代，他强调一个国家要积极实现工业化；而在当代，按李斯特的逻辑，则是要实现从低端制造业向高端制造业转变，提升一个国家在全球价值链中的位置。施穆勒看到，重商主义的指导是多面的。一方面，它常常让一些政府做过了头，它们以一半真理，一半谬误的学说指导实践，并通过暴力手段征敛财富。另一方面，它也给予

---

① ［美］爱德华·米德·厄尔：《亚当·斯密、亚历山大·汉密尔顿、弗里德里希·李斯特：军事力量的经济基础》，载［美］彼得·帕雷特、戈登·克雷格、费利克斯·吉尔伯特主编：《现代战略的缔造者：从马基雅维利到核时代》，第 231—233 页。

自己的人民经济生活所必须的权力基础，并给予经济发展相应的推力。重商主义为民族的奋斗提供了伟大的目标，为落后国家创造和解放了前所未有或者曾经沉睡的力量。[①] 对后发展国家而言，以国家为中心的政治经济学倡导要通过国家扶持，积极发展制造业。这不仅关乎经济安全，还关乎在世界政治中的权力地位。

凭借贸易保护与重商主义实践，美国在 19 世纪末跻身世界制造业强国。新中国成立以后，中国制造业稳步成长。新时代以来，中国积极推动"中国制造"，也积极发展"新质生产力"，推动"中国创造"。那么，第二个问题是：为什么需要国家出面来完成这项工作呢？靠企业家、靠市场可以推动国家产业升级吗？更进一步的问题是：如果一个国家变成了发达国家，是否就需要放弃国家对产业的干预？

九　为何空中客车能占据世界民用航空业半壁江山？

2023 年 5 月，中国国产大型民用客机 C919 完成首次商业飞行。欧洲空中客车的崛起之路对中国发展大型民用客机有重要的借鉴意义。相对波音公司而言，"空中客车"是大型民用客机制造领域的后来者，也是当前世界上唯一成功跻身世界大型民用客机制造商的后来者。从 1967 年"空中客车"项目正式立项直至今天，"空中客车"经历了 50 多年的发展历程。在这段漫长的时间中，"空中客车"公司建立起了一套完整的商用飞机产品线（包括短程、中程、远程飞

[①] ［德］古斯塔夫·冯·施穆勒：《重商主义制度及其历史意义》，第 127 页。

机），其产品也涵盖了从最小型到最大型的客运和货运飞机。

如表 7 - 7 所示，1975 年，波音公司占据了全球商用飞机 67%
的市场份额，麦道公司占有 33% 的市场份额，而"空中客车"的市
场占有率为 0。随着"空中客车"的发展，到 1985 年，"空中客车"
在全球商用飞机市场的占有率上升到 17%；1990 年，"空中客车"
的占有率上升至 30%；2005 年至 2007 年间，"空中客车"的市场占
有率上升至 49.2%。此时，波音公司在全球商用航空领域的市场占
有率为 50.8%。"空中客车"最终获得了与波音公司在全球商用飞机
领域平分秋色的地位。"空中客车"为何能在短短的几十年时间里，
占据全球民用航空市场的半壁江山呢？

表 7 - 7   主要企业占据世界民用航空的市场份额变化（%）

	波音	麦道	空中客车
1975	67	33	0
1985	63	20	17
1990	54	16	30
2005—2007	50.8	—	49.2

资料来源：Thomas Oatley, *International Political Economy: Interests and Institutions in the Global Economy*, New York: Pearson & Longman, 2009, p. 105.

汉密尔顿和李斯特都关注过类似问题。汉密尔顿在《关于制造
业的报告》中指出：美国政府的帮助可以让本土企业打破生产农产
品的惯性，而转向生产工业品。他的理由有四点：首先，政府帮助
可以促成企业转变。企业往往愿意生产业已习惯的产品，如果要让
企业转变到新的领域，它们往往会反应迟缓。而政府介入可以加快

转变速度。1928 年，英国人亚历山大 · 弗莱明（Alexander Fleming）发明了青霉素。但是青霉素走入寻常百姓家却靠政府打破惯性。第二次世界大战期间，美国联邦政府策划了青霉素大规模生产计划，涉及二十多家制药公司，几所大学和农业部。[①] 技术进步需要打破惯性，这常常需要政府进行大规模协调来打破。

其次，政府可以帮助企业克服畏惧心理。企业对可能遭受的失败心存畏惧，而政府的帮助则可以克服这样的畏惧，给企业提供信心。英国重商主义者达维南特积极倡导政府支持渔业公司的创办，他指出：没有这种支持，没有这种基金作为基础，私人也许不愿冒险，像这种尝试投资他们的前辈曾对此踌躇不前。这项事业最初会困难重重，耗资巨大。[②] 技术进步有一个特征就是"不确定性"。在制药产业，一项新的研发计划，从项目启动到结束，可能需要耗时 17 年，每种药物需要投资大约 4 亿美元，且失败率非常高。只有一万分之一的合成药物能投放市场，成功概率是一万分之一。而且即便成功投放市场，药物也常常会有完全不同的用途。[③] 即便进入药物临床试验，进入第一期临床试验的药物，也有 70% 到 80% 不能得到美国食品和药品管理局（FDA）批准，而获得批准的药物，只有通过激烈的商业竞争，才能带来利润。[④] 即便有大规模的研发努力，该技术也不一定有产出；有了产出，也不一定会有市场。同样，对航空

① David Mowery and Nathan Rosenberg, *Paths of Innovation: Technological Change in 20th-Century America*, p. 96.

② ［英］查尔斯 · 达维南特：《论英国的公共收入与贸易》，第 206 页。

③ Mariana Mazzucato, *The Entrepreneurial State: Debunking Public vs. Private Sector Myths*, London: Anthem Press, 2013, p. 59.

④ ［美］马克 · 卡扎里 · 泰勒著，任俊红译：《为什么有的国家创新能力强》，新华出版社 2018 年版，第 79 页。

产业竞争而言，由于不确定性也非常巨大，每投产一种新型商用飞机就是"拿公司的命运来打赌"。① 正是政府介入，分担风险，让企业克服畏惧心理。由于政府有强大的组织力，其产业规划与设计常常成为"自我实现的预言"，大量研发活动引导诸多企业进入战略产业，围绕政府规划的领域展开研发与商业活动，带来新的机会，提振企业信心。

再次，政府帮助可以缩减本国与外国产品的技术差距。在欧洲工业化的过程中，面对先发国家采取的防止技术外流的措施，发展程度稍低的国家动用了各种"非法"手段以获取先进技术。这些国家的企业家及技术人员常常在政府明确许可和积极鼓励下，从事工业谍报活动。有些后发国家政府为获得特定技术，为从事技术谍报活动的企业与个人提供赏金。为获得英国技术，法国、俄国、瑞典、挪威、丹麦、荷兰和比利时等国实施了大规模工业谍报活动。许多国家还组织或支持从英国及其他先发国家招募技术工人。② 汉密尔顿认为：作为后发展国家的美国，其产品质量和价格都难以和英国等先发展国家竞争。政府帮助可以让美国企业克服技术落后的差距。在汽车产业发展初期，日本汽车质量难以赶上美国福特、通用等汽车，故障频繁，消费者抱怨不绝于耳。③ 为了发展日本汽车产业，1954 年日本政府以外汇储备不足为由，限制进口外国汽车。④ 日本

---

① ［美］罗拉·迪森著，刘靖华等译：《鹿死谁手——高技术产业中的贸易冲突》，中国经济出版社 1996 年版，第 236 页。

② ［英］张夏准著，肖炼译：《富国陷阱——发达国家为何踢开梯子》，社会科学文献出版社 2009 年版，第 64—68 页。

③ ［日］小田切宏之、后藤晃：《日本的技术与产业发展：以学习、创新和公共政策提升能力》，第 216 页。

④ Jeffrey Hart, *Rival Capitalists: International Competitiveness in the United States, Japan, and Western Europe*, p. 61.

政府严格保护汽车产业，长期的失败与试错让日本汽车与电子企业从错误中学习，积累"自主学习能力"，以致能在日后挑战美国技术优势地位。在1960年，日本汽车年产量为48万辆；到了1970年，日本汽车产量达到530万辆，成为仅次于美国的世界第二大汽车生产大国。在1980年，日本汽车产量达到1100万辆，超过美国成为世界第一大汽车生产国。[①] 日本通产省的规划做不到万无一失，日本企业也并非无懈可击。不过在政府帮助下，日本汽车通过反复试错和勤学苦练，才能逐渐积累技术，缩小与发达国家技术差距，并赶上美国。

最后，政府可以削弱外国政府补贴的影响。那些先发展国家常常补贴自己本国企业，而美国政府对本国企业的帮助，则可以削弱他国政府对外国企业的扶持效果。[②] 在二十世纪八十年代，美国微电子产品占世界市场的份额下跌到40%；而在集成电路这样的高技术领域，日本占据的全球市场份额上升到75%。[③] 美国技术领先地位的丧失导致了国内制造业衰退、失业率增加等一系列问题。1985年是美国集成电路发展史上最黑暗的一年，英特尔裁员创下新高，且亏损额超过了公司账面资产价值。[④] 美国正是凭借政府的干预与补贴

---

① ［日］池田吉纪、内田茂男、三桥规宏著，丁红卫、胡左浩译：《透视日本经济》，清华大学出版社2018年版，第291页。

② Alexander Hamilton, "Report on Manufactures," in Nikolaos Zahariadis, ed., *Contending Perspectives in International Political Economy*, Beijing: Peking University Press, pp. 12–13.

③ Ian Inkster, "Review: Made in America but Lost to Japan: Science, Technology and Economic Performance in the Two Capitalist Superpowers," *Social Studies of Science*, Vol. 21, No. 1, 1991, p. 160.

④ Richard Langlois and Edward Steinmueller, "Evolution of Competitive Advantage in the Worldwide Semiconductor Industry, 1947–1996," in David Mowery and Richard Nelson, eds., *Sources of Industrial Leadership: Studies of Seven Industries*, New York: Cambridge University Press, 1999, pp. 47–48.

来平衡日本的技术优势。1984 年，美国国会通过了《联合研究开发法》（National Cooperative Research Act of 1984），目的是为了规避反垄断法，鼓励研发联盟企业建立；同年，美国还制定了《半导体芯片保护法》（Semiconductor Chip Protection Act of 1984, SCPA），使美国率先成为对集成电路布图设计进行立法保护的国家；1986 年《美日半导体协议》（US. -Japan semiconductor trade agreement）签署。该协议第二部分为保密协议，日本政府承诺在五年内努力帮助美国及外国公司占据 20% 日本半导体市场份额。[①] 不久后，美国政府认为日本政府没有很好履行协议。1987 年 1 月，美国政府告知日本在 30 天时间内停止在第三国倾销，在 60 天时间内改善日本市场准入，否则美国将进行报复。[②] 1987 年 3 月，里根总统认为日本人违反了协定，决定对日实施惩罚性制裁。这是二战结束以后，美国第一次对日本实施大规模经济制裁。里根总统的经济政策委员会（Economic Policy Council）建议对日本出口到美国的计算机、机床和彩电征收 100% 关税，价值高达 3 亿美元。[③] 1987 年美国成立半导体制造技术战略联盟（Semiconductor Manufacturing Technology, Sematech），以应对来自日本的技术挑战。这一联盟一半是由产业界出资，一半由美国国防部出资。

美国为应对日本经济竞争而采取的技术政策调整是比较有效的。

---

① Aurelia George Mulgan, "Understanding Japanese Trade Policy: A Political Economy Perspective," in Aurelia George Mulgan and Masayoshi Honma, eds. , *The Political Economy of Japanese Trade Policy*, London: Palgrave Macmillan, 2015, p. 17.

② Yoshimatsu Hidetaka, *Internationalisation, Corporate Preferences and Commercial Policy in Japan*, New York: Palgrave Macmillan, 2000, p. 112.

③ John Kunkel, *America's Trade Policy Towards Japan: Demanding Results*, pp. 83 - 99.

美国高技术产业在二十世纪九十年代得以复兴。[1] 到 1994 年，美国硅片、半导体材料等高技术产业再度繁荣，重新占据世界市场主导地位。美国办公、通信和计算机生产商重新确立了技术领先地位。相比之下，曾经一度强大的日本竞争者则显得混乱无序、灰心沮丧，明显处于技术上的守势。[2]

因此，国家干预对战略产业成长至关重要，即便对发达国家亦是如此。李斯特对"为什么需要国家出面来完成产业发展？"这一问题的回答主要有两点。首先，先发展国家会钳制后发展国家发展，因此需要政府介入产业政策，运用国家力量来推动工业化。李斯特曾形象地指出："一个人当他已攀上了高峰以后，就会把他逐步攀高时所使用的那个梯子一脚踢开，免得别人跟着他上来。亚当·斯密的世界主义学说的秘密就在这里。"[3] 在李斯特笔下，斯密被认为是一个伪善者，一个英国爱国者。斯密目睹自己的祖国已经依靠重商主义战略兴起，成为一个无可匹敌的强国。重商主义已经对英国不再适用，于是他建议不那么幸运的国家抛弃这样的战略和策略。[4]

先发展国家不想后发展国家发展先进制造业。当先发展国家的工业产品具有优势的时候，自由贸易对他们有利。李斯特说道：英

① Jeffrey Hart and Sangbae Kim, "Explaining the Resurgence of U. S. Competitiveness: The Rise of Wintelism," *Industry and Innovation*, Vol. 4, No. 2, 2006, pp. 1 – 12.
② Michael Borrus, "Left for Dead: Asian Production Networks and the Revival of US Electronics," *The Berkeley Roundtable on the International Economy Working Paper*, 1997, p. 2.
③ ［德］弗里德里希·李斯特：《政治经济学的国民体系》，第 307 页。
④ ［美］爱德华·米德·厄尔：《亚当·斯密、亚历山大·汉密尔顿、弗里德里希·李斯特：军事力量的经济基础》，载［美］彼得·帕雷特、戈登·克雷格、费利克斯·吉尔伯特主编：《现代战略的缔造者：从马基雅利利到核时代》，第 216 页。

国人"将尽量用自己的力量和资本从事于发展他本国的工业,使他的工业产品推广到世界各国市场,在这个情况下,自由贸易制度是最能适应他的目的的,他决不会喜欢或想到在法国或德国来建立工业"。① 因此在取得了"先行者优势"以后,英国不愿意看到竞争对手制造业发展。"英国人所订的一切商业条约总不脱离一个倾向,要在有条约关系的一切国家扩展他们工业品的销路,给予对方的表面利益则在农产品与原料方面。他们在这些国家随时随地所努力的是用廉价物品与长期贷款手段,摧毁这些国家的工业。"② 在自由贸易的旗帜下,英国工业品和资本涌向世界各个角落。1815 年英国出口额为 5862.9 万英镑;到 1855 年,这一数字达到 11669.1 万英镑。英国出口额在 40 年的时间里增加了一倍,除了煤以外,绝大多数出口品都是机器制成品。③ 英国不仅对对手如此,连自己的殖民地,英国也尽力钳制其工业的发展,"它甚至不许那些殖民地造一只马蹄钉,更不许把那里所造的输入英国"。④ 在 20 世纪初,英国人担任埃及的政府顾问,成为埃及的实际统治者。克罗默勋爵(Lord Cromer)在当地推行种植棉花这一单一作物,限制埃及生产其他作物。此举引起当地人严重不满。⑤ 李斯特非常喜欢细数英国人压制后发国家产业发展的历史,李斯特说:"直迟至 1750 年,为了马萨诸塞州的一个制帽厂,还引起英国议会那样大的激动和猜忌,因此宣

---

① [德]弗里德里希·李斯特:《政治经济学的国民体系》,第 116 页。
② 同上,第 64 页。
③ 张本英:《英帝国史(第五卷):英帝国的巅峰》,第 57 页。
④ [德]弗里德里希·李斯特:《政治经济学的国民体系》,第 43 页。
⑤ 洪霞、刘明周:《英帝国史(第七卷):英帝国的衰落》,第 206 页。

称，在北美任何种工业都是'妨害公众'的。"① 英国人，"在表面上他们总是以世界主义者、博爱主义者自居，然而就其目的与企图来说，他们实际上始终是利益垄断者"。② 这种情况下，后发展国家的企业家是难以和英国等先发展国家的政府对抗的。因此，李斯特认为需要后发展国家的政府介入，为其民族工业的成长提供保护，帮助它们克服先发展国家设置的障碍。

其次，后发展国家产业相对落后，需要保护主义来为幼稚产业营造发展空间。如果先发展国家的政府不压制后发展国家的产业发展，那么后发展国家的政府是否就应该遵循自由贸易的原则呢？李斯特认为，后发展国家的政府仍需要保护本国幼稚产业，因为自由竞争是有条件的，"我清楚地看到，两个同样具有高度文化的国家，要在彼此自由竞争下双方共同有利，只有当两者在工业发展上处于大体上相等的地位时，才能实现"③。那么如果竞争条件不平等，就需要国家介入。李斯特说：世界产业的竞争并不是平等的，先发展国家具有先发优势，"如果就目前世界形势来说，世界上已经有了一个国家处于强有力地位，并且早已在它自己领域以内有着周密的保护，处于这样的形势，在自由竞争下一个一无保护的国家要想成为一个新兴的工业国已经没有可能"。④ 剑桥大学的发展经济学家张夏准呼应李斯特："如果我像不少落后国家的父母那样，把我五岁的儿子抛到劳动力市场，让他自己谋生。他可能成为非常机敏的擦鞋高

---

① ［德］弗里德里希·李斯特：《政治经济学的国民体系》，第 87 页。
② 同上，第 61 页。
③ 同上，第 5 页。
④ 同上，第 128 页。

手，也可能会是一名很有能力的非熟练工。但是他几乎没有可能变成一名核物理学家或者注册会计师……同理，在培育出技术能力之前，后发展国家卷入自由贸易，它可能是很好的咖啡或者服装生产者，但是它几乎不可能变成世界一流的汽车与电子产品的制造者。"①张夏准的著作《富国陷阱》，其英文直译书名就来自李斯特的著作：把梯子踢掉（*Kicking Away the Ladder*）。②

弗朗西斯·培根谈到殖民地建设时就指出：培植一个新国家有如造林，必须打算好了预备折本二十年，到末了再获利。③李斯特认为培植发展战略产业也是如此，他指出，即便后发展国家的幼稚产业能够在落后的情况下发展起来，但是对后发展国家而言，产业发展的时间和速度很重要。"固然，经验告诉我们，风力会把种子从这个地方带到那个地方，因此荒芜原野会变成稠密森林；但是要培植森林因此就静等着风力作用，让它在若干世纪的过程中来完成这样的转变，世上岂有这样愚蠢的办法？"④因此政府介入可以加快民族工业成长的速度。沃尔兹指出，在当今"全球化"时代，国家之间的竞争从军事竞争转向日益激烈的经济竞争，此时的经济增长速度对国家兴衰十分关键，"旧的体系下，强的消灭弱的；新的体系下，快的消灭慢的"。⑤所以，国家必须要保护幼稚产业，推动国内工业化。

---

① Ha-Joon Chang, "Why Developing Countries Need Tariffs? How WTO NAMA Negotiations Could Deny Developing Countries' Right to a Future," *South Center*, 2005, p. 11.

② ［英］张夏准：《富国陷阱——发达国家为何踢开梯子》，第5页。

③ ［英］弗朗西斯·培根：《培根论说集》，第125页。

④ ［德］弗里德里希·李斯特：《政治经济学的国民体系》，第100—101页。

⑤ Kenneth Waltz, "Globalization and Governance," *Political Science & Politics*, Vol. 32, No. 4, 1999, p. 695.

此外，当代后发展国家面临的产业进入壁垒更高，需要国家来帮助克服进入障碍。哈佛经济史学家亚历山大·格申克龙（Alexander Gerschenkron）的重要著作《经济落后的历史透视》（*Economic Backwardness in Historical Perspective*）根据历史经验指出：越是后发展国家，越需要政府的强组织力以促进产业变革。工业化起步较早的英国可以放手让私人企业来影响技术进步方向；而起步较晚的德国则需要靠更强有力的银行来推动工业化；起步更晚的俄国则不得不借助强大的国家来推动产业升级。因为后来者进入特定产业的门槛更高，英国工业化时期的纺织业是私人就可以完成的，而德国工业化时期的炼钢设备则是私人难以建成的。越是后来者，工业化的进入门槛就越高，也就越需要强组织力，而国家则是强组织力的重要方面。

最后，当代产业发展具有规模经济的特征，需要国家实施"战略贸易"来达到规模经济。战略贸易的提出者保罗·克鲁格曼并非现实主义或国家主义者。但是，他的理论却常常被以国家为中心的政治经济学家引用。二战以后，大规模生产开始成为主流，产业升级和技术进步需要巨大成本，只有足够庞大的市场、足够多的购买力，才能支撑大规模生产。钢铁、汽车、飞机等产业在狭小的市场空间是难以实现产业发展的。例如，二战后大多数拉美国家都努力发展汽车产业，但它们的努力无法突破市场规模限制。在 20 世纪 60年代，车辆装配厂的最小生产规模必须达到年产 20 万辆。20 世纪50 年代，阿根廷每年售出的新车数量为 5 万辆；到了 20 世纪 60 年代，阿根廷最大的汽车公司年产也不过 5.7 万辆。和其他拉美国家一样，受制于狭小的市场规模，阿根廷汽车产业无法实现大规模生产，它生产一辆汽车的成本是美国的 2.5 倍。[①] 形成规模经济，才能有效降低成本。

国家介入是实现规模经济，降低生产成本的重要手段。保罗·克鲁格曼等人倡导"战略贸易"，他们研究发现，工业的集中和一国的贸易模式并非单纯由要素禀赋造就，也是由一些国家和地区偶尔在工业中取得领先地位促成。如表 7-8 所示，在 A 的情况下，美国和欧洲国家对生产大飞机均没有补贴。此时如果双方都生产大飞机（A-Ⅰ），可能造成世界大飞机的供给过剩，因此双方都会亏损 5 亿美元。这样，欧洲公司可能就不会再生产"空中客车"，把国际民用航空市场拱手让给美国公司（A-Ⅱ）。此时美国公司的盈利为 100 亿美元。相反，如果美国公司放弃大飞机的生产，而只剩下欧洲公司生产（A-Ⅲ），那么欧洲公司的盈利也是 100 亿美元。当然，先发公司把市场让给后来者，这样的情况几乎不可能发生。那最后一种情况（A-Ⅳ），就是双方都不生产，没有盈利，也没有亏损。

如果欧洲国家介入，比如只要欧洲公司生产飞机，每年就能从政府那里获得 10 亿美元补贴，这样就会出现不同的局面（B）。此时，如果双方都不生产（B-Ⅳ），美国公司与欧洲公司没有盈利，也没有亏损。如果只有美国公司生产（B-Ⅱ），美国公司的盈利为 100 亿美元。但是欧洲公司可能不会做出上面两种决策，因为欧洲国家的补贴会改变欧洲公司的选择。如果双方都生产大飞机（B-Ⅰ），可能带来世界大飞机的供给过剩。双方都会亏损 5 亿美元。但是，由于欧洲公司有国家补贴，会扭亏为盈。在美国公司亏损时，它还

---

① ［英］罗伯特·艾伦：《全球经济史》，第 129 页。

有 5 亿美元盈利。如果这样的情况持续下去，美国公司会退出该领域，把市场留给欧洲公司，欧洲公司可能最终实现（B-Ⅲ）的局面，获得 110 亿美元的盈利。等到地位稳固以后，即便撤销补贴，它也能继续独霸民用航空市场。

表 7-8　补贴对美国、欧洲大飞机制造影响示意图

欧洲公司

美国公司		生产	不生产
	生产	−5，−5（A-Ⅰ）	100，0（A-Ⅱ）
	不生产	0，100（A-Ⅲ）	0，0（A-Ⅳ）

A 均没有补贴

欧洲公司

美国公司		生产	不生产
	生产	−5，5（B-Ⅰ）	100，0（B-Ⅱ）
	不生产	0，110（B-Ⅲ）	0，0（B-Ⅳ）

B 欧洲国家补贴

没有欧洲国家补贴，"空中客车"就难以迅速崛起。美国方面对欧洲的补贴措施十分不满。2005 年，美国政府向世界贸易组织提出诉讼，指出"空中客车"自其成立以来，仅在新产品投放市场贷款这一项上，就获得了政府 170 亿美元补贴，并对"空中客车"实施制裁。欧洲政府也不甘示弱，指责美国政府在国防合同掩饰下，在过去 13 年间，为波音公司提供的研发补贴高达 230 亿美元之多。[1]

---

[1] Nikolaos Zahariadis, *State Subsidies in the Global Economy*, New York: Palgrave Macmillan, 2008, p. 10.

最终，欧洲国家凭借其自身庞大的市场，突破世贸组织的限制，对美国进行反制措施，限制美国波音进入欧洲市场，最终迫使美国放弃制裁。

随着"空中客车"在国际市场销售量的增加，其成本也在逐渐降低。当"空中客车"生产第一架飞机时，共耗费了34万工时来组装机身；到"空中客车"生产第75架飞机时，耗费的工时就急剧下降，共耗费8.5万工时组装机身；而到20世纪90年代，"空中客车"组装机身的工时降至4.3万工时。[1]

在政府补贴支持下，"空中客车"实现了规模经济，成本大幅降低。此外，由于长期制造大型民用客机，"空中客车"边干边学（learning by doing），实现了"经验经济"。德国的制造商耗费25天完成了第一架空客A321机翼的组装，随着经验积累越来越多，此后只需耗费4天来组装机翼。据测算：在民用航空业，产量每增加一倍，单位成本下降20%。由批量生产而带来的学习效应会使单位成本减少80%—90%。[2]波音公司的副总裁指出：我们之所以做得好，一部分原因是我们制造了如此多的飞机，我们从我们的错误中学习，我们制造的每一架飞机都体现了我们从其他飞机中学到的所有东西。[3]美国政治学者苏珊娜·伯杰（Suzanne Berger）指出美国放弃制造业带来严重问题：企业一边制造，一边获得学习机会。当这种学习过程发生在美国以外时，一个新的、更好的创新环境就会在那

---

① Ian McIntyre, *Dogfight: The Transatlantic Battle over Airbus*, Westport: Praeger, 1992, p. 36.

② Marc Busch, *Trade Warriors: States, Firms, and Strategic-Trade Policy in High-Technology Competition*, New York: Cambridge University Press, 1999, pp. 34 – 35.

③ John Newhouse, *The Sporty Game*, New York: Knopf, 1982, p. 7.

里诞生。越来越多的知识在其他国家孕育；越来越多的关键性生产能力在其他国家建立；其他国家的科研能力也随之越来越强。[①]

战略贸易理论把学习看成是全球贸易竞争的重要方面，学习减少了生产成本。随着国内企业在生产过程中保持学习，它们可以实现更有效率的生产，加强企业在国际市场竞争的能力。当空中客车突破先发者设置的技术壁垒，成长为世界民用航空业的大企业，实现多头垄断或者寡头垄断时，就能获得高收益。因此，战略贸易理论不是完全竞争理论，而考虑了"边干边学"、规模经济、贸易壁垒、高利润率以及研发竞争等因素。[②]

通过国家干预，不仅有助于实现"规模经济""经验经济"，还有助于知识和创新的积累，进而创造出比较优势。"快刀不磨是块铁"，技术进步是累积的，一个在前期积累了更雄厚技术能力的大国，更容易在后期的技术竞争中获胜。前期积累的知识可以提高对新技术的认知，解决技术问题的能力往往需要以往的知识作为铺垫。[③] 在大国技术竞争历史上，日本曾在晶体管领域成功赶超美国。日本技术人员菊池诚（Kikuchi Makoto）说：有人认为日本晶体管是一项拿来的技术。从我自身经验看，如能仿制晶体管，就是一项了不起的成就。逆项工程绝非易事，一个国家只有具备相当高的技

---

① ［美］苏珊娜·伯杰著，廖丽华译：《重塑制造业》，浙江教育出版社 2018 年版，第 96 页。

② ［美］詹姆斯·布兰德：《战略性贸易和产业政策的依据》，载［美］保罗·克鲁格曼主编，海闻等译：《战略性贸易政策与新国际经济学》，中国人民大学出版社 2000 年版，第 61—62 页。

③ Wesley Cohen and Daniel Levinthal, "Absorptive Capacity: A New Perspective on Learning and Innovation," *Administrative Science Quarterly*, Vol. 35, No. 1, 1990, pp. 128-129.

术能力，才能仿制外国先进技术。① 美国历史上同样如此，自行车产业的发展为汽车产业提供基础，包括汽车冲压钢板和滚珠轴承的技术就源自自行车的生产技术。美国飞机行业以及汽车产业的发展，其制造者也来自自行车产业，这些生产者主要居住在美国中西部。② 尽管技术发展有质的飞跃，技术能力却需要点滴积累。

在战略贸易论者看来，战略产业的竞争和历史上的"完全竞争"不同。当代的战略新兴产业大都具有"垄断竞争"的特点，因此国家干预成为各国赢得竞争的重要手段。世界上大型民用客机制造商、飞机引擎制造商都屈指可数。在只有少数企业集中的产业中，贸易政策可以发挥积极作用，增进本国厂商利益。国家干预在创造优势：一方面是大规模生产的优势；另一方面是积累经验带来的优势；还有一项优势是研发活动带来的知识生产优势。这会使最初偶然的优势变成永久的优势。规模经济、学习曲线与动态创新会带来新的优势。③ 战略贸易理论与传统的贸易理论唱反调，它呼应李斯特，认为一个国家的某些经济部门对整个经济的重要性要超过其他部门，因此需要政府支持。战略贸易理论为采取保护主义措施，实施政府补贴和采取其他产业政策提供了理由。受到保护或者接受政府补贴的公司可以利用规模收益递增、技术累积过程和路径依赖等正反馈机制来增强自己在全球市场的竞争力。

---

① ［日］小田切宏之、后藤晃：《日本的技术与产业发展：以学习、创新和公共政策提升能力》，第 186 页。

② David Mowery and Nathan Rosenberg, *Paths of Innovation: Technological Change in 20th-Century America*, p. 51.

③ ［美］保罗·克鲁格曼：《导论：贸易政策的新思路》，载［美］保罗·克鲁格曼主编：《战略性贸易政策与新国际经济学》，第 9—17 页。

在产业政策上，李斯特及其信徒要求后发展国家的政府摒弃斯密等人开出的药方。因为自由主义的政治经济学处处把国家权力、政府干预排除在外。李斯特指出："按照它的说法，国家权力对个人照顾得越少，个人生产就越加能够发展。根据这样的论点，野蛮国家就应当是世界上生产力最高、最富裕的国家，因为就对个人听其自然、国家权力作用若有若无的情况来说，再没有能比得上野蛮国家的了。"① 张夏准也多次提及，在 19 世纪，大部分落后国家是自由市场的典型。因为它们被先发展国家剥夺了关税主导权，没法实施产业政策。因此李斯特开出的政策药方是要执政者转变观念，"无须埋怨，也不必痴心期待将来的自由贸易那个救世主，赶快把世界主义制度扔在火里"。②

值得注意的是，李斯特的保护主义并不是永远保护。他指出保护是暂时的，是权宜之计，保护幼稚产业的最终目的是希望它们能成长起来参与世界市场的自由竞争。"任何国家，借助于保护政策，据有了工商优势，达到了这个地位以后，就能够有利地恢复自由贸易政策。"③ 李斯特指出，不会因为保护导致本国制造业产品的价格永远居高不下，因为在保护的过程中，政府也一定要保持国内制造业的竞争，这样才能提高产品质量，降低产品价格。"一切工业在开创时总不免有发生巨大损失和牺牲的危险，他们是要同这种危险作艰苦斗争的。但是在消费者方面尽可放心，这种非常利润决不会达到过高程度或长期存在，由于继起的国内竞争，不久必然会使价格降低，且会

---

① ［德］弗里德里希·李斯特：《政治经济学的国民体系》，第 150 页。
② 同上，第 86 页。
③ 同上，第 16 页。

降低到在外商自由竞争局面下相当稳定的价格水平之下。"①

日本技术与产业成长就是靠"对外保护,内部竞争"的做法。通产省官员警告 IBM 公司负责人:日本制造商是蚊子,而 IBM 是大象。如果大象不用脚踩死蚊子,我们会不胜感激。② 在技术高速成长时期,日本政府严格保护国内企业,在政府的严格限制下,日本外资企业寥寥无几。即便在日本能看到一些著名外国企业,如麦当劳(McDonald's),它们也并没有占多数股权。③ 在高技术产业成长初期,日本政府保障本土企业的生存,从而维系着一个持续的技术积累平台。但是,日本的产业集中度并不如欧洲高,同一个产业会有众多日本企业竞争。因此,在同一个技术领域,日本政府积极倡导国内企业展开竞争,甚至有研究者称日本国内存在"过度竞争"。④ "对外保护,内部竞争"让日本技术与产业迅速成长。为了提高产品质量,中国台湾地区的地方当局没收了几吨劣质味精以及食品调味剂。当局发布命令,在台北市当众销毁了两万多只劣质灯泡。当局还威胁厂商,如果它们产品质量得不到改善,当局将放开该产品进口。随着台湾地区产品质量改善,当局没有将其警告付诸实施。⑤ 路风的研究展示:2009 年,国际市场上的液晶面板价格大幅度上涨。

---

① [德]弗里德里希·李斯特:《政治经济学的国民体系》,第 148 页。

② Jeffrey Hart, *Rival Capitalists: International Competitiveness in the United States, Japan, and Western Europe*, p. 74.

③ Lester Thurow, *Head to Head: The Economic Battle Among Japan, Europe, and America*, New York: Warner Books, 1993, p. 130.

④ 高柏著,刘耳译:《日本经济的悖论——繁荣与停滞的制度性根源》,商务印书馆 2004 年版,第 29 页。

⑤ Robert Wade, *Governing the Market: Economic Theory and the Role of Government in East Asian Industrialization*, Princeton: Princeton University Press, 1990, pp. 80 - 81.

在中国亟需液晶面板时，韩国企业开始控制供应数量，提高产品价格。当中国京东方形成自主生产能力时，液晶面板开始大规模降价。[1] 在自由主义政治经济学家看来，企业是在寻租，通过政府保护，获得垄断地位，进而获得租金。在李斯特看来，他们却是在提高国家的"生产力"。李斯特意识到保护有代价，但是却获得了补偿，带来国家生产力发展。[2] 显然，以国家为中心的政治经济学对国家"自主性"更有信心，他们相信国家难以被利益集团俘获。他们对"国家能力"也更有信心，相信国家有能力将产业政策贯彻下去。

除了实施关税保护、政府补贴，国家还有哪些政策工具来帮助民族工业成长呢？

第一项措施是研发资助。研发资助是比较隐蔽的补贴，也是可行性较高的扶植民族工业的做法。1959 年，美国国会的一个委员会估计：美国电子产品的研发，超过 85% 的经费来自联邦政府。第一代计算机的研发，几乎无一例外是由美国政府部门，尤其是美国军方资助的。美国计算机企业发展受益于军方所资助的半导体和晶体管的研究。美国企业能引领世界互联网信息技术的潮流，也离不开政府的研发资助。麻省理工学院设计的数字控制技术主要用于飞机制造业，而美国空军对这一项目提供了大量资助。[3]

第二项措施是政府引导融资。日本政府通过对银行系统的控制，将金融资源投向政府扶植的民族工业。除了联邦或中央政府，地方政府也常常发挥积极作用。中国液晶面板企业京东方筹资的主要来

---

① 路风：《光变：一个企业及其工业史》，第 346 页。
② ［美］亨利·威廉·斯皮格尔：《经济思想的成长》（上），第 361 页。
③ 黄琪轩：《大国权力转移与技术变迁》，第 133—140 页。

源是地方政府，包括北京、合肥、成都、重庆、鄂尔多斯等。例如，京东方在合肥建生产线时，合肥政府的支持使得民众更有信心，私人投资者踊跃认购企业债券。在合肥市出资 30 亿元以后，京东方共筹集到 120 亿元资金。[①] 地方政府的参与让投资者有信心，让银行愿意放款，也让该项目更容易获得国家发改委和证监会批准。

第三项措施是政府与军事采购。高科技产品面世初期的造价过高，普通消费者难以承受。例如在 20 世纪 30 年代，计算器的雏形——机械计数器就已经出现了。当时每台计算器的价格为 1200 美元，相当于几辆家用汽车的价格。在 20 世纪 50 年代，晶体管也极为昂贵，不太可能步入寻常百姓家，贝尔实验室附属制造工厂生产的全部产品都销往军队。1952 年，美国晶体管的生产厂家生产了 9 万个晶体管，而军队几乎将它们全部买下。最早的计算机都是销售到美国联邦政府部门，尤其是美国国防部门和情报部门。美国软件业发展早期，其最大客户就是联邦政府部门，尤其是国防部。即便到了 20 世纪 80 年代早期，美国国防部的采购还占到美国软件销售近一半的份额。[②] 美国联邦政府的采购以及军事需求刺激了大量新企业进入该行业，孕育了英特尔、IBM 等美国民族工业巨头。

第四项措施是政府推销。法国政府曾许诺印度政府，如果印度购买"空中客车"，法国政府将为印度在世界银行进行游说，使得印度获得世行贷款。此外，法国政府还愿意帮助印度清理恒河。时任法国总统的弗朗索瓦·密特朗（Francois Mitterand）许诺，一旦

---

① 路风：《光变：一个企业及其工业史》，第 303 页。
② 黄琪轩：《大国权力转移与技术变迁》，第 140—144 页。

"空中客车"A320试飞成功，我会是它的推销员。① 如果国内市场不足，民族工业需要获得世界市场才能实现规模制造，进而降低成本。而政府推销有助于民族工业在成长初期获得国际市场，实现规模制造，降低成本。

第五项措施是市场交换。19世纪末，美国企业能开拓拉美的市场，得益于美国政府与拉美国家的市场交换。在1913年，拉美大多数国家主要出口市场是美国。在拉美21个国家中，至少有11个国家把美国视为它们最主要市场。1913年，洪都拉斯、巴拿马、波多黎各等国将80%以上的出口商品销往美国；古巴、墨西哥销往美国的商品则占其出口总额的70%以上。美国出让本土市场同时，为其民族企业的产品出口打开了市场，尤其对拉美北部国家而言，美国在一战前出口到这些国家的商品占其进口商品总额的54.1%。② 19世纪末期，美国政府的市场交换为美国这一时期民族企业的成长提供了外部市场。

综上，以国家为中心的政治经济学强调国家对产业成长的积极作用，国家通过实施积极的产业政策，调整国内产业结构，生产高附加值产品。国家产业政策包括：关税保护、政府补贴、研发资助等多种形式。政府介入会促进民族产业的成长，也有助于实现富国强兵目标。不过，在李斯特看来落后国家为了赶超才需要保护，但是战略贸易理论则看到发达国家在角逐世界产业制高点的过程中，

① Marc Busch, *Trade Warriors: States, Firms, and Strategic-Trade Policy in High-Technology Competition*, p. 57.
② Victor Bulmer-Thomas, *The Economic History of Latin America since Independence*, New York: Cambridge University Press, 2003, pp. 73 – 77.

仍需要国家积极干预与保护。

　　培根在小说《新大西岛》中向人们展示了对国家促进技术发展的设想：有一个本色列国，在该国有一个所罗门宫，这是一个由国家资助的自然科学研究机构。在本色列岛，自然哲学家成了一个受政府支持的社会阶层，他们备受尊敬、享有特权，服务于国家和社会。他们发明了各式各样的物件，包括：他们仿制一些机器，运行速度比任何步枪子弹都要快；他们发明能潜行水底的船只；模仿鸟儿飞行的飞行器；各式钟表等。①

　　历史上，国家引导的发展成功例子很多，失败例子也不乏。"国家引导的发展""国家主义""新重商主义""隐蔽的发展型政府"可能会周期性地回归。历史上，这样的回归曾发挥过积极的作用。但此类发展模式的回归也伴随着隐忧，主要体现在以下两点。

　　其一，"正反馈"的风险。一般而言，"新重商主义"也好，"国家引导的发展"也罢，当国家在安全压力下更为直接地介入市场时，技术发展往往会呈现"正反馈"特征，这一发展模式常常会弱化既定政策的修错与调适。在政府统筹和设计下，技术路线与产业政策往往是政治决定；而政治领域的决策容易呈现"正反馈"特征。所谓的"正反馈"机制就是当 A 值提高造成 B 值提高，而 B 值提高后的信息反馈又将导致 A 值进一步提高。人的特性尤其是政治领域的特性会造就大量的"正反馈"机制。要么是参与各方对权力的尊崇与依附，要么是重要参与者通过理念论证自身行为的合理性，"权力会带来更多的权力"。相关政策一旦出台，就会有诸多参与者亦步亦

───────────

① ［英］弗朗西斯·培根著，何新译：《新大西岛》，商务印书馆 2012 年版，第 32—42 页。

趋地追随，这样的政策容易被以往的成功所绑架，被流行理念所强化。即便政策遭遇挫折，决策者也会认为受挫原因并非政策自身。如此一来，该政策就会出现"骑虎难下""上山容易下山难"的局面，只能"华山一条道"，不断往前推进，将政策实践推到一个又一个新的高度。"新重商主义""国家引导的发展"过程中出现的"正反馈"特点使其难以自我调适和修错。苏联领导人盛赞太空计划的高质量。但是苏联领导人却难以回答这一问题：如果苏联有能力解决如此规模巨大且任务艰巨的难题，为什么甚至要从国外购买最简单的技术产品？以苏联太空计划为代表的技术项目包含了太多政治决定，最终越推越远，难以回头。市场中的价格机制具有"负反馈"特征。一旦脱离市场，缺乏价格机制带来的"负反馈"调适修正，大型技术项目只能越推越远，直至出现重大问题。因此，即便伴随"国家引导的发展"回归，在"正反馈"的、政府主导的技术项目中，也需要保留足够的价格机制这一"负反馈"制约。

其二，"集中攻关"的风险。当国家在安全压力下更为直接地介入技术发展时，技术项目往往是顶层设计、统一布局、集中攻关，但其挑战是由此带来系统风险而缺乏替代选择。技术与产业发展具有显著的"不确定性"。对未来的技术发展趋势，即便是最强大的组织与企业也知之甚少，对其发展预测往往机会渺茫。为了给难以规划的、不可预测的技术发展提供空间，分权的、分散的、自发的试错往往是必不可少的。在安全压力下，政府直接介入技术进步，实施"顶层设计""集中攻关""统一布局"，不可避免会出现"把所有的鸡蛋放到同一个篮子里"，导致系统风险不断地累积，出现"一荣俱荣，一损俱损"的局面。美苏竞争中，美国大量的技术尝试都遭遇失败，但得益于多元主体的参与，如军人、官员、学者、商人，乃至电子游戏爱好者，各方参与者贡献迥异的技术标准与方向，美国技术发展有更多的替代选择。在当前国际竞争中，政府的作用日益加强。伴随"国家引导的发展"回归，以国家为中心的政治经济学会在新的历史时期焕发生机。同时，在"集中攻关"的、政府主导的技术项目中，也需要鼓励诸多规划之外的参与者尝试犯错，为政府想象力之外的、设计之外的参与者提供活跃的技术竞技舞台，让"分散试错"有足够的空间，提供大家都意想不到、预见不到的技术选择。

综上，以国家为中心的政治经济学强调在世界政治经济舞台上，国家是最重要的行为体，这个行为体是"一元的""理性的""自主的"，因此国家需要具备国家自主性和国家能力。同时国家是在"无政府状态"这一国际政治经济环境下活动。由于在"无政府状态"下互动，国家在世界政治经济舞台上需要追求权力。当世界权力格局让一个国家具备显著优势时，就是"霸权稳定论"展示的世界，这个世界会更加开放；当世界权力格局发生变化，尤其是一个崛起国在撼动领导国地位时，就会出现权力转移。在此情况下，大国竞争会带来世界政治的动荡和变革，同时也会催生重大技术革新。在"无政府状态"下，国家需要追寻国家利益。但是在以国家为中心的政治经济学者眼中，国家最大利益就是国家生存，而为确保生存，国家重视"相对收益"而非"绝对收益"。同时，为保障自身生存，国家需要追寻"经济自主"。为实现国家利益，国家需要积极介入经济发展，需要实施产业保护，需采取战略贸易政策，以增进自身在世界政治经济中的权力。

第八章

政治经济学中的制度视角：
从凡勃伦到诺斯

我们在前面几章介绍了以个体为中心的政治经济学，也介绍了以阶级为中心、以国家为中心的政治经济学。政治经济学还有一个重要的分析视角，即以制度为中心的政治经济学。这个视角从某种意义上来讲是派生的视角，它既可以基于以个体为中心的政治经济学，也可以基于以阶级和以国家为中心的政治经济学。制度主义有旧的制度主义与新的制度主义之分。旧制度主义的代表人物如索尔斯坦·凡勃伦（Thorstein Veblen）、约翰·康芒斯（John Commons）以及韦斯利·米契尔（Wesley Mitchell）；而新制度主义的代表人物包括道格拉斯·诺斯（Douglass North）、罗纳德·科斯（Ronald Coase）、奥利弗·威廉姆森（Oliver Williamson）等人。这些人大部分是经济学家而不是政治学家，但他们的著作却对政治学产生了持久的、深远的影响。政治学中的历史制度主义与理性选择制度主义等分析范式大都能从制度主义的文献中找到思想渊源。制度主义学者，无论是旧制度主义还是新制度主义，大都是美国人，至少大都出生在美国或者在美国大学工作。因此，"制度学派"也可以被称为政治经济学的"美国学派"。围绕"制度"这一关键词，他们对当代政治经济展开了分析，探索发展与安全的机理，揭示繁荣与秩序的机制。

美国法学家亨利·惠顿（Henry Wheaton）于 1836 年出版了《万国公法》。在清代晚期，该著作被翻译成了中文版。当时法国公使哥士耆（Michel Alexandre Kleczkowsky）异常愤怒地说："那个让中国人了解欧洲国际法的家伙是谁？杀了他！把他掐死！他将给我们带来无穷的麻烦！"[1]

制度提供了人类相互影响的框架，让人与人协作和竞争关系得以确定，从而建构出社会秩序，特别是建构了一种经济秩序。[2] 同时，构成社会生活框架的不同经济和政治制度，能够极大地影响社会对经济和政治成果的分享，或者决定对失败损失的分担。[3]

2019 年，纽约市准备新建几所监狱，其中一所拟建在唐人街附近，由此引发大规模集会抗议。事实上，合理的制度设计可以为监狱建设等不受欢迎的公共设施选址问题提供思路。例如，每个社区可以通过匿名报价，告知政府需要多高的补偿金才愿意接收这些公共设施。不过这样一来，每个社区都有抬高自身要价的动机。如何才能让各个社区都说真话呢？其中一项可能的制度安排就是拍卖制度。政府选取出价最低的社区建设不受欢迎的公共设施，并按照其出价予以补偿。同时，政府也根据其他社区的报价，按一定比率征收补偿款。在这样的制度安排下，每个社区将有强烈的动机，在报价的时候"说真话"。一项简单的制度安排影响着人与人的互动框架，影响了成本分担与成果分享。

在以制度为中心的政治经济学中，凡勃伦强调制度来源于人的竞争本性，有闲阶级已形成制度，他们追求明显有闲、明显消费，追求自身的相对地位，影响至今。现代制度研究者认为，制度在以下几个方面影响着当代政治经济。制度有一项重要作用是降低交易

---

① 王元崇：《中美相遇：大国外交与晚清兴衰（1784—1911）》，第 123—224 页。
② ［美］道格拉斯·诺斯著，厉以平译：《经济史上的结构和变革》，商务印书馆 1992 年版，第 195 页。
③ ［美］杰克·奈特著，周伟林译：《制度与社会冲突》，上海人民出版社 2009 年版，第 27 页。

费用，让经济运行得更为顺畅；好的制度也可以提供可信承诺，进而降低交易费用；当以市场为代表的横向制度安排失效的时候，可以通过纵向的、一体化的制度来降低交易费用；当交易费用较大的时候，需要通过产权制度来降低交易费用；好的制度的一项重要作用是为人们的政治经济决策提供激励，让人们更愿意从事生产性活动，更愿意发明创造，更愿意投资人力资本，也更愿意合作；而良好的产权制度就为人们努力提供了激励，保护产权是西方世界兴起的关键；低效制度常常长期存在，这是因为制度具有路径依赖的特征，制度有可能被锁定在低效的轨道上；制度在一段时间内是一个均衡，它对强者和弱者都有约束力，可以降低人们决策时的不确定性。随着政治经济生活变迁，个体、阶级与国家都可以推动制度变迁，以实现新的均衡；同时，制度既包括正式制度，也包括非正式制度，正式制度可以在朝夕之间改变，但非正式制度却具有"粘性"，它会长期存在，影响经济绩效。

威廉姆森指出：制度分析有四个层次，第一个层次是非正式制度，包括传统、习俗等。这个层次的制度变迁最为缓慢，变化周期是成百上千年；第二个层次是制度环境，该层次分析的重点是产权制度，其变迁周期是十年乃至百年；第三个层次是治理，重点关注契约层面的制度，变迁周期大致是 1 到 10 年；第四个层次是资源配置与雇佣等制度，这一层面的制度在持续变迁。[①] 制度分析者主要关注第一个到第三个层面的制度。

[①] ［美］奥利弗·威廉姆森著，陈耿宣编译：《契约、治理与交易成本经济学》，中国人民大学出版社 2020 年版，第 136 页。

一　为何海外侨民会增加母国的跨国投资?

当今世界的国际直接投资不断增长，但是大量的国际直接投资都是从一个发达国家流向另一个发达国家。与发达国家相比，发展中国家吸引的国际直接投资并不多，资本并没有流向穷国。不过有研究者发现，如果一个国家的海外侨民比较多，则可以显著提高该国国际直接投资的流入。[1] 为什么海外侨民能让母国国际直接投资增多呢? 从制度主义的视角看，其中有一个重要原因就是海外侨民可以减少跨国公司在侨民母国投资的交易费用。

交易费用（transaction costs）最早由诺贝尔经济学奖得主罗纳德·科斯提出，是与生产费用相对应的概念。他希望揭示：不仅生产过程会产生费用，交易过程也会产生高昂的费用。交易费用是在一定的制度安排下，人们自愿交往、彼此合作达成交易所支付的费用，它包含搜寻信息的成本、谈判成本、监督成本、执行成本等。[2] 诺斯也认为：实施经济交易的过程中会有交易费用，它包括为了进行交易，需要收集相关信息的搜寻费用，就交易条件进行协商的商议费用，还有确定实施契约步骤的实施费用。[3] 制度

---

[1] David Leblang, "Familiarity Breeds Investment: Diaspora Networks and International Investment," *American Political Science Review*, Vol. 104, No. 3, 2010, pp. 584 – 600.

[2] P. K. Rao, *The Economics of Transaction Costs Theory: Methods and Applications*, London: Palgrave Macmillan, 2003, p. xvi.

[3] ［美］道格拉斯·诺斯、罗伯斯·托马斯著，历以平、蔡磊译：《西方世界的兴起》，华夏出版社 1999 年版，第 119—120 页。

主义者向世人展示，传统学者将重点放在生产费用，这不过是冰山一角。交易费用在很多国家高得惊人，乃至会显著影响一个国家的繁荣与秩序。

通常情况下，在发展中国家做生意，比如开办一家企业，交易费用很高，而生产费用则可能是其次的。赫尔南多·德·索托（Hernando de Soto）在秘鲁做了一项实验："我和我的研究小组在大多数新移民定居的利马郊区开办了一家小型服装加工作坊。我们的目标是创立一家完全合法的新企业。研究小组的人员开始填写表格、排队、坐公共汽车到利马市中心，领取根据法律文书规定所需的全部证明文件。他们每天花 6 个小时从事这项工作。最终在 289 天之后把企业注册下来。"① 在企业开工之前，办企业的申请流程这一过程就耗资不菲。索托指出：尽管这家作坊只需一名工人就可以经营，办理法律注册登记却花费了 1231 美元——是当地工人最低月薪的 31 倍。为了得到在国有土地上建造房屋的法律许可，索托及其伙伴用了六年零十一个月的时间——需要在 52 个政府办公室里办理 207 道行政手续。② 秘鲁是例外吗？绝对不是，索托发现不少国家和秘鲁一样。

作者在其他国家重复了这个实验。在菲律宾，如果某人在国有或私有的城市土地上把住宅合法地买下来，整个过程包括 168 道手续，要同 53 个公共和私人机构打交道——或者说要花 13 到 25 年时间。在埃及与海地，作者发现同样如此。在埃及，要用 14 年时间，与 31 个公共或私有机构打交道，经过 77 道官僚程序才能合法地购

---

① ［秘鲁］赫尔南多·德·索托著，王晓冬译：《资本的秘密》，江苏人民出版社 2001 年版，第 17—18 页。
② 同上，第 18 页。

买公有土地；而在海地，这一过程则需要 19 年时间并完成 176 道手续。[1] 要知道，索托在秘鲁花了 10 个月完成的企业登记，类似程序在美国纽约只需要花 4 个小时。[2] 制度主义者用"交易费用"来概括经济活动中生产成本之外的信息搜寻成本、谈判成本、监督成本、执行成本等。

交易费用的主要来源包括很多方面，其中比较显著的来源有几个方面。

第一是机会主义（opportunism）。交易各方为寻求自我利益而常常会采取欺诈手法，导致交易过程存在高昂的监督成本，进而降低经济效率。以购买保险为例，机会主义的行为既存在于购买保险前，也会存在于购买保险后。在购买保险前，身体状况不太好的人更愿意购买健康保险；身体状况很好的人反而不愿意去购买，这被称为"逆向选择"，即"事前的机会主义"。同样道理，不少学者认为能力强的人不愿意申请去公共部门工作；具备还款能力的国家不愿意申请世界银行贷款，这些都可以视为逆向选择。在购买保险以后，受保者可能会"赖上"保险公司。原本开车很小心的司机会更加大意，因为出事后可以向保险公司索赔；原本出门会检查门窗是否关好，现在投保人变得粗心大意，因为失窃后也可以向保险公司索赔，这叫"道德风险"，即"事后的机会主义"。同样道理，有了稳定的职业保障后，有人就在工作岗位"磨

---

① ［秘鲁］赫尔南多·德·索托：《资本的秘密》，第 18、76 页。

② Norman Loayza, "The Economics of the Informal Sector: A Simple Model and Some Empirical Evidence from Latin America," *Carnegie-Rochester Conference Series on Public Policy*, Vol. 45, No. 1, 1996, pp. 129 - 162.

洋工"；获得世界银行贷款后，一些国家对财政收支的管控更随心所欲。逆向选择和道德风险最初源于对保险的应用研究，但却有着更广阔的理论应用。

在国际关系史上，国家为了增强自身安全往往愿意与其他国家结盟。不过，选择结盟的国家也存在"机会主义"行为。结盟各方往往期望自身盟友更强大，更负责。不少中小国家选择"结盟"恰恰是"逆向选择"。研究者发现：就中小国家而言，经历信贷违约、背负债务负担、缺乏财政信誉的国家更可能选择联盟。如果一个中小国家经历了债务危机，它组建或加入联盟的可能性比没有经历债务危机的国家高出 55.9%。① "该来的没来"，让结盟行为出现"逆向选择"，这是事前的机会主义。不仅如此，在政治经济生活中，还存在大量的"事后机会主义"。在和青木昌彦（Aoki Masahiko）的对话中，弗里德曼说 20 世纪 90 年代的东亚金融危机不是资本主义带来的问题，国际货币基金组织才是问题。如果没有国际货币基金组织，就不会发生亚洲金融危机。② 因为国际货币基金组织充当"最后贷款人"，为陷入危机的国家提供贷款，实施救济。弗里德曼认为，如此一来，各个国家就会存在"道德风险"，更愿意从事高风险、不负责任的投资。因为高风险往往意味着高回报。如果投资成功了，收益归自己；如果投资失败了，国际货币基金组织会埋单。"最后贷款人"的帮助让各国面临"道德风险"这一"事后机会主

---

① Michael Allen and Matthew DiGiuseppe, "Tightening the Belt: Sovereign Debt and Alliance Formation," *International Studies Quarterly*, Vol. 57, No. 4, 2013, pp. 647 – 659.

② ［日］青木昌彦：《制度经济学入门》，第 179 页。

义"的诱惑，即"我赖上你了!"。如此一来，各国会有更多的风险偏好型政策举措，风险日益积累，引发金融危机。

第二是信息不对称（asymmetric information）。不少研究将信息成本视为交费费用的核心。交易双方往往掌握着不同程度的信息，拥有信息优势的一方可能凭借其信息优势，损害信息较少一方的利益。而处于信息劣势的一方要获得真实信息，往往代价高昂。吉莲·邰蒂（Gillian Tett）在谈到金融衍生品时指出：银行家都喜欢用晦涩难懂的行家术语，让金融衍生品变得模糊不清，只有少数能揭开面纱的人才能看清楚。[1] 民众在购买金融产品、医疗服务乃至在选举投票时，往往都面临"晦涩难懂"的术语、存在信息不对称的问题，带来高昂的"交易费用"。

第三项是不确定性与复杂性（uncertainty and complexity）。由于现实生活充满了不可预期性和各种变化，交易双方常常希望将未来的不确定性及复杂性纳入契约中。但是大量的不确定性却难以被预测，难以被写进契约。政府在选择国防承包商时，往往就面临这一难题。1958 年，F－4 鬼怪Ⅱ战斗机（F－4 Phantom II）上面的机载软件只需要 1000 行软件代码；到了 2006 年，F－22 战斗机机身上的机载软件，由 170 万行软件代码构成；到了 2015 年，F－35 联合打击/闪电Ⅱ战斗机（F－35 Joint Strike Fighter/Lightning II）需要写 570 万行软件代码。[2] 政府要和国防承包商签订一项合同时，难以对产品质量、性能、运用前景等做出事无巨细的判断并将其写进

---

① ［英］吉莲·邰蒂著，张艳云译：《疯狂的金钱》，中信出版社 2010 年版，第 8 页。
② Ali Mili and Fairouz Tchier, *Software Testing: Concepts and Operations*, Hoboken: John Wiley and Sons, 2015, p. 6.

合同。在国防产品采购史上,不乏新技术在交付之初,就成为过时技术产品的案例。技术发展的不确定性与复杂性只体现了交易复杂性的一个侧面。人类头脑标新立异的能力要远远超过我们想象。有时候,甚至你明知道正在与一位投机者打交道,你也说不清楚:这项交易到底包含哪些不确定性。[1] 不确定性与复杂性增加了签订契约时的谈判成本,同时也使得交易更为困难。

此外,资产专用性(asset specificity)等问题也会产生交易费用。[2] 例如,一家伐木工厂希望建设一条铁路,将原木运送到港口。这家伐木工厂和铁路公司签订合同。合同规定铁路公司建立一条从伐木工厂通往港口的铁路。建成以后,伐木工厂每运输一吨原木,会付给铁路公司1元运费。一旦铁路公司投资建好这条铁路,那么这条铁路就是专用资产,因为它只能为伐木厂运输原木。问题就出现了,如果伐木厂利用铁路公司此时的弱势谈判地位,不愿意按原有协议支付运输费用,只愿意支付原先一半的运价,那么铁路公司则面临尴尬处境。由于资产专用性问题,两家厂商的谈判将面临高昂的交易费用,往往难以达成协定。

制度主义学者的研究显示:在不同国家和地区,经济绩效差异很大程度可以用交易费用来解释。诺斯指出,以往研究存在重大缺陷,它们"所涉及的社会是一个无摩擦的社会,在这种社会中,制度不存在,一切变化都是通过完善运转的市场发生的"。[3] 事实上,

---

[1] [美]奥利弗·威廉姆森著,段毅才、王伟译:《资本主义经济制度:论企业签约与市场签约》,商务印书馆2002年版,第87页。
[2] 同上,第78—84页。
[3] [美]道格拉斯·诺斯:《经济史上的结构和变革》,第7页。

经济运行往往存在摩擦，也就是交易费用。当你要买一本书时，你需要搜寻信息，除了周围的书店，哪里还可以买到更便宜的书。这时，你上当当网、京东网以及亚马逊，还有孔夫子旧书网。你可以搜集到这些书的价格和相关评价。当你需要购买或者装修新房时，你需要和房地产公司、地产中介以及装修公司进行细致磋商，这是一个异常繁琐的过程，需要签署大量合约。在多年前，你邮购的产品没有发到你手中，除了抱怨，你几乎无可奈何。现在，互联网发展出来的第三方支付极大地降低了交易费用。当你收到产品后，经过你确认，第三方机构才将你的货款打到卖方手中，你还可以对卖方的发货速度，产品品相等进行评价。我们日常生活中有形形色色的交易活动，你要买卖一项货物，你要租赁一栋房屋，你要雇用一位助理，你要录取一名考生。国家之间要签署贸易协定、投资协议、援助条款、货币互换协议、和平条约。这些交易过程中都存在大量摩擦，即交易费用。有时候交易费用过于高昂，让个体与群体对交易望而却步。

比如你要雇用一位经理人，倘若你不幸遇到詹姆斯·达特（James Dutt）这样的经理人，你会作何感想？比泰斯（Beatrice）是一家美国食品公司，创建于 1891 年。在詹姆斯·达特担任公司首席执行官期间，他没有发起过任何新的投资意向，反而把公司资金浪费在管理层感兴趣的其他事宜上。公司搬进了更大、更豪华的办公室，总部人员大幅度增加，从 1976 年的 161 人增加到 1985 年的 750 人。公司大搞以塑造达特个人形象为中心的宣传活动。公司还资助了两个赛车队，因为达特对赛车这项运动有着高度的热情，他也对收藏汽车有着特殊嗜好。事实上，比泰斯公司的业务和赛车毫无联系。从 1979 年到 1985 年，比泰斯公司的市值大约损失了 20 亿美元。由于股价持续下跌，董事会最终解聘了达特。他的墓志铭最为悲惨：在得知他被解聘以后，比泰斯股票价格大涨了 6 个百分点。①这就是雇用交易过程中产生的委托—代理问题。雇用过程伴随着高昂的交易费用，因为你可能会碰到不合格的代理人。由于交易费用太高，不少企业家就放弃了寻找职业经理人的努力，选择由家族成员世代经营企业。

当人们惊叹于为何落后的发展中国家没有实现经济赶超时，制度主义学者会告诉你，是不良制度在起作用，②其中一个原因是大部分国家经济运行过程中的交易费用太高。从全球来看，要开办一个普通企业，平均而言，创业者需要经历 10 道官僚程序，花费 63 天的时间和相当于 1/3 年收入的费用。在有的国家，这些限制尤其严重，比如在玻利维亚，就需要经历 20 道程序和 2.6 倍年收入的费用。③ 2005 年，世界银行列举了世界上 20 个最容易做生意的地方，这些地方经济运行的交易费用比较低（见表 8‑1）。而那些交易费用高昂的地方，会让投资者望而却步。在多伦多开办一个新企业需要两天；而在莫桑比克的首都马普托（Maputo）则需要 153 天。在芬兰首都赫尔辛基，注册商业地产只需要 3 个步骤；而在尼日利亚首都阿布贾（Abuja），则需要 21 个步骤。

① ［美］拉古拉迈·拉詹、［意］路易吉·津加莱斯：《从资本家手中拯救资本主义》，第 35—36 页。
② 傅军：《国富之道：国家治理体系现代化的实证研究》，北京大学出版社 2014 年版。
③ ［美］拉古拉迈·拉詹、［意］路易吉·津加莱斯：《从资本家手中拯救资本主义》，第 137 页。

表 8-1　世界上经商容易程度的国家和地区排行榜

名次	国家/地区	名次	国家/地区
1	新西兰	11	瑞士
2	美国	12	丹麦
3	新加坡	13	荷兰
4	中国香港	14	芬兰
5	澳大利亚	15	爱尔兰
6	挪威	16	比利时
7	英国	17	立陶宛
8	加拿大	18	斯洛伐克
9	瑞典	19	博茨瓦纳
10	日本	20	泰国

资料来源：The World Bank, *Doing Business in 2005: Removing Obstacles to Growth*, Washington, D. C.: World Bank, International Finance Corporation and Oxford University Press, 2005, p. 2。

　　如果债务人无清偿能力，陷入破产，各国债权人讨债的结果也会有很大差异。如果别人欠债不还，在韩国首尔，向法院申请执行债务合同需要花费 1300 美元，大约为债务总额的 5.4%；而在印尼的雅加达则需要 2042 美元，为债务总额的 126%。这意味着，在雅加达，几乎没人愿意通过法律去追回欠债。在东京，债权人的债务约有 90% 的份额能获得清偿；而在孟买，债权人只能得到其债务份额的 13%。[①] 如果贷款人违约，不偿还债务，债权人可以申请索取其抵押的房产。在英国，贷款人申请获得违约债务人的房产，通常

――――――――――

① The World Bank, *Doing Business in 2005: Removing Obstacles to Growth*, p. 3.

要耗时 1 年左右的时间，同时需要支付占该房产价值约 4.75% 的手续费；而在意大利，同样的事情则需要花费 3—5 年时间，债权人不得不支付占房产总价值 18%—20% 的手续费。这两个国家的人均 GDP 很接近，交易费用差异却如此巨大，所以导致了这种情况：英国抵押贷款总金额占英国 GDP 的 52%，而意大利只有 5.5%。[①]

国家作为世界政治经济中的一个重要行为体，常常实施各种制度以降低交易费用。前面提到哈耶克主张 "货币的非国家化"，殊不知世界各国创造国家货币的一个重要动机是降低经济运行的交易费用。内战前的美国，有 7000 多种银行券被当作货币使用。[②] 当时在美国境内不仅可以使用外国货币，各州都可以发行自己的银行券，有不少银行券是私人银行发行的。美国南部和西部发行的银行券在东部信誉度较差，因而没那么值钱。在它们被当作货币使用时，需要以低于其票面价值的面额来使用。[③] 在不少情况下，不同州发行的银行券在其他州难以流通，商人们需要鉴别哪些货币是真，哪些是假，哪些票面价值需要打折扣。这样的货币乱局给经济交往带来了很大困难。因此，为了整合全国市场，降低经济运行的交易费用，民族国家开始缔造国家货币。

诺斯指出，专业化和分工是《国富论》的关键。但长期以来，学者们在构建他们的模型时，对专业化和分工所需的成本一直忽略

① ［美］拉古拉迈·拉詹、［意］路易吉·津加莱斯：《从资本家手中拯救资本主义》，第 8 页。

② Kathleen McNamara, "The Lessons of History: The American Single Currency and Prospects for Economic governance in the EU," *Proceedings of the Conference on Economic Governance*, London, 2003.

③ Fariborz Moshirian, "Elements of Global Financial Stability," *Journal of Multinational Financial Management*, Vol. 14, No. 4, 2004, p. 307.

不计。① 实际上，交易费用却长期困扰人们。熟人社会的交易费用会因为社会网络和重复博弈而降低。因此在小的社群里，稠密的社会关系网络使得交易费用很低。在熟人社会，欺诈、推卸责任、投机行为等比较罕见，甚至不会出现。② 但随着社会分工和专业化的现代社会出现，经济交易变得不同于熟人社会交易，大量交易从人格化的交易发展到非人格化交易（impersonal exchange）。此时就需要有相应的制度安排来降低交易费用。从某种意义上来讲：交易费用在本质上是专业化和劳动分工的费用。③ 不少发展中国家与海外投资者就是通过海外侨民的族裔网络来降低国际投资的交易费用。从某种程度上讲，这将现代经济嵌入传统的熟人社会交易。

随着非人格化交易的发展，还需要有更多的手段来降低现代经济的交易费用。

如图 8-1 所示，在美国，有超过 45% 的国民收入被用在了交易上；而在一个世纪以前，这一比例大约为 25%。用于交易的经济资源已经具备相当规模而且在不断扩大。④ 但是，在律师费用、审计费用等交易费用占国民生产总值的比重不断上升的同时，日常经济的运行则变得更为顺畅。

专业化需要不断增加用于交易的社会资源。这样交易部门占国民生产总值的比例增加了，因为贸易、金融、银行和保险业的专业

---

① ［美］道格拉斯·诺斯：《经济史上的结构和变革》，第 1 页。
② ［美］道格拉斯·诺斯：《制度、制度变迁与经济绩效》，第 77 页。
③ ［美］埃里克·弗鲁博顿、［德］鲁道夫·芮切特著，姜建强、罗长远译：《新制度经济学：一个交易费用分析范式》，上海三联书店、上海人民出版社 2006 年版，第 66 页。
④ ［美］道格拉斯·诺斯：《制度、制度变迁与经济绩效》，第 38 页。

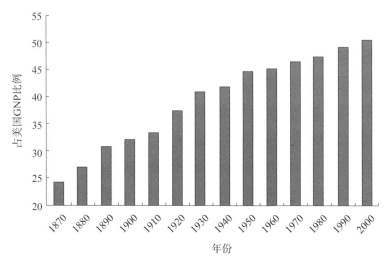

图 8-1　美国交易费用占国民生产总值的比重（1870—2000 年）
资料来源：Douglass North, *Understanding the Process of Economic Change*,
Princeton: Princeton University Press, 2005, p. 93.

化以及经济活动的协调所牵涉的劳动力比例增加了。[1] 耗费这些社
会资源不是用于生产，而是用于减少经济运行的"摩擦力"，即
"交易费用"。制度主义者看到：一个社会未能发展出有效的、低
成本的契约实施机制，乃是导致历史上的经济停滞以及当今第三
世界经济不发达的重要原因。[2] 交易费用理论认为：制度的主旨和
效果在于节约交易费用。[3] 一般而言，能降低交易费用的制度安排，
就能更好地促进经济增长。能更好降低交易费用的制度，更能带
来繁荣与秩序。降低交易费用的途径很多，其中有一项举措就是：
提供可信承诺。

---

① ［美］道格拉斯·诺斯：《制度、制度变迁与经济绩效》，第 166 页。
② 同上，第 77 页。
③ ［美］奥利弗·威廉姆森：《资本主义经济制度：论企业签约与市场签约》，第 8 页。

二　为何英国能在战争中借到更多的债?

国际关系史上，英法两国为争夺欧洲霸权进行了旷日持久的战争。英国光荣革命后，从 1689 年到 1815 年，英法之间爆发战争的年份累计为 69 年。在此期间，英法两国爆发了七次战争，英国赢了六次，输了一次。要知道，此时法国的经济实力并不逊于英国，而且法国在很多方面还享受巨大优势。英国光荣革命以后，法国的人口是英国的三倍，经济体量是英国的两倍；法国还比英国拥有更多的资源。[①] 英国在对法战争中获得了更多的胜利，并赢得了世界霸权，其中一个重要原因在于英国有着更卓越的筹资能力，它通过发行债券筹集到更多的战争资金。那么为何别人愿意购买英国发行的债券，而不愿意购买法国债券呢? 制度主义者认为：这需要从光荣革命引发的一项重要制度变迁讲起。

在光荣革命，尤其是英国资产阶级革命爆发前，英国和法国的筹资能力并无二致。由于英国王权任意而专断，斯图亚特王朝大部分贷款都是通过胁迫方式取得的"强制贷款"。在这一时期，如果你借钱给国王，这笔钱可能就打水漂了。1604 年，英国国王詹姆斯一世（James I）通过"强制贷款"，筹集到 11 万英镑的资金。名义上这是为期一年的贷款，但是詹姆斯一世却不信守承诺。不少贷款直

---

① Kenneth Schultz and Barry Weingast, "The Democratic Advantage: Institutional Foundations of Financial Power in International Competition," *International Organization*, Vol. 57, No. 1, 2003, p. 17.

到 1609 年才偿付。1611 年，詹姆士一世故伎重演，以 10%的年利率筹集到资金，尽管国王支付了利息，但却拒绝偿还本金。此外国王还单方面要求延长贷款期限。随后几年，国王甚至没有支付利息，且年复一年地延长了还款期限。1617 年，詹姆斯一世再次强行向民众借款，这笔贷款直到 1628 年才偿付。

此外，当时英国税收也有很大的随意性。国王在向公众征税时，不必征得议会同意，甚至可以随意罚没商人财产。一个极端例子发生在 1640 年，国王的卫兵冲进了伦敦塔，没收了存放在塔内价值为 13 万英镑的金条。这些金条是英国商人出于安全目的而存放在塔内的。国王此举使得不计其数的商人倾家荡产。[①] 面对如此恣意妄为的王权，有谁敢借钱给国王？诺斯看到：政治和经济市场的不稳定关系带来的结果是，个人和组织权利及特权随时可能被剥夺，这种无序增加了不确定性。[②] 由于不确定性存在，制度就显得尤其重要，能向经济活动的主体提供"可信承诺"的制度尤其重要。

事情的转折点出现在英国光荣革命时期。光荣革命使得英国发生了相应的制度变迁，有几个重要方面值得一提：光荣革命确立了"议会至上"原则，这意味着没有议会同意，国王无权征税。光荣革命还伴随一项更为关键的制度变迁：议会能废黜国王。此举建立起了议会对国王的可信威胁，如果国王做出不负责任的行为，议会可以将其废黜。[③]

---

① Christopher Hill, *The Century of Revolution，1603 - 1714*，London and New York：Routledge，2002，p. 106.

② ［美］道格拉斯·诺斯：《理解经济变迁过程》，第 7 页。

③ ［美］道格拉斯·诺斯、巴里·维加斯特：《宪法与承诺：十七世纪英国公共选择的治理制度之演进》，载［美］奥利弗·威廉姆森、斯科特·马斯腾编，李自杰等译：《交易成本经济学：经典名篇选读》，人民出版社 2008 年版，第 471—472 页。

这就使得制度具有了"可信承诺"（credible commitment）的特征。由于民众相信国王被制度捆住了手脚，相信国王不能再肆意赖账，他们才放心借钱给国王，英国政府才能通过发行债券筹集更多的资金。

如表 8-2 所示，光荣革命以后，由于对法战争，英国政府需要发行债券筹集大笔资金。1693 年，英国政府发行了 70 多万英镑的债券；1728 年，英国政府发行的债券价值高达 170 余万英镑。但是由于存在"可信承诺"的制度约束，政府为此支付的利息反而越来越低。1693 年，政府需要支付的年利率为 14%；1728 年，这一数字降至 4%；到了 1739 年，又降低为 3%。

表 8-2　英国政府长期借款的利率变动（1693—1739）

日期	借款数量（英镑）	年利率（%）
1693 年 1 月	723，394	14
1694 年 3 月	1，000，000	14
1694 年 3 月	1，200，000	8
1697 年 4 月	1，400，000	6.3
1698 年 7 月	2，000，000	8
1707 年 3 月	1，155，000	6.25
1721 年 7 月	500，000	5
1728 年 3 月	1，750，000	4
1731 年 5 月	800，000	3
1739 年 6 月	300，000	3

资料来源：［美］道格拉斯·诺斯、巴里·维加斯特：《宪法与承诺：十七世纪英国公共选择的治理制度之演进》，载［美］奥利弗·威廉姆森、斯科特·马斯腾：《交易成本经济学：经典名篇选读》，第 479 页。

在法国，专断的国王没有建立英国那样的可信承诺，民众不愿意借钱给国王。法国国王不仅难以通过发行债券为战争筹集资金，还需要支付比英国更为高昂的利率。如图 8－2 所示，1690 年到 1815 年，法国需要支付的贷款利率明显高于英国。法国国王难以借款，只好大规模征税，而大规模征税不仅导致法国国内政治不稳定，还对经济增长造成负面影响。经济增长的放缓又导致法国税收难以增长。法国政治经济遂陷入恶性循环。英法战争期间，英国大幅度地提高战争开销，达到了其国民收入的 1.5 倍；而法国只能将国民收入的 50% 到 80% 用于战争。英国的融资优势，让它在对法战争中获得更多胜利。

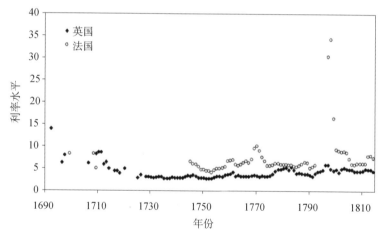

图 8－2　英法长期贷款利率比较（1690—1815）

资料来源：Kenneth Schultz and Barry Weingast, "The Democratic Advantage: Institutional Foundations of Financial Power in International Competition," *International Organization*, Vol. 57, No. 1, 2003, p. 19.

为什么"可信承诺"很重要？因为人们会面临"时间不一致性"（time inconsistency）问题。在不同时期，博弈双方的最优选择与面临的约束具有很大差异。个体偏好会随着时间改变而变化。例如，在新学期开始时，任课老师想引导学生更努力地学习，他的策略是宣布期末要闭卷考试。为何此时宣布有期末闭卷考试是最优呢？因为学生有了考试的预期，他们会花更多时间、更认真地学习。而到了期末考试前夕，任课教师如果宣布取消闭卷考试，可以代之以提交一份期末作业，每个人的情况都会变好。在考试压力下，选课学生已经认真地学习了一个学期。在考前，取消考试缓解了学生备考的紧张情绪；同时也省却了教师命题审题、批阅试卷的麻烦。因此随着时间的变化，授课教师在学期初和学期末的最优选择是不一致的。[①] 但是，如果教师总是如此出尔反尔，以后就没有学生再相信他了。

在借款前，国王会给你一个很好的还款承诺，因为做出这样的承诺会更容易借到钱；在选举前，候选人也会向选民做出承诺：当选后会稳定物价，做出这样的承诺会让候选人更容易当选；发展中国家缺乏资金，需要吸引国际投资，在投资到来前，政治家会做出承诺：他们将坚决维护投资者利益，做出这样的承诺能吸引到更多的国际投资。但事实上，随着时间的流逝，如果没有制度保障，此前的承诺会变得没有约束力。中国有句俗话叫做"船家不打过河钱"，意思是船家在客人过河之前会先收取渡河的费用。因为客人一旦过河，就可能过河拆桥，拒绝付款。当国王借来大笔资金后，他会跟詹姆士一世一样赖账；当候选人赢得竞选上台后，他可能实施扩张性的货币政策来拉动就业，导致通货膨胀；当投资到来以后，

---

① ［美］阿伦·德雷泽著，杜两省等译：《宏观经济学中的政治经济学》，经济科学出版社 2003 年版，第 97 页。

政治家可能会盘剥投资者，乃至罚没其投资，以实现收入最大化。因此人们在不同时期面临的最大化选择不一样，如果没有制度保障，他们可能将当年的承诺视为儿戏。时过境迁，个人可能食言，可能违背自身先前的承诺。除非制度具有"可信承诺"的特征，否则难以保证做出承诺的人不会食言，不会违背承诺。

在中世纪时，外国商人纷纷涌向伯爵家拥有和经营的集市交易。伯爵也将收取一定比例的费用，且承诺不没收商人带到集市的货物。商人们认为伯爵的承诺是可信的，因为伯爵可以没收外国商人带到集市上的货物，但却没收不了他们的全部财产。在去集市之前，外国商人们就已仔细考量，他们要带多少货物到伯爵家的集市。[①] 伯爵的承诺是可信的，因为他与外国商人之间的交易不是"一锤子买卖"，而是重复博弈。但是古代与现代经济生活中存在很多一次性交易，这需要买卖双方能以制度化的办法提供可信承诺，让交易顺畅进行。

不仅个人之间需要提供"可信承诺"，国家之间也需要"可信承诺"。在大国权力转移时期，领导国与崛起国常常爆发激烈的冲突乃至战争。有研究者发现，如果一个崛起国国内拥有庞大的公共财产，丰富的自然资源等，它们的军事行动就有更充足的财源，也让崛起国信守和平、避免冲突的承诺更不可信。在一战爆发前，德国一直怀疑拥有庞大资源的俄罗斯信守和平的意图；在冷战时期，美国也猜忌拥有庞大国有资产的苏联倡导和平的意愿。当霸权国自身受到严重的财政限制时，这一问题引发的猜忌尤其明显。在权力转移时

---

① ［美］约拉姆·巴泽尔：《国家理论：经济权利、法律权利与国家范围》，第83页。

期，拥有庞大公共财产和丰富自然资源的崛起国更难以向霸权国提供可信承诺，更容易导致冲突与战争。① 国家之间也需要制度化的办法来向彼此提供可信承诺，推进国际合作，维系国际秩序。

我们在此前讲过，独立的中央银行就被视为一项可信承诺。中央银行的独立性有很多维度，例如，央行负责人不由政治家任命，而是由银行代表任命；央行管理者有一个较长的任期；央行制定货币政策无需征得政府同意；央行的法定职责是保持物价稳定等。② 如果央行有独立性，不受政治家左右，政治家就无法决定货币发行量，物价就会得到控制。1907 年，美国建立了美联储，为美元走向世界提供了制度基础。③ 美联储有着较强的独立性，能保证美国货币发行免受政治干扰。在制度主义者看来，独立的中央银行是一项能够提供"可信承诺"的制度安排，避免央行在政治压力下增发货币，从而可以较好地保持货币价值。

我们再来看国际直接投资，傅军教授曾做过制度变迁与中国国际直接投资的研究，他认为中国的制度变迁有力地解释了 20 世纪 90 年代以来中国国际直接投资的增加。④ 国际直接投资不仅仅流向低税收国家，而且更多流向具有特定制度安排的国家，该制度能为投资者提供可信承诺。有研究者发现：民主国家吸引国际直接投资占

---

① Patrick McDonald, "Complicating Commitment: Free Resources, Power Shifts, and the Fiscal Politics of Preventive War," *International Studies Quarterly*, Vol. 55, No. 4, 2011, pp. 1095 - 1120.

② ［美］阿伦·德雷泽：《宏观经济学中的政治经济学》，第 139 页。

③ Barry Eichengreen, *Exorbitant Privilege: The Rise and Fall of the Dollar and the Future of the International Monetary System*, pp. 9 - 38.

④ Jun Fu, *Institutions and Investment: Foreign Direct Investment in China during an Era of Reforms*, Ann Arbor: The University of Michigan Press, 2001.

GDP 的比重，比非民主国家要高出 70%。有人说是因为民主制度本身具有"可信承诺"的特征。① 国际直接投资难以随时撤资，因此跨国公司对"可信承诺"尤其重视。由于存在分权与制衡，民主国家具有多个"政策否决点"（veto points），这样就能够有效约束政府行为，让政策不会朝令夕改。所谓"多一位菩萨多一炉香"，"政策否决点"多了，政策的随意改变就更困难。除了立法和司法部门对行政机构的制衡，民主制度还存在"观众成本"（audience cost），民众可以影响政治家。一旦政府违背其先前的承诺，民主国家领导人将会在下一次竞选时面临选举压力，即下台的风险。联邦制的分权模式提供了另外一项"政策否决点"。在分权体制下，即便联邦层面的政治家想要罚没国际直接投资的资产，各个地方政府会基于自身利益而否决这样的政策。因此，联邦制的分权模式是另一项"可信承诺"，让国际投资者更愿意增加对当地的投资。在制度主义者看来，由于上述"政策否决点"的存在，民主制度更具有可信承诺的特征，能够极大降低跨国公司面临的政治风险，故而能吸引更多的国际直接投资。

民主制度提供的可信承诺不仅体现在国际投资领域，还体现在贸易、制裁、援助以及国内改革等领域。在国际贸易领域，为何有些国家能签署更多的国际贸易协定？有研究者展示特惠贸易协定的签署也与制度安排相关。由于民主国家具备诸多否决点，这使得签署特惠贸易协定的谈判时间更长，更为复杂。但得益于这些否决点，

---

① Nathan Jensen, "Democratic Governance and Multinational Corporations: Political Regimes and Inflows of Foreign Direct Investment," *International Organization*, Vol. 57, No. 3, 2003, pp. 587 - 616.

合作者得到了可信承诺，相信这些国家不会为了特殊利益集团去扭曲贸易协定。[1] 有研究者还揭示，在民主国家中，制度化的立法部门参与是承诺可信性的关键因素。[2] 尽管立法部门的参与使得一国的对外经济政策显得更为繁琐，但这样的制度安排却让他国感到这个国家更可信。由于立法部门的参与，在领导人向他国做出经济制裁威胁时，其承诺更可信；领导人在做出对外援助许诺时，其承诺也更可信。相反，缺乏立法部门参与决策的领导人在谈判桌上看似灵活，但是他们的承诺却难以被人视为可信承诺，因为他们随时可以收回自己的承诺。国际货币基金组织与俄罗斯、乌克兰、波兰和保加利亚等国家谈判，将其援助与国内改革挂钩。但在俄罗斯等大国，由于美国在这些国家的利益更为显著，国际货币基金组织难以强有力地执行贷款协定，要求其调整政策，实施改革。如此一来，国际货币基金组织就缺乏“可信承诺”，也削弱了俄罗斯等大国推动持久市场改革的意愿。由于缺乏“可信承诺”，俄罗斯的市场化改革也难以为继。[3]

在国际安全领域，可信承诺问题同样存在。如果一个国家表示要加入一个联盟，盟友会判断这个国家所做的承诺是否可信。有些国家就通过特定的行为来表明自身承诺更具可信度。和实施自愿服役的国家相比，实施强制服役的征兵制度就是更具可信承诺的制度。

---

① ［美］爱德华·曼斯菲尔德、海伦·米尔纳著，陈兆源译：《表决、否决与国际贸易协定的政治经济学》，上海人民出版社 2019 年版，第 103—132 页。
② ［美］莉萨·马丁著，刘宏松译：《民主国家的承诺：立法部门与国际合作》，上海人民出版社 2010 年版，第 21 页。
③ Randall Stone, *Lending Credibility: The International Monetary Fund and the Post-Communist Transition*, Princeton: Princeton University Press, 2002, pp. 1‑12.

如果一个国家转变政策，采取强制服役制度，则表明了该国在安全保障方面投入巨额人力物力的决心。开始实施强制征兵制度的国家，也更可能与他国结成联盟。

在推进政治转型的过程中，富有的精英常常对贫困的大众充满戒备。因为民主制的国家在诸多问题上实施"多数决"，而贫困的大众在人数上占据优势。富有的精英会担心贫困的民众在政治转型以后剥夺自身财产。而南非在转型的过程中，在制定宪法上下了很大功夫，尤其赋予了地方政府重大财政权力来约束联邦政府。这样的制度安排为富裕的精英提供了"不被穷人剥夺"的可信承诺，让转型时期的精英对民众更为放心，也顺利推进了南非的政治转型。[①] 事实上，美国独立战争以后的制宪会议也有着相似的经历，通过宪法约束提供可信承诺，让富裕的精英放下对贫困民众的戒备。

诺斯指出：倘若交易是有成本的，那么制度就是重要的。而信息的高昂成本是交易费用的关键。[②] 在英法战争的案例中，能够提供可信承诺的政治制度帮助英国筹集了更多的资金，赢得了对法竞争。在制度设计中，"可信承诺"制度的出现，向交易各方提供了确凿的信息，进而降低了交易费用。具备可信承诺的制度安排不仅促成了个人交易，还推动了群体合作，让群体更为繁荣，也让社会更为有序。

---

① Robert Inman and Daniel Rubenfeld, "Federalism and the Democratic Transition: Lessons from South Africa," *American Economic Review*, Vol. 95, No. 2, 2005, pp. 39 – 43.

② ［美］道格拉斯·诺斯：《制度、制度变迁与经济绩效》，第 15、37 页。

三 为何 19 世纪末美国企业垄断与降价并行不悖?

19 世纪末,美国企业经历了一轮合并浪潮。19 世纪 80 年代,安德鲁·卡内基(Andrew Carnegie)成为美国钢铁业巨头。他陆续兼并其他公司,收购铁矿,建立销售公司。从 1880 年到 1889 年,随着卡内基钢铁公司垄断地位不断加强,匹兹堡铁轨价格由每吨67.5 美元下降到 29.25 美元;到 1898 年进一步下降到 17.63 美元。在同一时期,约翰·洛克菲勒(John Rockefeller)的标准石油(Standard Oil)在克利夫兰建立了美国最大的炼油厂,通过收购兼并,逐渐控制了美国的石油开采、运输、精炼到销售。从 19 世纪 70年代到 80 年代,美孚石油控制了 90% 的市场份额;与此同时,每加仑石油从 5 美分降到 3 美分直至 2.5 美分。[1] 自由主义政治经济学者对企业兼并与垄断充满恐惧。但不少制度主义者却有迥异的看法,威廉姆森说:对于企业那些非标准的或自己不熟悉的做法,经济学主要用"垄断"一词来搪塞。如果经济学家发现了什么他们不懂的事,他们就称之为"垄断"。[2] 为何在 19 世纪末的美国,伴随着企业垄断地位加强,产品价格还呈现下降趋势?除了兼并带来了规模经济,降低了企业生产成本,制度主义者会指出企业的兼并就是"一

---

① [美] 阿尔弗雷德·钱德勒:《美国:资本密集型与知识密集型产业中经济增长的发动机》,载 [美] 阿尔弗雷德·钱德勒主编,柳卸林译:《大企业和国民财富》,北京大学出版社 2004 年版,第 67—69 页。

② [美] 奥利弗·威廉姆森:《资本主义经济制度:论企业签约与市场签约》,第 29 页。

体化"，在一些情况下，这样的"一体化"会降低交易费用。

以制度为中心的政治经济学看到：企业，或者是组织，产生于正的交易费用。[①] 如果不存在交易费用，那么企业或组织就没有存在的必要。历史上曾盛行包买制，村民在村舍、小屋、棚户里纺纱织布。在德意志的萨克森地区，农民生产纱线和布料供家庭使用。到 18 世纪，商人建立了复杂的包买制，把原棉预付给农民，然后再取回纺成的纱和布。在瑞士、荷兰等地也同样如此，许多纺织手工业者在家中工作。到 18 世纪后期，一些纺纱手工业者开始在家中和小作坊里使用珍妮纺纱机。[②] 但在包买商在与手工业者交易时，会产生高昂的交易费用。居家纺织工更像农民而非工人，他们时间观念不强，不能按时交付成品；不能保证产品质量；偶尔还伴随欺诈行为，将包买商的原料拿到其他地方售卖。事实上，不仅手工业者存在"机会主义"行为，包买商也会存在打压收购价格等"机会主义"行为。如果说包买商与手工业者之间是市场关系，利用价格机制来维系交易。那么，价格机制带来了较高的交易费用。制度主义者看到：建立企业是有利可图的，因为利用价格机制是有成本的。[③] 最终商人把手工业者集中到工厂，在那里商人可以更好地监督、指导、规划生产，通过水力和蒸汽机让生产加速。如此一来，资本主义企业出

---

① ［美］Y. 巴泽尔著，费方域、段毅才译：《产权的经济分析》，上海三联书店、上海人民出版社 1997 年版，第 82 页。

② ［美］斯文·贝克特著，徐轶杰、杨燕译：《棉花帝国：一部资本主义全球史》，民主与建设出版社 2019 年版，第 131—132 页。

③ ［美］罗纳德·科斯：《企业的性质》，载［美］奥利弗·威廉姆森、西德尼·温特主编，姚海鑫、邢源源译：《企业的性质——起源、演变和发展》，商务印书馆 2007 年版，第 25 页。

现了。企业的显著特征就是替代价格机制。[1] 包买商和手工业者不再是平等的主体，而是雇佣与被雇佣的关系，上级与下级的关系。企业不仅是一种简单提升效率的工具，在一些情况下，它还拥有优于市场的协调能力。企业家通过纵向指令来协调企业生产，降低交易费用。因此企业制度成为一种高度专业化的市场替代形式。[2] 建立企业就是"一体化"，好处是通过"一体化"减少和限制"机会主义"行为。企业在经济系统中的存在及其重要性是由于价格系统不是免费的。[3] 在横向市场交换存在高额交易费用的地方，纵向的权威指导可能降低交易费用。

不仅包买商需要通过"一体化"来将手工业者整合到自身企业中，为降低交易费用，企业也需要通过"一体化"将上游与下游企业整合到一个企业中。这样的"一体化"过程就形成了大企业、超级企业乃至垄断企业。如果洛克菲勒可以便利地从市场购买原油，也可以便捷地将原油交付他人冶炼，再毫无障碍地将产品委托给他人运送、销售，各方交易十分便捷、畅通无阻，洛克菲勒只需要依靠横向市场安排，支付相应价格。但现实情况可能是，洛克菲勒会面临诸多不确定性和风险，他可能会面临对方"欺诈""敲竹杠"等问题：原油开采者可能将劣质原油卖给他；原油冶炼商可能口是心非，降低提炼油品的质量和纯度；货物运输者可能找各种缘由抬高运费。从原油开采到产品供应，每一个环节都可能产生巨额交易

---

① ［美］罗纳德·科斯：《企业的性质》，载［美］奥利弗·威廉姆森、西德尼·温特主编：《企业的性质——起源、演变和发展》，第 24 页。
② ［美］阿曼·阿尔钦、哈罗德·德姆塞茨：《生产、信息成本和经济组织》，载［美］奥利弗·威廉姆森、斯科特·马斯腾编：《交易成本经济学：经典名篇选读》，第 53 页。
③ ［美］哈罗德·德姆塞茨：《从经济人到经济系统》，第 103 页。

费用。

制度主义者看到：一旦市场交易费用足够高，"一体化"就是一项备选方案。无论是横向一体化还是纵向一体化，都可以降低交易费用。企业是一体化的一种形式，将分散的个人整合到一个组织中。事实上，学校、政府同样是一体化的一种形式，用层级、等级、命令代替横向交换。市场被企业取代后，用层级制来协调各方，用命令来解决纠纷。① 市场、企业、政府都是治理模式。由于横向的、自愿交换的市场主要靠价格机制来协调政治经济活动，这样的协调方式可能会带来高昂的交易费用，才需要寻找替代的治理模式。

有时候，降低高昂交易费用的办法是通过引入第三方。张五常回忆：抗战期间他和母亲在广西逃难，坐船溯游而上。岸上多个纤夫拉着纤绳拖着船上行。可以想见，此时每个纤夫都面临"偷懒"的诱惑，自己故作用力状，实际却在磨洋工。每个纤夫都希望他人能卖力拉纤，自己能"搭便车"。解决办法就是引入一个拿着鞭子的"第三方"，他扮演"监工"的角色。这个监工看到谁的纤绳松了，就会挥鞭打下去，确保所有纤夫都卖力拉纤。② 在企业内部也需要类似"第三方"来解决合作难题。当无数个体在参与团队生产时，让团队内部成员来鉴别哪个成员在偷懒，这样的成本太高了。因此他们雇佣了一位第三方——即企业家来收集信息，以促使所有人更好地工作。③ 制度主义

① ［美］奥利弗·威廉姆森：《契约、治理与交易成本经济学》，第 187 页。
② 张五常著，易宪容译：《佃农理论——应用于亚洲的农业和台湾的土地改革》，商务印书馆 2000 年版，第 27 页。
③ ［美］阿曼·阿尔钦、哈罗德·德姆塞茨：《生产、信息成本和经济组织》，载［美］奥利弗·威廉姆森、斯科特·马斯腾编：《交易成本经济学：经典名篇选读》，第 54—55页。

者看到：投机、欺诈以及规避责任等行为在复杂社会中同步增长。正因为如此，拥有强制力的"第三方"是不可或缺的。[1] 引入"第三方"就代表了等级制的出现，设立"第三方"的制度安排更好促进团队的合作，降低了交易费用。

从某种意义上来讲，国家及其司法机构就是强制的"第三方"。巴泽尔看到：国家作为第三方，通过发展一套非个人的法律实施，可以降低交易费用。法律是一种公共品，如果有一套法律存在，谈判和履约的费用便可大大减少。[2] 因此，制度主义视角看到的国家包括以下两个部分：第一，一群个体臣服于一个使用暴力执行合约的单一的"终极第三方"；第二，一个疆域。一群个体居住在一个地方，这里也是这个"终极第三方"权力所及的范围。[3] 这和霍布斯的看法是吻合的。霍布斯指出："语词之力太弱，不足以使人履行其信约"，因此，"就必须有某种强制的权力存在，以使人们所受惩罚比破坏信约所能期望的利益更大的恐惧来强制人们对等地履行其信约"。[4] 国家作为"等级制"的代表，作为"终极第三方"是保障契约履行的重要力量。在这里，制度主义者看到了"监督"乃至"强制"对降低交易费用的重要性。"第三方"既可以是外在的、独立的，也可以是内在的、一体的。

制度主义者看到的"一体化""垄断"等治理结构的出现，可能就源于经济行为体降低交易费用的需要。通用汽车是汽车制造商，

---

① ［美］道格拉斯·诺斯：《制度、制度变迁与经济绩效》，第48页。
② ［美］道格拉斯·诺斯：《经济史上的结构和变革》，第37页。
③ ［美］约拉姆·巴泽尔：《国家理论：经济权利、法律权利与国家范围》，第7页。
④ ［英］托马斯·霍布斯：《利维坦》，第107、109页。

它有一个合作伙伴是费雪（Fisher）车身制造商。两家公司签订合约，费雪为通用汽车制造定制车身。但两个公司在合作过程中存在诸多嫌隙。通用公司在购买费雪车身时，充满不确定性，摩擦不断，交易费用很高。如果不存在不确定性，企业的出现就不大可能。[①] 同理，如果不存在不确定性，企业间的兼并也不大可能。最终通用汽车兼并了费雪公司，通过"一体化"来降低交易费用。一体化的优势不仅在于规模经济和技术引进，而且在于一体化使参与方利益能更加协调一致，促使行为体能做出更有效率的决策，让决策更好地实施。[②] 以往的两个公司变成一体，通用可以直接通过下达命令的方式要求费雪员工按其计划进行生产。当通用公司决定从事新型车体研发时，他可以从公司内部调配资源。一个员工从一个部门转到另一个部门，其调动并非由于相对价格变化，而是服从命令。[③] 一体化的优势不仅在于协调，还在于传播知识。通过"一体化"，通用汽车获得了费雪的组织资本，这个组织植根于费雪雇员的人力资本，但从某种意义上讲又大于费雪人力资本之总和。尽管公司雇员不断流动，但组织保存了过往记忆以及如何最佳做事的知识。[④] 随着分工的推进，生产产品所需的各种知识越来越多。所需要的知识越专业，

① ［美］罗纳德·科斯：《企业的性质》，载［美］奥利弗·威廉姆森、西德尼·温特主编：《企业的性质——起源、演变和发展》，第 27 页。
② ［美］奥利弗·威廉姆森著，张群群、黄涛译：《反垄断经济学——兼并、协约和策略行为》，商务印书馆 2014 年版，第 45 页。
③ ［美］罗纳德·科斯：《企业的性质》，载［美］奥利弗·威廉姆森、西德尼·温特主编：《企业的性质——起源、演变和发展》，第 23 页。
④ ［美］本杰明·克莱因：《作为组织所有权的纵向一体化：费雪车身公司与通用汽车公司关系的再考察》，载［美］奥利弗·威廉姆森、西德尼·温特主编：《企业的性质——起源、演变和发展》，第 290 页。

就越依赖他人给予指导，进而一体化可以节约信息成本。[①]

对"追赶阶段"的韩国而言，情况也是如此。韩国从美国、日本、英国等国家获得大量技术。为发展造船业，韩国技术人员赴英国等国家学习，将看到的、听到的技术悉数带回。在发展钢铁产业时，韩国浦项制铁公司从日本聘用退休技术人员担任技术顾问。[②] 韩国企业从其他企业，尤其是海外企业学习技术，存在的困境是缄默知识的转移。但是，如果是在"一体化"的企业，问题就更容易解决。例如在日本，为制造 FS-X 战斗机的高级相控阵雷达（advanced phased array radar），三菱电机雷达集团的工程师调到三菱电机电子设备集团，接受制造高频转发器模块所需的芯片制造技术培训。利用商用存储器技术，日本工程师能够生产出高级相控阵雷达原型，其水平接近美国技术前沿。[③] 由于三菱公司是"一体化"组织，这样的知识更容易在组织的部门之间转移。

制度主义者看到：在自发适应性方面，市场更有优势；而在协调适应性方面，企业或组织更有优势。[④] 这种内部组织对市场的替代被称为内部化、一体化。用内部组织代替市场交换。一体化之所以富有吸引力，不仅是因为规模经济，还因为市场交易失效，大规模协调的困难以及高昂的信息成本、技术学习成本等。企业就是作为

---

① ［美］哈罗德·德姆塞茨：《企业理论再考察》，载［美］奥利弗·威廉姆森、西德尼·温特主编：《企业的性质——起源、演变和发展》，第 228 页。
② ［韩］宋成守：《韩国现代化之路：工业化和技术革命》，第 115、98 页。
③ David Friedman and Richard Samuels, "How to Succeed without Really Flying: The Japanese Aircraft Industry and Japan's Technology Ideology," in Jeffrey Frankel and Miles Kahler, eds., *Regionalism and Rivalry: Japan and the United States in Pacific Asia*, Chicago: The University of Chicago Press, 1993, pp. 286 – 289.
④ ［美］奥利弗·威廉姆森：《契约、治理与交易成本经济学》，第 148 页。

"组织生产"替代"市场交易"的替代物出现的。[1] 事实上，从独立的市场个体、到企业，再到国家，都是为降低交易费用而采用的"一体化组织"。

在制度主义者看来，政府实际上是一个超级企业。[2] 民族国家的扩大也是为了降低交易费用。市场的扩大引起了民族国家的形成。新的军事技术发展使得最有效的军事单位最优规模逐渐增大。中世纪庄园为了增进效率，必须扩大为一个共同体，乃至一个国家。为了生存，国家必须得到远远多于从封建收入所得的财政收入。[3] 当市场交易费用过高，政府可能就会替代市场。在工业化阶段的韩国，1967 年政府选定的民营企业试图发展本土石油化学工业。由于资本筹措能力不足等问题，韩国民营企业遭遇失败的事件接连发生。1968 年韩国政府开始用大规模的国营企业接手。大部分石油化学工业是依靠国营企业及其下属公司建成的。[4] 因此威廉姆森指出：因为公共部门激励能力低下、规则繁杂、工作更具稳定性而对其责难是不得要领的。公共部门是一种工具，是一种备选的治理模式，特别适合特殊的目标。[5] 韩国用国企替代市场，是为了减低交易费用，服务于工业建设需要。在不少发展中国家，政府常常直接涉足市场领域，用"看得见的手"去替代市场这只"看不见的手"，可能

---

① ［美］罗纳德·科斯：《社会成本问题》，载 ［美］罗纳德·科斯、阿曼·阿尔钦、道格拉斯·诺斯编，刘守英等译：《财产权利与制度变迁——产权学派与新制度学派译文集》，上海三联书店、上海人民出版社 1994 年版，第 21 页。

② 同上，第 22 页。

③ ［美］道格拉斯·诺斯：《西方世界的兴起》，第 23 页。

④ ［韩］宋成守：《韩国现代化之路：工业化和技术革命》，第 86—89 页。

⑤ ［美］奥利弗·威廉姆森：《契约、治理与交易成本经济学》，第 156—157 页。

的原因就在于：在不少发展中国家，市场交易费用太高。这和钱德勒展示 19 世纪末美国大企业用"看得见的手"去加强管理，替代市场这只"看不见的手"，是类似的逻辑。不过，制度主义者也看到：政府行政机制本身并非不要成本，实际上有时它的成本大得惊人。无论是市场化还是"一体化"，都有高昂费用，外部的交易费用与内部的控制成本、管理成本、行政成本抑或交易费用要相互权衡比较。如果行政成本过高，市场交易通常会替代企业内部组织。[①] 所以，不少发展中国家在依靠国营企业推进工业化之后，又让企业回归市场。

不仅企业存在市场交易费用与内部管理成本之间的取舍，而且在一个国家内部，同样存在"一体化"的努力与取舍。在二十世纪 50 年代末，苏联获得了航天领域的优势。美国政府的一个反应就是在 1958 年整合建立一个新机构：美国国家航空航天局。这个新机构合并了以前的国家航空咨询委员会（National Advisory Committee for Aeronautics）及其下属实验室。而国家航空咨询委员会研究机构包括俄美斯（Ames）研究中心、刘易斯（Lewis）研究中心、兰利（Langley）航空实验室等。这些研究机构与美国陆军及海军等相关科研单位一道并入新成立的美国国家航空航天局。在此后的几年，为整合研究力量与苏联竞争，国家航空航天局又合并了几个实验室和研究机构，以有效管理民用和军事空间项目。这些被合并的机构包括喷气推进实验室（Jet Propulsion Laboratory）、弹道导弹陆军条例机构（The Army Ordinance

---

① ［美］罗纳德·科斯：《社会成本问题》，载［美］罗纳德·科斯、阿曼·阿尔钦、道格拉斯·诺斯编：《财产权利与制度变迁——产权学派与新制度学派译文集》，第 22 页。

Ballistic Missile Agency）等。[1] 当然，这样一体化的努力在降低各个行为体之间交易费用的同时，会提升组织内部的管理成本。

不仅企业之间、政府部门之间存在交易与交换，在各个国家之间，也存在交易，同样也存在交易费用。我们前面提到，在 1875 年，美国政府允许夏威夷生产的蔗糖免税出口到美国。在和美国签署贸易互惠条约之后，夏威夷蔗糖产量以惊人速度增长。但此后美国政府单方面调整关税，让夏威夷蔗糖种植者面临巨大冲击。1898 年，在夏威夷蔗糖种植主的策动下，夏威夷并入美国。[2] 如果靠一次又一次谈判，夏威夷和美国政府之间的交易费用可能居高不下，而政治体之间的合并就是"一体化"努力，能够降低交易费用。不过同样值得注意的是，历史上，国与国之间的合并降低了交易费用，但增加了国家内部的交易费用。[3] 所以历史上有些国家宁愿要赔款，也不愿意获得新的土地。因为获得新的领土，会增加国家内部的信息成本、管理成本。

企业、政府机构与国家总会在"横向的市场交易"与"纵向的行政指令"之间取舍，有些国家更偏好前者，而有些国家则更偏好后者。制度主义者指出：纵向一体化在一种低信任程度的文化中，比在一种高信任程度的文化中更为完全彻底。[4] 如果一个国家信任程

---

① Vernon Ruttan, *Is War Necessary for Economic Growth? Military Procurement and Technology Development*, New York: Oxford University Press, 2006, p. 60.

② Ravi Abdelal and Jonathan Kirshner, "Strategy, Economic Relations, and the Definition of National Interests," pp. 123 – 133.

③ ［美］唐纳德·威特曼：《民族和国家：统一与征服、分裂与脱离》，载［美］道格拉斯·诺斯等：《交易费用政治学》，第 218 页。

④ ［美］奥利弗·威廉姆森：《反垄断经济学——兼并、协约和策略行为》，第 56 页。

度高，市场主体之间经济交换的交易费用较低，那么这些国家可能更偏好"横向的市场交易"；但如果一个国家民众彼此信任程度低，交易各方就面临更高的交易费用，此时就需要借助"一体化"手段，依靠"纵向的行政指令"。一体化程度的高低不仅与信任程度相关，也与发展阶段相关。不少后发展国家就凭借一体化、垄断化等手段实现经济赶超。在1949年和1953年，日本政府两次修订《反垄断法》，其主要目的不是促进"完全竞争"，而是通过消除过度竞争，把资源集中到大企业，让大企业有更充裕的资源促进创新。通过扶植"一体化"企业，日本政府发展了战略产业，增强了国家竞争力。[1] 具体到钢铁产业，日本政府积极推动钢铁公司形成卡特尔，以限制无序竞争；同时日本政府还积极推动钢铁公司合并。1970年，在日本政府推动下，日本八幡制铁（Yawata）和富士制铁（Fuji）合并为新日铁。如果说新日铁是同一产业部门的兼并，是"横向一体化"的代表，那么日本政府还积极推动上下游企业之间的合并，推动"纵向一体化"的企业形成。在日本政府的推动下，日本十大电子产品制造商成为十大集成电路制造商，这与美国企业形成鲜明对比。在美国，最大电子产品生产者要么不生产集成电路，要么是微不足道的集成电路生产商。[2] 由于"纵向一体化"企业众多，在电子产业领域，各个部门之间不仅更容易协调行动，技术也能更有效

---

[1] ［美］高柏著，安佳译：《经济意识形态与日本产业政策：1931—1965年的发展主义》，上海人民出版社2008年版，第145—146页。

[2] W. Edward Steinmueller, "Industry Structure and Government Policies in the U. S. and Japanese Integrated-Circuit Industries," in John Shoven, ed., *Government Policy towards Industry in the United States and Japan*, New York: Cambridge University Press, 1988, pp. 331 - 332.

地在不同部门间扩散。

亚当·斯密指出："商人的利益总是要扩大市场，缩小竞争范围。扩大市场常常与公共利益颇为一致。但是缩小竞争范围总是会违反公共利益，使商人能将自己的利润提高到自然水平以上。"① 科斯却从交易费用的视角指出，斯密的推理存在问题，缩小竞争范围也可能扩展市场。② 通过一体化，乃至垄断，企业、政府可以降低交易费用，进而促进市场成长。19 世纪末的美国企业就一边通过"看得见的手"，加强兼并，实现垄断，一面利用低廉的价格开拓新的领地，抢占新的市场。所以，在制度主义者看来，垄断并非总是洪水猛兽。经济分工的增加需要辅之以"一体化"的力量，如果没有这种力量，分工将陷入混乱。③ 当然一体化自身也有成本，即管理成本、控制成本、协调成本。只有比较内部组织成本和市场交易费用变化的影响，才能找到企业扩大或缩小的原因。④ 同样，只有比较市场的交易费用与政府的管理成本孰高孰低，才能解释政府规模扩大或缩小的原因。

当通过组织以实现某种交易的费用过高时，人们就会离开组织，通过市场来达到目的，让市场完成交易；反之，当市场交易费用过高时，人们会选择离开市场，把这种交易活动内部化，把交易变成组织内部的问题。市场和组织之间的选择随着交易费用的变化而变

---

① ［英］亚当·斯密：《国富论》（上卷），第 292 页。
② ［美］罗纳德·科斯：《企业、市场与法律》，载 ［美］罗纳德·科斯：《企业、市场与法律》，第 10 页。
③ ［美］罗纳德·科斯：《企业的性质》，载 ［美］奥利弗·威廉姆森、西德尼·温特主编：《企业的性质——起源、演变和发展》，第 31 页。
④ 同上，第 36 页。

化。① 随着市场交易费用降低，大家可以看到越来越多的"无厂模式"悄然兴起，市场重新替代了政府与企业。瑞轩（Vizio）平面电视是美国一家知名的高清电视品牌。公司转移了制造业务，专注液晶电视机的设计和研发，将制造业务委托给了中国台湾的鸿海科技。尽管该公司员工不到一百人，但通过技术分享与生产外包，该公司曾在全球高技术领域占有一席之地。② 政府也是如此，以往政府垄断供给的服务，现在也通过"外包""政府购买服务"来实现。

在制度主义者看来：企业的出现，其主要特点是权力关系和生产的层级化。推动这一组织产生的驱动力是效率。经济代理人在企业内安排生产，用权力关系替代市场关系，目的是降低交易费用和让生产更有效率。③ 事实上，青木昌彦在和弗里德曼的对话中就提出这样的看法：像 IBM 和美国通用汽车这样的企业，比罗马尼亚、保加利亚这些社会主义国家更大，也是一种计划组织，而且运转良好。这似乎说明不仅计划经济不可行，市场主义至上的观点也是站不住脚的。④ 因为超级企业、计划经济等治理模式，都可能用于不同的政治经济环境，降低交易费用。威廉姆森着眼于效率视角来解释经济行为和交易，同时用效率来解释不同治理模式之间的替换、变迁。同样逻辑可以适用于政府组织、国家制度等，为什么一个厂商或政府会采取这一种治理模式，而不是另外一种治理模式？为何企业与

---

① 周雪光：《组织社会学十讲》，清华大学出版社 2003 年版，第 38 页。
② ［日］西村吉雄著，侯秀娟译：《日本电子产业兴衰录》，人民邮电出版社 2016 年版，第 35 页。
③ ［美］特里·莫：《新组织经济学》，载［美］道格拉斯·诺斯等：《交易费用政治学》，第 41 页。
④ ［日］青木昌彦：《制度经济学入门》，第 5 页。

政府完成一项任务，有时要靠"横向的市场交易"，而有时则仰仗"纵向的行政指令"？在制度主义者看来这是由效率决定的。新古典经济学关注的重点是生产成本最小化，而制度主义者则更多关注交易费用最小化。

为何19世纪末美国企业在加强垄断的同时反而降低了价格，这是因为企业通过推进"一体化"的治理模式，降低了交易费用。

四　为何拥有大量房产的第三世界却陷入贫困？

秘鲁学者赫尔南多·德·索托在其1988年出版的著作《资本的秘密》（The Mystery of Capital）一书中指出：在第三世界国家和前共产主义国家，穷人所掌握但并不合法拥有的房地产总值至少有9.3万亿美元。这笔钱是什么概念？在当时，这笔钱大约是美国流通货币量的两倍；是世界银行过去30年贷款总额的46倍；也是截止到那时，所有发达国家对第三世界的发展援助总额的93倍。[①]换句话说，这些贫困国家有着大量的穷人，但事实上这些穷人却掌握着大量资产。他们貌似富裕，却对这些房产没有产权。所以，他们仍旧是穷人。

诺斯指出，产权（property rights）是个人支配其自身劳动及其所拥有之物品与劳务的权利。[②]这些穷人对自己所拥有的物品没有支配权。这与历史上美国的情形并无二致。同一块土地，有一个人宣

---

① ［秘鲁］赫尔南多·德·索托：《资本的秘密》，第27页。
② ［美］道格拉斯·诺斯：《制度、制度变迁与经济绩效》，第46页。

称他有所有权，这项权力是英国王室赋予的；另外一个人宣称他从印第安部落手中买来的；第三人则宣称他用奴隶从州议会那里买来的，因此也拥有该土地的产权。[①] 美国的历史就是当今发展中国家的现状。如果你去巴布亚新几内亚投资，当你想买一块土地建厂房时，你往往会发现：一群人跑了出来，他们都声称这块土地属于他。每个人都有部分证据，但是他们都拿不出那块地属于他的完整证据。

由于有大量土地没有清晰的产权，所以这些房产成了索托说的"僵化资本"（dead capital）。它们无法有效地在土地市场上进行交易，也无法实现有效率的资源流动与配置。稀缺资源无法流向最能有效利用它的人手中。这样的制度是产权不明晰的制度。这样的制度安排导致的结果是：这些手里握有大量资产的人却是穷人。在海地，有68%的城市居民和97%的农村居民住宅没有明确的所有权证明。在埃及，有92%的城市居民和83%的农村居民也没有明晰的住宅所有权证明。在第三世界国家和前共产主义国家存在大量僵化资本，导致大约85%的城市土地不能用来创造财富。[②] 这样的制度安排造成了巨大的资源浪费，使得经济在低效率的状态下运行，成为这些国家通往富裕之路的屏障。

按科斯在《社会成本问题》一文中的思维实验，我们假定医生和糖果商是邻居。医生要建诊所，但是糖果商却添置了新的设备。糖果商的设备发出的噪音让医生诊疗困难，客户流失，损失高达两万元。如此一来，貌似糖果商的行为给医生带来了"负的外部性"，让医生承担了损失。当然糖果商可以为新设备安装5000元的降噪设

---

① ［秘鲁］赫尔南多·德·索托：《资本的秘密》，第15页。
② 同上，第25、27页。

施，这样就能解决医生的问题。同样，医生也可以搬家来避开吵闹的糖果商，这样会花费 1 万元成本。如果医生和糖果商为此闹得不可开交，要法官来裁定孰是孰非。科斯指出：无论法官做出何种裁决，是医生享有安静诊疗的权利，还是糖果商享有自由使用噪音设备的权利，均不影响社会资源的配置效率。因为医生可以通过和糖果商谈判来解决问题，例如医生付给糖果商 5000—10000 元。医生支付的价格不会低于 5000 元，否则糖果商就不会安装降躁设施；糖果商索要的价格不会超过 10000 元，否则医生就会搬家。因此，《社会成本问题》一文有着重要价值，它展示无论生产是否具有负的外部性，人们总是可以在没有成本的情况下进行协商，以获取、分割和组合权利，只要这种活动能够提高生产价值。[1]

按科斯的表述：在交易费用为零的情况下，双方谈判将会带来财富最大化的安排，并且这与权利的初始配置无关。[2] 这就是"科斯第一定理"。换句话来讲就是：无论这块土地归谁所有，只要交易费用为零，只要社会经济发展让这些土地具有更高的使用价值，那么理性的个体会行动起来，通过交易，让这块土地变成耕地、泳池、商场、医院或游乐场。科斯指出：如果某些行动的权利可以买卖，那么这些权利就会被那些能使其发挥出最高价值的人获得，不管是用作生产或是娱乐。在这个过程中，为了使那些行动被实施，权利

---

[1] ［美］埃里克·弗鲁博顿、［德］鲁道夫·芮切特：《新制度经济学：一个交易费用分析范式》，第 83 页。
[2] ［美］罗纳德·科斯：《1991 年诺贝尔奖获得者演讲：生产的制度结构》，载［美］奥利弗·威廉姆森、西德尼·温特主编：《企业的性质——起源、演变和发展》，第 302 页。

就会被获得、分割与联合，从而带来最高的市场价值。[1] 只要巴布亚新几内亚的土地能带来更高收益，土地就将流转到最有效的使用者手中。

在这里有几点需要说明。首先，该定理假定产权界定是清晰的。当经济行为体的权利界定清晰，不管权利赋予哪一方，资源配置的效果都是相同的。无论第三世界大量的房地产赋予工人、农民抑或企业家，只要权利界定清晰，那么理性的个体将通过交换，让稀缺资源流转到最有效率的地方。否则，在第三世界的很多"僵化资本"，由于没有清晰的权利归属，其流转就无从谈起。其次，该定理假定交易费用为零。当产权界定明晰且并没有交易费用时，资源将被用于价值最高的地方，而不管哪一个交易者承担对另一方影响的责任。[2] 无论法官裁定医生还是糖果商具有权利都不影响资源的有效利用，只要交易费用为零，更能创造财富的一方可以"贿赂""购买"另一方的权利，正如医生可以付费让糖果商安装降噪设施一样。科斯的表述是：在市场交易费用为零时，法院有关责任的判决对资源的配置毫无影响。[3] 因为在交易费用为零的情况下，资源的私人所有者之间的竞争将产生一种使这些资源市场价值最大化的配置。[4] 如果医生更能创造财富，那么稀缺资源将流向医生；反之亦然。这样一来，追究是谁带来了负的外部性没有很大意义。毕竟，我们生活

---

① ［美］罗纳德·科斯：《企业、市场与法律》，载［美］罗纳德·科斯：《企业、市场与法律》，第 12 页。
② ［美］Y. 巴泽尔：《产权的经济分析》，第 74 页。
③ ［美］罗纳德·科斯：《社会成本问题》，载［美］罗纳德·科斯、阿曼·阿尔钦、道格拉斯·诺斯：《财产权利与制度变迁——产权学派与新制度学派译文集》，第 13 页。
④ ［美］哈罗德·德姆塞茨：《从经济人到经济系统》，第 88 页。

在一个相互依赖的世界，外部性无处不在。

为减少外部性而寄希望于政府干预是不得要领的，毕竟政府干预也是有成本的。在科斯看来，如果我们追求的目标是生产价值最大化，那么大多数外部性应该被允许继续存在。[①] 法院判决对资源的配置效率没有实质影响。法律权利究竟是赋予带来外部性的一方还是受到外部性损害的一方，无论资源怎么配置，只要能够带来生产上的收益，人们总是能在没有成本的情况下为获取、分割和组合这些权利进行谈判。[②] 只要双方能进行磋商谈判，他们就有能力独立解决这个问题。在很多人看来，科斯意在展示：在特定限制条件下，以往很多被视为只有监管者全面参与才能解决的问题，实际上可以由私人独立解决。只要满足权利清晰界定，同时交易费用为零。通过市场交易，修改权利最初的合法限定通常是可能的。[③] 只要交易费用为零，产权赋予的任何权利都可以通过参与方缔结合约来废除。产权的初始配置从这个意义上来说是无关紧要的。

但是由于现实世界的交易费用不为零，有时还非常高昂，此时权利的初始配置就变得非常重要。在交易费用为零的世界，交易双方可以通过谈判来改变任何阻碍他们增加产值所需要的条款；但是在交易费用为正的现实世界中，这种谈判过程的成本很高，而且即便可以进行磋商谈判，大量有关法律的缔约会让双方的交易变得无

①［美］罗纳德·科斯：《企业、市场与法律》，载［美］罗纳德·科斯：《企业、市场与法律》，第 25 页。

②［美］埃里克·弗鲁博顿、［德］鲁道夫·芮切特：《新制度经济学：一个交易费用分析范式》，第 12 页。

③［美］罗纳德·科斯：《社会成本问题》，载［美］罗纳德·科斯、阿曼·阿尔钦、道格拉斯·诺斯：《财产权利与制度变迁——产权学派与新制度学派译文集》，第 19 页。

利可图。如此一来，法律体系将对经济的运行产生深远影响。此时，产权的初始配置就有意义了，这些权利应当优先配置给那些能够有效使用它们的人。[①] 这就是"科斯第二定理"：在交易费用为正时，法律在决定资源如何有效利用方面起到极为重要的作用。[②] 法律应该把解决外部性的责任交给成本较低的一方。两车发生追尾，责任往往由后面的车主承担，因为行驶在后面的车主可以以更低的成本保持车距，避免追尾。在制度主义者看来，第三世界国家不仅产权的初始配置缺乏效率，还存在交易费用高昂，权利界定不清晰等问题。如此一来，大量"僵化资本"难以转让给更能有效使用它们的人，最终导致第三世界国家陷入发展困境。

有学者按科斯给定的思路，提出了政治的科斯定理（political Coase theorem）：在给定的宪政框架下，给定政治权利的初始分配，如果没有政治交易费用的话，将能够实现最优的制度结果，而这一结果并不依赖政治权利的初始配置。[③] 这意味着把权利赋予奴隶主还是奴隶无关紧要，只要没有政治的交易费用，奴隶可以赎买自己，成为自由人。这也意味着，政府把跨种族通婚的权利赋予白人还是有色人种也无关紧要，只要没有政治的交易费用，有色人种可以通过交易和赎买，获得跨种族通婚的权利。

在 20 世纪 60 年代，美国仍有很多州禁止不同种族，主要是禁

---

① ［美］罗纳德·科斯：《1991 年诺贝尔奖获得者演讲：生产的制度结构》，载［美］奥利弗·威廉姆森、西德尼·温特主编：《企业的性质——起源、演变和发展》，第 304 页。
② ［美］罗纳德·科斯：《社会成本问题的注释》，载盛洪主编：《现代制度经济学》（上），北京大学出版社 2003 年版，第 49 页。
③ ［英］巴斯卡·维拉：《政治科斯定理：新古典制度主义与批判制度主义的区别》，载［美］道格拉斯·诺斯等：《交易费用政治学》，第 25 页。

止白人与有色人种通婚。在亚特兰大市，看到不同种族的男女牵手走上大街，绝大多数白人居民会感到怒不可遏。如果我们假定，这座城市有 100 对异族夫妇，每对夫妇愿意每周支付 100 美元以获得在公共场所牵手的权利，加起来总价值是 1 万美元；而这座城市 100 万居民为了避免看到异族夫妇在公共场所牵手，每周愿意支付 1 美元，加总起来就是 100 万美元。这是否意味着这座城市的 100 万居民可以每周拿出 10 美分，筹集 10 万资金，如此一来，100 万居民每周就能付给这 100 对异族夫妇 1000 美元补偿金，换取他们放弃在公共场合牵手的权利？按科斯定理的推导，法律应该把解决外部性的责任交给成本较低的一方，那么正确的选择是要禁止异族男女在公共场所牵手。不过，在这一问题上，讨价还价却是不可行的。① 如果社会认为这是不可转让权利，不允许任何形式的讨价还价，那么降低交易费用的问题就没有意义了。②

以国家为中心的政治经济学会认为，在交易成本高昂，产权的初始配置不符合经济发展要求时，很多效率导向的产权制度安排不是个人自愿谈判的结果，而是国家介入的结果。有研究发现：在全球各地，80% 以上的土地再分配改革需要两个条件：第一是政治制度对执政者约束较低（一般是在威权政府执政时）；第二是执政精英和土地精英二者存在分裂。概言之，在这一时期，国家自主性会较强，更能摆脱社会俘获，制定土地分配政策。③

———————————

① ［美］罗伯特·弗兰克：《达尔文经济学》，第 131—132 页。
② ［英］巴斯卡·维拉：《政治科斯定理：新古典制度主义与批判制度主义的区别》，载［美］道格拉斯·诺斯等：《交易费用政治学》，第 28 页。
③ Michael Albertus, *Autocracy and Redistribution: The Politics of Land Reform*, p. 266.

东亚国家大都经历过土地改革。这是变更财产权的一次重要转折。从历史经验看，日本、韩国与中国台湾地区在二战后通过政府变更土地所有权的举措，为其长远发展奠定了基础。在中国台湾地区，土地改革获得了巨大的成功。在 1956 年，佃农占农业家庭的比例降至 16%，而拥有土地所有权的农民增加到近 60%，剩下的大部分农民也摆脱了单一的佃农身份，他们自己拥有一部分土地，同时也租赁一部分土地。[①] 此后，中国台湾地区的土地改革继续稳步向前推进。到 1960 年，家庭所有的小块土地占全部土地比重的 76%。[②] 到 1965 年，中国台湾地区的佃农数量下降到 5%。[③]

韩国曾是日本的殖民地，1945 年日本战败时的韩国还是一个农业国家，有五分之四的人口居住在农村。此时韩国的土地非常集中，不到 5% 的韩国农户拥有全国一半左右的土地。大部分的土地要么是租赁给佃农耕种，要么雇佣农业工人耕作。在当时的社会经济条件下，大部分的韩国佃农仅能维持生计。国际局势与朝鲜半岛局势的变迁推动了韩国的土地改革。受苏联支持朝鲜进行土地改革的影响，韩国的一些农民开始武装反抗，土地改革的呼声日益高涨。为了抵制北方土地改革的压力，美国驻扎在韩国的军队开始稳步推进韩国进行土地改革。韩国土地改革以后，大部分佃农获得了土地的所有权。20 世纪 30 年代晚期，3% 的韩国地主拥有近三分之二的土地，

① Gerrit Huizer, *Peasant Movements and their Counter Forces in South East Asia*, New Delhi: Marwah Publications, 1980, p. 53.
② ［美］斯蒂芬·哈格德著，陈慧荣译：《走出边缘——新兴工业化经济体成长的政治》，吉林出版集团有限责任公司 2009 年版，第 271 页。
③ Cristobal Kay, "Agrarian Reform and Industrial Policy," in Richard Boyd, Benno Galjart and Tak-Wing Ngo, eds., *Political Conflict and Development in East Asia and Latin America*, p. 28.

而土地改革以后，70%的农村家庭拥有了土地所有权，在 1965 年，韩国佃农下降到了 7%。[①] 韩国的阶级分化逐渐减小，阶级斗争也大幅度减少。韩国的土地改革实现了其初衷，给韩国农村带来了政治稳定。此外，1961 年韩国军政府上台后，一项重要举措就是将一些大企业家关进监狱，并将他们的财产充公。这一破坏财产权的举措，打破了以往分化的经济社会结构，为韩国未来几十年的进一步发展奠定了基础。

　　不仅韩国和中国台湾地区如此，东亚的日本也进行了土地改革。二战结束后，为了激发日本农民的劳动积极性，防止共产党影响力渗透到日本农村，日本农林省的官员提出了一份改革方案，将土地重新分配给农民。但是占领军则认为这一改革方案不彻底。在占领军的主导下，日本对土地改革方案进行了重新讨论，1946 年 10 月，日本国会通过了修改后的方案。这次土地改革方案规定，对不在农村的地主所持有的土地，政府有权强制购买；对居住在农村的地主所持有的土地，如果超过一公顷，政府也有权购买其超过部分。之后，政府再按管制价格将土地出售给佃农，而且规定此方案要在两年内完成。通货膨胀大大削减了政府对地主的实际补偿价值，结果日本的土地改革几乎无偿没收了地主的土地。[②] 日本土地所有者对此提起诉讼，认为农地改革方案侵害了宪法赋予他们的财产权。1953 年 12 月，日本地主的诉讼被日本最高法院驳回，法院认定农地改革符合宪法。此后，日本的土地改革得以展开，约 80%的佃耕农地被

---

① Alice Amsden, *Asia's Next Giant: South Korea and Late Industrialization*, p. 147.
② Ronald Dore, *Land Reform in Japan*, London: Oxford University Press, 1959, pp. 1 - 60.

出售。① 到了 1965 年，日本的佃农数量下降为 7%。② 农地改革使得战后日本农村的资产比较平等化，在农村形成了繁荣的国内市场。③东亚国家和地区冲击不平等的财产权的举措，使得这些国家和地区出现了一个比较平等的社会结构，这样才能为以后实施产业政策、教育政策等提供良好的社会基础。

不仅东亚国家和地区如此，美国的经济发展也经历了类似的过程。1783 年美国赢得独立后，政府对财产进行了再分配。首先，对于继续效忠英国的移民，美国政府没收了他们的财产，让他们移居加拿大，没有进行任何补偿。美国政府第二次冲击产权结构的行动发生在 19 世纪 60 年代的内战时期。经过这两次大规模的行动，美国建立起一个更为平等的社会，到 1900 年的时候，美国 3/4 的家庭拥有了自己的土地。而拉美则没有这样平等化的举措。19 世纪中期，拉美大部分国家适宜耕种的土地，只有不到 5% 由家庭来经营。家庭农场（雇工不超过 4 人即可称作家庭农场）耕种土地面积仅占阿根廷适宜耕种土地的 5%；巴西、哥伦比亚为 3%；墨西哥为 2%。与此形成鲜明对照的是，美国为 60%，加拿大为 64%。④ 这样的结构一直被延续了下来，到 1980 年，巴西的家庭农场占国家适宜耕种土

---

① ［日］浜野洁、井奥成彦、中村宗悦等著，彭曦等译：《日本经济史（1600—2000）》，南京大学出版社 2010 年版，第 213 页。

② Cristobal Kay, "Agrarian Reform and Industrial Policy," in Richard Boyd, Benno Galjart and Tak-Wing Ngo, eds. , *Political Conflict and Development in East Asia and Latin America*, p. 28.

③ ［日］浜野洁、井奥成彦、中村宗悦等：《日本经济史（1600—2000）》，第 214 页。

④ Sebastian Edwards, *Left Behind: Latin America and the False Promise of Populism*, Chicago: The University of Chicago Press, 2010, pp. 173 - 174.

地的 20%；同一时期的美国为 54%，加拿大为 66%。[1]

在这里，以国家为中心的政治经济学会指出：考虑到诸多第三世界国家存在高昂的交易费用，要打破以往低效率的财产权安排，不是靠个体谈判，而要靠具有国家自主性和国家能力的"国家"，进行强制的制度变迁。

五 为何《宅地法》成功推进了美国经济成长?

在美国西进运动的历史上，随着西部疆域的拓展，政府将土地进行售卖。在售卖土地过程中，大部分土地法令让民众有能力低价获得土地，每英亩土地只需一美元或者两美元；同时，售卖土地的门槛也在不断降低。1785 年颁布的土地法令规定：最小售地面积为 640 英亩；1800 年，国会规定最小售地英亩数减半；1804 年，最小售地面积再次减半。1832 年颁布了新的土地法案，规定的最小售地面积降至 40 英亩。[2] 这样更多的低收入者就能购置土地。在出售土地过程中，成效比较显著的是美国内战时期颁布的《宅地法》。该法案规定：申请者只需缴纳十美元登记费，并在该土地上住满五年，就可以免费拥有该土地的所有权。索托认为，1862 年的《宅地法》颇负盛名，因为它以法律的形式允许定居者可以免费拥有 160 英亩

---

[1] Tatu Vanhanen, *Prospects of Democracy: A Study of 172 Countries*, New York: Routledge, 1997, pp. 215 - 216.

[2] Jeremy Atack, Fred Bateman and William Parker, "The Farm, the Farmer, and the Market," in Stanley Engerman and Robert Gallman, eds., *The Cambridge Economic History of the United States, Vol. 2. The Long Nineteenth Century*, pp. 274 - 275.

的土地，只要移民同意在土地上定居和开发土地。因此，与其说这是一个美国政府宽宏大量的法案，不如说它是对既成事实的确认。①由于界定了清晰的产权，美国民众就可以自由地买卖土地，让它比较顺畅地流转，创造更大的价值。当这些僵化资本变成活跃资本时，美国民众和这个国家因此获益。要知道，美国通往繁荣的道路不是孤立的。按制度主义者的理解，美国最终走向繁荣富裕，是因为美国逐渐建立了新的制度安排。它学习了英国的制度，对产权进行保护。

现代产权分析很大程度上是在美国发展起来的。②大部分学者都从欧美成功界定产权的历史及其经济发展的经验中提炼出产权分析的相关理论。我们可以想象这样一个社会：即在没有产权保护的社会，一个农夫种植玉米，但玉米却由他的邻居收割并出售。如果大多数人有了这样的经历，将不会再有人耕种土地。美国的发展历程在很大程度上也代表了欧洲的经验。诺斯指出：有效率的经济组织是经济增长的关键；一个有效率的经济组织在西欧的发展正是西方兴起的原因所在。③其中，有效率的经济组织，一个重要方面就是有效率的产权制度安排，"如果所有权使社会生产性活动成为合算的，便会出现经济增长"。④《宅地法》的颁布将大量的"无主土地"给予了个体。制度主义者看到：私人产权的所有者就像一个经纪人那样使用土地，他会考虑现在和将来的竞争需求。⑤事实上，历史上大部

---

① ［秘鲁］赫尔南多·德·索托：《资本的秘密》，第 105 页。
② ［美］埃里克·弗鲁博顿、［德］鲁道夫·芮切特：《新制度经济学：一个交易费用分析范式》，第 102 页。
③ ［美］道格拉斯·诺斯：《西方世界的兴起》，第 5 页。
④ 同上，第 13 页。
⑤ ［美］哈罗德·德姆塞茨：《关于产权的理论》，载盛洪主编：《现代制度经济学》（上），第 87 页。

分时期产权制度安排都是缺乏效率的。因此人类历史大部分时段的典型特征是稀缺、贫困和低效。只有摆脱低效的产权安排，人类社会才会迈向繁荣与秩序。

如果你去参观江苏昆山的周庄，导游会告诉你那里曾是中国明代江南富商巨贾沈万三的故居。沈万三致富手段高超，敛财无数。但是明朝开国皇帝朱元璋却将其财产充公，将沈万三发配云南。导游的介绍或许有虚构成分，但也可以反映古代中国商人的财产得不到保障的事实。不仅古代中国如此，古代西方世界也是如此。圣殿骑士团（Knights Templar）成立于 1119 年，由法国贵族胡格·德·佩恩（Hugues de Payen）创建。因为他们在耶路撒冷所罗门圣殿废墟附近的圣殿山上居住，故得名"圣殿骑士团"。这个组织从西方的贵族家庭中招募那些没有希望继承财产和爵位的年轻人。骑士团成员过着简朴自律的生活，一天只吃两顿饭，一周吃三次肉。他们严格禁止骑士团成员拥有私有财产。骑士团的徽章上印着两名骑士共同骑着一匹战马，反映出骑士团创办初期的经济状况非常拮据。当时去耶路撒冷的朝圣之旅非常危险，常有强盗出没劫掠朝圣者。佩恩召集了 9 名骑士，保护朝圣者。

骑士团成员骁勇善战、无惧死亡，在十字军东征时立下赫赫战功。教皇多次发布训令予以表彰。骑士团也从教会和世俗君主那里获得了大量特权。很多信徒和被保护者对骑士团慷慨解囊，使他们得到了巨额财富。那些参与十字军东征的贵族也常常在出征时将自己的财产寄放在骑士团，让他们帮忙打理。凭借捐赠和经营，骑士团积累了大量财富。他们购置农场和葡萄园，还涉足手工制造业以及进出口行业，购置了自己的舰船，修建了自己的城堡。骑士团从一个规模较小的团体发展成一个强大的军事与金融组织。在高峰时，他们拥有 7000 名骑士和 870 座城堡。[①]

骑士团建造的城堡非常坚固，在一些地方，一座城堡就是一座半岛。在兵荒马乱时，这些城堡成了牢固的财富保险箱。在法国国王菲利普二世（Philip II）统治期间，圣殿骑士团在巴黎的分支机构俨然就是法国的财政部。1261 年，英格兰国王亨利三世（Henry III）与英国贵族发生冲突，他就把王冠和珠宝转移到圣殿骑士团在巴黎的城堡里。此外，亨利三世也向骑士团借钱，用来发动对贵族的战争。[②] 圣殿骑士团不但成了十字军的财务托管人，也成了欧洲王室和教皇的财务经纪人。从某种意义上讲，圣殿骑士团是世界上最早的国际银行家组织。一些朝圣者在离开家乡之前把财产寄存在当地骑士团的分支机构，到了耶路撒冷再用票据兑换，就像今天的支票。由于骑士团的分支机构遍布各地，这些城堡形成了一个庞大的网络，从地中海沿岸延伸至巴黎、伦敦等欧洲主要城市。他们为顾客提供当地货币。这样一来，一位顾客就可以在巴黎存钱，然后到伦敦或耶路撒冷兑换金额相当的本地货币。骑士团为此收取一定费用，同时也从事其他一些相关的金融业务，和今天的银行类似。骑士团的城堡就像今天银行的柜台一样，为顾客提供存取货币服务。他们的顾客名单就是当时的名人录，从王室成员、教会成员到富商贵胄。

---

① Jack Weatherford, *The History of Money*, New York: Crown Publishers Three Rivers Press, 1997, p. 67.

② Sean Martin, *The Knights Templar: The History and Myths of the Legendary Military Order*, New York: Thunder's Mouth Press, 2004, p. 51.

不过好景不长，1263 年英格兰的爱德华王子与贵族发生冲突，他闯进了骑士团的金库，打开保险箱，抢走了贵族和商人储存在那里的钱财。到了法国菲利普四世（Philip IV）执政时，由于长期对外征战，国库空虚，国王遭遇了严重的财政危机。菲利普四世用尽一切办法搜刮民脂民膏，包括重铸货币、对僧侣征税、榨取银行家和犹太人钱财等，仍无法解决危机。最后，菲利普四世盯上了骑士团的城堡。他率先发动宣传攻势，败坏骑士团的宗教名誉。1307 年，菲利普四世以教皇的名义，突袭逮捕了骑士团的领袖，指控他们违反一系列道德罪行，例如否认耶稣基督的存在、朝十字架上的耶稣像吐口水、做下流的亲吻动作、异端、叛教、邪恶崇拜、同性恋等。① 菲利普四世罚没了骑士团的财产，对其成员的审判历时近五年。在严刑逼供下，很多人屈打成招，被判有罪，甚至被处以火刑。菲利普四世清算了骑士团的财产，财富被王室成员占有，土地被租赁。最开始，教皇克莱蒙特五世（Clement V）认为法国国王冒犯了他的权威。虽然教皇和法国国王曾讨论过此事，但是教皇却没有授权法国国王采取行动。不过，在法王的威逼利诱下，教皇也加入了掠夺的行列。1312 年，教皇克莱蒙特五世宣布撤销圣殿骑士团神职，并敦促其他国家的国王也效仿法王，力图把骑士团的财产转移到教会机构名下。

由此可知，无论是沈万三还是圣殿骑士团，由于当时没有对财产权的保护，在积累了巨额财富后，他们的命运如出一辙。在缺乏有效产权的制度下，大量钱财也只能成为"僵化资本"。当产权缺乏

---

① Malcolm Barber, *The Trial of the Templars*, New York: Cambridge University Press, 2006, p. 1.

保障，法律实施不力，进退遭遇阻碍，垄断限制存在时，以利润最大化为目标的企业必然倾向于做短期的，且固定资本投入较少的投资。① 因此，诺斯才感叹，在经济史上：与停滞或衰退相比，增长要少见得多。这一事实表明："有效率的所有权在历史上并不常见。"②

有一个问题一直困惑着史学家，那就是工业革命为何率先发生在英国，而不是遥远的东方，或者欧洲大陆？要知道，在 18 世纪，欧洲大陆有两个国家长期是英国有力的竞争对手——法国和西班牙。法国有辽阔的国土，西班牙则获得了来自新大陆源源不断的金银。为什么机遇最终落到英国人头上？诺斯给出的答案是：在工业革命之前，英国率先发展出了有效的私有财产权制度。与此形成对照的是，法国和西班牙却没有建立这一制度安排。在法国和西班牙，私人财产常常遭到政府掠夺，缺乏产权保护扭曲了当地社会的激励结构。那里的居民会优先选择从事非生产性事务，比如从事教会活动、加入军队或进入官僚机构，因为只有这些职业才能免受王室的骚扰。长此以往，法国和西班牙的衰败在所难免。诺斯在谈到西班牙和法国相对衰落时指出：当国王财政困难加剧时，"侵占、没收或是单方面改变合同便成了屡见不鲜的事情，最终会影响工商业和农业的发展，结果人们被迫抛弃了生产性的职业"。③ 由于所有权得不到保障，经济停滞是不可避免的结果。一个人不是当学者便是当僧侣，不是当乞丐便是当官僚，除此以外，别无其他。④

---

① ［美］道格拉斯·诺斯：《制度、制度变迁与经济绩效》，第 94—95 页。
② ［美］道格拉斯·诺斯：《经济史上的结构和变革》，第 7—8 页。
③ ［美］道格拉斯·诺斯：《西方世界的兴起》，第 164 页。
④ 同上，第 163—164 页。

在诸多制度安排中，大部分制度主义者对产权制度情有独钟。德姆塞茨指出：资本主义是一种以分散决策的资源私有制和开放市场为基础的经济，这意味着私人所有权得到承认和尊重。[①] 在财产权没有被清晰界定并予以有效保护的地方，经济交易难以进行，人们也没有激励和动机去保护财产，没有激励让自身的资产增值。在分析现代经济运作时，制度主义者常常将产权制度作为资本主义制度的基石。原始经济对产权制度的需求不高。这是因为如果群体规模很小，资源的集体控制就能运转良好。但是随着群体规模扩大，广泛的分工和专业化需要熟悉其专长以及特定环境的个体做出多种决策。专业化需要人们采用一种实用主义的办法来快速调整，以适应经济发展需要。因此，德姆塞茨指出：随着经济分工和专业化的推进，权力下放和私有制是比较现实的答案。[②] 中国俗语有云："撑破大家船，擂破大家鼓"。如果把船或鼓的所有权给予个人，并保护他从中赚取的好处，个人就有激励保护船和鼓，让他自己的资产增值。一般而言，产权界定越明确，财富被无偿占有的可能性就越小，产权的价值就越大。[③]

由于制度主义者对产权的强调，让不少人相信只要建立起产权制度安排，就能自动带来经济增长。这样的想法遗漏了产权学派理论背后的重要因素，即产权需要和激励联系在一起。我们在前面分析过巴西经济成长的案例，巴西的经济成长道路一波三折，其经历向我们展示：保护财产权以促进经济增长需要一定的外部条件。

---

① ［美］哈罗德·德姆塞茨：《从经济人到经济系统》，第70页。
② 同上，第67页。
③ ［美］Y. 巴泽尔：《产权的经济分析》，第125页。

1980 年，巴西的人均收入要高于当时的香港、韩国、新加坡以及中国台湾地区。[1] 进入 20 世纪 80 年代以后，巴西经济遭遇危机，与其他拉美国家一道进入"失去的十年"。在 1980 年还成绩骄人的巴西，到了 1990 年，其人均收入被香港、韩国、新加坡以及中国台湾地区超过。20 世纪 70 年代，巴西的年均国内生产总值增长率为 8.5%；到了 80 年代，下跌至 3%；90 年代，更是下跌至 1.8%。[2] 1981 年到 2003 年间，巴西经济出现负增长的年份就占到了 11 年。如果我们把时段拉得更长，1960 年到 2003 年间，巴西出现经济危机的年份占总年份的 30%左右，巴西的经济成长极不稳定。[3] 巴西的问题不在于没有保护产权。相反，在一个贫富严重分化的社会，保护财产权固化了社会分化，这样的政治经济结构不仅不能为持续的经济发展提供良好的制度框架；相反，早熟的制度安排反而加剧了该国的政治经济问题，导致经济成长难以持续。[4]

在巴西这样严重贫富分化的社会，保护财产权不仅不会给人带来激励，反而会扭曲激励。严重分化的社会给贫困人口带来冲击财产权的激励，让现有制度难以有效运转。巴西的无地农民占领土地、冲击政府机关、摧毁道路收费站，他们屡屡使用暴力，成

---

① Eul-Soo Pang, *The International Political Economy of Transformation in Argentina, Brazil, and Chile Since 1960*, p. 124.

② Vinod Thomas, *From Inside Brazil: Development in a Land of Contrasts,* Palo Alto: Stanford University Press, 2006, p. 13.

③ Andrés Solimano and Raimundo Soto, "Economic Growth in Latin America in the Late Twentieth Century: Evidence and Interpretation," in Andrés Solimano, ed., *Vanishing Growth in Latin America: The Late Twentieth Century Experience*, Cheltenham: Edward Elgar, 2006, p. 21.

④ 黄琪轩：《巴西"经济奇迹"为何中断》，《国家行政学院学报》2013 年第 1 期。

为这一时期长期的不稳定因素。① 到了 20 世纪 70 年代后期，占领土地的事件以及其他形式的抗议活动开始增加；80 年代早期，这些活动更为流行并逐渐扩散。少地和无地的农业工人为争取土地而进行斗争。② 1964 年到 1989 年间，有 1566 人死于争夺土地的纠纷。③ 即便是在巴西军政府执政时期，巴西的产权安排也一直受到冲击与挑战。

事实上，产权保护在一个收入分配更接近正态分布的社会会发挥更显著的效果，而当一个社会的收入分配处于哑铃型的状态，加强产权保护反而可能固化社会分化，影响激励机制。不仅如此，底层民众会持续冲击现有产权安排，让产权的保护无法真正地、持久地实施。诺斯强调：出现在西方世界的制度，如产权和司法体系，是不能够原封不动地复制到发展中国家的。问题的关键在于创造激励结构，而不是对西方制度的盲目模仿。④ "关键在于创造激励结构"指出了制度的一项重要作用。

以制度为中心的政治经济学经常强调制度对经济发展起着重要作用。制度的一项重要作用在于塑造激励机制。诺斯指出：有效率的组织需要在制度上做出安排和确立所有权以便造成一种刺激，将个人的经济努力变成私人收益率接近社会收益率的活动。⑤ 为何带

---

① ［巴西］博勒斯·福斯托：《巴西简明史》，第 301 页。

② Gabriel Ondetti, *Land, Protest, and Politics: The Landless Movement and the Struggle for Agrarian Reform in Brazil*, p.13.

③ ［美］胡安·林茨、阿尔弗莱德·斯泰潘著，孙龙等译：《民主转型与巩固的问题：南欧、南美和后共产主义欧洲》，浙江人民出版社 2008 年版，第 182 页。

④ ［美］道格拉斯·诺斯：《理解经济变迁过程》，第 143 页。

⑤ ［美］道格拉斯·诺斯：《西方世界的兴起》，第 5 页。

来好的激励的制度安排很重要呢？诺斯举了一个例子：在历史上，为了航海的需要，人们需要确定经度和纬度以便确定船只的具体位置。但是确定经度的工作比较困难，需要有精度比较高的计时工具。西班牙的菲利普斯二世悬赏1000金克朗，荷兰则把悬赏金额提高到10万弗罗林，英国的悬赏金额在一万英镑到两万英镑之间。这笔赏金在18世纪由英国人约翰·哈里森（John Harrison）获得，他为这个问题耗尽了半生精力。[①] 有人耗费半生精力，发明了高精度的计时工具，社会从中获得了很大收益。但是如果没有给发明者提供任何补偿，他们会陷入一贫如洗的境地。如果哈里森的辛劳难以获得任何补偿或足够补偿，他的私人收益就远远比不上社会收益。就像我们耳熟能详的那些大作曲家，从贝多芬到莫扎特，给世人带来如此巨大的精神财富和美的享受，他们自己却陷入穷困潦倒的境地，让人不禁感叹"但看古来盛名下，终日坎壈缠其身"。制度主义者由此推断：投资新知识和开发新技术的盈利能力需要有对思想和创新的所有权，在缺乏这种所有权的情况下，新技术便不可能来临。[②]

从图8-3中我们可以看到，在很长的一段时期，人类不断发现新技术，但是发明新技术的速度却很缓慢，而且时断时续。诺斯认为其主要原因在于：长期以来，"制度环境是令人沮丧的，因为没有发明家或企业家能确信可以从自己的成果中获得全部收益或大部分收益。保密是防范各方面仿制的唯一对策。在这种约束下，研究和

---

① ［美］道格拉斯·诺斯：《西方世界的兴起》，第7—8页。
② ［美］道格拉斯·诺斯：《经济史上的结构和变革》，第11页。

发明是不可能以接近社会最优规模发生的。"① 如果制度环境不好，如果发明者不能从自身的发明中获益，那么他们不会有足够的激励去从事发明创造活动。"发明新技术的刺激偶尔才发生。一般而言，创新都可以毫无代价地被别人模仿，也无需付给发明者或创新者任何报酬。技术变革速度缓慢的主要原因在于，直到相当晚近都未能就创新发展出一整套所有权。"②

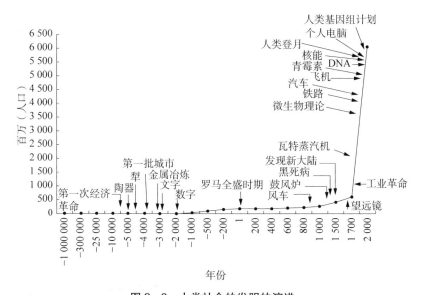

图 8-3 人类社会的发明的演进
资料来源：Douglass North, *Understanding the Process of Economic Change*, p. 89.

　　制度主义者认为，作为产权制度中的一环，专利制度的建立对英国工业革命的发生有直接而显著的影响。早在 1624 年，英国就颁布了《专利法》，该法案规定：发明人享有 14 年的专利和特权。

---

① ［美］道格拉斯·诺斯：《西方世界的兴起》，第 59 页。
② ［美］道格拉斯·诺斯：《经济史上的结构和变革》，第 161 页。

1642 年的垄断法不仅禁止了王室的垄断权，还制定了专利制度，鼓励创新。① 只有在专利制度下，鼓励技术变革和将创新的"私人收益率"提高到接近"社会收益率"的一整套激励机制才得以形成。② 专利的英文是 patent，它同样是"透明"的意思。有了专利保护制度，发明家才会有公开技术秘密的意愿，技术才能更广泛地传播。这样的制度安排很快在西方国家扩散开来，西方世界也因此兴起。

在这里，诺斯与斯密是不同的。诺斯看到：技术进步速度加快，不仅应该归功于市场规模的扩大，而且也归因于制度安排使得发明者能在其发明所创造的收益中占有较大份额。③ 斯密和诺斯都强调激励发挥的重要作用，但诺斯将激励的重点放在制度而非市场规模。当制度提供足够激励时，人类技术进步会不断地、更快速地提升。如果没有某种制度保证，使发明者能内在化其大部分收益的话，诺斯认为：需要发明者支付大量费用和投入巨大时间精力的创新活动，即使有过，也是不值得的危险之举。④

制度提供的激励让人们更愿意发明创造，更愿意努力工作，更愿意合作，更愿意维系社会秩序。或许有人会说，发明创造活动不需要激励，创新靠的是人们对美的追求：雕塑艺术的需要促使人们去研究新的合金；为了保持彩色玻璃色泽光亮，人们开始用新工艺

---

① ［美］道格拉斯·诺斯：《西方世界的兴起》，第 184 页。
② ［美］道格拉斯·诺斯：《经济史上的结构和变革》，第 162 页。
③ 同上，第 163 页。
④ ［美］道格拉斯·诺斯：《西方世界的兴起》，第 191 页。

加工玻璃；为了让布料看起来更为美观，人们开始尝试化学染料。[①]
诺斯的回答是：人都有好奇心，也有创新的欲望。他承认发明和创
新似乎是人类所固有的癖好，但问题的关键在于"什么在决定着历
史上发明活动的速度和方向"。[②] 不仅创新的速度重要，方向也重要。
鲁迅在《电的利弊》一文中评述历史上中国的技术应用："外国用火
药制造子弹御敌，中国却用它做爆竹敬神；外国用罗盘针航海，中
国却用它看风水；外国用鸦片医病，中国却拿来当饭吃。"怎样才能
让更多的人坚持不懈地为改进技术而努力？怎样才能使人们付出的
辛劳朝着对经济增长有贡献的方向发展？诺斯认为好的制度安排能
为人提供激励，这样的制度能提高私人收益率。按诺斯等人的理解，
技术进步速度的加快，不仅应该归功于斯密理论框架下的市场规模
扩大，还要归因于发明者从发明创造中获得了更大份额的收益。[③] 如
果发明家或企业家不能确信从自己成果中取得全部收益或大部分收
益，保密是防范他人仿制的唯一对策。在这种约束条件下，发明不
可能接近社会最优规模。[④] 就像前文所述，非洲的教育发展并没有
带来其经济发展，因为那里的制度安排使接受良好教育的人不愿
意去从事生产性活动，那里的制度框架没有提供好的激励，导致
人们没有意愿将自身所受的教育运用到对经济增长有帮助的领域。
在制度主义者看来，许多接受过良好教育的第三世界国家精英更

---

① Cyril Stanley Smith, "Metallurgy as a Human Experience," *Metallurgical and Materials Transactions A, Physical Metallurgy and Materials Science*，Vol. 6，No. 4，1975，pp. 603 - 623.
② ［美］道格拉斯·诺斯：《经济史上的结构和变革》，第 17 页。
③ 同上，第 162—163 页。
④ ［美］道格拉斯·诺斯：《西方世界的兴起》，第 59 页。

乐意跻身官场、投身军队，甚至积极参与腐败，从事掠夺性工作而非创造性的工作。

不过对于制度提供的"激励"对创新以及经济发展是否发挥了足够重要的作用，一直受到众多学者的质疑。如表 8-3 所示，在经济史上，英国的专利制度并没有给发明者提供足够的保护，不少发明者不仅没能从其专利中获利，还因为专利而破产，遭受攻击，死于贫困。有幸获益的发明家的收入也并非来自专利制度保护，而是来自议会拨款等资助。因此专利制度对发明者提供的"激励"可能是存疑的。制度安排和制度的实际运行存在很大的差异。引入专利制度并不能保证该制度能如人所愿地运行。那么，既然专利制度难以为创新者提供实际保护，为何英国的发明者还不断涌现呢？可能不是专利制度的"激励"，而是其他方面的"激励"在起作用，比如以议会拨款奖励等不同形式的政府资助。这意味着可能是当时英国日益提升的国家能力在积极促进专利申请和发明活动的提升。有研究者发现：在1804到1899年间的美国，政府在各地纷纷设立邮局，这一措施提升了专利水平。如果在一个地方开设邮局，该地专利平均数量会增加 0.05 件。① 如果设立邮局从一个侧面代表国家能力，那么国家能力同样为专利发明做出了贡献。马克思主义者则看到专利制度背后的阶级特性。在很长的历史时段，当工匠做出发明创造时，知识产权保护并不盛行。而当发明的主体由个体变成公司的时候，势力强大的资本推动了知识产权保护的盛行。当代全球盛行的

---

① Daron Acemoglu, Jacob Moscona and James Robinson, "State Capacity and American Technology: Evidence from the Nineteenth Century," *American Economic Review*, Vol. 106, No. 5, 2016, pp. 61-67.

知识产权保护已成为世界潮流，而这背后有着政治驱动，尤其是跨国公司等国际资本在积极推动。①

表 8-3　工业革命时期专利制度的保护绩效

创新者	技术发明	结果
约翰·凯 (John Kay)	1733 年发明飞梭	为维护其专利多次提起诉讼，因此耗尽家财；1753 年，其房子被机器破坏者摧毁，陷入贫困，在法国死去
詹姆斯·哈格里夫斯（James Hargreaves)	1769 年发明珍妮纺纱机	发明没有申请到专利；受到机器破坏者攻击，于 1768 年被迫出逃，于 1777 年死于贫民习艺所
理查德·阿克莱特(Richard Arkwright)	1769 年发明水力织布机	在 1792 年去世的时候，已经拥有 50 万英镑的家产，但是，其大部分家产是 1781 年以后，即在其专利失效后，才挣得的
塞缪尔·克朗普顿(Samuel Crompton)	1779 年发明骡机	没有尝试去申请专利。制造商人奖励了他 500 英镑；1811 年英国议会又奖励了他 5000 英镑
埃德蒙·卡特怀特(Edmund Cartwright)	1785 年发明动力织布机	专利没有为其带来经济价值；1790 年，其工厂被机器破坏者烧毁；1809 年，英国议会赠予其 1 万英镑
伊莱·惠特尼(Eli Whitney)	1793 年发明轧棉机	专利没有为其带来经济价值；此后成为政府军火商
理查德·罗伯茨(Richard Robert)	1830 年发明走锭纺纱机	专利收入勉强与研发收入持平，1864 年在贫困中死去

资料来源：Gregory Clark, *A Farewell to Alms: A Brief Economic History of the World*, p. 235.

---

① Susan Sell, *Private Power Public Law: The Globalization of Intellectual Property Rights*, New York: Cambridge University Press, 2003, pp. 1-29.

迈克尔·赫勒（Michael Heller）的著作《困局经济学》（The Gridlock Economy）还展示了这样一个难题：一个公司的技术人员发明了一种能有效治疗老年痴呆症的新药。不过这款新药却不能上市发售，除非该公司能买下几十种专利的使用权。每一位专利持有人要么漫天要价，要么严词拒绝。在严格专利制度的保护下，专利"藩篱"导致了所有参与者"全输"，让技术发展陷入"困局"。① 和前面讨论过的巴西产权保护的案例类似，当代不少研究者看到了专利保护、知识产权保护带来的问题。在 2012 年，谷歌和苹果的专利的诉讼费超过研发投入。② 时过境迁，严厉的知识产权保护有时反而成为阻碍创新的力量，因为它削弱了个体与企业创新的激励。

如果可以把一个群体中的个体简单分为三类：有生产能力的（productive）、没有生产能力的（unproductive）以及破坏分子（counterproductive）。好的制度就是要给参与各方提供激励，让"有生产能力的"个体越多越好；让"没有生产能力的"以及"破坏分子"越少越好。不仅如此，要让"没有生产能力的"和"破坏分子"愿意做出改变，变成"有生产能力的"个体，好的制度才会带来"人皆可以为尧舜""途之人可以为禹"的效果。

制度主义者强调制度提供的"激励"非常重要，不仅在经济增长领域如此，在其他领域也是如此。我们看下面一个例子。在世界贸易中，农业贸易是最难改革的部门，当工业品的绑定关税（bound

---

① ［美］迈克尔·赫勒著，闾佳译：《困局经济学》，机械工业出版社 2009 年版，第 1—130 页。

② Dave Their, "More than ＄20 Billion Spent on Patent Litigation in Two Years," *New York Times*, Oct 08, 2012.

tariff）已下降到 5% 的时候，农业部门的绑定关税仍高达 60%。2001 年的报告显示，消除农业保护，每年可以使全球福利增加 560 亿美元。1960 年到 1989 年，农业贸易的争端占了关贸总协定争端中的一半。1986 年，日本对农业的资助占其 GDP 的比重为 2.4%；在欧洲，这一数字为 2.6%。但人们发现，日本政府逐渐取消了农产品的配额；欧洲政府也开始实施更为透明的关税。这一切是如何发生的？有研究者指出，这是因为制度变迁为农业关税改革提供了激励。[①] 在以往的农业贸易谈判中，制度安排是单个部门的谈判，也就是美国的农业部门和欧洲、日本的农业部门谈。这样，各国农业部门之间的谈判很难达成协议。1983 年，美国和日本在牛肉问题上的谈判就无果而终；1991 年，美国和欧洲就牛肉问题的谈判也没有取得任何进展。1986 年，"乌拉圭回合"启动时，印度和巴西等发展中国家根本无意讨论服务业自由化。道理很简单，农产品贸易的谈判部门就是利益相关者，削减日本和欧洲农产品的补贴就会损害这些利益相关部门的利益。但是，后来的游戏规则或者说制度变了，变成议程联系的制度。这样的制度提供了新的激励。

一揽子解决（Package Negotiation）是重要的议程联系策略。美国政府想要打开日本与欧洲的农产品市场，并非和日本与欧洲的农业部门谈，而是将农产品的市场开放与其他议题联系在一起，如汽车的关税减让、家电的关税减让等。现在的制度安排使得谈判的议程范围扩大了，如果双方能谈妥，日本可以获得一系列的成果；

---

① Christina Davis, "International Institutions and Issue Linkage: Building Support for Agricultural Trade Liberalization," *American Political Science Review*, Vol. 98, No. 1, 2004, pp. 153 - 169.

如果在农业问题上谈不妥，日本就将一无所得。这一制度安排的特点是：要么全得，要么一无所得（all or noting）。一般而言，本部门更偏好自身部门的利益，农业部门肯定以保护农业利益为首要目标。制度的调整把日本其他领域的利益集团和其他部门的官僚集团动员了起来。在制度改变前，对日本农业部门的保护主义政策主张，其他政府部门可能无动于衷。而现在，为了获得计算机、电子产品、汽车等产品的出口利益，其他工业部门必须动员起来，一起反对日本的农业保护。在以往的谈判中，只有日本的农业部有发言权，而现在，由于制度安排的变更，议程联系带来了新的激励机制，让日本的通商产业省等部门都积极行动起来。他们积极介入以往农业部门主导的议题。制度安排的改变让日本的出口工业集团有了反对日本农业集团的激励。当日本农业集团利益固化时，制度的改变带来了新的激励，扩大了参与者的数量，使得打破僵局成为可能。

在制度主义者看来，第三世界国家之所以贫穷，是因为存在不良制度约束。在诸多第三世界国家，制度安排使得政治或经济活动的回报并不鼓励个体从事生产性活动。[1] 在这样的制度安排下，即便是具备生产能力的个体，也缺乏足够激励从事生产性活动。因此在制度主义者那里，制度之所以重要，一个重要原因在于它能提供激励。所以诺斯指出：激励是经济绩效的根本性、决定性的因素，我们需要将激励搬到本该属于它的前台，作为解释经济绩效的关键。[2]

---

① ［美］道格拉斯·诺斯：《制度、制度变迁与经济绩效》，第152页。
② 同上，第187页。

六 为何收入停滞的美国人要建更大的住宅?

罗伯特·弗兰克（Robert Frank）在其《达尔文经济学》一书中提到了一个奇怪的现象：美国中产阶级家庭收入水平在过去 30 年没有发生任何实质性增长，但他们的住宅却越建越大。在 2007 年，美国家庭的平均住宅面积已超过 213 平米，比 1970 年时增加了至少 50%。不仅如此，家庭晚宴邀请的人数也越来越多，婚礼也办得越来越奢华。他将此行为称为"消费瀑布"（expenditure cascades）。他对此的解释是：每个人在确定消费水平时，参照的对象是比自己更富有的人群。普通美国人建造了更宽敞的住宅，为特殊仪式支付更大的花销，背后有一个潜在的驱动。他们将目光盯着富有的人，盯着周围的人。美国中产阶级之所以要建更大的住宅，花更多的钱，买更多的东西，是因为和他们一样的家庭都在建更大的住宅，花更多的钱，买更多的东西。[①]

在《红楼梦》第四十一回《栊翠庵茶品梅花雪　怡红院劫遇母蝗虫》中，刘姥姥来到大观园，贾母邀请刘姥姥一同用膳。刘姥姥吃到了一道特别的菜，菜名叫"茄鲞"。《红楼梦》里是这么描述的：贾母笑道："你把茄鲞搛些喂他。"凤姐儿听说，依言搛些茄鲞送入刘姥姥口中，因笑道："你们天天吃茄子，也尝尝我们的茄子弄得可口不可口。"刘姥姥笑道："别哄我了，茄子跑出这个味儿来了，我

[①] ［美］罗伯特·弗兰克：《达尔文经济学》，第 96 页。

们也不用种粮食，只种茄子了。"众人笑道："真是茄子，我们再不哄你。"刘姥姥诧异道："真是茄子？我白吃了半日。姑奶奶再喂我些，这一口细嚼嚼。"凤姐儿果又撮了些放入口内。刘姥姥细嚼了半日，笑道："虽有一点茄子香，只是还不象是茄子。告诉我是个什么法子弄的，我也弄着吃去。"凤姐儿笑道："这也不难。你把才下来的茄子把皮去了，只要净肉，切成碎钉子，用鸡油炸了，再用鸡脯子肉并香菌，新笋，蘑菇，五香腐干，各色干果子，俱切成钉子，用鸡汤煨干，将香油一收，外加糟油一拌，盛在瓷罐子里封严，要吃时拿出来，用炒的鸡瓜一拌就是。"刘姥姥听了，摇头吐舌说道："我的佛祖！倒得十来只鸡来配他，怪道这个味儿！"从凤姐的描述可见，茄鲞的制作工艺非常复杂，过程十分考究。当然，菜名还别具一格。为何贾府的饭桌上需要茄鲞这样的菜肴？仅仅是因为茄鲞美味可口吗？

美国不少一流大学是私立的，很多享有世界声誉的私立大学大都是由富人资助建立的。芝加哥大学由石油大亨约翰·洛克菲勒（John Davison Rockefeller）出资建立；康奈尔大学由西联汇款（Western Union）电报业的创始人埃兹拉·康奈尔（Ezra Cornell）和安德鲁·迪克森·怀特（Andrew Dickson White）于1865年联手创办；斯坦福大学是加州铁路大王、曾担任加州州长的阿马萨·利兰·斯坦福（Amasa Leland Stanford）为纪念其小儿子，于1885年建立的；范德比尔特大学则是由美国铁路大亨科尼利尔斯·范德比尔特（Cornelius Vanderbilt）出资捐建。为何这些富人会出资创建大学？他们是在做慈善事业吗？理性选择视角的回答是：这是富人在做投资。通过出资创办大学，他们能获得好名声，进而能为他们带来更多的财富。而凡勃伦则以不同的视角看待此类资助。事实上，要回答收入停滞的美国家庭为何修建更大的住宅，贾府为何要用"茄鲞"款待客人，美国富商为何对大学慷慨解囊等问题，政治经济学中的制度主义先驱者凡勃伦的视角别具一格，却蕴含着深刻智慧。

凡勃伦的经历和他的著作一样异于常人。他的学习和工作经历遍及美国各大名校，包括耶鲁大学、康奈尔大学、芝加哥大学、斯坦福大学等。在日常生活中，他穿得像流浪汉，生活懒散，不愿意浪费时间铺床，也不爱刷牙。他还是一个烟鬼。据说，他饭后往往将脏盘子堆在盆里，直到没有干净的碟子，才用水管冲洗。凡勃伦在生活上的掉以轻心也体现在教学和写作中。在教学上，他轻视学校的规章制度。对所有学生，无论成绩好坏，他一律都给 C。他也不喜欢考勤。不仅如此，据说他的课堂枯燥乏味，讲授的内容难以理解。凡勃伦上课的时候常常喃喃自语，且经常跑题。结果选他课的学生越来越少，乃至最后全班只剩下一个人。凡勃伦年少聪慧，据他的弟弟回忆："起初我以为他无所不知，随便问他什么问题，他都能原原本本地告诉我。后来我才知道，他所说的一切，有好多是捏造出来的，但是即便是谎话，他也捏造得很好。"①

《有闲阶级论》（*The Theory of the Leisure Class*）出版于 1899 年，这是凡勃伦的第一部作品。这部著作在出版前，出版社多次要求凡勃伦重写，因为做事漫不经心的凡勃伦不愿意为其著作添加注释。《有闲阶级论》的副标题是"关于制度的经济研究"。这部书出版以后立刻引起很大的轰动，震惊了美国东海岸，成为当时知识界

---

① ［美］罗伯特·海尔布隆纳：《经济学统治世界》，第 185—187 页。

人士随身必备读物。① 凡勃伦认为，以往的理论对美国社会的暴虐奢华视而不见，仅以刻板的线条与无光泽的陈规描绘现实。他需要对学术上的陈规陋习加以改变。② 凡勃伦不仅是传统政治经济学理论的批判者，也是商业文明的批判者。他和马克思一样严厉批判他们所处的时代，声称那是个有罪的时代。③

凡勃伦将一些相对不变的、根本的人类行为特征称为"本能"。他认为人类有两组本能：作业本能（instinct of workmanship）以及剥削本能，也叫掠夺本能（predatory instinct）。在凡勃伦那里，人类社会在进化过程中，经历了野蛮时期、未开化时期、手工业时期以及机器生产时期。

在人类社会的野蛮时代，还不存在经济特权和分化，因而还不存在显著的"有闲阶级"。在生产力较低的情况下，人类社会是"作业本能"占主导。在这样以劳动维持生计的时代，人人都有工作，没有一种劳动是低贱的，因为只有这样才能保证个人和社会的生存。随着社会的发展，"掠夺本能"才有了发展空间。因为有了剩余物资，有人可以从掠夺中获益，靠武力和狡诈来获取财富。随着人类社会从野蛮阶段过渡到了未开化阶段，有闲阶级出现了。

要出现有闲阶级，凡勃伦指出需要具备两个条件：战争和相对丰裕。"要使这个制度能以明确的形态出现，显然必须具备的条件是：首先，部落必须具有以掠夺为目的的生活习惯，必须有战争或

---

① ［美］罗伯特·海尔布隆纳：《经济学统治世界》，第 192 页。

② 同上，第 184 页。

③ ［美］亨利·威廉·斯皮格尔著，晏智杰等译：《经济思想的成长》（下），中国社会科学出版社 1999 年版，第 535 页。

大规模狩猎活动，或者是两者俱备，这就是说，在这样情况下构成初期有闲阶级的男子们，必须习惯于用武力或策略来从事伤害行为；其次，生活资料的获得必须相当从容，从而有条件使部落成员中一个很大的部分可以脱离经常的辛勤劳动。"① 这一时期，出现了侵占活动和生产活动的分化。从事打仗、狩猎等侵占活动的人往往脱离日常生产活动，这些活动开始带有荣誉性质。"上层阶级按照习惯是可以脱离生产工作的，或者是被摒于生产工作之外的，是注定要从事于某些带几分荣誉性的业务的。"② 他们将生产性的事务置身事外，生产业务和非生产业务之间出现了差别，因此人与人之间也出现了身份的差别。"这类非生产性的上层阶级业务，大致归纳起来是以下几项——政治、战争、宗教信仰和运动比赛。"③

有闲阶级从事非生产性的活动，从事侵占活动，而由下层阶级从事生产活动。"列入侵占一类的业务是可敬的、光荣的、高贵的；而其他不含有侵占成分的业务，尤其是含有奴性或屈服意味的那些业务，是不值得尊敬的、低贱的、不体面的。"④ 如此一来，人类的侵占本能逐渐制度化，成为有闲阶级制度（The institution of a leisure class）。在这样的制度下，人类的掠夺本能压倒了作业本能。对有闲阶级而言，他们的工作是掠夺性的，靠武力和狡诈来占有财富，远离那些靠气力和技能来进行财富创造的活动。而在现代社会，这种区别仍然变相存在。制度是有惯性的，现在的社会分工仍然存

① ［美］索尔斯坦·凡勃伦著，蔡受百译：《有闲阶级论》，商务印书馆1994年版，第9—10页。
② ［美］索尔斯坦·凡勃伦：《有闲阶级论》，第5页。
③ 同上，第5页。
④ 同上，第15页。

在"有闲阶级"和终日忙碌流汗的阶级之间的差别,"对业务做出这样区别的这种观念,作为一种先入之见,实际上仍然是极其顽强地贯串在现代生活中"。① 在这里,凡勃伦看到了"有闲阶级"制度的起源和人类的本性相联系,也看到了该制度的惯性。

凡勃伦强调动机对人们行为的影响,其中个人竞赛的动机对人们行为的影响尤其显著。"除了自卫本能以外,竞赛倾向大概是纯经济动机中最强烈的,而且是最活跃、最持久的。在工业社会里,这种竞赛倾向表现在金钱上的竞赛上。"② 当"有闲阶级制度"占主导地位时,竞争的动机无时无刻不在驱使人们进行着"金钱竞赛"(pecuniary emulation)。凡勃伦认为,"有闲阶级"是和财产所有权同时出现的。私有产权制度出现以后,人与人之间就发生了金钱竞赛,无休止地占有更多的物品。"所以要占有事物,所以会产生所有权制,其间的真正动机是竞赛;而且在所有权制所引起的社会制度的进一步发展中,在与所有权制有关的社会结构的一切特征的继续发展中,这一竞赛动机依然活生生地存在着。占有了财富就博得了荣誉;这是一个带有歧视性意义的特征。"③ 在凡勃伦看来,财产之所以有价值,不是人们需要积累财产以供衣食住行等生存开销,而是因为持有财产以及财产的多寡是向社会传递了自身地位优越的信号。凡勃伦是从人的本性而不是从效率来看待财产权。在社会生活中,财产是取得荣誉和博得尊敬的基础,是满足自尊心的必要手段。"财产之所以有价值……是由于借此可以证明其财产所有者比同一社

---

① [美] 索尔斯坦·凡勃伦:《有闲阶级论》,第10页。
② 同上,第81页。
③ 同上,第22页。

会中其他个人处于优势地位。"① 因此，财产的重要性远远不在于满足人的日常消费，而是个人成功和优势的象征。如果一个人要在社会上获得相当声望，就必须取得财产，累积财产，从而赢得金钱竞赛。

这样的金钱竞赛永远看不到头，这样的竞赛也使得个人处于无休止地与他人对比的煎熬中。"一个普通的、正常的人，如果在这样的对比下显然居于劣势地位，他就不免要一直在怨尤中度日，不能满足于当前处境；如果一旦达到了社会的、或社会中属于他的那个阶级的所谓正常的金钱标准，他原有的长期不满情绪将为另一种心情所代替，那时他所片刻难安的将是，怎样使他自己的金钱标准与这个平均的金钱标准之间的差距能够扩大、再扩大。"② 个人之间的这种歧视性对比是无止境的，基于人的本能，人们一直在进行金钱竞赛。每个人的生活都充满了攀比。每一个人都想通过积累财富，胜过别人，从而赢得荣誉，赢得别人的羡慕。

有了财富和权力需要拿出证明。"明显有闲"（conspicuous leisure）就是一项有效的证明。如果他们足够富有，他们就应该享有足够的闲暇，不事生产却能过着优渥的生活。"有闲阶级生活的主要特征是明显地不参加一切有实用的工作。"③ 有闲阶级把参加劳动看作是有损体面的事情。对有闲阶级而言"摒绝劳动不仅是体面的、值得称赞的，而且成为保持身份的、礼俗上的一个必要条件。"④ 所

---

① ［美］索尔斯坦·凡勃伦：《有闲阶级论》，第 24 页。
② 同上，第 26—27 页。
③ 同上，第 33 页。
④ 同上，第 33 页。

以在古代中国，作为"有闲阶级"的富人家大小姐都要裹脚，这样就是"有闲"的证明。"处于这样情况下的女子不能从事生产劳动，势必游手好闲，由她的所有人抚养。"① 丫鬟则不用裹脚，因为她们需要忙里忙外地从事劳务。为什么在不少人看来，穿着高跟鞋的女性更美？即便身材高挑的女士也喜欢穿高跟鞋。凡勃伦对此的解释是："穿上了这种高跟鞋，即使要从事最简单、最必要的体力劳动也将感到极度困难。"② 如此一来，女士穿上高跟鞋就是"有闲"的证明。为什么人们觉得拄着拐杖的男子显得比较绅士？凡勃伦的解释是："手杖……表明持杖者的双手干有用劳动以外的事体，因此具有证明有闲的效用。"③

凡勃伦列举了几个极端例子："据说波利尼西亚地区的某些酋长，为了保持尊严，他们宁可挨饿，也不肯用自己的手把食物送到嘴里。"④ 他列举了一个更骇人听闻的例子，但却没有注明出处。"法国某国王，据说由于要遵守礼节，不失尊严体统，拘泥过甚，竟因此丧失了生命。这位国王在烤火，火势越来越旺了，而专管为他搬移座位的那个仆人刚巧不在身边，他就坚忍地坐在炉边，不移一步，终于被熏灼到无可挽救的地步。但是他虽然牺牲了，却保全了最高贵的基督教陛下玉体的圣洁，没有被贱役所玷污。"⑤ 这些有闲阶级都不愿意和劳务有任何沾染，要足够有闲才能保持声誉。

在凡勃伦看来："礼法是有闲阶级的产物和象征，只有在身份制

---

① ［美］索尔斯坦·凡勃伦：《有闲阶级论》，第 109 页。
② 同上，第 125 页。
③ 同上，第 190 页。
④ 同上，第 35 页。
⑤ 同上，第 36 页。

盛行时，才有充分发荣滋长的机会。"① 因为礼仪需要花时间来学习，需要金钱成本，只有有闲阶级才有时间，才肯花钱来培养好的礼仪。因此，富人们彬彬有礼的价值在于它是有闲生活的确凿证明。不仅如此，高深学问也是有闲阶级的名片，最无用的古典学最能代表有闲。凡勃伦写道："古典学之所以能够在高级学识体系中占有特权地位，所以能受到高度的尊崇，被认为是一切学识中之最可敬的，就是由于它具有作为浪费时间与精力的证明这一效用，因而也就是由于它具有作为支持这种浪费所必要的金钱力量的证明这一效用。"② 为什么现在还有不少人要去学已经只能看不能读的拉丁文？去学古英文？看过《围城》的人都知道，钱钟书能写出很好的白话文，那么为什么他还要用文言文写《管锥篇》？用凡勃伦的话来回答，就是"古语的优点是在于它具有荣誉性；由于它是繁重的、艰难的、过了时的，由于它具有浪费时间和避免使用并且不需要使用直截了当的现代语言的证明作用，因此是具有荣誉性的"。③

除了自己要能享受"明显有闲"，有闲阶级还可以用"代理有闲"（vicarious leisure）的方式来展示自己的支付能力。豢养大量的仆役就是代理有闲的例子。"因为仆役的主要用途原是在于证明主人的支付能力。"④ 在凡勃伦看来，富人对学术的资助，比如富人出资创办一所所大学，资助"冠名讲席教授""冠名图书馆""冠名实验室"等，也是学者们履行了"代理有闲"的职责，其荣誉归主人

---

① ［美］索尔斯坦·凡勃伦：《有闲阶级论》，第 38 页。
② 同上，第 283 页。
③ 同上，第 285—286 页。
④ 同上，第 49 页。

所有。

涉猎广泛的索尔斯坦·凡勃伦估计没有读过《红楼梦》，不然贾府的茄鲞会是《有闲阶级论》一书中一个有趣的佐证素材。除了明显有闲，还有一样办法让他人知道自己富甲一方，就是"明显消费"（conspicuous consumption），也叫做"炫耀性消费"。炫耀性消费是人们博得荣誉的一个手段。不少人甚至需要为此"打肿脸充胖子"，忍受极大的痛苦，来实现"明显消费"，"为了装点门面，虚饰外表，而过前吃后空的日子"。[1] 莫泊桑的小说《项链》中的女主角路瓦栽夫人为了体面地参加舞会，借来一条钻石项链，不慎遗失后让一家人生活陷入窘境。现实生活中有年轻人为购买新款苹果智能手机，甚至靠卖肾来筹集买资金。凡勃伦指出："一个人要使他日常生活中遇到的那些漠不关心的观察者，对他的金钱力量留下印象，唯一可行的办法是不断地显示他的支付能力。"[2]

马歇尔的价格曲线描述了这样的规律：价格上涨导致需求下降；价格下降使得需求增多。后来的学者根据凡勃伦的观察指出存在"凡勃伦商品"（Veblen Goods），[3] 这样的商品的特殊性在于，价格上涨反而会让消费者对此商品的需求上升；相反，价格下降会导致消费者需求下降。因为"凡勃伦商品"的定价不仅取决于其内在的品质，它还有其他效用：需要向消费者索要高价，来展示消费者的支付能力，进而满足其"金钱竞赛"的需要。对"凡勃伦商品"而

---

① ［美］索尔斯坦·凡勃伦：《有闲阶级论》，第 66 页。

② 同上，第 66 页。

③ Harvey Leibenstein, "Bandwagon, Snob, and Veblen Effects in the Theory of Consumer Demand," *Quarterly Journal of Economics*, Vol. 64, No. 2, 1950, pp. 183 – 207.

言，价格越高，消费者对它的需求越多。

如此一来，明显浪费（conspicuous waste）成了日常生活的行为准则。它深入影响到人们的服饰选择、宗教生活、审美体验等方方面面。有闲阶级的消费模式成了"有闲阶级制度"，塑造着人们的偏好，指导着人们的行为与选择。"在生活中，在对物品的消费行为中，哪些是正派的、光荣的，指导这方面思想习惯的形成的是明显浪费原则。"[①] 比如在信仰上，"近代的一些最负盛名的教堂建筑，总是力求壮观，费用多少在所不计。"[②] 对其服饰而言，"教士们的法衣总是代价很高、非常华丽的，而穿着却并不舒服……这些人的服装总是但求庄严而不顾到舒适与便利，而一般都觉得是应当这样的"。[③]在日常生活中，即使高仿的服饰与正品具有同样的美感，但由于仿制品不够昂贵，不具备明显浪费的标准，因此就不符合"审美"标准。凡勃伦指出："仿制品也许与真品惟妙惟肖，非经最精密的检验不易察觉；然而一经察觉，它的审美价值和商业价值都将一落千丈。"[④] 因此，在审美体验上，明显浪费成了行为准则。随着技术的发展，一般人已经难以鉴别人造钻石和天然钻石，但是天然钻石仍旧受到人们追捧。"为了不被人看成是一个粗汉，他还得在爱好的培养上下些功夫，因为对消费品哪些是名贵的，哪些是凡陋的，应当能够相当正确地加以鉴别。"[⑤] 不少富人都会培养自己的爱好，这样的爱好一定要耗资不菲，才是高雅的爱好。洛杉矶保罗·盖蒂博物

① ［美］索尔斯坦·凡勃伦：《有闲阶级论》，第 86 页。
② 同上，第 88 页。
③ 同上，第 89 页。
④ 同上，第 123 页。
⑤ 同上，第 57 页。

馆（J. Paul Getty Museum）的创办人是美国石油大亨，该博物馆中收藏了近500年间世界各地著名艺术家的画作、雕塑、相片和其他艺术品。按凡勃伦的话来讲：对艺术品而言，"凡是代价不高的美术品，不能算作美的。"① 不少人会认为手工汤匙具有美感，而不喜欢机械制造的汤匙。这是因为手工汤匙尽管不那么实用，但是却是一种浪费，所以大家会觉得它更美。也有不少人希望拥有手工跑车而不是流水线制造出来的跑车。"此外还有一些花草，以真正的美感来说并不见得高于上述各种，但培植的时候花的代价很大，这就获得了某些爱花成癖的人的激赏，这些人的爱好是在高雅环境的严格指导下成熟起来的。"②

因此，贾府需要"茄鲞"这道菜。是"茄鲞"这道菜而不是"茄子豆角"具有"明显消费"的特征，乃至具有"明显浪费"的特征。古代中国的王恺和石崇"斗富"的故事人尽皆知。王恺用麦芽糖涮锅，石崇用蜡烛当柴烧；王恺将绸缎作为四十里长路面的帷幕，石崇则把五十里道路围成锦绣长廊。二人都用"炫耀性消费""明显浪费"来沽名钓誉，赢得地位竞争。"要博取好名声，就不能免于浪费。"③ 这样的"明显消费"才能给主人带来足够的荣誉。凡勃伦看到，消费模式和行为模式绝不能只从它的外显功能来解释，而必须看到它具有加强地位的潜在功能。④ 时至今日，有闲阶级的传统仍然被大量保留下来。现代社会的"炫耀性消费"不断见诸报端。土耳

---

① ［美］索尔斯坦·凡勃伦：《有闲阶级论》，第97页。
② 同上，第97页。
③ 同上，第73页。
④ ［美］刘易斯·科塞著，石人译：《社会思想名家》，世纪出版集团2007年版，第236页。

其珠宝商阿赫迈特·阿塔坎（Ahmet Atakan）制造出一款纯金打造的低胸背心短裙——用7.8万块金片缝制而成，重约3公斤。近年来，纯金打造的物品吸引着各大媒体关注，有人用纯金打造跑车，有人用黄金打造圣诞树。更为夸张的是，澳大利亚还有一家公司推出过22K黄金打造的厕纸。

那么，为何这样看似"不理性"的"有闲阶级制度""炫耀性消费"能保留下来？这是凡勃伦视角的独到之处，即他从人的本能与人类演化来寻找制度的起源。人与人之间、群体与群体之间、国家与国家之间都存在类似的"炫耀性消费"，因为大家都存在"地位竞赛"。在历史上，由于资源极度稀缺，提升自身生存、繁殖、发展机会的努力往往和"相对地位"相关。在动物世界，瞪羚是否能在猎豹追捕中存活下来，很大程度上不是取决于其奔跑的绝对速度，而是和其他瞪羚比较时的相对速度；两只雄海象能否成功争夺一只雌海象，很大程度不是取决于其体型的绝对大小，而是相对大小。在人类演化的历史上，人们通过消费获得的满足感不仅取决于绝对消费量；更具说服力的证据表明："相对消费量"才是最重要的。在稀缺持续困扰人类的历史进程中，人类常常处于"水漫到脖子"的困难境地，一点资源的减少就会影响其生存和繁衍。繁衍成功与否，个体的基因是否能成功传递下去，主要依赖于资源的相对占有量。[①]在当代人类世界，职业网球选手的收入并不取决于他们技能的绝对水平，而是依赖于他们在职业巡回赛中相对他人的成绩。成绩的一点差异会导致天壤之别的回报差异。第一名和第二名所获得的报酬

[①] ［美］罗伯特·弗兰克：《达尔文经济学》，第57页。

可能差异悬殊。报酬对排名的这种依赖彻底推翻了个体利益和集体利益间可能和谐并存的假设。① 如果说在当代，日益富裕的世界已让众多个体日益摆脱生存压力。但在人类演化史上，回报的悬殊会显著影响着人的生存和繁衍。日益富裕的世界让人都知道甜食对身体健康是有害的，但是历史上的稀缺让今天富裕的人也难以抵抗甜食的诱惑。因为稀缺时代的印记遗留在人类的基因中，即便在当今的丰裕社会也难以改变人的倾向，也难以改变"有闲阶级制度"。个人、群体总在不自觉地展开"地位竞争"。

在《有闲阶级论》一书中，凡勃伦试图指出：在有闲阶级这一制度的影响下，对广大民众而言，其痛苦主要是精神上的，因为他们不得不考虑：如何能自始至终地赶上别人的消费？对大部分人而言，这样的痛苦是无法弥补的。因此，在有闲阶级制度的影响下，人并非是获得更多，消费更多，就会越开心。因为人与人之间存在金钱竞赛。这样的攀比永无止境，痛苦也永无止境。人并不是在孤立的状态下追求快乐最大化。社会是一个复合体，在这里，个人影响着别人的见解和生活，也受别人见解和行为的影响。消费者对商品的消费，更多地取决于他人的消费方式、习惯、炫耀等等，而不是独立的、理性的计算。一旦他人的消费、文化影响了人们的消费决策，那么消费者就并非是自主的，并非知道自己想要什么。这样的人不是"经济人"，而是"社会人"。有研究展示了"有闲阶级"的"理性选择"起源。在工业革命后，英国各阶层的文化与偏好具有显著差异，他们对子女的教育也呈现很大不同。研究者认为这是

① ［美］罗伯特·弗兰克：《达尔文经济学》，第 42 页。

不同阶级的个体在为子女进行理性地投资，着眼于子女和家庭未来的物质利益。由于中产阶级的职业需要辛勤劳作、职业技能和经验积累，这些家庭在教育子女时更重视培养子女的毅力耐心和职业道德；而依靠租金收入的上层家庭则重视培养子女的高雅兴趣与休闲品味。[1] 凡勃伦则展示：几乎没有人能幸免于制度左右，因为人们会有样学样。现实生活中，大量的中产阶级乃至底层民众在模仿有闲阶级的品味和爱好，他们修建更大的住宅，置办豪华的宴会，收藏名贵的古玩，学习高雅的艺术。凡勃伦对马克思的回应是：工人阶级并非想要取代资本家，而是想模仿他们。因此，凡勃伦有闲阶级理论的核心其实是一个社会稳定理论。[2]

个人的幸福和不幸往往是在比较中，在相对位置的追逐中形成的。研究者发现：个人的幸福感与周围人群的收入水平之间存在明显负相关。[3] 当某人要求增加收入时，他不仅可能提高自己实现目标的能力，还同时削弱了他人实现相同目标的能力。给某人带来额外收入的同时，会给他人带来负的外部效应。[4] 凡勃伦看到，尽管现代生活中穷人比起他们先辈的物质生活要好很多，但他们却觉得更加痛苦。[5] 因为现代人的参照物、对标物也在相应发生变化。一对在家做全职家庭主妇的已婚姐妹，如果妹妹的丈夫收入高于自己丈夫收

---

[1] Matthias Doepke and Fabrizio Zilibotti, "Occupational Choice and the Spirit of Capitalism," *Quarterly Journal of Economics*, Vol. 123, No. 2, 2008, pp. 747 – 793.

[2] ［美］罗伯特·海尔布隆纳：《经济学统治世界》，第 196 页。

[3] Andrew Clark, Paul Frijters and Michael Shields, "Relative Income, Happiness, and Utility: An Explanation for the Easterlin Paradox and Other Puzzles," *Journal of Economic Literature*, Vol. 46, No. 1, 2008, pp. 95 – 144.

[4] ［美］罗伯特·弗兰克：《达尔文经济学》，第 78 页

[5] ［美］刘易斯·科塞：《社会思想名家》，第 234 页。

入，姐姐外出求职的可能性会比妹妹高出 16%—25%。[1] 凡勃伦向我们揭示，从绝对量来看，个人可能赢得物质竞争，但却输掉地位竞争。个人在乎的不仅是自己的绝对收入，邻居与朋友的收入对自己而言也很重要，其他人的消费标准是自己消费标准的参照依据，周围每个人的收入都是相关的。有研究展示了"二战"时期德国飞行员之间的"地位竞争"。在德国轰炸英国时，德国空军会在公报中对一些表现卓越的王牌飞行员予以表扬。这样的公报表扬是非物质奖励，属于精神荣誉。但研究者发现，德军公报表扬王牌飞行员的行为激发了飞行员之间的"地位竞争"。当一位飞行员被公报表扬后，他的战友将更卖力地投入战斗。对普通飞行员而言，由于技能不够娴熟，参与竞争就会使其采取更冒险的行为，也让其死亡率显著提升。[2] 身份竞争、地位竞赛可能与奢侈品的过度支出、更高的冒险行为、员工的过度劳作相关。在"有闲阶级制度"驱使下，个体并不总是理性的。不仅个体追求"炫耀性消费"，追求"凡勃伦商品"，群体乃至国家也是如此。有研究者展示了国家在技术竞赛中的"炫耀性消费"。例如，美国的阿波罗登月计划，明代永历皇帝斥巨资造"宝船"，都是有大量资源投入到难以产生任何军事或经济效益的昂贵项目。[3] 由于国家之间也存在地位竞争，我们或许就能理解为

---

① ［美］罗伯特·弗兰克：《达尔文经济学》，第 172 页。

② Philipp Ager, Leonardo Bursztyn and Hans-Joachim Voth, "Killer Incentives: Status Competition and Pilot Performance during World War II," National Bureau of Economic Research, No. w22992, 2016.

③ Paul Musgrave and Daniel Nexon, "Defending Hierarchy from the Moon to the Indian Ocean: Symbolic Capital and Political Dominance in Early Modern China and the Cold War," *International Organization*, Vol. 72, No. 3, 2018, pp. 591 - 626.

何不少国家总在盘算"相对收益"。"凡勃伦商品""凡勃伦效应""炫耀性消费"等持续影响着个体、群体与国家，乃至形成了"文化"与非正式制度。在凡勃伦的分析中，制度是非正式制度，包括传统、习俗等，因而变迁也最为缓慢，变化周期是成百上千年。

七　为何日本经济经历了"失去的三十年"？

在二战结束后，日本经历了快速的技术升级，同时日本经济也取得了骄人的业绩。在 1975 年，全球最大的高炉来自苏联，有效容积为 5000 多立方米。但是在全球排名前 20 位的高炉中，日本就占了 13 座。[①] 在 20 世纪 70 年代，日本的机床产业迅速成长，到 1986 年，日本超过美国成为世界上最大的机床生产国。[②] 不仅在传统制造领域如此，在新兴技术产业领域，日本也表现不俗。除人们熟知的汽车产业，美国的半导体技术也经历了日本技术发展的冲击。在 1984 年，美国公司英特尔（Intel）生产的动态随机存储器在世界市场的占有率甚至下跌到了 1.3%。[③] 在 1985 年，英特尔公司从动态随机存储器业务中退出，集中精力发展微处理器。英特尔的创始人之一罗伯特·诺伊斯（Robert Noyce）说：事实上我们并不想退出，

---

① ［日］都留重人著，马成三译：《日本经济奇迹的终结》，商务印书馆 1992 年版，第 42 页。

② Robert Uriu, *Clinton and Japan: The Impact of Revisionism on U. S. Trade Policy*, New York: Oxford University Press, 2009, p.49.

③ ［日］汤之上隆著，林曌等译：《失去的制造业》，机械工业出版社 2019 年版，第 153 页。

不管怎么说，英特尔是靠生产存储器起家的。① 1985 年春天，面临日本的竞争，美国半导体公司裁员数千人，缩短了工作时间，封存了产能，并撤销了新的投资计划。② 英特尔的总裁安德鲁·格罗夫（Andrew Grove）发出警告：硅谷即将成为日本的技术殖民地（techno-colony）。③

但是步入 20 世纪 90 年代以后，日本技术发展与经济成长陷入困境。人们常把日本称为信息社会，日本企业以善于采集各类信息闻名。但具有讽刺意味的是，在 20 世纪 90 年代后，在美国引领的信息革命中，日本企业严重落伍。在互联网技术领域，日本几乎没有任何一家企业能跟上美国技术进步的步伐；也没有任何一家企业能和谷歌这样的美国公司竞争。④ 在 1997 年，全球互联网共注册了 16146 个服务器网址，其中美国注册了 10113 个，而日本仅有 734 个，仅占美国的 7.3%。⑤

从 2012 年开始，"电器工业全面崩溃""日本半导体产业崩塌"等类似标题就屡屡见诸日本各大报刊。⑥ 日本的日立、东芝、夏普、三菱等一系列曾享有世界声誉的企业纷纷出现严重困境。2017 年，日本夏普被中国台湾的鸿海精密工业收购。日本电器巨头被外资全股权收购，在历史上尚属首次。在危机下，日立和日本电气股份有限

---

① ［日］西村吉雄：《日本电子产业兴衰录》，第 82 页。
② John Kunkel, *America's Trade Policy Towards Japan: Demanding Results*, p. 88.
③ Marie Anchordoguy, *Reprogramming Japan: The High Tech Crisis under Communitarian Capitalism*, Ithaca and London: Cornell University Press, 2005, p. 187.
④ ［日］大西康之：《东芝解体：电器企业的消亡之日》，第 240 页。
⑤ ［美］高柏：《日本经济的悖论——繁荣与停滞的制度性根源》，第 235 页。
⑥ ［日］西村吉雄：《日本电子产业兴衰录》，前言。

公司（NEC）合并了动态随机存储器业务，成立尔必达。该公司也因经营不善于 2012 年破产，被美国美光科技（Micron Technology）收购。在 2016 年，NEC 彻底从个人计算机业务退出，将相关业务卖给中国联想。[1] 日裔美国学者青木昌彦说日本经历了前途尚不明确的"变迁的三十年"。[2] 为何步入 20 世纪 90 年代以后，日本会经历"失去的三十年"？有研究者会从国际政治层面，尤其是美国对日本的经济打压等方面找原因。同时，如果从制度主义视角来看，日本经济陷入困境也可以从日本自身的制度安排，尤其是非正式制度安排找原因。有研究者就展示日本的非正式制度，如"社群主义的资本主义"（communitarian capitalism）在新一轮高技术竞争中，给日本的产业升级带来巨大的、负面的影响。该作者认为此类资本主义是一种经济体系，其特征是一个积极的国家和一些私营部门组织管理市场。这样的制度安排曾让日本社会比较稳定、经济与技术发展更具可预测性，同时也为日本带来了繁荣与秩序。但是在新一轮科技浪潮的影响下，世界政治经济环境改变了，日本却不愿意改变，不愿意放弃以往的"非正式制度"，不愿意破坏稳定的社会秩序。如此一来，国家、企业和公民默认地选择了另一条道路：经济衰退。[3]

凡勃伦讲到制度的时候，更多属于威廉姆森提到的第一个层次的制度，指的是"非正式制度"。按凡勃伦的理解，制度就是流行的精神态度或流行的生活理论。"制度实质上就是个人或社会对有关的

---

① ［日］大西康之：《东芝解体：电器企业的消亡之日》，第 103、95 页。
② ［日］青木昌彦：《制度经济学入门》，第 40 页。
③ Marie Anchordoguy, *Reprogramming Japan: The High Tech Crisis under Communitarian Capitalism*, pp. 5 - 6.

某些关系或某些作用的一般思想习惯；而生活方式所由构成的是，在某一时期或社会发展的某一阶段通行的制度的综合，因此从心理学的方面来说，可以概括地把它说成是一种流行的精神态度或一种流行的生活理论。"① 凡勃伦更多地从社会心理学、人类学层面关注制度，他主要关注制度的文化层面，也就是我们谈到的"非正式制度"。制度具有惯性，今天的制度来自昨天，而明天的制度也基于今天。

在凡勃伦那里，制度是由思想和习惯形成的，而思想和习惯又来自人类本能，所以制度归根结底是受人本能支配。个人行动和社会习俗均受人本能支配和指导。这些行动逐渐形成思想和习惯，进而形成制度。制度产生之后，就对人类活动有了约束力。因为"有闲阶级制度"来自人的本能，流行的精神态度或流行的生活理论反映了一个群体长期适应社会发展而形成的稳定特征，因此比法律条文更难改变。凡勃伦指出："人们放弃有关明显消费的任何支出为什么会感到极度为难。作为这类习惯的依据的一些特性或性格特征是含有竞赛因素的；而这类竞赛性的，也就是含有歧视性对比作用的倾向，是自古以来就存在的，是人类性格的普遍特征。"② 因此如果说"有闲阶级"制度是非正式制度的话，非正式的制度很多是自然产生的，不是经过计算的，也不是有意为之的。③ 但是人具有不同的本能，比如"作业本能"与"掠夺本能"就是对立的。为何以"掠夺本能"为代表的"有闲阶级制度"能成为当下流行的制度呢？

---

① ［美］索尔斯坦·凡勃伦：《有闲阶级论》，第139页。
② 同上，第81页。
③ ［美］奥利弗·威廉姆森：《契约、治理与交易成本经济学》，第179—180页。

有闲阶级制度不仅限于富人，穷人也侵染了有闲阶级的作风。对于富裕者而言，他们不是为消费而消费，消费是他们追逐社会地位的手段。他们之所以消费，是因为花钱越多，越能说明他们富贵荣华。不仅富人如此，穷人也如此。即便是较穷的人，即便是在生存线边缘挣扎的人群，他们的消费方式也包括了一些浪费的、炫耀性的因素。他们对生活和消费的看法是占支配地位的有闲阶级强加给他们的。"由此可见，有闲阶级制度，通过强制实行一种金钱礼俗方案，尽量向下层阶级汲取生活资料这类手段，发生了使金钱的性格特征得以在广大人民中保存的作用。结果是，下层阶级同化于原来只是为上层阶级所独有的那些性格类型"。[1] 下层阶级被有闲阶级同化了。非正式制度最终影响、塑造整个群体的世界观、价值观和行为模式。这就是诺斯看到的：正式规则、非正式规则以及规则的实施是三位一体的，仅仅关注正式规则会使我们对其与经济绩效之间的关系认识不充分，而且常常产生错误的理念。[2] 青木昌彦也指出：被遵守的现行法律可以被视为制度，但是已经失去可实施性的法律则不是制度。反之，即便不是实体法，只是大家认为理所当然的习惯，如日本没有法定化的终身雇佣制等，可以被视为制度。[3]

凡勃伦在讲"炫耀性消费"时，是和"有闲阶级制度"相联系的。而这一制度则是和文化、意识形态、流行价值观等一样，是塑造个体与群体政治经济行为的"非正式的制度"。凡勃伦看到：在人类为生存而向大自然斗争时，风俗习惯、行动方式和思维方式，随

① ［美］索尔斯坦·凡勃伦：《有闲阶级论》，第 175 页。
② ［美］道格拉斯·诺斯：《制度、制度变迁与经济绩效》，第 74 页。
③ ［日］青木昌彦：《制度经济学入门》，第 42 页。

之在他们所处的共同体中形成。这样的风俗习惯，随着时间推移逐渐凝固成制度模型，而共同体则迫使他们的成员与之相适应。在本质上制度就是惯例，在习惯和普遍被接受的情况下，它成为不言自明和不可缺少的。① 这些"历史遗留"之所以重要，是因为它们能缓解我们的"选择困难症"。选择之事看起来都既寻常、重复又再清楚不过，从而我们在一天中所做的90%的决策大都无需太多思考，实际上正是一系列非正式制度的存在，才使我们可以这样不假思索地做出这样那样的选择。②

人们在生活中并不会在他们要做的每一项决策上停下来自我反思：如何才能实现自我利益最大化。在大多数情况下，他们会随社会规则做出决策。即使这样的规则并不符合自我利益最大化，人们也会这样做。③ 在《荷马史诗》中，阿喀琉斯为了荣誉宁可放弃长寿，用牺牲换取荣誉，换取长远声望和永恒认可。④ 集体信仰能让一代人做出牺牲，付出艰苦努力，承受物资短缺，节衣缩食而为下一代人的发展铺路。⑤

在即将与艾伦·伯尔（Allen Burr）决斗前夜，亚历山大·汉密尔顿坐下来，写下了他不该接受决斗的各种理由，其中最重要的一点就是他可能丧命。但是就算他拥有不去决斗的充分理由，具备不

① ［美］刘易斯·科塞：《社会思想名家》，第230页。
② ［美］道格拉斯·诺斯：《制度、制度变迁与经济绩效》，第30页。
③ ［美］凯瑟琳·西伦、斯温·斯坦默：《比较政治学中的历史制度主义》，载何俊志、任军锋、朱德米编译：《新制度主义政治学译文精选》，天津人民出版社2007年版，第151页。
④ ［美］理查德·勒博著，陈锴译：《国际关系的文化理论》，上海社会科学院出版社2012年版，第108—122页。
⑤ Rawi Abdelal, "Constructivism as An Approach to International Political Economy," in Mark Blyth, ed., *Routledge Handbook of International Political Economy*, p. 72.

去决斗的理性基础，他还是觉得如果临阵退缩会使自己在公共领域的威信受到重大影响。尽管当时正式法律已禁止决斗，但决斗仍是绅士们解决争端的公认方式。在这里社会规范左右着汉密尔顿的选择，而不是正式规则。① 在汉密尔顿对要不要去决斗犹豫踌躇时，"荣誉文化"等非正式制度绑住了他的手脚，左右着他的决策。

在制度演化进程中，自古传承下来的传统习惯和惯例起着巨大的作用。这些惯例在人与人之间形成了共有信念。如果将这种共有信念算作文化的话，文化也可算作一种制度。② 语言无疑是文化的重要载体。有研究者聚焦语言和语法对文化和行为的影响。该研究发现：在有的语法中，现在和将来是分开的（例如在英文里，将要是will 或者 be going to），而在有的语言（例如中文）中则没有区分。身处后者文化圈的民众行事会更面向未来（future-oriented），有更多储蓄，更关注自身健康（更少吸烟和肥胖）。③

不同国家和地区有迥异的意识形态、世界观和价值观。在诺斯看来，这也是"非正式制度"。诺斯指出：行为人的主观感知影响着人类对制度环境的理解，甚至影响着人们对制度环境是否公正的感觉。④ 正式制度以及法律制裁本身不足以促使人们遵守规定。法律制裁的效果基于民众对公平的信念以及他们认为他人会如何行事。有研究者对比了20 世纪90 年代的阿根廷和智利发现：在阿根廷，有

---

① ［美］道格拉斯·诺斯：《制度、制度变迁与经济绩效》，第56 页。
② ［日］青木昌彦：《制度经济学入门》，第67 页。
③ M. Keith Chen, "The Effect of Language on Economic Behavior: Evidence from Savings Rates, Health Behaviors, and Retirement Assets," *American Economic Review*, Vol. 103, No. 2, 2013, pp. 690 – 731.
④ ［美］道格拉斯·诺斯：《制度、制度变迁与经济绩效》，第35 页。

83%的民众认为大家都在逃税；而在智利，仅有22%的民众持这样的看法。在阿根廷大部分民众眼中，诚实纳税无疑是傻瓜，而逃税避税才是合理选择。尽管阿根廷和智利都有严格的税收监管法律，但阿根廷民众的普遍看法影响了这个国家的税收。[①] 人的观念在制度中所发挥的作用要比其在技术变迁中所发挥的作用更为重要。意识形态信念影响着决策选择的主观构造模型。[②] 在各个国家和地区，"非正式制度"对政治经济运行有着深远影响。流行的观念让民众对什么是正确的、公正的、合理的政策有着迥异的判断，这些判断进而能塑造经济政策。在有的国家，大多数人认为个人努力决定了自己的收入高低；而在另一些国家，大多数人认为运气决定了收入高低。在那些认为运气决定收入高低的国家，国家实施再分配力度也更大。[③]

尽管正式制度与约束可能在一朝一夕就能改变，但嵌入在习俗、传统和行为准则中的非正式制度与约束却是刻意的政策难以改变的。[④] 当然，这也是一枚银币的两方。从一方面讲，"非正式制度"降低了我们经济运行的交易费用；另一个方面，它则可能成为"粘性"（sticky）的、保守的、固执的阻碍变迁的力量。在经济运行比较平稳时，这样的"非正式制度"能起到降低交易费用的作用；但是当环境改变，经济面临结构调整，需要进行重大变迁时，"非正式制

[①] Marcelo Bergman, *Tax Evasion and the Rule of Law in Latin America: The Political Culture of Cheating and Compliance in Argentina and Chile*, University Park: Penn State University Press, 2009, pp. 31 - 32.
[②] ［美］道格拉斯·诺斯：《制度、制度变迁与经济绩效》，第142页。
[③] Alberto Alesina and George-Marios Angeletos, "Fairness and Redistribution," *American Economic Review*, Vol. 95, No. 4, 2003, pp. 960 - 980.
[④] ［美］道格拉斯·诺斯：《制度、制度变迁与经济绩效》，第7页。

度"就可能起到阻碍变迁的作用。"非正式制度"的两重作用源于"文化""价值观""流行理念"等"非正式制度"自身的两重性。

首先，"文化"等历史遗留的非正式制度有时能为良好的经济、政治与社会绩效起到积极作用。例如阿夫纳·格雷夫（Avner Grief）展示：中世纪晚期商业扩张的制度基础并不依赖于中央集权国家，也并非来自公正执法，而是依靠私人秩序和自我实施的制度。[①] 这就是非正式制度起到的作用，其中两个群体具有显著代表性，一个群体就是马格里布商人。他们是一个盛行集体主义文化的商人群体，对欺骗者联合制裁，维系共同体之间的诚信合作。在中世纪的欧洲，没有民主、没有宪政、没有权力制衡、没有主权国家、没有产权保护，也没有独立司法，但却形成了有效的制度安排，促进贸易扩张。[②] 在马格里布商人群体，非正式制度安排让群体共同排斥欺骗者，让欺骗行为无利可图，如此一来就降低了交易费用，促进了贸易扩展。考虑到利己行为可能让自己在今后的经济交易中被大家排挤，最终无人理睬，在参与经济博弈时，个体的利己行为会受到抑制。[③] 马格里布商人集体主义的文化和规范就抑制了个人欺骗等短视行为，促进了贸易扩张。

二战后的日本，正是在"终生雇佣"这样不成文的制度下，劳动者估计雇主不会随意解雇自己，而雇主则期待劳动者一旦加入企业就会勤勉工作。基于大家对此的共识，终身雇佣制得以被谨慎地

[①] ［美］阿夫纳·格雷夫著，郑江淮译：《大裂变：中世纪贸易制度比较和西方的兴起》，中信出版社 2008 年版，第 286—287 页。
[②] 同上，第 297 页。
[③] ［日］青木昌彦：《制度经济学入门》，第 36 页。

采用。① 同时正是这样的制度安排，让日本的劳工对技术变迁持比较欢迎的态度。在"终生雇佣"制度下，他们并不担心技术升级会威胁他们的工作。当一位瑞士工程师来到日本川崎制铁公司时，他惊讶地发现：公司向工人展示设备操作的每一个细节，并向工人征求意见和建议。这位外国工程师起初反对这样做，因为他认为工人可能会破坏机器。不过，他们逐渐发现：日本管理层对待工人的态度和西方经理人员有根本的不同。② 在不同的非正式制度下，美日两国公司的行为模式也呈现鲜明对照。美国汽车厂家基本上是通过公开招投标来确定各个零部件的供货商，这是为了保证购买的零部件价格最为低廉。通用汽车的供货商多达两千多家，基本上是以合约方式，以一年为限进行采购供货。而日本汽车厂家的供货商不到 300 家，供货的合约更长，最短为四年。③ 这就是日本"集体主义""儒家资本主义""社群主义的资本主义""终身雇佣"等非正式制度的特点。在这样的非正式制度影响下，雇主更信任雇员，采购方也更相信供货方。雇主相信雇员不会破坏机器；雇员也相信雇主不会解雇自己；采购方和供货商都相信双方的交易是稳定的、可靠的，因此双方既不会"漫天要价"，也不会"就地还钱"。在参与者相信制度是合理的时候，规章和所有权的成本会大幅度降低，因为甚至当私人成本—收益计算认为违反规则是更合算的时候，个人也不会去违反规章制度。④

---

① ［日］青木昌彦：《制度经济学入门》，第 29 页。
② ［日］小田切宏之、后藤晃：《日本的技术与产业发展：以学习、创新和公共政策提升能力》，第 169 页。
③ ［日］池田信夫：《失去的二十年：日本经济长期停滞的真正原因》，第 89 页。
④ ［美］道格拉斯·诺斯：《经济史上的结构和变革》，第 54 页。

其次，"文化"等历史遗留的非正式制度有时则会成为阻碍变迁的力量。社会规范约束着人的行为与选择，经济学是让人往前看，认为个人行为受利益驱使；而社会选择要求人们往后看，强调过去产生的社会规范约束人的行为，乃至塑造人的利益。[1] 对于"失业"，不同群体持不同的社会规范，他们会对失业有完全不同的解读。持自由主义观念的群体认为失业是经济运行与经济周期带来的必然现象，而日本等国家的民众受"社群主义的资本主义"影响，则难以接受失业是自然的。文化、社会规范等构成了非正式制度，它们是保守的、拒变的因素。格雷夫展示：马格里布商人通过雇佣其他马格里布人充当自己的代理人来扩张他们的贸易。经历了多个世代演进后，这些移民的后代逐渐同其他马格里布人的后代结合起来。他们没有建立与犹太商人的代理关系，哪怕这种关系是有利可图的。[2] 马格里布人的集体主义反映了穆斯林社会一个更为广泛的文化特征，即基于血缘关系的大型社会单元至今仍发挥重要作用。[3] 如此一来，马格里布商人拓展的贸易联系的规模和范围就受到显著限制。在很多发展中国家，也存在类似的集体主义文化。贫困亲友希望得到富有亲戚的接济，并认为他们理所应当得到接济。有研究者通过实验发现：在肯尼亚，就存在对贫困亲戚分享收入的社会规范。那些知道自己的投资结果会被公开的女性，会扭曲自身选择，以隐藏投资收入。为了隐藏自己的收入，受试者乃至愿意牺牲一部分收入，以避免亲朋好友知道自己得到了好处。这样的分享规范越强，当地的

---

[1] 周雪光：《组织社会学十讲》，第 59 页。
[2] ［美］阿夫纳·格雷夫：《大裂变：中世纪贸易制度比较和西方的兴起》，第 211 页。
[3] 同上，第 292 页。

经济发展往往越差。[1]

在格雷夫看来：集体主义文化信仰构成了马格里布制度的一部分；而个人主义文化信仰则构成了另外一个群体——热那亚人制度的一部分。不同的文化降低了各自群体交往沟通的交易费用。同时，格雷夫也注意到：集体主义制度在支持经济内部的代理关系方面更有效，他们对法庭等成本高昂的正式组织的需求比较小。马格里布的社会组织与当代发展中国家的社会组织比较相似。而热那亚的社会组织则与西方发达国家相似，他们更依赖法典、法庭等正式制度。在当时，集体主义的马格里布商人和个体主义的热那亚商人都取得了良好的业绩。但是格雷夫说：从长远来看，个人主义制度可能更为有效。分工是长期持续经济增长的必要条件，而支持匿名交换、非人格化交易的正式法律机构促进了更广泛的经济交换与合作。与持集体主义文化的马格里布商人相对狭小的经济活动范围相比，持个人主义文化的热那亚商人的经济活动半径越来越大。个人主义文化信仰促进了法庭等正式制度的发展，从而使市场日益扩大，也让社会能够获得效率增进带来的收益。[2] 社会在变迁，当经济和社会发展需要更多个人创造、正式规则的时候，马格里布商人中流行的"非正式制度"却具有粘性，难以通权达变。集体主义社会的贸易扩张受限于群体的社会边界，不同文化信念决定着贸易扩张的方向。

---

[1] Pamela Jakiela and Owen Ozier, "Does Africa Need a Rotten Kin Theorem? Experimental Evidence from Village Economies," *Review of Economic Studies*, Vol. 83, No. 1, 2016, pp. 231 – 268.

[2] Avner Greif, "Cultural Beliefs and the Organization of Society: A Historical and Theoretical Reflection on Collectivist and Individualist Societies," *Journal of Political Economy*, Vol. 102, No. 5, 1994, pp. 912 – 950.

个人主义社会下的商人能够渗透到集体主义社会中，而集体主义社会中的商人却难以渗透到个人主义社会。①

不少研究者展示不同的流行理念和创造性呈现出比较稳定的相关。近年来，中国诸多城市已跻身全球知名的科创中心和人才高地。在 2024 年发布的报告中，北京、上海已成为世界前十的科创中心。同时，北美城市在全球科创中心排名中占据了更为显著的优势，例如旧金山湾区、波士顿、奥斯汀、西雅图排名前十；纽约以及北卡的罗利（Raleigh）排名在全球前十五的位置。② 在各式排名中，北美的科创中心表现力不俗。同样，有研究者对中国不同地区的研究发现，如果以人均专利作为创新指标，那么中国南方和北方相比，南方的人均专利数低于北方。作者对此的解释是中国北方地区种植小麦，而中国南方地区种植水稻。种植水稻需要密切的团队合作，需要协同灌溉；而种植小麦对于团队合作的依赖较弱。在北方，种植小麦的地区的文化特征更具个体主义，更具独立性；而种植水稻的地区的文化特征则更加集体主义。更加个体主义的北方似乎展示出更强的创造力。③ 在传统小麦产区，即中国北方的星巴克咖啡馆中，人们更多独自入座；而在传统的水稻产区，即中国南方的星巴克，顾客更多结队入座。不仅如此，研究者把中国南方和北方星巴克的椅子摆放在一起时，北方顾客常常将椅子移开，让环境适应自己；而南方顾客则更少移动座位，让自己迁

---

① ［美］阿夫纳·格雷夫：《大裂变：中世纪贸易制度比较和西方的兴起》，第 215 页。
② https://www.us.jll.com/en/trends-and-insights/research/innovation-geographies.
③ Thomas Talhelm et al.，"Large-Scale Psychological Differences within China Explained by Rice versus Wheat Agriculture," *Science*，Vol. 344，No. 6184，2014，pp. 603 – 607.

就环境。① 不同国家和地区有着迥异的文化与规范，这些文化与规范形成非正式的制度，影响日常经济交换、技术变迁、产业升级等政治经济活动。

技术史上不少研究者用文化来解释技术变迁与产业兴衰。马丁·维纳（Martin Wiencr）指出：在19世纪末的英国，对工业持怀疑态度的"绅士文化"再度复兴，并由英国公学、大学等渠道传播扩散。"绅士文化"对制造业发展持抵制和批评态度，也导致英国在第二次技术革命中相对落伍。② 在制度主义者看来，北美科创中心的突出成绩也可以从这一视角进行解释。因为文化等是"非正式制度"，它会影响到经济绩效的方方面面。同时，非正式制度更具有"粘性"，更难随着环境的变迁而改变。步入20世纪90年代以后，曾对日本经济有着促进作用的"社群主义的资本主义"，这样的"非正式制度"在需要变革时，却成为经济调整的阻碍，使得日本步入"失去的三十年"。

因此，凡勃伦认为，历史遗留的制度并非一定能适应现代社会。就"有闲阶级制度"而言，由于其浪费性质，因此和现代工业文明格格不入，至少它阻碍了人类社会进步。"这个制度的作用足以降低社会的工业效能，足以阻碍人类性格对现代工业生活要求的适应。"③ 当社会需要变革的时候，"非正式制度"却由于其"粘性"，难以变

---

① Thomas Talhelm, Xuemin Zhang and Shigehiro Oishi, "Moving Chairs in Starbucks: Observational Studies Find Rice-Wheat Cultural Differences in Daily Life in China," *Science Advances*, Vol. 4, No. 4, 2018, pp. 1 - 9.

② ［英］马丁·维纳著，王章辉等译：《英国文化与英国工业精神的衰落》，北京大学出版社2013年版，第1—30页。

③ ［美］索尔斯坦·凡勃伦：《有闲阶级论》，第176页。

革，最终可能阻碍群体走向繁荣与发展。事实上，文化等非正式制度并非永恒不变，日本自身的文化就在缓慢改变。在 1915 年，访问日本的澳大利亚专家写过这么一段话：当我看到你们的人干活儿的时候，我对你们廉价劳动力的印象很快就幻灭了。毫无疑问付给他们的钱很少，但他们带来的收益同样也很少。看日本人干活儿使我感到他们怡然自足、悠然自得、没有时间观念。当我和一些经理谈及此事的时候，他们告诉我要改变这种民族习性是不可能的。① 随着日本步入工业化，日本文化也相应改变。但是就像威廉姆森区分不同制度的层次一样，和文化绑定在一起的"非正式制度"的变迁是以百年计的，它在缓慢演化，难以跟上世界政治经济变迁的步伐。文化等非正式制度的遗产常常可能限制人类实现变迁的能力。②

从文化中衍生出来的非正式约束，不会立即对正式规则的变化做出反应。仅仅改变法律和组织形式，而人的意识没有改变，这样的制度变革是行不通的，因为各式各样的习惯也包含在制度当中。③因此已经改变了的正式规则与持续存在的非正式约束之间的紧张关系会带来社会后果，影响经济变迁。④ 孟子有云："男女授受不亲，礼也；嫂溺援之以手者，权也。"当嫂嫂掉到河里，就快淹死了，能否突破礼法等非正式制度的约束，施以援手？在历史上的多次改革实验中，行为体要突破礼法，灵活应对是存在很大阻力的。在经济

---

① ［美］索 T·N·斯瑞尼法桑：《评论（二）》，载 ［英］吉拉德·米耶、［美］都德莱·西尔斯编，刘鹤等译：《经济发展理论的十位大师》，中国经济出版社 2013 年版，第 51页。
② ［美］道格拉斯·诺斯：《理解经济变迁过程》，第 141 页。
③ ［日］青木昌彦：《制度经济学入门》，第 64 页。
④ ［美］道格拉斯·诺斯：《制度、制度变迁与经济绩效》，第 63 页。

运行比较平稳的时候，"非正式制度"可以降低交易费用，能促进群体实现繁荣与秩序；而当政治经济面临急剧调整时，"非正式制度"由于其粘性，则可能对群体发展构成很大的阻碍。

八　为何美元能成为国际关键货币？

美元是当前的国际关键货币（key international currency），不少学者称之为"美元霸权"。2009 年初，时任中国人民银行行长周小川指出，导致国际金融动荡的原因是缺乏一种真正的国际货币。[1] 事实上，在第二次世界大战结束前夕的布雷顿森林会议上，英国代表团成员约翰·梅纳德·凯恩斯（John Maynard Keynes）就提出了创建国际货币的设想，并将其命名为班科（Bancor）。活跃的经济学者马丁·沃尔夫在《金融时报》呼吁，我们需要全球货币。[2] 但是凯恩斯和沃尔夫创建全球货币的倡议并没有实现。相反，是美元这一国家货币成了国际关键货币。在现实生活中，往往是国家货币充当了国际货币。国际货币是在发行国疆域外流通和使用的货币。不少国家货币都充当了国际货币，但是它们在国际货币体系中的地位却有很大的差异。

国际政治经济学家本杰明·科恩提出，国际货币存在一个金字

---

① Benn Steil, *The Battle of Bretton Woods: John Maynard Keynes，Harry Dexter White，and the Making of a New World Order*, Princeton: Princeton University Press, 2013, p. 1.

② Martin Wolf, "We Need a Global Currency," *Financial Times*, 2004 - 8 - 3(D1).

塔结构，由顶级货币（Top Currency）、显贵货币（Patrician Currency）、精英货币（Elite Currency）、平民货币（Plebian Currency）、被渗透的货币（Permeated Currency）、准货币（Qusai-Currency）以及虚假货币（Pseudo-Currency）七类构成。在这七类货币之间，如准货币与虚假货币之间的差异并不是那么泾渭分明。但是，从货币金字塔的顶部往下看，它们的差别就显现出来了。其中，顶级货币是在全球都受欢迎的国际货币，它的使用不是限定在一个特定区域。第一次世界大战前的英镑和第二次世界大战后的美元曾是国际货币金字塔上的顶级货币。而位于货币金字塔底端的是虚假货币，巴拿马尽管发行了货币巴波亚（balboa），但是巴拿马民众却并不使用这种货币，相反，他们使用美元。而美元则是当前的国际关键货币。2008 年，全球债务有 45% 是以美元定价，只有 32% 是以欧元定价。2008 年，有 66 个国家将美元作为货币锚，而只有 27 个国家将欧元作为货币锚。2007 年，全球 86% 的交易使用美元。[1] 尽管美国经济总量占全球经济总量的 20%，但世界各国的外汇储备中，有近 60% 的外汇储备是美元。当索马里海盗索要赎金时，他们要求所有赎金都要以美元支付。美元在国际货币金字塔中独特的地位让它获得了很大的利益。

首先，美元作为国际关键货币，它获得了额外的收益——铸币税（seigniorage）。跟国内政府垄断国内货币发行而获得铸币税一样，美元在全球的流通让美国政府在全世界获得了铸币税。美国铸币局生产一张 100 美元纸币的成本只不过十美分左右，但其他国家

---

① Daniel Drezner，"Will Currency Follow the Flag?" *International Relations of the Asia-Pacific*，Vol. 10，No. 3，2010，p. 392.

为获得一张百元美钞，必须提供价值相当于 100 美元的、实实在在的商品或者服务。有报道形象地刻画了美元利用其优势地位获得铸币税："美国享受其他国家没有的优势：它印制绿色的纸张，上面印着华盛顿、富兰克林、杰斐逊等人头像。而这些绿色的纸张就叫做'美元'。美国人把这些绿纸印发给世界各国民众，他们再把汽车、面条、音响等各种商品卖给美国人，为美国人提供租车、住宿等各式各样服务。只要这些人仍旧持有这些绿纸——无论是放到他们床垫下，还是存在他们银行里，抑或在他们之间流通，美国人就能用这些绿纸换回实实在在的商品。"[1] 同时当外国人持有美元时，相当于他们给美国提供免息或者低息贷款。据保守估计，1995 年，境外流通的美元达到 2500 亿美元，仅利息就达到 110 亿到 150 亿美元，相当于美国年消费总量的一个百分点。[2] 此后，这一数额不断上升，根据国际货币政治经济学家巴里·艾肯格林（Barry Eichengreen）估算：在 2010 年左右，大约有 5000 亿美元在美国境外流通。外国人必须为此向美国提供价值 5000 亿美元的实际商品与服务。[3] 也有研究估计，美元获得的铸币税并不是十分明显，一年收益大约为 400 亿到 700 亿美元，占美国 GDP 的 0.3%到 0.5%。[4]

其次，作为国际关键货币，美元可以为国际收支赤字融资，这在政治上增强了美国的自主性。20 世纪 60 年代以后，美国国库拥有

---

① Thomas Friedman, "Never Mind Yen: Greenbacks are the New Gold Standard," *New York Times*, July 3rd, 1994, p. E5.

② Benjamin Cohen, *The Geography of Money*, p. 124.

③ Barry Eichengreen, *Exorbitant Privilege: The Rise and Fall of the Dollar*, p. 4.

④ Richard Dobbs, et al., "An Exorbitant Privilege? Implications of Reserve Currencies for Competitiveness," *McKinsey Global Institute Discussion Paper*, 2009, p. 8.

175 亿美元的黄金，而此时美国外债已经超过 210 亿美元。[1] 1971 年，美国进口大于出口，这是美国 80 多年来第一次出现贸易赤字。此后，美国贸易赤字开始扩大。原则上，一个国家不能无限期地维持国际收支赤字；同时，一个国家的债务也不能过度积累。但是，美国的国际收支长期处于赤字状态，而其国际债务也一直在积累。长期的国际收支赤字与不断积累的国际债务对世界其他国家而言都是巨大问题，这会影响该国的清偿能力与国际竞争力。每个国家在面临国际收支失衡时，都面临巨大压力。但是由于美元享有国际关键货币地位，它可以通过增发美元来解决这一问题。美元可以为国际收支赤字融资。因此，美国在政治上获得了更大的自主性。[2]

再次，美国民众、美国公司也可以从美元作为国际关键货币的地位中受益。由于美元在全世界的流通，美国金融机构降低了交易费用，它们可以以更低的成本在全世界开展业务。在从事国际经济交易的过程中，美国公司避免了汇率大幅波动带来的不确定性。由于全世界乐于接收美元，美国民众用本国货币在全世界旅行、购物、经商，享受美元作为国际货币的便利。

又次，国际货币还可以增强国家的硬实力。乔纳森·科什纳（Jonathan Kirshner）在其著作《货币与强制》一书中，展示了美国可以通过操纵美元，并利用其他国家对美元的依赖，以扩展其硬实力。在 1956 年苏伊士运河危机期间，美国不同意英国和法国强行夺取苏

---

[1] Jonathan Kirshner, *Currency and Coercion: The Political Economy of International Monetary Power*, Princeton: Princeton University Press, 1997, pp. 192–193.

[2] Benjamin Cohen, "The International Monetary System: Diffusion and Ambiguity," *International Affairs*, Vol. 84, No. 3, 2008, p. 457.

伊士运河。在劝诫无果的情况下，美国通过大量抛售英镑，让英国政府面临严重的货币危机，迫使英国政府妥协，接受停火协定。在20世纪80年代末，美国与巴拿马政府发生冲突。由于巴拿马国内主要流通美元，美国政府利用巴拿马对美元的依赖，阻止美元向巴拿马境内转移。美国此举中断了巴拿马的货币供应，导致巴拿马发生严重的危机。一周内巴拿马政府甚至没法足额发放除军队之外的工作人员的工资。美国驻巴拿马大使说：巴拿马经济遭受了自1671年海盗亨利·摩根洗劫以来的最大损失。还有专家宣称：这次制裁使巴拿马经济完全脱离正轨。[1] 因此国际货币的发行国还可以将其货币作为对外战略工具，以实现国家的战略意图。

最后，国际货币提高了国家的声誉。[2] 一国的货币是国际货币，在世界各地流通，这是该国扩大其软实力，提升其国家声誉的重要方面。

在国际货币制度的安排中，为何美元能成为国际关键货币？

道格拉斯·诺斯认为，制度是一套社会的博弈规则，它们是人为设计的、型塑人们互动关系的约束。[3] 作为游戏规则的制度，在一定时期内是一个均衡（equilibrium）。事实上"国家"也是一种制度，也处于均衡状态。英文中state不仅指国家，也指稳定状态，二者均源于拉丁语中的status一词。这一词又派生出制度institution。State一词包含了稳定状态这一含义。[4] 当制度处于"均衡"状态时，

---

① [美]乔纳森·科什纳：《货币与强制：国际货币权力的政治经济学》，第67—85页。
② Benjamin Cohen, "The Yuan Tomorrow? Evaluating China's Currency Internationalization Strategy," *New Political Economy*, Vol. 17, No. 3, 2012, p. 366.
③ [美]道格拉斯·诺斯：《制度、制度变迁与经济绩效》，第3页。
④ [日]青木昌彦：《制度经济学入门》，第33—34页。

这一均衡即便对强者都具有约束，即便对美国这样世界政治中的强者也有约束。这样的规则与均衡意义在于，制度通过为人们提供日常生活的规则，通过建立一个人们互动的稳定结构来减少不确定性。[①] 在国际货币制度安排中，美元在很长一段时期内充当国际关键货币，正体现了制度的"均衡"。

在以个体为中心的政治经济学者看来：理性的个体创造了制度。在资源稀缺的环境下，怎样来分配稀缺的资源，如一锅粥？由大家选一个人来分？还是大家选一个人来分，一个人来监督？还是大家轮流分？由一个人来分意味着这个人可能在分粥时中饱私囊；一个人分，另外一个人监督可能导致二人沆瀣一气、同流合污；大家轮流分粥尽管意味着利益均沾，但这也意味着很多人都盼望着轮到自己分粥时假公济私。制度主义者就看到：一旦个人发现权利界定的现有水平不能令人满意，他们就会对它进行修改，直到满意为止。[②] 那么，怎样才能让各方都满意呢？

哈林顿在《大洋国》中举了一个例子：假如两个小姑娘需要分享一块蛋糕。其中一位小姑娘对另一位说："你分吧，我来选；要不然就我分你选。"分法一旦定下来，分蛋糕的问题就解决了。分蛋糕的小姑娘如果分得不均，自己是要吃亏的，因为另一位小姑娘可以先选，她会把更大的一块蛋糕拿走。因此分蛋糕的小姑娘会分得很平均。哈林顿感叹道："卓越的哲学家争论不休而无法解决的问题，以至国家的整个奥秘，竟由两位娇憨的姑娘给道破了。国家的奥秘

---

① 〔美〕道格拉斯·诺斯：《制度、制度变迁与经济绩效》，第 4、7 页。
② 〔美〕Y. 巴泽尔：《产权的经济分析》，第 101 页。

就在于均分和选择。"① 通过制度安排，为行为体提供激励，而不是诉诸人的道德之心，让怀有自利之心的个人有动力去做公平的事。在良好的制度下，每个人都遵守规则，并发现遵守规则是最优的选择。② 在道路上，大家都遵守规则靠右行驶，没有人愿意单个改变规则靠左行驶，因为这样会将自己置于危险境地。如此一来，没有任何行为体愿意单方面做出改变，就意味着制度实现了"均衡"。有研究者指出：要解决巴勒斯坦与以色列经年累月的暴力和冲突，也可以借用斯密提供的思路，设计一套制度，用旅游收入分享制来维系和平。由于耶路撒冷是旅游胜地，巴勒斯坦和以色列有着巨大的旅游业收入。在和平时期，旅游业收入占巴勒斯坦总收入的 10% 以上，而暴力冲突则会给旅游业带来严重冲击。与和平时期 30 亿美元的旅游收入相比，暴力冲突意味着以色列每年会损失 28 万名游客，带来约 5 亿美金的经济损失；在 21 世纪前两年，暴力冲突也让巴勒斯坦旅游业损失近 6 亿美元。因此，如果让巴以双方按各自人口分成，共享旅游税，就为巴以和平奠定了"微观基础"与"制度基础"。暴力冲突越严重，双方可分到的旅游税就越少。这样一来，双方民众都有足够的动机来停止冲突，维系和平。③ 这样的制度是"自我实施"（self-enforcing）的，一旦制度达到均衡，任何一个行为体都不可能通过单独抛弃这项制度而使自己获益。只要行为体不能通过单方面放弃该制度而受益，制度就不需要一个外部行为人来保障个体行为人遵守和维护这个制

---

① ［英］詹姆斯·哈林顿著，何新译：《大洋国》，商务印书馆 1963 年版，第 23 页。
② ［美］阿夫纳·格雷夫：《大裂变：中世纪贸易制度比较和西方的兴起》，第 98 页。
③ ［美］布鲁斯·布尔诺·德·梅斯奎塔，钱静、赵文嘉译：《预言家的博弈：预测和改变未来世界的新逻辑》，浙江人民出版社 2014 年版，第 112—124 页。

度。① 在很多学者看来：制度之所以稳定，就是因为它们是"自我实施"的，所有人对现有制度安排满意，没有人可以通过违反或推翻现行制度而获得更多利益。每个人都相信他人会遵守规则，同时发现采取与别人相似的行为对自身而言也是最优的。②

社会中存在多种多样的制度，就产权制度而言，个人对资产的权利处于均衡状态，此时他们的权利得到了精确的界定，以至于他们并不想改变制度。③ 这是对均衡状态的理想表述，但是现实生活往往与此存在很大差距，有研究者发现，在一些经济落后国家，一个部族领导人成为国家领袖后，却对该部族进行更大程度的攫取，这就是中国话所说的"杀熟"。尽管部落民众遭受损失，这群人却没有意愿更换领导人。罢免领导人会带来巨大的不确定性，不同部落的相对地位也会随之变化。如果成功更换领导人，在另一个部落政治家领导下，自身处境可能会更糟。在不确定的环境下，他们被迫为现任领导提供支持。④ 因此，并非所有人都满意，制度才能实现均衡。有时候，是不满意的人没有能力改变，或者即便有能力改变，却不知道是否会变得更糟。均衡的存在并不要求实力相等，⑤ 也不需要各方满意。杰克·奈特就指出：制度的建立可能不是为了实现集体目标，而是分配利益冲突的副产品。⑥ 诺斯也看到：在很多情况

① 〔美〕杰克·奈特：《制度与社会冲突》，第 102—103 页。
② 〔美〕阿夫纳·格雷夫：《大裂变：中世纪贸易制度比较和西方的兴起》，第 108 页。
③ 〔美〕Y. 巴泽尔：《产权的经济分析》，第 101 页。
④ Gerard Miquel, "The Control of Politicians in Divided Societies: The Politics of Fear," *Review of Economic Studies*, Vol. 74, No. 4, 2007, pp. 1259 - 1274.
⑤ 〔美〕约拉姆·巴泽尔：《国家理论：经济权利、法律权利与国家范围》，第 23 页。
⑥ 〔美〕杰克·奈特：《制度与社会冲突》，第 19 页。

下，制度未必都是，或者通常不是为了实现社会效率而被创造出来的。相反，制度之所以被创立是为了服务于那些有能力制定新规则的人的利益。[1] 有时候是，即便行为体有能力改变现有制度，但是制度变迁的后果太不确定，致使行为体担心陷入"没有最糟，只有更糟"的境地。不满的个体未必敢尝试去变更现有的制度。因此，制度处于均衡状态并不意味着每一个人对现行制度和契约感到满意，可能是改变游戏规则的相对成本比较高，对各方来说：改变并不划算。[2]

制度的均衡不仅体现在个体层面，从阶级力量、国家权力来考察，也可以找到制度实现均衡的动力。尤其制度变迁常常需要个体聚合成群体行为和集体行动时，制度均衡可能是群体、阶级、国家间实力对比的体现。奈特就指出：在考虑制度分析时，要考虑社会中力量的不对等问题。[3] 为了从合作、协调和交易中获益，通常有不止一种方式可以构建社会制度。不同制度形式最主要的辨别特征就是它们的分配结果。[4] 有权势的个体会让制度体现自身利益；有权势的阶级会让制度服务本阶级利益；而有权势的国家会让制度照顾本国利益。1820 年，美国南方和北方就奴隶制在美国的扩张达成一个妥协，在密苏里州南界允许蓄奴制存在，而北界则禁止蓄奴制。密苏里妥协就是美国南北两个群体之间达成的一个制度均衡。在南北双方实力没有重大变迁的时候，大家都会遵守这一约定。1960 年到

---

① ［美］道格拉斯·诺斯：《制度、制度变迁与经济绩效》，第 22 页。
② 同上，第 119 页。
③ ［美］杰克·奈特：《制度与社会冲突》，第 42 页。
④ 同上，第 27 页。

1980 年间，在北非的利比亚，大约 50% 的内阁职位掌握在 4% 的族群手中。这些人大部分是在 19 世纪 20 年代从美国获得自由，返回利比亚的奴隶。在美国支持下，一小群人垄断着政府权力。在冷战结束后，大国减少了对非洲国家的军事支持。随着外部力量的改变，这些国家内部的权力结构也随之改变。有学者发现：非洲各国内阁职位数量和各族群占该国人口比重大体呈现均衡对应关系。换言之，一个族群的人口越多，该族群内阁阁员越多。随着外部军事支持的减少，这些国家内部的权力分配也随之改变，呈现公平、共享而不是一家独大的趋势。[①] 概言之，内部与外部力量对比发生变化，制度也随之改变。

19 世纪的国际货币制度是金本位。从阶级力量的变迁就可以解释这一国际货币制度的出现。[②] 金本位的支持者是城市制造商与出口商，而银本位或者双本位的支持者是农场主。由于工业革命，阶级力量对比发生了变化。城市制造商与出口商依靠进出口，因此需要价格保持稳定。同时他们大都是贷款者，不希望看到日益贬值的白银作为本位货币，否则他们在日后获得还款时就会遭受损失。新银矿的发现降低了白银价格，而金本位正好提供了一个防止汇率和价格波动的制度。相比之下，农场主大部分是借款者，他们希望看到通货膨胀，以此可以减轻他们的还债压力。因此他们支持银本位或双本位。新兴的城市资产阶级推动了金本位发展。国际投资家把钱

① Patrick Francois, Ilya Rainer and Francesco Trebbi, "How is Power Shared in Africa?" *Econometrica*, Vol. 83, No. 2, 2015, pp. 465 – 503.
② Giulio Gallarotti, *The Anatomy of an International Monetary Regime: The Classical Gold Standard, 1880 -1914*, New York: Oxford University Press, 1995, pp. 151 – 160.

贷给实行金本位制的国家，那些没有实行金本位制的国家则难以获得贷款。他们利用在金融和政治上的权力，鼓励所有国家实施金本位制。对罗斯柴尔德等金融家族而言，海外投资安全至关重要，他们认为不实行金本位的贷款国是不可靠的。因此这些金融家斥巨资去影响美国关于金本位的辩论。贝尔蒙和罗斯柴尔德家族乃至向美国政府提供了一半以上的资金，好帮助美元积累足够的储备，以转变为金本位制。[①] 因此金本位制度的确立及其全世界范围的推广，离不开城市制造商、出口商以及金融家等新兴资产阶级的势力成长。一个新兴的、外向的资产阶级推动了金本位制度的形成。金本位制度的确立体现了阶级力量的均衡。在奈特看来：制度既可能给一个群体带来整体性利益，也可能给一个群体的一部分人带来差别性利益。[②] 制度的建立，至少正式制度的建立，是为掌握权力的人，有能力制定新规则的人服务的。[③] 从阶级视角来看，制度的均衡体现了阶级力量的消长。制度的建立，至少正式制度的建立，是为掌握权力的阶级利益服务的。

在各式群体中，国家是最重要的代表，国家之间权力的均衡也会体现在制度上。国际政治经济学中的自由制度主义将国际制度视为国际关系的行为体，尤其是国家促进共同利益的平台，国际制度可以起到减少不确定性、提供信息、降低交易费用、做出可信承诺等重要作用。尽管制度的创建需要高昂成本，但是制度的

---

① ［美］杰弗里·弗里登：《20 世纪全球资本主义的兴衰》，第 33 页。

② ［美］杰克·奈特：《制度与社会冲突》，第 5 页。

③ ［法］贝尔纳·沙旺斯著，李明慧译：《制度经济学》，中国经济出版社 2021 年版，第 84 页。

维持成本却很低，因此即便在霸权国家衰落之后，国际制度仍然可以发挥重要作用。① 约翰·伊肯伯里（John Ikenberry）则试图回答：1945 年建立的国际秩序为何能如此持久？他认为：每一次大战结束之后，都是秩序形成的关键时期。美国在二战结束后建立的一套国际制度具有"战略约束"（strategic restraint）的特征，即美国通过国际制度约束自身，进而也使得其他国家都愿意接受这一秩序。② 自由制度主义者承袭了自由主义者的乐观情绪，在他们眼中，"合则两利，斗则俱伤"，制度让大家都满意。

不过以国家为中心的分析视角则看到：至少某些制度是政治的产物，它们首先是权力强制施行的，其存续也依赖于权力或明或暗的、不断的支持。③ 现实主义者约翰·米尔斯海默指出：拥有最大权力的国家创建了制度，也塑造了制度，以此来塑造和维持它们持有的权力，扩大它们持有的权力。④ 米尔斯海默认为：在世界政治中，国家间互动需要一组制度来予以治理，而国际秩序就是由这样一组制度构成。⑤ 但是国际秩序背后是国家权力。和自由主义者的制度观不同，有学者看到：大多数制度是由权力制定和支持的，所以社会结构本质上就是社会的权力结构。换句话说，社会结构很大程度上反映了历经岁月的权力关系。权力在本体论上不同于并且优先于制

① ［美］罗伯特·基欧汉著，苏长和、信强、何曜译：《霸权之后：世界政治经济中的合作与纷争》，上海世纪出版集团 2001 年版，第 1—55 页。
② ［美］约翰·伊肯伯里著，门洪华译：《大战胜利之后：制度、战略约束与战后秩序》，北京大学出版社 2008 年版，第 1—44 页。
③ 唐世平著，沈文松译：《制度变迁的广义理论》，北京大学出版社 2016 年版，第 53 页。
④ John Mearsheimer, "The False Promise of International Institutions," *International Security*, Vol. 19, No. 3, 1994 - 1995, p. 13.
⑤ John Mearsheimer, "Bound to Fail: The Rise and Fall of the Liberal International Order," *International Security*, Vol. 43, No. 4, 2019, p. 9.

度，但二者实质上在社会中是不可分的。没有权力，就没有制度，因此就没有社会。① 在现实主义看来，国家权力在国际制度中具有优先性。

所以在现实主义者看来，金本位的核心就是英镑本位；而布雷顿森林体系的核心就是美元本位。美元能成为国际关键货币，这样的制度安排离不开世界政治中美国的权力优势。这样的制度实现了均衡，但是却不符合其他各方利益。劳埃德·格鲁伯（Lloyd Gruber）用博弈论模型展示：不少国家愿意接受国际制度约束，并非是因为能够获得制度带来的收益，而是因为这些处于弱势地位的国家在强权影响下，如果不接受国际制度约束，它们的境况会进一步恶化。因此，接受国际制度约束不过是在权力影响下，弱势国家做出"两害相权取其轻"的选择。② 如果一个国家具备足够的权力优势，在大多数情况下，它几乎不存在任何有约束力或者强制的理由，必须保留在这一制度中。国际制度因而具有显著的脆弱性，当面临主要行动者的背弃，国际机构就可能陷入瘫痪，比如美国退出联合国教科文组织。③ 因此，在以国家为中心的政治经济学者看来，国际制度之所以出现均衡，是因为它体现了大国的权力与利益。

当国家实力发生变化，新的均衡又会出现。1563年，英国和葡萄牙两国爆发了海上战争，英国借此冲突否认伊比利亚国家瓜分世界的垄断权。由于这一特权源于教皇亚历山大六世做出的裁定，因

① 唐世平：《制度变迁的广义理论》，第103—104页。
② Lloyd Gruber, *Ruling the World: Power Politics and the Rise of Supranational Institutions*, Princeton: Princeton University Press, 2000, pp. 3-12.
③ ［美］盖伊·彼得斯著，王向民、段红伟译：《政治科学中的新制度理论："新制度主义"》，上海世纪出版集团2011年版，第148—149页。

此英国也否定了罗马教廷权威。英国大臣威廉·塞西尔（William Cecil）告诉西班牙驻英国大使：教皇无权划分世界，无权把世界领土随意赠与任何人。[1] 随着英国的崛起，以往的制度就要进行新的调整，实现新的均衡。吉尔平看到：由于各国实力发展不平衡，随着实力的改变，国际体系就会从均衡状态走向不均衡状态。解决国际体系结构与权力再分配之间不平衡的主要手段是战争，尤其是霸权战争。[2] 国际制度会随着国家实力的消长从一个均衡走向另一个均衡。在历史上，不少大国通过战争调整国际秩序，而在当前，不少崛起国家也通过建章立制，来推动新的均衡出现。随着世界的分化变革，有研究者观察到美国主导的自由国际秩序出现严重危机。巴西、印度等新兴国家崛起，这些国家开始挑战美国主导的世界贸易组织等制度安排，挑战现有的国际经济秩序，选择有利于自身的国际秩序和制度安排。[3]

1995 年 12 月，哥斯达黎加（Costa Rica）政府向世界贸易组织提出诉讼。原因是 6 个月前，美国对哥斯达黎加等国的棉花、人造纤维衬衣实施了进口限制。美国此举是为了防止国内的衬衫制造业受到包括哥斯达黎加等国进口产品的冲击。哥斯达黎加政府认为美国违反了世界贸易组织的规则，因为美国政府并没有充足的证据显示其国内相关产业已岌岌可危。在缺乏证据的情况下，美国政府却单方面采取了行动。像哥斯达黎加这样一个小国对美国这样一个强

---

① 姜守明：《英帝国史（第一卷）：英帝国的启动》，第 208—221 页。
② ［美］罗伯特·吉尔平著，宋新宁译：《世界政治中的战争与变革》，上海人民出版社 2007 年版，第 20、200 页。
③ Kristen Hopewell, *Breaking the WTO: How Emerging Powers Disrupted the Neoliberal Project*, Stanford: Stanford University Press, 2016.

大的经济和军事大国提起诉讼，这在世界贸易组织成立以来尚属首次。1996年，世贸组织作出了有利于哥斯达黎加政府的裁决，美国政府提请复议，1997年，世贸组织做出了维持原有决议的裁决。美国政府接着宣布其进口限制失效。世贸组织还将这一案例放在了它的网站上。[1] 这样的案例恰恰是自由制度主义者希望看到的。还有研究者发现，尽管国际关系史上缓冲国常常遭受他国入侵，但是如果缓冲国与盟国签订了贸易条约，可以极大降低缓冲国被占领和入侵的概率。在国际关系的无政府状态下，正式盟约与贸易条约二者一道提供了均衡，减少了不确定性，让缓冲国享有更高程度的安全。[2]

制度主义者约翰·伊肯伯里在其著作《大战胜利之后：制度、战略约束与战后秩序》中指出：为何世界主要资本主义国家没有挑战美国霸权？他认为，二战结束后，美国的霸权是不情愿的霸权，但同时也是民主的、开放的霸权。美国在战后建立的制度对自己形成约束，并建立了一套将各大国捆绑在一起的政府间制度安排。这样的制度安排将世界各国锁定在有利的战后秩序中。[3] 即便是霸权国美国的利益改变了，它仍然受原有制度的约束。例如，在二战结束后初期，美国设计了农产品贸易保护制度，创建了特殊例外条款。美国此举是为了保护自身的农业部门的利益。但是当美国农业变得具有竞争力，希望扩大海外市场时，欧洲、日本等国家却利用该条

---

[1] https://www.wto.org/english/res_e/booksp_e/casestudies_e/case12_e.htm。

[2] Paul Poast, "Can Issue Linkage Improve Treaty Credibility? Buffer State Alliances as a 'Hard Case'," *Journal of Conflict Resolution*, Vol. 57, No. 5, 2013, pp. 739-764.

[3] ［美］约翰·伊肯伯里：《大战胜利之后：制度、战略约束与战后秩序重建》，第2—3页。

款来保护自己的农业，抵制美国农产品。^① 制度一旦形成，就具有约束力，制度不仅约束弱者，也约束强者。只是有的视角过分强调了这一约束力。在资本主义社会，资本家也希望建立一个比较中立的法院，因为法院如果在每次劳资冲突中都偏袒资本家的话，劳动者就会对整个资本主义政治经济体系的公平性抱有根本怀疑。这样一来，劳资之间的大部分交易将很难进行。在马克思主义者看来，相对中立的法院这一制度安排保护了资本主义运行。同理，相对中立的国际制度也从长远维系了霸权国家利益。

以个体、阶级、国家为中心的政治经济学会有不同的制度均衡观，各方的基本共识是：均衡使制度呈现相对稳定的状态。"政治和经济市场的不稳定关系带来的结果是，个人和组织的权利及特权随时可能被剥夺，所以这种无序增加了不确定性。"^② 在均衡带来的稳定状态下，制度为参与各方提供信息、降低交易费用、稳定预期、促进可信承诺、发现并集体惩罚背叛行为。无论是个体、阶级还是国家，在互动过程中，都期望降低"不确定性"。由于制度在均衡状态下降低了行为体的不确定性，因此均衡甚至可能对弱者有益。正如哥斯达黎加这样一个小国能通过世界贸易组织这一国际制度安排起诉美国一样，正是具有"均衡"特点的制度安排能更有效地减少无序，促进合作。但必须说明的是，并不是所有均衡都能给社会带来繁荣与秩序。有时候，一个社会可能会陷入低效率的制度均衡。

---

① Judith Goldstein, "Creating the GATT Rules: Politics, Instituions, and American Policy," in John Guggie, ed., *Multilateralism Matters: The Theory and Praxis of an Institutional Form*, New York: Columbia University Press, 1993, pp. 201 - 232.
② ［美］道格拉斯·诺斯：《理解经济变迁过程》，第 7 页。

那么，为什么很多低效的制度均衡能长久存在呢？制度主义者围绕这一问题做了很多探索。

九　为何曾领先北美的拉美国家落后了？

早在 1492 年，欧洲殖民者尚未登陆新大陆之前，拉美地区的很多国家都比北美更加富裕。当时美洲经济最发达的地区不是如今的加拿大和美国，而是墨西哥、秘鲁和玻利维亚。直到 1700 年，拉美与英属北美的经济水平和发展程度仍相差无几。在当时，拉美的人均收入约为 521 美元，而英属美洲的人均收入约为 527 美元。[①] 甚至，当美国于 1776 年发布《独立宣言》时，墨西哥、巴西和美国之间经济水平差距也微乎其微。然而经历了近 300 年的变迁，美国经济蓬勃发展，一跃成为世界头号强国。而拉美却萎靡不振，经济停滞甚至一度倒退，饱受经济和社会问题困扰，深陷贫困泥潭。究竟是什么原因导致了两个截然不同的美洲？拉美和美国之间巨大的发展鸿沟是如何形成的？依附论学者认为拉美的困境源自拉美在世界政治经济中的依附地位，而制度主义者的回答则不同。

诺斯指出，北美和拉美的殖民者不同，因而留下了迥异的制度遗产。北美是英国殖民地，因此英国的制度遗产如民主、法治、权力制衡等遗留了下来；而拉美是葡萄牙、西班牙的殖民地。葡萄牙、西班牙在向拉美殖民的时候是没落的帝国，遗留的殖民遗产既没有

---

① ［美］弗朗西斯·福山编著，刘伟译：《落后之源：诠释拉美和美国的发展鸿沟》，中信出版社 2015 年版，序论，第 1 页。

民主，也没有法治和权力制衡。① 美国政治经济的特征是联邦制和权力制衡，而在拉丁美洲却始终保持着从西班牙、葡萄牙继承来的集权与官僚传统。② 北美和南美不同的制度遗产影响了当今的制度，导致了北美与南美的差异。

正如前文所述：非正式制度在不同时期发挥着迥异的作用。随着时代变迁，以往有效的制度会变得不再有效率。例如汉萨同盟，早年该同盟协调各方、联合行动，保护商人产权，扩大对外贸易；但是后来这一组织设法维护贸易特权和霸权，挤压其他商人群体，无视其他商人群体的相对效率。一个在世界经济史上曾经积极促进贸易的行会，到近代转变成阻碍贸易扩张的垄断组织。③ 没有一种制度在所有的情况下都是最有效率的，曾具有相对效率的制度，也可能逐渐变得低效。④ 当原有的制度安排缺乏效率时，行为体往往会推动制度变迁。制度变迁不仅是可能的，而且是不可避免的。人类的生存本能和对幸福永不满足的追求，必然促生社会变迁，而制度变迁是不可缺少的一部分。⑤ 不过制度主义者也发现：在经济史上，经济增长比经济停滞或衰退要少见得多，这一事实表明有效率的所有权制度安排在历史上并不常见。⑥ 那么是什么因素促进了制度变迁，又是什么因素阻碍了制度变迁，阻碍了人类实现自身对幸福的追求？

---

① Douglass North, "Institutions and Economic Growth: An Historical Introduction," *World Development*, Vol. 17, No. 9, 1989, pp. 1319-1332.
② ［美］道格拉斯·诺斯：《制度、制度变迁与经济绩效》，第 161 页。
③ ［美］阿夫纳·格雷夫：《大裂变：中世纪贸易制度比较和西方的兴起》，第 87 页。
④ 同上，第 293 页。
⑤ 唐世平：《制度变迁的广义理论》，第 70 页。
⑥ ［美］道格拉斯·诺斯：《经济史上的结构和变革》，第 7 页。

有些制度主义者会强调"关键节点""关键时刻"（critical juncture）的重要作用。① 比如 19 世纪后半期，德国与意大利都开始了国家统一的历史进程，这就是关键时刻；大战结束后的重建时期也是关键时刻。这个时刻或时期，经历的时间虽然很短，可塑性却很强。因为"关键时刻"往往需要关键的行为体做出重要选择，而他们的选择往往不是被一个外在结构决定的，而是行为体有目的、有意识的选择。此时选择存在多种可能。关键行为体在做选择的时候，并不知道未来的后果是什么。但是在"关键时刻"的选择一旦做出，对后来的政治经济制度会产生持续的影响。凡勃伦强调选择与强制。"今天的形势是要构成明天的制度的，方式是通过一个淘汰的、强制的过程（a selective, coercive process），对人们对事物的习惯观念发挥作用，从而改变或加强他们对过去遗留下来的事物的观点或精神态度。"②

凡勃伦向我们展示：制度的留存和流行离不开背后的权力。"一般形势，包括在任一个时期通行的制度，总是会使某一性格类型比其他性格类型格外有利于生存和统治；而这样汰存下来的民族，他们在继续保持过去遗留下来的制度并加以发扬光大时，将在很大程度上按照自己的爱好来改变这类制度。"③ 如果人们从达尔文那里看到"适者生存"，凡勃伦就从中看到了"适者"即强者，这些具备更强生存能力的群体在推广他们通行的制度。同时，凡勃伦指出：一

---

① Giovanni Capoccia, "Critical Junctures and Institutional Change," in James Mahoney and Kathleen Thelen, eds., *Advances in Comparative-Historical Analysis*, New York: Cambridge University Press, 2015, pp. 147 – 179.

② ［美］索尔斯坦·凡勃伦：《有闲阶级论》，第 139 页。

③ 同上，第 139 页。

旦形成制度，就构成了对个人选择的巨大约束，不适应这样的制度就很可能被淘汰。"有闲阶级制度影响到以后的经济生活的那许多传统习惯，正在逐渐形成，逐渐巩固，在那个时候上述原则是具有作为一种习惯法的力量的。人们是把这一原则当作消费行为必须遵守的一种规范的，如果发生了任何显然的背离，就要被认为是一种反常现象，迟早要在进一步的发展过程中被清除掉。"① 这是凡勃伦运用达尔文的进化视角来看待社会经济现象。制度一旦形成，就会出现"适者生存"的压力。"部分是由于一切人的习性都受到了强制教化而与之相适应，部分是由于不相适合的那些个人和家族受到淘汰。"② 通过强制实行制度，灌输教化以及淘汰不适者，这样有闲阶级制度逐渐巩固。

不过，凡勃伦对这样的制度并无好感。在凡勃伦看来，这样的人类性格已和现实格格不入，阻碍了社会进步。以斯密为代表的自由主义者对"竞赛"与竞争是持乐观态度的，他们通常都认为竞争能推动人类社会进步，是可以促成社会福祉提升的，乃至可以淘汰低效的制度。凡勃伦和斯密不同，他看到资本主义竞争性制度带来的是贪婪、浪费、无益、残忍、混乱和冲突。因此，凡勃伦著作的指向是：自由主义政策并不能使社会福利最大化，有闲阶级的消费模式阻碍了人类的作业本能。在凡勃伦看来，这样的消费是一种浪费。因此，政府可以对此进行干预，比如对炫耀性消费进行征税。③

---

① ［美］索尔斯坦·凡勃伦：《有闲阶级论》，第 56 页。
② 同上，第 154 页。
③ ［美］威廉·布雷特、罗杰·兰塞姆著，孙琳等译：《经济学家的学术思想》，中国人民大学出版社 2004 年版，第 41 页。

而凡勃伦还意图指出，尽管有闲阶级制度是低效的，竞争压力也难以让它退出历史舞台。

　　凡勃伦的分析和很多当代制度主义者存在分歧。不少当代的制度主义者认为理性的个体会根据环境的变化，适时改变制度。如诺斯所说：规则源于自利。① 经济变迁在很大程度上是一个参与者对自身行动结果的感知所塑造的深思熟虑的过程。② 为何参与者会深思熟虑地变革制度？这是因为只要潜在的利润没有被人获取，理性的个体就有动机去寻找更为合适的产权制度。③ 诺斯的研究展示：在欧洲经历黑死病后，劳动力变得日益稀缺，一个逃亡的农奴很容易就可以找到更为慷慨的领主。如此一来，劳动力相对价格的变动让理性的个体行动起来，结束了封建制度。④ 德姆塞茨的研究也发现：在欧洲人到来之前，北美东北部盛产海狸皮，但由于需求不多，价格很低，这里的土地也被视为共同财产。当欧洲人进入美洲后，皮毛贸易迅速增长。由于海狸皮价值上升，印第安人对海狸的捕猎规模随之急剧上升。理性的个体开始寻求改变原有的共同财产制度，在捕猎区域作上记号，互不侵犯。公共财产日益变为私有财产。与北美东北部不同，北美的西南部是平原，尽管那里有众多的野生水牛，但它们四处游荡，难以界定产权，所以在北美东北部出现产权变革时，西南部的平原没有出现相应的制度变革。⑤ 有学者也用类似的思

① ［美］道格拉斯·诺斯：《制度、制度变迁与经济绩效》，第 66 页。
② ［美］道格拉斯·诺斯：《理解经济变迁过程》，第 2 页。
③ ［美］埃里克·弗鲁博顿、［德］鲁道夫·芮切特：《新制度经济学：一个交易费用分析范式》，第 137 页。
④ ［美］道格拉斯·诺斯：《西方世界的兴起》，第 18—19 页。
⑤ ［美］哈罗德·德姆塞茨：《关于产权的理论》，载盛洪主编：《现代制度经济学》（上），第 85 页。

路展示欧洲重商主义制度的终结。在世界经济交往早期，各国贸易水平不高，远距离贸易是当时经济交往的主要形式。此时世界各地商品的差价很大，商人数量也不多。理性的参与者会积极支持重商主义制度，设置贸易壁垒以获得高额经济租金；而随着世界贸易扩展，贸易额的增长降低了世界各地的商品差价，商人数量也日益增多。此时，大部分商人被排斥在重商主义的垄断利益之外。理性的商人开始积极行动，将重商主义制度转变为自由放任政策。[1] 加里·利贝卡普（Gary Libecap）的研究展示在 19 世纪末的美国，由于新的矿产被发现，大量资金流出现。在巨大诱惑面前，不明晰的产权使得参与各方你争我夺，致使暴力横行，投资者惶惶不可终日。在这样的情况下，矿主无法投资成本高昂的矿井设备。理性的个体最终行动起来，推动了制度变革，让矿产变为私人所有。[2] 还有学者对刚果的研究发现，在 2000 年左右全球电子游戏行业有了很大发展，由此导致全球对钶钽（coltan）铁矿的需求飙升。美国钶钽铁矿石价格从每公斤 90 美元上涨至每公斤 590 美元。在相对价格变化的诱惑下，在盛产钶钽铁矿的地区，当地军阀开始推动制度变革，建立了更为稳定的税收结构，提供更多的公共品。相比于钶钽铁矿，黄金更容易被开采者藏匿。因此在刚果出产黄金的地区，就没有出现这样的制度变迁。[3] 在不少制度主义者看来，不论何时，个人察觉到某

---

[1] ［美］埃德加·凯泽：《西欧专制主义国家政策之形成：英国和法国的比较》，载［美］道格拉斯·诺斯等：《交易费用政治学》，第 178—179 页。

[2] ［美］加里·利贝卡普著，陈宇东等译：《产权的缔约分析》，中国社会科学出版社 2001 年版，第 34—58 页。

[3] Raúl Sánchez de la Sierra, "On the Origin of States: Stationary Bandits and Taxation in Eastern Congo," *Journal of Political Economy*, Vol. 128, No. 1, 2020, pp. 32 - 74.

种行动能够增加他们权利的价值，他们就会采取行动。① 制度在变迁，而相对价格的根本性变化是制度变迁的最重要来源。② 这是以个体为中心的政治经济学解释制度变迁的典型模式。

凡勃伦则指出制度具有惯性，即便在大家看来是"落后"的制度，也并不会被及时淘汰。"人们是生活在制度——也就是说，思想习惯——的指导下的，而这些制度是早期遗留下来的；起源的时期或者比较远些，或者比较近些，但不管怎样，它们总是从过去逐渐改进、逐渐遗留下来的。制度是已往过程的产物，同过去的环境相适应，因此同现在的要求决不会完全一致。"③ 即便过去的制度和现在的环境并不完全适应，但是制度却是难以变更的、非常保守的力量。拉美的经济制度和有闲阶级制度等低效的制度为什么就不能改变呢？很多制度化的力量影响久远。即便时过境迁，低效制度也不会马上被清除掉，很难在短时间内改变。为什么制度变迁缓慢？其中有人的因素，也有制度本身的因素。

首先，制度的维系有赖于既得利益团体支持。有闲阶级是有闲阶级制度的重要基础。他们构成了阻碍制度变迁的利益团体。"当形势要求在制度上作进一步发展，对改变了的工业局势作重新调整时，它的反应在社会各阶级中总是最迟钝的。有闲阶级是一个保守阶级。"④ 制度的存续总是和一些组织、利益集团等的存续绑定在一起。诺斯指出：制度会产生一些组织，这些组织是否能继续生存下去，

① ［美］Y. 巴泽尔：《产权的经济分析》，第 9 页。
② ［美］道格拉斯·诺斯：《制度、制度变迁与经济绩效》，第 115 页。
③ ［美］威廉·布雷特、罗杰·兰塞姆：《经济学家的学术思想》，第 139—140 页。
④ ［美］威廉·布雷特、罗杰·兰塞姆：《经济学家的学术思想》，第 144—145 页。

依赖于那些制度的持久性。因此这些组织会动员资源来阻止那些威胁他们生存的变革。① 诺斯还指出：现有的制度会创造出利益集团。它们将从自身利益出发，形塑政治体系。② 既得利益群体会阻挠对其不利的制度变迁。诺斯就看到：无效率的产权之所以能长期存在，是因为统治者不愿意激怒那些有势力的选民，不愿意采取更有效率，但触犯这些有势力的人的利益的规则。或是因为监督、衡量以及征税等成本可能导致在相对低效的产权制度下，反而比那些更有效率的产权制度能给统治者带来更多税收。③ 在历史上的西班牙，统治者已意识到其产权制度影响了经济增长，但却固守旧有制度。因为尽管制度变迁可能有利于整个国家，却可能降低自身收入。在拉美等国家，大地主占有土地的制度已对其发展构成了严重约束，但既得利益集团却在阻挠制度变迁。尽管制度整体是无效的，但对统治者、对既得利益者确是有益的。

其次，制度会内化为普通人的共识，要改变大众共识则需要一个长期过程。"有闲阶级制度不但对社会结构有影响，对社会中成员的个人性格也有影响。某一性格或某一观点，一旦获得认可，成为生活的权威标准或规范，就会在承认它为规范的那个社会中的成员的性格上引起反应，在一定程度上构成其思想习惯，对人们的素性和意向发挥监视作用。"④ 就拉美国家的案例而言，诺斯看到：在 19 世纪和 20 世纪，拉美国家一个接一个地回到了官僚集中控制的老路

---

① ［美］道格拉斯·诺斯：《理解经济变迁过程》，第 48—49 页。
② ［美］道格拉斯·诺斯：《制度、制度变迁与经济绩效》，第 136 页。
③ 同上，第 72 页。
④ ［美］威廉·布雷特、罗杰·兰塞姆：《经济学家的学术思想》，第 154 页。

上。西班牙和葡萄牙曾经采用过的制度模式和理念一直深深影响着拉丁美洲的政策和观念。在美国宪法中蕴含了英国的政治经济遗产，并辅之以一致的意识形态观念；在拉丁美洲，葡萄牙和西班牙的规则、集权的官僚统治传统和相应的意识形态观念仍保留了下来。[①] 有研究者发现：当代美国南方各城市居民在政治态度上的差异乃至可以追溯到 150 多年前。在 1860 年，奴隶占总人口比重较高的美国南方城市，如今仍在此居住的白人，更有可能成为共和党人；更反对平权法案；更倾向于表达对黑人的种族仇恨和冷漠情绪，这种政治态度在当地代代相传。[②] 在 1348—1350 年间，黑死病致使欧洲人口减少了三分之一。在当时，就有民众指责黑死病是犹太人投毒所致，并对犹太人进行了屠杀与迫害。六百多年过去了，在当年大肆迫害犹太人的地方，在 20 世纪 20 年代，当地民众对犹太人的袭击事件是其他城镇的 6 倍；在 1928 年选举中，纳粹党在当地获得的选票是其他城镇的 1.5 倍；这些地区的民众更多在报纸上公开发表言辞恶毒的反犹言论，也更多参与对犹太教堂的袭击；在纳粹统治时期，这些地区有更高比例的犹太人被驱逐出境。[③] 反犹主义也在代代相传。从 1945 年到 1990 年，民主德国的民众生活在社会主义的政治经济体制下，民主德国政府积极干预经济，并实施了广泛的再分配。这样的生活经历塑造了当地民众的偏好与信念。研

---

① ［美］道格拉斯·诺斯：《制度、制度变迁与经济绩效》，第 142 页。
② Avidit Acharya, Matthew Blackwell and Maya Sen, "The Political Legacy of American Slavery," *Journal of Politics*, Vol. 78, No. 3, 2016, pp. 621 – 641.
③ Nico Voigtlander and Hans-Joachim Voth, "Persecution Perpetuated: The Medieval Origins of Anti-Semitic Violence in Nazi Germany," *Quarterly Journal of Economics*, Vol. 127, No. 3, 2012, pp. 1339 – 1392.

究者发现：在两德统一后，曾居住在民主德国的民众比联邦德国的民众更倾向于政府实施再分配，更愿意国家干预经济。在曾生活在民主德国的老年人群中，这样的看法尤其强烈。[1] 对政府介入经济的偏好也在持续发挥影响。一旦社会形成了"共识"，这样的共识就会塑造人的利益与偏好，最后影响人的行为。因此，要变革低效的制度就十分困难。

尤其当共识变成文化、意识形态时，这样的路径依赖会更严重。意识形态要求大众对之顺从，这是减少维持秩序成本的主要力量。但是意识形态带来了另外的社会成本，即它会阻止制度变革。意识形态也好，宗教也罢，它们会惩罚偏离常规者。意识形态竞争与宗教冲突也成为无休止的人类冲突的来源。因此意识形态的扩展不仅是人类创造性奇迹和丰富文化的来源，也是褊狭偏见和人类冲突的根源。[2] 一个制度体系不可避免会产生两套观念，在受众中"合法化"现有制度体系的意识形态，以及在受众中"非法化"或故意挑战现有制度体系的"反意识形态"。当弱势阶级中的个体内化了特权阶级意识的时候，无论是迫于强制还是出于诱导，他们就获得了"错误的阶级意识"。如此一来会有两个后果：第一，实施现有制度体系的成本会变得很低。意识形态使制度实施变得平稳顺畅，该制度体系变得更加稳定。第二，整个制度体系变得合法化、粉饰化、清洁化，因而具有了合法外衣。反意识形态就难以在弱势群体中扎

① Alberto Alesina and Nicola Fuchs-Schündeln, "Goodbye Lenin (or Not?): The Effect of Communism on People's Preferences," *American Economic Review*, Vol. 97, No. 4, 2007, pp. 1507 - 1528.
② ［美］道格拉斯·诺斯：《理解经济变迁过程》，第 40 页。

根。① 一旦有了意识形态加持，低效制度也能受到广泛拥护，也可能长久存在。

再次，制度是一个整体，不同制度具有互补性，很难变更一项制度而不改变另外的互补制度。在有关资本主义多样性的文献中，有研究者就试图回答诸多关联的问题。例如，为何在遭遇经济困境的时候美国企业会选择裁员，而德国企业则更愿意通过降薪来留住员工？彼得·霍尔（Peter Hall）等人在对资本主义的多样性展开研究时发现，以美国为代表的自由市场经济（liberal market economy）和以德国为代表的协调市场经济（coordinated market economy）存在很大差异。美国的产业主要依赖股票市场融资。因此，美国的投资者重视短期"股息"收益。如果美国企业不裁员，那么企业利润下降会导致企业股价下跌，进而导致企业被其他企业恶意并购。而德国的产业主要依赖银行融资，因此，作为投资者的银行是"耐心资本"，更重视长期的经济收益。遇到经济困境，德国企业可以通过降薪留住员工，保留企业的技术能力。美国和德国的融资制度会影响就业制度。不仅如此，他们还会影响职业技能形成制度。由于德国员工往往在一家企业长期任职，所以德国能进行广泛的职业技能培训，而美国员工职业稳定性差，流动性高，所以美国难以学习德国的专业技能教育，而更偏爱通用技能教育。如此一来，融资制度、就业制度和教育制度又绑定在一起。霍尔等人列举

---

① 唐世平：《制度变迁的广义理论》，第 90—91 页。

了五项相互关联的制度，每一项制度都和其他制度相互关联。[①]

由于制度的互补性，单独变革一项制度就难以取得预期的效果。"属于任何一种文化或任何一个民族的制度系统总是一个整体，其间任何一项制度都不是孤立的；这一点格外加强了人们在思想习惯上对任何改革的本能的反抗。"[②] 因此如果要改变制度，就要做整体上的变革，而不是进行边边角角的改变。然而，对制度的整体变革是非常困难的，改革往往会遇到极大的阻力。"由于人类各种制度的彼此关联，而且制度之间相互加强，由此带来的后果是：改革若要进行任何必要调整，必须付出极大的力气。"[③] 青木昌彦也看到：即便引入某种新的制度，只要不具备与之互补的制度和能力储备，新制度也很难确立。俄罗斯在转型期间，需要相应的人力资源支撑，但俄罗斯会计师、律师等人力资源储备十分欠缺，因而改革步履维艰。[④] 制度不是孤立的，各种正式制度相互联系，正式制度与非正式制度也相互支撑。制度的系统属性意味着不容易将好的制度从一个系统复制到另外一个系统中去。[⑤] 如此一来，低效的制度与相关制度绑定在一起，推倒重来需要极大的努力，不能"攻其一点不及其余"，而要对相关制度进行四面出击，推动更全面的制度建设。

---

① Peter A. Hall and David Soskice, "An Introduction to Varieties of Capitalism," in Peter A. Hall and David Soskice, eds., *Varieties of Capitalism: The Institutional Foundations of Comparative Advantage*, New York: Oxford University Press, 2001, pp. 1–70.
② ［美］威廉·布雷特、罗杰·兰塞姆：《经济学家的学术思想》，第148页。
③ 同上，第148页。
④ ［日］青木昌彦：《制度经济学入门》，第56页。
⑤ 唐世平：《制度变迁的广义理论》，第94页。

19 世纪，美国的宪法曾被许多拉丁美洲国家引入。西方国家的产权法也被第三世界广泛采用，但实施效果却和欧美国家完全不同。[①] 在拉美和其他第三世界国家，它们既缺乏强有力的政治力量支持新的制度变革；也缺乏相应的意识形态等非正式制度支撑；还缺乏互补性的制度安排。因此，这些国家的政治经济被锁定在低效率的制度安排中，且呈现出路径依赖的特征。据此，凡勃伦点明：制度是有惯性的，是保守的力量。"人们对于现有的思想习惯，除非是出于环境的压迫而不得不改变，一般总是要想无限期地坚持下去。因此遗留下来的这些制度，这些思想习惯、精神面貌、观点、特质以及其他等等，其本身就是一个保守因素。这就是社会惯性、心理惯性和保守主义因素。"[②]

诺斯指出，并非有效率的制度会取代缺乏效率的制度，因为制度具有"路径依赖"（path dependence）的特征。在特定历史时期，制度变迁一旦走上了某一路径，它的既定方向会在以后的发展中得到自我强化。沿着既定的路径，经济和政治制度的变迁可能步入良性循环的轨道；也可能顺着原来的低效路径继续前进，结果在痛苦的深渊中越陷越深，甚至被"锁定"（lock-in）在某种无效率的制度安排下。今天巴西的发展水平之所以和美国存在巨大差异，就源于早期的微小差异。在征服美洲后，欧洲殖民者认为巴西的土地适合种植蔗糖，而北美则不适合。由于蔗糖种植需要使用大量奴隶劳动，因此巴西等拉美国家的奴隶人口要比美国多得多。更多的奴隶参与经济生活使得巴西比美国更加等级森严。早期巴西和北美的些许差异让巴西制度锁定

① ［美］道格拉斯·诺斯：《制度、制度变迁与经济绩效》，第 139 页。
② ［美］威廉·布雷特、罗杰·兰塞姆：《经济学家的学术思想》，第 140 页。

在特定轨道，最终影响经济增长。^① 一旦制度被"锁定"，要想脱身出来就变得十分困难，除非依靠政府或其他强大的外力推动。按制度主义的理解，拉美就被锁定在了低效的制度安排中，陷入了路径依赖。路径依赖说明了锁定效应和次优行为可能持久存在。

为什么电脑键盘上的第一行字母是按 QWERTY……排列，而不是按 ABCD 的顺序排列?^② 如果你仔细观察，就会发现我们使用的键盘的第一行隐藏着两个英文单词（type writer）。早在 19 世纪，那时还没有电脑，也没有键盘，只有打字机。那时打字机的键盘是被"故意"设计成这样的。这样的设计不是要让打字速度更快，而是让打字的速度放慢。为什么要将打字机设计成这样呢? 这是因为受当时技术水平限制，如果打字速度过快，相邻两个字母的长杆和字锤可能会卡在一起，从而发生"卡键"现象。如果频繁出现卡键，反而会影响打字速度。因此，设计人员索性把打字机的字母排序尽量弄得杂乱一些，限制打字速度，以防止卡键。1873 年，雷明顿（Remington）公司买下键盘式打字机的生产权，开始进行批量生产。越来越多的人开始使用这一键盘的打字机。虽然有新的、打字速度更快的打字机被研发出来，但却未能取代 QWERTY 打字机。后来电脑出现了，电脑键盘也随之诞生，新技术克服了

---

① Stanley Engerman and Kenneth Sokoloff, "Factor Endowments, Institutions, and Differential Paths of Growth among New World Economies: A View from Economic Historians of the United States," in Steven Haber, ed., *How Latin America Fell Behind: Essays on the Economic Histories of Brazil and Mexico, 1800 - 1914*, Stanford: Stanford University Press, 1997, pp. 260 - 304.

② Paul David, "Clio and the Economics of QWERTY," *American Economic Review*, Vol. 75, No. 2, 1985, pp. 332 - 337.

以往的"卡键"问题，人们有很多机会改良旧式键盘，提高打字速度。不过，由于所有打字员都是在 QWERTY 键盘上学会打字的，制造商生产键盘又必须适合大多数打字员的使用习惯。于是历史上由于机缘巧合而选用的标准键盘，就成了"一成不变"的技术路线。次优的安排在"路径依赖"的影响下，可能会变成后来的主导设计。

我们再看另一个众所周知的案例。美国标准铁路轨距是 4.85 英尺（大约 1.48 米），这一标准是如何制定的呢?[1] 因为英国铁路就是这么建的。历史上，美国曾是英国殖民地，它的铁路是英国移民修的，美国自然就沿用了英国铁路标准。人们或许会进一步追问：为什么英国人要将铁路轨距设定为 4.85 英尺? 这是因为修第一条铁路的人过去是修电车的，他们采用的是英国电车轨距。那么，英国电车轨距又从何而来? 修筑电车轨道的工人所使用的轨距来自英国马车轮距。那么，英国马车为什么采用这一特定的轮距呢? 以下材料缺乏历史确凿证据，却广泛流传。有人认为如果人们使用其他轮距，马车车轮就会撞到长途古道上凹陷的车辙，多次撞击会撞坏车轮。因此英国马车轮距需要参照长途古道上车辙之间的距离设定。而古道路面上凹陷的车辙就是 4.85 英尺。那么这些标准为 4.85 英尺的古道是谁铺的呢? 欧洲（包括英国）最早的道路是罗马帝国为古罗马军团铺设的，这些道路被沿用下来。于是，我们的问题有了答案：美国铁路的标准轨距为 4.85 英尺存在历史起源，它起源于罗马战车的轮距。那么，罗马人为什么以 4.85 英尺作为战车的轮距呢? 有人

---

[1] Douglas Puffert, "The Standardization of Track Gauge on North American Railways, 1830 – 1890," *Journal of Economic History*, Vol. 60, No. 4, 2008, pp. 933 – 960.

说了，原因其实很简单，当时罗马军团的战车用两匹马拉车，而4.85英尺恰恰是两匹战马屁股的宽度。这样的选择不仅影响了铁路轨距，还影响了当今的航天事业。当美国航天飞机矗立在发射台上时，我们可以看到其主燃料箱两侧有两个巨大的助推火箭。美国固体火箭助推器是犹他州一家工厂生产的。设计助推器的工程师们本想把它们造得更大一些。但火箭助推器需要从犹他州的工厂运送到火箭发射点，且需要铁路来运输。载着火箭助推器的列车在沿途需要穿过多个山间隧道。铁路隧道只比铁轨宽一点儿，而铁轨只有4.85英寸宽。因此，当今世界最先进的运输工具——火箭助推器的设计，在2000年前便由古罗马两匹马的屁股宽度决定了。[1] 人们将技术具有的路径依赖的特点运用到了制度分析中。这两个技术领域的案例向我们展示：路径依赖缩小了未来的选择范围，并且将不同时期的决策连接在一起。[2]

制度常常是路径依赖的，因为制度具有报酬递增的特征。[3] 布莱恩·阿瑟（W. Brian Arthur）对技术演变中报酬递增的形成机理做了更为细致的探究。阿瑟指出，某项技术一旦获得初始优势，它很容易将这种优势一直保持下去，形成技术锁定，并将其他技术淘汰出局。[4] 报酬递增有四种发生机制，包括：大规模组织或固定成本（large set-up or fixed costs）；协调效应（coordination effects）；学

---

① 赖建诚：《经济史的趣味》，第19—26页。
② ［美］道格拉斯·诺斯：《制度、制度变迁与经济绩效》，第135页。
③ 同上，第9页。
④ W. Brian Arthur, *Increasing Returns and Path Dependence in the Economy*, Ann Arbor: University of Michigan Press, 1994, pp. 13 - 29.

习效应（learning effects）；以及适应性预期（adaptive expectations）。① 有研究者用波利亚坛子（Polya's urn）游戏的例子更为形象地展示了报酬递增的发生机制。② 如果一个坛子摆在你面前，里面有两个球，一个红球，一个蓝球。游戏规则是你随机抽取一个球，然后将这个颜色的球放回去，再往坛子里添加一个同样颜色的球。如果第一个你抽中了红球，那意味着坛子里将会有两个红球，一个蓝球。红蓝对比从1∶1变成了2∶1。最开始的一次抽取会影响后来红蓝双方胜负的概率。尽管在第一次抽球时，红方蓝方的胜负难以预测，但随着坛子中红蓝对比的改变，逐渐形成"正反馈"，结构也会变得越来越不灵活，越来越难以改变。这个案例向我们展示：相对优势不是既定的，优势经常会通过时间的流逝、事件展开的次序被创造出来。③ 制度优势也不是固定的，如果制度有先后，那么先建立的制度就会有优势；如果制度建立的时间越长，一项制度就越可能有优势。

利益、权力与理念等方面的因素会让制度具有"路径依赖"的特征。首先，利益会自我强化。1934 年是美国对外贸易政策调整的

---

① W. Brian Arthur, "Self-Reinforcing Mechanisms in Economics," in Philip Anderson, Kenneth Arrow and David Pines, eds., *The Economy as an Evolving Complex System*, Redwood City: Addison-Wsley, 1988, pp. 9 - 10.

② Philip Tetlock, Richard Ned Lebow, Geoffrey Parker, eds., *Unmaking the West: What-If Scenarios that Rewrite World History*, Ann Arbor: University of Michigan Press, 2006, pp. 14 - 44.

③ ［美］保罗·皮尔森著，黎汉基、黄佩璇译：《时间中的政治：历史、制度与社会分析》，江苏人民出版社 2014 年版，第 30 页。

关键时刻，这一年美国制度创新带来了贸易政策的改变。① 美国当时的制度安排经历了两项调整：首先，它使得美国的关税减让是互惠的而不是单边关税削减；其次，国会只要以简单多数而不是绝对多数就可以通过关税减让条款。以往的情形是，每当民主党执政时，就通过降低关税的法案；而当共和党执政时，为保护其北部制造商利益，就增加关税。由于此次制度变迁，美国民主党和共和党在关税问题上的分歧逐步弥合。互惠的关税削减规则使得无论是美国还是外国的关税减让承诺均更加可信，在相信对方关税减让承诺的情况下，两党议员都将对自由贸易持更积极的态度。制度变迁把关税主导权从国会手中转移到了美国总统那里。制度变迁带来了新的规则，实现了新的均衡，使得美国总统在签署关税减让协定时不需要获得三分之二的国会投票就能通过。美国总统由全国选举产生，这让美国总统更具全局性眼光，愿意缔结自由贸易条约来改善整个国家福利。因此，与国会议员相比，美国总统往往更加支持自由贸易。总统主导下的制度均衡有利于美国在二战结束后建立一个全球自由市场。此外，1934 年的制度变迁还具有"自我增强"的特点。由于签署了越来越多的贸易协定，美国产品大量涌入其他国家，伴随着出口增加，出口产业的数量日益增多，行业规模逐渐变大，盈利也不断上升。日益增大的出口机会抵消了进口品给美国社会带来的竞争，让支持出口和贸易自由化的人越来越多，制度变迁使得美国支持自由贸易的群体压过了贸易保护主义者，让制度获得了自我增强

---

① Michael Bailey, Judith Goldstein and Barry Weingast, "The Institutional Roots of American Trade Policy: Politics, Coalitions and International Trade," *World Politics*, Vol. 49, No. 3, 1997, pp. 309 - 338.

的效果，让制度的影响更为持久。

其次，不仅个体的利益有自我强化的特征，权力也受到自我强化机制的影响，既有权力会带来更多权力（power may beget power），权力的加持会使制度具有路径依赖的特点。① 一般而言，一位掌权者的实际权力和他在位时间是成正比的。不仅掌握权力的个体如此，掌握权力的组织也如此。研究者就发现政治家往往有显著的在位者优势（incumbency advantage）。在与新兴竞争对手角逐时，现任政治家常有更多胜算。在 2006 年的美国国会选举中，94% 的现任众议院议员和 79% 的现任参议院议员再次当选。② 挑战者能获胜的几率显著低于现任政治家。在制度变迁过程中，制度同样存在"在位者优势"。一旦组织得以制度化，它们将有强烈的倾向持续下去。③ 皮尔森沿袭"路径依赖"，详细划分权力带来更多的权力的几个路径：改变存量、改变增量、作为力量对比的信号、改变话语、吸引投资和追随者等。④ 中国俗语讲"鹁鸽子旺边飞"，权力的初始优势会吸引络绎不绝的追随者，进而加固权力，也加固既有制度。权力优势会致使政治经济领域出现"上有所好，下必甚焉"的局面，最终让制度呈现出路径依靠的特征。在国际关系领域，"既有权力会带来更多权力"，权力的自我强化带来了"一步快、步步快""一步赶不上，步步赶不上"的效应。"报酬递增"在地理区位、技术演进

---

① Paul Pierson, "Power and Path Dependence," in James Mahoney and Kathleen Thelen, eds., *Advances in Comparative-Historical Analysis*, p. 131.

② Benjamin Ginsberg et al., *We the People: An Introduction to American Politics*, p. 272.

③ ［美］保罗·皮尔森：《时间中的政治：历史、制度与社会分析》，第 40 页。

④ Paul Pierson, "Power and Path Dependence," in James Mahoney and Kathleen Thelen, eds., *Advances in Comparative-Historical Analysis*, pp. 123 - 146.

和制度变迁上广泛发挥作用，大国关系中的报酬递增机制相应体现在大国间地缘竞争、技术竞争和国际制度竞争中。[1] 国际关系中的大国一旦获得初始的地缘优势，技术优势与制度优势，就能利用其权力加固这一优势。

再次，理念与规范等非正式制度会持续发挥影响。凡勃伦强调的"有闲阶级制度"就属于"非正式制度"。传统、文化也可以被看成是制度，当然它们是与国家、法律不同的隐性制度。虽然传统和文化的作用经常被人们忽视，但它们持续地、潜移默化地影响着人们日常的选择和行为。在流行理念影响下，强大的观念结构会约束个体选择，越来越多的人迫于社会压力，会戴着"假面具"，向他人隐匿自身偏好，选择尊崇主流理念、文化。正式的制度，如法律、规章可以在一朝一夕变更，但非正式的制度变迁却十分缓慢。1990年后，西方国家领导人试图在一夜之间将东欧国家变成西方国家。他们请来西方的律师与会计师，为东欧国家起草了新的法律并培养当地精英学习和接受西方法律。东欧国家的议会也通过了西式法律草案。但是新的法律却对当地民众的生活影响甚微。1994年，阿尔巴尼亚出台了《破产法案》，这是保护财产权的重要法案。换句话说，这是正式制度变迁。但是阿尔巴尼亚的非正式制度却制约着该法案发挥作用。20世纪90年代中期，阿尔巴尼亚爆发了全国性的传销热潮，投资者损失占该国GDP的60%。即便在这种情况下，阿尔巴尼亚法院也只受理了一起到法院诉诸《破产法》保护的法律诉

---

[1] 田野：《大国竞争的根源：基于报酬递增机制的分析》，《中国社会科学》2022年第9期。

讼。① 因为当地民众不愿意用法律来解决经济纠纷。如果东欧国家民众都不相信《破产法》，即便正式制度变了，非正式制度仍然会影响民众的日常行为。非正式制度常常发挥更为持久的作用，这使得制度常常具有"路径依赖"的特点。

除了凡勃伦展示的几点制度路径依赖的原因之外，现实世界中制度的路径依赖特征也还有其特殊的政治经济原因。首先，掌权者不是不想发财，对他们来说长期执掌权力本身就是一笔巨额财产。如果许诺给予他们巨额现金收入，但是却以丧失对现行体制的控制为代价，他们也会拒绝改变。控制现行体制的权力，虽然缺乏短期巨额现金回报，却可以使掌权者长期在位。② 其次，制度变迁对利益相关者的补偿存在"可信承诺"问题。尽管低效的制度损害了整个社会的福利，但却使既得利益者获得了巨大的好处，包括经济利益与政治特权。那么，民众为何不赎买这些既得利益者呢？民众可以承诺：只要既得利益集团同意推动制度变迁，经济效率改善后，他们将收益的一部分给予他们。这样大家的收益都会增加，但是这恰恰难以实现。因为在政治领域，没有第三方的强制来执行可信承诺。在制度变迁前做出承诺的行为体获得收益后，其在制度变迁后背叛协议的动机非常大。③ 在政治上，一旦掌权者同意放弃权力，就没有什么能保障他们获得之前被允诺的收益。昔日的掌权者已没有力量来惩罚食言者，没有能力再将制度恢复到变迁前的状态。在政治交

---

① ［美］威廉·伊斯特利：《白人的负担：为什么西方的援助收效甚微》，第 76 页。
② ［美］Y. 巴泽尔：《产权的经济分析》，第 147 页。
③ ［美］特里·莫著：《政治制度：被忽略的一面》，载［美］道格拉斯·诺斯等：《交易费用政治学》，第 364 页。

换中，势力强大的一方"过河拆桥"的事件不乏于历史记载。因此在政治上，缺乏第三方的强制，各方更难以达成协议，更难推动制度走向更高效率的变迁。[①] 再次，制度变迁的阻力不仅是因为受益者与受损者就补偿问题进行磋商的费用很高。更困难的是，制度变迁经常不会对受损者进行补偿，因为变迁的动力不仅源于生产效率的提升。一些制度变迁，如推进性别平等、种族平等等制度变迁，不会带来经济净收益，因此无法对潜在受损者进行补偿。[②] 上述诸多原因，让制度具有"路径依赖"的特征，因此并非高效的制度就能顺利取代效率低下的制度。

众多研究者纷纷从国家建构、土地制度、劳役制度、官僚制度等方面寻找经验证据，来展示制度具有"路径依赖"这一特征。在殖民者到来之前，非洲的政治组织就在发挥作用，其政治组织的遗产遗留至今。在有些非洲国家，它们较早建立了中央集权的王国、设置了等级森严的政治结构。这些殖民者到来之前的制度安排甚至影响着当前非洲的发展绩效。有研究者用卫星测度各地的灯光亮度，以此来衡量经济发展水平。研究者发现：在非洲历史上存在中央集权的部族，其灯光亮度是历史上没有国家经历的社会的三倍多。[③] 历史上的国家构建形成的制度遗产影响至今。

有研究者从非洲的个案来研究中央集权制度的政治经济遗产。

---

① Daron Acemoglu, "Why Not a Political Coase Theorem? Social Conflict, Commitment, and Politics," *Journal of Comparative Economics*, Vol. 31, No. 4, 2003, pp. 620 - 652.

② [英] 巴斯卡·维拉：《政治科斯定理：新古典制度主义与批判制度主义的区别》，载 [美] 道格拉斯·诺斯等：《交易费用政治学》，第 28 页。

③ Stelios Michalopoulos and Elias Papaioannou, "Pre-Colonial Ethnic Institutions and Contemporary African Development," *Econometrica*, Vol. 81, No. 1, 2013, pp. 113 - 152.

在 17 世纪初，中非建立了一个中央集权的库巴王国（Kuba Kingdom）。该王国比周围地区有更为强大的国家机构，有较强的警察、军队和税务系统。库巴王国虽已灭亡，但是它的制度遗产仍然延续。如果以历史上库巴王国的疆域为界，当今生活在该王国疆界内的民众，比生活在库巴王国疆界外的民众更不遵守规则，更不诚信。而且生活在该王国疆界内的父母也教育子女不必遵循规则。中央集权的库巴王国虽然灰飞烟灭，但是其遗留下的社会规范仍在延续，这里的规则意识更弱，也存在更多偷窃行为。[①] 也有研究者找到了与上述研究不同的故事。尽管哈布斯堡（Habsburg）帝国已消失在历史长河中，但是它留下的制度遗产仍有迹可循。随着哈布斯堡王朝的终结，它的领土分裂为东欧几个国家。由于历史上哈布斯堡帝国的统治是相对受人尊敬的，时至今日，在它曾统治过的地方，当地民众更信任政府，法院和警察的腐败也更少。[②]

有研究者发现印度历史上的土地制度安排影响了今天的经济绩效。在 19 世纪殖民地时期的印度，英国殖民者改革土地制度，将一部分地区的土地划归地主；一部分地区的土地留给土地耕种者。土地制度一旦形成，就对后来印度各地区的发展产生深远影响。尽管独立后的印度政府积极推进农业发展计划，引入高产作物。但是历史上制度惯性对经济发展的影响常常不亚于当代政策变迁的效果。在历史上土地归大地主所有的地区，农民要求再分配土地的诉求更

[①] Sara Lowes et al.，"The Interaction of Culture and Institutions: Evidence from the Kuba Kingdom," *Econometrica*，Vol. 85，No. 4，2017，pp. 1065 - 1091.

[②] Sascha Becker et al.，"The Empire is Dead, Long Live the Empire! Long-Run Persistence of Trust and Corruption in the Bureaucracy," *The Economic Journal*，Vol. 126，No. 590，2016，pp. 40 - 74.

强烈；地方政府也更积极地实施土地再分配计划。在这些地区，暴力犯罪率也更高；农业生产率与投资率则更低。研究者还发现，历史上的制度安排不仅影响了今天印度的农业绩效，还影响到今天印度经济社会其他方面。在历史上土地归大地主所有的地区，对教育与医疗的投入也显著低于其他地区。相比土地所有权归大地主的地区，其他地区平均小麦亩产要高 23%，婴儿死亡率要低 40%。[①] 因此，历史上的大地主土地所有制一旦形成，就具有"路径依赖"特征，对当前经济绩效产生持续的消极影响。

还有研究展示历史上拉丁美洲的劳役制度对当前经济的影响。在 1573 年到 1812 年间，由于西班牙殖民者需开采银矿和汞矿，在秘鲁与玻利维亚部分地区实施了米塔（Mita）制度。这是一种强制劳动制度。当地居民需要将其人口总额的七分之一送去矿区服役。在实施米塔制度的地区，一个显著特征就是，其辖区的大地主数量明显少于其他地区。尽管在世界其他地方，大地主往往是阻碍经济发展的力量。但是和米塔制度相比，这里的大地主则发挥了积极作用。在没有实施米塔制度的地区，由于存在大地主，他们在一定程度上抵消了西班牙强权的过度攫取。同时，这些大地主可以将其土地长期、稳定地出租，因此他们积极为当地提供公共品。时至今日，曾实施过米塔制度的地区，公路网络的密集度更低，大部分居民仍属维持生计的农民。这里的居民消费要比没有实施过米塔制度的地区低 25%。同时，实施过米塔制度的地区，儿童发育迟缓的发生率

---

① Abhijit Banerjee and Lakshmi Iyer，"History，Institutions，and Economic Performance: The Legacy of Colonial Land Tenure Systems in India，" *American Economic Review*，Vol. 95，No. 4，2005，pp. 1190 – 1213.

比其他地区要高出 6 个百分点。① 因此，历史上的劳役制度也具有"路径依赖"的特征，影响持续至今日。

还有研究者展示了美国保留地制度的持续影响力。从 19 世纪中期开始，美国政府开始建立保留地，将印第安人集中安置在某些地区。保留地制度也产生了深远影响。当时美国政府有意将一些印第安部落拆散，强行将不同部落并入同一块保留地，研究者称这样的制度安排是"强制共存"（forced coexistence）。可以想见，这些强行合并的保留地，内部争斗比其他地方更为显著。而这样的制度遗产影响了以后的经济绩效。尤其是在 20 世纪后半期，地方政府对经济发展的作用更为显现。历史上实施"强制共存"的保留地，其内部更不稳定，更不团结。频繁的内部斗争破坏了当地的商业环境。因此"强制共存"制度也具有"路径依赖"的特征，这一制度遗产使得这些保留地比其他保留地更贫困。在今天，那些曾实施"强制共存"的保留地，其人均收入要比其他保留地低 30%。②

一项有趣的研究展示了国家制度或者说官僚制度的当代遗产。这一发现与诺斯看到的官僚制在拉美的政治经济遗产有很大差异。自 17 世纪开始，越南存在南北两大帝国。大越帝国（Dai Viet）位于北部，它深受中国影响，承袭了古代中国的制度安排，实施官僚治理。大越帝国的国家能力较强，中央政府能有效集中权力。

---

① Melissa Dell, "The Persistent Effects of Peru's Mining Mita," *Econometrica*, Vol. 78, No. 6, 2010, pp. 1863 - 1903.

② Christian Dippel, "Forced Coexistence and Economic Development: Evidence from Native American Reservations," *Econometrica*, Vol. 82, No. 6, 2014, pp. 2131 - 2165.

通过激烈的竞争性考试，大越帝国选拔出官僚来治理国家，村庄是该帝国的基本行政单位。在越南南部，则是高棉帝国（Khmer Empire）。高棉帝国的国家能力较弱，庇护网络盛行，权力关系更具个人化特征。因此在高棉帝国，中央政府更难以控制边缘地带。大越帝国和高棉帝国的疆界自 1698 年后逐步固定，历经几个世纪。即便经历法国殖民以及社会主义建设等转折，历史上的制度遗产仍显著影响当今越南的发展。当年受中国影响较大，国家能力较强，官僚制程度更高的北越帝国，他们的后代也受益匪浅。这里村民能更好地组织起来提供公共品，实施再分配，也享有更高的生活水平。[①] 因此历史上的官僚制度也具有"路径依赖"特征，影响至今。在制度主义者看来，制度的路径依赖特征表明：历史是重要的！不去追溯制度的渐进历程和演化过程，我们就无法理解今日之选择。[②]

达龙·阿西莫格鲁（Daron Acemoglu）及其合作者展示，在当年欧洲殖民者直接殖民的地区，殖民者给当地留下了更好的制度安排，这些制度遗产影响至今，因此这些地方今日的经济绩效更好；而在当年殖民者间接殖民的地区，落后的制度仍长存至今，也影响了当地的经济绩效。为何殖民者会选择在一些地区直接殖民，而在另一些地区间接殖民呢？这是因为殖民者受当地疾病、气候与民众反抗的困扰。在殖民者初到非洲各地时，他们在不同地区的死亡率

[①] Melissa Dell, Nathan Lane and Pablo Querubin, "The Historical State, Local Collective Action, and Economic Development in Vietnam," *Econometrica*, Vol. 86, No. 6, 2018, pp. 2083 – 2121.

[②] ［美］道格拉斯·诺斯：《制度、制度变迁与经济绩效》，第 138 页。

有差异。在死亡率高的地方，殖民者就选择间接殖民的统治形式；而在死亡率低的地方，他们就选择直接殖民。[①] 不同的殖民模式会留下迥异的、影响深远的制度遗产。阿西莫格鲁乃至展示：在 1500 年时，非洲经济发展更好的地方，现在的经济绩效反而更差，这是一个"繁荣大逆转"（shifting prosperity）"命运大逆转"（reversal of fortune）。[②] 对非洲国家的"繁荣大逆转"，其他学者就有不同的解释。一般而言，全世界靠近大海与河流的地方经济更发达，但很多非洲国家却是例外。在非洲靠近大海与河流的地方，经济发展绩效往往更差。这是因为历史上，靠近大海和河流的地方是当时非洲最发达的地区，也是最早吸引殖民者的地区。欧洲殖民者到达这些地区后，开始进行奴隶贸易。在殖民者挑唆鼓动下，这里的居民被熟人、朋友乃至家人卖为奴隶。在奴隶贸易严重的地区，不信任他人逐渐成为流行准则，不信任的文化随之生根发芽。内森·纳恩（Nathan Nunn）及其合作者就展示：殖民者造成的祸害遗留至今。在当年奴隶贸易最盛行的地区，不信任的文化也遗留了下来，这里人与人之间的信任程度更低，民众对地方政府的信任程度更低，民众认为政治家腐败、政府对民众漠不关心的比重更高。[③] 如果说阿西莫格鲁的制度更关注正式制度安排，而纳恩展示的信任文化更重视

① Daron Acemoglu, Simon Johnson and James Robinson, "The Colonial Origins of Comparative Development: An Empirical Investigation," *American Economic Review*, Vol. 91, No. 5, 2001, pp. 1369 – 1401.

② Daron Acemoglu, "Root Causes: A Historical Approach to Assessing the Role of Institutions in Economic Development," *Finance & Development*, Vol. 40, No. 2, 2003, pp. 26 – 31.

③ Nathan Nunn and Leonard Wantchekon, "The Slave Trade and the Origins of Mistrust in Africa," *American Economic Review*, Vol. 101, No. 7, 2011, pp. 3221 – 3252.

非正式制度，二者都强调了殖民者的制度遗产，却展示制度遗产与路径依赖从不同方向牵引现代非洲的发展。有意思的是，在检验制度"路径依赖"的过程中，你会发现结论大相径庭的研究。有研究者宣称历史上的中央集权、大地主制有积极的制度遗产，就有研究者会发现它们有消极的制度遗产。他们都会提供历史与现实证据。所谓"事有千般，理有千层"，诸多政治经济学研究者几乎对所有的重大政治经济问题均存在分歧。[①]

首先，在不同空间，机制的强弱有异，因此学者们观察到的历史与经验证据也会有所差异。在做横向历史比较的时候，不同的国家与社会存在较大的差异。社会情境不一样，不同社会占主导作用的机制就会存在较大差异。在自由主义信仰占主导的国家与地区，"一步快，步步快"这一机制发挥的作用会更显著；而在盛行集体主义信仰的国家与地区，强调"和光同尘"，那么"枪打出头鸟"这一机制发挥的作用就会更显著。不同的学者考察不同国家与地区的历史与现实，这些地区占主导作用的机制不一样，那么，他们得出的规律性认识也会有差异。政治经济学的很多发现都会深刻地嵌入当地的社会文化环境。

其次，在不同时间，机制会相应改变，学者们找到的历史与现实证据也会呈现差异。在进行纵向历史比较的时候，同一个国家与地区，其发挥作用的机制在不同时期也可能不同。"一个观念一旦变得强大并成为从国家到社会的实践，后继者就会放大该观念的误区，

---

① 黄琪轩：《探索国际关系历史规律的社会科学尝试——问题、理论视角与方法》，《国际论坛》2019 年第 3 期。

再后继者就会排斥这一观念并把另一种观念推向高峰。"① 在同一个地方，发挥主导作用的机制也会变化。如果一种机制发挥到极致，削弱它的力量就会成长，相反的机制就会凸显。机制的消长也存在"三十年河东，三十年河西"。同样一个问题，学者观察下一个阶段的历史时，就会得出与前期历史迥然不同的结论。

最后，政治经济学中的机制常常成双成对出现。在研究政治经济学的历史与现实时，无论是"价格机制"还是"凡勃伦效应"，这样完全相反的理论常常都能得到检验，无论是定性的检验还是定量的检验。这是因为，机制常常成对出现。② 这恰恰体现在中国古代智慧的总结中，我们既看到体量大会有显著的优势，即"船大好顶浪"，同时我们会发现体量小也有显著优势，即"船小好调头"；我们看到强大的庇护者提供帮助，即"大树底下好乘凉"，而强大的庇护者也会带来坏处，即"大树底下不长草"；积极发声会有优势，即"爱哭的孩子有奶吃"，同时韬光养晦也会占据优势，这就是"闷声发大财"；大集团可能会有强大的影响力，其发挥作用的机制是"众人拾柴火焰高"，而小集团也会有很多优势，其机制就是"三个和尚没水喝"。因此，即便通过"科学"的方法来研究政治经济学，不同的学者也可以发掘出方向完全相反的历史智慧。

无论经过多少次检验，使用多么精致的研究方法，政治经济学中的同一问题往往都能从不同的理论视角找到迥异答案。且这些不

---

① 赵鼎新：《社会科学研究的困境：从与自然科学的区别谈起》，《社会学评论》2015 年第 4 期，第 16 页。

② John Elster, "A Plea for Mechanisms," in Peter Hedstrom and Richard Swedberg, eds., *Social Mechanisms: An Analytical Approach to Social Theory*, New York: Cambridge University Press, 1998, p. 49.

同的回答往往都能找到历史与现实的证据支撑，都会有它们各自的追随者，也都会经历兴衰起伏。因此，探索政治经济学和探索其他社会科学一样，为学习者与研究者提供了思维展示的空间、方法竞技的场所。即便在有的时候，有的学派会从巅峰走向颓势，但这却是一场没有落幕的竞技。

后记

本书第一版，以《政治经济学通识——经典·历史·现实》为书名于 2018 年出版。在当年国际政治经济学的年度会议上，中国社会科学院世界经济与政治研究所的张宇燕所长鼓励我说："有不少政治经济学重大议题还可以深挖，你应该再写一本。"此后我就时常为深化《通识》做准备。这次修订，我在原书基础上进行了大幅修改，内容、篇幅增加了不少，于是更名为《政治经济学的智慧：经典传承与当代回响》。随着今后研究的深入，我希望还能写一本全新的政治经济学专著。

北京大学的王正毅教授曾经问我："你这本书为何叫《通识》而非《通论》？"王老师一直鼓励国际政治经济学的晚辈后学砥砺前行。他的问题给我很大鼓舞。我从没想过这本书可以以《通论》命名。此书原取名《通识》的原因很简单，我希望它的可读性更强，因此在写作时以问题来引导全书。

我时常想，这本书是教材还是专著？复旦大学的李滨教授说：

"你这本书当然是专著。"的确，在修订本书时，我整理了两千多个注释。罕有教材会这样写作，如此一来，这本书更像专著。不过，此书写作源于上海交通大学通识核心课《政治经济学经典导读》。我的日常工作就是看书、写书、教书，然后把研究和教学积累整合起来。当我读到吉林大学孙正聿教授谈"专著性教材"的一篇文章时，我觉得找到了答案。有时候，教材和专著不需要如此泾渭分明。我希望经过持续建设，这本《政治经济学的智慧》可以成为专著性教材。

此次在准备修订第一版时，我希望做到以下几点：

其一，立足中国视角。印度的斯里尼瓦瑟·拉马努金是一位传奇人物，他自学成才，成为享有国际声誉的数学家。不过，社会科学却缺乏拉马努金这样的人物。不少经典在一些国家的学者看来"扬之可上九天"，而在另一些国家的学者看来却是"弃之可下九渊"。李斯特在《政治经济学的国民体系》中批判"世界主义的政治经济学"，呼吁建立"国民体系的政治经济学"。本书突出展示当代西方国际政治经济学所忽视的，但对中国有重大影响的经典与视角，如马克思主义经典，重商主义、国家主义、现实主义经典。用中国视角（如追求共同富裕、走和平发展道路）整合、融合既有经典与历史；用中国立场重新梳理政治经济思想脉络，将民族特质融入普遍规律中。

其二，探寻恒久机制。数学家、物理学家约瑟夫·拉格朗日说："牛顿无疑是幸运的，因为宇宙体系只可能被发现一次，却被牛顿碰上了！"不仅自然科学中重要的规律是有限的，社会科学中重要的机制也是有限的。国际政治经济学最有生命力的理论和机制都是超越时空的，有持续的解释力、预测力、影响力。所谓"风潮过了世界在"，它们在历史中、在现实中被不断地重复，有时是单调地重复，有时是创造性地再现。重大机制（如集体行动的逻辑、"合作的进化"）不断在政治学、经济学、社会学等学科以及国际关系史、政治思想史、科技史中反复出现。所谓"一法通、万法通"，《政治经济学的智慧》（后文简称为《智慧》）就是希望寻找融通政治经济学"历史"、"经典"与"现实"的重要机制、恒久机制，寻找"通则"与"共识。"

其三，推动知识融通。诺贝尔物理学奖得主理查德·费曼说："如果我们仔细观察一杯酒，我们就可以看到整个宇宙······如果我们小小的头脑，为方便起见，把这杯酒，把这个小宇宙分成几个部分：物理学、生物学、地质学、天文学、心理学等。请各位记住，大自然并不知道这些！"随着学术分工的推进，国际政治经济学的研究日益细致。有关国际贸易、国际金融、国际货币、国际投资等政治经济分析的研究不断推陈出新。与此同时，学术分工也让研究成果变得更"偏狭"与"守旧"，大家都守着自己的"一亩三分地"。《智慧》希望尝试知识融通。第一、立足政治与经济的互动。第二、呈现多样视角。《智慧》希望突出政治经济学中机制的"层次性""涌现性"。以个体为中心的政治经济学揭示的"通则"与"共识"，在以阶级、以国家为中心的政治经济学笔下则不以为然。最终，这些互动、涌现都融通汇聚到一个主题："安全与发展"。这是政治经济学最为关心的两条主线：冲突与合作、兴盛与衰落。

为了让知识融通更好体现，本书打算从四个方面展开。

首先是古今融通。哈佛大学的托马斯·谢林向学生推荐阅读《伯罗奔尼撒战争史》时就说："早在古希腊，那里的人民和今天一样聪明。读过此书后，我发现他们的思想是这样现代！"在牛铭实教授跟我电话分享他对"围魏救赵"的博弈论理解时，在赵鼎新教授兴致勃勃地与我讨论他的《儒法国家》时，他们启发了我要让政治经济学中的传统智慧、历史经验不断地关照现实。本书用历史和现实经验展示：经典命题的科学性、思想性和经典的历史进步性并非单调一致。在不同的历史情境下，在相异的现实条件下，经典命题常常会带来迥异的效果。科学性、思想性较弱的经典命题，如重商主义的经典，仍可能在特定阶段发挥其历史进步作用。经典需要与历史、现实反复对话，不断接受经验证据检验。《智慧》回溯政治经济学经典，发掘国际关系历史，整合政治经济知识。

其次是中外融通。有一年上海高考作文题目是"在'万方乐奏'中寻找'中国味'"。题目的引文是："倾听了不同国家的音乐，接触了不同风格的异域音调，我由此对音乐的'中国味'有了更深刻的感受，从而更有意识地去寻找'中国味'。"建设自主知识体系的努力需要中外融通。在改革开放前，中国对外来著作的引介一直没有中断。当时大学图书馆就能找到翻译成中文的灰皮书、蓝皮书、白皮书，向中国读者介绍世界知识。在面临巨大外部压力的情况下，中国学界坚持"批判借鉴"，"学习强者"，和苏联构成极大反差。缺乏外部学术联系的苏联，其大学图书馆罕见类似外来政治经济学译著。所以当苏联知识界重新阅读外来著作时，表现得更缺乏反思，更容易走极端。当前，中国的国际政治经济学在强调"自主"的同时仍在坚持中外融通，坚持学术的高水平开放，一直在翻译、一直在比较、一直在共鉴。

再次是方法融通。大部分经典都是"规范研究"。国际政治经济学中的规范研究和实证研究是相互分离的。从事实证研究的学者致力揭示经验事实，力图展示"是什么"，而不是"应当如何"。"应然""实然"的分割被奉为圭臬。《智慧》展示国际政治经济学古典渊源，并展示现代社会科学运用模型、实验、统计与案例等方法来检验经典中被反复讨论、反复检验、影响深远的恒久、重大机制。通过方法融通，《智慧》既展示了经典论述如何变成"自我实现的预言"，又展示不同经典和历史、现实的吻合程度，推动"应然"与"实然"的对话。《智慧》试图让经典保持"实践品格"，在与历史和与现实的对话中认识经典、检验经典、发展经典。

最后是学科融通。古往今来，在文学、历史与哲学著作中，国际政治经济学的诸多议题被广泛关注。从先秦寓言到《道德经》；从《伊索寓言》到《荒原蚁丘》；从赫勒敦的《历史绪论》到赫拉利的《人类简史》，到处都能看到政治经济学的重要机制。"天道远，人道迩"，既然政治经济学关注人与社会，那么你会发现"道不远人"。人们往往会从自身成长经历、生活际遇中提炼出自己对政治经济学的认识，并通过文学、历史、哲学等作品展现。社会科学其他领域的学者也不乏对国际政治经济问题的关注。经济学家梅纳德·凯恩斯的《和约的经济后果》、托马斯·谢林的《冲突的战略》、心理学家斯蒂芬·平克的《人性中的善良天使》、人类学家詹姆斯·弗格森的《反政治机器》、社会学家丝奇雅·沙森的《全球城市》……相关著作不一而足，它们从各个角度展示对国际政治经济学议题的洞见。国际政治经济学的学科融通不仅需要整合相邻社会学科与自然科学，也可以融通传统人文学科。

在动手之初，我兴致勃勃地跟我学生李文见讲了我的上述想法。

但正如古人所说的，"取法乎上，仅得其中"，在完稿时，我感觉大部分尝试仍是蜻蜓点水、浮光掠影。好在学无止境，我的研究和教学还在继续，《智慧》（《通识》）的修改还会继续下去。

我从与兄弟院校各位师友的互动交流中获益良多。在这里我要感谢北京大学的傅军、王正毅、王逸舟、王勇、庞珣、庄俊举、陈绍峰、董昭华、雷少华、王栋、于铁军、节大磊、汪卫华、路风、宋磊、张长东、封凯栋、段德敏、罗祎楠、马啸、席天扬；中国人民大学的杨光斌、陈岳、宋新宁、田野、方长平、宋伟、李巍、尹继武、左希迎、翟东升、保建云、夏敏、刁大明、金晓文、李晨；复旦大学的陈志敏、苏长和、李滨、陈明明、樊勇明、张建新、郑宇、唐世平、陈玉刚、黄河、熊易寒、李辉、张骥、蔡翠红、包刚升、陈玉聃、朱杰进、章奇、胡鹏、左才、严少华、陈拯、林民旺、孙德刚、贺平、李寅、王浩；中国社会科学院的张宇燕、高程、袁正清、冯维江、徐秀军、徐进、张萍、主父笑飞、杨原、赵远良、钟飞腾、任琳、肖河、李隽旸、熊爱宗、黄宇韬、陈兆源、沈陈以及上海社会科学院的王健、余建华、刘阿明、刘鸣、顾炜、叶成城、汤伟、陈永；清华大学的阎学通、赵可金、孙学峰、杨雪冬、漆海霞、陈琪、刘丰、孟天广、刘军强、陈冲、黄宇兴、李莉、胡悦；南京大学的朱锋、石斌、舒建中、毛维准、祁玲玲。我还要感谢母校南开大学的老师朱光磊、杨龙、蔡拓、葛荃、韩召颖、吴志成、谭融、程同顺、王存刚、吴晓林、王翠文、刘兴华、杨娜、张发林、董柞壮等。我记得当年去南开大学北村拜访杨敬年教授，他在九十岁高龄重译了《国富论》，我此次大量引用了他的译本。

来自其他兄弟院校与研究机构的师长和朋友也给我巨大的支持和帮助，他们是赵鼎新、朱天飚、牛铭实、郑永年、秦亚青、门洪华、陈志瑞、刘鸿武、孙吉胜、杨阳、余南平、何明、谢韬、牛军凯、丁明磊、戴长征、董青岭、叶静、胡宗山、耿曙、许佳、王皓、黄冬娅、王正绪、刘洪钟、武心波、李俊久、王达、段海燕、孙砚菲、杨宏星、杨功研、郦菁、曾向红、陈小鼎、唐敏、任洪生、鲁传颖、钟振明、孙明、蔡亮、刘若楠、李振、陈平、邢瑞磊、高奇琦、阙天舒、任勇、孔新峰、刘旻玮、杨毅、曲博、吴文成、张振华、张志文、刘昌明、朱贵昌、赵婷、王学东、林娴岚、戚凯、释启鹏、余嘉俊、弭维、郑涛、桂琰等。

承蒙上海三联书店徐建新编辑邀请，在完成今年基本科研考核任务后，我着手修订此书。周承书记有一次问我最近在忙什么研究，我告诉他在修订第一版《通识》。当他第二次问起时，我说还在修定。第一版《通识》的修订过程耗费了大量时间，如果没有一个比较宽松的学术环境，我是难以从事这样有意义的工作的。我还要感谢我的同事林冈、张明军、陈映芳、谢岳、徐家良、陈杰、吕守军、盛九元、褚祝杰、郭俊华、李明明、刘帮成、彭勃、张录法、魏英杰、陈慧荣、陈超、陈玮、季程远、陈尧、史冬波、韩广华、张攀、陈佳、翟新、刘宏松、苏若林、郑华、左亚娜、黄平、张学昆、贾开、付舒、刘立群、张诗羽、张志原、李智超、田园、秦川申、陈一帆以及服务学院发展的各位老师：胡伟、胡近、章晓懿、钟杨、吴建南、沈丽丹、朱启贵、姜文宁、曹友谊、李振全、程茵、杨姗、高雪花、谢琼、沈崴奕、陆洁敏、曹扬、梅寒雪、王文杰、徐珊等。学院的两个研究平台上海交通大学政治经济研究院以及上海市创新政策评估研究中心聚集了一群致力于探索政治经济学与科技政治的年轻学者，让大家可以自由交流探索。最近，上海交大准备开设新的本科专业——政治学、经济学与哲学，我相信这将是一个新的平台，能促进学者与师生进行政治经济学的对话与交流。上海交大其他院系与机关部处的几位领导和老师也为我提供了诸多帮助，他们是张兆国、高捷、方曦、章俊良、杨颉、王培丞、孔令体、程金华、田冰雪、罗鹏、陈科、蒋勤、沈建英等。

我还要感谢中国船舶七〇八所陈刚教授以及文一、冯明亮、吴正、华伟、王裕华、陈光、李波、唐灿明、崔文国、王静君、笪睿、沈敏行、刘伟伟等。我的相关研究受益于与他们的讨论。在修改本书时，我已经承担了国家社会科学基金、上海市社会科学基金、上海市晨光计划、上海市曙光计划，已发表的成果在修订《通识》过程中，均有所体现。

浙江大学的朱天飚教授说他即将完成一部政治经济学专著，我对此充满期待。本书的整体架构沿用了他当年在北大授课时的框架。我在博士论文选题时，彼得·卡赞斯坦教授让我做外汇储备的政治经济。朱天飚老师写给我一封信："我最希望自己的学生是敢说'不'的学生。独立思考但结果错误要比当小绵羊但结果很好要有意义得多。"多年来，我和我教过的学生亦师亦友，他们常常质疑我、责难我、挑战我，我和他们一起共同成长。他们是林浩舟、陈语霆、李晨阳、蒋佶颖、晏子、李丹成、朱学润、钱彦君、李疆、张心怡、杨子澄、常晨等。

我的学生王昊语、李文见、李泉裕、何葭、宗世荣等人帮我一起完成了这次修订的校对工作。

我还要感谢我的父母黄兴友、罗安琼，我岳父母邓升华、付燕珍，我的太太邓师瑾和我的儿子黄琛现。

这本《智慧》献给我的学生。

黄琪轩

2024 年 7 月

Here 此间学人系列书目

徐　贲

《与时俱进的启蒙》

《人文启蒙的知识传播原理》

《人类还有希望吗：人工智能时代的人文启蒙和教育》

《AI 时代重读人文经典》

郑也夫

《神似祖先》

《五代九章》

高全喜

《苏格兰道德哲学十讲》

《休谟的政治哲学》（增订版）

《论相互承认的法权：〈精神现象学〉研究两篇》（增订版）

吴　飞

《浮生取义（外两种）》

《论殡葬》

李宝臣

《礼不远人：走近明清京师礼制文化》（深度增订版）

陈　洪

《结缘两千年：俯瞰中国古代文学与佛教》

朱海就

《真正的市场：行动与规则的视角》

《文明的原理：真正的经济学》

《企业家与企业》

刘业进

《演化经济学原理》

《经济发展的中国经验》

方绍伟

《经济学的观念冲突》

《经济增长的理论突破》

黄琪轩

《大国权力转移与技术变迁》（深度增订版）

《政治经济学的智慧：经典传承与当代回响》

《世界政治经济中的大国技术竞争》

朱天飚

《争论中的政治经济学理论》

冯兴元

《创造财富的逻辑》（冯兴元、孟冰）

《门格尔与奥地利学派经济学入门》

李　强

《自由主义》（第四版）

《思想的魅力》

殷　融

《向善之心：进化如何让我们成为更好的人》

军　宁

《保守主义》

《投资哲学》

任剑涛

《艰难的现代：现代中国的社会政治思想》

《博大的现代：西方近现代社会政治创制》

《嘱望的现代：巨变激荡的社会政治理念》

Here 此间学人·经典精译系列

亚里士多德：《尼各马可伦理学》（李涛 译注）

久米邦武编撰：《美欧回览实记》（徐静波 译注）

约翰·洛克：《政府论两篇》

汉密尔顿、杰伊、麦迪逊：《联邦党人文集》

"Here 此间学人"系列

1. 不以某个论域为中心，而是以一个个学者为中心，突出人文社科各领域中的学术名家；

2. 不同于一般的学术论著，突出理论思想性与现代问题意识；

3. 突出中文学界的学术思想原创力，兼及研究型翻译。

如对本系列图书感兴趣，请扫描下方二维码。

图书在版编目（CIP）数据

政治经济学的智慧：经典传承与当代回响/黄琪轩

著. —上海：上海三联书店，2025.5.（2025.8 重印）—ISBN 978 - 7 -
5426 - 8849 - 1

Ⅰ. F0

中国国家版本馆 CIP 数据核字第 20258Z6P45 号

政治经济学的智慧：经典传承与当代回响

著　　者 / 黄琪轩

责任编辑 / 徐建新
特约编辑 / 张　瑞
装帧设计 / 一本好书
监　　制 / 姚　军
责任校对 / 王凌霄

出版发行 / 上海三联书店

　　　　　（200041）中国上海市静安区威海路 755 号 30 楼
邮　　箱 / sdxsanlian@sina.com
联系电话 / 编辑部：021 - 22895517
　　　　　发行部：021 - 22895559
印　　刷 / 上海雅昌艺术印刷有限公司

版　　次 / 2025 年 5 月第 1 版
印　　次 / 2025 年 8 月第 2 次印刷
开　　本 / 655 mm × 960 mm　1/16
字　　数 / 560 千字
印　　张 / 50.75
书　　号 / ISBN 978 - 7 - 5426 - 8849 - 1/F · 946
定　　价 / 148.00 元

敬启读者，如发现本书有印装质量问题，请与印刷厂联系 021 - 68798999